Leopold Silberstein

Leopold Silberstein (28. August 1900 Berlin – 23. Juli 1941 Tartu)

Konrad Herrmann

Leopold Silberstein

Slawist und Philosoph

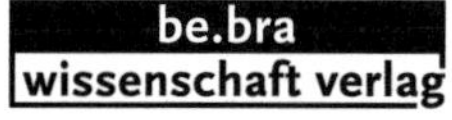

Sofern keine Quelle angegeben ist, stammen die Illustrationen aus Familienbesitz.
Die Illustrationen wurden von Herrn B. Wysfeld bearbeitet.

Bibliografische Information der Deutschen Nationalbibliothek
Die Deutsche Nationalbibliothek verzeichnet diese Publikation
in der Deutschen Nationalbibliografie; detaillierte bibliografische
Daten sind im Internet über http://dnb.d-nb.de abrufbar.

KulturBrauerei Haus 2
Schönhauser Allee 37, 10435 Berlin
post@bebraverlag.de
Lektorat: Anja Faulenbach, Berlin
Umschlag: typegerecht berlin
Satzbild: Friedrich, Berlin
Schrift: Minion Pro 10/13pt
Gedruckt in Deutschland
ISBN 978-3-95410-056-9

www.bebra-wissenschaft.de

Inhaltsverzeichnis

Vorwort

Meine Mutter Jenny Herrmann, die mit Dr. Leopold Silberstein (1900–1941) verheiratet war, hat in ihren Memoiren »Jennys Leben« bereits ausführlich über das Leben mit ihm und seine wichtigsten wissenschaftlichen Werke geschrieben und ihm darin ein Denkmal gesetzt.

Sie war sich darüber im Klaren, dass er im Sommer 1941, nachdem die Korrespondenz mit ihm kurz vor dem Überfall der Hitler-Armee auf die Sowjetunion am 22. Juni 1941 abgerissen war, als Jude und insbesondere als jüdischer Gelehrter von den Faschisten ermordet worden war. Ihre Tochter Cäcilie Silberstein, die ab Ende 1950 in Leningrad studierte, fuhr von dort nach Tartu. Augenzeugen hatten ihr berichtet, dass ihr Vater im Sommer 1941 zusammen mit anderen jüdischen Lehrkräften der Universität Tartu ermordet worden war.

Nachdem sich Estland im Jahr 1989 für unabhängig erklärt hat, haben die Archive des Landes ebenso wie die Archive der Tschechischen Republik in Prag, wohin Silberstein 1933 zusammen mit seiner Familie emigriert war, und schließlich die deutschen Archive vielfältige Dokumente zutage gefördert, die über das Schicksal von Leopold Silberstein Auskunft geben.

Auf der Grundlage seiner zahlreichen wissenschaftlichen Veröffentlichungen und Unterlagen aus dem Familienarchiv, die über die Zeit der Naziokkupation in Prag von 1939 bis 1945 gerettet werden konnten, sollen im vorliegenden Buch Leben und Werk des außergewöhnlich begabten und produktiven jüdischen Slawisten Dr. Leopold Silberstein aufgezeichnet und dem Vergessen entrissen werden. Zitate aus seinen Werken und Briefen führen uns das weite Spektrum seiner Gedanken und Interessen sowie seinen eleganten Stil vor Augen. Wir sehen weitreichende Pläne für wissenschaftliche Forschungen und unveröffentlichte Schriften, die er nicht mehr zu Ende führen konnte. In den Briefen an seine Familie tritt er uns als liebender Gatte und Vater entgegen. Dr. Leopold Silberstein, das Opfer des Holocaust, das in der Blüte seines Lebens und Schaffens grausam ermordet wurde, soll mit dieser Schrift ein ehrendes Gedenken erhalten.

Dieses Buch wäre nicht ohne die Mithilfe zahlreicher Verwandter, Freunde und Bekannter entstanden. Zuvorderst danke ich meiner Frau Anita, die als erste entdeckte, wie viele Informationen über Leopold Silberstein im Internet zu finden sind. Im Verlauf der Literaturrecherche half sie mir unermüdlich, seltene Veröffentlichungen aus den Bibliotheken zu beschaffen. Meine Geschwister Cilly und Thomas und vor allem meine Nichte Petra trugen zahlreiche persönliche Dokumente aus dem Leben von Leopold Silberstein zusammen.

Herrn Professor Klaas-Hinrich Ehlers gebührt besonderer Dank für Unterlagen, die er mir aus der Tätigkeit des Prager Linguistischen Zirkels zur Verfügung stellte. Frau Dr. Tatjana Shor aus Tartu danke ich, dass sie half, den Kontakt zu den estnischen Archiven herzustellen. Herzlichen Dank sage ich Frau Professor Gertrud Pickhan vom Osteuropa-Institut der Freien Universität Berlin, die sich mit einer Spende an den Kosten der Drucklegung beteiligte. Ich danke den mitwirkenden Mitarbeitern des be.bra Verlags, vor allem der Lektorin Anja Faulenbach, die durch ihre konstruktive Arbeit zum Gelingen dieses Buches beitrugen. Schließlich danke ich den Mitarbeitern

des Nationalarchivs in Prag,

des Archivs des Ministeriums für Auswärtige Angelegenheiten der Tschechischen Republik,

des Archivs der Kanzlei des Präsidenten der Tschechischen Republik,

des Archivs der Akademie der Wissenschaften der Tschechischen Republik,

der Nationalbibliothek der Tschechischen Republik,

des Archivs Památník Národního Písemnictví in Prag,

des Estnischen Staatsarchivs,

des Estnischen Historischen Archivs,

des Literaturmuseums Tartu,

des Bundesarchivs,

des Politischen Archivs beim Amt für Auswärtige Angelegenheiten,

des Brandenburgischen Landeshauptarchivs,

des Archivs der Humboldt-Universität Berlin,

des Geheimen Staatsarchivs,

des Landesarchivs Berlin,

des Leo Baeck Institute Archives New York und

des Council for At-risk Academics London

für ihre Unterstützung bei der Recherche nach Dokumenten und der Genehmigung der auszugsweisen Veröffentlichung von Unterlagen, die mit Leben und Werk von Leopold Silberstein verbunden sind.

In dieses Buch sind zahlreiche fremdsprachliche Dokumente (in tschechischer, französischer, russischer, englischer und estnischer Sprache) aufgenommen worden. Wenn im Literaturverzeichnis nichts anderes angegeben ist, wurden diese Dokumente vom Autor übersetzt. Aus Platzgründen wurde darauf verzichtet, die Originaltexte den Übersetzungen beizufügen.

Die Rechtschreibung in den Originalzitaten wurde beibehalten.

Die biografischen Anmerkungen zu Persönlichkeiten, die in Fußnoten erscheinen, beruhen im Wesentlichen auf Angaben der Wikipedia in ihrer deutschen, tschechischen oder estnischen Ausgabe.

Konrad Herrmann
Berlin, Februar 2015

Schul- und Studienjahre

Leopold Silberstein – sein voller Name lautet Leopold Adolf Silberstein – wurde am 28. August 1900 in Berlin geboren. Sein Vater Dr. phil. Wilhelm Silberstein, geboren am 4.6.1862 in Lemberg (Lwow), war wie seine Vorfahren österreichischer Staatsbürger. Er hatte in der Schweiz Ökonomie studiert. Hier traf er unter anderem mit Rosa Luxemburg zusammen. Von ihr hat sich ein Exemplar ihrer Dissertation »Die industrielle Entwicklung Polens« erhalten, das sie ihm gewidmet hatte. Wilhelm Silberstein wurde 1899 an der Deutsch-Amerikanischen Universität von Chicago mit einer Dissertation zum Thema »Die Kulturtechnik in wirtschaftlicher Bedeutung, ihr internationaler Charakter und ihre Förderung durch Handelsverträge« zum Dr. phil. promoviert. Wie Leopold Silberstein selbst angab, war sein Vater nacheinander Direktor mehrerer technischer und chemischer Gesellschaften, musste sich jedoch wegen eines angegriffenen Lungenflügels früh vom gesellschaftlichen Leben zurückziehen.[1] Sein Vater arbeitete auch eine Zeit lang als Stenograf im Wiener Parlament. In Berlin erwarb er Grundbesitz. Er starb früh an einem Rückenmarksleiden am 8.12.1913.

Der Großvater väterlicherseits, Dr. med. Leopold Silberstein, war leitender Arzt des Krankenhauses in Lemberg (Lwow). Der Urgroßvater war dort ein geachteter Rabbiner. Der Urgroßvater mütterlicherseits, Adolf Fränkel, ein Getreidehändler in Teterow, war aus Inowroclaw, einer Stadt im Norden Polens, zugewandert. Leopold Silbersteins Mutter Cäcilie Silberstein, geborene Elias, geboren am 15.9.1875, heiratete Dr. Wilhelm Silberstein im Jahr 1899 und starb am 22.1.1929 in Berlin nach einer Blinddarmoperation an Herzschwäche. Die Großmutter mütterlicherseits, Helwine Elias, geborene Fränkel, stammte aus Teterow. Sie starb am 22.5.1921 im Alter von 77 Jahren und hinterließ ein ansehnliches Vermögen.[2]

In ihren Memoiren erzählte Leopold Silbersteins spätere Frau Jenny Herrmann[3], dass der Vater seinem geliebten Sohn, als er drei Jahre alt war, Spielzeug für 300 Goldmark gekauft hatte, um ihn über den Besuch beim Zahnarzt hinwegzutrösten. Sie füg-

1 Silberstein, Leopold: Černyševskij als Belletrist, Inauguraldissertation, Universität Berlin (1922) – Lebenslauf, S. 155.
2 Herrmann, Jenny: Jennys Leben, BoD Norderstedt (2012), S. 119.
3 Ebd., S. 119f.

te hinzu, dass ihre ärmliche Familie von einer solchen Summe zwei Monate leben musste.

Der kleine Leopold wuchs in behüteten Verhältnissen des bürgerlichen Mittelstands auf. Die Eltern förderten seine geistige Entwicklung, indem er frühzeitig lesen und schreiben lernte. Es war für sie selbstverständlich, dass er eine gediegene Ausbildung erfahren sollte.

Leopold besuchte ab Ende 1906 die Kaiser-Friedrich-Schule in Berlin-Charlottenburg, die sich in der Knesebeckstraße befand (heute heißt sie Joan-Miro-Schule). Da er bei der Aufnahme in die Schule bereits lesen und schreiben konnte, erließ ihm der Direktor, Geheimer Studienrat Dr. phil. Johann Alfred Zernecke, fast zwei Jahre der Vorschule. Die Kaiser-Friedrich-Schule war ein 1901 fertiggestellter moderner Bau. Das beachtliche Niveau der Lehrkräfte lässt sich daran ablesen, dass viele ihrer Lehrer mit einer Dissertation den Doktorgrad erworben hatten. Mit einer bemerkenswerten Zahl von Veröffentlichungen bekundeten sie zugleich ihr Interesse an der Wissenschaft. Das Schulgeld betrug etwa 120 Goldmark jährlich, was bedeutete, dass dieses Gymnasium überwiegend von Kindern aus Familien der Mittel- und Oberschicht besucht wurde.[4] Am 22. Februar 1917 legte Leopold Silberstein das Abitur ab. Dieses humanistische Gymnasium verließ er zu Ostern 1917 mit der Note »Sehr gut« in allen Sprachen, die zum Lehrplan gehörten, das heißt Deutsch, Französisch, Latein und Altgriechisch. In Mathematik erreichte er nur ein »Genügend«[5] . Demnach war er wohl ein Sprachentalent. Ergänzend zum Reifezeugnis legte er in der jüdischen Religion bei dem Rabbiner der jüdischen Gemeinde Berlin Dr. J. Galliner eine Prüfung mit dem Prädikat »Sehr gut« ab. Zur Abiturprüfung waren in seiner Klasse 13 Schüler angemeldet, von denen bei fünf als Konfession »mosaisch«, bei sechs evangelisch und bei einem Schüler katholisch angegeben wurde. Die Eltern aller Schüler gehörten dem Mittelstand an; die Väter waren Kaufmänner, Ärzte, Regierungsräte, Lehrer, Architekten und Unternehmer. Zwei Abiturienten waren bereits zum Heeresdienst eingezogen, man hatte sie für die Abiturprüfung freigestellt.[6] Die relativ große Zahl jüdischer Schüler gab schon früher Veranlassung für die Schulverwaltung zu Nachfragen, aus denen ein gewisser Antisemitismus abzulesen ist. Doch der Direktor Dr. Zernecke verteidigte die jüdischen Schüler geschickt, weil deren Familien gerade in Charlottenburg die gesellschaftliche Mitte, Wohlstand und Stabilität repräsentierten. So heißt es in einem Bericht an die vorgesetzte Behörde aus dem Jahr 1908:

> »Ueber den starken Prozentsatz der jüdischen Schüler ist wiederholt berichtet worden; wenn er auch bedauerlich ist, so sind doch irgend welche Missstände

4 Brodersen, M: Klassenbild mit Walter Benjamin: Eine Spurensuche, Siedler-Verlag München 2012.
5 Reifezeugnis Leopold Silberstein 1917, Familienarchiv Jenny Herrmann.
6 Landesarchiv Berlin, Archivalie A Rep. 020-14 Nr. 287.

bei der wirtschaftlichen Lage und den geistigen Interessen der Kreise, aus denen die Schüler stammen, nicht hervorgetreten.«[7]

Für die Anmeldung zum Abitur fertigte das Lehrerkollegium Beurteilungen der schulischen Leistungen und der Reife zum Abitur an. Über Leopold Silberstein hieß es in diesem Zusammenhang:

»Ein ganz ungewöhnlicher Mensch, der mit einer durchdringenden Geistesstärke die größte Gewissenhaftigkeit und beharrlichen Fleiß verbindet und trotz seiner ausgezeichneten Leistungen sich sehr bescheiden zurückhält. Dazu kommt noch seine hervorragende musikalische Veranlagung. Nachdem er die drei Vorklassen in 5/4 Jahren durchgemacht, wurde er bereits im Alter von 7 ½ Jahren in die Quinta versetzt und erzielte stets in allen Klassen und Fächern nur gute und sehr gute Leistungen, wiewohl er durch seinen zarten und leicht zu Krankheiten neigenden Körper fast in jedem Jahr längere Zeit den Unterricht zu versäumen sich gezwungen sah. Das einzige Fach, in dem er und zwar noch in Prima nur genügend bei sonst guten und sehr guten Leistungen aufzuweisen hatte, war die Mathematik. Betragen: sehr gut. Fleiß: sehr gut. Reife: zweifellos.«[8]

Dieses ausgezeichnete und wohlwollende Urteil über den Charakter und die Gaben von Leopold Silberstein erwähnt auch seine geringere Befähigung in der Mathematik und macht auf eine körperliche Schwäche aufmerksam, die wahrscheinlich mit der Pubertät zusammenhing und erklärt, warum er vom Turnen befreit war und schließlich ausgemustert wurde.

Als Berufswunsch ist bei ihm im Gegensatz zu seinen Mitschülern, die Erwerbsberufe wie Rechtsanwalt, Offizier oder Lehrer angaben, vermerkt, dass er Philosophie studieren wolle.

Das humanistische Gymnasium geriet im Laufe der Zeit immer mehr wegen seiner lebensfremden Ausbildung in die Kritik. Auch die Kaiser-Friedrich-Schule vereinigte unter ihrem Dach sowohl das traditionelle Gymnasium als auch eine Realschule, in der den technischen und mathematisch-naturwissenschaftlichen Fächern ein größeres Gewicht gegeben wurde und die so dem gesellschaftlichen Bedürfnis nach stärkerer Praxisverbundenheit der Ausbildung Rechnung trug. Die Lebensfremdheit des Gymnasiums äußerte sich auch in dem Detail der Abiturprüfung im Lateinischen: den Abiturienten wurde die Übersetzung eines Textes ins Lateinische abverlangt.

Zwar vermittelte das Gymnasium Leopold eine gediegene klassische Bildung, zugleich legte diese in ihm auch den Boden für eine gegenüber dem Praktischen abständige, lebensferne Haltung, noch verstärkt durch die starke Bindung an seine Mutter.

7 A. Zernecke: Bericht an die vorgesetzte Behörde (1908), S. 24, zitiert in Brodersen, M.: Klassenbild mit Walter Benjamin, S. 37f.

8 Landesarchiv Berlin, Archivalie A Rep. 020-14 Nr. 287.

Vor dem Studium musste er sich – als österreichischer Staatsbürger – bei der k.u.k. Vertretungsbehörde zur Musterung für den Landsturm melden. Die Musterungskommission stellte fest, dass er »zum Landsturmdienst mit der Waffe nicht geeignet« sei. Somit musste er nicht in den Krieg ziehen und konnte sich dem Studium zuwenden.[9]

Am 17. April 1917 schrieb sich Leopold Silberstein in die Philosophische Fakultät der Universität Berlin ein. Aus einem starken philosophischen Antrieb heraus studierte er in den Jahren 1917–1918 zunächst Philosophie. Bei der Klärung der philosophischen Begriffe gelangte er zu der Erkenntnis, dass er idealerweise eine Synthese der Geistes- mit den Naturwissenschaften suchen müsse. Wie er selbst bekannte, wäre somit ein gründliches naturwissenschaftliches Studium notwendig gewesen, aber aufgrund seiner eher durchschnittlichen mathematischen Veranlagung glaubte er sich einem solchen Studium nicht gewachsen. Einen Ausweg aus diesem Dilemma sah er in dem äußerst lebhaften Interesse, das er für die slawischen Sprachen entwickelte, die er neben der Philosophie zunächst nur als Nebenfach belegt hatte. So hatte er auf dem Orientalischen Seminar und später dem Seminar für Osteuropäische Geschichte und Landeskunde Russisch gelernt und sich mit Begeisterung in die russische Literatur vertieft. Daraufhin erlernte er weitgehend im Selbststudium Polnisch, Bjelorussisch, Serbokroatisch, Tschechisch und Altbulgarisch, nachdem er einmal durch das Studium des Russischen mit dem slawischen Sprachaufbau vertraut geworden war.

Ab Sommer 1918 studierte er bei Professor Alexander Brückner (1856–1939) Slawistik im Hauptfach und bei Professor Theodor Schiemann (1847–1921) die Geschichte und Kultur Russlands. Geheimrat Professor Wilhelm Schulze (1863–1935) führte ihn in die baltischen Sprachen, d.h. das Lettische und Litauische, und in die indogermanische Sprachwissenschaft ein.

Philosophische Vorlesungen und Übungen belegte er bei den Herren Professoren Ernst Cassirer, Max Dessoir, Benno Erdmann, Alois Riehl, Georg Runge, Carl Stumpf und Max Wertheimer. Weitere Vorlesungen, um sein allgemeines Wissen zu erweitern, hörte er bei den Herren Carl Ballod (Nationalökonom), Eduard Fränkel (Altphilologe), Max Friedländer (Kunsthistoriker), Oskar Fleischer (Musikwissenschaftler), Adolf Goldschmidt (Musikwissenschaftler), Gustav Roethe (germanistischer Mediävist), Theodor Schiemann (osteuropäische Geschichte) und bei den Lektoren Dr. Gawrisky, Adolf Lane, Professor Emil Thomas und Hahn (vom Orientalischen Seminar). Silberstein, der selbst sehr musikalisch war, ließ sich bei Prof. Wilhelm Klatte vom Sternschen Konservatorium auch in Komposition ausbilden. Die Liste dieser namhaften Professoren belegt zugleich das damalige hohe Niveau an der Friedrich-Wilhelm-Universität zu Berlin.

9 Musterungsbescheid Leopold Silberstein 1917, Familienarchiv Jenny Herrmann.

Das Studienbuch von Leopold Silberstein gibt Auskunft darüber, welche Vorlesungsreihen und Übungen er besucht hat.

Im Studienbuch aufgeführte Studienveranstaltungen:[10]

Semester	Lehrer	Veranstaltung
Sommersemester 1917	Prof. Dr. Max Dessoir	Einleitung in die Philosophie
	Prof. Dr. Benno Erdmann	Psychologie
	Prof. Dr. Gustav Roethe	Geschichte der deutschen Literatur im Zeitalter der Romantik
	Prof. Dr. Oskar Fleischer	Musikgeschichte Deutschlands im 19. Jahrhundert
	Prof. Dr. Adolf Goldschmidt	Über die Betrachtung von Werken der bildenden Kunst
	Prof. Dr. Runge	Willensfreiheit und Weltgesetz, Mikrokosmos und Makrokosmos
	Herr Hahn	Russisch für Anfänger (im Orientalischen Seminar)
Wintersemester 1917	Prof. Dr. Erdmann	Geschichte der nachkantischen Philosophie
	Prof. Dr. Riehl	Allgemeine Geschichte der Philosophie
	Prof. Dr. Stumpf	Psychologie mit Demonstrationen
	Prof. Dr. Stumpf	Psychologische Übungen (im Psychologischen Institut)
	Prof. Dr. Ernst Cassirer	Übungen zur Kritik der reinen Vernunft
	Lektor Adolf Lane	Lektüre von Turgenevs »Neuland« (im Seminar für osteuropäische Geschichte und Landeskunde)
	Prof. Dr. Emil Thomas	Griechische Stilübungen

10 Studienbuch Leopold Silberstein, Familienarchiv Jenny Herrmann.

Semester	Lehrer	Veranstaltung
	Prof. Dr. Emil Thomas	Lateinische Stilübungen
Sommersemester 1918	Prof. Dr. Alexander Brückner	Geschichte der russischen Literatur 1856–1914
	Prof. Dr. Alexander Brückner	Slavische Übungen
	Dr. Max Wertheimer	Logik und Erkenntnistheorie
	Lektor Adolf Lane	Kirchenslavische Übungen
	Lektor Dr. Gawrisky	Einleitung in die bulgarische Literatur
Wintersemester 1918	Prof. Dr. Alexander Brückner	Geschichte der polnischen Literatur
	Prof. Dr. Alexander Brückner	Slavische Altertumskunde
	Prof. Dr. Alexander Brückner	Slavische Übungen
	Geh. Reg. Rat Max Friedländer	Haydn und Mozart
Sommersemester 1919	Prof. Dr. Alexander Brückner	Slavische Altertumskunde
	Prof. Dr. Alexander Brückner	Slavische Übungen
	Prof. Dr. Alexander Brückner	Geschichte der polnischen Literatur
	Prof. Schiemann	Russische Geschichte 1762–1855
	Prof. Schiemann	Übungen im Seminar für Osteuropäische Geschichte und Landeskunde
	Prof. Dr. C. Ballod	Probleme der Sozialisierung
	Prof. Dr. C. Ballod	Russische Wirtschaftsfragen
	Lektor Lane	Lektüre von Alexander Herzens »Byloje i dumy«
	Lektor Dr. Gawrisky	Lektüre von Aleko Konstantinovs »Baj Ganju«
	Lektor Lane	Lektüre von Turgenevs »Rudin«
Wintersemester 1920	Prof. Dr. Alexander Brückner	Geschichte der russischen Literatur im 19. Jahrhundert

Semester	Lehrer	Veranstaltung
	Prof. Dr. Alexander Brückner	Slavische Übungen
	Prof. Dr. Alexander Brückner	Geschichte der polnischen Literatur im 19. Jahrhundert
	Prof. Dr. Wilhelm Schulze	Übungen über das indogermanische Verbum
	Lektor Dr. Gawrisky	Bulgarisch für Vorgeschrittene
	Lektor Dr. Gawrisky	Ursprung und Entwicklung der bulgarischen Sprache
	Lektor Dr. Gawrisky	Bulgarische Volkslieder
Sommersemester 1920	Prof. Dr. Alexander Brückner	Russische Literaturgeschichte im 19. Jahrhundert
	Prof. Dr. Alexander Brückner	Polnische Literaturgeschichte im 19. Jahrhundert
	Prof. Dr. Alexander Brückner	Slavische Übungen
	Prof. Dr. Wilhelm Schulze	Litauische Übungen
Wintersemesester 1921	Prof. Dr. Alexander Brückner	Slavische Altertumskunde
	Prof. Dr. Alexander Brückner	Slavische Übungen
	Prof. Dr. Wilhelm Schulze	Indogermanische Sprachwissenschaft
	Prof. Dr. Wilhelm Schulze	Litauische Lektüre
	Prof. Dr. Benno Erdmann	Logik
Sommersemester 1921	Prof. Dr. Alexander Brückner	Slavische Altertumskunde (Mythologie und Realien)
	Prof. Dr. Alexander Brückner	Slavische Übungen

Die aufgeführten Vorlesungen verdeutlichen den großen Anteil, den Prof. Brückner in Leopold Silbersteins slawistischer Ausbildung einnahm. Prof. Brückners Universalismus, der die Philologie, Geschichte, Literatur und Folklore der Slawen in einzigartiger, bewunderswerter Breite erforschte, war ihm ein leuchtendes Vorbild, wenngleich ihn die reine Philologie und insbesondere Etymologie nicht sonderlich anzog. Mit Prof. Stählin ist er erst in der Phase der Arbeit an seiner Dissertation im Sommer 1921 in engeren Kontakt gekommen. Anfang 1921 war Prof. Stählin als Nachfolger des verstorbenen Professors Schiemann auf den Lehrstuhl für Geschichte Osteuropas und allgemeine Geschichte der Friedrich-Wilhelm-Universität Berlin berufen worden. Diesen Kontakt pflegte Silberstein sein ganzes Leben lang.

Jugendliebe Erna Helft

Im Sommer 1920 verbrachte Leopold Silberstein einen Urlaub mit seiner Mutter in Schierke. Hier lernte er die 16-jährige Erna Helft[1] kennen, die mit ihren Eltern ebenfalls Urlaub machte. Unter Aufsicht der Erwachsenen kamen sich die jungen Leute beim Tanz näher. Da Leopold nicht tanzen konnte, brachte das junge Mädchen es ihm bei. Im Anschluss führten sie einen intensiven Briefwechsel. Leopold berichtete seiner Freundin von seinen kulturellen Interessen, von Konzerten, die er besucht hatte, von Vorträgen Albert Einsteins über die Relativitätstheorie. Er begeisterte sie für die Musik Richard Wagners, insbesondere des »Tristan«, ebenso die Sinfonien Gustav Mahlers, und erzählte ihr, dass er, beraten von dem Musikwissenschaftler Prof. Klatte, sich anschickte, eine Sinfonie zu komponieren. Den größten Teil des Inhalts seiner Briefe aber nehmen philosophische Fragen ein, in denen er der Schülerin Erna Helft erläuterte, »was die Welt im Innersten zusammenhält«. Aber er schreibt auch ausführlich über Leseerlebnisse der russischen Schriftsteller Tolstoj, Turgenev, Dostojevskij und Gogol.

Es ist interessant, dass er schon 1920 »als Referent über die čecho-slovakische und die italienische Presse tätig war«, dass aber der Verlag finanziell unseriös und es deshalb unsicher war, dass er für seine Tätigkeit irgendein Honorar erhielt.[2]

Während seines Studiums der Slawistik war er sich nicht sicher, ob er nicht doch lieber Musiker und Komponist werden sollte, erkannte aber, dass es ihm auf diesem Gebiet am Genialen mangelte – diesen Anspruch stellte er an sich selbst.

Über sein kompositorisches Werk schrieb er an Erna Helft:

»Da wir gerade bei Musik sind, also meine Sinfonie geht gut weiter. Die Skizze des zweiten Satzes ist hoffentlich bald beendet, für den ersten und dritten habe ich die Themen schon fix und fertig. Der dritte wird vermutlich als Überraschung im trio ein Thema mit Variationen in moderner Tanzform (Tango, Fox,

1 Erna Helft, verheiratete Weill (1904–1996), stammte aus einer reichen jüdischen Familie in Frankfurt/Main und wurde Bildhauerin. Sie heiratete den Chemiker Ernst Weill. 1936 emigrierte die Familie in die Schweiz und von hier 1937 in die USA. Sie wirkte in New York als Bildhauerin und Kunstlehrerin.

2 Leo Baeck Institute Archives, Erna Weill Collection, archive.org/details/ernaweill, Leopold Silberstein an Erna Helft, 9.8.1920 (aufgesucht am 8.5.2014).

Boston, One step) bringen, worüber mein Lehrer heute entsetzt war und mich fragte, wie ich ›Parsifal‹ denn auf solche wüsten Ideen käme.[3]

An meiner Sinfonie arbeite ich mit großer Liebe weiter. Für den vierten Satz möchte ich gerne das Wackenrodersche Märchen vom Heiligen (Melodram, Duett, Doppelquartett, besonders großes Orchester mit Orgel) nehmen, das wäre inhaltlich die Krone und würde mir musikalisch vermutlich ganz besonders liegen. Diese schöne Idee muß ich indes einstweilen beiseitelassen, um zunächst einmal den separat aufzuführenden zweiten Satz fertig zu kriegen. Auf dringende Vorstellungen meines Lehrers habe ich hier das Orchester um einige schwer zu bekommende Instrumente verkleinert, es arbeitet auch mit dem kleineren Orchester übrigens recht gut, nichtsdestoweniger bedeutet die Umsetzung des bereits fertig Gewesenen für das kleine Orchester einen Zeitverlust, der um so empfindlicher ist, als es andauernd in meinen Ohren summt.[4]

Der zweite Satz der Sinfonie ist, in der Skizze wenigstens, fertig. Ehe ich den ersten oder dritten beginne, will ich den zweiten instrumentieren. Diese Arbeit macht mir um so mehr Vergnügen, als mein Lehrer, Professor Klatte, einer der ersten hiesigen Recensenten, mir schon auf Grund des bisher Vorgelegten in Aussicht gestellt hat, die Sinfonie durch das Hausorchester des Sternschen Konservatoriums öffentlich aufführen zu lassen.[5]«

Leider ist nicht bekannt, ob Silberstein seine Sinfonie vollendet hat oder ob sie zur Aufführung gelangte.

Im Zusammenhang mit der Diskussion über Einsteins Vorträge zur Relativitätstheorie, die er mit großem Interesse hörte, klagte er über den unheilvollen Einfluss bestimmter Lehrer seines Gymnasiums:

»Damit bitte ich Sie, diese Reihe mathematisch-physikalischer Diskussionen zwischen uns, zumindest was Einstein angeht, zu schließen, da ich mich sonst von Ihnen aufs Glatteis, d. h. ins Specielle, verlockt sehe, wo ich leider, leider ein ganz blutiger Laie bin. Von Tag zu Tag bedaure ich nämlich mehr, daß ich mir Mathematik und Physik durch unleidliche Lehrer so gründlich habe verekeln lassen«.[6]

Bemerkenswert ist, dass er schon in der Studienzeit die Bedeutung der Frauenfrage erkannte, eine Problematik, die ihn sein ganzes Leben über begleiten sollte. So bemerkte er:

»Sowie meine Gedanken mal nicht eingespannt sind, irren sie fast regelmäßig, wie die Kompaßnadel nach Norden, zur ›Frauenfrage‹ ab, in der ich immer

3 Ebd., Leopold Silberstein an Erna Helft, 2.11.1920 (aufgesucht am 8.5.2014).
4 Ebd., Leopold Silberstein an Erna Helft, 12.1.1921 (aufgesucht am 8.5.2014).
5 Ebd., Leopold Silberstein an Erna Helft, 16.11.1921 (aufgesucht am 8.5.2014).
6 Ebd., Leopold Silberstein an Erna Helft, 6.11.1920 (aufgesucht am 8.5.2014).

mehr das Centralproblem unserer ganzen Kultur sehe, wenn letztere überhaupt diesen Namen verdienen soll. (Höchstens die Frage des Pacifismus könnte ihr an Bedeutung den Rang streitig machen, wohingegen selbst eine so eminent wichtige Frage wie die sociale ihr gegenüber zumindest an sittlicher Bedeutung zurücktreten muß.) Bei der Frauenfrage handelt es sich nämlich, was die meisten Männer sich noch nicht hinreichend zum Bewußtsein gebracht haben, in ganz wesentlicher Beziehung auch um die Ehre und den Wert des Mannes. Zu behaupten, daß der Beruf der Frau lediglich in körperlicher Schönheit und in der Liebe bestehe und daß zielbewußte, stolze, erfolggekrönte, selbständige Arbeit die Frau degradiere, heißt, den höchsten Stolz des Mannes, eben diese Arbeit, in den Schmutz zu ziehen, als ob sie nach der naiven Anschauung der Schöpfungsgeschichte als Strafe über den Mann wegen seiner ›Häßlichkeit‹ und ›Unfähigkeit zu wahrer Liebe‹ verhängt worden sei.«[7]

Er verteidigte und definierte seiner Freundin gegenüber auch die Position des von ihm vertretenen liberalen Judentums:

»Wenn wir nicht nur im völkerpsychologischen, kultur-tendenziösen, sondern auch im religiösen Sinne Juden bleiben wollen, so bleibt uns nach unseren modernen aesthetischen und kulturellen Begriffen nur dessen freie und dehnbare Form übrig, die wir im liberalen Judentum vor uns haben. Diese Art von ›Liberalismus‹ freilich, die es Ihnen angetan hat, daß man die Synagoge nur aus »Pietät« besucht und im übrigen über Religion und Glaubensgenossen, die (man möge sagen, was man wolle) gleichzeitig auch Stammes- und somit Seelengenossen sind, mitleidig die Achseln zuckt, ist in der Tat eine schwere sittliche Gefahr.«[8]

Seine Ausführungen verdeutlichen, dass er über den damals weit verbreiteten Standpunkt der Assimilation hinausging und sein Judentum selbstbewusst erklärte. Zugleich interessierte er sich auch für einen Vortrag von Albert Einstein über den Aufbau von Palästina, der den Bestrebungen der Zionisten um den Aufbau eines Heimatlandes der Juden sympathisch gegenüberstand.[9]

Anrührend ist sein Bericht über das Ableben seiner Großmutter im Mai 1921, der auch sein enges Verhältnis zur Großmutter und zur Mutter als Bezugspersonen widerspiegelt:

Leider haben meine Mutter und ich in den letzten Wochen viel Schweres gesehen und erlebt. Die Besserung war bei meiner Großmutter trügerisch. Die Gliedmaßen wollten sich nicht wieder richtig bewegen, sie konnte nur von zwei oder drei Perso-

7 Ebd., Leopold Silberstein an Erna Helft, 30.6.1921 (aufgesucht am 8.5.2014).
8 Ebd., Leopold Silberstein an Erna Helft, 12.8.1920 (aufgesucht am 8.5.2014).
9 Ebd., Leopold Silberstein an Erna Helft, 30.6.1921 (aufgesucht am 8.5.2014).

nen gestützt mühsam einige Schritte gehen, zu ihrem unendlichen Kummer, denn sie war eine stolze Frau, die um nichts in der Welt andere Leute merken lassen wollte, daß sie leidet, dann traten Sprachstörungen ein, am 17. (Mai) erlitt sie den dritten Schlaganfall, in der Nacht zum 19. verlor sie das Bewußtsein, nachdem sie noch tags zuvor von uns herzzerreißenden Abschied genommen hatte, dann trat zu allem Überfluß noch eine Lungenentzündung dazu (fast die ständige Begleiterin so schwerer Schlaganfälle), und Sonntag, den 22., abends ist sie nach einem letzten Krampf der Lungen entschlafen, umgeben von all ihren Kindern und Enkelkindern. Am schwersten betroffen von dem Verlust ist meine Mutter, die das Lieblingskind war. Aber kaum minder innig war ich mit der Verstorbenen verbunden; ich war das Band, das sie mit den Jungen und Jüngsten verknüpfte, ich führte sie in alle neuen Ideen und Entdeckungen ein, und sie ließ sich gern von mir erzählen, denn letzten Endes war ihr Herz nur bei der Jugend, für alte Leute empfand sie wenig, sie langweilte sich mit ihnen.[10]

Die Korrespondenz endet mit einem Telegramm vom 9.9.1922, in dem Silberstein, von Bad Kissingen kommend, wo er ein paar Urlaubstage verbracht hatte, seine Ankunft in Frankfurt/Main ankündigte. Man kann über die Gründe des Abbruchs der Beziehungen zu Erna Helft nur spekulieren – sei es, dass ihre Eltern sie noch zu jung für ein dauerndes Verhältnis ansahen oder dass sie den frischgebackenen Doktor der Philosophie für einen brotlosen Künstler hielten.

10 Ebd., Leopold Silberstein an Erna Helft, 30.5.1921 (aufgesucht am 8.5.2014).

Promotion

Während der Jahre 1920 bis 1922 verfasste Leopold Silberstein eine Inauguraldissertation »Černyševskij als Belletrist«.[1] In ihr untersuchte er vor allem dessen Roman »Was tun?«, indem er eingehend seine Beziehung zu den Werken der französischen Schriftstellerin George Sand (1804–1876) nachwies, seine originellen ästhetischen Errungenschaften analysierte und seine ideologische Ausrichtung im Hinblick auf die Menschenrechte und insbesondere die Gleichberechtigung der Frau kommentierte.

Nikolaj Gavrilovič Černyševskij (1828–1889) war ein russischer revolutionärer Demokrat, Schriftsteller und Literaturkritiker. Zugleich führte er die russische revolutionäre Bewegung in den 60er-Jahren des 19. Jahrhunderts an. Seit 1853 wirkte er als Mitarbeiter und leitender Redakteur der einflussreichen revolutionär-demokratischen Zeitschrift »Sovremennik«. 1862 wurde er aufgrund seiner Tätigkeit verhaftet und 1864 nach Sibirien verbannt. Erst 1883 kehrte er als körperlich gebrochener Mann aus der Verbannung zurück, doch jede schriftstellerische Tätigkeit wurde ihm nach wie vor verboten. In seinem literarischen Hauptwerk, dem politischen Roman »Čto delatj« (Was tun?) von 1863 erzählte Černyševskij in einer allegorienreichen Sprache vom Leben »neuer Menschen«, die durch ihr Denken und Handeln die russische Gesellschaft im utopisch-sozialistischen Sinne zu verändern suchen.

Wie Leopold Silberstein im Briefwechsel mit seiner Jugendfreundin Erna Helft berichtete, hatte er 1920 ursprünglich ein rein philologisches Thema über »historische Akzentologie« erhalten, mit dem er sich aber überhaupt nicht anfreunden konnte, weshalb er bald um eine auf die Literatur bezogene Aufgabenstellung gebeten hatte. Er schrieb ihr: »[...] daß die Hauptveranlassung zu meiner seinerzeitigen Dissertation eine äußerliche, die vorzeitige Besorgung von Büchern, durch die Direktion des Indogermanischen Seminars, war. Sie werden sicherlich auch die innerliche Unlust gespürt haben, mit der ich an diesem mir fremden Stoff arbeitete, nur um fertig zu werden. Aber auf die Dauer läßt sich damit keine Doktorarbeit machen, und so habe ich kurzerhand eines schönen Tages, ehe ich zu weit in den Morast geraten war, das Thema hingeworfen und mir ein neues geben lassen, ‚Die Belletristik des Černyševskij‹, mit dem ich jetzt, trotzdem ich erst wenige Wochen daran arbeite, schon so weit bin wie

1 Silberstein, Leopold: Černyševskij als Belletrist, Inauguraldissertation, Universität Berlin (1922).

mit dem selig entschlafenen Baltenium Bononieuse, ein deutliches Zeichen, wie sehr Lust und Unlust den Erfolg mitbestimmen.«[2]

Die Dissertation wurde zügig am 26. März 1922 fertiggestellt. Noch am 12. März 1922 berichtete er Erna Helft:

> »Meine Dissertation ist zwar fertig; vor der Einreichung bei der Fakultät muß ich aber das ganze Monstrum, das in Reinschrift vermutlich 400 Seiten umfassen wird, noch einmal umschreiben, wobei man noch so manche Korrektur zu machen findet.«[3]

In der Tat hat er das Werk wahrscheinlich auf Veranlassung seiner Betreuer auf 150 Seiten gekürzt. Die Dissertation erhielt die Note »opus valde laudabile« (sehr lobenswertes Werk), und mit dem Resultat der mündlichen Verteidigung, die am 22. Juni 1922 stattfand (unter Nr. 105 Doktorandenbuch der philosophischen Fakultät), ergab sich die Note »sehr gut« (magna cum laude). Aufgrund dessen erhielt Leopold Silberstein am 14. August 1922 – kurz vor Vollendung des 22. Lebensjahrs – in einem Promotionsakt aus der Hand des damaligen Dekans der philosophischen Fakultät, Prof. Erhard Schmidt, das Diplom als Doktor der Philosophie.

Silberstein wurde von Prof. Alexander Brückner über slawische Grammatiken und Literaturen (außer der russischen), von Prof. Karl Stählin zur Geschichte der russischen Literatur und Kultur, von Geheimrat Prof. Wilhelm Schulze zur baltischen Philologie und von Prof. Max Dessoir (1867–1947) zur Philosophie geprüft.

Leopold Silberstein verehrte seine Mutter innig. Nicht zuletzt hatte sie ihm als Witwe das Studium ermöglicht. Deshalb widmete er die Dissertation mit warmen Worten seiner Mutter.

Zur Zielstellung seiner Dissertation bemerkte er, dass die Person Černyševskij bisher rein historisch bewertet wurde. Das sei vor allem darauf zurückzuführen, dass er mit seinen Ideen eine ganze russische Generation nachhaltig beeinflusst habe. Man diskutierte die Ideen des Romans »Čto delatj«, aber nahm ihn nicht als Künstler und Belletrist, sondern in erster Linie als Publizisten und Gelehrten wahr, und um seine übrigen Werke kümmerte man sich nicht. Silberstein wies in seiner Arbeit nach, dass Černyševskij über ein beträchtliches belletristisches Talent verfügte.

Gleichzeitig wollte er »an eine Dankesschuld […] erinnern, die von russischer Seite schon längst hätte abgetragen werden müssen. Der Einfluss der George Sand ist zunächst dem Byrons der entscheidendste für die Entwicklung der ganzen russischen Belletristik gewesen und im Gegensatz zu den schöpferischen Geistern, die immer wieder ihrer großen Lehrmeisterin dankbaren Tribut gezollt haben (an ihrer Spitze

2 Leo Baeck Institute Archives, Erna Weill Collection, archive.org/details/ernaweill, Leopold Silberstein an Erna Helft, 9.12.1920 (aufgesucht am 8.5.2014).

3 Ebd., Leopold Silberstein an Erna Helft, 12.3.1922 (aufgesucht am 8.5.2014).

der bisher Grösste der Grossen, Dostojevskij), von literarhistorischer Seite unseres Wissens noch nicht erschöpfend behandelt. Die eingehende Erledigung dieser Frage dürfte auch für einen westeuropäischen Gelehrten eine sehr dankbare Aufgabe sein, da die westeuropäische Leserschaft in Unkenntnis dieser Tatsache und in undankbarer Vernachlässigung der grossen französischen Meisterin viele Dinge in der russischen Literatur für autochthon und spezifisch russisch zu halten geneigt ist, die erst aus Westeuropa nach Russland importiert wurden.«[4]

Zu den Beziehungen zwischen Černyševskij und George Sand, die feministische und sozialkritische Positionen vertrat, stellte er Ähnlichkeiten größeren Umfangs fest, die geradezu auf Entlehnungen schließen lassen. Černyševskijs Werke »Čto delatj«, »Prolog prologa« (Prolog zum Prolog) und »Istorija odnoj devuški« (Geschichte eines Mädchens) weisen Ähnlichkeiten formaler und inhaltlicher Natur mit George Sands Werken »Lucrezia Floriani«, »Compagnon du Tour de France«, »Jacques«, »Lélia« und »Péché de M. Antoine« auf. Während die technischen Mittel des Romans »Čto delatj« bei der Ausmalung des Zukunftsstaates sich in George Sands »Compagnon du Tour de France« finden, geht aber seine sozialistische Tendenz auf die französischen Utopisten zurück.

> »Äusserlich sieht ›Čto delatj‹ freilich aus wie eine Synthese und Fortbildung des gesamten Lebenswerkes der George Sand, eine Vereinigung ihrer feministischen und ihrer sozialistischen Romane unter Angabe positiver Wege da, wo George Sand lediglich negative Kritik geübt hatte.«[5]

Hinsichtlich der formalen Gestaltung des Romans »Čto delatj« wies Leopold Silberstein den oft erhobenen Vorwurf zurück, dass die ständigen Unterbrechungen, meist an den »scharfsinnigen« Leser gerichtet, den Roman künstlerisch unmöglich machten. Denn dasselbe Mittel wurde auch in Puschkins »Jewgenij Onegin«, in Gogols »Toten Seelen« und ebenso in Tolstois »Krieg und Frieden« verwendet, wo man sofort anerkennt, »dass besonderer Inhalt besondere Form verlangt.«

Aber er urteilte, dass die »Reporterbelletristik« eine wirkliche Schwäche des Romans sei. Damit meinte er, dass dem Leser nach der Art eines Reporters einfach Tatsachen mitgeteilt werden, anstatt sie durch die Handlung zu entwickeln.

Dieser Mangel war sicher darauf zurückzuführen, dass Černyševskij in erster Linie Publizist war.

Insgesamt bescheinigte er dem Roman »Čto delatj« – von wenigen Missgriffen formeller Natur abgesehen – ein ausgewogenes Verhältnis zwischen Ideen und Handlung.

> »Die Größe und das Geheimnis des Erfolges des Romans liegt also nicht nur in seinem idealen Ideenflug, sondern ebenso in der wohlproportionierten Verbin-

4 Silberstein, Leopold: Dissertation, S. 5.
5 Ebd., S. 46.

ČERNYŠEVSKIJ

als

BELLETRIST.

Inaugural-Dissertation

zur Erlangung der Doktorwürde,

der philosophischen Fakultät

der Universität Berlin

vorgelegt

und genehmigt auf Grund der Gutachten der Herren

Professor Dr. Alexander Brückner

und

Professor Dr. Karl Stählin.

Verfasst von

Leopold Silberstein.
aus Berlin.

Promotion 14. August 1922

Titelseite der Dissertation von Leopold Silberstein

dung dieser Ideen mit einer jedenfalls durchdacht und effektvoll gearbeiteten Romanhandlung und im Gewinn einer Reihe eigenartiger, lebendiger, teilweise zur Nachahmung begeisternder Charakterbilder. Diese Vorzüge überwiegen bestimmt die Nachteile einer Reihe missratener Charaktere und teilweise ungeschickter Führung der eigentlichen Romanhandlung. Trotz aller zu machenden Einwendungen ergibt sich am Schluss ein befriedigender künstlerischer Eindruck sowohl von der Anlage des ganzen, aus unlösbarer Vereinigung von Ideen und Romanhandlung gebildeten Organismus wie von vielen Einzelheiten.«[6]

Als Resumé der Dissertation hatte Silberstein das Fazit gezogen:

»Der Zweck unserer Arbeit wäre errreicht, wenn sie deutlich gemacht hätte, dass Černyševskijs belletristisches Talent, obwohl sekundär, unausgeglichen, unausgewertet und im allgemeinen nur auf starken äusseren Zwang parierend, doch bedeutend genug war, um in Momenten starker Anspannung effektvolle Handlungen, künstlerisch hervorragende Charakterbilder …, ja selbst künstlerische Steigerungen und Spannungen in lebendiger und sympathischer Darstellung hervorzubringen. Der Gerechtigkeit halber wollen wir hier auch noch an die hauptsächlichsten Fehler der Černyševskijschen Belletristik erinnern, als die wir abstrakte und indirekte statt konkreter Schilderung (›Reporterbelletristik‹), Neigung zu voreiligen Werturteilen und übermässige Vorliebe für analytische Technik, die zur Zerreissung zusammengehöriger Handlungskomplexe führt, erkannt haben.«[7]

In einer Schlussbetrachtung verglich er das Schaffen Černyševskijs mit dem von Dostojevskij. Er gelangte zu der Schlussfolgerung:

»Wir sahen, daß in ›Prestuplenije i nakazanije‹ [Dostojewskijs Roman ›Schuld und Sühne‹] gerade diejenigen Menschen, die Černyševskijs Prinzip der Besserung und Beglückung der Menschheit durch die Vernunft mehr oder minder vollkommen zur Tat werden zu lassen versuchen, mit Hass und Hohn verfolgt und nur die Leidenden, die hoffnungslos Unglücklichen, die alles Heil von einer unberechenbaren Erleuchtung und Gnade Erwartenden liebevoll gestaltet werden. Und folgendes war nun jene ernste Frage, die auszusprechen wir uns verpflichtet fühlen: Wer ist der sittlich grössere von zwei Märtyrern, der, welcher sich mit einer gewissen Wollust (weil seine künstlerische Zeugungskraft einzig durch das Leiden genährt wird) in das eigene und fremde Leiden hineinkniet, diejenigen, die gutgläubig es zu beheben suchen, mit Hass verfolgt, so dass er fast den Verdacht erregt, als könne er instinktiv die Behebung jenes Leidens, das er so innig zu beklagen scheint, gar nicht wünschen, da er sonst auch jene Wol-

6 Ebd., S. 111.
7 Ebd., S. 152.

lust nicht mehr empfinden könnte, – oder der, welcher eingekerkert, seiner Freiheit, seines Lebensglücks, ja des Höchsten, seiner Wirkungsmöglichkeit, beraubt, der Menschheit das beglückende Evangelium verkündet: […] ›das Glück ist für die Menschen möglich, es muss kommen, Bosheit und Leid herrschen nicht ewig, rasch nähert sich uns ein neues, lichtes Leben.‹ (Černyševskij, ›Čto delatj‹)? Gewiss sind Černyševskijs künstlerische Leistungen im Vergleiche mit Dostojevskij so unendlich schwach, dass an eine künstlerische Gleichsetzung dieser beiden, moralischen Gegenpole auch nur zu denken, Wahnsinn wäre; auch liegt uns nichts ferner als Undankbarkeit gegen Dostojevskij; nur zu sehr sind wir uns bewusst, wie notwendig eine solche, extrem tragisch eingestellte Erscheinung für die Weltliteratur als Schutzmittel gegen flachen Optimismus und selbstzufriedenes Ästhetentum war. Aber die Tatsache, dass derselbe russische Boden, der einen Dostojevskij hervorbrachte, auch seinen moralischen absoluten Gegenpol Černyševskij (und nicht nur ihn allein, sondern auch die ihm in der Gesinnung verwandten Belinskij, Dobroljubov, Pisarev) zu gebären vermochte, scheint uns zu beweisen, dass mit Dostojevskij die russische Literatur noch nicht ihr für alle Zeiten Letztes, Höchstes, Heiligstes gesagt zu haben braucht. Dostojevskij bedeutet den Endpunkt und die Erfüllung der einen Richtung russischer Entwicklung, aber noch harren wir des russischen Genius, dem die tragische Grösse und die künstlerische Kraft Dostojevskijs gleichzeitig mit der diesseitig eingestellten Schaffens-, Arbeits-, Fortschrittsfreude, mit dem heissen Herzen und der kühlen Vernunft eines Černyševskij eignet. Solche grossen Synthetiker kennt die nichtrussische Welt bereits; wir nennen die zwei grössten deutschen unter ihnen: Goethe und – auf einem etwas anderen Gebiet – Beethoven. Getrennt vermochte auch die russische Erde ihre Eigenschaften hervorzubringen; deshalb dürfen wir hoffen, dass eine glückliche Stunde Russland und der Welt auch den Genius schenkt, der sie in sich vereint. Dass diese Hoffnung begründet ist, soll die Lehre sein, die uns die Erscheinung Černyševskijs gegeben hat; und mit dieser Lehre im Herzen nehmen wir von dem grossen Kämpfer und Märtyrer Abschied.«[8]

Hervorzuheben ist die demokratisch-progressive Tendenz des Dissertationsthemas, die besonders auf den Einfluss von Prof. K. Stählin zurückzuführen ist. Im Laufe der Zeit entwickelte sich zwischen Prof. Stählin und Leopold Silberstein ein freundschaftliches Verhältnis. Silberstein nannte ihn seinen »väterlichen Freund«, auch angesichts der Tatsache, dass er seinen eigenen Vater früh verloren hatte. Ebenso war er seinem Professor Alexander Brückner, einem polnischen Slawisten, der im Laufe seiner

8 Ebd., S. 153f.

VNIVERSITATIS LITTERARIAE
FRIDERICAE GVILELMAE BEROLINENSIS

RECTORE MAGNIFICO
GVALTERO NERNST
EX DECRETO ORDINIS AMPLISSIMI PHILOSOPHORVM
ERHARDVS SCHMIDT
H.T. DECANVS

Leopold Silberstein
BEROLINENSI

EXAMINE PHILOSOPHIAE
magna cum laude
SVPERATO
ET
DISSERTATIONE
valde laudabili
CVIVS TITVLVS EST

„Černyševsky als Belletrist."

LEGITIME PROBATA

PHILOSOPHIAE DOCTORIS ET ARTIVM
LIBERALIVM MAGISTRI HONORES
DIE *14* M. *Augusti* A. MCMXXII
RITE CONTVLIT

Schmidt
Dekan.

Promotionsurkunde von Leopold Silberstein, Familienarchiv Jenny Herrmann

44-jährigen Tätigkeit als Universitätsprofessor 1800 (!) Veröffentlichungen[9] verfasst hat, eng verbunden.

In den Unterlagen der Friedrich-Wilhelm-Universität hat sich ein Schreiben des Ministers für Wissenschaft, Kunst und Volksbildung vom 12.5.1922 erhalten, der das Promotionsverfahren von Leopold Silberstein genehmigt hatte.[10]

Aufgrund der Inflation war die Familie Silberstein besonders im Jahr 1923 zeitweilig so verarmt, dass die Dissertation nicht gedruckt werden konnte, sondern nur maschinengeschrieben vorliegt.

Ein Auszug aus der Dissertation erschien 1926 im Jahrbuch der Dissertationen der Philosophischen Fakultät der Berliner Universität.[11]

9 www.wikipedia.org: Aleksander Brückner (aufgesucht am 06.12.2012).

10 Geheimes Staatsarchiv, I.HA, Rep. 76 Kultusministerium, Sekt.2, Tit. VI, Nr. 1, Bd. 19 Erteilung der Doktor- und Magisterwürden an der Universität Berlin, Blätter 7 und 8.

11 Silberstein, Leopold: Černyševskij als Belletrist, Auszug aus der Dissertation in: Jahrbuch der Dissertationen der Philosophischen Fakultät der Friedrich-Wilhelm-Universität Berlin (1926).

Erste Forschungen

Nach der Promotion vertiefte und erweiterte Leopold Silberstein an der Berliner Universität im »Seminar für osteuropäische Geschichte und Landeskunde«, das sich in der Dorotheenstraße befand, seine slawistischen Kenntnisse. Unter Anleitung von Prof. Stählin beschäftigte er sich mit Problemen der russischen Geschichte. Gleichzeitig besuchte er Vorlesungen und Seminare des neuen Slawisten der Berliner Universität, Prof. Max Vasmer[1], und machte sich dort vor allem mit Problemen der russischen Folklore bekannt.

Inzwischen begann er, selbstständig die polnische progressive Literatur zu untersuchen, besonders unter dem Gesichtspunkt der Aufhebung der Leibeigenschaft der Frau und ihres schöpferischen Beitrags zum kulturellen Erbe. Von dieser Tätigkeit zeugt eine auf Polnisch verfasste Rezension eines Werks über das literaturkritische Schaffen der polnischen Dichterin Maria Konopnicka[2].[3] Die Rezensentin Julja Dickstein-Wieleżyńska[4] unterschied zwei Auffassungen zur Literaturkritik, die eine, dass diese eine Wissenschaft sei, und die andere, dass man die Literaturkritik nicht als Wissenschaft identifizieren könne, wobei sie die kritischen Schriften der Konopnicka der zweiten Auffassung zurechnete. Silberstein stellte zu dem Buch fest, dass es keine literarische oder philologische Untersuchung des Schaffens der Konopnicka erkennen lasse. In subjektiver Weise sah sie seiner Meinung nach bei Konopnicka zwei Elemente: ein auf den Tag bezogenes, soziales, aktives, das sie zur »Elendshütte« anzog, und

1 Max Vasmer (1886–1962), Sohn deutscher Eltern, wuchs in St. Petersburg auf, wo er studierte und sich 1909 habilitierte. Nach Stationen in Saratow und Tartu kam er 1923 nach Leipzig und begründete die Zeitschrift für Slavische Philologie. 1925 erhielt er einen Ruf an die Friedrich-Wilhelm-Universität in Berlin und baute hier das Slawische Institut auf. Während der Zeit des Nationalsozialismus blieb er in Berlin. Er setzte sich für die Freilassung inhaftierter Slawistik-Kollegen ein. Nach dem Krieg lehrte er zunächst an der Humboldt-Universität und ab 1949 an der Freien Universität in West-Berlin.

2 Maria Konopnicka (1842–1910) war polnische Dichterin, Schriftstellerin und Kinderbuchautorin. Sie trat als Aktivistin im Kampf für die Frauenrechte und die polnische Unabhängigkeit hervor.

3 Silberstein, Leopold: Recenje [Dickstein-Wielezynska J.: Konopnicka. Dzieje natchnien i mysli] Ruch literacki, Warszawa (1927) Nr. 7, S. 213f. (Orig. poln.).

4 Julia Dickstein-Wieleżyńska (1884–1943) war polnische Publizistin, Schriftstellerin und Übersetzerin. Sie trat engagiert für die Gleichberechtigung der Frauen ein. Nach dem Ausbruch des 2. Weltkriegs wurde sie von den Nazis verhaftet, aber 1942 wegen ihres schlechten Gesundheitszustands freigelassen. Sie starb kurz danach.

ein nächtliches, individuelles, nachdenkliches, das ein »untergrabenes Schweigen« entwickelte. Mit ihrem Werk versuche sie zu zeigen, wie diese beiden Elemente bei der Dichterin von Anfang an nebeneinander und für sich existierten, bis sie sich schließlich in einer harmonischen Einheit, zu einem aktiven Mystizismus verbänden. Ihre Subjektivität äußere sich auch darin, dass sie Konopnicka eigene Gedanken unterschiebe und den Gegenstand mit fremden Elementen, zum Beispiel der indischen Philosophie und Mystik überlade. Silberstein kritisierte, dass Dickstein-Wieleżyńska sich auf poetisch schwache Gedichte von Konopnicka konzentriere, während sie die berühmten Gedichtzyklen fast mit Schweigen überginge; das gleiche gelte auch für ihre meisterhaften Romane. Einzelne Ausführungen von Dickstein-Wieleżyńska über den angeblich revolutionären Charakter von Konopnicka, ihre Ansichten zur Frauenfrage usw. fand er hingegend lohnenswert zu lesen. Zutreffend hätte sie Konopnicka auch in die polnische Literaturgeschichte eingeordnet, aber verabsäumt, ihren Platz in der Weltliteratur zu bestimmen. So zog Silberstein das Fazit:

> »Alles in allem gilt: ein eigenständiges und interessantes Buch, das seines Gegenstandes würdig ist, das sich lohnt gelesen zu werden, selbst wenn über die Konopnicka nicht so beschämend wenig geschrieben worden wäre.«

Über »Das Werk der Eliza Orzeszkowa«, eine bedeutende polnische Schriftstellerin, die von 1842 bis 1910 lebte, verfasste er ein Manuskript im Umfang von 209 Seiten, das unveröffentlicht blieb und über dessen Verbleib nichts bekannt ist.[5] Aber auch später rezensierte er immer wieder Publikationen über die Geschichte und Literatur Polens.[6] [7]

Ab 1927 beschäftigte er sich zunehmend mit tschechischer Geschichte und Literatur. Bis 1933 wurde er ein ständiger Mitarbeiter in zahlreichen Zeitschriften über Slawistik und die Geschichte der slawischen Völker, die auf Deutsch erschienen. Hier sind vor allem die »Jahrbücher für Kultur und Geschichte der Slaven«, die »Slavische Rundschau« und die »Zeitschrift für slavische Philologie« zu nennen. So besprach er 1929 in den »Jahrbüchern für Kultur und Geschichte der Slaven« die Publikation von Tanin »10 Jahre Außenpolitik der Sovets«.[8]

Im Jahr 1929 rezensierte er in der »Zeitschrift für slavische Philologie« eine Anthologie der zeitgenössischen polnischen Literatur ab 1897, die von Stanisław Lam[9]

5 Spisok naučnych trudov Zil'beršstejna, L'va Vasil'eviča (Liste der wissenschaftlichen Arbeiten von Silberstein, Leo Vasiljewitsch), Universität Tartu 11.4.1941, Estnisches Staatsarchiv, Dokument eaa2100_005_0000360_00275 (Orig. russ.).

6 Silberstein, Leopold: Aus der neueren polnischen Geschichtsliteratur, Slavische Rundschau 2 (1930), S. 663–668.

7 Ders.: Aus der polnischen Geschichtsliteratur, Slavische Rundschau 4 (1932), S. 158–164.

8 Ders.: Zehn Jahre Aussenpolitik der Sovets, (1929) Jahrbücher für Kultur und Geschichte der Slaven, Neue Folge, Franz Steiner Verlag, Bd. 5, H. 3, S. 377–380.

9 Stanislaw Lam (1891–1965) war polnischer Herausgeber, Publizist, Kritiker und Literaturhistoriker.

MISCELLEN

ZEHN JAHRE AUSSENPOLITIK DER SOVETS

Von

Leopold Silberstein.

M. Tanin: 10 let vnešnej politiki SSSR (1917—1927). — Gosudarstvennoe izdatel'stvo Moskva-Leningrad 1927. VIII, 260 S., 1 Karte. — Desjat' let sovetskoj diplomatii (akty i dokumenty). — Izdanie Litizdata Narkomindela, Moskva 1927. 124 S.

Tanin hat sein Buch Anfang Oktober 1927, kurz vor dem Staatsjubiläum, abgeschlossen. Die Zeit war damals für die Sovetunion außenpolitisch sehr düster. England hatte im Sommer den diplomatischen Bruch vollzogen, Frankreich zeigte durch unnachgiebiges Auftreten in der Rakovskij-Affäre betont seine Mißachtung, die Beziehungen zu Deutschland hatten den 1926 mit dem Berliner Vertrag erreichten Höhepunkt schon wieder überschritten, die Ermordung Vojkovs gefährdete die Beziehungen zu Polen, der innere Kampf mit der Linksopposition begann auch die gefühls- oder interessenmäßigen Freunde der Union im Auslande zu kritischer Besinnung zu veranlassen. Ein Rück- und Überblick mußte demgemäß von ernsten Untertönen durchklungen sein, andererseits durfte in einem Jubiläumswerk auch die Fanfare des Glaubens an den Endsieg nicht fehlen. Dieser sehr heiklen Aufgabe hat sich Tanin im ganzen mit Geschick entledigt. Nur selten tritt ein handgreiflicher Widerspruch zutage: etwa wenn er eine „isključitel'naja političeskaja otstalost' amerikanskogo rabočego klassa" feststellt (S. 222) und einen wirtschaftlichen Aufschwung Amerikas noch auf 10—20 Jahre voraussagt (S. 225), gleich darauf aber pflichtschuldigst die Hoffnung ausdrückt, daß eine Gegnerschaft Amerikas gegen die Union schließlich doch dank wirtschaftlichen Krisen und Gegensätzen Amerikas und dank dem dort aufgehäuften „sozialen Zündstoff" zusammenbrechen werde (S. 225).

Echt sovetistisch läßt Tanin in seiner Darstellung die führenden Persönlichkeiten hinter den unpersönlichen Ereignissen, Situationen und Tendenzen stark zurücktreten. Für uns, die wir uns politische Persönlichkeit und Milieu nur in untrennbarer Wechselwirkung denken können, wird das Bild dadurch unvollständig und schief. In merkwürdiger Undankbarkeit werden gerade diejenigen Männer totgeschwiegen oder unzureichend behandelt, denen die Union nicht zuletzt ihre erstarkte außenpolitische Position verdankt: die Deutschen Rathenau, Maltzan und Brockdorff sowie die Chinesen Sun-Yat-Sen und Feng-Yü-Hsiang. Tanin erwähnt weder Maltzans langwierige Vorbereitung der Ostorientierung noch Rathenaus verantwortungsbewußte Gewissenskämpfe in den Genueser Tagen, noch Brockdorffs unermüdliche Arbeit, ohne welche die Linie von Rapallo vermutlich schon längst infolge irgendeines Zwischenfalles oder infolge anderweitiger Bindungen Deutschlands verlassen worden wäre. Aber für Tanin scheint es schon fast das größte Lob zu sein, wenn er über einen nicht-bolschewi-

377

Ausschnitt aus der Rezension von M. Tanin's Buch »10 Jahre Außenpolitik der Sovets« in Jahrbücher für Kultur und Geschichte der Slaven herausgegeben wurde. Zunächst definierte er die Anforderungen an eine solche Anthologie:[10]

> »Trotz der scheinbar losen Fügung der Anthologie übernimmt also LAM bewußt eine weitgehende Verantwortung für das Bild, das in ihrem Leser entstehen muß. Nur müssen einem Leser, wie LAM ihn sich denkt, die Dinge in richtiger Proportion gezeigt werden: wesentliche Schriftsteller dürfen nicht fehlen, unwesentliche nicht oder nicht ausgiebig vertreten sein; Meister dürfen nicht der Originalität zuliebe mit schwächeren Sachen herausgestellt werden, da sonst das ästhetische Urteil gerade des Anfängers, der auf große Namen zu schwören allzu geneigt ist, verdorben werden kann. All dies gilt sinngemäß auch für die Auszüge aus den Kritiken. Das sei vorausgeschickt, um dem Einwand zu begegnen, daß Kritik einer Anthologie bloße Geschmackssache sei.«

Danach kritisierte er die Unzulänglichkeiten und Disproportionen von Lam's Anthologie, dass wichtige Schriftsteller gänzlich fehlten, aber dass von manchen berühmten eher unbedeutende Arbeiten aufgeführt seien. Zugleich lobte er auch »reizvolle Gegenüberstellungen, für die man LAM dankbar sein kann«. Insgesamt bewies dieses Referat ein mit begründet angebrachtem Lob und Tadel sicheres Urteil Silbersteins über die zeitgenössische polnische Literatur.

1929 und 1930 referierte er in der »Slavischen Rundschau« über die Slavica in insgesamt vier Weltliteraturgeschichten.[11] Die Vorstellung der slawischen Literatur gehörte zum Programm des Osteuropa-Instituts unter Leitung von Prof. Stählin. Dass hierfür ein starkes öffentliches Interesse bestand, wird auch daran deutlich, dass beispielsweise die Zeitung »Prager Presse« Anfang der 30er-Jahre regelmäßig berichtete, wie die Literatur der Slawen in der Brockhaus-Enzyklopädie widergespiegelt wurde. Unter der Überschrift »Slavistische Unbildung in der deutschen Wissenschaft« kritisierte Silberstein das verzerrte, veraltete Bild, das von der slawischen Literatur vermittelt werde, und gab zugleich konstruktive Hinweise, welche Ergänzungen und Neubewertungen von Literaten dringend geboten seien.

So hob er hervor, dass die Weltliteraturgeschichte von Busse aus dem Jahr 1913 und die Neubearbeitung der Scherrschen Weltliteraturgeschichte von 1926 bei weitem von der viel früheren 1891 erschienenen »Allgemeinen Geschichte der Literatur« des Gustav Karpeles übertroffen werde. Obwohl die benutzten Quellen 1891 noch nicht als ver-

10 Silberstein, Leopold: [Rezension] Lam Stanislaw: Polska literatura współczesna. (od roku 1897 do chwili bieżącej) Charakterystyki i wypisy (Polnische zeitgenössische Literatur (vom Jahr 1897 bis in die Gegenwart) Charakteristika und Auszüge, Zeitschrift für slavische Philologie, Band VI, Heft 1–2 (1929), S. 297–300.

11 Ders.: Die Slavica in deutschen »Weltliteraturgeschichten«, Slavische Rundschau 1 (1929) Nr. 6, S. 488–490, Nr. 10, S. 849–851 und ders.: Slavistische Unbildung in der deutschen Wissenschaft. Die Slavica in deutschen »Weltliteraturgeschichten«, Slavische Rundschau 2 (1930), S. 124–126, 211–214.

altet gelten konnten, war aber das aus ihnen gewonnene Bild dem Stand der damaligen Forschung in der Literaturgeschichte, was die Slawistik anging, nicht angemessen. Damit wollte er auf die grundsätzlichen Schwierigkeiten einer »Weltliteraturgeschichte« aufmerksam machen. Über den Teil der russischen Literatur bemerkte er kritisch:

> »[Sie] weist gleichfalls in der älteren Periode empfindliche Mängel auf; man vermißt den ›Domostroj‹, Kotošichin, Križanić; das Igor'lied, hinsichtlich seiner Echtheit von Karpeles stark angezweifelt, muß sich mit einer flüchtigen Erwägung begnügen. Lomonossov, Novikov und Radiščev kommen von den Geistern des 18. Jhs. nicht gebührend zur Geltung. Puškin aber trifft dasselbe Los wie Mickiewicz; er wird mit nichtssagenden Phrasen erledigt, von seinen Werken werden nur ›Onegin‹ und ›Godunov‹ genannt. Vielleicht ist er sogar noch schlimmer dran als der Pole: denn daß er nicht nur eine große Einzelgestalt, sondern eine Epoche bedeutet, ist aus der Darstellung schwerlich zu entnehmen. Ebensowenig freilich kann man die umwälzende Wirkung Gogol's – von dem nur der ›Revisor‹ besonders erwähnt wird – und Belinskijs erkennen. Des letzteren großen Fortsetzer, Dobrol'ubov (›Gobroljubow‹) muß durch eine mißverständliche Parallelsetzung – Gegnerschaft gegen Hercen – dem unkundigen Leser als Gesinnungsgenosse Katkovs erscheinen. Verhältnismäßig richtig ist dagegen die Bedeutung von Lermontov, Kol'cov, Turgenev, Gončarov, Tolstoj, Dostojevskij, Nekrasov erkannt. [...] ›Chacun a les défauts de ses vertus.‹ [Jeder hat Fehler, die seinen Tugenden entspringen.] Karpeles hat seinen ehrlichen Willen zur Objektivität mit einer gewissen Weichlichkeit des Charakters bezahlen müssen, die sich um scharfe begriffliche Formulierung und entschiedene Stellungnahme herumdrückt. Zudem ist er der würdige Sohn einer an sich wortreichen Zeit: man gerät leicht in Versuchung, ganze Absätze bei ihm zu überspringen. So wird man Belehrung aus seinem Buche schwerlich mehr schöpfen können, ihm trotzdem aber dafür danken müssen, daß er als einer der ersten mit dem sinnlosen Prinzip ›Slavica non leguntur‹ [Slavika werden nicht gelesen] gebrochen hat.«[12]

Indem Leopold Silberstein die Aufgaben einer Weltliteraturgeschichte prägnant zusammenfasste, diskutierte er Leixners »Geschichte der Fremden Literaturen« von 1898 wie folgt:

> »Für Leixner ist die Weltliteraturgeschichte nicht so sehr eine Zusammenfassung der bedeutenden Leistungen der einzelnen Nationen, jener Leistungen, deren Wert nicht selten in der Neuverschmelzung des aus verschiedensten Völkern und Zeiten aufgenommenen Kulturgutes zu einer selbständigen Einheit liegt, oder die mit ungewöhnlichem, von der Norm abweichendem Inhalt (oder

12 Ders.: Slavistische Unbildung in der deutschen Wissenschaft, (1930), S. 125f.

BELINSKIJ UND ČERNYŠEVSKIJ

Versuch einer geistesgeschichtlichen Orientierungsskizze.

Von

Leopold Silberstein.

Das 19. Jahrh. bedeutet für den größten Teil der Kulturmenschheit eine Epoche, in welcher die Tendenz zur Kritik, Opposition und Negation neben den rein positiven Leistungen ungewöhnlich stark ins Gewicht fällt. Dies zeigt sich besonders nach dem Ablauf seines ersten Drittels, an dessen Ende kurz hintereinander die drei Männer sterben, welche nach dem Tode Napoleons als die repräsentativsten Exponenten aufbauenden Schöpfertums gelten konnten: Beethoven, Hegel und Goethe. Die großen Namen der nachfolgenden Jahrzehnte schließen neben der positiven Leistung meist die ausdrückliche und stark betonte Verneinung eines Bestehenden ein: sich zu Marx oder Darwin, zu Nietzsche oder Wagner, zu Ibsen oder Tolstoj zu bekennnen, heißt nicht nur Bereicherung des geistigen Besitzes, sondern gleichzeitig rücksichtslose Ausschließung der damit unvereinbaren Elemente: ein unerbittliches Entweder-Oder, wie es vielleicht nur die Zeiten der Renaissance und Reformation gekannt hatten. Selbst die positiven Fortschritte der Naturwissenschaft stehen bisweilen in besonders scharfem Gegensatz gegen das Herkömmliche: Virchows Zellularpathologie gegen die Humoralpathologie, Darwins Evolutionslehre gegen das Dogma der Unveränderlichkeit der Spezies, die Entdeckung der strahlenden Substanzen durch das Ehepaar Curie gegen das Dogma der Unveränderlichkeit der Elemente. Und doch haben bei dem größten Teil der Kulturnationen nur angekränkelte Geister geglaubt, angesichts so vieler Negationen sich in den Bankrott einer Fin-de-siècle-Stimmung flüchten zu müssen: der Besitz an positivem geistigem Gut war zu groß, dazu kam das neue, von Negationen und Antithesen einstweilen fast verschonte Gebiet der Technik. Die Besonderheit der russischen Entwicklung im 19. Jahrh. ist, daß diese beiden Gegengewichte gegen die negativen Tendenzen nicht in genügendem Maße vorhanden sind: weder ein bedeutender Besitz an positiven traditionellen Werten noch eine dem Westen auch nur im entferntesten zu vergleichende technische Entwicklung. So war es möglich, daß das Prinzip der Antithese, welches für den Westen bisher noch immer nur den Übergang zu einer Synthese ge-

163

Ausschnitt aus der Arbeit »Belinskij und Černyševskij – Versuch einer geistesgeschichtlichen Orientierungsskizze«, Jahrbücher für Kultur und Geschichte der Slaven (1931)

Form) die Welt überraschen und zugleich bezwingen; nein, ihm scheint die Weltliteraturgeschichte ein volkskundliches Museum zu sein, wo durchschnittliche Typen sich selbst samt ihren Gefühlen und Erlebnissen in der bunten Außenseite verschiedener Nationalitäten präsentieren, hinter der im Grunde immer der gleiche Kern steckt. Wird nun dies ganze Panorama noch auf die einfarbige Fläche der deutschen Sprache projiziert, so muß sich ein Gesamtbild von ermüdender Einförmigkeit ergeben, das der wirklichen Mannigfaltigkeit in der Weltliteratur entspricht. Durch ganze Seiten, ja Bogen, verfolgt Leixner seinen Leser mit ausführlichen Zitaten aus anspruchsloser, uncharakteristischer Volks- und Kunstlyrik«.[13]

Eine Erweiterung des Themas seiner Dissertation stellt die Arbeit »Belinskij und Černyševskij. Versuch einer geistesgeschichtlichen Orientierungsskizze« dar.[14] Dabei ging er besonders auf die demokratische Bewegung in Russland des 19. Jahrhunderts ein.

War seine Dissertation einer literarästhetischen Untersuchung des Schaffens von Černyševskij gewidmet, so behandelte er im vorliegenden Aufsatz die geistesgeschichtliche Bedeutung von Belinskij und seines Fortsetzers Černyševskij. Vissarion Grigorevič Belinskij (1811–1848) war ein revolutionärer Demokrat, Literaturkritiker und Philosoph. Er wurde Redakteur der führenden revolutionär-demokratischen Zeitschriften »Otečestvennye zapiski« (Vaterländische Aufzeichnungen) und »Sovremennik« (Der Zeitgenosse), in denen er sich Anfang der 40er-Jahre des 19. Jahrhunderts zum einflussreichsten Literaturkritiker Russlands profilierte. Silberstein zeichnete seine komplizierte geistige Entwicklung von der idealistischen Philosophie Hegels zu einem revolutionären Demokratismus nach.

»Belinskijs Hinterlassenschaft ist formlos, widerspruchsvoll, ungleichwertig und vielfach naiv. Seine Bildung ging schon infolge des Mangels an ausreichenden Sprachkenntnissen nicht allzusehr in die Breite und infolge des Mangels an Zeit zu ruhigem Studium nicht allzusehr in die Tiefe. Durch sein Temperament, seine rücksichtlose Selbsteinsetzung und seinen Arbeitseifer war er trotz dieser Mängel der größte Anreger seiner Zeit. Es ist bezeichnend, dass der ›*Sovremennik*‹ die Wiege der modernen russischen Literatur, mit dem ganz speziellen Zweck gegründet wurde, Belinskij eine würdige Arbeitsmöglichkeit zu schaffen. So gehört er unmittelbar nur der russischen, durch seine mittelbaren Auswirkungen aber der Weltgeschichte an.«[15]

13 Ebd., S. 211f.

14 Ders.: Belinskij und Černyševskij. Versuch einer geistesgeschichtlichen Orientierungsskizze, Jahrbücher für Kultur und Geschichte der Slaven, Ost-Europa Institut (Breslau) Franz Steiner Verlag, Neue Folge, Bd. 7, H. 2 (1931), S. 163–189.

15 Ebd., S. 182.

Černyševskij stellte sich schon in seiner Magisterdissertation »Die ästhetischen Beziehungen der Kunst zur Wirklichkeit« auf die philosophischen Positionen des Materialismus von Ludwig Feuerbach. Er machte die Zeitschrift »Sovremennik« in der Zeit von 1853 bis 1862 zusammen mit Nekrasov und Dobroljubov zum radikalsten Organ der russischen öffentlichen Meinung. Da die zaristische Regierung keine unzweideutigen Beweise gegen Černyševskij beibringen konnte, um ihn mundtot zu machen, griff man zum Mittel des Justizverbrechens. Černyševskijs Verurteilung zu 14 Jahren Verbannung nach Sibirien machte ihn zum Märtyrer. Sein in der Peter-Pauls-Festung von St. Petersburg entstandener Roman »Čto delatj?«»wurde zum Bekenntnis aller nicht nur revolutionären, sondern überhaupt fortschrittlichen Menschen und zum Schrecken aller Angsthasen. Dabei waren manche publizistischen Aufsätze Černyševskijs, etwa seine ›Kritik der philosophischen Vorurteile gegen den Gemeindebesitz‹, weit revolutionärer als dieser Roman.«[16]

Leopold Silberstein setzte sich auch von einer demokratischen Position aus mit der Vereinnahmung Černyševskijs durch den Staatsmarxismus der Sowjetunion auseinander und hob hervor, dass die Lebensarbeit Černyševskijs in der Realisierung der Menschenwürde bestand. Demzufolge kann nur der ihn als geistigen Ahnherrn beanspruchen, der die Würde des Menschen bejaht.

Der Aufsatz über Černyševskij und Belinskij wurde auch in der Zeitschrift »Le Monde Slave« referiert.[17]

Ein undatiertes Exemplar dieser Arbeit befindet sich jetzt in den von Roman Jakobson hinterlassenen Papieren.[18]

1929 nahm Leopold Silberstein am Ersten Internationalen Kongress der Slawisten teil, der vom 6. bis 13. Oktober in Prag stattfand. Dabei trat er in engen Kontakt mit führenden tschechischen Kultur- und Geistesschaffenden. Auf dem Kongress machte er sich mit den Thesen des Prager Linguistischen Zirkels zur Sprachwissenschaft bekannt.

Mit vielen der Sprachwissenschaftler, die er auf diesem Kongress persönlich kennenlernte, wie mit den Professoren Siebenschein[19] und Slotty[20], pflegte er enge fachliche und auch freundschaftliche Beziehungen. Ein Brief an den Germanisten und Literaturwissenschaftler Prof. Otokar Fischer vom 17.10.1929, den er auch auf dem

16 Ebd., S. 184.

17 Le Monde Slave (1931), Nr. 11, S. 222.

18 E-Mail von Myles Crowley vom MIT Institute Archives and Special Collections an den Verfasser vom 16.6.2014.

19 Hugo Siebenschein (1889–1971) war tschechischer Literaturhistoriker, Germanist und Verfasser von Wörter- und Lehrbüchern der deutschen und tschechischen Sprache.

20 Friedrich Slotty (1881–1963) war ein deutscher Indogermanist, der von 1925 bis 1939 an der Karls-Universität in Prag tätig war. Im Protektorat Böhmen und Mähren erhielt er wegen seiner gegen die Faschisten gerichteten öffentlichen Auftritte Lehr- und Publikationsverbot. 1940 wurde ihm der Professorentitel entzogen. 1953 folgte er einem Ruf an die Universität Jena.

I. SJEZD SLOVANSKÝCH FILOLOGŮ
V PRAZE
DNE 6.–13. ŘÍJNA 1929
I. CONGRÈS DES PHILOLOGUES SLAVES
PRAGUE
LE 6–13 OCTOBRE 1929

SEZNAM ČLENŮ
LISTE DES MEMBRES

Adresy stálé i sjezdové, s označením delegátů
Adresses, hôtels, noms des délégués

V PRAZE 1929
NÁKLADEM SJEZDOVÉHO VÝBORU

Schlochow Noemi, Praha II., černá ul. 9 a Pension Marathon.
Schlücksbier Ladislav, zemský šk. insp., Praha III., Letenská 4.
Schmid Heinrich Felix, Dr., univ. prof., Graz. — Hotel Wilson.
Schneeweis Edmund, Dr., Praha I., 606, Slov. seminář něm. univ.
Schütz Lotte, PhC., Münster. — Hotel Wilson.
Sičynškyj Vladimir, docent Dr., Dobřichovice, villa č. 102.
Siebenschein Hugo, Ph. Dr., Praha VII., Skuherského 25.
Silberstein Leopold, Ph. Dr., Berlin. — Hotel Wilson.
Simovyč Vasyl, Dr., Praha II., Školská 8/IV. — Del. *Ukrajinský vysoký ped. ústav v Praze.*
Sinjavsky O. M., Charkiv.
Siropolko Stepan, prof. Ukr. ped. ústavu, Praha VIII., 1315.
Skok Petar, Dr., Zagreb. — Zlatá Husa.
Skrbinšek Josef, prof. gymn., Praha XII., Fochova 114.
Skřivanová Adéla, zat. prof., Klatovy, Šmilovského 41.
Slavinsky Maxim, prof., Praha XII., U Riegrových sadů 14. — Del. *Ukrajinská hospodář. Akademie v ČSR.*
Słoński Stanisław, prof. Dr., Warszawa. — Hotel Imperial. — Del. *Varšavská Universita.*
Slotty Friedrich, Dr., univ. prof., Praha-Dejvice, 529.
Smal Stockyj Štěpán, Praha, Hotel Imperial.

21

I. Sjezd Slovenských Filologů v Praze dne 6.–13. října 1929, seznam členů, v Praze 1929 (I. Kongress der Slavisten in Prag 6.–13. September 1929, Liste der Teilnehmer in Prag 1929), nakladem sjezdového výboru (Verlag des Kongressausschusses).

Kongress kennen gelernt hatte, berichtet darüber, dass sich Silberstein an der Diskussion zu den Thesen des Prager Linguistischen Zirkels beteiligt hatte:[21]

> *Verehrter Herr Professor,*
> *nach Berlin zurückgekehrt, möchte ich Ihnen noch einmal meine aufrichtig empfundene Dankbarkeit für das Interesse ausdrücken, dass Sie mir liebenswürdiger Weise auf dem Kongress erwiesen. Ich kann Ihnen, Herr Professor, nur wiederholen, dass ich in dem Moment, als ich in Heidelberg die gedruckte Formulierung Ihrer Thesen erhielt, noch nicht die Ehre hatte, Sie persönlich zu kennen, und ich sah der Diskussion über sie mit einem außergewöhnlichen Interesse entgegen. Umso glücklicher war ich, als ich es dank Ihrer liebenswürdigen Einladung, Herr Professor, wagen konnte, an dieser Diskussion teilzunehmen. Nicht nur rechne ich es mir als außerordentliche Ehre an, dass es mir gestattet wurde, mich zu Wort zu melden inmitten einer solchen hervorragenden Versammlung von Gelehrten, son-*

21 Brief Leopold Silbersteins an Otokar Fischer vom 17.10.1929, Archiv des Památník Národního písemnictví, Prag, Nachlass Otokar Fischer (Orig. tschech.).

dern auch die Erinnerung an jene Diskussion wird für mich ein bleibender Ansporn sein, den theoretischen Fragen der Literaturwissenschaft möglichst noch mehr Aufmerksamkeit zu widmen.

Die Bekanntschaft mit Prof. O. Fischer entwickelte sich zu einer lebenslangen Freundschaft. Oft sandten sie sich gegenseitig ihre Veröffentlichungen zu, und Silberstein war auch mehrmals Gast im Hause Fischers, als er zu Archivstudien in Prag weilte. Als Silberstein das Werk »Duše a Slovo« (Seele und Wort) von O. Fischer erhielt, schrieb er ihm:[22]

Verehrter Herr Professor,
Ihr mir übersendetes Buch »Duše a Slovo« hat mir eine große und aufrichtige Freude bereitet. [...] Sehr erfreulich ist besonders für uns Jüngere die bewundernswürdige Vielseitigkeit seines Inhalts; es überzeugt uns, dass es auch jetzt noch möglich ist, sich der drohenden Gefahr übermäßiger Spezialisierung, des wissenschaftlichen Fordismus zu entziehen (um es so auszudrücken). Oder welch ein weites Feld des eingenommenen Gegenstands Ihres Buches, Herr Professor: von der Charakterologie bis zu einzelnen Fragen des Reims bei Březina und den Sonetten von Kollár. Besonders erfreut habe ich den Aufsatz über die Kunst der Übersetzung begrüßt, die so oft mit rein materiellem Ziel missbraucht wird. Seien Sie gewiss, verehrter Herr Professor, dass Ihr Buch immer eine besondere Zierde meiner Bibliothek sein wird [...].

Ein wesentliches Ergebnis dieses I. Internationalen Kongresses der Slawisten im Jahr 1929 war die Veröffentlichung der »Thesen des Prager Linguistischen Zirkels«.[23] Dieses recht umfangreiche Dokument beschrieb auf 29 Seiten die aktuellen Aufgaben der Sprachwissenschaften und speziell der Slawistik. Es entfaltete eine nachhaltige Wirkung auf die Neuausrichtung der Sprachwissenschaft und für die weitere Tätigkeit des Prager Linguistischen Zirkels.

Ein grundlegender Gedanke dieser Thesen bestand darin, die Sprachwissenschaft in den Kontext der Gesellschaft zu stellen und die soziale Rolle der Sprache zu studieren. Dies sollte vor allem dadurch geschehen, dass bei der linguistischen Analyse stets der Gesichtspunkt der Funktion zu berücksichtigen sei. Die Sprache sei als ein System

22 Brief Leopold Silbersteins an Otokar Fischer vom 1.12.1929, Archiv des Památník Národního písemnictví, Prag, Nachlass Otokar Fischer (Orig. tschech.).

23 Mélanges Linguistitiques dédiés au Premier Congrès des Philologues Slaves (Linguistisches gewidmet dem ersten Kongress der Slawisten) , Prague 1929, in: P. Čermák, C. Poeta, J. Čermák: Pražský Linguistický Kroužek v Dokumentech, Academia, Praha (2012), S. 682–707 (Orig. franz.).

zu betrachten. Die bis dahin vorherrschende Untersuchung isolierter Erscheinungen der Sprache sollte zugunsten einer ganzheitlichen Methode der Sprachforschung überwunden werden.

Zu einem Schwerpunkt der Untersuchungen wurden erklärt:

- der phonische Aspekt der Sprache
- Untersuchungen über das Wort und die Gruppierung der Wörter.

Im Hinblick auf die Funktionen der Sprache wurde der Ausbildung der Literatursprache und der Untersuchung der poetischen Sprache besonderes Augenmerk geschenkt. Bezüglich des Altslawischen lenkte man die Aufmerksamkeit auf die Geschichte der Elemente des kirchenslawischen in den nationalen slawischen Literatursprachen. Als wichtige Herausforderung für die slawische Linguistik wurde benannt, die Prinzipien der phonetischen Transkription für alle slawischen Sprachen zu vereinheitlichen. Für die linguistische Geografie wurde die Aufgabe gestellt, Karten anzufertigen, die linguistische und ethnografische Merkmale in sich vereinigen. Als vordringlich wurde die Erarbeitung eines linguistischen Atlasses der slawischen Sprachen erachtet. Wegen des großen Aufwandes dieser Aufgabe schlug man die Bildung von ad hoc Kommissionen mit Vertretern der Akademien und der Gelehrtengesellschaften der slawischen Länder vor und dass die Akademien diese Arbeit durch Zuschüsse fördern sollten. Für die Untersuchungen zur slawischen Lexikografie wurde gefordert, dass das Vokabular als ein komplexes System von Wörtern behandelt werde, die miteinander koordiniert sind bzw. einander gegenüberstehen. Abschließend forderte man dazu auf, aktiv die Sprachkultur zu fördern, indem solche Qualitäten der Sprache wie Stabilität, Differenzierungsfähigkeit und Originalität weiterentwickelt werden. Zugleich wurde dem übertriebenen Sprachpurismus eine Absage erteilt, der eine wahrhafte Sprachkultur eher schädige.

Nach Berlin zurückgekehrt, entwickelte Leopold Silberstein den Plan, eine Habilitationsarbeit über die Gründung des tschechoslowakischen Staats zu verfassen. Eine erste Frucht dieser schon vorher begonnenen Forschung war die Schrift »Die Entstehung des tschechoslovakischen Staates nach Benesch's Memoiren«.[24] Dieser Veröffentlichung ging ein Vortrag über die Entstehung des tschechoslowakischen Staates in Berlin im November 1927 voraus.[25]

Silberstein zeichnete anhand von Beneš' Memoiren den gewundenen Weg tschechischer Politiker der verschiedenen Lager während des ersten Weltkriegs zur Gründung eines unabhängigen tschechoslowakischen Staates nach. Dabei spielte das »Triumvirat Masaryk – Beneš – Štefánik« eine große Rolle. Diese Vereinigung dreier

24 Silberstein, Leopold: Die Entstehung des tschechoslovakischen Staates nach Benesch's Memoiren, Europäische Gespräche. Hamburger Monatshefte für Auswärtige Politik, 6 (1928) 3, S. 127–147.

25 Schreiben Leopold Silberstein an das Ministerium für auswärtige Angelegenheiten vom 16.04.1936, Archiv des Ministeriums für Auswärtige Angelegenheiten Tschechischen Republik in Prag, Box Abt. III (Orig. tschech.).

überaus fähiger, sich charakterlich ergänzender Politiker und Diplomaten erlangte aus einer Situation völliger Machtlosigkeit durch geschickte politische Schachzüge die Unterstützung der Westmächte bei der Verwirklichung ihres Ziels. Silberstein charakterisierte die drei Männer wie folgt:

> »Wenn man Masaryk als seltene Synthese von Verstand und Leidenschaft, Benesch als überwiegenden Verstandesmenschen charakterisieren kann, so war Stefánik trotz seiner Beschäftigung mit exakten Wissenschaften[26] ein Mensch der vorherrschenden Leidenschaft.
>
> Während daher zwischen Masaryk und Benesch stets ein nicht nur persönlich, sondern auch sachlich ungetrübtes Einvernehmen herrschte, war die Zusammenarbeit mit Stefánik etwas schwieriger. Seine Anschauungen waren nicht frei von einem nationalistisch-militaristischen Romantismus, er stand weiter rechts als Masaryk und Benesch, war kein unbedingter Republikaner, seine Einschätzung der einzelnen Situationen war nicht immer nüchtern, wozu auch der Umstand beigetragen haben mag, daß seine Gesundheit von der Eisenfestigkeit Masaryk's und Benesch's weit entfernt war. Andererseits machte ihn gerade seine Leidenschaftlichkeit zu einem unschätzbaren Vorkämpfer der tschechoslovakischen Sache: er scheint bei denjenigen Persönlichkeiten, bei denen Benesch's Logik nicht oder nicht genügend wirkte, den Erfolg durch sein hinreißendes Temperament erzielt zu haben.«[27]

Durch die Gründung eines »Tschechoslovakischen Nationalrats« im Februar 1916 gelang es diesen drei Politikern, die unterschiedlichen politischen Gruppierungen der Tschechen und Slowaken zu vereinigen und hinter sich zu bringen. Der Nationalrat führte in zahlreichen Ländern eine propagandistische Arbeit mit dem Ziel der politischen Unabhängigkeit und die Bildung von militärischen Formationen aus den Reihen tschechischer Kriegsgefangener in Russland durch. Masaryk hatte zeitig erkannt, dass man mit den Westmächten nur dann erfolgreich verhandeln könnte, wenn man auch über eine eigene militärische Macht verfügte. Eine komplizierte Frage für die tschechoslowakische Sache war der Interessenkonflikt mit den Südslawen. Die Westalliierten hatten Italien zugesagt, dass es südslawische Territorien erhalten könne. Masaryk und seine Männer waren allerdings auf die Unterstützung Italiens angewiesen, betrachteten aber zugleich die Südslawen als ihre natürlichen Bundesgenossen.

Die Februarrevolution 1917 in Russland verlieh der tschechoslowakischen Sache einen frischen Impuls, weil der neue russische Außenminister Miljukov, mit dem Masaryk gut bekannt war, die Schaffung eines tschechoslowakischen Staates in sein

26 Štefánik war nach seiner Ausbildung Mathematiker und Astronom.
27 Silberstein, Leopold: Die Entstehung des tschechoslovakischen Staates, S. 130.

Die Entstehung des tschechoslovakischen Staates nach Benesch's Memoiren.

Von Dr. Leopold Silberstein, Berlin.

Der tschechoslovakische Staat ist nicht aus fernem Dunkel gekommen, nicht eruptiv erstanden und nicht langsam zusammengewachsen, sondern in einer einzigartigen und höchst denkwürdigen Weise geschaffen worden durch bewußte Absicht und planvolle Arbeit eines verhältnismäßig engen Kreises und unter Ausnutzung bestimmter Konjunkturen und Strömungen. Einer der Hauptarbeiter an diesem Werk, Edvard Benesch, läßt in seinen Memoiren* nunmehr im einzelnen verfolgen, wie das Erstaunliche zustande gebracht wurde, und wie vor allem er persönlich daran mitgewirkt hat, daß eine Nation, die zu Beginn des Weltkrieges noch nicht einmal als Begriff existierte, bei seinem Abschlusse als einzige der Sukzessionsnationen mit dem Gewicht eines vollberechtigten Ententemitgliedes auftreten und sich hierdurch einen „maximalen" Erfolg sichern konnte.

Der Kriegsausbruch traf die tschechischen und slovakischen Politiker völlig unvorbereitet und uneinig. In der Frage: Für oder wieder Österreich-Ungarn? gab es kein sicheres Kriterium, am allerwenigsten den üblichen Gegensatz Rechts-Links. Im austrophilen Lager fanden sich die Klerikalen, denen Österreich-Ungarn als Hort des Katholizismus erhaltungswert, eine selbständige tschechische Nation als Erbin hussitischer Traditionen gefährlich erschien, mit einem Teil der Sozialdemokraten,

* Dr. Edvard Beneš: Světová válka a naše revoluce. Vzpomínky a úvahy z bojů za svobodu národa (Der Weltkrieg und unsere Revolution. Erinnerungen und Betrachtungen aus den Kämpfen um die Freiheit der Nation). Prag, Orbis-Verlag 1927. 2 Bde. VIII, 537 u. 612 S. — Eine deutsche Übersetzung von Dr. Camill Hoffmann unter dem Titel „Der Weltkrieg und die tschechoslovakische Revolution" wird demnächst im Verlag Erich Reiß, Berlin, erscheinen.

127

Titelseite der Veröffentlichung »Die Entstehung des tschechoslovakischen Staates nach Benesch's Memoiren«, Europäische Gespräche (1928)

politisches Programm aufgenommen hatte. Nachdem tschechoslowakische Einheiten im Juni 1917 bei Zborów erfolgreich an der Ostfront gekämpft hatten, gab die französische Regierung ihre Zurückhaltung in der tschechoslowakischen Frage auf und bewilligte die Bildung einer tschechoslowakischen Nationalarmee auf französischem Boden.

Im April 1918 organisierte Beneš in Rom einen Kongress von Vertretern aller in Österreich-Ungarn unterdrückten Nationalitäten, auf dem das Ziel der Zerschlagung Österreich-Ungarns proklamiert wurde. Dank ständiger diplomatischer Kontakte Benešʼ mit der französischen Regierung erkannte der französische Außenminister anlässlich der Fahnenweihe des ersten tschechoslowakischen Regiments in Frankreich den Nationalrat bereits als »Grundlage einer künftigen tschechoslowakischen Regierung« an. Durch zähe Verhandlungen gelang es, dass die Regierungen Englands und der USA den Nationalrat als faktische Regierung anerkannten.

Um die unklare Situation nach dem Waffenstillstandsgesuch der Doppelmonarchie im Oktober 1918 zu überwinden, präsentierte Beneš am 14.10.1918 der Welt eine regelrechte tschechoslowakische Regierung mit Masaryk als Staatspräsident, Ministerpräsident und Finanzminister, Beneš als Außen- und Innenminister und Štefánik als Kriegsminister. Außerdem wurden diplomatische Vertreter ernannt. Daraufhin erkannten die Alliierten die tschechoslowakische Regierung an und sprachen Österreich-Ungarn das Recht ab, im Namen der Tschechoslowaken und Jugoslawen zu verhandeln. Am selben Tag veröffentlichte Masaryk eine Unabhängigkeitsdeklaration. Am 28. Oktober brach in Prag eine Revolution aus. Im Dezember 1918 zog Masaryk in Prag ein, um die Macht zu übernehmen.

Dasselbe Werk von E. Beneš rezensierte Silberstein im Jahr 1929 auch in der »Historischen Zeitschrift«.[28] Ferner veröffentlichte er im Zusammenhang mit dem Studium der Gründung der Tschechoslowakei die Aufsätze »Neue Literatur über den Zusammenbruch Österreich-Ungarns«[29] und »Der Dreifrontenkampf des Jugoslavischen Nationalausschusses«.[30] Aus dieser Herangehensweise wird sein Anspruch deutlich, dass die Entstehung der Tschechoslowakei im Rahmen der regionalen politischen Entwicklung zu untersuchen sei. Speziell in Rezensionen befasste er sich mit weite-

28 Ders: [Rezension] Světová válka a naše revoluce. Vzpominky a úvahy z bojů za svobodu národa. (Der Weltkrieg und unsere Revolution. Erinnerungen und Betrachtungen aus den Kämpfen um die Freiheit der Nation.) Von Dr. EDVARD BENEŠ. Prag, Verlag »Orbis a Čin« 1927. 2 Bde. VIII, 537 u. 612 Seiten, Historische Zeitschrift (1929) Nr. 1, S. 156–160.

29 Ders.: Neue Literatur über den Zusammenbruch Österreich-Ungarns, Europäische Gespräche 7 (1929) 5, S. 264–276.

30 Ders.: Der Dreifrontenkampf des Jugoslavischen Nationalausschusses. Zur Entstehungsgeschichte des SHS-Königsreichs, Europäische Gespräche 6 (1928) 7, S. 335–353.

ren Problemen der tschechischen Geschichte und Literatur[31] [32] und erwarb eine tiefgründige Kenntnis der tschechischen Sprache. In den Jahren 1930 und 1931 studierte er im Archiv und der Bibliothek des Außenministeriums der Tschechoslowakei in Prag Dokumente über die Gründung der ČSR. Ein Nebenprodukt dieser Tätigkeit ist seine Miszelle »Ein Besuch in der Slavischen Bibliothek des čechoslovakischen Aussenministeriums«.[33] In ihr stellte er die Schätze dieser Bibliothek vor und äußerte seine berechtigte Erwartung, dass Prag zum Zentrum der europäischen Slawistik werde.

In der Zeitschrift »Osteuropa« berichtete er sehr plastisch und kenntnisreich über die vielfältige Osteuropa-Forschung in Prag:[34]

> »Der deutsche Osteuropaforscher, der auf Ergänzung seines Materials bedacht ist und nicht nach der Sowjetunion fahren kann oder will, muß immer wieder auf Prag hingewiesen werden. In seiner bemerkenswerten Studie ›Die Voraussetzungen der politischen Beziehungen Rußlands zur Tschechoslovakei 1907–1927‹ (tschechisch in Bd. 2 der Pekař-Festschrift S. 469ff., russisch leider nur im Privatdruck) stellt J. Papoušek (S. 476, bzw. 16) fest, daß schon das Prag der Vorkriegszeit eine bessere Organisation der slavistischen Studien aufgewiesen habe als Rußland. Diese Tradition wird jetzt nicht nur von den Leitern der Kulturpolitik, sondern auch der Außenpolitik bewußt in größtem Stil fortgesetzt. Gerade in zwei dem Außenministerium unterstehenden Institutionen findet der Osteuropaforscher reichstes Material.
>
> Die auf eine Initiative des Gesandten Girsa zurückgehende, jetzt der Direktion von O. Křížek unterstehende Slavische Bibliothek des Außenministeriums (im III. Stock des Klementinums), [...] ist in ihrer russischen Abteilung (Leiter: V. N. Tukalevskij) besonders reich bedacht. Neben sehr seltenen alten Zeitschriften und Almanachen findet man modernes Zeitungsmaterial und Spezialsammlungen über die aktuellsten Interessengebiete (z.B. Gewerkschafts- und Kooperationswesen). Den prominentesten Objekten der historischen und geistesgeschichtlichen Forschung sind gleichfalls umfangreiche Spezialabteilungen gewidmet (etwa Peter, Puškin, Tolstoj). Auch der Historiker Polens kommt dank dem Ankauf einiger Spezialsammlungen und Raritäten auf seine Rechnung.

31 Ders.: Dokumente zur čechoslowakischen Revolution, Slavische Rundschau 2 (1930), S. 203–206.

32 Ders.: Festschriften für Václav Novotný und Josef Pekař, Slavische Rundschau 3 (1931), S. 528–533.

33 Ders.: Ein Besuch in der Slavischen Bibliothek des čechoslovakischen Aussenministeriums (Slovanska knihovna ministerstva zahraničnich věcí), Jahrbücher für Kultur und Geschichte der Slaven, Neue Folge, Franz Steiner Verlag, Bd. 6, H. 4 (1930), S. 448–451.

34 Ders.: Notizen. Osteuropa-Forschung in Prag, Osteuropa 7 (1931/32), S. 61–63.

Die russische Abteilung aber wird in geradezu überwältigender Fülle ergänzt durch die zweite Veranstaltung des Außenministeriums, das ›Russkij Istoričeskij Zagraničnyj Archiv‹. […] Leiter ist Jan Slavík, ein soziologistisch orientierter Historiker von sehr scharf profilierten Ansichten, welcher der gegenwärtigen Entwicklung aufgeschlossen genug gegenübersteht, daß das Archiv zu einer Fundgrube für alle Richtungen und nicht etwa zu einer einseitigen Emigranteninstitution geworden ist. Gesammelt wird dort – und durch Ankäufe und Tausche in aller Welt andauernd bereichert – Material zur Geschichte sämtlicher russischer Revolutionen, vom Dekabristenaufstand an, Bücher, Zeitschriften, Zeitungen, Flugschriften, Bilder, Handschriften, Geldzeichen. Die Zeitungssammlungen aus der letzten Revolutions- und Interventionszeit sind oft mit größter Mühe […] komplettiert worden, und die Urheber der Handschriften, Briefe, Offizialberichte tragen nicht selten welthistorische Namen. Im selben Hause ist das Archiv der Don- und Kubankosaken untergebracht.

Neben diesen beiden Sondersammlungen ist auf einige Organisationen hinzuweisen. Der deutsche Osteuropaforscher wird mit besonderem Interesse die Entwicklung der am 5. Dezember 1930 von den Professoren an der Prager Deutschen Universität F. Spina und G. Gesemann begründeten ›Deutschen Gesellschaft für slavistische Forschung in Prag‹ verfolgen. Der Grundgedanke dieser Gesellschaft ist die Neubelebung der gefährdeten Universalität des Forschens durch Schaffung geist- und aufgabenverbundener Gelehrtenkollektive. So gewinnt das Wort ›Slavistik‹, das lange als gleichbedeutend mit slavischer Philologie empfunden wurde, einen ganz neuen Sinn. […] Für die Rußlandforschung aber darf von dieser Gesellschaft schon durch ihre Verbindung mit zwei so ausgeprägten und vielseitigen Persönlichkeiten wie dem soeben zum Professor in Brünn ernannten Roman Jakobson und P. Savickij Ersprießliches erwartet werden. Auch die Tatsache, daß Gesemann gleichzeitig dem Vorstand der (an dieser Stelle schon erwähnten) Dostojevskij-Gesellschaft angehört, dürfte eine Bürgschaft dafür sein, daß die Forschungsprinzipien der Gesellschaft der Rußlandforschung im weitesten Sinne zugutekommen werden. Die Gesellschaft hat die Fortführung der Monatsschrift ›*Slavische Rundschau*‹ übernommen und wird in allernächster Zeit gemeinsam mit dem ›Slavischen Institut‹ (Slovanský Ústav) eine von Josef Janko und Franz Spina herausgegebene Vierteljahreszeitschrift ›*Germanoslavica*‹ im ersten Heft vorlegen. Einen ausführlichen Vorbericht über dieses erste Heft bringt die ›*Prager Presse*‹ vom 6. September 1931. Man ersieht aus ihm klar, daß der Geist des Universalismus nicht nur eine generelle Forderung des Geleitwortes geblieben ist, sondern die Auswahl des Stoffes nach räumlichen, zeitlichen wie fachlichen Gesichtspunkten entscheidend beeinflußt hat.

Der genannte ›Slovanský Ústav‹ [...] kann nur in gewissem Sinne als Parallele zur ›Deutschen Gesellschaft für slavistische Forschung‹ gelten. Er teilt mit ihr das Streben nach Universalität, aber während die ›Deutsche Gesellschaft‹ vor allem die konkrete Realisierung eines bestimmten Forschungsprinzips im Auge hat, ist der Ustav vor allem eine organisatorische Körperschaft.«

Verlobung und Heirat mit Jenny Herrmann

1927 erhielt Leopold Silberstein die deutsche Staatsbürgerschaft, da er bis dahin nach seinem Vater noch österreichischer Staatsbürger war. Den Antrag hierfür hatte er schon im Januar 1925 gestellt und musste dafür die beachtliche Gebühr von 100,- RM entrichten. Bei der Erteilung der Staatsbürgerschaft wurde nochmals eine Verwaltungsgebühr von 100,- RM erhoben.[1]

Wie eingangs erwähnt, verstarb seine Mutter am 22.1.1929 nach einer Blinddarmoperation an Herzschwäche. Weil Silberstein nach dem Tod des Vaters im Jahr 1913 allein mit seiner Mutter aufgewachsen war, war er sehr durch sie geprägt, sodass ihn der Tod der Mutter besonders schwer traf. In der Zeit der Trauer wurde er Opfer eines Einbruchs in den Safe der Bank, in dem seine Mutter wertvollen Familienschmuck aufbewahrt hatte. Zusammen mit anderen Geschädigten erhielt er von der Bank schließlich eine Entschädigung. Von dieser Summe ließ er auf dem jüdischen Friedhof in Berlin-Weißensee ein beeindruckendes Grabmal für seine Eltern errichten, das noch heute existiert.

Ende der 20er-Jahre verbrachte Leopold Silberstein einen Urlaub in dem Fischerdorf Toila an der im Osten Estlands gelegenen Steilküste. Wie der Schriftsteller V. Adams in seinem autobiografischen Roman »Esta astub ellu« (Esther geht ins Leben) schilderte, nutzte Silberstein hier die Gelegenheit, um seine Russisch-Kenntnisse im Umgang mit dem russischen futuristischen Dichter Igor Severjanin[2] zu vervollkommnen.[3] Severjanin hatte sich in Toila niedergelassen. Es ist möglich, dass Silberstein Severjanin in Berlin kennengelernt hatte, weil dieser hier seine Gedichte veröffentlichte und auf seinen »Poezo-Konzerty« genannten Rezitationsabenden vortrug.

1 Antrag Leopold Silberstein auf deutsche Staatsbürgerschaft, Familienarchiv Jenny Herrmann.

2 Igor Severjanin (1887–1941) war ein russischer Dichter. Als mondäner Salonpoet begründete er 1911 den Ego-Futurismus. In den Jahren 1910 bis 1918 trug er seine Gedichte in vielen Ländern Europas auf zahlreichen Rezitationsabenden vor und wurde 1918 in Moskau zum Dichterkönig gekrönt. Nach der Oktoberrevolution sah er sich durch die politischen Verhältnisse zunehmend isoliert, sodass er schließlich nach Estland emigrierte. 1941 starb er in Tallinn verarmt und verlassen an einem Herzanfall.

3 Adams, Valmar: Esta astub ellu (Esther geht ins Leben), Essay-Roman, Tallinn (1986), S. 294–299 (Orig. estn., übersetzt von K. Albrecht).

Leopold Silberstein 13.6.1931 in Prag

1931 lernten sich Leopold Silberstein und die Romanistik-Studentin Jenny Herrmann kennen. In ihren Memoiren schrieb sie hierüber:[4]

> »Bei Prof. Stählin nahm ich am Seminar über Übungen zum Vergleich der Vorgeschichte der französischen und der russischen Revolution von 1905 teil. Ich übernahm ein Referat über Diderot. Dr. Leopold Silberstein hielt ein Referat über ›Was tun?‹ von Tschernyschewskij. Diesen Übungen wohnten auch etliche russische Emigranten bei, die ich später noch kennen lernte. Zunächst knüpfte sich die Bekanntschaft mit Dr. Silberstein an, der mich zu meinem Referat beglückwünschte. Ich wiederum bewunderte ihn wegen seiner enormen Kenntnis der russischen Geschichte und Literatur.
>
> Er erschien stets in schwarzer Kleidung, schien im übrigen jedoch kein unfroher Mensch zu sein. Wir stellten beide philosophische Interessen fest, und er erzählte mir, daß er zu jedem Wochenende nach Heidelberg zu Vorlesungen bei Prof. Heidegger fahre, der damals philosophisch en vogue war.«

Eine Verlobung von Leopold Silberstein mit Gerda Caspary, die er in Heidelberg kennengelernt hatte, wurde im April 1931 aufgelöst. Am 4. April 1931 sendete er Jenny Herrmann einen philosophischen Liebesbrief:[5]

4 Herrmann, Jenny: Jennys Leben, S. 99f.

5 Brief Leopold Silberstein an Jenny Herrmann vom 4.4.1931, Familienarchiv Jenny Herrmann.

Liebste Jenny Herrmann,
ich muß Ihnen wirklich sagen, daß ich mir eine interessantere Lektüre als Ihre Briefe nicht leicht vorstellen kann. Man findet bei Ihnen – was ein seltenes Vergnügen ist – typisches Erleben in persönlich zwingender Form dargestellt. Nur kurz – da ich die von Wohnungsrenovationsarbeiten freien Ostertage unbedingt zur Erledigung von Rückständen ausnutzen muß – kann ich im Augenblick einiges zu Ihren Gedanken bemerken.

Denken Sie nur nicht, daß ich die Sie quälenden Probleme überwunden hätte! Die Haut des Menschengeistes, in den zwanziger Jahren ungemein empfindlich für alle Probleme, verkrustet allmählich – aus Selbstverteidigung. Das nennt man dann Gefestigtheit. Aber das Material bleibt vergänglich und verletzlich, wie es war, nur wird es brüchig – hart statt biegsam – weich. »Leistung« heißt: rechtzeitig verstehen, die Augen zu schließen. »Persönlichkeit« heißt: auf eine Sandbank geflüchtet, um nicht im Unendlichen zu ertrinken.

Dies vorausgeschickt, bin ich gegen religiöse Unterweisung. Religion ist Angst vor dem Unendlichen. Löblich diejenigen, deren Angst nicht grobe persönliche Schicksalsflucht ist (wobei wohl anzuerkennen, daß »Schicksal« ein unheimlich realer Mythos ist). Darüber hinausgehend: Angst vor dem Unerkennbaren und vor der ethischen Wurzellosigkeit. Wenn ich als geistiger Mensch reden soll (nicht als sicherheitsverschlossener Bürger, was ich außerdem bin), sage ich: man darf diesem Risiko nicht ausweichen. Es ist namentlich auch nicht wahr, daß Religion das Risiko ausschaltet. Religion verschiebt das Risiko nur oder macht es unbewußt. Über die dialektische Doppelnatur (meinethalben sogar Nichotomische Struktur Thesis – Antithesis – Synthesis) alles Seins und Handelns hilft keine Theologie hinweg. Auch sie setzt wie die »Gefestigtheit« lediglich harte Brüchigkeit an Stelle elastischer Nachgiebigkeit.

Die Urkategorie des Seins ist die Relation: in Bezug worauf? Warum? Wozu? (Was? Ist ein Unsinn.) Die Urkategorie des Handelns ist gleichfalls die Relation: Wer? Wann? Wo? Wozu? (Warum? Ist Schwäche. Tout comprendre ist keine Wertung.)

Die Welt sieht auf diese Weise ein wenig kompliziert aus. Immerhin gibt es einige Koordinatenachsen, welche eine Orientierung möglich machen: Leben – Persönlichkeit – Kollektiv – geistig – seelisch – körperliche Dreieinigkeit usw. Wer Kinder, statt sie für den Seiltanz auf diesen Koordinatenachsen zu trainieren, mittels positiver Religion bequem abkutschiert, handelt im tiefsten Sinne areligiös, schädigt in der geistig – seelisch – körperlichen Dreieinigkeit, welche eine Urtatsache ist, den Geist, der auf sich selbst gestellt sein muß wie der gesunde und geschulte Körper. Er reagiert sich primitive Ängste ab, die ihm selbst im impressionabelsten Jugendalter eingekerbt wurden. (Die zurückgelassene Narbe ist übrigens nicht nur schmerz-, sondern auch lustbetont. Ich weiß aus eigener Erfahrung, daß man nicht mehr ganz davon loskommt, wenn man es als Kind aus geliebtem Munde gehört hat. Gerade deshalb …)

Goethes »Schaudern« ist übrigens ein leichtes Plagiat. Schon die Griechen nannten Sich-Wundern den Beginn der Weisheit. Statt pantheistisch würde ich lieber kosmisch sagen. Kosmos, Ordnung, prästabilierte Harmonie zwischen Makro- und Mikrokosmos, Sonnensystem, Zellenstaat, Atommodell, dies Nebeneinander wird immer religiös stimmen. Aber wenn man die makrokosmische Welt sich ewig erneuern und umformen sieht, so erscheint einem das starre Festhalten an einem noch so repräsentativen Einzelfall von Religiosität fast als – Gotteslästerung.

Wissen Sie, wie nahe der Weg von hier zur Polygamie ist? Die erlaubte Polygamie (sie braucht gar nicht aktuell zu werden) ist die Forderung, immer wieder um die Liebe zu kämpfen, statt sie erstarren und brüchig werden zu lassen. Ich freue mich sehr auf Ihren Aufsatz.

Liebste Freundin, ich muß schließen. Hoffentlich kann ich Ihnen von Königsberg in größerer Ruhe schreiben. Gerda ist heute früh dort gut angekommen. Adresse: Luisenhöh 1b. Ich fahre am 11. dorthin. (Hotel Nordbahnhof). Am 12. werden wir beide in der Zeitung stehen, wobei wir entgegen unserer Berufsehre kein Honorar kriegen, sondern noch drauf zahlen müssen. Labil ist Gerda noch reichlich, aber gegen Mitte vorigen Monats ist es kein Vergleich mehr.

Meine Wohnung ist momentan ein Trümmerhaufen. Und da schwärme ich von Kosmos, Ordnung! Paradox wie immer, aber ganz undialektisch herzlich der Ihrige,
Leopold Silberstein

Im Juni 1931 lud er Jenny Herrmann zu einem Besuch nach Prag ein, wo sich beide verlobten. Silberstein führte das Leben eines Privatgelehrten. Materiell lebte er relativ gesichert von den Mieteinkünften von anderthalb Häusern in Berlin, die er von seiner Mutter geerbt hatte.

Leopold Silberstein war mit einer Körpergröße von mehr als 180 cm hochgewachsen und schlank. Er hatte ein ebenmäßiges, ovales Gesicht. Seine konzentriert schauenden blauen Augen verrieten den geistig Tätigen. Sein schwarzes Haar war wellig, aber er kämmte es stets möglichst glatt. Schauten seine Augen in den Jugend- und Studienjahren offen, wissbegierig und gescheit in die Welt, so drückten seine Fotos aus den Jahren der Emigration sowohl Brillanz des Denkens und kämpferischen Geist, aber auch Bitternis über die Zurücksetzungen und die rassistische Verfolgung wegen seines Judentums aus.

Jenny und Leopold Silberstein mit der gerade geborenen Tochter Cäcilie

Über den gesellschaftlichen Umgang Silbersteins berichtete J. Herrmann:[6]

> »Durch Poldi [Leopold Silberstein] lernte ich zu meiner inneren Bereicherung einen neuen Kreis von Menschen kennen. Er führte mich ein in die Teestunden, die Frau Dr. Hintze[7], Gattin des Prof. Dr. Hintze an der Friedrich-Wilhelms-Universität, sowie in die Nachmittagsempfänge, die Prof. Dr. Stählin in seinem Hause gab. Wir selbst empfingen u. a. seine Freunde Dr. Heinz Ludwig und seine Gattin Dr. Ruth Ludwig, beide hatten Ökonomie studiert, sowie das junge Malerehepaar Anneliese und Nikolaus Braun. Sie war Tochter eines Sanitätsrats und er Sohn eines Kaffeehausbesitzers am Alexanderplatz. Auch Frau Dr. Jaffa und Dr. Maxim Gorlin[8] aus dem Slawischen Institut besuchten uns gelegentlich.

6 Herrmann, Jenny: Jennys Leben, S. 117f.

7 Hedwig Hintze (1884–1942) war eine deutsche Historikerin und die Gattin des Historikers Prof. Otto Hintze. Sie habilitierte sich im Jahr 1928. Im Herbst 1933 wurde sie wegen ihrer jüdischen Herkunft von der Berliner Universität verbannt. Sie emigrierte nach Paris, wo sie weiter über die Französische Revolution forschen konnte. 1939 floh sie in die Niederlande. Im selben Jahr verstarb ihr Mann in Berlin. 1942 nahm sie sich nach gescheiterten Einreiseversuchen in die USA wahrscheinlich aus Verzweiflung das Leben.

8 Gemeint ist der jüdisch-russsiche Slawist und Dichter Michail Gorlin (1909–1942). Gorlin promovierte noch im Mai 1933 bei Prof. Vasmer, der die Druckkosten für die Dissertation übernahm und ihn an das Institut d'Études slaves in Paris vermittelte.

Lieber Herr Doktor Berlin 21.X.32.
Die herzlichsten Glückwünsche Ihnen und Ihrer Gattin
zur Ankunft des Töchterchens! Möchten Sie viele
Elternfreude an ihm erleben und Hella Cäcilie
sich aufs lieblichste entwickeln.
Mit vielen guten Grüßen
Ihr
treu ergebener R. Stählin.

Glückwunsch Prof. Stählins zur Geburt der Tochter Cäcilie

Einen sehr guten Kontakt hatten wir auch mit dem Ehepaar Dr. Feder, er war Poldis Rechtsanwalt. Er und seine Gattin waren Sozialisten. Durch sie gelangten auch wir später in die Sozialdemokratische Partei.

[...] In der Gesellschaft der Freunde des neuen Rußland war Dr. Klaus Mehnert als Sekretär aktiv. Er hielt damals einen stark besuchten Vortrag über das Leben in der Sowjet-Union und veröffentlichte auch ein Buch über die Jugend in der Sowjet-Union, dessen Ertrag er den Kumpeln im Ruhrgebiet stiftete, wo er einige Zeit als Werkstudent gearbeitet hatte. Er war damals mit einer jungen Amerikanerin verheiratet. Später tat sich Klaus Mehnert als politischer Journalist und Publizist vor allem zu Fragen der Politik der Sowjetunion, Chinas und Japans hervor. Mit der Friedensbewegung kamen wir durch Herrn Friedrich Schwarz – er studierte an der Berliner Universität Slawistik und war ein Studienfreund von Poldi – und seine Gattin und Cousine Mary Schneider-Braillard in Berührung. Sie arrangierten Dichterlesungen in ihrer Wohnung, Frau Mary rezitierte auch selbst in vier Sprachen Dichtung mit dem Appell an den Frieden, mitunter mieteten sie sogar das Abgeordnetenhaus für ihre Veranstaltungen. Nach Bertha von Suttner wirkte sie wie ein Pionier mit ihrer Einsatzbereitschaft auf diesem Gebiet und strahlte eine starke moralische Kraft aus. Politisch lernte man dort Menschen jeder Färbung kennen, von links bis rechts, was sich für sie noch schrecklich auswirken sollte.«

Zu den Studienkollegen, mit denen Leopold Silberstein einen engen Kontakt pflegte, zählten der Slawist Hans Holm Bielfeldt[9] und der estnische Schriftsteller und Übersetzer Johannes Semper[10].

Im Sommer 1932 unternahmen L. Silberstein und J. Herrmann eine gemeinsame Schiffsreise entlang der Küste Norwegens bis zum Nordkap. Am 20.10.1932 wurde die Tochter Cäcilie geboren (sie erhielt den Namen der Mutter von L.S.), und am 20.12. 1932 heirateten Leopold Silberstein und Jenny Herrmann.

Anlässlich der Geburt der Tochter Cäcilie gratulierte auch sein Lehrer Prof. K. Stählin.[11]

Das Jahr 1932 war mit 18 Veröffentlichungen – überwiegend Rezensionen – ein vorläufiger Höhepunkt der Tätigkeit von Leopold Silberstein als wissenschaftlicher Schriftsteller.

9 Hans Holm Bielfeldt (1907–1987) studierte an der Berliner Universität Slawistik und Germanistik und promovierte 1933. 1950 wurde er Professor für Slawistik an der Humboldt-Universität. Unter seiner Leitung wurden Wörterbücher und Lehrbücher der russischen Sprache ausgearbeitet.

10 Johannes Semper (1892–1970) studierte in St. Petersburg, Riga, Moskau, Berlin und Paris. Er trat als Schriftsteller und Übersetzer auf. 1940 wurde er Bildungsminister der Estnischen Sowjetrepublik.

11 Gratulationskarte von Prof. Stählin an Leopold Silberstein vom 21.10.1932, Familienarchiv Jenny Herrmann.

Wissenschaftliche Tätigkeit in den Jahren 1930 bis 1933

Bibliografie über die Sowjetunion 1917–1932

Neben dem Studium der tschechischen Geschichte hörte er nicht auf, den russischen Problemen Aufmerksamkeit zu schenken. Er wurde Mitglied der Gesellschaft der Freunde des neuen Russland, dessen Sekretär Dr. Klaus Mehnert[1] war. Ziel dieser Gesellschaft war das Studium der Entwicklung der Sowjetunion.

In diesem Zusammenhang wurde im Slawischen Institut im Einverständnis von Prof. Stählin unter der Regie von Klaus Mehnert eine Bibliografie[2] zusammengestellt, die die wichtigsten Werke über die Sowjetunion mit Kurzreferaten verzeichnete, die von 1917–1932 außerhalb der Sowjetunion erschienen waren. K. Mehnert war Sekretär und Herausgeber dieser Schrift, die als eine Gemeinschaftsarbeit von 36 Spezialisten im Rahmen der »Zeitschrift zur Geschichte Osteuropas« als Sonderheft erschien. Leopold Silberstein bearbeitete damals die Standardwerke über die Vorrevolutionszeit, die Gesamtdarstellungen, die Geschichte Russlands vor und nach Peter dem Großen, den 1. Weltkrieg und die Vorgeschichte der Oktoberrevolution. Der zweite von ihm bearbeitete Schwerpunkt dieser Bibliografie beinhaltete die Werke der russischen Revolutionsführer außer Lenin, das heißt Stalin, Trotzki, Bucharin, Radek, Sinowjew und andere. Die inhaltliche Kurzbeschreibung der Werke zeichnete sich durch eine sehr prägnante und zugleich geistvolle Charakterisierung aus. Beispielsweise merkte er zu den ersten beiden Bänden von Karl Stählins »Geschichte Rußlands von den Anfängen bis zur Gegenwart« an:

> »Ein Meisterwerk, das kritische Einzelforschung und großzügige künstlerische Durchgestaltung, Einfühlung in Führerpersönlichkeiten und Aufdeckung gesellschaftlich-kultureller Kräfte, monographische Geschlossenheit und universalhistorische Perspektive in harmonischer Einheit und ökonomischer Proportioniertheit verbindet. Vgl. auch die wichtige Miszelle von P. Miljukow, ›Eine

1 Klaus Mehnert (1906–1984) promovierte bei Prof. Hoetzsch. Von 1931–34 war er Generalsekretär der Deutschen Gesellschaft zum Studium Osteuropas und danach bis 1936 Korrespondent deutscher Zeitungen in Moskau. Von 1941–45 war er im Auftrage des Auswärtigen Amts in Shanghai tätig. Er unternahm zahlreiche Reisen, vor allem in die USA, die Sowjetunion und nach China und berichtete in einer Reihe von Büchern über die dortigen Entwicklungen.

2 Silberstein, Leopold (Mitarbeit): Die Sovet-Union 1917–1932, Burt Franklin New York, Berlin (1933) [Gebiet der Mitarbeit: Standardwerke über die Vorrevolutionszeit, Revolutionsführer (außer Lenin)].

Die Sovet-Union

1917—1932

Systematische, mit Kommentaren versehene Bibliographie der 1917—1932 in deutscher Sprache außerhalb der Sovet-Union veröffentlichten 1900 wichtigsten Bücher und Aufsätze über den Bolschewismus und die Sovet-Union

Im Auftrag

der Deutschen Gesellschaft zum Studium Osteuropas

unter Mitarbeit von

Raissa Bloch, Helga Boustedt, Michael Brutzkus, Erwin Buchholz, Gisela v. Busse, Gerhard Dobbert, Robert Engel, Viktor Frank, Heinrich Freund, Dorothy Galton, Michael Gorlin, Waldemar Henrici, Nadeshda Jaffe, Ljubow Jakobson, Michael Jakobson, Erwin Kaiser, Margarete Klante, Adolf Lane, Wolfgang Leppmann, Gregor Lozinski, Arthur Luther, Anna Männchen, Karl Menges, Golda Patz, Wladimir Rakint, Eugenie Salkind, Heinrich Saller, Robert Schweitzer, Hedwig Seebacher, Juri Semjonow, Leopold Silberstein, Friedrich Steinmann, Wolfgang Stubenrauch, Friedrich Veit und Heinz Zeiß

bearbeitet von

Klaus Mehnert

BURT FRANKLIN: BIBLIOGRAPHY AND REFERENCE SERIES #206

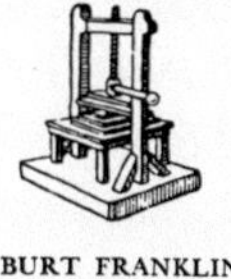

BURT FRANKLIN
NEW YORK

Titelseite der Bibliografie »Die Sovet-Union 1917–1932«, bearbeitet von K. Mehnert unter Mitarbeit von Leopold Silberstein

neue Geschichte Rußlands‹ in ›Historische Zeitschrift‹, 1931, Bd. 144, S. 527–538.«[3]

L. Trotzki's Schrift »Die wirkliche Lage in Rußland« (1931) kommentierte er folgendermaßen, indem er hellsichtig den Konflikt zwischen Stalin und Trotzki erkannte: »Erste international sichtbare Kampfansage gegen Stalin und sein System. Grau in Grau gemalt.«[4] Diese Bibliografie wurde auch in der Zeitschrift »Osteuropa« besprochen.[5]

Den zweiten Band von Stählins »Geschichte Russlands«, der die Herrschaftsperiode von Peter dem Großen bis zu Katharina II. behandelt, rezensierte Silberstein in der Zeitung »Prager Presse« vom 27.8.1930.[6] Die Verbindung zur Redaktion dieser Zeitung hatte er während seiner Aufenthalte in Prag herstellen können.

3 Ebd., S. 18.
4 Ebd., S. 41.
5 O.V.: Notizen. »Die Sowjet-Union 1917–1932«, Osteuropa, 8 (1932/33), S. 251.
6 Silberstein, Leopold: Wissenschaft – Stählins zweiter Band, Prager Presse vom 27.8.1930.

Slavistische Arbeitsgemeinschaft an der Universität Berlin

Gemeinsam mit Klaus Mehnert gründete Leopold Silberstein an der Berliner Universität eine slawistische Arbeitsgemeinschaft. In einem Brief vom 15.4.1932 wandte sich Mehnert in seiner Eigenschaft als Generalsekretär der Gesellschaft zum Studium Osteuropas an den Rektor der Friedrich-Wilhelm-Universität, um dessen Genehmigung zur Gründung einer Slavistischen Arbeitsgemeinschaft an der Universität Berlin einzuholen.[7] Er erwähnte, dass die Herren Professoren Hoetzsch, Stählin und Vasmer dem Vorschlag zugestimmt und Prof. Hoetzsch für die Zusammenkünfte die Räume der Deutschen Gesellschaft zum Studium Osteuropas in Aussicht gestellt hätte. Nachdem sich die Arbeitsgemeinschaft entsprechend den Vorgaben der Universität eine Satzung gegeben hatte, wurde sie vom Universitätsrat genehmigt. Die konstituierende Sitzung fand am 2.5.1932 statt. Der Universitätsrat wurde am folgenden Tage über das Ergebnis dieser Sitzung informiert:[8]

> *SLAVISTISCHE ARBEITS-*
> *GEMEINSCHAFT IN DER*
> *UNIVERSITÄT BERLIN*
> *Berlin W.35, den 3. Mai 1932*
> *Am Karlsbad 29*
> *An den Herrn Universitätsrat der Friedrich Wilhelms Universität zu Berlin*
> *Berlin C. 2*
>
> *Sehr geehrter Herr Universitätsrat!*
>
> *Am Montag den 2. Mai 1932, fand in den Räumen der Deutschen Gesellschaft zum Studium Osteuropas die konstituierende Semesterversammlung der Slavistischen Arbeitsgemeinschaft statt. Von den 27 anwesenden Damen und Herren sind 15 Immatrikulierte oder Promovierte der Universität Berlin, also ordentliche Mitglieder, und 12 Gäste. Fünf von den Unterzeichneten wurden einstimmig zum Vorstand gewählt. Fräulein Dr. Raissa Bloch*[9] *wurde vom Vorstand zur Leitung der*

7 Schreiben K. Mehnert an den Rektor der Friedrich Wilhelm Universität vom 15.4.1932, Archiv der Humboldt-Universität Berlin, Bestand Rektor/Senat Nr. 962, Slavistische Arbeitsgemeinschaft 1932.

8 Schreiben K. Mehnert an den Universitätsrat der Friedrich Wilhelm Universität vom 3.5.1932, Archiv der Humboldt-Universität Berlin, Bestand Rektor/Senat Nr. 962, Slavistische Arbeitsgemeinschaft 1932, abgebildet auf S. 59.

9 Raissa Bloch (1899–?) war eine jüdische Spezialistin für Mittelalterstudien, verheiratet mit Michael Gorlin. 1942 wurde sie verhaftet, als sie versuchte, in die Schweiz zu fliehen. Ihre Spur verliert sich im KZ Auschwitz.

Gruppe Mittelalter kooptiert. Sie haben von der Satzung Kenntnis genommen und verpflichten sich hiermit, sie während der Zeit, da sie dem Vorstand angehören, einzuhalten.

Ein Protokoll der Sitzung liegt bei.
In ausgezeichneter Hochachtung
Dr. Raissa Bloch
Dr. Michael Gorlin
Wolfgang Leppmann
Dr. Klaus Mehnert
Friedrich Schwarz
Dr. Leopold Silberstein

Protokoll
der konstituierenden und Semester-Versammlung der Slavistischen Arbeitsgemeinschaft an der Universität Berlin.
Ort: Deutsche Gesellschaft zum Studium Osteuropas, Berlin W.35, Am Karlsbad 29.
Zeit: 17 h c.t.

Anwesend:
Dr. Erik Amburger
Dr. Bielfeldt
Dr. Raissa Bloch
Dr. Gisela v. Busse
stud. phil. Erich Cimala
Dr. Fritz Exner
cand. phil. Victor Frank
Frau Dr. Ina Friedländer
Dr. Jakob Gordin
Dr. Michael Gorlin
Frau Dr. Jaffe
cand. phil. Reinhold Leibbrandt
Dr. Wolfgang Leppmann
Dr. Walter Maass
Dr. Klaus Mehnert
Fanny Rotbart
Dr. Eugenie Salkind
Dr. Friedrich Schinkel
Dr. Ljubow Schnittkind
cand. phil. Friedrich Schwarz
Dr. Leopold Silberstein
Dr. A. S. Steinberg
Dr. Friedrich Steinmann
Lic. theol. Robert Stupperich
Dr. Gregor Wirschubski

Dr. Mehnert begrüsst die Anwesenden namens der Deutschen Gesellschaft zum Studium Osteuropas und der Initiativgruppe der Arbeitsgemeinschaft.

Dr. Silberstein legt den Gedankengang, aus dem heraus die Gründung der Arbeitsgemeinschaft beschlossen wurde, dar und verliest den Satzungsentwurf, der einstimmig angenommen wird. Ebenfalls einstimmig werden die Herren: Gorlin, Leppmann, Mehnert, Schwarz und Silberstein in den Vorstand gewählt.

In gesonderten Sitzungen legen die drei Arbeitsgruppen (1. Nationalitätenfrage bei allen slavischen Völkern zu verschiedenen Zeiten. 2. Probleme des russischen Mittelalters. 3. Die slavische Romantik und ihre Stellung innerhalb der europäischen Romantik.) ihr Programm für das Sommersemester fest. Gruppe 1 wird ihre Sitzungen jeweils Montags von 17.30 bis 19.30 h, Gruppe 2 ebenfalls Montags von 18 bis 20 h und Gruppe 3 Dienstags von 17.30 bis 19.30 h stattfinden lassen.

In einer anschließenden Sitzung des Vorstandes wird Fräulein Dr. Raissa Bloch als Leiterin der Gruppe 2 in den Vorstand kooptiert.

Der Vorstand beschliesst, Dr. Mehnert das alleinige Zeichnungsrecht für den Vorstand zu übertragen und einen Antrag um Aufnahme in den Ring der anerkannten Arbeitsgemeinschaften und Fachschaften an der Universität Berlin zu stellen.

Dr. Klaus Mehnert
Berlin, den 3. Mai 1932.

Die aufgeführten Namen der Anwesenden sind insofern von besonderem Interesse, als sie Auskunft über Kollegen von Leopold Silberstein am Slawistischen Institut der Universität geben. Insbesondere stand er mit den Kollegen Mehnert, Bloch, Gorlin, Jaffe und Schwarz in einem engen Kontakt.

Bereits am 5.5.1932 berichtete die »Prager Presse« über die Gründung der Slavistischen Arbeitsgemeinschaft.[10] Silberstein hatte kurz nach dieser Gründungsversammlung mit Prof. Roman Jakobson[11] brieflichen Kontakt aufgenommen, um baldmöglichst in der Zeitschrift »Slavische Rundschau« über die Gründung und Aufnahme der Tätigkeit der Slavistischen Arbeitsgemeinschaft zu berichten:[12]

10 Wissenschaft: Slavistische Arbeitsgemeinschaft in Berlin, Prager Presse vom 5.5.1932.

11 Roman Osipovič Jakobson (1896–1982) war ein russischer Philologe und Linguist. 1926 begründete er den Prager Linguistischen Zirkel. 1933 wurde er Professor an der Universität Brünn. 1939 floh er auf abenteuerliche Weise vor dem Einmarsch der deutschen Armee in Prag über Dänemark nach Schweden. Seit 1941 lehrte er in den USA.

12 Silberstein, Leopold: Brief an R. Jakobson vom 6.5.1932, wiedergegeben in Ehlers, K.-H.: Strukturalismus in der deutschen Sprachwissenschaft – Die Rezeption der Prager Schule zwischen 1926 und 1945, Walter de Gruyter Berlin New York (2005), S. 488f.

SLAVISTISCHE ARBEITS-
GEMEINSCHAFT AN DER
UNIVERSITAET BERLIN.

Berlin W.35, den 3. Mai 1932
Am Karlsbad 29

An den

Herrn Universitätsrat der Friedrich
Wilhelms Universität zu Berlin,

B e r l i n C.2

Sehr geehrter Herr Universitätsrat !

Am Montag, den 2. Mai 1932, fand in den Räumen der Deutschen Gesellschaft zum Studium Osteuropas die konstituierende Semesterversammlung der Slavistischen Arbeitsgemeinschaft statt. Von den 22 anwesenden Damen und Herren sind 15 Immatrikulierte oder Promovierte der Universität Berlin, also ordentliche Mitglieder, und 12 Gäste. Fünf von den Unterzeichneten wurden einstimmig zum Vorstand gewählt, Fräulein Dr. Raissa Bloch wurde vom Vorstand zur Leitung der Gruppe Mittelalter kooptiert. Sie haben von der Satzung Kenntnis genommen und verpflichten sich hiermit, sie während der Zeit, da sie dem Vorstand angehören, einzuhalten.

Ein Protokoll der Sitzung liegt bei.

In ausgezeichneter Hochachtung

Dr. Raissa Bloch
Dr. Michael Gorlin

Information der Slawistischen Arbeitsgemeinschaft an den Universitätsrat der Friedrich Wilhelm Universität über ihre konstituierende Sitzung am 2.5.1932

Sehr verehrter Herr Professor JAKOBSON,
Endlich sind die in meiner letzten Karte angedeuteten Dinge so weit, dass man darüber schreiben kann. Wie Sie vermutlich aus der gestrigen »Prager Presse« ersehen haben werden, hat sich in Berlin eine »Slavistische Arbeitsgemeinschaft« konstituiert.

Ich hatte ursprünglich geglaubt, dass man die Genehmigung des Rektorats noch vor Redaktionsschluss der Mainummer herausbekommen werde, dann hat sich die Sache durch Beurlaubung der zuständigen Herren doch noch um über eine Woche verzögert. Nunmehr aber, seit Montag, ist alles Formelle erledigt, und kommenden Montag beginnt die Arbeit, für die wohl einiges zu erhoffen ist, da auf der Gründungsversammlung gerade Leute, die schon etwas geleistet haben, erfreulich zahlreich vertreten waren und die meisten Teilnehmer der Gründungsversammlung auch sofort ihre Mitwirkung bei der wissenschaftlichen Arbeit zugesagt haben. Wir richten im laufenden Sommersemester folgende Arbeitszirkel ein:

Die Nationalitätenfrage bei allen slavischen Völkern zu verschiedenen Zeiten, Leitung: Dr. Klaus Mehnert, Dr. Wolfgang Leppmann und der Unterzeichnete. Es werden abwechselnd die Fragen des »zwischeneuropäischen« /in der PENCK-WIRSINGschen Definition/ und des sovetrussischen Gebietes besprochen. Nächsten Montag: Diskussion über Giselher WIRSINGs »Zwischeneuropa und die deutsche Zukunft«. Montag darauf: Die ideologischen Grundlagen der sovetrussischen Nationalitätenpolitik /LENIN-LUXEMBURG-STALIN/.

Probleme des russischen Mittelalters, Leitung: Dr. Raissa Bloch

Die slawische Romantik und ihre Stellung innerhalb der europäischen Romantik, Leitung: Dr. Michael Gorlin, Dr. Maximilian Landau und der Unterzeichnete. Nächsten Dienstag: Referat von Frl. Dr. v. Busse /Verf. eines Buches über Adam Müller/ über die europäische Romantik.

Der ganze Zirkel wird anhand eines fest umrissenen Schemas leitender Gesichtspunkte durchgeführt, die bei jeder Spezialfrage zu berücksichtigen sind.

Ich möchte Sie, sehr verehrter Herr Prof. JAKOBSON, nunmehr fragen, in welcher Form ich über das ganze Unternehmen im Juliheft der »Slavischen Rundschau« Bericht erstatten darf. Soll ich darüber im Rahmen einer Gesamtübersicht referieren, oder dürfte ich evtl. einen separaten Artikel für die Kulturchronik schreiben? Ich würde Sie, sehr verehrter Herr Professor, auch bitten, mir für diesen Bericht einen Termin zu stellen. Mir liegt einerseits daran, dass dieser nicht zu früh fällt, damit außerhalb des formellen Gerüstes und evtl. allgemeiner gesicherter Richtlinien auch schon über möglichst viel geleistete Arbeit referiert werden kann. Andererseits möchte ich auch nicht zu spät schreiben, damit das Referat auch wirklich in die Julinummer hereinkommt.

Dass sich das Referat lohnt, möchte ich bestimmt annehmen. Wir stehen mit der vorzüglich organisierten »Gesellschaft zum Studium Osteuropas« in Raumgemeinschaft und durch die Persönlichkeit des unserem Vorstande angehörigen Generalsekretärs Dr. Klaus MEHNERT auch in partieller Personalunion. Die Energie MEHNERTs, der auch schriftstellerisch bereits bemerkenswert hervorgetreten ist, muss als bedeutendes Aktivum verzeichnet werden. /A propos Schriftsteller: Auch die umseitig genannten Dr. Michael GORLIN und Dr. Raissa BLOCH gehören zur Literatur. Sie haben in Sammelbändchen hiesiger russischer Dichter bereits sehr hübsche Gedichte veröffentlicht./

Ich wäre Ihnen, sehr verehrter Herr Professor, sehr verpflichtet, wenn ich Genaueres über Ihre Wünsche betreffs des hier besprochenen Kulturberichts erfahren könnte.

Angesichts der unsicheren wirtschaftlichen Verhältnisse werde ich wohl noch längere Zeit in Berlin bleiben, zumal ich mich bei meiner letzten Abreise aus Prag ausgiebig mit Material eingedeckt habe.

Mit verbindlichsten Empfehlungen habe ich die Ehre, Sie, Herr Professor, zu begrüssen
Als Ihr stets in vollkommenster Hochachtung ergebener
Leopold Silberstein

Aus dem Brief geht hervor, dass Silberstein schon vordem mit Prof. Jakobson korrespondierte, wahrscheinlich hatte er ihn auf dem Slawisten-Kongress 1929 in Prag kennengelernt.

Im Wintersemester 1932/33 hatte die Arbeitsgemeinschaft ihr inhaltliches Spektrum noch erweitert. Es entstand eine wirtschaftspolitische Sektion, »welche die Frage des Anteils Deutschlands am Wirtschaftsaufbau der Sowjet-Union gemeinsam mit einer Reihe von Fachleuten und dem Wirtschaftsinstitut für Rußland und die Oststaaten bearbeitet. Eine Südosteuropäische, eine Musikhistorische und eine Theaterwissenschaftliche Sektion sind neu entstanden.«[13]

Silberstein berichtete, wie im Brief an Roman Jakobson ins Auge gefasst, über die Gründung dieser Arbeitsgemeinschaft in der »Slavischen Rundschau«.[14] Die Arbeitsgemeinschaft musste jedoch infolge der Machtübernahme durch Hitler am 31.1.1933 und des einsetzenden Terrors gegen linksgerichtete Kräfte und Juden ihre Tätigkeit einstellen.

Rezensionen

Für die »Jahrbücher für Kultur und Geschichte der Slaven« verfasste Leopold Silberstein in den Jahren 1931 und 1932 ausführliche Besprechungen von Neuerscheinungen auf dem Gebiet der Slavistik.[15] [16] Es handelte sich um folgende Arbeiten:

1931:
- Karel Krejčí: Polací v Čechách v době povstání listopadového a »velké emigrace« (Die Polen in Böhmen zur Zeit des Novemberaufstandes und der »großen Emigration«)
- Jan Slavík: Vývoj bolševictví (Die Entwicklung des Bolschewismus)

13 O.V.: Notizen. Slavistische Arbeitsgemeinschaft, Osteuropa 8 (1932/33), S. 251f.
14 Silberstein, Leopold: Die Berliner Slavistische Arbeitsgemeinschaft, Slavische Rundschau 4 (1932), S. 411f.
15 Ders.: Zeitschriftenschau, Jahrbücher für Kultur und Geschichte der Slaven (1931) H.3, S. 98–100, 158, 168–171, 173f.
16 Ders. u.a.: Zeitschriftenschau, Jahrbücher für Kultur und Geschichte der Slaven (1932) H.1, S. 102f., 105–107, 146f., 159f., 162f., 173–175, 185f.

- František Roubik,: Ke stykům česko-jihoslovanským v XIX. století (Zu den tschechisch-südslawischen Kontakten im 19. Jahrhundert)
- Jaroslav Werstadt: Politické planý české Maffie v prvním roce války (Die politischen Pläne der tschechischen Maffia im ersten Kriegsjahr)
- Karel Krejčí: Polací v Čechách po pádu povstání listopadového (Die Polen in Böhmen nach der Niederlage des Novemberaufstands)

1932:

- Josef Pekař: O periodisaci českých dejín (Über die Periodisierung der tschechischen Geschichte)
- Jaroslav Voska: Karel Sabina o vývoji společnosti k socialismu (Karel Sabina über die Entwicklung der Gesellschaft zum Sozialismus)
- Dr. Edvard Beneš: Principy a předpoklady naší zahraniční politiky (Die Prinzipien und Voraussetzungen der tschechoslovakischen Außenpolitik)
- Věra Vrzalová: Jihoslovanský státní a národní program Ilija Garašanina (Das südslavische Staats- und Nationalprogramm Ilija Garašanins)
- Boris Jevrejnov: Ruský návrh změny slovanské politiky v Rakousku (Eine russische Anregung zur Änderung der slavischen Politik in Österreich)
- Jan Slavík: Zdoubný obránce samoděržaví (k 25. výročí smrti K.P. Pobědonosceva) (Ein verderblicher Verteidiger der Selbstherrschaft (zum 25. Todestag von K.P. Pobedonoscev))
- Jan Opočenský: Francie a rakouští Slované v letech osmdesátých (Frankreich und die österreichischen Slaven in den 80er-Jahren)
- Antonín Frinta: Čeští předchůdci Slovanského Přehledu. Ostatní české orgány slovanské vzajemnosti (Die čech. Vorgänger des Slov. Přehled. Die übrigen čech. Organe der slav. Wechselseitigkeit)
- Otokar Fischer: K české kritice wallenrodství (Zur čechischen Kritik des Wallenrodismus)

Zu den beiden oben aufgeführten Arbeiten des Polonisten Karel Krejčí, die dem Aufstand der Polen 1830/31 gegen das repressive Regime des zaristischen Russlands gewidmet waren, verfasste Silberstein folgende Referate, die sich, geschult am Stil der Rezensionen seines Lehrers Prof. Brückner, durch Lebendigkeit auszeichnen:

> »Die Arbeit ist intendiert als Ergänzung einer vor zwei Jahren an gleicher Stelle erschienenen Studie desselben Verfassers ›První krise našeho slovanství‹ [Die erste Krise unseres Slawentums], und zwar auf Grund bisher unbenutzten und auch größtenteils unbekannte und unbeachtete Tatsachen enthaltenden Aktenmaterials aus den Archiven, vornehmlich des Prager Innenministeriums, ferner des Krakauer Czartoryski-Museums.

Trotz des im Wiener Kongreß und in der Heiligen Allianz verkörperten scheinbaren dauernden Sieges der alten Gewalten über die Ideen der französischen Revolution gab es sozusagen eine ›erste Internationale‹ freiheitlicher, national und demokratisch gesinnter Menschen, die heimlich und unterirdisch weiter für ein freies Europa arbeiteten. Die herrschenden Machthaber konnten in ihrer Bekämpfung dieser Bestrebungen nicht immer ganz konsequent bleiben, da sie, untereinander selbst uneinig, nicht selten zu dem Mittel griffen, die im eigenen Lande verfemte Richtung oder ihr Analogon im Lande des Gegners zu begünstigen. Krejčí erinnert an die Förderung freiheitlicher Bestrebungen in Griechenland, Italien, Spanien und selbst Deutschland durch Alexander I. Metternich revanchierte sich für diese russische Politik, indem er während des Polenaufstandes eine Haltung einnahm, die bei aller im Interesse der heimischen Ruhe gebotenen Vorsicht doch zweideutig genug war, um mit der unbedingt polenfeindlichen Haltung etwa Preußens scharf zu kontrastieren. Während der den offiziellen Abgesandten der polnischen Revolutionsregierung, den Grafen Jelski, internieren ließ, verhandelte er heimlich mit Andrzej Zamoyski. Schließlich wurde ihm die Gefahr einer revolutionären Ansteckung freilich zu ernst, zumal er die böhmischen Länder, die als einziges infrage kommendes Durchgangsland von Westeuropa nach Polen besonders exponiert waren, ohnehin – schon im beschaulich-idyllischen Anfangsstadium der nationalen Wiedergeburt – von ›Jakobinern‹ durchsetzt sah. Und so trafen die österr. Behörden denn doch die bald ernsthaftesten Anstalten, um die Durchreise revolutionärer Elemente durch Böhmen nach Polen zu verhindern. Krejčí schildert u. a. den Fall des Franzosen Louis Biré, der dann doch nach Krakau durchkam und eine Anleihe von 4 Mill. Pfd. Sterling mitbrachte, von der Fahndung auf das »Individuum« J.U. Niemcewicz, von dem ›äußerst exaltirten und intriguanten Menschen‹ Fellmann (Fehlmann, Feldmann?), der trotz ordnungsmäßigen französischen Passes nicht durchgelassen wurde… Den Paßschikanen folgte ein Verbot der Ausfuhr von Waffen und Pferden nach Polen, das um so mehr Arbeit machte, als nicht nur wirkliche Lieferungsabsichten bestanden, sondern aus spekulativen Gründen auch noch falsche Gerüchte von solchen in Umlauf gesetzt wurden. Natürlich blühte der Schmuggel: Baumwollspinnmaschinen und – Sektflaschen mußten als Camouflage herhalten; noch mehr aber blühte die Spionenriecherei, die hinter den harmlosesten englischen Städtenamen in Geschäftsbriefen Lemberg oder Krakau vermutete. Nüchterner beurteilten die österr. Behörden die Teilnahme von vier verkrachten čechischen Studenten am Polenaufstand, die der Warschauer Optimismus nach Zahl und Bedeutung ungeheuerlich übertrieben hatte. Eine panische Angst dagegen bewiesen sie – im Einklang mit der Generaltendenz des Regimes – vor literarischen und künstlerischen Erzeugnissen, die irgendwie geeignet waren, der Sympathie mit der Revolution verdächtig zu erscheinen, mochte es sich um Gedichte von Victor Hugo, um ein Volkslied auf einen wegen Ermordung seiner Geliebten zum Tode verurteilten Soldaten oder um – Tabakspfeifen mit dem Bilde Napoleons handeln.

Auch nach Niederwerfung des Polenaufstandes waren die Metternichschen Behörden nicht sorgenfrei. Die 20000 auf österr. Gebiet übergetretenen Aufständischen galten weithin als Herd einer Weltrevolution, und man trachtete danach, sie möglichst rasch nach Frankreich abzuschieben. Die Wartezeit war für alle Beteiligten weder angenehm noch ehrenvoll. Die österr. Behandlung zeichnete sich nicht gerade durch besondere Rücksichtnahme aus, aber auch die Polen, welche von französischer Seite nunmehr erhebliche, allerdings sozial ungeheuerlich differenzierte Unterstützungsgelder bekamen, legten zeitweise statt der erwarteten nationalen Trauer eine zügellose Genußsucht an den Tag. Noch harrte ihrer eine Tortur: während man in Österreich die damals wütende Cholera offiziell nicht für ansteckend hielt, mußten sie sich an der bayrischen Grenze einer Quarantäne unterziehen, und zwar in Lagern, die nach dem Zeugnis des Generalmajors Welden schlimmer waren als in Albanien oder Bosnien, vor Schmutz und Ungeziefer starrten, jeder ärztlichen Hilfe entrieten und so eher geeignet waren, das gerade Gegenteil ihres Zweckes zu befördern.

Der letzte Teil von Krejčís Abhandlung ist vorwiegend Einzelschicksalen gewidmet. Zunächst muß grundsätzlich gesagt werden, daß insofern eine große Möglichkeit für Individuen bestand, sich von dem bisher geschilderten Kollektivschicksal zu eximieren, als die Pässe großenteils ohne Personalbeschreibung ausgestellt wurden und zudem jeder Offizier zwei Diener mit sich nehmen konnte, welche überhaupt keine Legitimation benötigten. Individuell waren natürlich auch die Schicksale derjenigen, die, durch führende Beteiligung am Aufstand oder hohe gesellschaftliche Stellung exponiert, die besondere Aufmerksamkeit der Behörden erregten. Verf. schildert eine Reihe dieser Schicksale. Am interessantesten ist die Verhaftung von Konrad Przywarski, weil sie mittelbar zum Vorgehen gegen eine Reihe von Čechen Veranlassung gab, deren Namen in einer Aufzeichnung Przywarskis gefunden wurden. Wir hören u.a. von dem früh verstorbenen charakterfesten Revolutionär Em. Müller, wir hören auch von Fällen kleinmütiger Verzagtheit (Ferd. Lauterbach) und endlich von der charakterlich wie intellektuell gleich hervorragenden Haltung des jungen Brauner, der schon ganz eine kommende Generation verkörpert, die nicht mehr schwärmt, sondern handelt.

Leopold Silberstein«[17]

17 Ders.: [Rezension] Karel Krejčí: Polací v Čechách v době povstání listopadového a »velké emi-

»Von den Tausenden Polen, welche der Zusammenbruch des Aufstandes von 1830/31 zur Emigration zwang, verschwendete sich zwar ein Großteil an ein – bestenfalls philosophisch angehauchtes – Diskutierleben in Paris und London, dennoch blieben genügend übrig, welche den Überwachungsbehörden der Gastländer begründete Besorgnisse einflößten. Diese Wachsamkeit war vielfach erfolgreich: Zaliwskis allerdings recht dilettantisch vorbereiteter Aufstandsversuch war den interessierten Behörden schneller avisiert, seine Teilnehmer ihnen rascher signalisiert worden, als der Verschwörer überhaupt am Schauplatz seiner geplanten Wirksamkeit eintreffen konnte (ein damaliger Fahndungsbrief auf Lelewel kann ihm ein ›Angesicht voll Geist‹ nicht absprechen).

Der Verf. schöpft solche Dokumente aus alten österreichischen Polizeiakten. Wesentlich von ihnen aus vermag er den Aufenthalt polnischer Emigranten auf böhmischem Gebiete, in den nordböhmischen Weltbädern wie in Prag, interessant zu beleuchten. Die Regierung Metternichs hatte zunächst gegen die Inhaber von Pässen, die von der polnischen Revolutionsregierung ausgestellt waren, eine Einreisesperre verhängt. Aber die Prager Landesregierung setzte bald eine Milderung durch, damit die Badeorte diese durch Wohlhabenheit, starken Verbrauch und reiche Wareneinkäufe besonders erwünschten polnischen Besucher nicht zu entbehren brauchten. Daß im Jahre eines polnischen Nationalunglücks solche Erwägungen möglich und begründet waren, beweist, daß der Aufstand weit weniger Sache der reichen Aristokratie als des Mittelstandes und der enthusiastischen Jugend gewesen war. In jedem Falle waren die polnischen Besucher der nordböhmischen Bäder konsolidiert genug, daß die anfänglich befürchteten Zwischenfälle – namentlich mit den russischen Badegästen – ausblieben. Derselbe Boden trug einen Arakčeev, Nesselrode, Uvarov, einen Renegaten W. Krasinski einerseits, ja sogar zeitweise den Besieger der Polen, Paskevič, selbst, andererseits einen Chlopicki, Skrzynecki, Ostrowski, Soltyk usw., nicht zuletzt den damaligen pianistischen Kulturpropagator der Polen, Chopin.

Immerhin lag auch hier einiger Grund zur Wachsamkeit vor: schon die Internationalität der Weltbäder ließ sie als Umschlageplatz unerwünschter liberaler Ideen erscheinen, dazu kam speziell die Nähe des liberalen Sachsens. So wurden das Badepublikum und namentlich die Polen scharf beobachtet, ein Umstand, dem die heutige Forschung reiches Material an Polizeiakten verdankt. Der Aufsatz schildert zahlreiche Einzelakten: es fallen die Namen der Generäle Zakrewski, Dziedzicki, Skarzynski; weiter werden u. a. genannt der Graf Tyskiewicz, der

grace« (Die Polen in Böhmen zur Zeit des Novemberaufstandes und der »großen Emigration«) Slovanský Přehled, Jahrg. XXII (1930), S. 504–509, 583–598, 670–678, 721–741, in Jahrbücher für Kultur und Geschichte der Slaven, (1931), S. 327–329.

Gutsbesitzer Zaręba, die Gräfin Malachowska, die durch Ehe wie Herkunft (aus der Familie Sanguszko) gleichermaßen verdächtig war, der durch einsame Zurückgezogenheit und das stete Tragen eines Trauerflors auffallende Zawisza, der hervorragende Revolutionskämpfer Lewinski, dessen Trauer jedoch ein happy end in einem Ehebund nahm. Schon im Juli 1831, also geraume Zeit vor dem letzten Zusammenbruch des Aufstandes, traf in Teplitz der gestürzte Diktator Chlopicki ein. Er galt schon damals als eine so erledigte Figur, daß man es in Prager Ämtern nicht mehr für nötig hielt, die Verbreitung seiner Bilder – gleich denen anderer Revolutionäre – zu verbieten. Lastete auf ihm nur der Mißerfolg, so wirkten andere regelrecht menschlich anstößig: so die Frau des Revolutionärs Soltyk, die ihr eigenes Vermögen so eifrig vor der Zeiten Ungunst sicherte, daß sie nicht einmal ihren mittellos gewordenen Mann unterstützte, so ein früherer Präsident Starnalski, der sich in der Heimat des Amtsmißbrauchs aus eigennützigen Gründen schuldig gemacht hatte. Sehr viele andere gefährdeten ihre Beliebtheit dadurch, daß der – so sehnsüchtig erwartete – große Verbrauch nicht gegen bar, sondern auf Pump erfolgte. Die aus H. Heines ›Beiden Polen‹ bekannte Stimmung war auch in den böhmischen Bädern verbreitet, so weit, daß es gerade in jener Zeit in Karlsbad zur Anbringung einer Gedenkinschrift an Peter den Großen kam, welche auch seinen Nachfolger Nikolaus zu feiern nicht vergaß.

Aus dem Prager Emigrantenmilieu schildert der Aufsatz zunächst ausführlich die Schicksale des ehemaligen Bankdirektors Grafen Jelski, der schließlich von einem Urlaub nach Franzensbad aus nach Basel floh. Sehr unsympathisch wirkte der ehemalige Senator Graf Bielinski, der in einer kriecherischen Eingabe seine ganze revolutionäre Vergangenheit abschwor und im übrigen maßlos dem Kartenspiel und dem Umgang mit »Freudenmädchen der gemeinsten Art« ergeben war. Den meisten seiner Landsleute ging er geflissentlich aus dem Wege; einen freilich suchte er selbst, holte sich aber von ihm einen Korb: es war der ehemalige Generalissimus des Aufstandes, Skrzynecki, der von Linz nach Karlsbad und Teplitz, von dort aber wegen bevorstehender Niederkunft seiner Frau zuerst vorübergehend, dann dauernd nach Prag gekommen war. Wenn er auch sein Versagen im Kriege, sein iniativloses Nicht-Ausnutzen der gegebenen Möglichkeiten, seine mit Herrschsucht gepaarte geistige Subalternität (und wir dürfen hinzusetzen: sein Schielen nach der Politik unter Vernachlässigung seines militärischen Ressorts) nicht wiedergutmachen konnte – der Verbannte wahrte wenigstens die Würde. Sein persönlicher Verbrauch war äußerst bescheiden, sein Auftreten zurückhaltend. Anscheinend widmete er sich nur seinen religiösen Neigungen und der Lektüre strategischer Fachliteratur. Er war ein musterhafter Ehemann: seine Gattin galt sogar geradezu als eigentliche Inspiratorin seiner politischen Entschließungen. Mit der Zeit erwies es sich aber, daß er doch kein so harmloser Asylist war: es kamen Beziehungen zu einem bei den belgischen Ereignissen engagierten Engländer namens Ellis, zu dem arg verdächtigen Edm. Glowacki u. a., auch zu einer Lemberger Hochverratsaffäre ans Tageslicht, so daß er und seine Frau scharf überwacht wurden (auch z. B. bezüglich Theaterbesuch und Lektüre: kein Geringerer als Šafařík hielt es – in seiner Eigenschaft als Zensor – für nötig, dem Exulanten den Bezug der Zsch. ›Mloda Polska‹ zu sperren). Um so überraschender schien 1839 seine plötzliche Flucht nach Brüssel zu wirken. Man veranstaltete eine pompöse Untersuchung, irgendein Postillon erhielt auch zehn Stockhiebe, im Grunde aber war man so froh, den gefährlichen Gast los zu sein, daß man ihm seine Gattin unangefochten nachreisen ließ. Skrzyneckis Beziehungen zu den Čechen hatten in der Folge noch einen Epilog in seiner Freundschaft mit Palacký, den er nicht ohne Erfolg in reaktionärem Sinne zu beeinflussen bemüht war.

Leopold Silberstein.«[18]

Silberstein hatte diese Werke zum großen Teil für seine Studien zur Polonistik und zur Geschichte des tschechoslowakischen Staates verarbeitet. Er war mit vielen der Autoren persönlich bekannt und befreundet, so mit dem Polonisten Karel Krejčí[19], dem Außenminister und Soziologen Edvard Beneš, dem Historiker Jan Opočenský[20] und dem Germanisten und Schriftsteller Otokar Fischer. Mit seinem eleganten Stil entwickelte sich Silberstein zu einem wissenschaftlichen Schriftsteller, der die Forderungen nach wissenschaftlich exaktem Inhalt mit einer attraktiven Darstellung verband. Entsprechend dem großen Vorbild von Schillers »Geschichte des Abfalls der vereinigten Niederlande« sollte Wissenschaft ein gutes Stück lesbare Literatur sein.

Auch in der »Zeitschrift für slavische Philologie«, der »Zeitschrift für osteuropäische Geschichte« und der Zeitschrift »Osteuropa« verfasste er in der Zeit bis zur Machtergreifung Hitlers zahlreiche Rezensionen vornehmlich über Neuerschei-

18 Ders.: [Rezension] Karel Krejčí: Polací v Čechách po pádu povstání listopadového (Die Polen in Böhmen nach der Niederlage des Novemberaufstands), Slovanský Přehled, Jahrg. XXIII (1931), S. 264–277, 346–356, 420–436, in Jahrbücher für Kultur und Geschichte der Slaven, (1931), S. 512f.

19 Karel Krejčí (1904–1979) war ein tschechischer Literaturhistoriker, Bohemist und Polonist.

20 Jan Opočenský (1885–1961) war ein tschechischer Diplomat und Historiker. Er leitete das Archiv des Ministeriums für auswärtige Angelegenheiten. 1939 emigrierte er erst nach Paris und weiter nach London. Nach dem Krieg vertrat er die Tschechoslowakei bei der UNESCO in Paris. Er war Silberstein freundschaftlich zugetan. Davon zeugt auch ein Buch »Politické dějíny poválečné« (Politische Geschichte der Nachkriegszeit), das er im Jahr 1934 »seinem lieben Freund Dr. Silberstein« gewidmet hatte. Das Buch befindet sich in der Universitätsbibliothek Halle.

nungen zur Polonistik.[21] [22] [23] Gelegentlich findet man aber auch Besprechungen neuer Bücher über die sowjetrussischen Führer und aus der Tschechoslowakei. Diese Spezialisierung ist offensichtlich auf eine Arbeitsteilung mit seinen Kollegen Klaus Mehnert und Wolfgang Leppmann[24] von der Universität Berlin zurückzuführen.

21 Silberstein, Leopold: [Rezension] Zdziechowska, Stefanja: Stanislaw Brzozowski jako krytyk literatury polskiej (Stanislaw Brozowski als Kritiker der polnischen Literatur), Zeitschrift für slavische Philologie, (1929) Band VI, S. 531f.

22 Ders.: [Rezension] Tokarz, W.: Wojna polsko-rosyjska 1830 i 1831. Z atlasem. (Der polnisch-russische Krieg von 1830 und 1831. Mit einem Atlas.), Zeitschrift für osteuropäische Geschichte, Band VI, (1932), S. 259–261.

23 Ders.: Hegel in Rußland, Osteuropa 7 (1931/32), S. 122f.

24 Wolfgang Leppmann (1902–1943) war ein jüdischer Slawist an der Berliner Universität und Mitarbeiter in der von Prof. Hoetzsch geleiteten Deutschen Gesellschaft zum Studium Osteuropas. Nach dem Machtantritt der Nazis 1933 verlor er seine Stellung. Während seine Familienangehörigen emigrierten, blieb er in Deutschland. Als er deportiert werden sollte, tauchte er unter, doch er wurde bald darauf von der Gestapo aufgegriffen. Wolfgang Leppmann kam 1943 im KZ Auschwitz ums Leben.

Emigration nach Prag

Durch das Ehepaar Dr. Feder, die beide Sozialisten waren – er war der Rechtsanwalt von Leopold Silberstein –, gelangte das junge Paar, wie bereits erwähnt, zur Sozialdemokratischen Partei. Infolge des mit der Machtübernahme der Nazis sofort einsetzenden Terrors gegen alle fortschrittlichen Kräfte und die jüdische Bevölkerung war das Eheglück des jungen Paars von sehr kurzer Dauer. Beide waren als Sozialisten und insbesondere Leopold Silberstein als Jude aufs Äußerste gefährdet. Mieter schmierten ihm schon Hakenkreuze an die Wohnungstür. Zudem gab es für einen Juden keine Arbeits- und Publikationsmöglichkeiten mehr an der Universität. Er musste den Plan, sich an der Berliner Universität über die Entstehung des tschechoslowakischen Staates zu habilitieren, aufgeben. Deshalb entschloss sich die Familie Silberstein, ihre Wirkungsstätte in Berlin zu verlassen, und begab sich, gedrängt von seiner Frau, am 31.3.1933 (am nächsten Tag, am 1. April 1933, organisierten die Nazis in Deutschland einen großangelegten Judenboykott) in die Emigration nach Prag. Dabei spielte die Tatsache eine große Rolle, dass Silberstein durch seine vorherigen Studienaufenthalte in Prag zahlreiche gute Freunde bis hinauf in die Regierung hatte. Für die Emigration in andere Länder fehlten die nachzuweisenden Guthaben. Prag war ihm und seiner Frau durch vorherige Aufenthalte ans Herz gewachsen. Er kannte die wissenschaftlichen Einrichtungen der Stadt in vertrauter Weise, wovon mehrere seiner bisherigen Veröffentlichungen zeugten. Nicht zuletzt war die Tschechoslowakische Republik eine funktionierende Demokratie.

Ein Zeugnis der guten Beziehungen Silbersteins zum damaligen Außenminister Dr. Edvard Beneš ist ein Exemplar der Arbeit »Die Gründung des tschechoslowakischen Staates nach Benesch's Memoiren«, die sich im Nachlass von Beneš findet.[1] Silberstein hatte ihm sein Opus entweder bei einer Audienz im Jahr 1930 oder 1934 überreicht.

Die Regierung der Tschechoslowakei erklärte, dass sie den Flüchtlingen aus Deutschland politisches Asyl gewähre. Außenminister Edvard Beneš verkündete, dass sein Land schon nach dem ersten Weltkrieg Emigranten aufgenommen hätte und dass es dies jetzt wieder tun werde. Die Emigranten waren von höchster Regierungsstelle

1 Masarykův ústav a Archiv AV ČR, Abteilung Archiv ÚTGM, Nachlass E. Beneš (EB IV/1), Sign. M 6/12 (R 253/12), Inv. N. 456, Karton 143.

willkommen, aber es war ihnen eine aktive politische Tätigkeit untersagt. Hingegen hatten sie das Recht auf politische Meinungsäußerung, beispielsweise in den Medien. Wenn in der tschechoslowakischen Presse Berichte über die Bestialitäten der Nazis gegenüber fortschrittlichen Kräften und die Verfolgung der Juden erschienen, rief dies immer wieder den scharfen Protest der deutschen Gesandtschaft in Prag hervor.[2]

Zwar war die junge Familie in Prag in Sicherheit, aber die materielle Existenz gestaltete sich höchst prekär. In der Tschechoslowakei wurde wegen der schwerwiegenden wirtschaftlichen Krise und der durch sie verursachten hohen Arbeitslosenrate Ausländern keine Arbeitserlaubnis erteilt. In Prag kam es, angeheizt durch deutsche Nazis, zu antisemitischen Demonstrationen. Ausländer waren vor allem als zahlende Gäste willkommen. So blieb für Silberstein nur die Veröffentlichung wissenschaftlicher Arbeiten. Da man für eine Druckzeile lediglich etwa 20 Heller zahlte, was zwei Pfennigen entsprach, verdienten sie beide gerade ungefähr eine Monatsmiete. Verschärfend kam noch hinzu, dass ihm als Juden, wie oben erwähnt, die in Deutschland erscheinenden Fachzeitschriften, wie die »Zeitschrift für slavische Philologie«, »Zeitschrift für osteuropäische Geschichte« und »Osteuropa« verschlossen waren. Prof. Otto Hoetzsch[3], Herausgeber der »Zeitschrift für osteuropäische Geschichte« und der Zeitschrift »Osteuropa«, der von den Nazis wegen seiner kontinuierlichen Analyse der politisch-ökonomischen Entwicklung in der Sowjetunion bereits als Salon-Bolschewist verunglimpft wurde, befleißigte sich nun eines forschen Nazi-Tons. Leopold Silberstein konzentrierte sich deshalb auf die in Prag herausgegebenen deutschsprachigen Zeitschriften »Slavische Rundschau« und »Germanoslavica«. Um das Einkommen ein wenig aufzubessern, vermietete die Familie Silberstein noch ein Zimmer ihrer Wohnung an einen norwegischen Gelehrten. Zudem verkaufte die Familie die wenigen wertvollen Gegenstände, wie Schmuck, Silbersachen und Gemälde, die sie in die Emigration hatte retten können.

Nach der Ankunft in Prag lebte die Familie wenige Tage erst in einem Hotel, bis sie im Prager Stadtbezirk Dejvice in der Krocinovska 8 eine Wohnung gefunden hatte. Während ihres Aufenthalts in Prag zog die Familie bis 1946 insgesamt viermal um. Silberstein stellte schon im Jahr 1933 ein Gesuch zur Bewilligung des Heimatrechts in Prag und der tschechoslowakischen Staatsbürgerschaft. Dieses Gesuch wurde offiziell vom Magistrat der Hauptstadt Prag wegen der wirtschaftlichen Situation in der Tschechoslowakei abgelehnt. Man befürchtete, dass die Emigranten, wenn sie mit der tsche-

2 Asylrecht für Emigranten – unser Stolz, Prager Presse vom 9.11.1933.

3 Otto Hoetzsch (1876–1946) war ein deutscher Historiker und Politiker. Er war einer der Begründer der deutschen Ostforschung und trat für die Verständigung mit den osteuropäischen Staaten ein. Hoetzsch betätigte sich in der Deutschnationalen Volkspartei. 1935 wurde er als Nachfolger von K. Stählin Inhaber des Lehrstuhls für osteuropäische Geschichte, aber noch im selben Jahr zwangspensioniert.

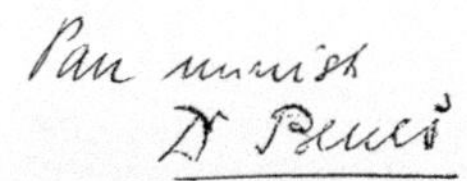

Die Entstehung des tschechoslovakischen Staates nach Benesch's Memoiren.

Von Dr. Leopold Silberstein, Berlin.

Der tschechoslovakische Staat ist nicht aus fernem Dunkel gekommen, nicht eruptiv erstanden und nicht langsam zusammengewachsen, sondern in einer einzigartigen und höchst denkwürdigen Weise geschaffen worden durch bewußte Absicht und planvolle Arbeit eines verhältnismäßig engen Kreises und unter Ausnutzung bestimmter Konjunkturen und Strömungen. Einer der Hauptarbeiter an diesem Werk, Edvard Benesch, läßt in seinen Memoiren* nunmehr im einzelnen verfolgen, wie das Erstaunliche zustande gebracht wurde, und wie vor allem er persönlich daran mitgewirkt hat, daß eine Nation, die zu Beginn des Weltkrieges noch nicht einmal als Begriff existierte, bei seinem Abschlusse als einzige der Sukzessionsnationen mit dem Gewicht eines vollberechtigten Ententemitgliedes auftreten und sich hierdurch einen „maximalen" Erfolg sichern konnte.

Der Kriegsausbruch traf die tschechischen und slovakischen Politiker völlig unvorbereitet und uneinig. In der Frage: Für oder wieder Österreich-Ungarn? gab es kein sicheres Kriterium, am allerwenigsten den üblichen Gegensatz Rechts-Links. Im austrophilen Lager fanden sich die Klerikalen, denen Österreich-Ungarn als Hort des Katholizismus erhaltungswert, eine selbständige tschechische Nation als Erbin hussitischer Traditionen gefährlich erschien, mit einem Teil der Sozialdemokraten,

Exemplar der Arbeit »Die Entstehung des tschechoslowakischen Staates nach Benesch's Memoiren«, die Silberstein bei einer Audienz im Jahr 1930 oder 1934 dem Außenminister überreicht hatte.

choslowakischen Staatsbürgerschaft eine Arbeitserlaubnis erhielten, den arbeitslosen einheimischen Akademikern Arbeit wegnehmen könnten.[4] Die Familie erhielt nur Ausländerausweise.

Silberstein schrieb Artikel für tschechische und deutsche Prager Zeitschriften und Zeitungen, wie die »Prager Rundschau« und »Prager Presse« sowie für »Sociální problémy« und »Le Monde Slave« über slawistische, philosophische und soziologische Themen.[5] [6] Die französischen Beiträge wurden in der Regel von seiner Frau übersetzt.

4 Prager Presse vom 12.8.1934.

5 Silberstein, Leopold: [Rezension] Otázka ženská v Rusku a v Německu (Die Frauenfrage in Russland und Deutschland). Fannina W. Halle: Die Frau in Sowjetrußland. – Berlin-Vídeň-Lipsko 1932, Paul Zsolnay. Dr. Gerda Caspary: Die Entwicklungsgrundlagen für die soziale und psychische Verselbständigung der bürgerlichen deutschen Frau um die Jahrhundertwende (Ein soziologischer und sozialpsychologischer Versuch). (Heidelberger Studien aus dem Institut für Sozial- undStaatswissenschaften,ed. A. Salz, A. Weber, E. Lederer, C. Brinkmann, sv. III, seš. 5) – Heidelberg 1933, Weiss'sche Universitätsbuchhandlung, Sociální Problémy (1935/36), S. 75–80.

6 Ders.: Les Tchechoslovaques et les revolutions européennes de 1848 à nos jours (Die Tschechoslowaken und die europäischen Revolutionen von 1848 bis in unsere Zeit), Le Monde Slave (1934) Juli, S. 58–86.

Das Leopold Silberstein gehörige Haus in Berlin, Kleiststr. 15, das nach einem Zwangsverkauf »arisiert« wurde.

Allerdings musste er sich die Kontakte zu den tschechischen Zeitschriften erst aufbauen, was sich daran zeigte, dass die Zahl seiner Veröffentlichungen nach der Emigration zunächst stark zurückging.

Im Sommer 1934 verbrachte die Familie kurze Zeit in einem Sommerferienlager tschechischer Sozialdemokraten in Brandys nad Orlici. Dort lernten sie unter anderem Jiřina Popelová-Otáhalová[7] kennen. Sie hatte einen dreifachen Doktortitel erlangt. Damals war sie aus Italien zurückgekehrt, wo sie längere Zeit Philosophie studiert hatte. Sie hielt einen sehr fundierten und aufschlussreichen Vortrag über den Faschismus in Italien.[8]

Hier erreichte das Ehepaar Silberstein die Nachricht, dass das Finanzamt Charlottenburg-Ost gegen sie einen Steuersteckbrief wegen der sogenannten Reichsfluchtsteuer erlasssen hatte und per sofort den Betrag von über 37.000 RM (fällig ab 8. April 1933) plus eine jährliche Verzugssteuer von 120 Prozent verlangte.[9] Der Prozess dau-

7 Jiřina Popelová-Otáhalová (1904–1985) war eine tschechische Philosophin und u. a. Rektorin der Universität Brünn.

8 Herrmann, Jenny: Jennys Leben, S. 133.

9 Amtsblatt der Reichsfinanzverwaltung vom 9.8.1934, Ausgabe A, S. 163f.

Privatgelehrter und Hausbesitzer Dr. Leopold Silberstein, geb. am 28. August 1900 in Berlin, und seine Ehefrau Jenny geborene Herrmann, geb. am 4. Juli 1904 in Frankfurt a. O., zuletzt wohnhaft in Berlin-Charlottenburg, Kleiststr. 15, zur Zeit in Prag (Tschecho-slowakei).

Geschuldeter Reichsfluchtsteuerrest 37 331,66 RM, fällig gewesen am 8. April 1933, nebst Zuschlag. Steuersteckbrief des Finanzamts Charlottenburg-Ost vom 12. Juni 1934, bekanntgemacht im Reichs- und Staatsanzeiger Nr. 166 vom 19. Juli 1934 (Steuer-Nr. 72/21).

Auszug aus dem Erlass des Finanzamts Charlottenburg-Ost vom 12.6.1934 über den Steuersteckbrief gegen Leopold Silberstein und seine Frau

erte bis zum Jahr 1935 und führte zu einer faktischen Enteignung des Hausbesitzes von Leopold Silberstein.

Ein Brief Silbersteins an Otokar Fischer vom 8.8.1934 gibt Aufschluss über die hinterhältigen Verordnungen der Nazi-Regierung zur Enteignung der vor dem Terror in Deutschland geflüchteten Juden:[10]

Sehr verehrter Herr Professor,
seit wir die Freude hatten, die liebenswürdige Gastfreundschaft von Ihnen und Ihrer gnädigen Frau zu genießen, haben sich unsere Angelegenheiten wieder spürbar verschlechtert. Wie ich erst Ende Juli erfuhr, hat das Finanzamt in Charlottenburg auf uns schon am 12. Juni einen »Steuersteckbrief« ausgegeben, mit dem die Sicherstellungen, die sich bisher nur auf den Gewinn bezogen, auf das eigentliche Eigentum ausgedehnt werden. Die Forderung, die das Finanzamt jetzt erhebt, beträgt jetzt nicht jene 22.000,- RM, die wir nicht zahlen konnten, sondern 37.300,- RM p l u s 120 % jährlicher Zins vom ersten Tag der Zahlung /8. April 1933/, so dass die Schuld jetzt fast 100.000,- RM erreicht.

Um diesen offensichtlichen wirtschaftlichen Wahnsinn zu unterbinden, will mein Rechtsanwalt sich jetzt an die höchste Instanz, d. h. an das Reichsministerium der Finanzen wenden. Ich denke, dass es sehr gut sein würde, wenn ich dort überzeugende Beweise vorlegen könnte, dass mein Aufenthalt in Prag ein rein wis-

10 Brief Leopold Silbersteins an Otokar Fischer vom 8.8.1934, Archiv des Památník Národního písemnictví, Prag, Nachlass Otokar Fischer (Orig. tschech.).

senschaftliches, aber keinerlei politisches oder wirtschaftliches Ziel hat. Ich wäre Ihnen, verehrter Herr Professor, daher außerordentlich verbunden, wenn Sie mir liebenswürdiger Weise eine Bestätigung geben könnten, dass ich mich in Prag mit deutsch-slawischen Studien befasse, die ich andern Orts nicht durchführen könnte /vielleicht ohne Angabe eines konkreten Themas/, dass Sie von jenen Studien wissen und dass mich diese Studien völlig einnehmen. Es wäre vielleicht gut, wenn Sie eine solche Bestätigung auf einem Bogen mit Ihrem aufgedruckten werten Namen als Universitätsprofessor oder auf einem Bogen des Germanistischen Seminars, eventuell direkt in deutscher Sprache oder mit deutscher Übersetzung schreiben könnten.

Das Haus in Berlin, Kleiststr. 15, das Silberstein zur Hälfte gehörte, musste zu einem Schleuderpreis verkauft werden (was in der Nazipopaganda »Arisierung« hieß), um die Reichsfluchtsteuer zu entrichten und so wenigstens den Besitz des Hauses in Berlin, Dircksenstr. 37 zu retten. Da aber für den Anteil seiner Tante Fanny Stern am Haus Kleiststr. 15 eine Hypothek auf das Haus in der Dircksenstr. 37 aufgenommen werden musste, hatte er aus diesem Haus keine Einnahmen.

Im »Amtsblatt der Reichsfinanzverwaltung« vom 16.2.1935 wurde bekannt gegeben, dass der am »12. Juni 1934 erlassene Steuersteckbrief [...] sowie die gleichzeitig ausgesprochene Vermögensbeschlagnahme [...] infolge Bezahlung der geschuldeten Reichsfluchtsteuer aufgehoben« sind.[11] Was sich wie ein Vorgang nach Recht und Gesetz anhört, war in Wirklichkeit eine hinterhältige Enteignung des Besitzes der Emigranten.

Lediglich eine Hypothek der Großmutter Helwine Elias, die zu seinen Gunsten fällig wurde, konnte ab September 1935 in Raten von 150 RM monatlich nach Prag überwiesen werden, was der Familie eine gewisse finanzielle Grundsicherung gab.

Inzwischen wurde am 27. Juli 1935 der Sohn Thomas Karl geboren. Thomas wurde er nach dem von Silberstein verehrten Präsidenten Thomas G. Masaryk und Karl nach seinem Berliner Universitätslehrer und Freund Professor Karl Stählin genannt.

Schon ab Ende 1933 stellte Silberstein, wie erwähnt, für sich und seine Familie Anträge auf Gewährung des Heimatrechts in der Hauptstadt Prag und auf Erteilung der tschechoslowakischen Staatsbürgerschaft, weil er mit der reichsdeutschen Gesandtschaft in Prag keinen Kontakt mehr haben wollte. Diese Anträge wurden von der Prager Polizeidirektion regelmäßig mit der Begründung der Arbeitslosigkeit in der einheimischen Intelligenz abgelehnt.[12]

11 Amtsblatt der Reichsfinanzverwaltung vom 16.2.1935, Ausgabe A, S. 24.

12 Schreiben des Magistrats der Hauptstadt Prag an die Polizeidirektion Prag vom 12.12.1933, Nationalarchiv Prag, Archival group of the Provincial Office in Prague – Police and Security,

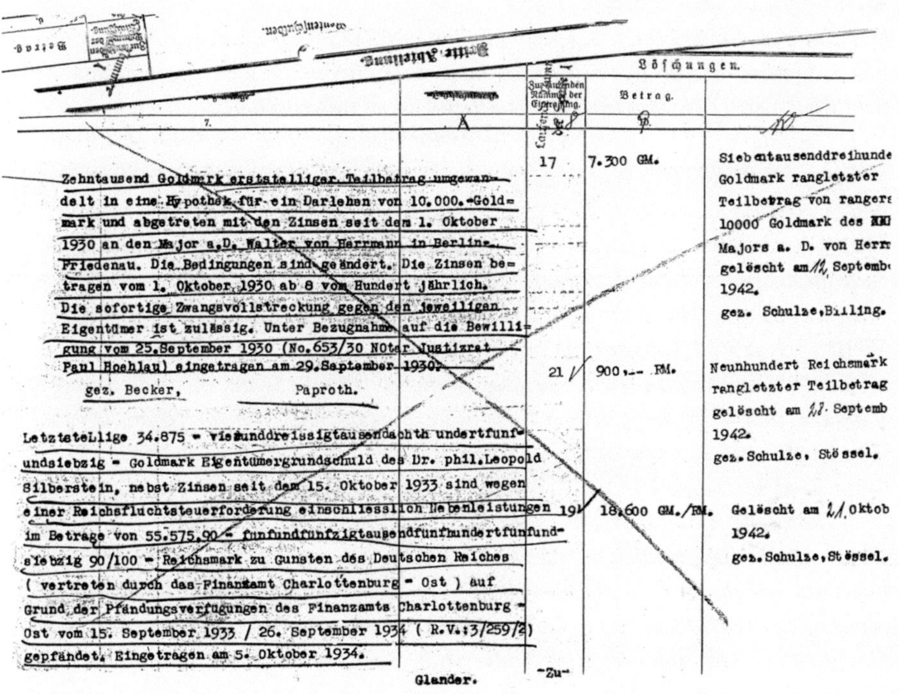

Dritte Abteilung

Löschungen.

Betrag.

Zehntausend Goldmark erststelliger Teilbetrag umgewandelt in eine Hypothek für ein Darlehen von 10.000.-Goldmark und abgetreten mit den Zinsen seit dem 1. Oktober 1930 an den Major a.D. Walter von Herrmann in Berlin-Friedenau. Die Bedingungen sind geändert. Die Zinsen betragen vom 1. Oktober 1930 ab 8 vom Hundert jährlich. Die sofortige Zwangsvollstreckung gegen den jeweiligen Eigentümer ist zulässig. Unter Bezugnahme auf die Bewilligung vom 25.September 1930 (No.653/30 Notar Justizrat Paul Hoehlau) eingetragen am 29.September 1930.

gez. Becker, Paproth.

Letztstellige 34.875 - vierunddreissigtausendachthundertfünfundsiebzig - Goldmark Eigentümergrundschuld des Dr. phil.Leopold Silberstein, nebst Zinsen seit dem 15. Oktober 1933 sind wegen einer Reichsfluchtsteuerforderung einschliesslich Nebenleistungen im Betrage von 55.575,90 - fünfundfünfzigtausendfünfhundertfünfundsiebzig 90/100 - Reichsmark zu Gunsten des Deutschen Reiches (vertreten durch das Finanzamt Charlottenburg - Ost) auf Grund der Pfändungsverfügungen des Finanzamts Charlottenburg - Ost vom 15. September 1933 / 26. September 1934 (R.V.:3/259/2) gepfändet. Eingetragen am 5. Oktober 1934.

Glander.

17 | 7.300 GM. | Siebentausenddreihunde Goldmark rangletzter Teilbetrag von rangers 10000 Goldmark des Majors a. D. von Herr gelöscht am 12. Septemb 1942. gez. Schulze, Billing.

21 | 900,-- RM. | Neunhundert Reichsmark rangletzter Teilbetrag gelöscht am 18. Septemb 1942. gez. Schulze, Stössel.

19 | 18.600 GM./RM. | Gelöscht am 21. Oktob 1942. gez. Schulze, Stössel.

-Zu-

Eintragung im Grundbuch des Hauses Dircksenstr. 37 in Berlin mit der »Reichsfluchtsteuerforderung« von 55.575,90 RM, Familienarchiv Jenny Hermann

Als Silberstein am 12.8.1935 ein Gesuch zur Genehmigung des Aufenthaltsrechts stellte, wurde ihm dieses schließlich für zwei Jahre bewilligt. Dieses Gesuch ist hier wiedergegeben:[13]

Dr. Leopld Silberstein
Praha-Dejvice 1169
Na Pískách 85
Praha-Dejvice, 12. August 1935
Gesuch zur Genehmigung des Aufenthalts auf dem Boden der Tschechoslowakischen Republik nach dem Gesetz vom 28.3.1935

1911–1948, Dept. 22B, ref. 7624/68, box 569 (Orig. tschech.).

13 Gesuch von Leopold Silberstein zur Genehmigung des Aufenthalts in der Tschechoslowakei an die Landesbehörde Prag vom 12.8.1935, Nationalarchiv Prag, Archival group of the Provincial Office in Prague – Police and Security, 1911–1948, Dept. 22B, ref. 7624/38, box 569 (Orig. tschech.).

An die hohe Landesbehörde in Prag.
Der Unterzeichnete Ph.Dr. Leopold Adolf SILBERSTEIN erlaubt sich hiermit, der hohen Landesbehörde in Prag ein Gesuch zur Genehmigung des Aufenthalts auf dem Boden der Tschechoslowakischen Republik zu unterbreiten.

Ich wurde am 28. August 1900 in Berlin /Deutschland/ als Sohn des Ph.Dr. Wilhelm SILBERSTEIN und seiner Gattin Cäcilie geb. ELIAS geboren. Meine beiden Eltern sind leider gestorben. Ich bin mit Frau Jenny SILBERSTEIN geb. HERRMANN verheiratet, die gleichzeitig mit mir ein Gesuch über die Genehmigung des Aufenthalts in der Tschechoslowakei stellt, und bin Vater von zwei Kindern, die in unserem hiesigen Haushalt leben, und zwar 1. die Tochter Hella Cäcilie SILBERSTEIN, geb. am 20. Oktober 1932 in Berlin, und 2. der Sohn Thomas Karl, geb. am 27. Juli 1935 in Prag. Meine Konfession ist die jüdische Religion, bin jüdischer Nationalität und habe die reichsdeutsche Staatsbürgerschaft. Von Beruf bin ich Privatgelehrter und wissenschaftlicher Schriftsteller auf den Gebieten Slawistik, Philosophie und Soziologie.

1. Zweck meines Aufenthalts in der Tschechoslowakei ist die Fortsetzung meiner wissenschaftlichen Studien auf den Gebieten von Slawistik, Philosophie und Soziologie, und ebenfalls meiner wissenschaftlichen schriftstellerischen Tätigkeit, in Verbindung besonders mit den folgenden hiesigen wissenschaftlichen Institutionen: Slawistisches Seminar der Karls-Universität, Soziologisches Seminar der Karls-Universität, Philosophisches Seminar der deutschen Universität, Literaturhistorische Gesellschaft der Tschechoslowakei /in der ich die Ehre habe ein aktives Mitglied zu sein/; von den Bibliotheken benötige ich vor allem die Slawische Bibliothek des Ministeriums für auswärtige Angelegenheiten und die Universitätsbibliothek. Weil ein großer Teil meiner Studien der allgemeinen und der geistigen Geschichte der Tschechoslowakei gewidmet ist /siehe die betreffenden Artikel in den Zeitschriften PRAGER RUNDSCHAU, LE MONDE SLAVE, SLAVISCHE RUNDSCHAU, EUROPÄISCHE GESPRÄCHE und andere/, ist mein Aufenthalt in Prag unbedingt notwendig, was dadurch belegt wird, dass ich mich schon im Jahr 1931 längere Zeit hier aufhielt, umso mehr als meine wissenschaftliche Tätigkeit in Deutschland aufgrund der Rassengesetzgebung unmöglich gemacht wurde.

2. Der Ort des Aufenthalts für die Zeit der Einreichung des Gesuchs ist: Praha-Dejvice 1169, Na Pískách 85, parterre, eigene Wohnung.

3. Erbetener Bereich der Genehmigung: Ich bitte um die Genehmigung für die gesamte Tschechoslowakei, und zwar für zwei Jahre.

4. In dem gemeinsamen Haushalt leben mit mir folgende Ausländer /sämtlich reichsdeutsche Staatsbürger/:

a. Meine Gattin Jenny Ida Gertrud SILBERSTEIN geb. HERRMANN, geb. 4. Juli 1904 in Frankfurt/O., die gleichzeitig mit mir ein gesondertes Gesuch einreicht;

b. Unsere Tochter Hella Cäcilie SILBERSTEIN, geb. 20. Oktober 1932 in Berlin / jüdische Religion, jüdische Nationalität/;

c. Unser Sohn Thomas Karl Silberstein, geb. 27. Juli 1935 in Prag, jüdische Religion, jüdische Nationalität/;

d. Privatfrau /ehemaliges Hausmädchen im Haushalt /Frl. Anna GEBLER, geb. 9. September 1891 in Breitungen /Südharz, Prov. Sachsen, Deutschland/, die gleichzeitig mit mir ein gesondertes Gesuch einreicht.

5. Nachweis meiner Staatsangehörigkeit ist der reichsdeutsche Reisepass, ausgestellt am 23. November 1932 vom Polizeipräsidium in Berlin unter 127 R./785/32 und gültig bis 23. November 1937, ferner das Landesfamilienbuch č. 754 der Heiratsregistrierung von 1932 des Preussischen Einwohneramts Berlin-Charlottenburg 1, ausgestellt am 20. Dezember 1932, die die Bestätigung meiner Staatsangehörigkeit enthält und ferner die Geburtsurkunde unserer Tochter. Beleg meiner Staatsangehörigkeit ist auch die Geburtsurkunde unseres Sohnes, ausgestellt am 7. August 1935 von der Matrikeladministration der Israelitischen Religionsgemeinde in Praha-Smíchov /Band V, Seite 133, Nr. 28, č.j. 223/35.

Schließlich reiche ich das Konskriptionsblatt unserer ganzen Familie ein.

Mit dem Ausdruck vorzüglicher Hochachtung

Dr. Leopold Silberstein

Es ist charakteristisch, dass Silberstein nicht angab, politischer Exilant zu sein und die Tatsache seiner rassischen Verfolgung in Deutschland nur nebenbei erwähnte. Er war, wie auch aus dem oben zitierten Brief an Otokar Fischer vom 8.8.1934 hervorging, bemüht, seinen Aufenthalt in Prag mit rein wissenschaftlichen Zielen zu begründen. Wie der schließliche Verlust seines Hausbesitzes belegt, hatte er allerdings mit dieser Taktik gegenüber den deutschen Finanzbehörden keinen Erfolg.

Silberstein bezeichnete sich in diesem Antrag als wissenschaftlichen Schriftsteller, eine Tätigkeit, die, wie erwähnt, am Slawistischen Institut der Universität Berlin gefördert worden war. Dies schien ihm die gegebene Arbeit zu sein, um mit Wissenschaft Geld zum Lebenserwerb zu verdienen, denn seine ökonomische Situation erlaubte ihm kaum die Zeit für langfristige Forschungsarbeit, obwohl er danach strebte.

Aus dem Antrag wird auch ersichtlich, dass der Sohn Thomas bei der jüdischen Gemeinde in Prag angemeldet worden war, um einen Kontakt mit der deutschen Gesandtschaft in Prag zu vermeiden. Das war freilich eine folgenschwere Entscheidung, durch die der Sohn während der nachfolgenden Protektoratszeit als Jude galt und schikanöser Behandlung durch die Nazideutschen Behörden ausgesetzt war, bis dahin, dass er – ebenso wie seine Schwester – für die Einweisung in das Konzentrationslager Theresienstadt registriert war.

Leopold und Jenny Silberstein
dovolují si srdečně blahopřáti
u příležitosti Vašich padesátých
narozenin a zároveň Vašeho zvo
lení děkanem. Poroučíme se Vám,
velevážený pane profesore, a Vaší
paní choti co nejzdvořileji.

V Praze, 20. Května 1933.

Leopold und Jenny Silberstein erlauben sich, Ihnen aus Anlass Ihres fünfzigsten Geburtstages und gleichzeitig zur Wahl als Dekan herzlich zu gratulieren. Wir empfehlen uns Ihnen, verehrter Herr Professor und Ihrer Frau Gemahlin auf das höflichste. Prag, 20. Mai 1933

Von der Freundschaft zwischen der Familie Silberstein und Prof. Fischer, der Silberstein besonders am Anfang der Emigration auf vielfältige Weise behilflich war, zeugt die beiliegende Gratulationskarte.[14]

14 Leopold und Jenny Silberstein an Otokar Fischer, 20.5.1933, Archiv des Památník Národního písemnictví, Prag, Nachlass Otokar Fischer (Orig. tschech.).

Teilnahme am wissenschaftlichen Leben in Prag

Leopold Silberstein besuchte regelmäßig die Veranstaltungen des Seminars für slawische Philologie an der Karls-Universität, die von Prof. Dr. Jiří Horák[1] geleitet wurden, und beteiligte sich rege an den dort geführten Seminaren und wissenschaftlichen Diskussionen.

Silberstein und seine Frau nahmen besonders im Zeitraum von 1934 bis 1937 aktiv an dem reichen wissenschaftlich-kulturellen Leben in Prag teil. Hier sind vor allem der Pražský linguistický kroužek (PLK – Prager linguistischer Zirkel) und die Literárně historická společnost čsl (Tschechoslowakische literatur-historische Gesellschaft) zu nennen. Ferner der Jour des Direktors Dvořák der Živnostenská Banka, den vorzugsweise tschechische Dichter besuchten. Dann gab es die Veranstaltungen der Slawisten und die Treffs mit den Polen im Polské okno (Polnisches Fenster). Schließlich hielten sie engen Kontakt mit dem Schriftsteller und Übersetzer Dr. Pavel Eisner[2], bei dem sich fast die gesamte jüngere tschechische Dichtergeneration einfand.[3]

Im Jahr 1935 wurde in Prag eine Thomas-Mann-Gesellschaft gegründet, dessen Vorsitzender der Philosoph Prof. J.B. Kozák war. Damals begegnete Silberstein im Haus von Pavel Eisner Thomas Mann und seiner Gattin Katja Mann. Darüber berichtete auch seine Ehefrau in ihren Memoiren.[4] Wahrscheinlich handelt es sich um Thomas Manns Besuch in Prag im Mai 1936, im Zuge dessen er im Kinosal der Urania einen Vortrag über Sigmund Freud gehalten hatte. In seinem Tagebuch vom 12.5.1936 vermerkte Mann: »Nachher Empfang bei Dr. Eisner«.[5] Noch bevor Thomas Mann im Jahr 1936 von den Nazi-deutschen Behörden ausgebürgert und ihm die Ehrendoktorwürde der Universität Bonn aberkannt wurde, bot ihm die tschechoslowakische Regierung die Staatsbürgerschaft der ČSR an, die er dankbar annahm. Die Gemeinde

1 Jiří Horák (1884–1975) war Professor für slawische Literaturgeschichte an der Karls-Universität in Prag. Wegen Tätigkeit gegen die Nazi-Okkupanten war er 1944/45 im Prager Gefängnis Pankrác inhaftiert, wurde aber nach Intervention von Prof. Vasmer freigelassen.

2 Pavel Eisner (1889–1958) war ein jüdischer tschechischer Übersetzer, Publizist, Schriftsteller und Dichter. Er war u.a. der Herausgeber der tschechischen Gesamtausgabe der Werke Thomas Manns. In der Zeit der Okkupation konnte er nur unter Pseudonymen veröffentlichen.

3 Herrmann, Jenny: Jennys Leben, S. 138f.

4 Ebd., S. 140.

5 Mann, Thomas: Tagebücher 1935–1936, Fischer Taschenbuchverlag (2003), S. 300.

Proseč, der Mann eine großzügige Spende zukommen ließ, hatte ihm zuvor das Heimatrecht zuerkannt, das die Voraussetzung für die Verleihung der Staatsbürgerschaft war. Prof. Kozák hatte sich persönlich für die Beschleunigung des Einbürgerungsverfahrens eingesetzt.

Leopold Silberstein war materiell nicht in der Lage, auf gleiche Weise wie Thomas Mann die Staatsbürgerschaft der ČSR zu erlangen. Er hoffte aber, dass ihm dies aufgrund seiner Verdienste um das Land gelingen würde. Dieser Weg erwies sich als sehr steinig, wie seine nachfolgende Lebensgeschichte zeigt.

Prager Linguistischer Zirkel

Im PLK war der philosophische Einfluss bedeutend, in welchem die Linguisten Roman Jakobson (unter Einfluss Husserls), Friedrich Slotty, J.M. Kořinek und andere gemeinsam mit den Philosophen Oskar Kraus, J.L. Fischer, D. Čyževśkyj und dem Ästhetiker Ja. Mukařovský sprachphilosophische Themen im Zusammenhang mit einer allgemeinen Zeichen- und Bedeutungslehre und unter teilweiser Auseinandersetzung mit der Logik untersuchten. Die auf dem 1. Internationalen Kongress der Slavisten 1929 in Prag angenommenen Thesen des PLK wirkten befruchtend auf die Tätigkeit von Leopold Silberstein. Dies gilt insbesondere für seine Schrift über eine Analyse der tschechischen philosophischen Terminologie. Zu diesem Thema trug Silberstein am 2. 12. 1935 auch im Pražský Linguistický Kroužek vor, und sie erschien in der Zeitschrift »Slovo a slovesnost«[6] unter dem Titel »Česká terminologie filosofická« (Die tschechische philosophische Terminologie). Über diese Veröffentlichung wurde 1936 auch in der »Revue des études slaves« (Paris) referiert.[7]

Die Zeitung »Prager Presse« berichtete über Silbersteins Vortrag »Die tschechische philosophische Terminologie« am 5.12.1935 in folgender mit (L) gezeichneter Besprechung (L könnte Stanislaw Lyer[8] bedeuten, der auch am Vortrag teilnahm):[9]

> »**Die tschechische philosophische Terminologie der Gegenwart** kam in der letzten Sitzung des Pražský Linguistický Kroužek zur Sprache. Der Vortragende, Dr. Leopold Silberstein, betonte gleich zu Anfang seinen Glauben an die hervorragende Eignung des Tschechischen, welche eine der logischesten europäischen Kultursprachen ist, auch für die abstrakte philosophische Spekulation und erhärtete diese These durch eine detaillierte Analyse der tschechischen Sprach-

6 Silberstein, Leopold: Česká terminologie filosofická (Die tschechische philosophische Terminologie), Slovo a slovesnost, 2 (1936), S. 83–98 (Orig. tschech.).
7 Mazon, A.: Revue des études slaves (1936) Nr. 16, S. 275 (Orig. franz.).
8 Stanislaw Lyer (1900–1971) war ein tschechischer Romanist und Mittelschulprofessor.
9 (L): Die tschechische philosophische Terminologie der Gegenwart, Prager Presse, 5.12.1935.

struktur, soweit diese philosophisch relevant ist: das Fehlen des Artikels und seine Ersetzung, doppelter Aspekt des Verbums, Nominativ und Instrumental beim Prädikatsnomen, Wortkomposition, das Reflexiv, die Präpositionen, Präfixe und Suffixe, schließlich die Hilfszeitwörter wurden untersucht; im Endergebnis überwogen die positiven Möglichkeiten bei weitem die vereinzelten Ausfälle, zu welchen besonders die Vermengung von ›Haben‹ und ›Sollen‹ zu rechnen wäre. Der im engeren Sinne terminologische Teil befaßte sich vor allem mit den Aequivokationen, deren Vermeidung in der philosophischen Sprache trotz der bisweilen schöpferischen Wirkung einer Aequivokation unbedingt anzustreben sei. In der heutigen philosophischen tschechischen Literatur machen sich solche Aequivokationen, wie die vorgelesenen Zitate bewiesen, gerade in den Grunddisziplinen der Philosophie, in Ontologie und Noetik, störend bemerkbar; die um die Zentralbegriffe ›Sein‹, ›Wesen‹, ›Grund‹, ›Wahrheit‹ gruppierte Terminologie bedarf unbedingt einer einheitlichen Neuregelung von autoritativer Stelle. Das positive Gegengewicht gegen diese Aequivokationen bilden die Spezifikationen, Fälle, in denen das Tschechische mit seinen Differenzierungsmöglichkeiten selbst einer so verfeinerten Terminologie wie der deutschen gegenüber im Vorteil ist. Redner erklärte als dringendes Gebot der Stunde die Schaffung eines Corpus traductionum aus der neueren philosophischen Weltliteratur, die Zusammenarbeit von Philosophen und Linguisten zur definitiven Festsetzung einer eindeutigen, differenzierten, den Möglichkeiten der Sprache gerecht werdenden Terminologie, die Schaffung eines neuen philosophischen Wörterbuches an Stelle des unzureichenden bisherigen und die Berücksichtigung dieser Fragen im Handwörterbuch der Akademie.«

Es ist Ausdruck für die Interessen Silbersteins, dass er ein Thema auf dem Grenzrain zwischen Philologie und Philosophie wählte. Nach diesem Vortrag wurde er im März 1936 auf einer Plenarversammlung ordentliches Mitglied des PLK. In diesem Kreis hielt er am 18.1.1937 einen weiteren Vortrag »Historické pojmosloví, sociologie vědění a sémantika« (Historische Terminologie, Soziologie des Wissens und Semantik).[10] In der »Prager Presse« vom 21.1.1937 berichtete ein Teilnehmer, der mit dem Kürzel »jhs« zeichnete, über diesen Abend:[11]

»Ueber ›Begriffsgeschichte‹, Wissenssoziologie und Semantik sprach Dr. Leopold Silberstein im Pražský linguistický kroužek. Das Kernstück des Vortrags bildete ein kritischer Bericht über das soeben erschienene Buch des hervorragenden Judaisten Lazar Gulkowitsch (Tartu-Dorpat) ›Zur Grundlegung einer

10 Čermák, P., Poeta, C., Čermák, J.: Pražský linguistický kroužek v dokumentech (Der Prager linguistische Zirkel in Dokumenten), Academia, Praha 2012, S. 226f. (Orig. tschech.).

11 (jhs): Ueber »Begriffsgeschichte«, Wissenssoziologie und Semantik, Prager Presse vom 21.1.1937.

begriffsgeschichtlichen Methode in der Sprachwissenschaft‹, dessen strukturell-funktionelle Grundhaltung der Prager Schule vielfach nahesteht, ohne dass eine direkte Beeinflussung vorläge. Redner untersuchte eingehend die philosophischen Voraussetzungen von Gulkowitschs Auffassung der Begriffe als zu Systemen zusammengeschlossener, dynamisch sich nach vorgegebener Eigengesetzlichkeit in ständigem aktiv-passivem Wechselspiel entwickelnder (›explizierender‹) Kraftzentren und wies auf das eigenartige Ineinander platonischer, aristotelischer, hegelischer und nicht zuletzt auch mystisch-theologisch gefärbter Elemente hin, aus dem diese Theorie herauswächst. Mystisch beeinflußt und dem wissenschaftlichen Beweis entzogen scheint dem Redner weniger die Hypostasierung der Begriffe als allein geschichtsbildender Kraft als die anschließende Identifikation von Begriff und Wort, als deren Grundlage der Vortragende eine Identifikation der verschiedenen Attribute einer unerkennbaren Substanz, die er Gedankenidee nannte, aufwies. Von hier aus ergibt sich die Proklamierung der Sprachwissenschaft zum konstitutiven Prinzip der Geistesgeschichte überhaupt und der Sprache als alleinigen Bestimmungskriteriums einer nationalen Kultur.

Die Wissenssoziologie glaubt zwar gleich der ›Begriffsgeschichte‹ an die ständige dynamische Entwicklung der Begriffe, stellt aber nicht das Axiom der Eigengesetzlichkeit auf, sondern betont gerade die Bedingtheit der Begriffe, sie ist gegenüber der spekulativ-strukturellen ›Begriffsgeschichte‹ mehr empirisch funktionell. Beide Methoden können zusammenwirken, eine empirisch-wissenssoziologisch begonnene Analyse in eine begriffsgeschichtlich-synthetische Zusammenfassung eines Explikationsprozesses ausmünden – zum größten Nutzen der speziell-linguistischen Bedeutungslehre, der Semantik.«

Auch die Zeitschrift »Slovo a slovesnost« veröffentlichte ein Kurzreferat dieses Vortrags.[12]

Die folgende Tabelle liefert einen Überblick über die intensive Teilnahme von Dr. Leopold und Jenny Silberstein an den Sitzungen des PLK und die Berichterstattung über die Sitzungen in der »Prager Presse« durch Silberstein.[13]

Sitzung PLK am	**Thema**	**Teil-nahme**	**Beitrag in Prager Presse**
21.10.35	A scholar's impression of Iran and the USSR	J.S.	

12 Silberstein, Leopold: Historické pojmosloví, sociologie vědění a sémantika (Historische Begriffsgeschichte, Wissenssoziologie und Semantik), Slovo a slovesnost, 3 (1937), S. 192 (Orig. tschech.).

13 Čermák, P., Poeta, C., Čermák, J.: Pražský Linguistický Kroužek v Dokumentech, S. 172–245.

Sitzung PLK am	Thema	Teil-nahme	Beitrag in Prager Presse
18.11.35	Phänomenologie und Sprachwissenschaft	L.S.*	22.11.35: Linguistik und Phänomenologie
2.12.35	Die čechische philosophische Terminologie	L.S. + J.S.	5.12.35: Die tschechische philosophische Terminologie der Gegenwart (von L)
16.12.35	Reistische Sprachbetrachtung in ihrem Verhältnisse zur Logistik und Phänomenologie	L.S.*	19.12.35: Über reistische Sprachbetrachtung in ihrem Verhältnisse zur Logistik und Phänomenologie
13.1.36	Problems in the language of economists	J.S.	16.1.36: Die Wirtschaftslinguistik
27.1.36	Retrospect of the first year of Slovo a slovesnost	L.S.	30.1.36: Bilanz einer Zeitschrift
3.2.36	Method of detailed observation in literary science	L.S.	6.2.36: Über die Methode der kleinen Beobachtungen in der Literaturwissenschaft
22.2.36	Czech folk song	L.S.	26.2.36: Volkstümlich gewordene tschechische Lieder
24.2.36	Church Slavic tradition in Bohemia	L.S.	27.2.36: Die kirchen-slavische Tradition in der tschechischen Geschichte
11.5.36	Blahoslav's linguistic theory	L.S.	14.5.36: Jan Blahoslav – der erste tschechische Linguist
18.5.36	Feldbegriffe in Sprachwissenschaft und Sprachphilosophie	L.S.	21.5.36: Über Feldbegriffe in Sprachwissenschaft und Sprachphilosophie
25.5.36	The symbol of the mother in Goethe's Faust	J.S.	29.5.36: Faust oder: Die Mütter
4.6.36	Comparison of Old Czech and Old Polish verse	L.S.	7.6.36: Der alttschechische und der altpolnische Vers
22.6.36	On the question of musicality in poetry	L.S.	

Sitzung PLK am	Thema	Teil-nahme	Beitrag in Prager Presse
23.6.36	Grammatik und Stylistik vom Standpunkt der Wissenschaft und des Bildungsprozesses	J.S.	26.6.36: Der Pražský Linguisticky Kroužek
19.10.36	In memory of A. Meillet – The International Linguistic Congress in Copenhagen	J.S. + L.S.	22.10.36: Dem Andenken Antoine Meillets
16.11.36	Macha's prose	J.S.	19.11.36: Šalda über Máchas Prosa
23.11.36	Der volkssprachliche Humor im Tschechischen	L.S.	25.11.36: Über scherzhafte Wendungen der tschechischen Volkssprache
7.12.36	Discussion of Deutsche und Tschechen by K. Bittner	L.S.	10.12.36: Deutsche und Tschechen
14.12.36	Gedanken über das Indogermanenproblem	L.S.	17.12.36: Gedanken über das Indogermanen-Problem
18.1.37	Historical terminology, the sociology of knowledge, and semantics	L.S.	21.1.37: Über »Begriffsgeschichte«, Wissenssoziologie und Semantik (jhs)
3.2.37	Pushkin and Mickiewicz	L.S.*	5.2.37: Puškin und Mickiewicz
8.2.37	On Puškin's symbolics	L.S.*	10.2.37: Zur Symbolik Puškins
8.3.37	Linguistic expression of quantity	L.S.*	11.3.37: Über den sprachlichen Ausdruck der Quantität
22.3.37	The bases of Czecho-Slovak word order	L.S.*	24.3.37: Über die tschechische Wortfolge
24.3.37	Le concept et les systems des cas en grammaire	L.S.*	26.3.37: Begriff und Systeme der grammatischen Kasus
26.4.37	In memory of F.X. Šalda	L.S.*	29.4.37: Eine Gedenkfeier für F. X. Šalda
10.5.37	The language of Turkestan	L.S.*	12.5.37: Über die turkestanischen Sprachen
31.5.37	The birth of poetic translation	L.S.*	2.6.37: Über die Geburt der poetischen Übersetzung

Sitzung PLK am	Thema	Teil-nahme	Beitrag in Prager Presse
1.10.37	The development of English literary scholarship	L.S.*	5.10.37: Über die Entwicklung der Literarhistorie in England
25.4.38	Problems of linguistic interference – Phonological and Non-phonological questions	L.S.*	27.4.38: Über Probleme der sprachlichen Interferenz 27.4.38: Das diachronische Studium der phonologischen und außerphonologischen Phänomene

Das Sternchen * hinter der Teilnahme von L.S. an den Sitzungen des PLK bedeutet, dass keine Anwesenheitsliste vorliegt (J.S. = Jenny Silberstein, L.S. = Leopold Silberstein).

Der PLK tagte entweder in einem Vortragsraum des Hotels Zlata Husa am Wenzelsplatz oder im Café Louvre in der Národní Třída.

Es ist bemerkenswert, dass die »Prager Presse« über die einzelnen inhaltlich durchaus spezifischen Sitzungen des PLK berichtete. Als ein Organ, dass die Meinung der Regierung wiedergab, wollte die ČSR auch mit dieser Berichterstattung ein Bild von sich als einer weltoffenen, Wissenschaft und Kunst zugewandten Politik geben. Die »Prager Presse«, die von 1921 bis 1938 auf Deutsch erschien, war vom Präsidenten T.G. Masaryk gegründet worden. Sie verfolgte das Ziel, insbesondere die deutsche Minderheit in die tschechoslowakische Gesellschaft zu integrieren. In den Jahren von 1935 bis 1938 veröffentlichte Leopold Silberstein zahlreiche Artikel in der »Prager Presse«, die auch der Anhang vor Augen führt.

Silberstein schrieb für die »Prager Presse« vom 29.1.1936 unter anderem folgenden Beitrag über die Zeitschrift »Slovo a slovesnost«:[14]

»Bilanz einer Zeitschrift.

Der letzte Debattenabend des Pražský Linguistický Kroužek galt der Kritik und Autokritik am abgeschlossenen ersten Jahrgang der Zeitschrift ›Slovo a slovesnost‹. Paul Eisner formulierte als Einleitungsreferent bei wärmster grundsätzlicher Zustimmung 12 Desiderata für die weitere Tätigkeit, vor allem Umwandlung in eine Monatsschrift, regelmäßige sprachliche Analyse der literarischen Neuerscheinungen, systematische Auswertung des Uebersetzungsmaterials fuer eine Differentialdiagnose des Tschechischen, aufmerksame Kontrolle des durch den Rundfunk vermittelten Sprach- und Sachgutes, Festigung des Kontaktes mit breiten Leserschichten (Miszellen, Briefkastenecke). Große Aufmerksamkeit

14 Silberstein, Leopold: Bilanz einer Zeitschrift, Prager Presse, 29.1.1936.

fand eine Zuschrift, die für die Zukunft neben technischen Modifikationen (bequemere Satzweise und Resumés in Weltsprachen) eindeutige Festlegung der Terminologie vorschlägt. Die Autokritik vertrat Roman Jacobson: die Analyse der Umgangs-, der Bühnensprache, des Dialekts, des Vortragsstils, der Minderheitensprachen der Republik, insbesondere aber der slovakischen Form der Staatssprache blieben ernste Verpflichtungen für die Zukunft, andere (Sprache der Wissenschaft, der Zeitung) werde man demnächst einzulösen beginnen. Die Redaktion werde alles in ihren Kräften stehende tun, versicherte auch B. Havránek; die Umwandlung in eine Monatsschrift würde freilich die volle Arbeitsleistung eines Fachmanns erfordern. Einen breiten Raum in der Debatte, zu der noch die Herren Vydra, Teige, Kopeckij, K. Krejčí, Mukařovský, Bém, Oberpfalcer, Jirát und Siebenschein interessante Bemerkungen beisteuerten, nahm die von einem konkreten Fall ausgehende Frage nach Möglichkeiten und Grenzen wissenschaftlicher Kritik und Polemik ein.«

In einem Artikel in der »Prager Presse« vom 26.6.1936 berichtete Silberstein über zwei bedeutsame Vorträge im Pražský Linguistický Kroužek:[15]

»**Der Pražský Linguistický Kroužek** beendete seine Vortragssaison und das erste Jahrzehnt seiner Tätigkeit mit der Erörterung zweier grundsätzlicher Probleme: Prof. Vlad. Helfert (Brünn) sprach über die Frage der Musikalität in der Poesie, Prof. E. Otto (Prag) über Grammatik und Stilistik vom Standpunkte der Wissenschaft und des Bildungsprozesses. Richtige Erkenntnis der Gemeinsamkeiten und Unterschiede von Poesie und Musik setzt besonders klare Begriffsbestimmungen voraus. In der Musik sind Rhythmus (quantitative, dynamische Einteilung der Zeitabfolge nach der Länge) conditiones sine quibus non der Verständlichkeit, des ›logischen Sinngehaltes‹ der Musik (die Melodie ist freilich noch wichtiger), die Verständlichkeit der Sprache ist dagegen in erster Linie an den objektiven Sinngehalt gebunden. Charakteristisch für die Musik ist die Substitutionsfähigkeit: die Dreiviertelnote kann drei einzelne Viertel, drei Triolenviertel können eine halbe oder zwei Viertelnoten vertreten. Dieser Trioleneffekt, in der Poesie angewandt, verstärkt ihren ›musikalischen‹ Charakter (wie an zahlreichen Beispielen aus Mácha und Erben konkret bewiesen wurde). Die Melodie als mit wenigen Ausnahmen (Schönberg) genau fixierte Tonhöhe ist Kardinalbedingung der Verständlichkeit der Musik, die sog. Sprachmelodie (nur approximativ, am besten vielleicht durch eine Art Neumenschrift, festzuhalten) bildet ein bloßes accidens. Crescendo und Decrescendo entscheiden oft die Frage, ob ein Satzbau dem Geist einer Sprache gerecht wird. Auch die musikalische Form wird von der Poesie übernommen, etwa die Liedform (Thema, Kontrast,

15 Ders.: Der Pražský Linguistický Kroužek, Prager Presse, 26.6.1936.

XXVII.

23. červen 1936.

Univ. prof. Dr. E. Otto,

Grammatik und Stylistik

vom Standpunkt der Wissenschaft und des

Bildungsprozesses.

Přítomni:

Masarykův ústav a Archiv AV ČR, v.v.i., fond Pražský lingvistický kroužek, kart.1, i.č. 9, prezenční listina z 23. června 1936 (Anwesenheitsliste des Prager Linguistischen Zirkels vom 23.6.1936), links mit der Unterschrift als Mitglied von Dr. Leopold Silberstein und rechts als Gast von Jenny Silberstein.

Reprise). – Prof. Otto proklamierte den grundlegenden Unterschied von Sprach-Kunde und Sprech-Kunde, welchem die Antithese von Strukturlehre (Idiomatik) und Stillehre (Rhetorik, Stilistik) entspreche. Stil, als auf Sprechweise gehend, habe immer eine individuelle Note, während in der Strukturlehre die Kollektivpersönlichkeit des die Sprache schaffenden Volkes sich ausdrücke. Das neue Bildungsideal des ›dritten Humanismus‹ müsse unter Ablehnung mechanischen Grammatiklernens das stilistische Können dreifach schulen: auf Verständnis der fremden Volkspersönlichkeit, Bewahrung der eigenen Individualität und Angemessenheit des Ausdrucks an den sachlichen Zweck. In der Diskussion wurde bei mancher Zustimmung vor Überspitzung des differentiellen Gesichtspunktes und vor Verabsolutierung der eben bestehenden Sprachstruktur gewarnt.«

Silberstein gab in der »Prager Presse« vom 10.12.1936 auch über die in der Veranstaltung des PLK am 7.12.36 kontrovers geführte Diskussion einen Bericht zum Buch von Konrad Bittner »Deutsche und Tschechen. Zur Geistesgeschichte des böhmischen Raumes«.

Dr. Bittner (1890–1967) war Privatdozent auf dem Gebiet der Slawistik und Redakteur der Zeitschrift »Germanoslavica«. Über den Abend im PLK, an dem im Beisein von Bittner 65 Personen teilnahmen, wurde in »Slovo a slovesnost« referiert.[16] Darin heißt es, dass Prof. Trávníček eine linguistische Analyse der Behauptungen in Bittners Buch vornahm. Bittner hatte versucht zu beweisen, dass sich die tschechische Sprache durch Anleihen aus dem Deutschen entwickelt hatte und insgesamt noch sehr zurückgeblieben war. Trávníček hatte die Ableitungen von Bittner als unwissenschaftlich charakterisiert. An der Diskussion im PLK nahmen K. Bittner, P. Eisner, J. Mukařovský, L. Silberstein und J. Slavík teil. Eine prinzipielle Kritik hatten die Professoren Frank Wollman und Roman Jakobson an Bittners Buch in ihren Einführungen geübt. Insbesondere wiesen sie Bittners Leitbegriff eines durch Bluterbe und Boden bedingten Volkstums und sein Bestreben, die Kontinuität der tschechischen Kulturentwicklung zu bestreiten, zurück.[17] [18] In dem scharf argumentierenden Artikel Silbersteins über diesen Abend hieß es in der »Prager Presse«:[19]

> »Bittners neuestes Buch ist überdies trotz der behaupteten Voraussetzunglosigkeit als ›Geschichtsphilosophie‹ intendiert, deren einseitig politischer Charakter angesichts des immer wiederkehrenden Leitbegriffs eines durch Bluterbe und Boden bedingten Volkstums nicht zu bestreiten ist; die leitende Funktion des menschlichen Geistes wird übersehen. Im einzelnen beanständete er (Prof. Wollman – K. H.) Formeln wie »deutsch-christliche Kultur« und das vielfache Verschweigen des lateinisch-romanischen Ursprunges wirklicher oder vermeintlicher deutscher Vorbilder von tschechischen Kulturleistungen. Prof. Jakobsons brillante Analyse mobilisierte gegen den graphischen Ausdruck von Bittners ›Philosophie‹, die stets entgegengesetzt laufenden und kulminierenden Kurven der tschechischen, bzw. deutschen politischen und kulturellen Geltung ein erdrückendes Tatsachenmaterial. Nach Bittners Theorie würden die größten Leistungen der deutschböhmischen Literatur in deutsche Niedergangsepochen fallen. Bittners These von der völligen ›geistigen Eindeutschung des Sudetenraumes im 13. Jahrhundert‹ ist durch deutsche, lateinische, jüdische, direkte und indirekte Zeugnisse widerlegt;

16 O.V.: Diskuse o knize K. Bittnera: Deutsche und Tschechen (Diskussion über das Buch von K. Bittner: Deutsche und Tschechen), Slovo a slovesnost, III (1937), S. 127f. (Orig. tschech.).

17 F. Wollman: Literárněvědné metody v Bittnerově knize »Deutsche und Tschechen« (Die literaturwissenschaftlichen Methoden in Bittners Buch »Deutsche und Tschechen«), Slovo a slovesnost, 2 (1936), S. 201–207 (Orig. tschech.).

18 R. Jakobson: Usměřené nazory na staročeskou kulturu (Gleichgeschaltete Ansichten zur alttschechischen Kultur), Slovo a slovesnost, 2 (1936), S. 207–221 (Orig. tschech.).

19 Silberstein, Leopold: Deutsche und Tschechen, Prager Presse, 10.12.1936.

> gegen die angebliche Beschränkung des Tschechentums auf die untersten Volksschichten sprechen die glanzvollen Namen tschechischer Adeliger, sprechen die Schlag auf Schlag folgenden Kulturleistungen des 14. Jahrhunderts einschließlich der Schaffung einer tschechischen Literatursprache nicht nach dem Muster, sondern eher als Vorbild der deutschen. Nur das Bestreben, die Kontinuität der tschechischen Kulturentwicklung um jeden Preis zu bestreiten, im Verein mit völligem Mangel an selbständiger Quellenverarbeitung, bequemer Beschränkung auf Kompilation besonders leicht zugänglichen Materials und Ignorierung zahlreicher wichtiger Einzelforschungen konnte eine derartig den Tatsachen inkongruente Schilderung inspirieren. […] Bittners ausführliche Replik, die keinen einzigen der konkreten Einwände zu entkräften vermochte, sondern sich auf eine diesem verantwortungsvollen Thema gegenüber besonders unangebrachte Position der Unverbindlichkeit (›bloßes Diskussionsmaterial‹, zeittechnische Unmöglichkeit eigener Forschung) zurückzog, rief weitere scharfe Angriffe auf Bittners Behauptungen, Methode und Stil hervor.«

Silberstein unterzog Bittners Buch »Deutsche und Tschechen« in der Zeitschrift »Národnostní obzor« einer gründlichen Kritik. Er verwies darauf, dass Bittner in seinem Buch wie schon in früheren Arbeiten zwei eigentlich unvereinbare Methoden zusammenführe, und zwar einen altphilologischen Positivismus und den ganzheitlichen Aspekt eines mystischen Volkstums. Hinzu komme, dass Bittner wichtige ihm zugängliche Quellen der deutsch-tschechischen Beziehungen ignoriere. Das Buch sei mit überflüssigen Tiraden und einer haltlosen, schwülstigen Stilistik (z. B. »Aufgipfelung«, »Blutzufuhr von außen«) beladen. Bittner benutze stets Begriffe, die die Entwicklung der tschechischen Kultur mit einem negativen Beigeschmack belegten, wie z. B. »wuchern« anstelle von »wachsen«, »völlige Eindeutschung« statt »Germanisierung«. In solchen Erscheinungen manifestiere sich die Anlage des Buches, hinter einer vorgeblichen Objektivität die soziale und kulturelle Minderwertigkeit der Tschechen zu beweisen und ihnen jeglichen Anspruch, sei es auf die bloße Tatsache der Besiedlung oder die kulturellen Leistungen, abzusprechen. Jede kulturelle Leistung der Tschechen werde stets auf einen fremden, vor allem deutschen Einfluss zurückgeführt. Besonders bemühe sich Bittner – so Silberstein –, die slawische Zusammengehörigkeit ständig zu ignorieren oder zu bagatellisieren. Der Autor fasse seine Ergebnisse in Kurven des kulturellen Auf- und Abschwungs von Deutschen und Tschechen zusammen, die angeblich gegenläufig seien, d. h. bei einem Hochstand der deutschen Kultur befand sich die tschechische im Niedergang und umgekehrt. Silberstein verwies auf verschiedene Forschungen von Historikern, die diese Schematisierung als unhaltbar erscheinen lassen.[20]

20 Ders.: [Rezension] Konrad Bittner. Deutsche und Tschechen. Zur Geistesgeschichte des böhmi-

Teilnehmer einer Sitzung des PLK, wahrscheinlich am 22.6.1936. In der zweiten Reihe ist der sechste von links Dr. L. Silberstein, J. Silberstein ist die dritte von links. Familienarchiv Jenny Herrmann

In dieser Auseinandersetzung manifestierte sich die unter dem Einfluss der Nazis in Deutschland und der Henlein-Leute im Sudetengebiet sich verschärfende antitschechische Propaganda deutscher Wissenschaftler, besonders von der Deutschen Universität Prag. Es ist deshalb nicht verwunderlich, dass Bittner im Jahr 1937 in die Sudentendeutsche Partei Henleins eintrat.[21]

Auf der Rückseite dieser Fotografie haben die Anwesenden unterzeichnet:

V. Skalička	P. Bogatyrev
G. Ružičić	J. M. Kořinek
B. Trnka	Dr. A. Hartl
J. Mukařovský	J. Ahtinen
Helfert Vl.	

schen Raumes. – I. Von den Anfängen zur hussitischen Kirchenerneuerung. – Brno-Praha-Lipsko-Videň 1936, Rudolf M. Rohrer, Národnostní obzor VII (1937), H. 2, S. 167–171 (Orig. tschech.).

21 Ehlers, K.-H.: Agonie und Nachleben einer deutsch-tschechischen Zeitschrift. Dokumente zum Ende der GERMANOSLAVICA aus den Jahren 1932 bis 1942, brücken Germanistisches Jahrbuch Tschechien – Slowakei 2000, S. 209.

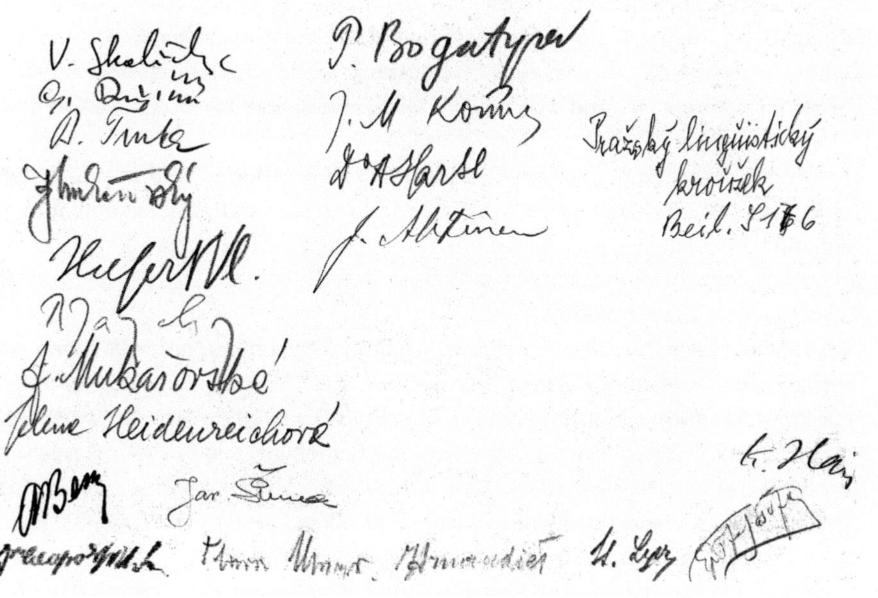

Unterschriften der links abgebildeten Teilnehmer der Sitzung des Prager Linguistischen Zirkels am 22.6.1936

R. Jakobson
J. Mukařovská
Jelena Heidenreichová   K. Hais
A.Bém   Jar. Šíma
Dr. Leopold Silberstein   Thon Mágr Arnaudiès   St. Lyer   (?)

Leopold Silberstein veröffentlichte in der »Prager Presse« auch einmal unter dem Pseudonym »Faber« (lat. Arbeiter). In der Ausgabe vom 20.1.1938 erschien ein Feuilleton mit dem Titel »Vokabeln – das Luder bis«, in dem er unterhaltsam die Mehrdeutigkeit des Wörtchens »až« vorführte.[22] Dieses Feuilleton hatte damals der Schriftsteller und Übersetzer Pavel Eisner in regelmäßigen Abständen veröffentlicht und es auch in Buchform mit dem Titel »Lebendes Tschechisch« im Verlag Orbis herausgegeben. Tatsächlich unterscheidet sich das erwähnte Feuilleton vom 20.1.1938 stilistisch von den übrigen. Zudem hat Silbersteins Frau Jenny auf dem Artikel eines aufbewahrten Exemplars der Zeitung vermerkt: »= Dr. Leop. Silberstein«. Es ist möglich, dass sein Freund Eisner ihm diesen Beitrag überlassen hatte.

22 Faber, d.i. Silberstein, Leopold: Vokabeln – Das Luder bis, Prager Presse, 20.1.1938.

Außer den in diesem Kapitel bereits erwähnten Mitgliedern des PLK war Silberstein auch eng mit Prof. Bohuslav Havránek befreundet, worüber dessen Sohn Jan Havránek berichtet hat.[23] Diese enge Freundschaft war auch dadurch begründet, dass die Familien Silberstein und Havránek[24] in unmittelbarer Nachbarschaft in Praha-Dejvice wohnten.

Als Prof. O. Fischer, der zu den Gründern des PLK gehörte, 1935 zum Schauspieldirektor des Nationaltheaters in Prag ernannt wurde, sandte Silberstein ihm eine Gratulation:[25]

> *Sehr verehrter Herr Professor,*
> *Die Nachricht von Ihrer Ernennung zum Schauspieldirektor des Nationaltheaters hat meine Frau und mich sehr erfreut. In einer Zeit, in der rundherum unsere ruhmreiche Theaterkultur verödet und verarmt, in der die Tschechoslowakei die einzige Festung kultureller Traditionen und schöpferischer Bestrebungen in Mitteleuropa geblieben ist, ist es wahrhaft ein Glück, dass die Leitung der repräsentativen Bühne der Republik Ihnen anvertraut wurde, indem sie in Ihnen künstlerische Intuition, kritische Schärfe, organisatorische Energie und kompromisslosen Ideenreichtum zusammenführt. Das ist eine Gewähr, dass das Nationaltheater, indem es seiner nationalen Sendung treu bleibt, zugleich eine Aufgabe von europäischer Tragweite erfüllt. Jeder Zeitgenosse, der sich angesichts der heutigen Not noch einen Sinn für die verbrieften überzeitlichen Ansprüche bewahrt, erkennt sicher mit Dankbarkeit an, dass es fast überflüssig ist, besonders zu betonen, wie wir uns für Sie persönlich freuen und wie wir Ihnen, Herr Professor, aufrichtig, volle Gesundheit für Ihre Arbeit wünschen.*

Zweiter Slawistenkongress in Warschau 1934 und Publikationen in »Le Monde Slave«

1934 nahm Leopold Silberstein am 2. Internationalen Kongress der Slawisten, der vom 23. bis 30. September in Warschau und Krakau stattfand, mit zwei Beiträgen teil:

23 Havránek, Jan: Co jsem zažil (Was ich erlebte), Zpravodaj historického klubu (Korrespondent des historischen Klubs), Časopis Sdružení historiků České Republiky (Zeitschrift der Vereinigung der Historiker der Tschechischen Republik), Roč. 15 (2004) č.2, S. 7–14 (Orig. tschech.).

24 Bohuslav Havránek (1893–1973) war tschechischer Sprachwissenschaftler und gehörte zu den Gründern des Prager Linguistischen Zirkels im Jahr 1926. Er lehrte bis zur Schließung durch die deutsche Besatzung im Jahr 1939 an der Universität in Brno. 1935 gründete er die Zeitschrift »Slovo a slovesnost«. Ab 1945 war er Professor an der Karls-Universität in Prag.

25 Brief Leopold Silberstein an Otokar Fischer vom 1.11.1935, Archiv des Památník Národního písemnictví, Prag, Nachlass Otokar Fischer (Orig. tschech.).

- Literární manýra El. Orzeszkové[26] (Die literarische Manier von El. Orzeszkowa)[27]
- Význam sociologie vědění pro zkoumání kulturních vztahů mezislovanských (Die Bedeutung der Soziologie für die Erforschung der zwischenslawischen kulturellen Beziehungen)[28].

In seinem ersten Vortrag untersuchte Silberstein die stilistischen Besonderheiten der Orzeszkova, die sich besonders mit dem Begriff Eidologie charakterisieren lassen, d. h. dass das Wesen einer Person durch ihre Gestalt begründet wird. In ihren Romanen sei eine ablehnende Haltung zur Erotik zu beobachten. Die Schriftstellerin meine, dass der Sinn des Lebens durch erotische Erlebnisse infrage gestellt werden könne. Demgegenüber erhebe sie die gesellschaftlich nützliche Arbeit zu einem Lebensideal, ignoriere aber zugleich die realen Schwierigkeiten, z. B. die Vereinbarkeit von Beruf und Mutterschaft oder die Beschränkung des Arbeitsmarkts. Ihre Emotionalität äußere sich besonders in einer romantischen Neigung zur Rückschau, die vor allem durch das Jugenderlebnis des gescheiterten Polenaufstands von 1863 gegen die russische Vorherrschaft geprägt sei.

Ein beliebtes Handlungsmotiv sei bei ihr die zufällige Aufdeckung eines materiellen Reichtums, ebenso eines seelischen Reichtums und das Entkommen der Helden der Handlung, das später durch einen zurückgelassenen Brief erklärt wird.

El. Orzeszkova bediene sich bei der Beschreibung der Figuren und Gesten bestimmter oft wiederholter Stereotype, beispielsweise, dass die Ergriffenheit mit einer Träne ausgedrückt wird.

Silberstein analysierte, dass die Schriftstellerin sich einer Reihe von Typen bediene, die unterschiedliche Charaktere verkörpern:

A. Die Handlung tragende Charaktere

Typ I (negativ)

- Männlich: verwöhnt, verschwenderisch, zur Arbeit unfähig
- Weiblich: Reife Weibsbilder, süchtig nach Liebe

26 Eliza Orzeszkowa (1842–1910) war eine polnische Schriftstellerin, die mit sozialen Romanen hervortrat, in denen sie die Unterdrückung intellektueller Frauen geißelte. Sie setzte sich auch mit den polnisch-jüdischen Beziehungen auseinander.

27 Silberstein, Leopold: Literární manýra El. Orzeszkové (Die literarische Manier von El. Orzeszkové), in: Księga referatów : II Międzynarodowy zjazd slawistów (filologów słowiańskich). Sekcja II – Historja literatury = Recueil des communications : II Congrès international des slavistes (philologues slaves). Section II – Histoire littéraire. Warszawa 1934, S. 144–148 (Orig. tschech.).

28 Ders.: Význam sociologie vědění pro zkoumání kulturních vztahů mezislovanských (Die Bedeutung der Soziologie für die Erforschung der zwischenslawischen kulturellen Beziehungen) in: Księga referatów : II Międzynarodowy zjazd slawistów (filologów słowiańskich). Sekcja III – Kulturalno-społeczna ; Sekcja IV – Dydaktyczna = Recueil des communications : II Congrès international des slavistes (philologues slaves). Section III – Sciences sociales et histoire de la civilisation; Section IV – Didactique. Warszawa 1934, S. 77–79 (Orig. tschech.).

Typ II (positiv)

- Menschen, für die die gesellschaftlich nützliche Arbeit das höchste Lebensideal darstellt und die nach der großen Liebe verlangen.

Typ III (problematisch)

- Männlich: Männer, die schon eine Lebensaufgabe hatten, aber einseitig äußerlichen Erfolg anstreben.
- Weiblich: Frauen, die ein Lebensideal verfolgen, aber im Konflikt zum Beispiel zwischen Verstand und Gefühl stehen

B. Charaktere, deren Handlungen lediglich illustrierend sind

Typ IV

- Männlich: der joviale ältere Herr
- Weiblich: streitende ältere Frauen

Typ V

- Der gnädige, resignierende alte Herr (bzw. Dame)

Typ VI

- Männlich: der enttäuschte alte Mann
- Weiblich: die alte enttäuschte Dame oder Gattin

Typ VII

- Frühreife Kinder

Generell fehlen extreme Charaktere im guten wie im schlechten Sinne.

Diese literarischen Eigenheiten – so Silberstein – seien spezifisch für die Stilistik von Eliza Orzeszkova, man finde sie nicht bei ihren Zeitgenossinnen, wie den Schriftstellerinnen und Dichterinnen Narcyza Żmichowska[29] oder Maria Konopnicka. Dieser Beitrag war ein Auszug aus einem umfangreichen unveröffentlicht gebliebenen Manuskript über das Werk der Eliza Orzeszkova.

Der zweite Beitrag Silbersteins auf dem Slawistenkongress in Warschau war, wie oben erwähnt, der Bedeutung der Wissenssoziologie für die Untersuchung der zwischenslawischen Beziehungen gewidmet. Im Hinblick auf die Grundlagen der Wissenssoziologie bezog er sich auf einen von ihm zwei Jahre zuvor verfassten Beitrag über »Sociologie vědění a rozbor ideologii« (Wissenssoziologie und die Auswahl der Ideologie)[30], in dem er die Auffassungen von Karl Mannheim[31] analysierte. Er betrach-

29 Narcyza Żmichowska (1819–1876) war eine polnische Schriftstellerin und Dichterin. Sie gilt als Vorläuferin des Feminismus in Polen.

30 Silberstein, Leopold: Sociologie vědění a rozbor ideologii (Soziologie des Wissens und Analyse der Ideologie), Sociologicka Revue, III. Jg. (1932), S. 279–287 (Orig. tschech.).

31 Karl Mannheim (1893–1947) war jüdischer Soziologe und Philosoph österreichisch-ungarischer Herkunft. Er entwickelte aus der Erkenntnistheorie die Wissenssoziologie. Wegen seiner jüdi-

tete die Erscheinung, dass ein und derselbe Begriff bei den einzelnen slawischen Völkern aufgrund ihrer unterschiedlichen historischen, kulturellen und sozialen Verhältnisse verschieden aufgefasst werden kann. Als Beispiele diskutierte er unterschiedliche Interpretationen solcher Begriffe wie »Slawophilie«, »Romantik« und »Sozialismus« bei den Russen, Polen und Tschechen. Auch ging er darauf ein, dass die Polen überwiegend meinten, dass ihre positivistische Richtung vom Westen übernommen sei, während Silberstein argumentierte, dass hier ein deutlicher russischer Einfluss vonseiten Tschernyschewskijs vorläge. Andererseits sei der russische Positivismus entschieden antireligiös, aber der polnische nur antiklerikal gewesen. So stellte er heraus, dass die Wissenssoziologie sich als eine geeignete Methode bewährte, um den Einfluss, den fremde Ideologien auf die einzelnen slawischen Völker ausgeübt haben, zu vergleichen.

In der Zeitschrift »Le Monde Slave« berichtete er über den 2. Internationalen Kongress der Slawisten.[32] Er verzichtete darauf, die Vorträge mit Namen und Titel aufzuzählen, sondern gab seine generellen Eindrücke über den Kongress und den Stand der Slawistik wieder, den der Kongress reflektierte. »Das war eine angenehme Überraschung, weil man sich nicht zu große Illusionen gemacht hatte.« (Ç'a été une agréable surprise, car on ne s'était pas fait trop d'illusions.) – Mit diesen etwas skeptischen Worten begann sein Bericht. Gegenüber dem 1. Slawistenkongress 1929 in Prag hatte sich die politische Situation verschlechtert, was sich auch auf den Kongress 1934 ausgewirkt hatte. Die sowjetische Regierung hatte ihren Wissenschaftlern die Teilnahme verboten, sodass die russische Slawistik nur durch russische und ukrainische Exilanten vertreten war, die dessen ungeachtet eine geistige Elite repräsentierten. Die nur angedeutete Machtergreifung der Nazis in Deutschland, ein Zwischenfall zwischen der Tschechoslowakei und Polen sowie bulgarisch-serbische und polnisch-ukrainische Konflikte überschatteten den Kongress.

Die zahlreichen Beschlüsse, die der Kongress in Prag gefasst hatte, waren größtenteils nicht verwirklicht worden. Silberstein führte hierzu an, dass nicht nur die finanziellen Mittel fehlten, sondern auch der Wille zur Zusammenarbeit der Akademien der slawischen Länder. Das Projekt des slawischen Sprachatlasses war gescheitert. Zudem hatte das verschlechterte politische Umfeld eine wirkliche Kooperation zusätzlich erschwert.

Auf dem Kongress war die tschechoslowakische Delegation, obwohl mehrere berühmte Slawisten vermisst wurden, nach der polnischen die zahlenmäßig stärkste.

schen Abstammung wurde er 1933 von der Universität Frankfurt/M. entlassen, worauf er nach London emigrierte.

32 Silberstein, Leopold: Le deuxième congrès international des slavisants (Der 2. Internationale Kongress der Slawisten), Le Monde Slave (1934) November, S. 299–305 (Orig. franz.).

Das Fehlen der sowjetrussischen Slawisten wurde besonders schmerzlich in der soziologischen Sektion empfunden. Daher wäre es nicht verwunderlich, dass die soziologische Forschung kaum glänzende Resultate zu verzeichnen hätte. Silberstein beanstandete, dass die Jugoslawen schwach vertreten waren und sich zudem bis auf eine Ausnahme bei ihren Vorträgen nicht ihrer Muttersprache bedienten. Anders die Bulgaren; die Tschechoslowaken hatten ihren großen Ruf ehrenvoll verteidigt. Sie waren die einzigen, die anstrebten, die slawistischen Forschungen auf ein modernes Fundament zu stellen, wie dies schon 1929 gefordert worden war. Positiv vermerkte Silberstein, dass der ganzheitliche phonologische Ansatz in der slawistischen Linguistik inzwischen allgemein akzeptiert sei. Mit Bedauern stellte er hingegen fest, dass angesichts des zum Schwerpunktthema erklärten literarischen Schaffens von Mickiewicz das reiche philosophische und soziologische Denken in Polen zu kurz gekommen sei. Abschließend schrieb er:

> »Der 100. Geburtstag von (Mickiewicz's) Pan Tadeusz bot den Kongressteilnehmern eine Gelegenheit, sich vor den Hinterlassenschaften des Poeten zu verneigen, der im Wawel beigesetzt ist, und das Andenken eines großen Kämpfers für die Freiheit zu ehren, der das Exil durchgemacht hatte, um seinem Ideal zu dienen. Die Welt hat sich wenig verändert.«

Die polnischen Organisatoren des Kongresses hatten erwirkt, dass den Teilnehmern ermäßigte Gebühren für die Visa und verbilligte Fahrpreise gewährt wurden, was ohne Zweifel die starke zahlenmäßige Teilnahme am Kongress begünstigte.[33]

Silberstein knüpfte an die Arbeit für die Bibliografie »Sovet-Union 1917–1932« an, als er in der Zeitschrift »Sociální problémy« über zwei Bücher zur Frauenbewegung in Russland und Deutschland referierte.[34] Bei dem ersten Buch handelte es sich um Dr. Fannina Halles[35] Werk »Die Frau in Sowjetrußland«. Das zweite Buch »Die Entwicklungsgrundlagen für die soziale und psychische Verselbständigung der bürgerlichen deutschen Frau um die Jahrhundertwende« stammte von Dr. Gerda Caspary, der ersten Verlobten von Leopold Silberstein.

33 Prager Presse vom 12.8.1934.

34 Silberstein, Leopold: [Rezension] Otázka ženská v Rusku a v Německu (Die Frauenfrage in Russland und Deutschland). Fannina W. Halle: Die Frau in Sowjetrußland. – Berlin-Vídeň-Lipsko 1932, Paul Zsolnay. Dr. Gerda Caspary: Die Entwicklungsgrundlagen für die soziale und psychische Verselbständigung der bürgerlichen deutschen Frau um die Jahrhundertwende (Ein soziologischer und sozialpsychologischer Versuch). (Heidelberger Studien aus dem Institut für Sozial- und Staatswissenschaften, ed. A. Salz, A. Weber, E. Lederer, C. Brinkmann, sv. III, seš. 5) – Heidelberg 1933, Weiss'sche Universitätsbuchhandlung, Sociální Problémy (1935/36), S. 75–80.

35 Fannina Borisovna Halle (1881–1963) war eine deutsch-amerikanische Historikerin und Soziologin russischer Herkunft. Sie schrieb vor allem über altrussische Kunst und die Lage der Frau in Russland und der Sowjetunion.

Halles Werk umfasste ein außerordentlich reiches Material, das in Westeuropa unbekannt war. In ihrer Einleitung lieferte sie eine umfassende Übersicht über die historische Entwicklung der Frauenbewegung in Russland. Ungeachtet ihrer Sympathie für Sowjetrussland fand der offizielle Personenkult um Stalin bei ihr keinen Platz. Leopold Silberstein erwähnte, dass sie kaum auf die politischen Auswüchse in der Sowjetunion einginge, wie die Atmosphäre des Terrors, die Schikanen und Denunziationen, aber dass ihre Kritik bei den materiellen Missständen des sowjetischen Lebens weniger zurückhaltend ausfalle, z. B. das Wohnungselend, die Verwahrlosung der Häuser, die Schlangen vor den Geschäften, der Mangel an Waren usw. Halle zeige, dass einer Schicht von Frauen, die sich durch Aneignung von Bildung Positionen im gesellschaftlichen Leben, z. B. Arbeitsplätze in der Industrie, eroberten, noch eine große Zahl analphabetischer Frauen besonders auf dem Lande gegenübersteht. Hinsichtlich des Ehe- und Sexuallebens vertrat Halle die Meinung, dass ein Zeitalter einer drohenden Promiskuität, wie es in Kollontais[36] Novelle »Liebe dreier Generationen« beschrieben wurde, der Vergangenheit angehört. Allerdings könne man nicht über die »sowjetische Familie« reden, solange die Beschäftigung mit den Problemen der Liebe als kleinbürgerlich verurteilt werde.

Das Buch von Dr. Caspary, ihrem Erstling, bediente sich demgegenüber weitgehend bekanntem Material, das aber nach Silbersteins Auffassung auf eine neuartige soziologische Weise zusammengeführt und interpretiert wurde. Caspary kritisierte die Führerinnen der bürgerlichen Frauenbewegung. Ihrer Meinung nach sahen sie die Emanzipation der Frau zu einseitig. Sie stellte fest, dass die Selbstständigkeit der Frau ohne einen Abfall der Geburtenrate undenkbar sei, sie sei sogar die Voraussetzung, keinesfalls das Ergebnis der Emanzipation. Im Sinne von Max Weber unterschied Caspary drei ideale Frauentypen: das sexuell orientierte »Weib«, die objektiv orientierte emanzipierte »Frau« und die ästhetisch orientierte »Dame«. Sie meinte, dass erst die Synthese dieser drei Typen die Kameradin und dass eine ganze Schicht führender Frauen diesen neuen Menschentypus schaffen würde. Silberstein bezweifelte allerdings, dass der Boden angesichts der bisherigen Entwicklung in Deutschland für eine derartige Synthese günstig sei.

In »Le Monde Slave« erschien 1934 sein umfangreicher Beitrag »Les Tchécho-slovaques et les révolutions européennes de 1848 à nos jours«. Darin untersuchte Silberstein das Verhältnis der Tschechoslowaken zu den revolutionären Bewegungen in Europa seit dem 19. Jahrhundert. Diese Arbeit ist im Zusammenhang mit seiner groß-

36 Alexandra Michailowna Kollontai (1872–1952) war eine russische Revolutionärin, Diplomatin und Schriftstellerin. Sie war neben Stalin das einzige Mitglied des ZK der KPdSU von 1927, das die Stalin'schen Säuberungen überlebt hatte. Ab 1923 wurde sie als Gesandte der Sowjetunion in verschiedenen Staaten bekannt.

angelegten Untersuchung im Rahmen seiner Habilitationsarbeit der geistigen Strömungen zu sehen, die zur Gründung der Tschechoslowakei führten.

Im Licht der jüngsten in der Tschechoslowakei erschienenen historischen Arbeiten sei laut Silberstein festzustellen, dass die Revolution von 1848 bei den Tschechen in erster Linie von nationalen Forderungen, gefolgt vom Motiv der Demokratie und sozialen Fragen geprägt war. Leopold Silberstein zeigte den Vorrang der nationalen Idee am Beispiel des Schriftstellers und Journalisten Josef Václav Frič (1829–1890), der 1848 die revolutionäre Garnison des Clementinums in Prag führte. Die intellektuellen Revolutionäre von 1848 waren stark von den utopischen Sozialisten beeinflusst. Nicht von ungefähr hatte der Schriftsteller, Politiker und Journalist Karel Sabina (1813–1877) seine Auffassungen in dem Buch »Duchovný komunism« (Geistiger Kommunismus) niedergeschrieben. Alle diese Radikalen stünden in Kontakt mit dem russischen Anarchisten Bakunin. Aber schon Masaryk hätte die Verwandtschaft der Ideen Bakunins mit der Tyrannei erkannt. Unter den Gemäßigten protestierte der Schriftsteller und Politiker Karel Havlíček (1821–1856) gegen die Einmischung der Frankfurter Paulskirchen-Versammlung in die Angelegenheiten Böhmens. An dieser Reaktion würde auch die nationalistische Beschränkung der Revolution von 1848 in den einzelnen Ländern Europas sichtbar. An einen Zusammenschluss der Demokraten in Europa – so Silberstein – war noch nicht zu denken. Der liberale Politiker und Publizist František Ladislav Rieger (1818–1903) verhinderte als Abgeordneter des österreichischen Parlaments 1848, als eine Abordnung des ungarischen Parlaments sich Zutritt zur Sitzung des Parlaments in Wien verschaffen wollte, aus nationalistischem Motiv mithilfe formaler Spitzfindigkeiten deren Auftritt, wenngleich die Tschechen den moralischen Schaden angesichts der revolutionären Situation als folgenschwer empfunden hätten.

Nach der Niederlage der Revolution von 1848 herrschte die Reaktion zehn Jahre lang mit schrankenlosem Absolutismus. Der Befreiungskampf der Italiener führte dann zu einer Lockerung des österreichischen Absolutismus. Der Aufstand in Polen im Jahr 1863 brachte alle politischen Begriffe der tschechischen Nation, wie Silberstein betonte, durcheinander: Ordnung und Fortschritt, Freiheit, Demokratie und Slawismus. Die führenden Journalisten der »Národní Listy« und der Zeitschrift »Boleslavan«, wie Julius Grégr, Edvard Grégr, Sladkovský und der Prinz von Thurn und Taxis hätten jede Möglichkeit des Fortschritts unter dem zaristischen System verneint und den Vorrang der Nation vor dem Staat (d.h. des Rechts auf nationale Unabhängigkeit vor der Unterordnung Polens als Teil des russischen Reichs) verkündet. Andere Stimmen verurteilten den Aufstand der Polen, weil er nur zum slawischen Bruderkrieg geführt hätte. Zugleich sagten die »Národní Listy« die Niederlage des Aufstands der Polen voraus, weil besonders bei den polnischen bäuerlichen Massen die Ideen von Freiheit und Unabhängigkeit nicht verwurzelt seien. Insgesamt hätte der polnische Aufstand das tschechische Denken aufgewühlt.

Vor dem ersten Weltkrieg war Russland den Tschechen, wie Silberstein darlegte, als Beschützer der Revolution auf dem Balkan erschienen. Die Alt-Tschechen[37] betrachteten Russland mit seinem Befreiungsstreben reserviert, während die Jung-Tschechen sich so in Begeisterung versetzen ließen, dass sie sich völlig mit der Politik von Zar Alexander II. identifizierten. Aber das geistige tschechische Leben, das sich unter anderem in der Zeitschrift »Mladá Morava« ausdrückte, hätte den sozialen Fragen, den Problemen der Arbeiter, der Frauenfrage und den Problemen der Bildung zunehmend mehr Aufmerksamkeit geschenkt. Obwohl die hier vereinten jungen Intellektuellen in schwierigsten materiellen Verhältnissen lebten, hätte keiner ernsthaft an die Möglichkeit einer Revolution gedacht. Sie träumten von einer friedlichen Entwicklung, die sich auf den Fortschritt der Bildung und die Propaganda des guten Willens stützte. In diese Epoche fiel auch die Gründung der tschechoslawischen sozialdemokratischen Partei. Aber während die deutsche Sozialdemokratie unter Lassalle und Bebel durch die massive Verfolgung mittels der Bismarck'schen Sozialistengesetze immer kämpferischer wurde, schwankte die tschechoslawische Sozialdemokratie noch zwischen evolutionärer und revolutionärer, nationaler und internationaler, liberaler und marxistischer Orientierung.

Der deutsch-französische Krieg von 1870 feuerte die Frankophilie der Tschechen an, als der Landtag von Böhmen feierlich gegen die Abtrennung Elsaß-Lothringens von Frankreich protestierte. Demgegenüber hatten die revolutionären Ereignisse der Pariser Kommune bei den Tschechen kaum Widerhall gefunden.

Die Epoche zwischen 1888 bis 1893 war nach Silbersteins Einschätzung in ganz Europa durch eine starke revolutionäre Spannung geprägt, obwohl eine Revolution nicht wirklich ausbrach. Die Tschechen reagierten auf diese Spannung mit der »Omladina« (Verjüngung) genannten Bewegung. Der sozialistische Flügel der »Omladina« wurde von dem Redakteur der gleichnamigen Zeitschrift »Omladina«, František Vladislav Lorenc stark beeinflusst. Er warf dem Programm der österreichischen Sozialdemokratie von Hainfeld des Jahres 1888, das damals einen bedeutenden Einfluss auf die tschechoslawische Sozialdemokratie ausübte, das Fehlen individualistischer, föderaler und nationaler Prinzipien vor. Er sah in der Sozialdemokratie nur ein vorübergehendes gesellschaftliches Phänomen. Als in einer Debatte der »Omladina« das Wort »převrat« (Revolution) fiel, kommentierte Lorenc, dass er eine blutige Revolution verabscheue und im »převrat« eine radikale Umwandlung der Gedanken und Bestrebungen erblicke. Der »Omladina« waren das Recht des Individuums und das Recht

37 Die Alt-Tschechen und die Jung-Tschechen waren zwei rivalisierende Gruppierungen, die die nationale Wiedergeburt der Tschechen in der zweiten Hälfte des 19. Jahrhunderts anstrebten. Die Alt-Tschechen traten für die Einheit aller Slawen in Österreich-Ungarn und eine Föderation mit Russland ein. Die Jung-Tschechen, denen sich auch die »Realisten« um Masaryk anschlossen, verfolgten einen radikaleren Nationalismus.

auf nationale Individualität heilig. Viele Anhänger der »Omladina« wirkten später schöpferisch an der Entwicklung der Tschechoslowakischen Republik mit und brachten dieses Gedankengut ein.

Silberstein schilderte, dass Masaryk kurz nach dem Ausbruch der Revolution von 1905 in Russland eine Rede hielt, in der er das russische Problem skizzierte und forderte: »Nieder mit dem Zarismus!« Aber die Tageszeitung »Čas« (Zeit), die Masaryks enger Freund Jan Herben redigierte, ließ die Revolution von 1905 nur als ein Ereignis unter anderen erscheinen. Nach den blutigen Ausschreitungen im November 1905 in Russland veröffentlichten alle tschechischen Parteien eine gemeinsame Proklamation, in der sie die Gewalt in Russland verurteilten, wohingegen sie das im Zuge dieser Auseinandersetzungen in Russland angenommene Verfassungsmanifest begrüßten. Während breite tschechische Kreise nach oberflächlichen Reformen der Duma in Russland eine »neoslawische« Politik der neuerlichen Orientierung an Russland favorisiert hätten, erkannte Masaryk, dass der revolutionäre Zustand unter der Decke scheinbarer Ruhe fortdauerte. 1920 erklärte Masaryk unter einem Pseudonym in der Zeitung »Čas« bei aller Wertschätzung für die Person Lenins, dass das bolschewistische System nicht fähig sei, die Ordnung in der Gesellschaft herzustellen und dass es nicht lange aufrechterhalten werden könne. In der Tat wurde das System des Kriegskommunismus bald danach abgelöst. Er unterstrich den Unterschied zwischen der bolschewistischen Realität und dem ursprünglichen Marxismus, dessen rein wissenschaftlicher Charakter eine gute Medizin gegen die anarchistischen Tendenzen in Russland sei.

Am Ende dieses Aufsatzes stellte Leopold Silberstein fest:

> »Jeder, der die Tschechoslowaken kennt, wird dort nur einen ständigen Zug zur Selbstkritik bemerken, der stets im Moment wirklicher Gefahr verschwindet und der die Nation niemals gehindert hat, ihre Ideale mit seltener Ausdauer zu verteidigen. Auch heute noch kann man bestätigen, dass die Tschechoslowaken keine anderen Tendenzen annehmen, als solche, die Ordnung und Fortschritt ihrer Nation und der ganzen Menschheit garantieren.«

Diese von seiner Liebe zur neuen Heimat durchdrungenen Sätze waren schon auf die Bedrohung der Tschechoslowakei durch Hitler-Deutschland gemünzt. Er drückte in ihnen seine Hoffnung aus, dass das Land die nationalen Probleme lösen werde, was die politische Entwicklung der kommenden Jahre allerdings vereitelte. Diese Arbeit wurde in der »Prager Presse« als aufschlussreicher und gründlich belegter Überblick charakterisiert.[38]

38 Aus den Zeitschriften: Die Tschechoslovaken und die europäischen Revolutionen seit 1848 bis zur Gegenwart, Prager Presse vom 5.9.1934.

Aus Anlass des 70. Geburtstages seines Lehrers Prof. Karl Stählin am 21.1.1935 veröffentlichte Silberstein in »Le Monde Slave« eine umfangreiche Würdigung.[39] Er fühlte sich dazu berufen, da er nach eigenem Bekunden schon seit zwölf Jahren in einem ununterbrochenen Briefwechsel mit Prof. Stählin stand.

Karl Stählin wurde 1865 in Augsburg als Sohn eines evangelischen Pastors geboren. Sein späterer Universalismus konnte in dieser Stadt, die im ausgehenden Mittelalter auf ganz Europa orientiert war, gute Ansätze entwickeln. Schon im Lyzeum zeigte er eine starke Neigung zur Geschichte. Hier begann auch seine Freundschaft mit Ernst Troeltsch, dem späteren großen Theoretiker des Historismus. Nach der Schule begann Stählin eine militärische Karriere. Seiner Vorliebe für Geschichte konnte er an der Kriegsakademie mit historischen Studien nachgehen. Nachdem er 15 Jahre Offizier gewesen war, begann er 1897 an der Universität zu Leipzig bei Karl Lamprecht und Erich Marcks Geschichte zu studieren. Marcks betonte stets den Einfluss genialer Individuen auf den Lauf der Geschichte. Stählin behandelte in seiner Dissertation ein Thema mit internationaler Bedeutung: Die diplomatische Reise von Sir Francis Walsingham, dem Sekretär von Elisabeth von England. Seine Arbeit hätte schon neben der Vollkommenheit der Kritik die Weite der Perspektive, eine lebhafte Beschreibung und einen eleganten Stil offenbart, den er als Historiker immer beibehalten sollte.

Als Marcks nach Heidelberg ging, folgte, wie Silberstein schilderte, Stählin ihm nach und erlangte hier die Lehrberechtigung als Privatdozent. Damals versammelten sich in Heidelberg die schöpferischsten und auch zerstörerischsten Kräfte des deutschen Denkens (letztere in Gestalt des Irrationalismus). Zu den wichtigsten Reisen, die er in jener Zeit unternahm, zählte die nach Russland im Jahr 1910. Hier forschte er nach dem Wirken von Jacob von Stählin, dem Halbbruder seines Großvaters, der Hauslehrer des Zaren Peter III. gewesen war. In St. Petersburg fand er mehrere tausend Briefe und Notizen seines Vorfahren. Dieser großartige Fund sollte später sein wissenschaftliches Schicksal bestimmen.

Aber zunächst veröffentlichte er, gestützt auf seine militärische Erfahrung, ein Werk über den deutsch-französischen Krieg von 1870/71. Am Vorabend des Ersten Weltkriegs wurde Stählin an die Universität in Straßburg berufen. Nachdem er drei Jahre als Offizier im Krieg gedient hatte, wurde er 1917 wieder an die Universität Straßburg zurückgerufen, aber nach der Niederlage Deutschlands 1919 von der Universität vertrieben. Bald danach wurde er jedoch als Honorarprofessor an die Universität zu Leipzig berufen, wo sein Spezialgebiet die Geschichte Osteuropas wurde, worunter man in Deutschland damals die Geschichte Russlands verstand. Hier begann er

39 Silberstein, Leopold: Un historien allemand de la Russie: Karl Stählin (Ein deutscher Historiker über Russland: Karl Stählin), Le Monde Slave (1935), tome I, 115–130 (Orig. franz.).

sein Lebenswerk, den ersten Band der »Geschichte Russlands von den Anfängen bis zur Gegenwart« zu verfassen.

1921 übernahm er in Berlin als Nachfolger den Lehrstuhl des verstorbenen Professors Theodor Schiemann, der die Geschichte Osteuropas und allgemeine Geschichte beinhaltete. Hier organisierte er ein Seminar für die Geschichte Osteuropas, in dem sich russische Emigranten und junge deutsche Wissenschaftler zusammenfanden. Leopold Silberstein, der selbst an diesem Seminar teilnahm, versetzte sich in die Zeit der Zusammenarbeit mit Prof. Stählin zurück:

> »Das Seminar von Herrn Stählin erinnerte an eine große Familie, der anzugehören man sich glücklich schätzte [...]. Frau Stählin wusste diesen Eindruck einer großen Familie noch durch die intimen Soirées zu stärken, auf denen sie die Schüler ihres Gatten in einem Haus, das von einer noblen kulturellen Tradition erfüllt war, so oft vereinte.«

Dieses Seminar musste 1933 seine Tätigkeit einstellen.

Der erste Band von Stählins »Russischer Geschichte« endete, wie Silberstein darstellte, mit der Geburt von Peter dem Großen. Doch bevor Stählin diese Arbeit fortsetzte, gab er 1926 seinen Fund von 1910 in dem Buch »Aus den Papieren Jacob von Stählins« heraus. Dieses Werk bildete eine wichtige Vorbereitung für die weitere Arbeit an der »Russischen Geschichte«. Während eine sowjetische Geschichte Russlands aus der Feder von Pokrovskij[40] sich einseitig auf das Elend der Massen konzentrierte, stellte sich Stählin die Aufgabe, das Land, den Staat, das Volk und die Zivilisation zu beschreiben.

Bei der Behandlung der großen Persönlichkeiten Russlands im zweiten Band ab Peter dem Großen vereinte Stählin seine Qualitäten als Historiker mit denen eines Schriftstellers in einer Synthese, die ihn mit den berühmten Namen der modernen Historiografie gleichsetzte. Peter der Große wurde von ihm als großer Zar und Monster zugleich dargestellt. Katharina II. blieb stets der Mittelpunkt eines vielfarbigen historischen und zivilisatorischen Panoramas, das sich um sie entfaltete. Von ihr gingen die entscheidenden Richtungen aus, sie bewahrte Mut in den gefährlichsten Krisen. Die Zarin war aufrichtig den Tendenzen des philosophischen Jahrhunderts ergeben.

Alexander I. war eine der wenigen Persönlichkeiten, die fähig waren, den Kampf mit Napoleon aufzunehmen, aber Stählin vergötterte ihn nicht und beschrieb sorgfältig die mystischen Abirrungen des Zaren in seinen letzten Jahren. Er stellte fest, dass man bei den späteren russischen Reformatoren, wie Herzen, Dostojevskij, Alexander II., Witte, Kerenskij und Trockij dieselbe psychische Dualität wie bei Alexander I. antreffen würde.

40 Michail Nikolaevič Pokrovskij (1868–1932) war russischer marxistischer Historiker.

Der im Nachhinein häufig überbewerteten Revolte der Dekabristen räumte er nicht viel Platz ein, weil er sie als eine schlecht organisierte Konspiration sah, die mehr von Träumern als von Politikern ins Werk gesetzt wurde.

Nikolaus I. war die letzte wichtige Persönlichkeit im dritten Band von Stählins »Russischer Geschichte«. Aber bei der sterilen Starrheit des Zaren fehlte es ihm an schöpferischer Kraft. Der eigentliche Held der Geschichte in dieser Epoche sei das russische Volk gewesen, dessen Leiden Stählin anhand von Dokumenten während seiner Reise nach Moskau im Jahr 1931 studiert hatte. Stählin illustrierte die ökonomischen Wandlungen nicht mit Tabellen von Zahlenkolonnen, sondern zog es vor, besonders repräsentative Tatsachen darzustellen.

Silberstein fasste dieses Wirken Stählins zusammen und ging abschließend auf dessen bescheidenes Wesen ein, welches ein Grund dafür war, dass sich sein Ruf nur langsam verbreitete. Niemals hätte er sich zu einer nicht ausgereiften Publikation drängen lassen. Aber seine Schüler liebten und verehrten ihn gerade wegen dieses Wesens. »Der Verfasser dieser Zeilen«, so Leopold Silberstein. »rechnet es sich zu den größten Glücksfällen seines Lebens an, ihn (Stählin) seinen Lehrer nennen zu dürfen.«

Ein Jahr später ehrte Leopold Silberstein in »Le Monde Slave« seinen anderen großen Lehrer Professor Alexander Brückner anlässlich dessen 80. Geburtstags:[41]

»Alexander Brückner

Geboren am 29. Januar 1856 in Tarnopol, würde Alexander Brückner, was von ihm abhinge, jede Anspielung auf seinen 80. Geburtstag untersagen. Dieser unermüdliche Arbeitsheld kennt keine Atempause, lässt keine rückblickende Feier zu. Die Bibliographie seiner Schriften, die Władyslaw Tadeusz Wisłocki 1927 für die Gedenkpublikation *Studja staropolskie* zusammenstellte, zählt 1200 Arbeiten. In seiner eigenen Nation könnten einzig Lelewel und Staszic dem Vergleich mit dieser phänomenalen Strebsamkeit standhalten, denn der Vielschreiber J.I. Kraszewski hat seine Fruchtbarkeit mit einer empfindlichen Minderung des Niveaus seiner Arbeit bezahlt.

Dafür fehlen dem Leben von A. Brückner äußere Ereignisse. Ein Schüler des großen Slawisten Miklosich, dessen Erinnerung ihm bis heute heilig geblieben ist, wurde er nach einem kurzen Aufenthalt in Lwow zeitig auf den Lehrstuhl für slawische Sprachen und Literaturen an der Universität in Berlin berufen, den er bis zu seinem Pensionsalter von 68 Jahren innegehabt hatte. 1889–1890 unternahm er eine Forschungsreise nach Russland, deren bemerkenswertestes Ergebnis die Entdeckung des ältesten Denkmals der polnischen Sprache, *Kazania*

41 Silberstein, Leopold: Alexandre Brückner, Le Monde Slave (1936) tome I, S. 158–160 (Orig. franz.).

Świętokrzyskie [Predigten vom Heiligen Kreuz], war. Nach seiner Pensionierung nahm seine Aktivität nur noch zu, und wir verdanken dieser Periode seines Lebens einige seiner grundlegenden Werke, wie *Etymologisches Wörterbuch der polnischen Sprache* und *Geschichte der polnischen Kultur*. Diese Kontinuität in der Entwicklung eines rechtzeitig erblühten Genies ist eine seltene und ruhmreiche Ausnahme.

A. Brückner repräsentiert den Typus eines universellen Slawisten, der immer seltener wird. Mit Ausnahme der Südslawen, die er nur im Vorbeigehen berührt hat, befasst sich sein Werk mit allen wesentlichen Zweigen der slawischen Wissenschaften: Linguistik, die bis in die baltoslawischen Regionen getrieben wurde, Literaturgeschichte aller russischen, polnischen und tschechischen Perioden, Kulturgeschichte von der prähistorischen Stammesepoche bis zu den modernsten Zeiten, mindestens für Polen, und oft auch Politikgeschichte. Aber es ist nicht diese konstruktive Universalität auf philosophischer Grundlage, die Masaryk für die moderne Epoche vorausgeahnt und gepredigt hatte (ohne sie hinreichend verwirklichen zu können); es ist im Gegenteil eine Universalität auf positivistischer Basis, vor allem gestützt auf einen immensen Fundus konkreter und detaillierter Kenntnisse und auf ein Gedächtnis mit einer unwahrscheinlichen Genauigkeit. A. Brückner lässt sich niemals von einer vorgefassten Hypothese oder Methode führen oder verführen; er richtet sich nach Tatsachen, die ihm selbst die Methode angeben werden, um zu einem klar wiedergegebenen Ergebnis zu gelangen, das der Kritik standhält.

Ohne Zweifel beeinflusst diese Haltung entscheidend einige seiner grundlegenden Positionen. Unbestritten ist er ein Evolutionist, der liberalen, humanitären, westlichen Ideologien ergeben ist und jede irrationale Mystik ebenso wie den Radikalismus der reinen Hypothesen missbilligt. Er weist alle rassistischen oder Stammesideologien zurück, den Panslawismus eingeschlossen, aber auch die slawische Solidarität, der gegenüber er eine fast übertriebene Reserviertheit zeigt. Auch darum fehlt ihm das Verständnis für den sozialistischen Aufbau der UdSSR, was ihn dazu verleitete, der neuen russischen Literatur eine zu dunkle Prognose zu stellen, die schon durch die Wirklichkeit widerlegt ist. Sein Okzidentalismus führte ihn dazu, in der Frage der slawischen Apostel eine extrem kritische Position einzunehmen, die viel Widerspruch hervorgerufen hat. Sein Positivismus hat ihm einen strengen Vorbehalt gegenüber der Glorifizierung der slawischen Vorgeschichte auferlegt, in der er weder einen poetischen Olymp noch einen ausgemachten Pazifismus erblickt, den die Nachfolger von Herder und die Romantiker darin zu finden glaubten.

Seine nachhaltigsten Verdienste liegen auf dem Gebiet des alten Polens. Die Entdeckung der *Kazania Świętokrzyskie*, die durch eine wahrhaft hellseherische

Idee provoziert wurde, dass der Rücken eines antiken Bandes die ältesten Pergamente enthalten müsste, hat die Realität der Kommunikation zwischen der polnischen und den anderen slawischen Sprachen belegt, die bis dahin nur als theoretische Hypothese existierte. A. Brückner bestand als erster auf der Bedeutung der Reformation für die polnische Zivilisation, und er hat den ›anonymen Protestanten‹ erfunden (Otwinowski), und es ist ihm zu verdanken, dass Mikołaj Rej richtig verstanden wurde. Der polnische Dichter des 17. Jahrhunderts, Wacław Potocki, ist ebenso eine Entdeckung von A. Brückner. Es hat seinen Grund, dass das wiederauferstandene Polen ihm die Wiederausgabe einer Zahl seiner alten Autoren anvertraut hat. Man schuldet ihm vor allem Dankbarkeit für seine Synthesen der polnischen Literaturgeschichte (von denen die deutsche Version bis heute die wertvollste Informationsquelle für die nichtslawische Welt ist), für die Geschichte der polnischen Sprache (mehrmals wieder aufgelegt), für sein *Etymologisches Wörterbuch der polnischen Sprache* mit einer so bewundernswerten Eleganz, dass es ein Werk der Popularisierung im vornehmsten Sinne des Wortes ist, und für die *Geschichte der polnischen Kultur*, die alle Sphären des menschlichen Lebens umfasst.

›Um A. Brückner zu würdigen, wie es ihm gebührt, bräuchte es einen zweiten Brückner, aber diesen gibt es nicht.‹ Wie wahr ist dieser Satz eines geistreichen Polen! Auch diese bescheidenen Zeilen sind nur gedacht, um die Umrisse eines großen old man der Wissenschaft nachzuzeichnen und zugleich die inbrünstigsten Wünsche und die respektvollste Huldigung auszudrücken, die ein Schüler seinem verehrten Meister entbieten kann.«

Silberstein waren natürlich auch die Auseinandersetzungen in der Wissenschaftswelt um das Schaffen von A. Brückner bekannt, auf die er in diesem Glückwunschartikel freilich nur andeutungsweise einging. Insgesamt überwog bei ihm das Gefühl tiefer Dankbarkeit – in Erinnerung an eine glückliche Studienzeit und weil sein Lehrer ihm noch im Jahr 1934, als es in Hitler-Deutschland schon nicht mehr opportun war, mit einem Juden Kontakt zu halten, auch ein vorzügliches Zeugnis seiner wissenschaftlichen Befähigung ausgestellt hatte, das ihm bei seiner späteren Berufung an die Universität Tartu noch sehr zustatten kommen sollte.

Zwei Jahre zuvor hatte Leopold Silberstein in der »Slavischen Rundschau« Brückners dreibändiges Werk »Dzieje kultury polskiej« (Geschichte der polnischen Kultur) mit einer ausführlichen Rezension gewürdigt.[42] Das Werk unterteilt sich in Band I: Von den prähistorischen Zeiten bis zum Jahre 1506, Band II: Polen auf dem Gipfel

42 Ders.: [Rezension] Alexander Brückner: Dzieje kultury polskiej (Geschichte der polnischen Kultur), t. 3: Czasy nowsze do r. 1831 (Neuzeit bis 1831), Kraków 1931 [1932], Slavische Rundschau (Prag), 6 (1934), S. 121–126.

der Macht und Band III: Die neuere Zeit bis zum Jahre 1831. Mit dieser zeitlichen Abgrenzung folgte Brückner der allgemeinen Auffassung in der Zeit nach dem ersten Weltkrieg, dass Kultur im Staat und durch den Staat verwirklicht werden sollte. Silberstein bemerkte dazu, »so kurz die seitdem verflossene Zeit ist, so schwer ist dieser Glaube erschüttert worden.« Damit meinte er, dass sich die Möglichkeiten des Staates, die Kultur zu fördern, stark verringert hätten, dass es andererseits Bestrebungen gäbe, die Kultur durch den Staat zu reglementieren. Schließlich seien die Schöpfungen der polnischen Kulturnation zwischen 1831 und 1918, als es keinen polnischen Staat gab, so bedeutend, dass diese Abgrenzung eigentlich bedauerlich sei. Zur Herangehensweise und Methode bei diesem Werk Brückners bemerkte Silberstein:

> »Dieser Wurf ist einem Manne vorbehalten geblieben, den keine politische oder literarische Partei, aber auch keine eindeutig oder einseitig bestimmte methodologische Richtung mit Erfolg für sich in Anspruch nehmen würde. Er bringt nichts mit als ein unvergleichliches Wissen, einen nie ruhenden kritischen Scharfsinn und die neben der Kritik unentbehrliche innere Verbundenheit mit der Sache.«

Weiter charakterisierte er Brückner:

> »Ohne ›Positivist‹ zu sein, vor allem ohne die dogmatischen Beschränkungen des schulmäßigen Positivismus, hat Brückner vom Positivismus das Beste übernommen, was er an Idealen zu bieten hatte: Wissen und Kritik. Das Brücknersche Wissen ist immer wieder ein Wunder, die Vollständigkeit, mit der er die abgelegensten Originalquellen ebenso beherrscht, wie die verschiedensten Lehrmeinungen, wird noch erstaunlicher, wenn man an seine völlige räumliche Trennung vom polnischen Geistesleben denkt. Auch schreibt er mit einer Leichtigkeit, die nichts vom Zettelkasten merken läßt, sondern die gedächtnismäßige Beherrschung des Materials verrät. Dieses Wissen erleichtert natürlich die Kritik. Aber Brückners kritische Neigung ist überdies primär. Er liebt seine Nation, jedoch wie ein strenger Vater und Lehrmeister. Es gibt keine Epoche und wenige Einzelerscheinungen der polnischen Kulturgeschichte, die Brückner mit seiner nicht nur tatsachenmäßigen, sondern wertenden Kritik verschonte. Hierbei spielt eine gewisse progressistische Einstellung eine erhebliche Rolle, welche die einzelnen Tatsachen an idealen, im Laufe des Geschichtsprozesses immer mehr zu verwirklichenden Maßstäben zu schätzen geneigt ist.«

Silberstein hob hervor, dass Brückner mit der »Geschichte der polnischen Kultur« eine Gesamtschau aller Gebiete des Kulturlebens vorgelegt hatte, wobei auch seine Herkunft von Linguistik und Literaturwissenschaft offensichtlich ist. Dementsprechend nahmen die Entwicklung der polnischen Sprache und die Literaturgeschichte einen breiten Raum ein, aber Brückner erwies sich auch als ein Kenner von Domänen, die bisher Spezialisten vorbehalten waren, wie die Geschichte des Rechts, der Wirtschaft, des Militärs. Viel Aufmerksamkeit widmete er dem Schulwesen, in dessen »Rückgang [er] nicht nur eine Begleiterscheinung, sondern eine Ursache des staatlichen Verfalls« sah. Auch die Facetten des Alltagslebens, wie Hygiene, Haus, Kleidung, Nahrung wurden behandelt.

> »Die in Symbiose mit den Polen lebenden fremden Nationen, Klein- und Weißrussen, Litauer und Juden werden eingehend und mit großer Sachkenntnis berücksichtigt, desgleichen die Ausstrahlungen der polnischen Kultur zu anderen Völkern [...].«

Silberstein verwies auch darauf, dass die Zukunft solcher umfassender Werke bei Kollektivarbeiten liegen werde:

> »Eine Erscheinung wie Brückner wird wohl auf lange ein vereinzelter Glücksfall bleiben. Selbst wenn man die Seltenheit solcher Begabungen außer Betracht läßt, so bleiben die weitaus größeren Schwierigkeiten, unter denen sie sich heute entwickeln könnten. Man wird sich also damit abfinden müssen, daß eine Symbiose, wie sie in diesem Ausnahmefall einem einzelnen gelungen ist, mehr und mehr nur in kollektiver Arbeit erreicht werden kann, wobei dann allerdings nicht unwichtige Schlußfolgerungen dem Leser selbst überlassen bleiben.«

Als ein überzeugendes positives Beispiel einer solchen kollektiven Arbeit stellte Silberstein die Veröffentlichung der Beiträge des Krakauer Kochanowski[43]-Kongresses von 1930 heraus, zu denen Brückner selbst zwei Referate beigesteuert hatte, eines über die Reformation und ein weiteres über die Ausstrahlungen der polnischen Kultur auf die Nachbarländer. Abschließend forderte Silberstein:

> »Es ist eine merkwürdige Nebenwirkung gerade eines ›Kochanowski-Kongresses‹, wenn man zu der Feststellung gelangt, daß man die Verse dieses Jahrhunderts zu gut und seine aktuelle Wirklichkeit eben deshalb vielleicht zu wenig kennt. Diese Wirklichkeit gilt es jetzt zu erforschen, mit allem neu gewonnenen methodischen Rüstzeug und möglichst ohne Ressentiments ex post[44].«

Auch in dieser Rezension werden die Bewunderung und die Verehrung Silbersteins für seinen geschätzten Lehrer deutlich, selbst wenn er kritische Urteile nicht aussparte. Zugleich bewies er ein sicheres Urteil über seine Mitmenschen.

43 Jan Kochanowski (1530–1584) war ein bedeutender Dichter zur Zeit der polnischen Renaissance im 16. Jahrhundert.

44 Im Nachhinein

Philosophischer Zirkel

Im Jahr 1934 gründeten die Philosophen J. B. Kozák[45] und E. Utitz den Cercle philosophique de Prague pour les recherches sur l'entendement humain (Prager philosophischer Zirkel für Forschungen zum menschlichen Verständnis), in dem neben 30 Philosophen tschechischer, deutscher und russischer Muttersprache auch Leopold Silberstein mitwirkte. J.B. Kozák hatte die Leitgedanken dieses Zirkels auf dem Pariser Philosophenkongress 1937 wie folgt charakterisiert:

»Er fusst auf der Psychologie der Intentionalität nach Brentano, auf der Lehre Bernard Bolzanos, auf der Synthese der genannten Elemente, wie sie durch Edmund Husserl geboten ist, endlich auf dem Versuch einer Vereinigung von Subjektivismus und Objektivismus, der das Werk T.G. Masaryks charakterisiert.«[46]

1934 nahm Leopold Silberstein am Philosophen-Kongress in Prag teil.[47] Dieser Internationale Kongress, der von 700 Philosophen aus aller Welt besucht wurde, stand im Zentrum der Aufmerksamkeit der Regierung der ČSR. Sowohl der Schulminister Dr. Krĕmář als auch der Außenminister Dr. Beneš, der in Vertretung des erkrankten Staatspräsidenten Prof. T. G. Masaryk auftrat, hielten einführende Vorträge über die Bedeutung der Philosophie für das Geistesleben der Tschechoslowakei. Als Dekan der philosophischen Fakultät der Prager Universität hielt Prof. Otokar Fischer eine beeindruckende Begrüßungsansprache in fünf Sprachen.

Die »Prager Presse« berichtete am 4.9.1934 ausführlich über den Verlauf des Kongresses:[48]

»Die Gruppe E, die sich mit der **Mission der Philosophie** befaßt, stand im Zeichen der Rede des Prof. Oskar Kraus, der über die Philosophie Brentanos sprach, die Philosophie letzten Endes aus der Psychologie ableitete und Brentanos Philosophie pries, welcher die psychologische Wirklichkeit als ein noetisches Faktum darstellte. An der Diskussion beteiligten sich: Dozent Dr. Pelikán (über die Symbiose der tschechischen und deutschen Philosophie in der Tschechoslowakei und über die Grundlagen des slavischen philosophischen Denkens, weiter Dr. Silberstein, der über Masaryk sprach und seine Auffassung der Wahrheit als Gerechtigkeit betonte, über Nietzsche sprach Dr. Löwith aus Marburg-Lahn und

45 Jan Blahoslav Kozák (1888–1974) war ein tschechischer Philosoph und Theologe. Seit 1933 Professor der Philosophie an der Prager Universität, emigrierte er 1939 in die USA. Nach dem Krieg war er Dekan der philosophischen Fakultät der Karls-Universität.

46 Kozák, J.B.: Travaux du IXe Congrès international de philosophie (Congrès Descartes), vol. XI, S. 63 (Orig. franz.).

47 Siehe das Bild auf S. 109. Dieses Foto wurde auch in der »Prager Presse« vom 4.9.1934 veröffentlicht, unter der Überschrift »Es wird über die Demokratie diskutiert«.

48 Die Olympiade der Geister – Das moderne Staatsproblem im Mittelpunkt des Philosophenkongresses, Prager Presse vom 4.9.1934.

Teilnehmer des VIII. Philosophen-Kongresses September 1934 in Prag. In der dritten Reihe links sitzen Leopold und Jenny Silberstein

Dozent Dr. J.L. Fischer (Masaryk-Universität, Brünn) über den Funktionalismus in der Philosophie.«

An der Berichterstattung fällt auf, dass Silberstein nicht als Vertreter einer Universität, sondern als Privatgelehrter teilnahm.

Als ein Resumé der Teilnahme an diesem Kongress veröffentlichte Silberstein in »Le Monde Slave« die Abhandlung »Le travail philosophique et sociologique en Tchécoslovaquie« (Die philosophische und soziologische Arbeit in der Tschechoslowakei).[49]

Die Kongressteilnehmer wurden, wie Silberstein darlegte, vor allem mit der Arbeit von Josef Král »La philosophie en Tchéchoslovaquie. Aperçu historique«, Prag 1934, (Die Philosophie in der Tschechoslowakei. Historischer Überblick) über die tschechoslowakische Philosophie orientiert. Král hob drei Gipfel in ihrer Geschichte hervor: Jan Amos Komenský, die Herbartianisten[50] (wie Durdík, Lindner u. a.) und Masaryk.

49 Silberstein, Leopold: Le travail philosophique et sociologique en Tchéchoslovaquie (Die philosophische und soziologische Arbeit in der Tschechoslowakei), Le Monde Slave, 1935, tome II, S. 286–314 (Orig. franz.).

50 Der Herbartianismus bezeichnet eine Richtung der Pädagogik, die auf Johann Friedrich Herbart (1776–1841) zurückgeht. Im Wesentlichen beinhaltet sie die Lehre von den Stufen der Vertiefung, der Assoziation, der Besinnung und der Methode sowie die Idee des pädagogischen Lehrplans.

Allerdings räumte er dem tschechischen Hegelianismus (Aug. Smetana) und dem slowakischen (Štúr, Hurban) nach Meinung von Silberstein zu wenig Raum ein. Eine zweite Sammlung, die nicht direkt für den Kongress vorbereitet wurde, hatte der emigrierte russische Denker Boris Jakovenko[51] unter dem Titel »La philosophie tchéchoslovaque contemporaine« (Die zeitgenössische tschechoslowakische Philosophie), Prag 1935, herausgegeben. Sie vereinigte Arbeiten des russischen Intuitionisten Nicolas Losskij, weiter von M. Pelikán, J. B. Kozák, Ivan Lapšin und E. Rádl.

Der Geschichte der Philosophie widmete sich die Arbeit von E. Rádl »Dějiny filosofie« (Geschichte der Philosophie), Prag 1932/33. Leopold Silberstein setzte sich ausführlich mit Rádls Auffassung von »pravda jedna jedína« (die eine und einzige Wahrheit) auseinander, indem er zeigte, dass es keine endgültige Wahrheit gebe. Er verwies auch auf die eklatanten Lücken seiner Philosophiegeschichte besonders bei den slawischen Nationen und kritisierte die durchweg subjektiv verzerrte Darstellung der Philosophiegeschichte von der griechischen Klassik über das Alte Testament und die christlichen Denker bis zu den großen Denkern des 17. Jahrhunderts Descartes, Spinoza und Leibniz. Stattdessen zeigte Rádl eine besondere Vorliebe für die angelsächsischen Philosophen. Nachdem er Hegel als den Ahn des Irrationalismus charakterisiert hatte, war es nicht verwunderlich, dass Rádl in einem Furor allseitiger Kritik die Relativitätstheorie von Einstein als Bankrott der modernen Philosophie bezeichnete. Rádl spielte auf dem Philosophenkongress in Prag eine besondere Rolle, weil er seine Ansichten in einem Positionspapier »Our philosophical programme« vorstellte, das aber auf starke Opposition führender tschechischer Philosophen wie Král und Ullrich stieß.

Eine solidere Arbeit stellte nach Meinung von Leopold Silberstein das Werk von Josef Tvrdý »Průvodce dějinami evropské filosofie« (Führer durch die Geschichte der europäischen Philosophie), Brno 1933, dar. Tvrdý, der dem Pantheismus nahestand, bemühte sich, Masaryks Positivismus mit einem modernisierten Evolutionismus zu verbinden. Er sah das charakteristischste Zeichen der jüngsten Philosophie im Kampf zwischen Rationalismus und Irrationalismus.

Silberstein besprach weiterhin die Enzyklopädie von Kratochvíl, Černocký und Charvát »Filosofický slovník« (Philosophisches Wörterbuch), Brno 1934. Da Kratochvíls Koautoren als katholische Denker bekannt waren, fand die katholische Philosophie ein ungebührliches Übergewicht, während Max Weber, Heidegger, Jaspers, Černyševskij, Losev und andere ganz fehlten. Er stellte auch fest, dass die tschechische

51 Boris Jakovenko (1884–1949) war ein russischer Philosoph des Neukantianismus. Er emigrierte wegen revolutionärer Tätigkeit aus dem zaristischen Russland. Seit 1921 hielt er sich auf Einladung von Masaryk in der Tschechoslowakei auf. Er gab in Prag die »Internationale Bibliothek für Philosophie« heraus.

Terminologie an die Ansprüche des aktuellen Denkens auf der Welt angepasst werden müsste, weil sonst philosophische Gedanken mit ausländischen Begriffen ausgedrückt würden.

Dann ging Silberstein auf die Schrift von V. Hoppe »Dva základni problémy Kantova kriticismu« ein (Zwei grundlegende Probleme von Kant's Kritizismus), Brno 1932. Hoppe bemühte sich nachzuweisen, dass Kant's Analyse einen transzendentalen Schöpfer voraussetzte, dass die »Kritik der reinen Vernunft« die unmittelbare Erfahrung des Dings an sich postulierte und dass die »Kritik der Urteilskraft« die Bestrebungen des Philosophen durch eine dialektische Synthese von metaphysischer Bedeutung krönte.

Der 100. Todestag von Georg Friedrich Wilhelm Hegel im Jahr 1931 lieferte den Anlass für den emigrierten russischen Gelehrten Čyževskij, das bedeutende Sammelwerk »Hegel bei den Slawen«, Liberec-Reichenberg 1934, vorzubereiten. Čyževskij legte in diesem Werk die Studie über den Einfluss Hegels auf Russland vor, die sich nach dem Urteil von Leopold Silberstein durch Gelehrtheit und Feinheit der Darstellung auszeichnete. Demgegenüber fiel die in dem Sammelwerk enthaltene Arbeit von W. Kühne »Hegel bei den Polen« ab, der die Beziehungen zwischen Hegel und den Polen einseitig auf den Geschichtsphilosophen August Cieszkowski (1814–1894) konzentrierte. František Fajfr beschäftigte sich mit dem Verhältnis der Tschechen zu Hegel, das überwiegend ablehnend war, während bei den Slowaken der Philologe und Schriftsteller L. Štúr (1815–1856) Hegels Ideen benutzte, um die nationalen slowakischen Bestrebungen philosophisch zu erhärten.

Auch die Auseinandersetzung mit den jüngsten Tendenzen in mehreren europäischen Ländern, die zum Erstarken des Faschismus führten, fand ihre Widerspiegelung in einer bemerkenswerten Schrift von František Götz »Osudná česká otázka« (Die tschechische Schicksalsfrage), Prag 1934. Er führte die aktuelle geistige Krise besonders auf den Einfluss des Irrationalismus zurück.

Eine weitere von Silberstein diskutierte philosophische Strömung war der Neo-Masarykianismus. Er hob die Arbeit von Jiřina Popelová »Noetické a metodologické problémy kulturních věd« (Noetische und methodologische Probleme der Kulturwissenschaften) hervor. Sie berief sich wesentlich auf Masaryks »Konkrete Logik«. Aufbauend auf einer umfassenden Analyse der ausländischen und tschechischen Philosophen entwickelte sie eine Karte der Kulturwissenschaften, die sie horizontal nach Objekten (Mensch, Sprache, Wissenschaft usw.) und vertikal nach Methoden (Geschichte, Morphologie, Psychologie usw.) einteilte. Silberstein lobte die sympathische Kühnheit dieser Konzeption, wandte aber vor allem Disproportionen jeweils zwischen den Objekten und Methoden ein. Er bezeichnete die idealistische Haltung zusammen mit Progressivismus und sozialem Aktivismus als gemeinsamen Nenner des Neo-Masarykianismus.

Ein anderer junger Philosoph, Josef Beneš, der sich bei einem Aufenthalt in den USA den Auffassungen von A. N. Whitehead angenähert hatte, beschrieb in seinem Buch »Tvořivá inteligence v teorii« (Die schöpferische Intelligenz in der Theorie), Prag 1933, wie die aktuelle irrationalistische Krise durch einen gereinigten und angereicherten Rationalismus überwunden werden könne. Sein Rationalismus unterstrich die schöpferische Qualität der Vernunft und ihre Macht, die irrationale Erfahrung in ein vernünftiges Ganzes umzuwandeln.

Das deutsche Denken in der Tschechoslowakei war besonders in der deutschen Universität Prag konzentriert. Damals wurde – wie eingangs erwähnt – der Philosophische Zirkel von Prag durch die Philosophieprofessoren J.B. Kozák und E. Utitz aus der Taufe gehoben, der die Zusammenarbeit der deutschen und der tschechoslowakischen Philosophen in der ČSR befördern sollte. Emil Utitz war gerade dabei, sein jüngstes Werk »Die Sendung der Philosophie in unserer Zeit«, Leiden 1935, zu veröffentlichen. Er propagierte darin die Notwendigkeit einer Synthese von Intellektualismus und Aktivismus.

Ein besonderer Höhepunkt waren zwei Vorlesungen des Philosophen Edmund Husserl[52], des geistigen Vaters des Cercle philosophique de Prague, im Klementinum und in der Karls-Universität über »Die Psychologie in der Krisis der europäischen Wissenschaften« und »Psychologie und Transzendentalphilosophie«. Leopold Silberstein berichtete darüber in der »Prager Presse« vom 16. und 17.11.1937: »der scharfsinnigste Kritiker des erkenntnistheoretischen Psychologismus scheint im Begriffe zu sein, in neuartiger Weise aus der Psychologie wieder ein Zentralproblem zu machen. [...] Die Frage nach dem Lebenssinn bleibt unbeantwortet, deshalb flüchtet man sich in Skepsis, Irrationalismus, Mystik. [...] Es gilt die Gründe für das Versagen der Transzendentalphilosophie zu erforschen. [...] Nur eine wahrhaft radikale Reform der Psychologie, insbesondere ihre Abkehr vom naturwissenschaftlichen Objektivismus, kann auch für die Philosophie die entscheidende Wendung bringen.«[53]

Bereits 1935 sprach Edmund Husserl im PLK über Linguistik und Phänomenologie, worüber Silberstein wiederum in der »Prager Presse« informiert hatte. Prof. R. Jakobson, der den Ehrengast begrüßte, hob hervor, dass »in der Tschechoslowakei, im Lande Bolzanos, Masaryks und Martys die Voraussetzungen zur Aufnahme der reinen Grammatik, zur phänomenologischen Grundlegung einer allgemeinen Zeichen-

52 Edmund Husserl (1859–1938) war ein deutscher jüdischer Philosoph, einer der einflussreichsten Denker des 20. Jahrhunderts. Er begründete die Phänomenologie, mit der er die Philosophie als strenge Wissenschaft zu entwickeln suchte. 1933 wurde Husserl von der Universität in Freiburg »beurlaubt«. Während der kurzen Rektoratszeit seines Schülers Heidegger wurde die Beurlaubung zwar wieder aufgehoben, aber 1936 wurde ihm die Lehrbefugnis entzogen und 1937 das Ehepaar Husserl schließlich aus seiner Wohnung vertrieben.

53 Silberstein, Leopold: Husserl über die Reform der Psychologie, Prager Presse vom 16.11.1937.

lehre gegeben [seien].« Husserl skizzierte auf der Grundlage seines Gedankenaustausches mit Dilthey den Einbau der Linguistik in eine allgemeine Geisteswissenschaft:

> »Diltheys Auffassung der gesamten Logik als Kulturphänomen bedeutete für Husserl eine entscheidende Anregung, doch hat er dieser dem psychologischen Erleben erst den wahren universalen Aspekt verliehen. Im Geiste dieser Universalität lag auch das abermals betonte Bekenntnis zur Einheit des europäischen Kulturzusammenhanges, in welchem der Sprache und der Wissenschaft von ihr keine geringe Rolle zufällt.«[54]

Der junge Theologe Eduard Winter[55], ebenfalls von der deutschen Universität Prag, legte das Buch »Bernard Bolzano und sein Kreis«, Leipzig 1933, vor. Darin sprach er sich für das von Bolzano gepredigte Programm von Versöhnung und Toleranz aus. Leopold Silberstein unterstrich, dass die Zusammenarbeit zwischen deutschen und tschechoslowakischen Philosophen sehr zum Nutzen der inneren Einheit der Republik ebenso wie für den geistigen Reichtum der beiden Nationalitäten wäre.

Silbersteins ausführliche in »Le Monde Slave« veröffentlichte Übersicht über die philosophischen und soziologischen Arbeiten in der Tschechoslowakei wurde auch in der »Prager Presse« vom 25.7.1935 angezeigt.[56]

Als Frucht der Tätigkeit Silbersteins im Philosophischen Zirkel entstanden seine folgenden philosophischen Arbeiten, in denen er die menschenverachtende Rassenideologie der Nazis einschließlich ihrer Vorläufer und Mitläufer gründlich angriff und entlarvte:

Die beiden Schriften »Národní a rasová ideologie nového Německa a jeji myšlenkové předpoklady« (Die völkische Rassentheorie im neuen Deutschland und ihre geistigen Vorläufer)[57] , sowie »Vývoj rasových teorií« (Die Entwicklung der Rassentheorie)[58] setzten sich kämpferisch mit der nazistischen Rassentheorie, ihren Hauptvertretern und ihren Vor- und Mitläufern auseinander.

In der ersten Publikation »Národní a rasová ideologie nového Německa« analysierte er, wie insbesondere die progressiven Erkenntnisse von Charles Darwin von der

54 Ders.: Linguistik und Phänomenologie, Prager Presse vom 22.11.1935.

55 Eduard Winter (1896–1982), ein östereichischer Historiker, habilitierte sich an der Deutschen Universität Prag 1922 in Theologie und 1926 in Philosophie. 1939 trat er in die NSDAP ein und wurde Mitglied der SS. 1945 flüchtete er von Prag nach Wien. 1947 wurde er auf den Lehrstuhl für osteuropäische Geschichte der Martin-Luther-Universität Halle berufen. Von 1951 bis zu seiner Emeritierung 1966 lehrte er an der Humboldt-Universität Berlin.

56 Aus den Zeitschriften: Die philosophischen und soziologischen Arbeiten in der Tschechoslowakei, Prager Presse vom 25.7.1935.

57 Silberstein, Leopold: Národni i rasová ideologie nového Německa a jeji myšlenkové předpoklady (Die völkische und Rassenideologie des neuen Deutschlands und ihre geistigen Vorläufer), Národnostní obzor (1934), 3, S. 171–185, 259–268 (Orig. tschech.).

58 Ders.: Vývoj rasových teorii (Entwicklung der Rassentheorie), Orbis, Prag 1936, 36 Seiten (Orig. tschech.).

Selektion beim Kampf ums Dasein, von Gregor Mendel über die Züchtung von Erbsensorten und von Francis Galton über die Vererbung von Begabung im 19. Jahrhundert von Intellektuellen, wie Graf Gobineau und Houston Stewart Chamberlain, missbräuchlich angewendet und ausgedeutet wurden. Die wesentliche Voraussetzung der auf dieser Grundlage geschaffenen Rassentheorien bestand darin, dass sie die Abhängigkeit der menschlichen Persönlichkeit von der Erbanlage postulierten und den entscheidenden Einfluss, den die sozialen und sonstigen Umweltbedingungen auf ihre Entwicklung ausüben, generell verneinten. Silberstein betonte, dass die Rassentheorien auch dem Machterhalt der besitzenden Klassen dienten: »sie führen z. B. Statistiken an, nach denen die Kinder vermögender Leute in den Schulen durchschnittlich bessere Zeugnisse erhalten, und deduzieren, dies sei nichts weiter als natürlich, denn auch solche Eltern, die ausser ihrem Reichtum keinerlei Vorzüge aufzuweisen haben, mussten grössere Intelligenz aufwenden, um überhaupt in reiche Kreise hineinzugelangen und dort eine vorteilhafte Ehe eingehen zu können: summa summarum, bei Kindern reicher Leute ist stets eine grosse Chance gegeben, dass sie so oder so von besserer Rasse sind als die Kinder der Armen! Hier kann man freilich schwer überhören, dass das Wort Rassentheorie sich im Deutschen auf Klassentheorie reimt, und dass bestimmte Schlüsse der Erblichkeitslehre allzu vollkommen mit den Interessen der besitzenden Klassen zusammenfallen.«[59]

Er verwies darauf, dass der Wert eines Menschen nicht durch das Geburtsprinzip, sondern durch seine Leistung zu beurteilen sei.

Danach setzte Silberstein sich mit dem Antisemitismus innerhalb der deutschen Rassentheorie auseinander. Der zuvor genannte Chamberlain, der dilettantisch die Ergebnisse zum Schädelindex der vergleichenden Anthropologie aufgriff, behauptete die Höherwertigkeit der langschädligen Rasse und setzte diese mit der nordischen oder allgemein arischen Rasse gleich:

> »Chamberlain hätte sich schon damals bei Kennern darüber informieren können, dass die Dolichocephalie[60] kein ausschliessliches Besitztum der Germanen ist, dass eine »germanische« Rasse genau so wenig existiert wie eine ›arische‹ (beide Begriffe gehören, wie schon oben erwähnt, ausschliesslich in die Linguistik, nicht in die Anthropologie), aber einer solchen kritischen Genauigkeit wich er instinktiv aus, übernahm vielmehr nur die einfachsten Kriterien, Dolichocephalie, Blondhaarigkeit und Blauäugigkeit (in seiner blumigen Sprache Sonnenhaarigkeit und Himmelsäugigkeit) und durchschnitt dreist den gordischen Knoten mit der Erklärung, die Anthropologie sei viel zu kompliziert, um die Frage, was Rasse und was Arier sei, überhaupt klar beantworten zu können, das sei

59 Ders.: Národni i rasová ideologie…, S. 179f.

60 Dolichocephalie heißt Langschädligkeit.

weit eher eine Angelegenheit des Gefühls und des Willens. Der Mensch habe ein untrügliches Gefühl dafür, was ein Arier sei, und was der böse Feind, der ›Semit‹ (wieder ein linguistischer statt eines anthropologischen Begriffes!), im übrigen würden die edlen Rassen im Verlaufe der Geschichte durch absichtlichen menschlichen Willensentschluss geschaffen, worauf allerdings in der Folge die Reinheit der Zucht aufrechtzuerhalten sei.«[61]

Schließlich beleuchtete Silberstein die sogenannte Münchener rassenhygienische Schule Anfang des 20. Jahrhunderts unter Führung von Alfred Ploetz und Wilhelm Schallmeyer. Ploetz betonte den Vorrang der langschädligen, blondhaarigen und blauäugigen nordischen Rasse, während Schallmeyer den Unterschied zwischen hoch- und minderwertigen Menschen hervorhob. Er verlangte das Eheverbot zwischen minderwertigen Individuen und ihre zwangsweise Sterilisierung. Die sozialhygienische Kapazität der SPD, Prof. Alfred Grotjahn, verurteilte Studium und Erwerbsarbeit der Frauen, weil sie dann in der Regel nicht mehr mindestens drei Kinder aufziehen würden, sodass die Erbanlagen überdurchschnittlich begabter Frauen der Gefahr des Aussterbens ausgesetzt seien. So wendeten sich die Rassentheoretiker auch gegen die Gleichberechtigung der Frau.

Leopold Silberstein disputierte Spenglers Werk »Der Untergang des Abendlands« besonders im Hinblick auf seinen Antisemitismus. Spengler, der von einem tausendjährigen Zivilisationszyklus ausging, rechnete die Juden der sogenannten magischen, das heißt arabischen Kultur zu, die schon vor tausend Jahren untergegangen sei und nannte sie überlebende »Fellachen« und zerstörerische Elemente. Silberstein charakterisierte ihn als einen Faschisten, schon wegen seiner Verherrlichung des Krieges, auch wenn Spengler sich von Hitler distanziert hatte.

Er verwies darauf, dass Rassentheoretiker, wie Jung und Gründel, die den Rückgang der Geburtenrate als Anzeichen eines Niedergangs deuteten, sich insbesondere gegen die Frauenbewegung wandten. Ihre Überzeugung von der Überlegenheit der nordischen Rasse äußerte sich schon in solchen verquasten Termini, wie »Vitalrasse«, »Aufnordung« und dem Kampf gegen die »Rassenverpantschung«.

Eine Fortsetzung und Erweiterung der eben besprochenen Arbeit stellt die Schrift »Vývoj rasových teorií« (Die Entwicklung der Rassentheorie)[62] dar. In ihr hat Silberstein etwa 40 Werke von Rassentheoretikern, die in den 20er- und 30er-Jahren vornehmlich in Deutschland, Österreich, aber auch in anderen europäischen Ländern und den USA erschienen waren, ausgewertet. Er ordnete die Rassentheorien in die Auseinandersetzung zwischen Rationalismus und Irrationalismus ein.

61 Silberstein, Leopold: Národni i rasová ideologie…, S. 182.

62 Ders.: Vývoj rasových teorii (Entwicklung der Rassentheorie), Orbis, Prag 1936, 36 Seiten (Orig. tschech.).

DR. LEOPOLD SILBERSTEIN

VÝVOJ

RASOVÝCH

THEORIÍ

PRAHA 1936

Titelseite der 1936 in Prag erschienen Schrift »Entwicklung der Rassentheorien«

Silberstein unterschied zwischen statischen Rassentheorien, die sich rationalistischer Forschungsmethoden bedienten, aber die Erkenntnisse, die z. B. an der Fruchtfliege Drosophila gewonnen wurden, in nicht bewiesener Weise auf die Rassen übertrugen, und dynamischen Rassentheorien, die von irrationalistischen Voraussetzungen ausgingen. Zu den statischen Rassentheorien zählte er die Anwendung der Mendelschen Vererbungsregeln, die aber bis zur Sterilisierung angeblich minderwertiger Menschen führte. Eine weitere Folge war die Nürnberger Judengesetzgebung. In Italien versuchte man auf dieser Grundlage mit aller Macht die Geburtenrate zu erhöhen. Ein Vergleich der Statistiken über die Geburtenraten in Italien und in der Tschechoslowakei zeigte aber, dass die tschechoslowakische Sozialpolitik erfolgreicher war als die Zwangsmaßnahmen der italienischen Faschisten.

Neodarwinisten versuchten, den Zusammenhang zwischen höherer Begabung und höherer sozialer Geburt nachzuweisen, und bedienten sich hierfür Statistiken aus Hilfsschulen und zur Kriminalität. Das Ziel war es, die Vererbung der Minderwertigkeit sozial schwacher Klassen zu beweisen. Selbst ein ehemaliger sozialdemokratischer Politiker versuchte entsprechend der Tendenz der deutschen Rassenforschung, die Vererbbarkeit des sozialen Status in der Arbeiterschaft zu belegen.

Der dynamische Rassismus zeichnete sich durch Subjektivität, Intuition und Ablehnung naturwissenschaftlicher Methoden aus. Metaphern und Hypothesen ersetzten wissenschaftliche Argumente. Ein typisches Beispiel war die Festlegung von

Hauptmerkmalen der von Clauss eingeteilten Rassen: Leistung – nordische Rasse, Trägheit – fälische Rasse, Darbietungsmensch – mediterrane Rasse, Erscheinungsmensch – orientalische Rasse, Erlösungsmensch – armenoide Rasse, Enthebungsmensch – alpinische Rasse. In dieser Schule wurde u. a. die geografische Verteilung der Nobelpreise untersucht, wobei man einen Beweis für die Überlegenheit der nordischen Rasse gefunden zu haben glaubte. In dieser Argumentation störte allerdings die nicht unbedeutende Zahl von Nobelpreisträgern jüdischer Herkunft.

Leopold Silberstein ging auf die Besonderheiten des Antisemitismus in Deutschland und Österreich ein. Ansichten von der Überlegenheit der nordischen Rasse wurden außerhalb Deutschlands von einzelnen Forschern auch in Schweden, Holland und den USA übernommen. Besonders die Prüfungen der Immigranten in die USA, die auf den Rassentheorien aufbauten, wurden von verschiedenen Seiten kritisiert. Die Unterschiede der Intelligenz seien nicht auf die Rasse, sondern auf das gesellschaftliche Umfeld zurückzuführen.

Die englischen Anthropologen Huxley, Haddon und Carr-Saunders bestritten die Einteilung in mediterrane, nordische, alpinische usw. Rassen, sondern erblickten in ihnen nur Typen. Sie befanden, dass es nur vier Rassen gäbe: weiße, gelbe, braune und schwarze. Die Überlegenheit der nordischen Rasse bezeichneten sie als Mythos, und sie erkannten den kulturellen Wert der Juden an. Rassische Reinheit bezeichneten sie als unerreichbar.

Die französischen Anthropologen ließen keine Rassen-Vorurteile erkennen. Die Sowjetunion lehnte die Rassentheorien ab. Die Akademie der Wissenschaften der Tschechoslowakei trug ehrenvoll mit einer positiven Schrift zum Kampf gegen die Rassentheorien bei. Leopold Silberstein warnte, dass die Rassentheorien der gesellschaftlichen Praxis vorauseilten. Er schloss seine Arbeit mit dieser Erkenntnis ab:

> »Die Rassentheorie ist nicht nur gegen die Juden gerichtet. Sie soll sichtlich der Wiederaufrichtung der Vorherrschaft eines Stammes über einen anderen, eines Geschlechts über das andere, einer Rasse über die anderen dienen. Dessen sollten sich besonders die slawischen Völker bewusst werden, denen die großen Ereignisse der Jahre 1914–1918 schließlich die Möglichkeit einer freien Entwicklung und des Aufschwungs brachten. Genau deshalb muss man diese Theorie kennen und muss sie einerseits durch die Analyse ihrer Übel und Paradoxa und andererseits durch die zähe Hingabe an die Ideale des kulturellen und sozialen Fortschritts überwinden.«

In der Schrift »Kämpfende Vernunft – das Beispiel von T.G. Masaryk und Dr. Edvard Beneš«[63] würdigte er die beiden Staatsmänner philosophisch und politisch gesehen

63 Ders.: Kämpfende Vernunft: das Beispiel von Masaryk und Beneš, Internationale Bibliothek für Philosophie, Verlag B. Jakowenko, Prag 1937, 49 Seiten.

als »kritische Realisten, bei denen Grundsätzliches und Konkret-Politisches innig verflochten« seien. Er drückte darin seinen Glauben an den Sinn des Geschehens und die Macht der menschlichen Vernunft aus. Sehr stark beschäftigte ihn dabei auch die Politik als Wissenschaft und Kunst. Mit dem Titel »Kämpfende Vernunft« erteilte Silberstein der Gleichschaltung der deutschen Historiker unter der Losung des Nazi-Historikers Walter Frank von der Geschichtsschreibung als »kämpfender Wissenschaft im Kriegsdienst des Geistes an der Seite der Nationalsozialisten« eine Abfuhr.[64]

Im Jahr 1935 veröffentlichte Leopold Silberstein in »Le Monde Slave« eine ausführliche Besprechung der Literatur über die jüngste Geschichte der Tschechoslowakei.[65] An den Anfang seines Aufsatzes stellte er Werke von und über die Staatsführer T.G. Masaryk und E. Beneš. 1933 erschien eine Sammlung von Dokumenten des Staatspräsidenten T.G. Masaryk mit dem programmatischen Titel »Cesta demokracie« (Der Weg der Demokratie), die Reden, Interviews und Beschlüsse aus den Anfangsjahren der Republik von 1918 bis 1923 enthielt. Silberstein würdigte, dass Masaryk als Staatsoberhaupt mit seiner philosophischen Haltung das Mittel gefunden hätte, um sich »als höchste moralische Instanz der Nation zu bestätigen«.

In diesen Dokumenten spiegelte sich unweigerlich die revolutionäre Entwicklung in Russland wider. Allerdings kritisierte Masaryk die Bolschewiken, dass sie Marxisten nur dem Namen nach, dass sie vielmehr Bakuninisten seien. Er sah in Russland keinen Kommunismus, sondern nur einen Staatskapitalismus. Andererseits lehnte er eine militärische Einmischung in den Bürgerkrieg in Russland ab und befürwortete eine internationale Hilfe angesichts der dort ausgebrochenen Hungerkatastrophe. Silberstein bemerkte zu Masaryks Einschätzung der Lage in Russland, dass er eine zu düstere Prognose gestellt hätte, denn Sowjetrussland begann sich in den folgenden Jahren der Neuen Ökonomischen Politik wirtschaftlich zu erholen.

Masaryk verfolgte hartnäckig das außenpolitische Projekt der Kleinen Entente, in der sich die Tschechoslowakei, Rumänien und Jugoslawien zu einem Bündnis zusammenschlossen, das von Frankreich und Polen unterstützt wurde. Die Kleine Entente sollte als Gegengewicht zu den revisionistischen Bestrebungen Ungarns dienen, die Beschlüsse des Versailler Vertrags aufzuheben.

Vom Außenminister Edvard Beneš erschien 1934 das umfangreiche Werk »Boj o mir a bezpečnost státu. Československá zahraniční politika v projevech ministra Dra. Ed. Beneše, 1924–1933« (Der Kampf um den Frieden und die Sicherheit des Staates. Die tschechoslowakische Außenpolitik in den Erklärungen des Ministers Dr. Ed.

64 Nationalsozialistische Geschichtsschreibung – Walter Frank und seine Schriften, Völkischer Beobachter, 7.2.1935.

65 Silberstein, Leopold: Travaux et documents sur l'histoire récente de la Tchécoslovaquie (Arbeiten und Dokumente über die jüngste Geschichte der Tschechoslowakei), Le Monde Slave (1935) April, S. 81–111 (Orig. franz.).

Beneš, 1924–1933). Leopold Silberstein hob die moralische Disziplin hervor, mit der Beneš die politischen Ereignisse dieser zehn Jahre verfolgte, und seinen aktiven Optimismus, der die Überzeugung reflektierte, dass die Realität durch ständige Eingriffe korrigiert werden müsse. Auch wenn Beneš bestrebt war, mit seinen Nachbarn gute Beziehungen zu unterhalten, nannte er die Beziehungen zu Deutschland, seit Hitler an die Macht gelangt war, nicht mehr »freundschaftlich«, sondern »korrekt«. Bei vielen außenpolitischen Konflikten bemühte er sich, einen modus vivendi zu finden. Ferner schätzte Silberstein das Verdienst von Beneš bei der finanziellen Stabilisierung der Wirtschaft des Landes in seiner Eigenschaft als Ministerpräsident hoch ein.

Anlässlich Beneš' 50. Geburtstag hatte der französische Historiker und Beneš' enger Mitarbeiter während des Ersten Weltkriegs, Louis Eisenmann,[66] 1934 das Buch »Un grand Européen, Édouard Beneš« in Paris herausgegeben. Er hatte darin, wie Silberstein hervorhob, das Wesentliche der politischen Ereignisse, die Beneš beschäftigten, und seines Lebens in den Rahmen des tschechoslowakischen Problems gestellt. Dieses Buch zeichne sich – so Silberstein – durch intime Kenntnis seines Helden und eine lebendige Darstellung aus.

Von Jaroslav Papoušek stammte das Buch »Eduard Beneš. Třicet let práce a boje pro národ a stat« (Eduard Beneš. Dreißig Jahre Arbeit und Kampf für Volk und Staat), Prag 1934. Papoušek wiederholte nicht die gut bekannte politische Arbeit von Beneš, sondern legte das Gewicht auf seine wissenschaftliche und literarische Tätigkeit. Beneš hatte sich insbesondere verschiedenen soziologischen Themen gewidmet.

Im nächsten Kapitel seines Aufsatzes ging Silberstein auf den dritten großen Befreier der Nation, den General und ersten Kriegsminister der Republik, Milan Ratislav Štefánik ein, über den im Vergleich zu Masaryk und Beneš viel weniger bekannt war, weil er schon 1919 bei einem Flugzeugabsturz ums Leben gekommen war. Silberstein besprach das Buch von Šujan Juraj »Mladý Štefánik a mladé Slovensko. Pokus o rozbor jedné tradice« (Der junge Štefánik und die junge Slowakei. Prüfung und Analyse einer Tradition), Prag 1932, das eine Mischung aus Dokumenten, Kommentaren und Polemiken enthielt. Viel Platz war einer Polemik zwischen Štefánik und dem slowakischen Grammatiker Czambel eingeräumt, der die enge Verwandtschaft zwischen der tschechischen und der slowakischen Sprache abstritt, sondern vielmehr den Einfluss des Ungarischen auf das Slowakische betonte.

Vom konspirativen Kampf um die tschechoslowakische Unabhängigkeit vor und während des Ersten Weltkriegs handelten die Memoiren von Jan Hajšman »Česká Mafie. Vzpomínky na odboj doma« (Die tschechische Maffia. Erinnerungen an den

66 Louis Eisenmann (1869–1937) war ein französischer Historiker und Professor der Slawistik. Er war Professor an der Sorbonne, Direktor des Institut Français Ernest Denis in Prag und Herausgeber der Zeitschrift »Le Monde Slave«.

Widerstand daheim), Prag 1932. Diese Erinnerungen waren nach Meinung von Leopold Silberstein insofern besonders wertvoll, als sie das revolutionäre Werk sowohl der Weggefährten Masaryks bis in die Gegenwart als auch jener Kämpfer festhielten, die sich von Masaryk abgewandt hatten.

Für die ausländische Leserschaft war das auf Deutsch geschriebene Buch von Kamil Krofta »Geschichte der Tschechoslowakei«, Berlin 1932, bestimmt. Silberstein hob die Unbefangenheit hervor, mit der Krofta heikle politische Themen, wie die deutsche Kolonisierung in Böhmen behandelte.

Den tschechoslowakisch-russischen Beziehungen war das Werk von Josef Jirásek »Češi, Slováci a Rusko. Studie vzájemných vztahů československo-ruskych od roku 1867 do počátku světové války« (Tschechen, Slowaken und Russland. Studie der tschechoslowakisch-russischen Wechselbeziehungen von 1867 bis zum Beginn des Weltkriegs), Prag 1933 gewidmet. Der interessanteste Teil seines Werks war, wie Silberstein angab, die Rückwirkung der russischen Revolution von 1905 auf die Tschechoslowaken. Er betonte, dass das Buch einen Reichtum an Dokumentation, kritische Haltung und einen persönlichen Stil in sich vereinige und insbesondere die kulturellen Beziehungen zwischen Tschechoslowaken und Russen abgerundet widerspiegele.

Leopold Silberstein wirkte auch in der Tschechoslowakischen Gesellschaft zum Studium nationaler Probleme (Československé společnost pro studium národnostních otázek). Als diese Gesellschaft begann, ihre Aufmerksamkeit auf die nationalen Probleme des großen Bündnispartners der Tschechoslowakei, der UdSSR, zu richten, lud sie ihn zur Mitarbeit an einer Untersuchung über die Entwicklung der nationalen Frage in der Sowjetunion ein. Als Ergebnis entstand sein Buch »Výstavba národnostní kultury v SSSR« (Der Aufbau der nationalen Kultur in der UdSSR)[67] . In gekürzter Form erschien diese Untersuchung auch auf Französisch in der Zeitschrift »Le Monde Slave«[68]. Silbersteins Arbeit wird in[69] wie folgt referiert:

> »[Dieses Werk] gibt ein Musterbeispiel dafür, wie das Recht der einzelnen Nationen und Minderheiten in diesem Riesenreich gewährleistet und gefördert wird. Der Verfasser bemühte sich, durch vergleichendes Quellenstudium und Analyse statistischer Daten den damaligen Stand der kulturellen Aufbauarbeit bei den Nationalitäten der Sowjetunion zu gewinnen. Er betonte den Primat des ›sozialistischen Inhalts‹ vor der ›nationalen Form‹ und die Rolle der Staatsraison bei der Förderung des fortschreitenden nationalen Differenzierungsprozesses. Er

67 Silberstein, Leopold: Výstavba národnostní kultury v SSSR (Aufbau der Nationalitätenkultur in der UdSSR), Nakladelství »Orbis«, Prag 1937, 220 Seiten (Orig. tschech.).

68 Ders.: La culture parmi les allogenes russes (Die Kultur unter den allogenen Russen), I+II, Le Monde Slave (1937) Januar, S. 138–164, April, S. 149–174 (Orig. franz.).

69 Herrmann, Jenny: Jennys Leben, S. 145ff.

betonte eine deutliche Differenzierung der einzelnen Nationalitäten je nach Alter und Kontinuität ihrer Tradition und unterschied vier Hauptgruppen: I. ununterbrochene Kulturtradition von höherem Alter als die russische, II. unterbrochene, der russischen mehr oder weniger gleichaltrige Kulturtradition, III. alte, aber unterbrochene Kulturtradition, IV. fehlende Kulturtradition/ ›zurückgebliebene‹ Nationalitäten.

Als besonders wichtig hob er die Dichtigkeit gewisser Schulinstitutionen hervor, wie Kleinkinderschulen, Mittel- und Hochschulen sowie den Grad der Überführung der Kulturinstitutionen auf die örtliche Muttersprache und die Durchsetzung des personellen Kulturapparats mit Angehörigen der örtlichen Nationalitäten.

Im ersten Hauptteil wird der Aufbau der nationalen Sprachen betont, ihre soziale Funktionstüchtigkeit, der Kampf gegen pantürkistische Bestrebungen, das komplizierte Problem der neuen Alphabete sowie die Grenzen der Latinisierungsmöglichkeit.

Der zweite Hauptteil ist den nationalen Kulturen gewidmet. Die besondere Kulturtradition der Georgier und Armenier bezeugt sich sowohl im hohen Alter ihrer literarischen Überlieferung als auch im hochgesteigerten Niveau und der reichen Differenzierung ihres heutigen Schaffens. Von der II. Gruppe sind natürlich die Ukrainer und Weißrussen besonders berücksichtigt, weiter Türken und Tataren. Bei der III. Gruppe stehen die Uzbeken und ihre kulturellen Bestrebungen im Vordergrund, aus der IV. Gruppe werden nur die bemerkenswertesten Leistungen einzelner Nationalitäten erwähnt.

Der dritte Hauptteil behandelt die Bildungsinstitutionen und stützt sich auf statistisches Material. Nach einem Überblick über das sowjetische Schulwesen widmet sich der Verfasser den Lehrplänen der ukrainischen Mittelschulen und beweist, daß gerade die Nationalitätenpolitik und der damit verbundene Fakt, außer der allunionischen russischen Staatssprache auch die jeweilige Staatssprache der zuständigen Sowjet- oder autonomen Republik zu lernen, die Rephilologisierung des sowjetischen Schulwesens begünstigt.

Das Kernstück des vierten Hauptteils ist eine Analyse der neuesten Statistik der Druckereierzeugnisse. Von den nichtrussischen Sowjetrepubliken weisen das am reichsten differenzierte Zeitungswesen die Ukraine, Armenien und Georgien, das am schwächsten differenzierte Uzbekistan und Turkmenistan auf. Hinsichtlich des Interesses der Zeitungsleser rangiert gleich nach der Russischen Föderation Armenien, während alle übrigen Republiken in weitem Abstand folgen. Die am reichsten differenzierte Buchproduktion haben Armenien, Aserbaidshan und Georgien, die bei weitem geringste zeigt Tadshikistan.

Der fünfte Hauptteil hat den neuen Lebensstil zum Thema. Er beginnt mit einer eingehenden Analyse des Gesundheitswesens, deren interessanteste Feststellung die ist, daß die fast gleich stark bevölkerten Gebiete der bisherigen Transkaukasischen Föderation einer der bisherigen drei Bundesrepubliken Zentralasiens andererseits zahlenmäßig fast den gleichen Gesundheitsdienst aufweisen, obgleich Zentralasien eine weit stärkere Vernachlässigung gut zu machen hatte. Die Wohnpolitik sucht den Unterschied zwischen ›alten‹ und ›neuen‹ Vierteln auszugleichen. Sehr genau wird die Befreiung der Frau bei den islamischen Völkerschaften untersucht, wobei die festzustellenden Rückfälle in alte Gewohnheiten nicht unerwähnt bleiben. Zum Abschluß folgen einige Streiflichter auf den antireligiösen Kampf.«

Leopold Silberstein hatte dieses Buch auf der Grundlage umfangreichen statistischen Materials, das in der Sowjetunion herausgegeben wurde, verfasst. Die im Vergleich zu anderen Ländern der Welt ungewöhnlich starken Bildungsanstrengungen in der Sowjetunion waren ein ausschlaggebendes Motiv dafür, dass man sich in der Tschechoslowakei für diese positive soziale Entwicklung interessierte. Allerdings hatte Silberstein damals noch keine persönlichen Erfahrungen mit der praktischen Umsetzung der Kulturpolitik in der Sowjetunion unter den Vorzeichen des Stalinismus gesammelt. Aber im Sommer 1940 erlebte er in Tartu die Einverleibung Estlands in die Sowjetunion und wurde Zeuge, wie die Universität von Tartu, die zu den führenden Universitäten Europas zählte, zu einer staatlichen sowjetischen Universität umgebaut wurde, an der es keine freie Forschung und Lehre mehr gab und Lehrkörper und Studenten im Sinne des Stalinismus ideologisch indoktriniert wurden.

Vladimír Procházka[70] besprach das Buch »Výstavba národnostní kultury v SSSR« in der Zeitschrift »Národnostní obzor« durchweg sehr positiv, bemängelte jedoch, dass die letzten beiden Kapitel über die Druckerzeugnisse und den neuen Lebensstil mangels aussagefähiger Quellen einen inhomogenen Eindruck vermittelten.[71]

Im Rahmen der Tschechoslowakischen Gesellschaft zum Studium nationaler Probleme hielt Leopold Silberstein am 2.2.1934 in Bratislava und am 2.2.1937 in Prag jeweils einen Vortrag (über die konkrete Thematik ist allerdings nichts bekannt).[72] Im Zusammenhang mit dieser Arbeit über die Sowjetunion sei auch erwähnt, dass er Mitglied der Prager Gesellschaft der Freunde der Sowjetunion war. Seine Hochachtung vor den Staatsmännern der Tschechoslowakei, T.G. Masaryk und E. Beneš, die

70 Vladimír Procházka (1895–1968) war ein Rechtsanwalt und Übersetzer, der die Wirtschafts- und Rechtswissenschaften der Sowjetunion erforschte.

71 Procházka, V.: Dve knihy o národnostní otázce v SSSR (Zwei Bücher über die Nationalitätenfrage in der UdSSR), Národnostní obzor, VIII (1938), H. 2, S. 163–168 (Orig. tschech.).

72 Lebenslauf Dr. L. Silberstein, Dokument des Archis des Außenministeriums der Tschechischen Republik, Č.j.26.169/37-II C/2 vom 16.4.1937, Box Tallin (Orig. tschech.).

ihre Politik auf den Boden eines hohen ethisch-moralischen Anspruchs stellten, drückte er in den Arbeiten »Kämpfende Vernunft: das Beispiel von Masaryk und Beneš« (s.o.) und »Ein Bildnis des Präsidenten T.G. Masaryk« aus.[73]

Präsident T.G. Masaryk genoss bei weitesten Kreisen der Bevölkerung der Tschechoslowakei ein ungewöhnlich hohes Prestige. Er hatte 1918 die Tschechoslowakei als unabhängigen Staat gegründet und wurde 1920, 1927 und 1934 als Präsident wiedergewählt. Die ČSR war eine bürgerliche Demokratie, die Bürgerrechte waren garantiert, die Gleichberechtigung der Frauen war eingeführt. In einem gewissen Umfang wurde eine Bodenreform durchgeführt, und die Privilegien des Adels waren abgeschafft worden. Allerdings gelang es Masaryk nicht, aufgrund der Scharfmacher in den Minderheitenparteien, insbesondere bei den durch Nazi-Deutschland aufgehetzten Sudetendeutschen, die Nationalitätenfrage zu lösen. 1935 trat Masaryk aus Altersgründen von seinem Amt zurück, und sein enger Mitstreiter Dr. Edvard Beneš folgte ihm als Staatspräsident nach.

Die Abhandlung »Ein Bildnis des Präsidenten T.G. Masaryk« setzte sich eingehend mit Zdeněk Nejedlýs Masaryk-Biografie auseinander (Zdeněk Nejedlý: T.G. Masaryk, Prag, Buch I, erster Teil, 1930, Buch I, zweiter Teil, 1931). Gleich eingangs unterstrich Leopold Silberstein, dass nur in einer Demokratie eine wissenschaftliche Biografie eines amtierenden Staatsführers entstehen könne. Nejedlýs Werk beschrieb den Entwicklungsgang Masaryks bis zu seinem 32. Lebensjahr. Die Wissenschaftlichkeit seiner Biografie war im Gegensatz zur überreichen Erinnerungsliteratur über Masaryk dadurch wohltuend gewährleistet, dass Nejedlý stets das erinnerungsmäßige Material mit dem dokumentarischen verglich und auf diese Weise manche Widersprüche und Irrtümer aufdeckte, wobei er auch die Erinnerungen Masaryks nicht ausnahm. Silberstein diskutierte ausführlich eine Schwäche von Nejedlýs Biografie, dass er das psychologische Moment unzureichend berücksichtigt hätte. So führte Silberstein aus:

> »Wenn wir das Entscheidende an dem Phänomen Masaryk ins Auge fassen, nämlich, dass sich hier in charismatischer Weise das Wissen, Fragen, Leiden und willensmässige Entscheiden einer ganzen Nation, vielleicht eines ganzen Zeitalters in dem Gehirn eines einzigen Menschen zu konzentrieren und zu vollziehen scheint, so ist dieses Buch mit seinem überreichen und auf den ersten Blick so oft vom Thema abschweifenden Inhalt durch und durch und ausschliesslich – Masaryk. Wenn wir aber die generellen Gesetze berücksichtigen, die gerade für die Entwicklung eines jeden menschlichen Individuums gelten – und auch ein Mensch, der eine Welt in sich begreift, ist schliesslich ein Individu-

73 Silberstein, Leopold: Ein Bildnis des Präsidenten T.G. Masaryk, Prager Rundschau (1934), Nr. 2, S. 7–19.

> um -, dann spüren wir von der Entwicklung dieses Individuums trotz unendlich vieler mitgeteilter individueller Lebensdaten etwas zu wenig. [...] Die Tatsache etwa, dass Masaryk von Anbeginn seines Lebens überall, wohin er kommt, Führer ist, [...] konstatiert er einfach, aber er erklärt sie nicht.«[74]

Silberstein fügte an dieser Stelle seine Interpretation der Persönlichkeit Masaryks als Führer ein:

> »Ich möchte den Typ, den der Führer Masaryk darstellt, höchste Stärke der Individualität im Dienste des Objektiven und zum Wohle der Gesamtheit, [...] den prometheischen nennen. Introversion und Extraversion sind hier, obwohl beide von grösster Dynamik, im Gleichgewicht. Ein solcher Führer ist innerlich so stark, dass er die Gegensätze erlebt, ohne an ihnen zu zerbrechen, dass er den Reichtum des Geschehens in sich aufnimmt, ohne in ihm zu versinken, und dass er dort, wo es keine erkenntnismässige, sondern nur mehr eine willensmässige Lösung gibt, ehrlich genug ist, diese Willensmässigkeit zuzugeben und sie nicht in eine Art geoffenbarter objektiver Wahrheit umzufälschen.«[75]

Silberstein konstatierte, dass sich Nejedlý nicht einig war, ob Masaryk ein Philosoph zu nennen sei. Freilich sei unbestreitbar, dass Masaryk kein philosophisches System geschaffen habe. Aber »es gibt für Masaryk kein konkretes Faktum, das er nicht in einen allgemeinsten Sinnzusammenhang einzuordnen bemüht wäre. [...] Man kann deshalb nicht, wozu Nejedlý neigt, in Masaryk vornehmlich nur den Menschen der Tat, den ›Politiker‹ sehen und das Philosophische als sekundär auffassen, weil Masaryk die rein theoretische Erkenntnis nicht genügt. Denn im politischen Sinne gilt in erster Linie die Tat, einerlei, ob sie erkenntnismässig zu rechtfertigen ist oder nicht. Bei Masaryk ist eine erkenntnismässig nicht fundierte Tat aber undenkbar. [...] Die Tat ist Rechtfertigung der Erkenntnis. ›Pravda vítěží‹ [die Wahrheit siegt], die zum Staatswappenspruch gewordene Losung Masaryks, bedeutet: die Wahrheit kann nicht blosse Erkenntnis bleiben, sie muss kämpfen und zum Recht werden.«[76]

Zum politischen Kredo Masaryks stellte Silberstein fest, dass er die Krise der Bourgeoisie nicht im sozialistischen Sinne überwinden wolle, denn er sei kein Revolutionär, sondern Reformator. Er sei davon überzeugt, dass diese Krise von innen her, durch Selbstbesinnung und sittlich-religiöse Erneuerung und auch, dass der Klassenkampf durch Solidarität in der Gesellschaft überwunden werden könne.

Silbersteins lebhaftes Interesse für die Arbeit der tschechischen Philosophen fand ihren Niederschlag in der Analyse »Philosophisches Streben und Schaffen im Lande

74 Ebd., S. 85f.
75 Ebd., S. 86.
76 Ebd., S. 87.

Masaryks«.[77] Darin ging er zunächst auf das weltanschauliche Erbe Masaryks ein, das sich in Karel Čapeks »Gesprächen mit T.G. Masaryk« (Hovory s T.G. Masarykem. III. Myšlení a život, Praha 1935) widerspiegelte. Masaryk vertrat einen liberalen, demokratischen Humanismus. Er verfocht ein christlich-soziales Weltbild, wobei allerdings Staat und Kirche getrennt sein sollten. Während seiner Präsidentschaft verwirklichte er eine »vollendete Einheit von politischer, geistiger und sittlicher Führung« sowie die Einheit von Erkenntnis und Tat. Silberstein bekräftigte, dass Masaryks Nachfolger Dr. Edvard Beneš als ebenbürtiger Philosoph und Staatsmann einen kritischen Realismus verfolgte, der sich neben Masaryk vor allem an Kant und Descartes orientierte.

Im Folgenden erörterte Silberstein die philosophische Strömung des »Neo-Masarykianismus«, in der sich auf der einen Seite Positivisten fanden, wie Josef Kral und Josef Tvrdý. Als besonderes Verdienst dieser Richtung sah er an, dass sie den Irrationalismus erfolgreich bekämpfte. Ein »aktivistischer« Flügel wollte aus jeder Erkenntnis sogleich die Aufforderung zu einem pragmatischen Handeln ableiten und lehnte das Bemühen um die Wahrheit als solche als »Intellektualismus« ab.

Der oben erwähnte, 1934 gegründete Cercle philosophique stellte sich u. a. die Aufgabe, Subjektivismus und Objektivismus, der das Werk T. G. Masaryks charakterisierte, zu vereinigen und somit das philosophische Werk Masaryks schöpferisch fortzusetzen. Silberstein hob hervor, dass die Existenzphilosophie, besonders von Heidegger, wegen ihrer Dunkelheit und Lebensfeindlichkeit fast allenthalben abgelehnt werde. Das dialektische Denken sowohl in der ursprünglichen Gestalt bei Hegel als auch bei Marx hatte bei den tschechoslowakischen Philosophen unter dem Einfluss des Neo-Masarykianismus wenig Boden gewonnen. Silberstein ging auch auf die Wechselbeziehungen zwischen Philosophie und Einzelwissenschaften ein, zum Beispiel die Befruchtung der Linguistik durch die Philosophie, wie sie sich im PLK offenbarte. Auch in der Literárně historická společnost československá (Tschechoslowakische literaturhistorische Gesellschaft) spielte die Philosophie eine wichtige Rolle, was in den Arbeiten des Literaturkritikers F.X. Šalda deutlich wurde. Silberstein erwähnte die Auftritte der tschechoslowakischen Philosophie auf dem 8. Internationalen Philosophiekongress 1934 in Prag. Auf dem 9. Internationalen Philosophiekongress 1937 in Paris waren die Philosophen der ČSR mit einer der stärksten ausländischen Delegationen vertreten.

Im dritten Abschnitt besprach Silberstein umfassende Publikationen über Philosophie. Zunächst stellte er zwei größere Gesamtdarstellungen der Geschichte der Philosophie vor, die in den 30er-Jahren von den tschechischen Philosophen Josef Tvrdý

77 Ders.: Philosophisches Streben und Schaffen im Lande Masaryks, Prager Rundschau 8 (1938) Nr. 1, S. 13–29, Nr. 2, S. 95–113.

und Em. Rádl publiziert worden waren: Průvodce dějinami evropské filosofie (Führer durch die Geschichte der europäischen Philosophie), Brno 1933 von Tvrdý und Dějiny filosofie (Geschichte der Philosophie), Praha 1932/33 von Rádl. Kritisch setzte er sich mit Rádls Prinzip auseinander, alle Erscheinungen der Philosophiegeschichte nur mehr unter dem Blickwinkel ihrer möglichen Bedeutung für die Gegenwart zu betrachten, da subjektive Momente die Auswahl des Materials beeinträchtigten. Dann ging er auf die Darstellung der tschechoslowakischen Philosophie durch Josef Král ein und hob den hohen Informationsgehalt durch die doppelte Darstellung nach Personen und Richtungen sowie nach Sachgebieten lobend hervor (Josef Král: Československá filosofie [Tschechoslowakische Philosophie], Praha 1937). Ein wertvolles bibliografisches Hilfsmittel stellte die »Kurze Bibliographie der neuen tschechoslovakischen Philosophie« von Andrej Pavlov und Boris Jakovenko (Praha 1935) dar. Weiter stellte er mehrere Monografien zur Philosophiegeschichte vor, so eine Arbeit von Josef Fischer über das Problem von Krieg und Frieden in der antiken Philosophie (Josef Fischer: Válka a mir v antické filosofii, Praha 1935) und die von dem ukrainischen Philosophen D. Čyževskyj edierte Kollektivpublikation »Hegel bei den Slaven« (Veröffentlichungen der Slavistischen Arbeitsgemeinschaft an der Prager deutschen Universität, 1934). Von dem Marxisten Ludvík Svoboda stammte eine Studie über die Philosophie in der UdSSR (Ludvík Svoboda: Filosofie v SSSR). Im Jahr 1936 wurde das 300-jährige Jubiläum des Discours de la Méthode von Descartes mit einer Studie von Josef Beneš gewürdigt (Josef Beneš: Descartesova metoda ve vědách a ve filosofii [Die Methode von Descartes in den Wissenschaften und in der Philosophie], Praha 1936). Silberstein erwähnte es als sympathisch, dass Beneš sich mit Vorliebe den großen Begründern des modernen Rationalismus Descartes, Spinoza und Leibniz zuwendete. Von den Monografien über tschechoslowakische Philosophen nannte Silberstein die monumentale Masaryk-Biografie von Zdeněk Nejedlý. Er stellte auch die von Boris Jakovenko herausgegebene »Internationale Bibliothek für Philosophie« heraus, in der u. a. die Vorträge von Beneš zum 85. Geburtstag von Masaryk und Bibliografien über Masaryk und Beneš erschienen waren.

Im vierten Abschnitt besprach Silberstein Arbeiten über den Zusammenhang zwischen Philosophie und Wissenschaftslehre sowie zwischen Philosophie und Einzelwissenschaften. Insbesondere ging er auf das umfassende Werk über Logik von Josef Tvrdý ein (Josef Tvrdý: Logika, Praha 1937). Jiřina Popelová legte eine Buchpublikation über die »Erkenntnis der kulturellen Wirklichkeit« vor, die sich mit der Wissenschaftsklassifizierung, speziell der Kulturwissenschaften, beschäftigte (Jiřina Popelová: Poznání kulturní skutečnosti, Praha 1936). Der Philosoph J.L. Fischer erarbeitete unter dem Eindruck der aktuellen gesellschaftlichen Entwicklung eine tiefgründige Analyse der »Krise der Demokratie« (J.L. Fischer: Krise demokracie, Brno 1933). Der Einfluss von Husserl auf die tschechoslowakische Philosophie wurde in der vom Cercle philosophique de Prague veranstalteten Vortragsreihe über das Wesen des Geistes sichtbar, an der sich die Philosophen J.B. Kozák, Emil Utitz, Ludwig Landgrebe[78], Jan Patočka[79] und Oscar Kraus[80] beteiligten.

Die hier erwähnte Philosophin Dr. Jiřina Popelová-Otáhalová war mit dem Ehepaar Silberstein eng befreundet und unterstützte die Familie Silberstein besonders in der Zeit der Okkupation der Tschechoslowakei durch die Nazis auf vielfältige Weise. Silberstein hat die genannte Arbeit von Frau Popelová auch in der »Prager Presse« unter dem Titel »Eine Theorie der Kulturwissenschaften« besprochen.[81]

Tätigkeit in weiteren Einrichtungen und Gesellschaften

Leopold Silberstein nahm auch an den Veranstaltungen des Slawischen Instituts (Slovanský Ústav), der literar-historischen Gesellschaft (Literárně-historická společnost československá) und der historischen Gesellschaft (Československá společnost historická) teil. Davon zeugen zahlreiche Artikel in der »Prager Presse«.

Von der Arbeit der literar-historischen Gesellschaft berichtete er in folgenden Beiträgen:

– Prof. K. Polák: Über das Problem literarischer Beziehungen[82]

Neben dem Studium der linguistischen und ästhetisch-formalen Einflüsse bediente man sich auch psychologischer, soziologischer u. ä. Arbeitsweisen. Phänomene, wie Übersetzung, Nachahmung, Variation und Parodie wurden im Kontext der Beziehungen zwischen tschechischer und deutscher Literatur untersucht.

– Dr. B. Slavík: Über literarischen Regionalismus[83]

Der tschechische Regionalismus in der Literatur wurde keinesfalls als Schwächung der nationalen Einheit, sondern als Stärkung gegen germanisierende Einflüsse durch

78 Ludwig Landgrebe (1902–1991) studierte in Wien Philosophie, Geschichte und Geografie. Er war ein Assistent von E. Husserl und habilitierte sich 1935 in Prag bei Oscar Kraus. Wegen seiner jüdischen Frau wurde er 1940 nach Belgien deportiert. Nach dem Krieg leitete er das Husserl-Archiv an der Universität Köln.

79 Jan Patočka (1907–1977) war ein bedeutender tschechischer Philosoph. Er studierte bei E. Husserl und war 1934 Mitbegründer des Cercle philosophique in Prag und seit 1937 Redakteur der Zeitschrift »Česká Mysl«. Nach der Schließung der Universitäten im Protektorat im Jahr 1939 arbeitete er als Mittelschullehrer. 1945 ging er nach England. Er unterzeichnete die Charta 77.

80 Oscar Kraus (1872–1942) war ein jüdischer böhmischer Philosoph. Er verfasste Werke über das Völkerrecht und entwickelte unter dem Einfluss von Brentano eine apriorische Werteaxiomatik. 1939 wurde er nach dem Einmarsch in die ČSR von den Nazis in ein Konzentrationslager gebracht, aber wieder freigelassen. Er konnte dann nach England flüchten.

81 Silberstein, Leopold: Eine Theorie der Kulturwissenschaften, Prager Presse vom 20.12.1936.

82 Ders.: Ueber das Problem literarischer Beziehungen, Prager Presse vom 15.5.1936.

83 Ders.: Ueber literarischen Regionalismus, Prager Presse vom 20.11.1936.

Entwicklung des lokalpatriotischen Selbstbewusstseins interpretiert. Auch in dieser Thematik äußerte sich der Kulturkampf zwischen der demokratisch geleiteten kulturellen Entwicklung der Tschechen und der zunehmenden Betonung von Rassemotiven bei den Henlein-Faschisten. Der literarische Regionalismus wirke auch dem kulturellen Übergewicht der Hauptstadt gegenüber der Provinz entgegen.

– Doz. Karel Krejčí: Über den Begriff »Renaissance«[84]

Der Referent untersuchte die Frage, inwieweit der Begriff »Renaissance« auf die Periodisierung der Literaturgeschichte anwendbar sei. Er arbeitete drei nationale Schulen heraus: die italienische, die französische und die deutsche, die durch unterschiedliche kulturelle Entwicklungen geprägt sind. Deshalb ließ er die Anwendung des Begriffs »Renaissance« auf die Periodisierung als höchst fraglich erscheinen.

– Prof. Jan Rypka: Persische Poesie[85]

Prof. Rypka gab einen Überblick über die Entwicklung der persischen Poesie. Die Formvollendung brachte das Problem mit sich, dass sie die Individualität einengte. Deshalb könne man diejenigen persischen Dichter als die bedeutendsten ansehen, die die verlangte Formbeherrschung mit einer außergewöhnlichen Pesönlichkeit vereinen konnten. Als ein solches Beispiel stellte er den Aserbajdschaner Nizami heraus, dessen Werk er wesentlich erforscht hatte.

Mit dem Slawischen Institut in Prag hatte Silberstein sich bereits 1931 bekannt gemacht[86] und einen Kontakt hergestellt. Deshalb erschienen in der »Prager Presse« auch verschiedene Berichte von ihm über die Veranstaltungen dieses Instituts.

– Paul Eisner: Glanz und Elend des Jan Amos Komenský[87]

P. Eisner beschrieb, wie sich Komenský vom Pessimisten (in seinem Werk »Labyrinth der Welt«) zum Pädagogen wandelte, der an die Erziehbarkeit des Menschen glaubte. Er charakterisierte ihn als einen Helden und paradoxen Barockmenschen. Silberstein griff das Thema »Jan Amos Komenský« während seines späteren Aufenthaltes in Estland in einer umfangreichen Arbeit wieder auf.

– Prof. Jan Slavík: Kollárs Schrift über die slavische Wechselseitigkeit[88]

Prof. Slavík untersuchte in Kollárs Schrift die Entwicklung des Begriffs »Nation«, der seit Ende des 18. Jahrhunderts eine Wandlung von der eingeschränkten Bedeutung einer kleinen, repräsentativen Schicht zur Massengemeinschaft territorialer oder sprachlicher Natur durchmachte. Während bei den Tschechen der Begriff »Nation« mit Demokratie verbunden wurde, hielten sich im polnischen Nationenbegriff Reste

84 Ders.: Ueber den Begriff Renaissance, Prager Presse vom 22.1.1937.
85 Ders.: Ueber die persische Poesie, Prager Presse vom 19.3.1937.
86 Ders.: Notizen. Osteuropa-Forschung in Prag, Osteuropa 7 (1931/32), S. 61–63.
87 Ders.: Glanz und Elend des Jan Amos Komenský, Prager Presse vom 26.1.1936.
88 Ders.: Kollárs Schrift über die slavische Wechselseitigkeit, Prager Presse vom 16.1.1937.

des Feudalismus, und der russische Begriff war bis Anfang des 20. Jahrhunderts mit der Staatsidee von Gottes Gnaden belastet.

– Prof. Vladimir Corović: Rußland und die serbische Frage im 20. Jahrhundert[89]

Prof. Corović stellte anhand von neuem Memoiren- und Archivmaterial den expansiv-imperialistischen Charakter der österreichisch-ungarischen Politik vor dem ersten Weltkrieg im Gegensatz zum eher defensiven Charakter der russischen Politik in Bezug auf Serbien dar. Dieses Verhältnis wurde durch die Stellungnahmen vor allem Italiens, Deutschlands und Englands beeinflusst. Während Italien die Maßnahmen Österreich-Ungarns auszuhebeln versuchte, löste sich Deutschland etwas aus der Gefolgschaft Österreich-Ungarns. Zwischen Russland und England kam es zu einem Zusammenspiel.

– Doz. Jul. Heidenreich: Vuk St. Karadžićs 150. Geburtstag[90]

Auf einer gemeinsamen Feier des Slawischen Instituts und der Československo-jihoslovanská Liga (Tschechoslowakisch-jugoslawische Union) würdigte J. Heidenreich in einer Festansprache die Verdienste von Vuk um die serbokroatische Schriftsprache, die vor allem darin bestanden, dass er das im Volk wirklich Lebendige festhielt. Mit seiner Bibelübersetzung bereicherte Vuk das Serbokroatische durch Entlehnungen aus dem Kirchenslawischen. Heidenreich ging weiter auf Vuks Verdienste um die serbische Literatur ein.

– Doz. Dr. A. Frinta: Zeitschriften im Dienste der slavischen Wechselseitigkeitsidee[91]

Dr. Frinta berichtete im Slavischen Institut über die Verbreitung von Zeitschriften, die der slawischen Wechselseitigkeit gewidmet sind. Seine Analyse zeigte, dass die Tschechoslowakei mit 26 von insgesamt 51 Zeitschriften diese Idee sehr aktiv vertrat, gefolgt von Polen (zwölf Zeitschriften), Jugoslawien und Bulgarien.

– V. Bitnar: Fragen der Erforschung des tschechischen literarischen Barock[92]

Bitnar schloss sich an einen von Šalda zum gleichen Thema gehaltenen Vortrag an. Er bestimmte den Barock als wesentlich jesuitisch. Methodologisch verlangte er die genaue Kenntnis des Kirchenjahres aller Konfessionen und der das Menschenherz damals bewegenden Stoffe. Die Terminologie stehe vor dem Dilemma, sich an die Poetiken des Barock zu halten oder moderne Bezeichnungen zu verwenden.

– Dr. V. Tichý: Bilinguismus in der Literatur[93]

In diesem gemeinsam von der literarhistorischen Gesellschaft und der Gesellschaft für slawische Sprachforschung veranstalteten Vortrag analysierte Tichý deutsche Ge-

89 Ders.: Ueber Rußland und die serbische Frage im 20. Jahrhundert, Prager Presse vom 13.3.1937.
90 Ders.: Vuk St. Karadžićs 150. Geburtstag, Prager Presse vom 19.12.1937.
91 Ders.: Zeitschriften im Dienste der slavischen Wechselseitigkeitsidee, Prager Presse vom 10.4.1937.
92 Ders.: Fragen der Erforschung des tschechischen literarischen Barock, Prager Presse vom 12.12.1935.
93 Ders.: Ueber Bilinguismus in der Literatur, Prager Presse vom 14.5.1937.

dichte in der tschechischen Literaturgeschichte, wie von Čelakovský, Mácha, Quis, Neruda und Sv. Čech und ging auf die unterschiedliche Motivation dieser Dichter ein, neben Werken in tschechischer Sprache Gedichte in deutscher Sprache zu verfassen.

– Doz. J.B. Čapek: Literatur und Philosophie[94]

Čapek leitete aus konkreten Fragestellungen der Literaturforschung grundsätzliche philosophische Fragestellungen ab. Der Schwerpunkt lag auf Fragen der Methodologie und ihrer erkenntnistheoretischen Tragweite. Der Zusammenhang der strukturalistischen Literaturforschung mit der Phänomenologie wurde diskutiert.

– Paul Eisner: Zeitungsbelletristik[95]

Paul Eisner ging auf drei von der Literaturwissenschaft oft vernachlässigte Gattungen ein: Feuilleton, Glosse und Gerichtsbericht. Gerade in der tschechischen Literatur trifft man oft auf eine Personalunion zwischen Journalistik und hoher Literatur, beispielsweise bei Neruda, Ig. Herrmann, J. Holeček, R. Weiner und K. Čapek, die in diesen journalistischen Gattungen eine besonders adäquate Ausdrucksform fanden. Hervorzuheben sei auch die erzieherische und soziale Funktion des Journalisten, der stets auch seinen Leser vor Augen hat.

Hinsichtlich der Tätigkeit der Historischen Gesellschaft berichtete Silberstein von einem Vortrag über die Geschichtsschreibung im heutigen Italien.[96] Der Referent Dr. J. Matoušek bemühte sich darzustellen, dass im faschistischen Italien bei allem zentralen Eingreifen des Staates in die Arbeit der Historiker eine freie Diskussion auch über die Werke liberaler Vertreter möglich sei. In der Diskussion ging es vor allem um die Frage, inwieweit einschneidende Maßnahmen gegen liberale Wissenschaftler auch die sachliche Kultur beeinflussen.

In der Gesellschaft für slawische Sprachforschung (Společnost pro slovanský jazykozpyt) besuchte Leopold Silberstein einen Vortrag von Prof. V. Mostecký über die bohemistische Ausbeute von Studien im Archiv von Jindřichův Hradec.[97] Die dort befindlichen Materialien aus den Jahren 1563–1771 ermöglichten einen Einblick in die damalige tschechische Sprache.

Schließlich berichtete Silberstein über einen Vortrag des Romanisten und Sprachphilosophen Prof. Viggo Brøndal aus Kopenhagen, der im Institut français über die Originalität der französischen Sprache referierte.[98] (Bei seinem Besuch in Prag trat er auch im PLK auf.) Angesichts der Einbettung der französischen Sprache in die indoeuropäischen Sprachen ging Prof. Brøndal der Frage nach, worin ihre Originalität bestünde. Er erblickte sie in einer Reihe abstrakter Wörter, beginnend von »il«, »ce« über

94 Ders.: Literatur und Philosophie, Prager Presse vom 14.11.1935.
95 Ders.: Ueber die Zeitungsbelletristik, Prager Presse vom 15.4.1937.
96 Ders.: Ueber die Geschichtsschreibung im heutigen Italien, Prager Presse vom 26.1.1937.
97 Ders.: Ueber die bohemistische Ausbeute archivalischer Studien, Prager Presse vom 12.3.1937.
98 Ders.: Die Originalität der französischen Sprache, Prager Presse vom 25.3.1937.

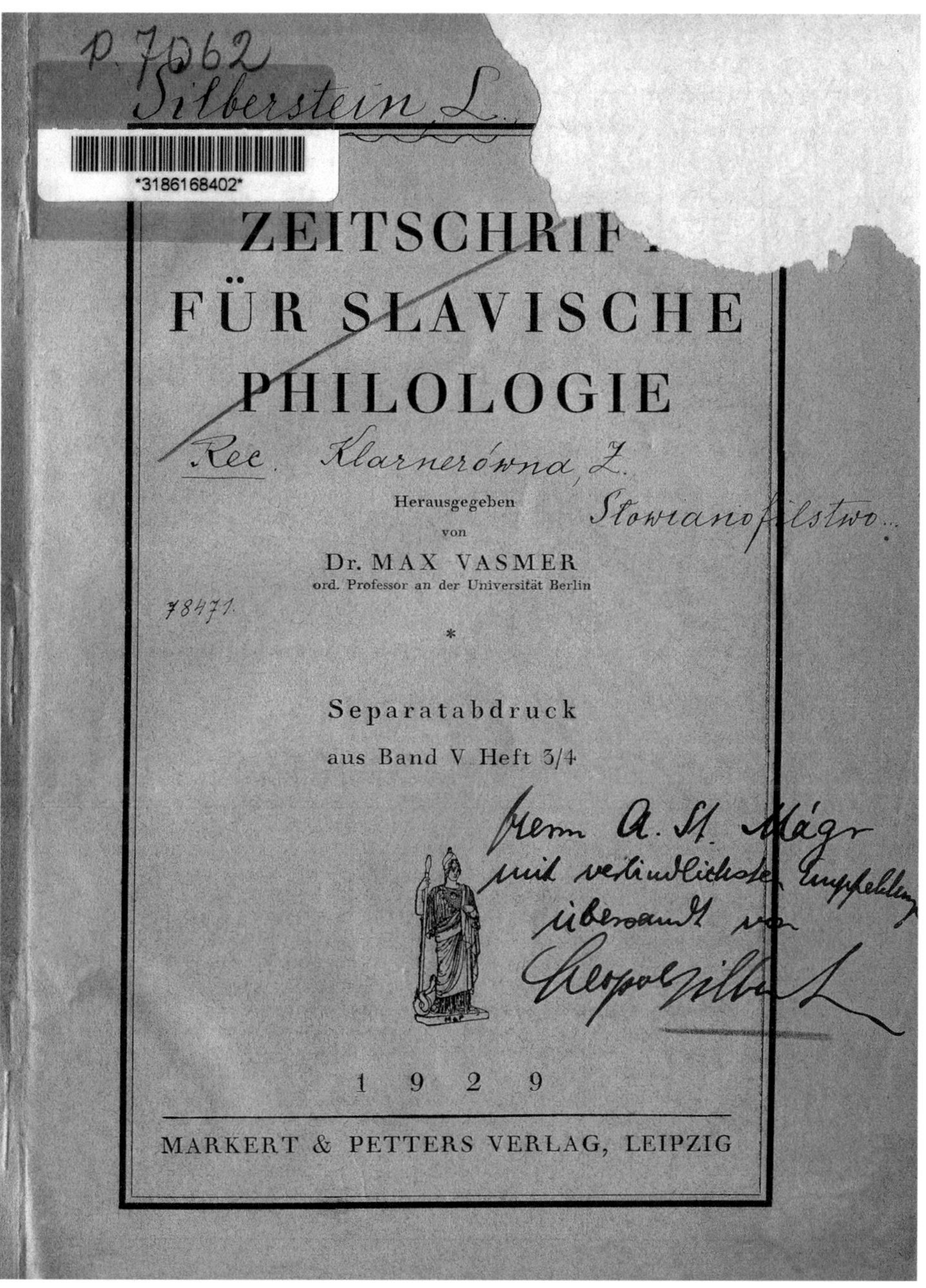

Separatdruck eines Beitrags von Leopold Silberstein aus der Zeitschrift für Slavische Philologie mit einer Widmung für A. St. Mágr

Wörter wie »chose« und »que« bis zu »tel« und »quel«. Da keine Entlehnungstheorie diese Wörter erklären könnte, interpretierte er sie als das Erbe des gotisch-scholastischen 12. Jahrhunderts.

Dieser kurze Überblick verdeutlicht einerseits das reiche wissenschaftliche, vor allem geisteswissenschaftliche Leben in Prag während der 30er-Jahre, andererseits die vielseitigen Interessen Leopold Silbersteins und seine erfolgreiche Tätigkeit als Wissenschaftsjournalist für die »Prager Presse«. Die Zeitung berichtete mit einer beachtlichen Ausführlichkeit über die Entwicklung der Wissenschaften in der Tschechoslowakei und stellte das Land so als eine demokratische Kulturnation dar. Ihre Medienkultur stand in einem wohltuenden Gegensatz zur Machart der gleichgeschalteten deutschen Presse, die tagtäglich Judenhetze, Jubel über Bücherverbrennungen, menschenverachtenden Rassenhass gegenüber den slawischen Völkern, Expansionsforderungen, Aufruf zum Terror, Lügen über »tschechische Greueltaten« und unverhohlene Unterstützung der Wühltätigkeit der »fünften Kolonnen« unter den deutschen Minderheiten im Ausland verbreitete.

Für Leopold Silberstein waren die Wissenschaftsreportagen, die kurzfristig honoriert wurden, eine wichtige Existenzgrundlage neben seinen Veröffentlichungen in Buchform und in wissenschaftlichen Zeitschriften.

Vom freundschaftlichen Verhältnis Silbersteins zu A. St. Mágr[99], dem verantwortlichen Kulturredakteur der »Prager Presse«, zeugt ein Separatdruck der »Zeitschrift für Slavische Philologie« mit einer ausführlichen Besprechung von drei Werken zur Geistesgeschichte Polens[100] , den er Mágr gewidmet hatte. Dieser Separatdruck wird in der Nationalbibliothek in Prag aufbewahrt.

99 Antonín Stanislav Mágr (1887–1960) war Slawist und Literaturkritiker der tschechischen und polnischen Literatur und in den 30er-Jahren. Kulturredakteur der »Prager Presse«.

100 Silberstein, Leopold: [Rezension] Z. Klarnerówna, Słowianofilstwo w literaturze polskiej lat 1800 do 1848 (Slawophilie in der polnischen Literatur der Jahre 1800–1848)– J. Kallenbach, Towianizm na tle historycznem (Towianismus vor dem historischen Hintergrund)– T. Pini, Krasiński, życie i twórczość (Krasiński – Leben und Werk), Zeitschrift für slavische Philologie (1929), S. 506–523. Ich danke Frau H. Opleštilová von der Nationalbibliothek in Prag für das Auffinden dieses Separatdrucks.

Lektorat an der Universität Tartu

Ab 1935 bemühte sich Leopold Silberstein durch Verhandlungen mit dem Schul- und dem Außenministerium der ČSR, eine Vortragsreise in die baltischen Staaten mit dem Ziel der Kulturpropaganda für die Tschechoslowakei zu arrangieren. Die baltischen Demokratien, zu denen Estland und Finnland zählten, waren ein erklärter Schwerpunkt der Kulturarbeit der ČSR, weil mit diesen Ländern gleichberechtigte Beziehungen auf der Grundlage gegenseitigen Verständnisses möglich waren. Diese Kontakte sind auch vor dem Hintergrund der Entwicklung der Beziehungen zwischen der Kleinen Entente (Bündnis zwischen der Tschechoslowakei, Rumänien und Jugoslawien) und der baltischen Entente (Estland, Litauen und Lettland) zu sehen.

Der Vorbereitung der Tätigkeit in Estland diente auch sein in der estnischen Literaturzeitschrift »Looming« veröffentlichter Aufsatz »Tänapäeva tšehhi kirjandus« (Tschechische Literatur heute), den ihm sein Studienfreund Johannes Semper ins Estnische übersetzte.[1] Offensichtlich führte diese Veröffentlichung, wie ein Dokument im Ministerium für auswärtige Angelegenheiten vom August 1936 belegt[2], dazu, dass die akademische literarische Gesellschaft Estlands Silberstein zu einem Vortrag nach Estland einlud.

Er hob in diesem Überblick über die zeitgenössische tschechische Literatur hervor, dass sie wesentlich durch die Erlangung der staatlichen Unabhängigkeit der Tschechoslowakei im Jahr 1918 geprägt war.

> »Während es bisher nötig war, gegen eine fremde Größe zu kämpfen und die relativ kleine Eigenart zu behaupten, musste seitdem diese Eigenart als Ganzes in allen ihren weitläufigen Verzweigungen behauptet werden. Ein sehr scharfer Nationalismus, der für ein unterdrücktes Volk unvermeidlich und verständlich ist, für einen Stärkeren jedoch weniger passend, wird weicher; die Opposition – diese Begleiterscheinung und Voraussetzung jeder dynamischen Literatur – gibt den Utopismus auf, zeigt ihre Freude an der Verantwortung, verbindet sich mit den vorhandenen Bedingungen und gegebenen Möglichkeiten. Dies ist eine ra-

1 Ders.: Tänapäeva tšehhi kirjandus (Tschechische Literatur heute), Looming (1935) Nr. 10, S. 1143–1148 (Orig. estn., übersetzt von K. Albrecht).

2 Notiz zu Leopold Silberstein, August 1936, Archiv des Ministeriums für Auswärtige Angelegenheiten Tschechischen Republik in Prag, Box Abt. III (Orig. tschech.).

dikale Wende, die neue Menschen braucht und in den alten eine mehr oder weniger freiwillige, entweder schnellere oder langsamere Resignation verursacht. Nur sehr wenige Größen der tschechischen Literatur, die vor dem Krieg eine sichere Stellung hatten, konnten später durch ein neues wertvolles Werk ihre Berühmtheit erweitern.«

Leopold Silberstein besprach die großen tschechischen Prosaisten Karel Čapek, Jaroslav Hašek (dessen »Der brave Soldat Schwejk« wohl der bekannteste Roman im Ausland ist) und Ivan Olbracht. Von den Lyrikern hob er Peter Bezruč, Jiři Wolker und Vítezlav Nezval hervor. Neben diesen »gesellschaftlich-reformatorisch« orientierten Dichtern erwähnte er die bürgerlich gestimmten Nationalisten, wie Alois Jirásek, und das katholische Lager der tschechischen Literatur. Als besonders universal tätigen Literaturschaffenden pries er Otokar Fischer, der als Lyriker, Dramatiker, Übersetzer und Theaterkritiker hervortrat. Der Lyriker und Literaturkritiker F.X. Šalda übte einen nachhaltigen Einfluss auf die tschechische Literatur aus. Silberstein erwähnte auch das Werk mehrerer Schriftstellerinnen, wie Božena Benešová.

Abschließend unterstrich er, dass zum Reichtum der Literatur der Tschechoslowakei auch die slowakische und die transkarpathische Literatur gehöre, die aus eigenen Bedingungen gewachsen sei und deshalb einen gesonderten Beitrag erfordere.

Vortragsreise nach Estland und Finnland

Im März und April 1936 unternahm Leopold Silberstein, wie erwähnt, unterstützt durch das Außenministerium eine Vortragsreise nach Estland und Finnland. In einem Schreiben vom 16.01.1936 stellte er dem Außenministerium diesen Plan vor:[3]

»Ich, der unterzeichnete PhDr. Leopold Silberstein, wohnhaft in Prag-Dejvice 1169, na Pískách 85, bitte hiermit höflichst um die liebenswürdige Zuerkennung eines Reisezuschusses für eine geplante Vortragsreise nach Estland und Norwegen.

Die Reise soll zwischen dem **25. Februar und dem 1. März 1936** angetreten werden, so dass ich bestimmt vor dem Ablauf der **ersten Märzwoche in Estland** bin /ich rechne einen zwei- bis dreitägigen Aufenthalt in Brno und eventuelle Vorträge in Litauen und Lettland ein/. Dort sind Vorträge in Tallinn / Union der jüdischen Akademiker/ und in Tartu /Institut français, Akademisch-literarische Gesellschaft, Institut für jüdische Wissenschaft/ geplant bzw. schon

3 Schreiben von Leopold Silberstein an das Ministerium für auswärtige Angelegenheiten der ČSR vom 16.01.1936, Archiv des Ministeriums für Auswärtige Angelegenheiten Tschechischen Republik in Prag, Box Abt. III (Orig. tschech.).

besprochen. Fest sind zwei dieser Vorträge tschechoslowakischen Themen gewidmet, und zwar den Herren Präsidenten T.G. Masaryk und Dr. Edvard Beneš – Verwirklichung der Philosophie in der Politik und tschechische Nachkriegsliteratur, über die ich schon einen Artikel in der estnischen Literaturzeitschrift ›Looming‹ /erschienen 1935/ veröffentlicht habe, der, wie man mir mitteilte, dort ein lebhaftes Interesse erregte. Die übrigen Vorträge betreffen eine wissenschaftliche Analyse der Rassenfrage /im Sinne meiner in ›Národnostní Obzor‹ veröffentlichten Studie und das Problem des Irrationalismus, gesehen vom Standpunkt des Rationalismus. Die Vorträge in Norwegen wären nach den bisherigen Dispositionen ausschließlich den genannten tschechoslowakischen Themen gewidmet. Über ihre Verwirklichung greift dort – nach Mitteilung des hier studierenden Herrn Dr. Erik Krag – der berühmte norwegische Slawist Herr Prof. Olaf Broch[4] ein. Vortragssprachen würden deutsch und französisch sein, in Litauen eventuell russisch. Ich würde versuchen, die Reiseroute noch stärker auszunutzen, indem das Vortragsprogramm auch auf Finnland und Schweden ausgeweitet wird.

Damit diese Reise verwirklicht werden kann, bitte ich das hohe Ministerium für auswärtige Angelegenheiten, dass es mir liebenswürdiger Weise seine wertvolle moralische Unterstützung gewährt. Zusammen damit bitte ich höflich, dass es mir liebenswürdiger Weise einen Zuschuss zur Abdeckung der Reiseausgaben gewährt, der zur Verwirklichung meines Plans dringend notwendig ist. Die schwere Lage hinsichtlich meiner Haushaltsmittel, die durch den Verlust des größten Teils meines reichsdeutschen Eigentums und die Schwierigkeiten ausgelöst sind, die mit dem Bezug der verbleibenden bescheidenen Erträge verbunden sind, kennt das hohe Ministerium. Der Geist meiner geplanten Vorträge leitet sich aus meiner fast zehnjährigen schriftstellerischen Tätigkeit ab, die zum großen Teil tschechoslowakischen Fragen gewidmet ist /ich erlaube mir, besonders auf die betreffenden Artikel in ›Prager Rundschau‹, ›Monde Slave‹ und ›Europäische Gespräche‹ zu verweisen/.

Ich habe die Ehre zusammenzufassen:

Die Reiseroute wäre folgende:

Praha /-Brno/ – Polen – Litauen – Lettland – Estland /-Finnland/ – Stockholm – Oslo – Gdynia – Polen – Praha.

Das Programm würde folgende Vortragsthemen umfassen:

Masaryk und Beneš /Verwirklichung der Philosophie in der Politik/.

Tschechische Nachkriegsliteratur.

4 Olaf Broch (1867–1961) war norwegischer Slawist und von 1900 bis 1937 Professor für slawische Sprachen an der Universität Oslo. Er trat auch im Prager Linguistischen Zirkel auf.

Rassentheorie /ihre wissenschaftliche Grundlage, besonders noetisch, und ihre soziale Tragweite.

Rationalismus und Irrationalismus, ihre Rolle in der gegenwärtigen geistigen Krise.«

Silberstein erwähnte in diesem Brief den Verlust seines Hauses in Berlin, Kleiststr. 15, durch Zwangsverkauf und sogenannte »Arisierung«. Die Mieteinnahmen aus dem verbliebenen Haus in der Dircksenstr. 37 gelangten durch die Schikanen der Nazis nur zu einem geringen Teil oder überhaupt nicht in seine Hände. Infolgedessen befand sich seine Familie nach wie vor in einer schwierigen finanziellen Lage.

Im Zusammenhang mit der Vorbereitung seiner Reise wandte sich Leopold Silberstein am 17.2.1936 auch an die Kanzlei des Präsidenten der ČSR und bat um eine Audienz beim Präsidenten Dr. Edvard Beneš. Sein Wunsch war es, dem Präsidenten einige Fragen vorzulegen, die die Verwirklichung seiner Philosophie in der Politik verdeutlichen sollten:[5]

»Ich plane eine Reise in die baltischen Staaten und nach Skandinavien, deren Ziel wissenschaftliche Vorträge zu den folgenden Themen ist:

T. G. Masaryk und Dr. Edvard Beneš: Verwirklichung der Philosophie in der Politik.

Tschechische Nachkriegsliteratur.

Rassentheorien /ihre wissenschaftliche Grundlage, insbesondere die noetische, und ihre soziale Tragweite/.

Rationalismus und Irrationalismus, ihre Aufgabe in der heutigen geistigen Krise.

Die erwähnte Reise wird vom hohen Ministerium für auswärtige Angelegenheiten unterstützt. Die zeitliche Aufteilung der Vorträge ist bis jetzt noch nicht festgelegt, aber es ist nach den letzten Nachrichten schon sicher, dass alle aufgeführten Vorträge in Tartu /Estland/ im Verlaufe der ersten beiden Märzwochen und zum Teil in Tallinn verwirklicht werden. Es ist mir eine besonders große Freude, dass ich der hohen Kanzlei des Herrn Präsidenten der Republik mitteilen kann, dass der Vortrag über die beiden Herren Präsidenten am 7. März 1936[6] /auf Französisch im Institut scientifique français de Tartu/ als feierlicher Akt zum Nationalen tschechoslowakischen Feiertag mit einer feierlichen Ansprache des früheren Ministers für auswärtige Angelegenheiten Herrn Dr. Piip, Professor für internationales Recht, stattfinden wird.

5 Schreiben Leopold Silberstein an die Kanzlei des Präsidenten der ČSR vom 17.2.1936, Archiv der Kanzlei des Präsidenten der Tschechischen Republik, File Nr. 991 Leopold Silberstein (Orig. tschech.).

6 Der 7. März war der Geburtstag von T.G. Masaryk.

Ich würde mich glücklich schätzen, wenn ich vor meiner Abreise /die etwa am 28. Februar 1936 stattfindet/ aus dem Munde des Herrn Präsidenten der Republik seine Meinung zu einigen Tagesfragen vom philosophischen Standpunkt hören könnte, damit mein Vortrag möglichst lebhaft und aktuell wäre. Zur Begründung meiner Bitte erlaube ich mir auch höflichst auf zwei Audienzen, die der jetzige Herr Präsident der Republik in seiner großen Liebenswürdigkeit mir am 14. März 1930 und am 2. März 1934 gewährte, sowie auf meine Publikationen über die Tätigkeit und die Bücher des Herrn Präsidenten in den Zeitschriften Le Monde Slave und Europäische Gespräche zu verweisen.

Ich erlaube mir, eine Aufstellung konkreter Fragen zu übergeben, die ich wagen würde, dem Herrn Präsidenten der Republik bei Gelegenheit der Audienz vorzulegen.«

Die erwähnten Fragen hatte Silberstein als Anlage geschickt, wobei er die philosophischen Interessen von Dr. Edvard Beneš ansprach:

»1. Ist es möglich, Herr Präsident, die Bestrebungen über die Verwirklichung der Werte im politischen Leben mit einem unkritischen wissenschaftlichen Verhalten zu verbinden, und auf welche Weise?

2. Bis zu welchem Grade, Herr Präsident, ist der Determinismus als Mittel zur Beherrschung der Wirklichkeit nützlich, und wo fängt er an, in einen inaktiven Fatalismus umzuschlagen? Wo ist die Grenze des Glaubens an den Fortschritt als Schicksal und des Glaubens an den Fortschritt als Aufgabe, und welches ist dabei die Aufgabe der interventionistischen Vernunft?

3. Welchergestalt muss man, Herr Präsident, die Arbeit für den Frieden als Lebensnotwendigkeit mit dem Glauben an den Frieden als ethisches Ideal verbinden?

4. Glauben Sie, Herr Präsident, an die schicksalhaften Gesetze der demografischen Entwicklung oder an die Möglichkeit des Eingreifens in sie, eventuell auf welche Weise?

5. Welchen philosophischen Standpunkt muss man, Herr Präsident, gegenüber der Konzeption des Staats als formaler Institution, als Ausdruck des nationalen Lebens und als Rahmen eines Ganzen einnehmen?

6. Welche spezifische nationale Sendung hat nach Ihrer Meinung, Herr Präsident, die Tschechoslowakei mit ihrer politischen Struktur, ihrer geografischen Lage und ihrer kulturellen Tradition?

7. Wie ist das Verhältnis Ihrer philosophischen Gesinnungen, Herr Präsident, zu den Gesinnungen des Präsidenten-Befreiers?«

Die erbetene Audienz kam allerdings wegen der Kürze der Zeit nicht zustande und auch weil man in der Kanzlei des Präsidenten der Auffassung war, dass das Interview nicht hinreichend relevant sei. Jedenfalls hatte man sich in der Kanzlei des

Präsidenten ein Bild vom Antragsteller verschafft, wie der Vermerk vom 17.2.1936 belegt:[7]

> »Es geht um eine Audienz, bei der S. Antworten auf die beigefügten Fragen sucht, damit er die Aussagen des Herrn Präsidenten bei seiner Vortragstournee durch die baltischen und skandinavischen Länder benutzen könnte.
>
> Der Herr Präsident kennt S. S. ist ein unpolitischer Emigrant, ein Slawist, der Deutschland verließ, wissend, dass er sich als Jude nicht weiter als wissenschaftlicher Arbeiter betätigen kann. Der Chef des Archivs des Außenministeriums, Dr. J. Opočenský, der ihn empfahl, kennt ihn gut.
>
> Das Außenministerium /Vorsteher Hájek[8]/ äußerte: Die Reise von Silberstein wird durch das Ministerium moralisch und finanziell unterstützt. Gegen die Audienz gibt es bezüglich der Person des Bittstellers keine Einwände. Es geht nur darum, ob sie sachlich so wichtig ist, dass der Herr Präsident damit beschäftigt wird.«

Der Kontakt zur Kanzlei des Präsidenten geht wahrscheinlich auf die Bekanntschaft Silbersteins mit dessen Leiter Dr. Emil Sobota[9] zurück, mit dem er als Redakteur der Zeitschrift »Národnostní obzor« in Berührung kam.

Ursprünglich hatte Silberstein beabsichtigt, Vorträge auch in Norwegen so wie in Litauen und Lettland zu halten. Diesen Plan konnte er so nicht verwirklichen, weil seine Kontakte nach Norwegen einerseits nicht einflussreich genug waren, andererseits dort keine einschlägige wissenschaftliche Gesellschaft existierte, die Vorträge hätte organisieren können. Die Gesandtschaft der ČSR in Stockholm, die Norwegen mit vertrat, meldete am 20.02.1936 an das Außenministerium in Prag:[10]

> »Zum vorliegenden Vorgang čj. 736/36 vom 18.II.1936 teilt die tschechoslowakische Gesandtschaft in Stockholm mit, dass Dr. Silberstein dem Prof. für Slawistik in Oslo O. Broch bekannt ist, an den er sich gewendet hatte. Prof. Broch rät aber Dr. Silberstein von einem Vortrag ab, indem er darauf hinweist, dass er [Silberstein] in Norwegen eine unbekannte Person sei und dass sein Vortrag

7 Vermerk der Kanzlei des Präsidenten der ČSR vom 17.2.1936, Archiv der Kanzlei des Präsidenten der Tschechischen Republik, File Nr. 991 Leopold Silberstein (Orig. tschech.).

8 Jan Hájek war während der 20er- und 30er-Jahre Direktor der Presseabteilung im Ministerium für auswärtige Angelegenheiten.

9 Emil Sobota (1892–1945) war ein tschechischer Beamter und Journalist. Er bekleidete ab 1921 führende Positionen in der Kanzlei des Präsidenten der ČSR. Als anerkannte Autorität in der Nationalitäten- und Sprachenfrage leitete er auch die Zeitschrift »Národnostní obzor«. Wegen Widerstandstätigkeit gegen die deutschen Besatzer wurde er vor Kriegsende verhaftet und verstarb kurz vor der Befreiung an den Folgen der Folterungen im Gefängnis.

10 Schreiben der Gesandtschaft der ČSR in Stockholm an das Ministerium für auswärtige Angelegenheiten der ČSR vom 20.02.1936, Archiv des Ministeriums für Auswärtige Angelegenheiten Tschechischen Republik in Prag, Box Abt. III (Orig. tschech.).

niemanden anlocken würde, weil man weder einen Klub noch eine Organisation hätte, hinter die er sich stellen könnte.«

Ein Konzertagent, der Vorträge in Lettland arrangieren wollte, bekam hierfür nicht die erforderlichen offiziellen Genehmigungen.

Als materielle Unterstützung erhielt Silberstein vom Außenministerium einen Reisekostenzuschuss von Kč. 4000,–, wofür er sich in einem Schreiben vom 21.02.1936 herzlich bedankte:[11]

»Ich habe die Ehre, den Empfang der liebenswürdigen Entscheidung des hohen Ministeriums für auswärtige Angelegenheiten vom 30. Januar 1936 und zugleich des pauschalen Betrags von Kč. 4000,– /nach Abzug der üblichen Stempelgebühr Kč. 3960,–/ zu bestätigen. Ich bitte das hohe Ministerium, den Ausdruck meiner tiefsten Dankbarkeit für diese wohlwollende Behandlung meines Gesuchs mit der Zusicherung entgegenzunehmen, dass ich mich mit allen Kräften bemühen werde, damit die Reise, die ich am 2. März 1936 antreten werde, so weit wie möglich zur Erweiterung des Interesses für die Tschechoslowakei und zur Stärkung der Sympathien für sie beitragen wird. Ich werde es nicht unterlassen, diese gute Gelegenheit zu nutzen, die mir das hohe Ministerium mit seinem Brief liebenswürdiger Weise gewährte, dass ich gleich nach meiner Rückkehr einen Bericht über das Ergebnis der Reise liefere.«

Für den Erfolg seiner Vortragstätigkeit in Estland war die Bekanntschaft mit Prof. Lazar Gulkowitsch ausschlaggebend, der an der Universität Tartu einen Lehrstuhl für Judaistik innehatte. Prof. Gulkowitsch war ursprünglich Professor an der Universität Leipzig gewesen, von der er 1934 durch die Nazis vertrieben worden war. Er hatte das Glück, dass eine jüdische Organisation seinen Lehrstuhl in Tartu finanzierte. Aus einem Brief vom 22.01.1936 an Leopold Silberstein geht hervor, dass er von sich aus den Kontakt gesucht hatte:[12]

Sehr geehrter Herr Doktor!

Vor einiger Zeit erfuhr ich durch einen mir befreundeten Herrn, mit dem mich auch wissenschaftliches Interesse verbindet, dass Sie, sehr geehrter Herr Doktor, die Absicht hegten, einige Vorträge aus den Gebieten der Philosophie und Soziologie in wissenschaftlichen Gesellschaften und Institutionen der baltischen Länder zu halten. Ich wäre Ihnen sehr dankbar, wenn Sie einen oder zwei Vorträge im Rahmen der Veranstaltungen meines Seminars an der estnischen Universität Tartu (Dor-

11 Schreiben Leopold Silberstein an Ministerium für auswärtige Angelegenheiten vom 21.2.1936, Archiv des Ministeriums für Auswärtige Angelegenheiten Tschechischen Republik in Prag, Box Abt. III (Orig. tschech.).

12 Schreiben L. Gulkowitsch an Silberstein vom 22.01.1936, Archiv des Ministeriums für Auswärtige Angelegenheiten Tschechischen Republik in Prag, Box Abt. III.

pat), übernehmen könnten. Ich bitte Sie, mir freundlichst den Wortlaut der von Ihnen gewählten Themata mitzuteilen

In der Hoffnung, dass Sie meiner Bitte entsprechen wollten, woran mir sehr läge, zumal ich von Ihrer wissenschaftlichen Persönlichkeit und Leistung viel Anerkennendes gehört und auch manche Publikationen von Ihnen gelesen habe,

bin ich

mit dem Ausdruck der vorzüglichen Hochschätzung

Prof. Dr. Lazar Gulkowitsch

In der Tat arrangierte Prof. Gulkowitsch für Silberstein vier Vorträge, wofür er seine Verbindungen zu jüdischen Organisationen in Tartu und Tallinn einsetzte. Außerdem nahm er Silberstein in Tartu in seiner Wohnung auf.

Die Vortragsreise wurde von den betreffenden Gesandtschaften der ČSR aufmerksam verfolgt, die darüber das Außenministerium informierten. Es wurde eingeschätzt, wie die Vorträge aufgenommen wurden, wieviele Personen und welche herausragenden Persönlichkeiten sie besuchten und wie die Presse darüber berichtete. So schrieb Prof. Jaroslav Galia, der tschechoslowakische Gesandte in Tallinn, am 28.04.1936:[13]

»Ergänzend zum Bericht č. 314/36 vom 5.3. d.J. meldet die Gesandtschaft, dass nach der Anreise aus Finnland Dr. Leopold Silberstein am 24.3. in der ›Alliance Française‹ in Tallinn einen französischen Vortrag zum Thema: Deux grands Européens Amis de la France: Masaryk et Beneš hielt.

Der Vortrag war sehr gut ausgearbeitet und dauerte etwa 80 Minuten; es besuchten ihn die Mitglieder der ›Alliance Française‹, der tschechoslowakischen Kolonie, ebenso wie Vertreter des Ministeriums für auswärtige Angelegenheiten. Der Besuch war infolge anderer Abendprogramme schwächer als gewöhnlich. Die Presse hatte den Vortrag kurz erwähnt.

Die Gesandtschaft wäre für baldige Zusendung einer Zahlungsanweisung über Ekr 50,– zur Auszahlung eines Zuschusses dankbar.«

Es war typisch für Prof. Galias sympathische Haltung gegenüber Silberstein, dass er auch bemüht war, ihm kleine Honorare zukommen zu lassen, da er von seiner prekären finanziellen Lage wusste.

Der Gesandte in Helsinki, Dr. Dvořák, berichtete am 26.03.1936 über die Vorträge:[14]

13 Schreiben der Gesandtschaft der ČSR in Tallinn an das Ministerium für auswärtige Angelegenheiten der ČSR vom 28.04.1936, Archiv des Ministeriums für Auswärtige Angelegenheiten Tschechischen Republik in Prag, Box Abt. III (Orig. tschech.).

14 Schreiben der Gesandtschaft der ČSR in Helsinki an das Ministerium für auswärtige Angelegenheiten der ČSR vom 26.03.1936, Archiv des Ministeriums für Auswärtige Angelegenheiten Tschechischen Republik in Prag, Box Abt. III (Orig. tschech.).

»Dr. Silberstein hielt bisher zwei Vorträge: ›Die Verwirklichung der Philosophie in der Politik: T.G. Masaryk und Edvard Beneš‹ sowie ›Das kulturelle und literarische Leben der Čechen in der Gegenwart‹.

Der erste fand am 19. März im hiesigen Ständehaus statt, im Rahmen des philosophischen Klubs; der zweite wurde am 23. März in der Obhut der Vereinigung ›Freunde der slawischen Kultur‹ organisiert.

Beide Vorträge wurden mit großem Interesse aufgenommen. Unter den Zuhörern waren der Professor für slawische Philologie der hiesigen Universität, Kalima, der jugoslawische Generalkonsul Dr. Šajković u. a.

Dr. Silberstein fuhr am 24. März nach Tallinn ab, aber es ist nicht ausgeschlossen, dass er hier noch weitere Vorträge halten wird. Ausschnitte aus der Tagespresse sind beigelegt.«

Leopold Silberstein selbst gab am 15.03.1936 einen Zwischenbericht an den Chefredakteur Dr. Brože, der im Außenministerium für die Kulturpropaganda zuständig war:[15] »Ich hatte gestern Nachmittag telefonisch von Herrn Chargé d'Affaires Prof. Galia erfahren, dass das hohe Ministerium auf meine telegrafische Anfrage vom 13. März beliebte zu antworten: ›Stockholm hat nichts vereinbart.‹

Mit verbindlichem Dank bestätige ich diese Mitteilung des hohen Ministeriums und teile höflichst mit, dass es mir angesichts dieser Tatsache erscheint, dass ich das Ziel, auch nach Skandinavien zu fahren, aufgeben muss. Ich fahre von hier morgen nach Helsinki (mit dem finnischen Schiff ›Wellamo‹) und hoffe, dass ich am Sonnabend, dem 21. März zurück in Tallinn sein werde. Ich habe von Herrn Chargé d'Affaires Prof. Galia erfahren, dass der Herr Gesandte Dr. Dvořák über das Ziel meiner Kurzreise informiert ist; außerdem bin ich mit mehreren privaten Empfehlungen versehen, so dass ich mindestens hoffen darf, während meines Aufenthalts in Finnland einiges zu verwirklichen.

Nach meiner Rückkehr nach Tallinn soll ich in der Alliance Française einen französischen Vortrag über die beiden Herren Präsidenten halten, entsprechend einem telefonischen Gespräch mit ihrem Vorsitzenden, dem ehem. Staatsoberhaupt Herrn A. Rei, wahrscheinlich am 23. März; er musste aufgeschoben werden bis zu meinem zweiten Aufenthalt in Tallinn, weil ich für ihn das Patronat der tschechoslowakischen und der französischen Gesandtschaft gewinnen muss und der französische Gesandte, Herr Bruère[16], vorläufig nicht anwesend ist.

15 Schreiben von Leopold Silberstein an Dr. Brože im Ministerium für auswärtige Angelegenheiten vom 15.03.1936, Archiv des Ministeriums für Auswärtige Angelegenheiten Tschechischen Republik in Prag, Box Abt. III (Orig. tschech.).

16 André Bruère (1880–1943) war französischer Diplomat und von 1931 bis 1936 Botschafter in Estland.

Außerdem spreche ich noch über mehrere Vorträge in Tallinn, u. a. auch über die Frauenfrage. Ich kam hier nämlich in Kontakt mit den einflussreichen Führerinnen der Frauenbewegung, die hier eine besonders große Rolle spielen, und zwar mit der Gattin des Vorsitzenden der Regierung, Frau Eenpalu, und der Gattin des Landesbischofs, Frau Rahamägi, die auch meinen hiesigen Vortrag über die Rassentheorien besucht hatte. Ich denke, dass ich mich nicht irre, wenn man die Frauenbewegung als einen sehr wichtigen Faktor der internationalen kulturellen Annäherung ansieht. Ich habe es nicht unterlassen, gleich bei dem ersten Gespräch mit Frau Minister Eenpalu den positiven Standpunkt der Herren Präsidenten T.G. Masaryk und Dr. Edvard Beneš zur Frauenfrage zu betonen.

Auf der Rückreise soll ich mich noch einmal in Tartu aufhalten und dort den Vortrag über die Herren Präsidenten in deutscher Sprache wiederholen (den ich am 7. März auf Französisch in der Aula der Tartuer Universität hielt).

Sehr kritisch steht es um die Erweiterung meiner Reise nach Lettland, und zwar nach Riga und Libau. Insgesamt muss man nun hoffen, dass meine Reise auch ohne Skandinavien sehr intensiv genutzt werden kann. Über meine bisherigen vier Vorträge in Tartu und den ersten in Tallinn erhielt das hohe Ministerium wohl schon meinen Bericht von der hiesigen hohen tschechoslowakischen Gesandtschaft, so dass ich mich in dieser Hinsicht auf die Bemerkung beschränken kann, dass ich mit dem bisherigen Erfolg meiner Vorträge vollkommen zufrieden bin.«

In seinem Bericht an das Ministerium für auswärtige Angelegenheiten der ČSR vom 16.4.1936 informierte Silberstein umfassend über seine Vortragsreise.[17]

»Hiermit erlaube ich mir, dem hohen Ministerium einen Bericht über die Vortragsreise in die baltischen Länder zu geben, die von mir im März und April 1936 durchgeführt wurde.

Ich fuhr von Prag am Montag, dem 2. März 1936 ab und kam am 4. März in der Universitätsstadt Tartu /russisch Derpt oder Jurjev, deutsch Dorpat/ der Estnischen Republik an. Dort wurde ich bei dem ordentlichen Professor der Judaistik, Herrn Dr. Lazar Gulkowitsch, Kuperjanovi tänav 5a, beherbergt, der mir liebenswürdiger Weise seine Gastfreundschaft anbot und sich überhaupt allseits um das Gelingen meiner Reise bemühte. Mein **erster** Vortrag fand am 5. März 1936 im Auditorium Nr. 3 zum Thema: **Rationalismus und Irrationalismus: ihre Rolle in der heutigen geistigen Krise** statt. Den Vortrag arrangierte die

17 Bericht Leopold Silberstein an das Ministerium für Auswärtige Angelegenheiten in Prag vom 16.4.1936 über die Vortragsreise in baltische Länder, Archiv des Ministeriums für Auswärtige Angelegenheiten Tschechischen Republik in Prag, Box Abt. III (Orig. tschech.).

akademische philosophische Gesellschaft in Tartu /Vorsitzender: Herr Prof. Ramul/. Der Besuch war sehr gut /insgesamt 70 – 80 Personen, unter ihnen etliche Professoren und andere Gelehrte/, die Akzeptanz war herzlich. Den **zweiten** Vortrag hielt ich in demselben Auditorium am 6. März um 20 Uhr zum Thema: **Das čechische kulturelle und literarische Leben der Nachkriegszeit**. Dieses Mal war der Gastgeber die akademische literarische Gesellschaft; Vorsitzender der Gesellschaft Prof. G. Suits, der gerade in Schweden weilte, er wurde durch Herrn Dr. A. Annist vertreten, der durch seine Arbeiten über das estnische Nationalepos ›Kalevipoeg‹ bekannt ist. Nach meinem Vortrag rezitierte Frau Mary Schneider-Braillard französische und deutsche Übersetzungen aus Werken von K. Čapek, O. Fischer, J. Wolker und anderen tschechischen Dichtern. Frau Schneider-Braillard ist die Gattin meines estnischen Freunds, Herrn Friedrich Schwarz, Tartu, Gustav-Adolfi 5, der unschätzbare Verdienste um den Erfolg meiner Vortragsreise hat. Der genannte Vortrag wurde in befriedigendem Maße besucht und sehr sympathisch aufgenommen. Auf Anregung von Herrn Dr. Annist gab ich längere deutsche Autoreferate über die beiden ersten Vorträge an die Redaktion des lokalen Presseorgans ›Postimees‹ /d.h. Postbote/; leider sind diese Referate bei irgendeiner Übersetzerin liegen geblieben, offensichtlich weil sie des wissenschaftlichen Deutsches nicht mächtig war. Stattdessen druckte ›Postimees‹ am 7. März einen Auszug aus einer vorläufigen französischen Notiz, die ich über den Herrn Präsidenten-Befreier abgegeben hatte. Am selben Tage hatte ich meinen **dritten Vortrag**, diesmal im Rahmen eines feierlichen Akts, der in der großen Aula der Tartuer Universität zur Feier des 86. Geburtstages des Herrn Präsidenten T.G. Masaryk stattfand. Diese Feier wurde gemeinsam vom Französischen Wissenschaftlichen Institut und der akademischen philosophischen Gesellschaft veranstaltet. Die Aula war mit einem Porträt des Präsidenten-Befreiers und den tschechoslowakischen und estnischen Staatsflaggen geschmückt. Es waren etwa 150 Besucher zugegen, unter ihnen herausragende Tartuer Persönlichkeiten. Die Feier eröffnete Prof. Tarvel[18] mit einer estnischen Ansprache, in der er die Ähnlichkeiten zwischen der tschechoslowakischen und der estnischen Befreiungsbewegung hervorhob; danach sprach ich zum Thema: La réalisation de la philosophie dans la politique: T.G. Masaryk et Dr. Edvard Beneš; schließlich hielt der Direktor des Französischen Instituts, Herr Prof. Rud-

18 Peeter Tarvel (1894–1953) war ein estnischer Historiker. Er wurde 1931 Professor für allgemeine Geschichte an der Universität Tartu. Während der deutschen Besetzung Estlands im 2. Weltkrieg wurde Tarvel von der Universität entlassen. 1945 verhafteten ihn die sowjetischen Behörden und verurteilten ihn zu Zwangsarbeit in Workuta, später in Sibirien. Anfang der 50er-Jahre konnte er als Deutsch-Lehrer in Omsk arbeiten, wo er auch verstarb.

rauf /der Schwiegersohn von Ernest Denis/ eine herzliche Schlussrede, in der er brüderliche Grüße Frankreichs, das niemals das tschechische Auftreten zu seinen Gunsten im Dezember 1870 vergessen wird, an die Tschechoslowakei vorbrachte. Nach der Feier fand ein sehr gelungener Empfang in den Räumlichkeiten des Französischen Instituts statt, der mit seinen Gesprächen den starken Eindruck, mit dem der Akt auf die Hörer wirkte, vertiefte. Diesmal brachte ›Postimees‹ einen ausführlichen Bericht aus der Feder des Sekretärs des Französischen Instituts, Herrn Aspel, dem ich rechtzeitig eine Kopie meines Vortragsmanuskripts gegeben hatte.

Mein **vierter** Vortrag fand am 9. März um 21 Uhr in den Räumlichkeiten der studentischen Korporation ›Limuvia‹ zum Thema: **Der heutige Stand der Rassentheorien; ihre wissenschaftliche Grundlage und ihre soziale Tragweite** statt und wurde gemeinsam von der akademischen Gesellschaft der Freunde der jüdischen Wissenschaft und der genannten Korporation veranstaltet. Es kamen etwa 100 Besucher, auch aus dem nichtjüdischen Publikum; das Interesse war groß.

Am 10. März fuhr ich in die Hauptstadt der estnischen Republik, Tallinn; dort hielt ich am selben Abend meinen **fünften** Vortrag, wieder zum Thema: **Der heutige Stand der Rassentheorien** usw. Er wurde von der akademischen Union der gebildeten Juden arrangiert und fand in den Räumlichkeiten der jüdischen Bildungsorganisation ›Tarbuth‹ statt. Es waren wieder etwa 100 Zuhörer anwesend, unter ihnen der frühere ›riigivanem‹ (Reichsältester, d. h. Präsident der Republik) Herr August Rei, und die Gattin des evangelischen Landesbischofs, Frau Rahamägi. Mit beiden Persönlichkeiten hatte ich die Ehre, in Kontakt zu kommen. Der Tallinner Vortrag über die Herren Präsidenten, den ich nach der ursprünglichen Disposition am 11. oder 13. März halten sollte, wurde nach einem Gespräch mit dem Vorsitzenden der ›Alliance Française‹, dem erwähnten Herrn Rei, und ihrem Geschäftsführer, Herrn Cathala, bis zu meiner Rückkehr nach Tallinn aufgeschoben, damit ich noch das Patronat der französischen Gesandtschaft erhalte / der französische Minister, Herr Bruère, weilte derzeit in Paris /; der Herr Chargé d'Affaires Galia erklärte sich damit einverstanden.

Bei meinem ersten Aufenthalt in Tallinn begann ich durch Vermittlung eines dortigen Arztes, des Herrn Dr. H. Schwarz, Verhandlungen mit einem Konzertagenten in Riga mit dem Ziel, auf der Rückreise auch in Lettland über die Herren Präsidenten und die Rassentheorien vorzutragen. Aber da der Agent bis zum Ende meines zweiten Aufenthalts in Tallinn nicht die erforderliche amtliche Genehmigung erhielt, musste ich den Plan für Lettland unterdessen aufgeben. Was die früheren Verhandlungen mit Schweden anging, erlaubte ich mir, am 13. März dem hohen Ministerium direkt zu telegrafieren, welches mir am 14. März geruhte zu antworten ›Stockholm hat nichts verhandelt‹. Schließlich wandte ich mich noch einmal an Herrn Doz. Dr. Krag bezüglich der Vorträge in Norwegen, und zwar an die von Herrn Dr. Krag in seinem letzten Brief angegebene Adresse, und zwar des norwegischen Generalkonsulats in Leningrad, aber es erhielt ihn nicht zu einer Antwort.

Der erwähnte Herr Dr. H. Schwarz vermittelte mir auch ein Interview mit der Führerin der estnischen Frauenbewegung und der Gattin des estnischen Ministerpräsidenten, Frau Eenpalu. Ich legte Frau Eenpalu einen Fragespiegel mit 12 Fragen vor, und ich versprach ihr, dass das Interview hier veröffentlicht wird.

Früh am 16. März fuhr ich mit dem finnischen Dampfer ›Wellamo‹ nach Helsinki; ich kam dort am selben Nachmittag an. Dort zeigte sich, dass keinerlei Vorträge vorbereitet waren. Frau Helmi Jakobson, an die sich mein Tartuer Freund Schwarz gewendet hatte, hatte seinen Brief so verspätet erhalten, dass sie nichts ausrichten konnte; aber die tschechoslowakische Gesandtschaft hatte eine Kopie meiner Bitte vom 16. Februar 1936 erhalten, in dem das Wort ›Finnland‹ in Klammern gesetzt war / weil die dortigen Vorträge mir sehr ungewiss erschienen/ was zu dem simplen Schluss führte, dass ich in Helsinki nur auf der Durchreise nach Schweden sei. Damit der Aufenthalt in Helsinki nicht ergebnislos sei, war es deshalb nötig, Vorträge in kürzester Zeit zu improvisieren und das bei einer massiven Grippeepidemie, die gerade in Helsinki wütete und dort eine regelrechte Panik auslöste / es wurde offiziell vor dem Besuch von Theatern und Vorträgen gewarnt, die Schulen wurden geschlossen, bei Banketten und Empfängen fehlte die Hälfte der eingeladenen Gäste usw./. Von dem erwähnten Tallinner Dr. Schwarz hatte ich eine Empfehlung für den finnischen Philosophen Prof. Eino Kail / auch in Prag bekannt durch seinen Vortrag auf dem Philosophenkongress des Jahres 1934 /, der mich an den Vorsitzenden der Philosophischen Gesellschaft, Prof. Arvid Grotenfelt verwies. Ich verhandelte am 17. März mit Herrn Prof. Grotenfelt im Einklang mit den Weisungen, die mir unterdessen liebenswürdiger Weise der Gesandte der Tschechoslowakei, Herr Dr. Dvořák gegeben hatte. Obwohl sich die Finnen mit dem Datum und der Räumlichkeit des Vortrags schwer taten, gelang es gleichwohl im Verlaufe dieses Vormittags, Herrn Prof. Grotenfelt zu bewegen, meinen Vortrag über die Herren Präsidenten im Rahmen der philosophischen Gesellschaft am Donnerstag, dem 19. März um 20 Uhr anzuberaumen und als Räumlichkeit einen Saal im berühmten Gebäude des früheren finnischen Ständeparlaments und jetzigen Haus der Wissenschaften / finnisch ›Säätytalo‹, schwedisch ›Ständerhuset‹ / zu bestimmen. Außerordentlich half der Umstand, dass ich mit mir ein Manuskript hatte und es sich ergab, dass es sich in der Tat um einen Vortrag exakt über die Grundlagen der Philosophie handelte. Es gelang auch, eine vorläufige Notiz in die bekannte schwedische Helsinkier Tageszeitung ›Hufvudstadsbladet‹ zu lanzieren. So hielt ich am 19. März meinen **sechsten** Vortrag; das Thema lautete: **Die Verwirklichung der Philosophie in der Politik: T.G. Masaryk und Dr. Edvard Beneš.** Die Kenntnis des Französischen ist in Helsinki so wenig verbreitet, dass ich den Vortrag auf Deutsch halten musste. Ich hatte vor mir ein französisches Manuskript und es frei ins Deutsche übersetzt. Unter den gegebenen Umständen, wenn man die Improvisation des Vortrags und die Panik durch die Grippe in Betracht zieht, konnte das Publikum nicht allzu zahlreich sein, aber es war dort eine Reihe hervorragender Persönlichkeiten des Helsinkier geistigen Lebens zugegen. Es beehrten mich mit ihrer Anwesenheit der Herr Gesandte der Tschechoslowakischen Republik, Dr. Dvořák, mit Gattin, der Herr Generalkonsul des Königreiches Jugoslawien, Dr. Šajković, ein Universitätsschüler von Masaryk und ein begeisterter Bewunderer des Präsidenten-Befreiers. Der Vortrag hinterließ einen tiefen Eindruck; die Tageszeitungen ›Uusi Suomi‹ und ›Helsingin Sanomat‹ brachten über ihn Berichte von 140 bis 150 Zeilen, die vom Sekretär der philosophischen Gesellschaft, Dr. Sandelin, verfasst wurden, auch ein Brief von Herrn Prof. Grotenfelt zeugte davon, dass er eine bleibende Spur hinterlassen hatte. Man wollte sich um eine Übersetzung des Vortrags ins Finnische und Serbische und seine Veröffentlichung kümmern und man hatte darum gebeten, dass ich meinen Aufenthalt in Helsinki verlängere.

Durch eine telefonische Erkundigung bei der Tschechoslowakischen Gesandtschaft in Tallinn stellte ich fest, dass mein dortiger Vortrag über die Herren Präsidenten schon auf Dienstag, den 24. März festgelegt war, und auch die Verlängerung meines Aufenthalts in Helsinki um ein Schiff /d.h. Abreise am Dienstag anstelle von Sonnabend/ technisch möglich war. So kam es – dank der wohlwollenden Unterstützung des Herrn Gesandten Dr. Dvořák und des Herrn Generalkonsuls Dr. Šajković und die verdienstvolle Zusammenarbeit mit der schon erwähnten Frau Helmi Jakobson und ihres Gatten, des Rechtsanwalts Jonas Jakobson /beide sind wichtige Funktionäre der jüdischen Nationalbewegung in Finnland/ zum Arrangement von noch zwei Vorträgen in Helsinki. Am 21. März hielt ich in den Räumlichkeiten des jüdischen akademischen Klubs meinen **siebten** Vortrag zum Thema **Der heutige Stand der Rassentheorien** usw. Obwohl die Versammlung nicht öffentlich und in der Presse nicht angekündigt war, waren die Einladungen schon am Sonnabend früh in der Hand der Mitglieder, es kamen ungefähr 70 Personen; der Eindruck dieses Vortrags war sehr stark. Für die Organisation eines Vortrags über die gegenwärtige tschechische Kultur und Literatur konnte innerhalb der kurzen Frist keine Gelehrtengesellschaft gefunden werden, die das Patronat übernommen hätte; der Klub der

Philologen war für einen Vortrag über Kultur nicht kompetent. Damit der Vortrag öffentlich arrangiert und angekündigt werden konnte, wurde hier spontan ein Klub der Liebhaber der slawischen Kultur gegründet. So hielt ich am 23. März im Weißen Saal meinen **achten** Vortrag zum Thema **Das kulturelle und literarische Leben der Čechen in der Gegenwart**. Der Herr Gesandte Dr. Dvořák mit Gattin und der Herr Generalkonsul Dr. Šajković mit Gattin erwiesen mir wieder die Ehre ihrer Anwesenheit. ›Hufvudstadsbladet‹ brachte einen Bericht über den Vortrag von 80 Zeilen. Von mehreren Seiten wurde angeregt, dass ich noch einmal die Organisation von Vorträgen in Schweden versuchen sollte. Wäre ich nach Schweden gegangen, dann könnte ich auf der Heimreise auch in Helsinki gleich ein zweites Mal vortragen, andernfalls könnte ich auf jeden Fall im Herbst nach Helsinki zurückkehren. Leider musste ich in Stockholm um die Realisierung meiner Anregung in kürzester Frist bitten, und weil die Verbindung zwischen Tallinn und Stockholm sehr stockend war, musste man sich nach den gegebenen Möglichkeiten richten; aber nach Tallinn musste ich zuallerst abreisen, weil der dortige Vortrag über die Herren Präsidenten definitiv auf den 24. März angesetzt war.

Am 24. März früh fuhr ich mit dem finnischen Schiff ›Poseidon‹ von Helsinki nach Tallinn, ich kam dort um 17:30 an, und um 20:30 Uhr hielt ich im großen Saal der Handelskammer meinen **neunten** Vortrag zum Thema **Deux grands Européens et amies de la France: T.G. Masaryk et Dr. Edvard Beneš**. Der Text war beinahe identisch mit dem Tartuer Vortrag, nur der Titel wurde geändert. Man muss sagen, dass die Tallinner ›Alliance Française‹ diesen Vortrag schlecht vorbereitet hatte. Selbst ihr Vorsitzender, Herr Rei, dessen Willigkeit außer Zweifel steht, konnte sich an den Vorbereitungen nicht beteiligen, weil er durch die Feier seines fünfzigsten verhindert war, die mit großem Glanz stattfand – es ist immer die Rede vom ehemaligen Staatsoberhaupt. Aber der Geschäftsführer, Herr Cathala, machte mehrere Fehler: erstens war die Pressevorbereitung völlig ungenügend, zweitens war weder die französische Kolonie in Tallinn hinreichend informiert /im Lyzeum hatte man angeblich über den Vortrag nichts gewusst/, drittens war das Datum unglücklich gewählt /am selben Tag fand eine Jubiläumsfeier des führenden estnischen Schriftstellers Friedebert Tuglas statt, an der natürlich das intellektuelle Tallinn vorzugsweise teilnahm/, viertens war auch die Stilisierung der Einladungen nicht allzu gelungen. Vielleicht war Herr Cathala völlig von den Vorbereitungen der bevorstehenden ›Fête des vins français‹ (Fest der französischen Weine) absorbiert, die zwei Tage später mit großem gesellschaftlichem Glanz begangen wurde, so dass der Vortragsabend darunter litt; auch das versprochene Patronat der Französischen Gesandtschaft war sichtlich verkümmert. Aber eine sorgfältige Vorbereitung wäre umso nötiger gewesen, als der Kreis der Kenner des Französischen in Tallinn sehr begrenzt ist, selbst unter den Gebildeten. Somit war die Zahl der Besucher dieses Vortrags unbefriedigend, besonders im Verhältnis zu dem riesigen Saal, der für ihn ausgewählt wurde. Unter den Anwesenden waren Herr Professor Jaroslav Galia, Chargé d'Affaires der Tschechoslowakischen Republik, mit Gattin und Herr August Rei.

Am 26. März empfing mich ein zweites Mal Frau Eenpalu, um auf die Fragen zu antworten, die ich ihr früher übergeben hatte. Die Antworten bearbeitete ich nach kurzer Niederschrift; da sie veröffentlicht werden, legte ich die ganze Stilisierung Frau Eenpalu zur Genehmigung vor.

Am 27. März früh empfing ich Vertreter der Tageszeitungen ›Uus Eesti‹ und ›Waba Maa‹ zu einem Interview, das noch am selben Tage als Einleitung zu meinem Vortrag zum Thema ›**Der gegenwärtige Stand der Frauenfrage**‹ veröffentlicht wurde. Dieser Vortrag, mein **zehnter**, fand am 27. März um 19 Uhr im kleinen Saal des Hauses der Kunst / ›Kunstihone‹ / statt. Er wurde ohne Manuskript gehalten, nur auf der Grundlage eines Konspekts. Der Tallinner akademische Frauenklub hatte ihn organisiert; unter den Hörerinnen befanden sich die Gattin des Ministerpräsidenten, Frau Eenpalu, und die Vizepräsidentin des Frauenverbandes, Frau Päts / die Schwägerin des Staatsoberhaupts, Herrn Konst. Päts/; insbesondere war ich dadurch erfreut, dass auch Frau Galiová diesen Vortrag mit ihrer Anwesenheit beehrte. Am 28. März erhielt ich eine Antwort aus Stockholm, dass es dieses Mal angesichts der sehr kurzen Frist nicht möglich sei, Vorträge zu arrangieren, in der dies hätte geschehen sollen, aber dass sie es sehr gern tun wollten, wenn ich im Herbst ein zweites Mal in den Norden käme und dies beizeiten ankündigen würde.

Am 29. März fuhr ich von Tallinn nach Tartu ab, wo Herr Prof. Gulkowitsch inzwischen den Boden für einen weiteren Vortrag von mir bereitet hatte. Schon am Dienstag, dem 31. März konnte ich in Tartu den **elften** Vortrag zum Thema **Zwei Vorkämpfer der nationalen Gleichberechtigung: T. G. Masaryk und Dr. Edvard Beneš** halten. Die jüdische Studentenkorporation ›Limuvia‹ hatte ihn organisiert, die auch die Räumlichkeit zur Verfügung gestellt hatte. Der Besuch war sehr gut / 85 Personen /; insbesondere kamen jene, denen der französische Vortrag wegen unzureichender Kenntnis des Französischen entgangen war. Am Freitag, dem 3. April um 17 h hielt ich den **zwölften** Vortrag zum Thema **Der heutige Stand der Frauenfrage** in den Räumlichkeiten der Tartuer akademischen Frauengesellschaft und unter dem Patronat aller hiesigen Frauenklubs. Dieses Mal hatte ich schon ein fertiges Manuskript zur Verfügung, das unvermittelt der Redaktion der estnischen Frauenzeitschrift ›Eesti Naine‹ zur Übersetzung und Veröffentlichung übergeben wurde. ›Postimees‹ brachte dieses Mal sowohl eine vorläufige Notiz als auch ein ausführliches Referat. Unter den Anwesenden war auch der sich gerade in Tartu aufhaltende Helsinkier Professor für slawische Ethnologie Mansikka, der mich dringend bat, im Herbst nach Helsinki zurückzukehren; vielleicht dass bei dieser Gelegenheit eine tschechoslowakisch-finnische Gesellschaft gegründet wird. Den letzten, **dreizehnten** Vortrag hielt ich am 4. April in der Korporation jüdischer Studentinnen ›Hac'firah‹ zum Thema **Möglichkeiten und Aufgaben der gegenwärtigen Soziologie**, ohne Manuskript, nur auf der Grundlage eines Konspekts. Somit habe ich bei dem zweiten Aufenthalt in Tartu und mit den bei dieser Gelegenheit gehaltenen Vorträgen ohne Zweifel meine früheren Verbindungen mit den dortigen akademischen Kreisen verstärkt, und als ich am Abend des 7. April Tartu verließ, damit ich – nach einem kurzen rein privaten Aufenthalt in Vilna – wieder nach Prag zurückkehre, wurde ich lebhaft gebeten, im Herbst wieder zu Vorträgen nach Tartu zu kommen.

Ich habe also insgesamt 13 Vorträge gehalten, davon 6 über tschechoslowakische Themen, darunter 4 über die Herren Präsidenten /2 in Tartu, je einen in Tallinn und Helsinki/, 2 über die gegenwärtige tschechische Kultur und Literatur /in Tartu und Helsinki/; 7 über allgemeine Themen , davon 3 über die Rassentheorien /je einen in Tartu, Tallinn und Helsinki/, 2 über die Frauenfrage /in Tallinn und Tartu/, 1 über Rationalismus und Irrationalismus /Tartu/, 1 über Soziologie /Tartu/. Französisch sprach ich zweimal und deutsch elfmal; die Organisation von Vorträgen auf Russisch verhinderte die Kürze der Zeit. Auf Tartu entfielen 7 Vorträge, auf Tallinn 3 und auf Helsinki 3 Vorträge.

Über die politische Wirkung dieser Reise habe ich die Ehre, in einer besonderen Beilage zu berichten. Über den Erfolg dieser Reise bin ich rundweg befriedigt. Es wurde mir mehrfach versichert, dass sie zur Erweiterung und Vertiefung der Kenntnis der Tschechoslowakei, ihrer führenden Persönlichkeiten und ihres kulturellen Lebens beitrug. Dem hohen Ministerium für auswärtige Angelegenheiten spreche ich meine tiefe Dankbarkeit für die hochherzige Unterstützung aus, durch deren liebenswürdige Bewilligung mir diese so reich mit Aktivitäten und Eindrücken angefüllte Reise ermöglicht wurde.«

Entsprechend seinem Bericht ergibt sich folgendes zusammengefasstes Bild über die Vortragstätigkeit von Leopold Silberstein während dieser Tournee:

Datum	Titel des Vortrags	Ort	Sprache
5.3.1936	Rationalismus und Irrationalismus	Tartu	deutsch
6.3.1936	Moderne tschechische Literatur	Tartu	deutsch
7.3.1936	Masaryk und Beneš	Tartu	französisch

Datum	Titel des Vortrags	Ort	Sprache
9.3.1936	Die Entwicklung der Rassentheorien	Tartu	deutsch
10.3.1936	Die Entwicklung der Rassentheorien	Tallinn	deutsch
19.3.1936	Masaryk und Beneš	Helsinki	deutsch
21.3.1936	Die Entwicklung der Rassentheorien	Helsinki	deutsch
23.3.1936	Das kulturelle und literarische Leben der Tschechen in der Gegenwart	Helsinki	deutsch
24.3.1936	Masaryk und Beneš	Tallinn	französisch
27.3.1936	Die Frauenfrage	Tallinn	deutsch
31.3.1936	Masaryk und Beneš	Tartu	deutsch
3.4.1936	Die Frauenfrage	Tartu	deutsch
4.4.1936	Aufgaben der gegenwärtigen Soziologie	Tartu	deutsch

Es ist bemerkenswert, dass der Erfolg der Vortragsreise wesentlich durch die Mithilfe jüdischer Freunde, wie Prof. Gulkowitsch und das Ehepaar Jakobson, sowie seines Studienfreundes Friedrich Schwarz und dessen Frau Mary Schneider-Braillard zustande kam. Das Scheitern der Vorträge in Norwegen und Lettland ist einerseits wahrscheinlich durch antisemitische Tendenzen, andererseits aber auch durch eine zu späte Organisation bedingt gewesen.

Der Vortrag »Rationalismus und Irrationalismus; ihre Rolle in der heutigen geistigen Kultur« setzte sich in tiefgründiger Weise mit der Entwicklung der Philosophie besonders seit dem Ende des 19. Jahrhunderts auseinander.

Silberstein führte diese Entwicklung auf die beiden gegensätzlichen Grundströmungen von Rationalismus und Irrationalismus zurück. Dabei sah er als ein Beispiel des Rationalismus die von T.G. Masaryk und E. Beneš verfochtene und in der ČSR verwirklichte humanistische Philosophie, während der Irrationalismus als im Grunde lebensfeindliche und menschenverachtende Philosophie zur geistigen Grundlage des Imperialismus und Faschismus wurde.

So trat er einerseits als Vertreter der Tschechoslowakei und andererseits als Fürsprecher eines aktiven Humanismus auf. Angesichts des im Europa der 30er-Jahre erstarkten Faschismus bekannte er gleich am Anfang seines Vortrags:

> »Aus dieser vorweggenommenen Schlußfolgerung ersehen Sie deutlich, daß ich alles andere als gesonnen bin, die Kapitulation der ratio zu predigen. Ich bin vielmehr davon überzeugt, daß schon der Beginn einer Untersuchung des Problems den Übergang zum Gegenangriff bildet. Es zeigt sich nämlich klar, daß bei einer solchen Untersuchung die ratio vor den irrationalistischen Methoden wirklicher oder vermeintlicher Erkenntnis **einen** ungeheuren Vorteil hat: Die

Kämpfende Vernunft

Das Beispiel von Masaryk und Beneš

von

Leopold Silberstein

1937

PRAG

Titelblatt der Schrift »Kämpfende Vernunft«

> ratio ist imstande, nicht nur sich selbst, sondern auch das Irrationale zu verstehen. Mit irrationalen Methoden aber kann nur Irrationales allenfalls begriffen werden, wogegen die Welt des Rationalen dem Irrationalismus vollkommen unzugänglich ist. Er kann sie nur en bloc verwerfen, nicht aber in ihrer Gesetzmäßigkeit verstehen.[19]«

Silberstein hielt es für wesentlich, dass der Rationalismus die Aufgabe habe, die Welt nicht nur zu erkennen, sondern aufgrund der gewonnenen Erkenntnis auch in sie einzugreifen. Diese Richtung nannte er interventionistischen Rationalismus und hob als ihren hervorragendsten Vertreter den Präsidenten der Tschechoslowakischen Republik, Dr. Edvard Beneš, hervor. Bei einem Rückblick auf die Philosophiegeschichte bezeichnete er Kant als tragischen Held des Rationalismus. Kant entwickelte einen aufs höchste gesteigerten Wissenschaftlichkeitsanspruch, aber was nützte das Festhalten an mathematisch-naturwissenschaftlichen Gesetzen für die Erscheinungswelt, wenn diese doch selbst einen subjektiv-idealen Charakter angenommen hatte? So eröffnete sich nach Kant ein Scheideweg, bei dem Hegel den Versuch unternahm, den Rationalismus zu retten, während Schopenhauer, der sich selbst zum berufensten Nachfolger Kants ernannte, das erste große System des Irrationalismus schuf.

19 Silberstein, Leopold: Kämpfende Vernunft …, S. 3f.

»Schopenhauer, der kein stärkeres wissenschaftliches Diffamierungsmittel kannte, als einem Gegner nachzuweisen, daß er die Vernunftkritik nicht gelesen oder nicht verstanden habe, kann bis zur Gegenwart als der Ahnherr fast aller irrationalistischen Systeme bezeichnet werden, nur daß die Heutigen ihm vielfach mehr in der arroganten Ausdrucksweise als in der philosophischen Gründlichkeit nacheifern. Alles, was Fortschritt, Emanzipation, Sinn der Geschichte und Nutzen der Intervention verhöhnen zu können glaubt, findet an Schopenhauers System irgendwie eine Stütze; dieser Schöpfer einer angeblichen Mitleidsethik hat das unmenschlichste philosophische System konstruiert, das die Neuzeit bis dahin gesehen hatte.«[20]

Den von Schopenhauer begonnenen Zerstörungsprozess setzte Heinrich Rickert in den Kulturwissenschaften und Wilhelm Dilthey in den Geisteswissenschaften fort. Heftig kritisierte Silberstein Heideggers lebensfeindliche Philosophie, die das Leben nur als hinausgezögertes Ende betrachtet. Er charakterisierte sie folgendermaßen:

»Nur auf dem Boden einer völligen gedanklichen und seelischen Perversion ist es möglich, das Todeserlebnis des Menschen derart in die Ontologie zu übertragen, daß aus der Urtatsache des Seins eine Negation des Nichtseins, oder wie es in Heideggers absonderlicher Sprache heißt, ein ›Nichten des Nichts‹ werden konnte. Eine zersetzendere und lieblosere Philosophie, eine ärgere Sprachverunstaltung hat es selten gegeben.«[21]

Demgegenüber verteidigte er den Philosophen Karl Jaspers, weil es für ihn eine unverbrüchliche rationale Gesetzmäßigkeit gab und dieser postulierte, daß die menschliche Existenz ohne Vernunft unmöglich sei. Silberstein wies darauf hin, dass die philosophischen Erkenntnisse von Jaspers dem Lebenswerk von Masaryk und Beneš sehr nahe stünden. Abschließend verkündete Silberstein sein eigenes Kredo:

»Ich glaube an die kommende fruchtbringende Synthese zwischen partikularer und ganzheitlich-wesensmäßiger Erkenntnis, zwischen Lebensverwurzelung und Vernunfterkenntnis, dank welcher der Geist Phänomen und Führer des Lebens zugleich sein wird. Dies wird auch die endliche Lösung der Dauerkrise von Gesellschaft und Gesellschaftslehre bedeuten. Helfen kann uns nur der echte, gereinigte Rationalismus, der sich bewußt ist, mit der Vernunft eine Wirklichkeit durchdringen und beherrschen zu wollen, die mehr als Vernunft ist, und der erkennt, daß das umfassende menschliche Denken einem Riesen gleicht, der mit beiden Füßen auf der Erde steht und mit seinem Haupte den Himmel berührt.«[22]

20 Ebd., S. 9.
21 Ebd., S. 18.
22 Ebd., S. 20f.

„POSTIMEES"

T. G. Masaryk'i 86. sünnipäew

Pidulik aktus ülikooli aulas

T. G. Masaryk,
Tschehhoslowakkia wabastaja president.

Laupäewal, 7. märtsil möödub 86 aastat sellest, kui sündis Tschehhoslowakkia wabastaja ja iseseiswa wabariigi esimene president Thomas Garrigue Masaryk. Seda päewa mälestawad rõõmuga kõik, nüüd juba wähearwulised, rahwad, kes ihaldawad politilist iseseiswust ja kultuurielu, mis wäljendaks nende eneste rahwusgeeniust.

Wabariigil oli suur õnn näha Masaryki oma eesotsas 17 aasta jooksul.

14. dets. 1935 pani president Masaryk maha oma ametikohused, millised hakkasid tõsiselt ähwardama tema auwäärilise wanaduse terwist. Rahwuskogu walis Masaryki enese poolt nimetatud kandidaadi: tema õpilase ja 21 aasta jooksul lähema kaastöölise Eduard Beneshi. Sellest ajast on Masaryki terwis tunduwalt paranenud ja wõib loota, et ta jääb weel kauaks kõrgemaks moraalseks autoriteediks Tschehhoslowakkia rahwale, nagu kõikidele headele eurooplastele.

Tartu ülikool pühitseb suure filosoofi ja ühtlasi silmapaistwa politikajuhi Masaryki sünnipäewa piduliku aktusega, mis leiab aset laupäewal, 7. märtsil, kell 8 õhtul suures aulas. Pidukõnega teemal „Filosoofia teostamine politikas: T. G. Masaryk ja dr. Eduard Benesh" esineb dr. Leopold Silberstein Prahast. Kõnedega esinewad weel Tartu ülikooli professorid Tarwel ja Rudrauf.

Bericht der Tartuer Zeitung Postimees vom 7.3.1936 über den Vortrag von Silberstein anlässlich des 86. Geburtstages von Präsident Masaryk, Untertitel: Festakt in der Aula der Universität

Der Vortrag »Die Verwirklichung der Philosophie in der Politik: T.G. Masaryk und Dr. Edvard Beneš« zeichnete die Herausbildung der Weltanschauung der beiden Staatsmänner der ČSR nach und wie sie diese letztendlich in ihrem Land verwirklichten.

Tomaš Masaryk wurde in der Familie eines Kutschers geboren. Trotz dieser ärmlichen Herkunft konnte er die Dorfschule und danach das Gymnasium in Brünn besuchen. Hier interessierte er sich bereits für die Philosophie Platos. Schließlich studierte er an der Universität in Wien Philosophie bei Franz Brentano, der ihm zunächst Aristoteles nahebrachte. Entgegen der abstrakten Spekulation bei Kant lehrte Brentano ihn, sich der gesamten Wirklichkeit unter Einschluss der psychologischen zuzuwenden. Aus leidenschaftlicher Liebe zum Leben polemisierte Masaryk schon in seinen frühesten Veröffentlichungen gegen die Lebensfeindlichkeit von Schopenhauers Philosophie.

Mit der Dissertation »Das Wesen der Seele bei Platon« verabschiedete er sich von der Welt des Altertums. Ihn interessierte, die Philosophie auf die Probleme der Gesellschaft zu projizieren. So beschäftigte er sich mit dem damals noch jungen Wissenschaftszweig der Soziologie und verfasste eine Habilschrift »Der Selbstmord als sociale Massenerscheinung der modernen Civilisation«, die er an der Universität Leipzig einreichte. Seine Habilschrift enthielt bereits im Kern all seine späteren philosophischen Konzeptionen.

Er stellte u. a. fest, dass religiös gefestigte Menschen für Selbstmord weniger anfällig seien. Zeit seines Lebens war er von der Bedeutung der Religiosität für die Entwicklung des Menschen tief überzeugt.

In Leipzig lernte er die Amerikanerin Miss Charlie Garrigue kennen. Nach der Eheschließung mit ihr nannte er sich Thomas Garrigue Masaryk. 1882 wurde der erst 32-jährige Masaryk zum Professor für Philosophie an die Tschechische Universität Prag berufen. In dieser damals im Niedergang befindlichen Universität sagte er der Hegemonie der deutschen Philosophie den Kampf an und wandte sich unter dem Einfluss seiner Frau der angelsächsischen und französischen Philosophie zu. Seine Kurse in sogenannter praktischer Philosophie, die einen größeren Hörerkreis erreichten, benutzte er zur Propagierung seiner ethischen und soziologischen Ideen. Sein Glaubensbekenntnis lautete: Stets für den Arbeiter, sehr häufig mit dem Sozialismus, selten gemäß dem Marxismus. Da er bei seinem universellen Interesse für gesellschaftliche Probleme Kompromisse und Halblösungen ausschloss, entwickelte er als Ausweg eine idealistische Synthese. Ungeachtet seiner Religiosität vertrat er die strikte Trennung von Kirche und Staat.

Als in den 80er-Jahren des 19. Jahrhunderts der Streit um gefälschte Handschriften aufbrandete, mit denen tschechische Nationalisten Zukunftsansprüche untermauern wollten, untersuchte Masaryk diese Handschriften unter dem Aspekt der Soziologie und gelangte zu dem Ergebnis, dass sie unecht seien, was zuvor schon Philologen nach der Prüfung des Alttschechischen konstatiert hatten. Hier erwies sich Masaryks Kompromisslosigkeit, denn er, der stets die Sache der tschechischen Nation vertreten hatte, wurde daraufhin von der tschechischen Presse in grotesker Weise als Abtrünniger der Nation verflucht.

In diese Zeit fiel Masaryks erste Reise nach Russland, wo er mit Tolstoj zusammentraf. Masaryk begann, sich mit der slawophilen Theorie zu beschäftigen. Im Geiste von Herder, der für die slawischen Völker Gerechtigkeit verlangt hatte, fasste er in der Schrift »Die tschechische Frage« die nationale Sendung der Tschechen in dem Ziel: Humanität und die Leitidee seiner politischen Überzeugung in dem Satz zusammen: »Jesus, nicht Cäsar, das ist der Sinn unserer Geschichte und der Demokratie.«

Seit 1903 begann Masaryk sich für einen jungen Studenten namens Edvard Beneš zu interessieren, der sich aus armen Verhältnissen stammend empor gearbeitet hatte. Leopold Silberstein verglich den Charakter der beiden Männer:

> »Masaryks Charakter bildet eine Synthese rationaler und irrationaler Elemente. Das Rationale ist verkörpert durch seine ungeheuren Kenntnisse und durch seine kritische Fähigkeit, welche die Schwäche und den antinomischen Charakter einer jeden Position zu entlarven versteht; das Irrationale kommt wiederum zur Geltung in seinen die Antinomien zusammenschweißenden Willensanstrengungen und in dem idealistisch-religiösen Elan, aus dem seine Parolen entspringen. Beneš ist demgegenüber die vollkommenste Verkörperung des Rationalismus, welche die Gegenwart kennt. Nach Masaryk beweist uns jede Analyse von neuem die Schwäche unseres Erkenntnisvermögens; nach Beneš ist die Vernunft grundsätzlich dazu befähigt, alle Möglichkeiten vorauszusehen und rechtzeitig alle notwendigen Maßnahmen zu treffen – ich bezeichne dies als einen interventionistischen Rationalismus, der es sich vornimmt, in die Wirklichkeit einzugreifen und sie umzugestalten, dadurch daß er nach einem vorgefaßten Plan die bereits in der Wirklichkeit selbst enthaltenen rationalen Elemente gruppiert. Masaryks Elan hat etwas Religiöses an sich, während Beneš einen spezifischen Elan der Vernunft bekundet, der ein vielleicht noch selteneres Phänomen darstellt. Dieser Rationalismus erstrebt zwar anfangs nur ein konkretes und begrenztes Ziel; sobald er es aber erreicht hat, bedient er sich seiner sofort als Ausgangspunkt, um ein höheres Ziel anzustreben.«[23]

1908 promovierte Beneš in Dijon mit einer Abhandlung »Le problème autrichien et la question tchèque« (Das österreichische Problem und die tschechische Frage) zum Dr. jur. In Frankreich beschäftigte er sich auch intensiv mit der Soziologie.

Für die philosophischen und sozialen Probleme suchte Beneš stets nur eine Lösung durch die Wissenschaft. Anfangs hing er dem Sozialismus in seiner marxistischen Ge-

23 Ebd., S. 39.

stalt an. Während der Fortsetzung seines Studiums in Paris schloss er sich der Abneigung Masaryks gegen alle dogmatischen Systeme einschließlich des Marxismus an. In der Auseinandersetzung mit den irrationalen Philosophien reifte in ihm die Erkenntnis, dass ein echter Rationalismus sich der Möglichkeiten und Grenzen der menschlichen Erkenntnis bewusst bleiben müsse.

Mit dem Ausbruch des Ersten Weltkriegs sahen Masaryk und Beneš ihre Chance gekommen, konkret für die Gründung eines unabhängigen tschechoslowakischen Staates zu wirken. Durch die Gründung einer eigenen tschechoslowakischen Armee auf der Basis der in Russland internierten Soldaten gelang es ihnen, sich Schritt für Schritt die Unterstützung der alliierten Mächte zu sichern. In dem Augenblick, als Österreich-Ungarn zusammenbrach, existierte die Tschechoslowakei als souveräner Staat und wurde bereits zu den Waffenstillstandsverhandlungen zugelassen. Nach der Gründung der Tschechoslowakei war Beneš 17 Jahre lang Außenminister und bekleidete seit 1935 nach Masaryks freiwilligem Rücktritt das Amt des Staatspräsidenten. Als Außenminister vertrat er die Idee, dass es die Humanität gebiete, auch das Lebensrecht der Nationalitäten zu achten. Ein starker Patriotismus sei nur dann möglich, wenn er die Ideale der gesamten Menschheit zum Ausdruck bringe. Seine Außenpolitik war in universeller Weise auf ganz Europa gerichtet. Masaryk und Beneš vertraten die Überzeugung, dass die Demokratisierung der Welt unaufhaltsam sei. Sie gingen davon aus, dass die nationale Unabhängigkeit sich nicht automatisch erhalte, sondern in jedem Augenblick zur Selbstverteidigung bereit und gerüstet sein müsse.

Die Schrift »Kämpfende Vernunft« wurde 1937 in der Zeitschrift »Česká mysl« von dem bedeutenden tschechischen Philosophen Jan Patočka, in der Zeitung »Pravo Lidu« am 19.8.1937 von Frau Dr. J. Popelová und 1938 in »The Journal of Philosophy« besprochen.[24] [25] In der »Prager Presse« veröffentlichte ihr Kulturredakteur Antonin Mágr eine ausführliche Rezension und kam zu dem Schluss:[26]

> »In seinem Zusammenhang mit den Ausführungen über das Problem des Rationalismus und Irrationalismus gehört der Vortrag über die Verwirklichung der Philosophie in der Politik durch Masaryk und Beneš zu dem am besten durchdachten, was über die beiden Präsidenten der Tschechoslovakischen Republik geschrieben worden ist.«

Am 10.3.1936 hielt Leopold Silberstein, wie oben erwähnt, in Tallinn in der Jüdischen Akademischen Gesellschaft einen Vortrag zum Thema »Der gegenwärtige Stand der Rassentheorie, ihre wissenschaftliche Begründung und soziale Bedeutung«. Dieser

24 V.J. McG.: [Rezension] Kämpfende Vernunft, The Journal of Philosophy, 1938, Nr. 20, S. 556f. (Orig. engl.).

25 Popelová, J.: Bojující rozum, (Kämpfende Vernunft) Pr. Lídu, 19.8.1937, Nationalarchiv Prag, Archival collection of the Ministry of Foreign Affairs – Press Cuttings, 1916–1944 (Orig. tschech.).

26 Mágr, A.St.: Kämpfende Vernunft, Prager Presse vom 11.7.1937.

offensichtlich durch Vermittlung von Prof. L. Gulkowitsch arrangierte Vortrag griff auf die entsprechende Veröffentlichung aus dem Jahr 1934 zurück.

Der Vortrag »Das čechische literarische und kulturelle Leben der Nachkriegszeit«[27] stellte, aufbauend auf den geschichtlichen Wurzeln, in einer komprimierten Zusammenschau das reiche zeitgenössische tschechische Kulturleben vor. Dieses war regional auf die beiden Zentren Prag als der Hauptstadt des Staates und Brünn als der Hauptstadt des Landes Mähren-Schlesien orientiert – ein Umstand, der wesentlich zu seiner Lebendigkeit beitrug. Zu den Traditionen dieser Kultur führte Silberstein die Cyrill-Method- und die Sankt-Wenzels-Tradition an. Erstere sei ein Ausdruck interslawischer kultureller Wechselseitigkeit, während der zweiten, die im christlichen Mittelalter wurzelte, der charakteristische Zug eignete: »Mut bis zum Tod, ohne aggressiv zu sein«. Die durch Jan Hus begründete Tradition beinhaltete einerseits eine religiöse Reformation (anderthalb Jahrhunderte vor Luther), aber darüber hinausgehend, den Kampf gegen alles Überlebte und Knechtische. An Hus knüpften alle Ideologien geistiger und politischer Freiheit an. Nach Hus ist die zweite überragende Gestalt Jan Amos Komenský. Er ist einer der ersten großen Universalisten und der erste große Pädagoge, der an die Vervollkommnung des Menschen glaubte. Mit der Schlacht am Weißen Berg 1620 setzte die Gegenreformation ein, die als nationales Dunkel, »Temno« bezeichnet wird. Aber in dieser Epoche wurde auch das Barock geschaffen, das zu einer Komponente des heutigen tschechischen Geisteslebens wurde. Als die Kaiserin Maria Theresia eine gewaltsame Germanisierungspolitik verfolgte, setzte der Philologe Josef Dobrovský ein Gegengewicht, indem er den Kampf um die Sprache als sinnfälligstes Symbol der Nation führte. Zwar verwässerten seine Epigonen diesen Kampf, aber »wenn die Nation trotzdem sich ihre Schlagkraft bewahren und im kritischen Augenblick bewähren konnte, so dankt sie es den zwei letzten großen Traditionen [...]: der von dem Slovaken Jan Kollár erneuerten und erstmalig ganz entschieden formulierten Idee der slavischen Wechselseitigkeit und der universalen Zusammenschau und revolutionären Erneuerung der gesamten nationalen Tradition durch Tomáš Garrigue Masaryk und Edvard Beneš.«

Kollár hatte instinktiv erkannt, dass sich eine kleine Nation nur behaupten könne, wenn sie sich an eine größere anschließe, und diese erblickte er in Russland. Aus dieser Tradition heraus wurde Prag in der Zeit nach dem Ersten Weltkrieg zum größten slawistischen Zentrum der Welt entwickelt. Als im 19. Jahrhundert verschwommene slawische Sehnsüchte den nationalen Kampf zu entarten drohten, »erneuert Masaryk als erster den Comenianischen Universalismus in seiner ganzen Weite, indem er dem tschechischen Volk die Augen für die Reichtümer der angelsächsischen und der fran-

27 Das čechische literarische und kulturelle Leben der Nachkriegszeit, Archiv der Kanzlei des Präsidenten der Tschechischen Republik, File Nr. 991 Leopold Silberstein.

zösischen Kultur öffnet und damit Böhmen auch zum geistigen Herzlande Europas umschafft, in welchem slavischer, deutscher, französischer und angelsächsischer Geist sich befruchtend durchdringen und in ihrem Wettstreit das kritische Vermögen der čechischen Nation in ungewöhnlichem Grade schärfen.«

Aus dieser ausführlichen Entwicklung der kulturellen Traditionen leitete Leopold Silberstein ab, dass in der Tschechoslowakei die Geisteswissenschaften gegenüber den Naturwissenschaften stärker ausgebildet seien, wenngleich er auch wichtige Arbeiten von Medizinern, Anthropologen und Chemikern hervorhob. Das geisteswissenschaftliche Leben werde auch dadurch bestimmt, dass an der Spitze des Landes mit Masaryk und Beneš zwei Philosophen stehen. In der Philosophie beobachtete Silberstein eine positivistisch-empiristische und eine normative Richtung. Die erste Schule um František Krejčí und besonders dessen Nachfolger Josef Král übertrug diese Denkweise auf die Soziologie. Die normative Schule um Emanuel Rádl stützte die Wertkategorien auf die traditionelle religiöse Offenbarung, sodass sie nach Meinung von Silberstein »geradezu philosophiefeindlich war«. Die Überwindung dieser gegensätzlichen Positionen machte sich der Brünner Philosoph J.L. Fischer zur Aufgabe, indem er die Geisteshaltung Masaryks in den Mittelpunkt rückte, so genau wie möglich zu erkennen und das Erkannte zur Wirklichkeit werden zu lassen. Sehr fremd scheinen dem nationalen Genius – so Silberstein – zum Glück die irrationalistischen Tendenzen der Gegenwart zu sein.

Von den speziellen Geisteswissenschaften besprach Silberstein die Linguistik und die Arbeit des Prager Linguistischen Zirkels. Seine Neuerung bestand darin, dass er in einer ganzheitlichen Betrachtung die funktionalen Aufgaben der Sprache untersuchte.

Der vergleichende und universalistische Zug sei auch für die tschechische Literaturwissenschaft bezeichnend. Als Repräsentanten dieser Richtung hob Silberstein den tschechischen Germanisten Otokar Fischer hervor, der universell als Professor, Schauspielchef des Nationaltheaters, Dichter, Übersetzer und Kritiker wirkte. Der bedeutendste Literaturkritiker aber sei František Xaver Šalda:

> »Bei ihm ergibt sich eine eigentümliche Einheit von künstlerischem und menschlichem Ethos, von klar erfahrungsmäßig fundiertem Urteil und dichterischer Schönheit des kritischen Ausdrucks, von literarischen Eigengesetzlichkeiten und allgemein geistigen Tendenzen.«

Leopold Silberstein stellte außerdem den Sprachforscher Bedřich Hrozný heraus, dessen eminente Leistung die Entzifferung der Hethiterinschriften ist. Die größte Überraschung bildete es wohl – so Silberstein– dass diese »semitisch« aussehende Völkerschaft eine indoeuropäische Sprache gesprochen hat.

In der Geschichtswissenschaft erwähnte er eine positivistische und eine soziologisch-hermeneutische Richtung. Bei der Vorstellung des Kunstlebens ging er als spezifisch böhmische auf die Glaskunst ein, die in jüngster Zeit abweichend von »gutbürgerlichen Kristallsachen« zweckfreie und eigengesetzliche Kunstwerke hervorbrachte. Die tschechische Musiktradition, die durch Smetana, Dvořák und Janaček begründet ist, wurde durch phantasievolle Neuerungen, wie die Vierteltonmusik von Alois und Karel Haber verjüngt.

> »Der große Sohn des mährischen Landes Gustav Mahler, der gegenwärtig vom größten Teil des Geltungsbereichs seiner Muttersprache verbannt ist, hat auf dem Boden seiner Heimat ein posthumes Asyl gefunden.«[28]

Der größte Umschwung unter den Künsten hatte nach Meinung von Leopold Silberstein wohl auf dem Gebiet der Literatur stattgefunden. Im Gegensatz zu den anderen beiden großen slawischen Literaturen, der russischen und der polnischen, kennt die tschechische Literatur nicht den Einfluss des Adels. Im 19. Jahrhundert wurde die Literatur als eine Kampfform in den Dienst des Volkes gestellt.

> »Aus dieser Kampfeinstellung ergibt sich eine hohe ethische Reinheit, aber als notwendige Begleiterscheinung eine gewisse Enge und die Gefahr, daß anstelle der Literatur die Nation zum ausschließlichen Selbstzweck alles Schaffens erhoben wird.«

Nach der Gründung der Tschechoslowakei fand deshalb ein Generationenwechsel in der Literatur statt. Karel Matěj Čapek-Chod stand mit seinen Romanen »Die Turbine« und »Antonin Vondrejc« für diesen Übergang vom Nationalschriftsteller zu einem Mitarbeiter der Weltliteratur. Zu den fruchtbarsten Schöpfern der Gegenwart rechnete Silberstein vor allem Karel Čapek, den er als des Nobelpreises würdig pries:

> »Čapek bekundet bei völliger Eigenständigkeit eine merkwürdige Seelenverwandtschaft mit Thomas Mann. Beiden eignet jenes Ineinander von Skepsis und Glauben, von Ironie und Ernst, von Kunstverstand und Inspiration, von analytischer Kälte und echter Humanitätsbegeisterung, das nur durch eine starke künstlerische Persönlichkeit zur Einheit gefügt werden kann.«

In der jüngsten Zeit gewann eine neue Gruppe von sozial orientierten Schriftstellern immer mehr Einfluss. Zu ihnen zählte Silberstein Ivan Olbracht, Anna Maria Tilschová und Marie Majerová. Die beiden Schriftstellerinnen beschrieben das Leben der Bergarbeiter. Zusammenfassend hob er hervor:

> »Im Eingang sprachen wir von der Synthese von Revolution und Erhaltung, gegen Mitte unseres Vortrages von der Synthese zwischen positivistischem und normativem Denken, am Ende sehen wir die zwischen Stoff und Form. Es ist, dürfen wir sagen, keine geringe Leistung für ein zahlenmäßig nur mittelmäßiges Volk, wenn es so gegensätzliche Tendenzen in sich harmonisch zu vereinigen vermag. In gleicher Harmonie verbindet es aber auch die Liebe zu seiner alten

28 Gustav Mahlers Musik wurde 1934 in Deutschland als degeneriert verbannt, weil Mahler Jude war.

nationalen Kultur, von dessen ruhmvoller Tradition ich Ihnen eine Vorstellung zu vermitteln versucht habe, mit Achtung und liebevollem Verständnis für jedes fremde, selbständige und kulturschöpferische Volkstum.«

Außer den Vorträgen über Masaryk und Beneš, die Entwicklung der Philosophie in der Tschechoslowakei und das moderne tschechische Kulturleben sprach Silberstein auch über das Thema »Der heutige Stand der Frauenfrage«.[29] Zu diesem Vortrag hatten außer dem estnischen Frauenverein auch alle anderen bestehenden Frauenvereinigungen des Landes eingeladen.[30]

Während Silberstein in den beiden anderen Vorträgen sich einer direkten Polemik mit dem in der Welt damals erstarkenden Faschismus enthielt – dies war ihm von der Regierung der Tschechoslowakei auferlegt worden –, setzte er sich in diesem Vortrag deutlich mit der faschistischen Ideologie auseinander, die besonders den Frauen ihre Menschenwürde nehmen wollte. Er betonte, dass er nicht als Spezialist der Frauenfrage spreche, sondern als »philosophischer Soziologe«, der die Frauenfrage seit 15 Jahren mit tiefster innerer Anteilnahme verfolgt hatte.« Er ging davon aus, dass die Frauenfrage von der allgemeinen Krise der Gegenwart natürlich wesentlich berührt werde, und stellte fest, dass die durch die Rationalisierung der Wirtschaft hervorgerufene Massenarbeitslosigkeit und die Mängel bestimmter demokratischer Systeme, die zur Unregierbarkeit führten, auch die ganze Emanzipationsbewegung bedrohten. Er forderte, dass die Frauenbewegung diese gesellschaftliche Krise zum Anlass nehmen sollte, um ihre Positionen zu überprüfen und zu festigen.

In einem geschichtlichen Rückblick auf die Entwicklung der Frauenbewegung nannte er an erster Stelle die Französische Revolution von 1789, die es unternahm, nach dem Bürger und den Bauern auch die Frauen zu befreien. Zugleich verwies er darauf, dass die Frau schon viel früher im ursprünglichen Christentum aus der Sklaverei der bloß generativen Rolle befreit worden war, weil sie, anstatt dem Mann untertan zu sein, sich nur vor Gott zu verantworten hätte. Mit der Institutionalisierung der Kirche ging dieser Radikalismus wieder verloren, aber die religiöse Revolution des Protestantismus erneuerte die unmittelbare Konfrontation von Gott und Mensch. Die religiöse Frauenbewegung hatte sich besonders auf karitativem Gebiet große Verdienste erworben.

Neben dem Einfluss der Religion führte Silberstein den Einfluss der deutschen Philosophie, insbesondere des Idealismus auf die Frauenbewegung an. Kants Autonomie der sittlichen Persönlichkeit und seine Ausprägung der Menschenwürde bedeuteten,

29 Silberstein, Leopold: Der heutige Stand der Frauenfrage, handschriftliches Manuskript 2.4.1936, Familienarchiv Jenny Herrmann.

30 Huwitaw kõne naisküsimusest (Ein interessanter Vortrag über die Frauenfrage), Postimees vom 2.4.1936 (Orig. estn.).

Dr. Leopold Silberstein (Praha):

Der heutige Stand der Frauenfrage.

Tartu, den 2. April 1936.

Wenn ich als Ausländer die Ehre habe im Kreise estnischer Frauen und unter dem Protektorat ihrer führenden Vereinigungen über den heutigen Stand der Frauenfrage zu sprechen, so erlegt mir das die angenehme Pflicht auf, für eine doppelte Gastfreundschaft meinen Dank abzustatten: für diejenige, die dem Fremden, und für diejenige die dem Mann in diesem Kreise gewährt wird. So groß die aus dieser doppelten Gastfreundschaft entspringende Verpflichtung aber auch sein mag, so sehr empfinde ich doch, daß gerade im Rahmen einer internationalen, der Mehrung gegenseitigen Verständnisses gegenseitiger Achtung und Sympathie gewidmeten Vortragsreise das heutige Thema vorzüglich am Platze ist. Denn das Frauenproblem, so wie ich es heute

Erste Seite des Vortragsmanuskripts »Der heutige Stand der Frauenfrage«

dass »die Frau keinesfalls auf ihre bloße physiologische Rolle beschränkt werden darf«. Weil aber die Philosophen Kant und Hegel in ihrem persönlichen Leben die Frau nicht besonders hoch schätzten, war ihre Wirkung auf die Frauenbewegung mehr eine indirekte. Anders räumten die Vertreter des irrationalistischen, romantischen Flügels der idealistischen Schule, wie Schelling und Schleiermacher, der Frau einen bedeutenderen Platz in der Gesellschaft ein als je zuvor. Insbesondere erklärten sie die Liebe »zur tragenden schöpferischen Macht des Weltalls und zur Inspiratorin des höchsten geistigen Schaffens«.

Dieses romantische Denken führte notwendigerweise zur Idee der Gleichwertigkeit der Geschlechter. Die Beschränkung der Gleichberechtigung auf Liebe und Erotik barg allerdings die Gefahr in sich, dass die Gleichberechtigung in kultureller und sozialer Hinsicht vernachlässigt wurde. Vor dem Hintergrund dieser geschichtlichen Entwicklung stand die Frauenbewegung vor der Aufgabe, »konkrete Lösungen für die Vereinigung von Berufsideal, persönlichem Liebesglück und sozial-familiärer Pflichterfüllung« zu schaffen.

Die Senkung der Säuglings- und Kindersterblichkeit durch Hygienemaßnahmen befreite die Frau vom Zwang vieler Geburten, wenn schließlich zwei Kinder überleben sollten. Leopold Silberstein wendete sich gegen die Behauptung von Rasseideologen, dass die Säuglingshygiene durch Erhaltung der Schwachen rasseverschlechternd wirke, weil das Säuglings- und Kindesalter besonders schutzbedürftig sei. Der technische Fortschritt im 19. Jahrhundert hatte die Frau von vielen schweren und unproduktiven Arbeiten befreit. Die industrielle Entwicklung gab den Frauen in großem Umfang Arbeit. Allerdings werde die Arbeit der Frau – so Silberstein – unter kapitalistischen Verhältnissen als Dumpingkonkurrenz gegen den Mann ausgenutzt. Die Erwerbstätigkeit der Frau führe unter diesen Bedingungen nicht zur Entfaltung der Persönlichkeit.

In den Ausführungen zum heutigen Stand ging Silberstein von der Tatsache aus, dass die Gleichberechtigung der Frau in fast allen demokratischen Staaten zumindest auf dem Papier gewährleistet sei. Er hob die baltisch-skandinavischen Demokratien und die Tschechoslowakei als positive Beispiele hervor. Ein Sonderfall sei die französische Demokratie, die der Frau noch kein Stimmrecht gegeben habe. Aber er rühmte das Verdienst der französischen Wissenschaft, die die beiden Nobelpreisträgerinnen Marie Curie-Sklodowska und Irène Curie-Joliot hervorgebracht hatte. Von den faschistischen Staaten erwähnte er, dass Polen die Gleichberechtigung der Frau nicht angetastet habe. Zugleich unterstrich er den bedeutenden kulturellen Einfluss polnischer Literatinnen, wie Eliza Orzeszkowa und Maria Konopnicka.

> »Der Führer des fascistischen Italien ist erklärter Frauenfeind und –verächter und bereitet sich wiederholt das zweifelhafte Vergnügen, diese Meinung besonders weiblichen Interviewern ungeschminkt ins Gesicht zu sagen, ohne etwas

> anderes als die sattsam bekannten Feld-, Wald- und Wiesenargumente dafür ins Feld führen zu können.«

Mussolini ging es bei der Bevormundung der Frau vor allem darum, dass die Frauen möglichst viele Kinder gebären sollten.

> »Im heutigen Deutschland steht die Gleichberechtigung der Frau noch auf dem Papier, ist aber de facto aufgehoben. Die Frau besitzt zwar noch das aktive Wahlrecht, das passive aber in der Tat nicht mehr, da sie von den allein zugelassenen Einheitslisten ausgeschlossen wird.«

Über die Sowjetunion hob er hervor, dass sie zur Frauenbefreiung radikal bejahend stünde. Große Rückstände gebe es besonders bei den Nationalitäten der zentralasiatischen Sowjetrepubliken. Wieviel bei der Verwirklichung der Gleichberechtigung der Frau noch zu tun bleibe, würde an dem geringen Anteil weiblicher Führungskräfte sichtbar. Selbst auf dem Moskauer Schriftstellerkongress von 1934 waren nur drei Prozent der Delegierten Frauen.

Weiter erörterte Silberstein die Sexual- und Ehereform. Bei der Sexualreform waren die beiden Tendenzen der Verschärfung der Moral für den Mann und der Auflockerung der Moral für die Frau zu beobachten. In der Ehereform bewegte man sich zwischen den beiden Polen des Versorgungsarrangements und der großen leidenschaftlichen Liebe. Silberstein sah eine Lösung in der Beschränkung auf das Gebot der Wahrhaftigkeit und Verantwortung.

> »Der Wille zum Kinde dürfte heute [...] beim gesunden Menschen wieder etwas Selbstverständliches sein, ja er wird geadelt durch die Freiwilligkeit, mit welcher der Mensch sich dazu entschließt«.
>
> »Eine quantitative Forcierung der Kinderzahl aus Gründen der Rassenpolitik, wie sie heute von mancher Seite gefordert wird, bedroht nicht nur die Selbständigkeit der Frau, sondern auch die Menschenwürde der Eltern wie der Kinder.«

Die emanzipierte Frau lehne es ab, Kinder für imperialistische Zwecke zu produzieren, selbst wenn dies im Zeichen von »Geist der Nation« oder »Genius der Rasse« gefordert wird.

»Die Frau sei daher selbstverständlich skeptisch gegen die Irrlehren vom erbarmungslosen Daseinskampf« und somit berufenste Hüterin der Friedensidee. Andererseits dürfe sich die Frau nicht der Idee der nationalen Verteidigung gegen fremde Gewalt verschließen. Die zur Freiheit herangereifte Frau dürfe sich nicht an ein Leben politischer Erniedrigung und Vergewaltigung klammern.

Abschließend diskutierte Silberstein vier Gegenkräfte, gegen die die Frauenbewegung ankämpfen müsse: die religiöse Orthodoxie, die Minderwertigkeitstheorie, die Rassentheorie und die Rationierung der Arbeitsplätze. Speziell zur Rassentheorie bemerkte er, dass sie frauenfeindlich durch ihre panische Angst vor möglicher Kontraselektion infolge Geburtenbeschränkung sei. Besonders rückschrittlich seien die Rassentheoretiker im Hinblick auf die Sexualreform:

> »Sie gehen von der These aus, sexuelle Aktivität sei beim Manne natürlich, bei der Frau dagegen unnatürlich.«

Diese Doppelmoral werde besonders bei unehelichen Kindern deutlich.

> »Der Mann, der ein uneheliches Kind verantwortungslos erzeugt und verläßt, hat nur seiner Natur gemäß gehandelt [...] Die Frau aber hat schon durch die bloße Tatsache, daß sie sexuell so weit aggressiv war, um ein uneheliches Kind davonzutragen, ihre rassische Minderwertigkeit bewiesen; wehe dem Sprößling dieser minderwertigen Mutter!«

Zusammenfassend stellte er fest, dass die Frauenfrage in ihrem ganzen Wesen ein Menschheitsproblem sei, das beide Geschlechter gleichermaßen angehe.

Im Zusammenhang mit dem in Tallinn gehaltenen Vortrag über die Frauenfrage veröffentlichte die Zeitung »Uus Eesti« am 27.3.1936 ein Interview mit Leopold Silberstein:[31]

> *In Estland wird der persönliche Wert eines Menschen geschätzt*
>
> *Ein Gespräch mit dem aus der Tschechoslowakei hier weilenden Dr. L. Silberstein*
>
> *Dr. Leopold Silberstein aus Prag, der schon in Tartu in dem akademischen philosophischen und dem akademischen literarischen Verein Vorträge über verschiedene politische und wissenschaftliche Fragen gehalten hat, wird am Freitag Abend im Kunsthaus über die »Frauenfrage heute« sprechen.*
>
> *Die Spezialgebiete von Dr. L. Silberstein sind Philosophie, Soziologie, slawische Literatur und slawische Geschichte. Er ist ein junger Mann, spricht jedoch 15 Sprachen und hat zahlreiche Artikel aus den oben genannten Gebieten veröffentlicht.*
>
> *Im Zusammenhang mit dem am Freitag Abend stattfindenden Vortrag über die Frauenbewegung erklärte Dr. Silberstein dem Mitarbeiter von »Uus Eesti«, dass ihn als Soziologen und Slawisten auch die Frauenfrage interessiere und dass er mit großem Interesse die kulturelle Entwicklung der Frau bei den Westslawen (Polen und Tschechoslowakei) und in der Sowjetunion verfolgt habe.*
>
> *»Selbstverständlich behandle ich die Frauenfrage nicht nur allein vom kulturellen Standpunkt«, erklärte er bei der Unterhaltung, »sondern auch vom prinzipiellen. Mein Standpunkt zur Frauenfrage ist folgender: erstens glaube ich an den alleinigen persönlichen Wert eines jeden Menschen, zweitens: an das Vermögen der menschlichen Vernunft und drittens bin ich überzeugt, dass beide Geschlechter fä-*

31 Eestis hinnatakse inimese isiku väärtust (In Estland wird der persönliche Wert eines Menschen geschätzt), Uus Eesti vom 27.3.1936 (Orig. estn., Übersetzung K. Albrecht).

hig sind, die Aufgaben zu beschließen und durchzuführen, die ihnen vom Leben und dem Gegensatz der Geschlechter vorgelegt werden. Selbstverständlich beschließen sie diese Fragen nach ihrer Art. Und wir, die wir auf dem Boden der Werte der Menschheit stehen, müssen die Beziehungen der beiden Geschlechter möglichst vom Standpunkt des persönlichen Wertes einer jeden einzelnen Person beurteilen.«

»Wie finden Sie die Lage der estnischen Frau nach den bisher erhaltenen Eindrücken?«

»Ich fühle, dass in Estland, einem Lande, wo nicht nur allein der Wert der Frau, sondern auch der Wert und die Freiheit der menschlichen Person geschätzt, wo die individuelle Überzeugung geachtet wird, der würdige Platz der Frau neben dem Manne ist. In einem Lande, das stolz auf seine nationale Selbständigkeit ist, das diesen natürlichen nationalen Stolz aber mit Achtung gegenüber Personen anderer Nationalität und ihrer Rechte verbindet, kann es gar nicht anders sein.

Ich kann sagen, dass man in der Tschechoslowakei ernsthaft die in der estnischen Gesetzgebung vorgesehene nationale Kulturautonomie verfolgt. Die ideologischen Grundlagen der Tschechoslowakei sind in großem Maße ähnlich den ideologischen Grundlagen Estlands. Als Jude widme ich eine besonders tiefe Aufmerksamkeit der Estnischen Republik dafür, dass sie die Kulturautonomie der Juden anerkannt hat.«

Nach seiner Rückkehr nach Prag beabsichtigt Dr. Silberstein selbst Vorträge über die Frauenbewegung in Estland zu halten. Zu diesem Zweck richtete er an die Führerinnen unseres Frauenverbands Frau M. Reisik und Frau L. Eenpalu eine Reihe von Fragen, die eine gründliche Beantwortung fanden.

Leider ist nicht bekannt, wo das oben erwähnte Interview Silbersteins mit Frau Eenpalu veröffentlicht wurde. Der Vortrag über den heutigen Stand der Frauenfrage erschien leicht gekürzt in der Zeitschrift »Eesti Naine« (Die estnische Frau).[32] Unter der Überschrift »Nicht Konkurrenz, sondern Zusammenarbeit – Probleme der modernen Frauenbewegung« berichtete die Zeitung »Postimees« am 4.4.1936 über diese Veranstaltung.[33]

Sämtliche von Leopold Silberstein gehaltene Vorträge fanden in der estnischen und finnischen Presse einen lebhaften positiven Widerhall. Allein die Tartuer Tageszeitung »Postimees« schrieb sechsmal über die Vortragsveranstaltungen. Die offiziöse estnische Zeitung »Uus Eesti« berichtete am 9.3.1936 über eine vom tschechoslowakischen

32 Silberstein, Leopold: Mees kõneleb naisküsimusest (Ein Mann spricht über die Frauenfrage), Eesti Naine XIII (1936) Nr. 10 (147), S. 189–194 (Orig. estn.).

33 Mitte võistlus, waid koostöö (Nicht Konkurrenz, sondern Zusammenarbeit), Postimees vom 4.4.1936 (Orig. estn.).

Gesandten in Tallinn, Prof. J. Galia organisierte Feierstunde aus Anlass des 86. Geburtstages des Präsidenten T.G. Masaryk und erwähnte unter der Überschrift »Auch in Tartu wurde T.G. Masaryk gefeiert« Silbersteins Vortrag über Masaryk und Beneš.[34] Weiterhin veröffentlichte die finnische Zeitung »Helsingin Sanomat« am 23.3.1936 einen zweispaltigen Bericht mit dem Titel »Filosofit hallitus miehinä (Philosophen-Staatsmänner) über den Vortrag von Silberstein, den er über das philosophische Werk von Masaryk und Beneš gehalten hatte. Auch die in Helsinki erscheinende schwedischsprachige Zeitung »Hufrudstadsbladet« berichtete am 18.3. und 24.3.1936 über die Vorträge »Das kulturelle und literarische Leben der Tschechen in der Gegenwart« und »Die Verwirklichung der Philosophie in der Politik T.G. Masaryks und Dr. Edvard Beneš‹«.[35]

Arvid Grotenfelt[36], ein Vertreter der Philosophischen Vereinigung Finnlands, der die Vorträge von Silberstein in Helsinki organisiert hatte, richtete am 10.4.1936 diesen Dankesbrief an ihn:[37]

> *Sehr geehrter Herr Doktor!*
>
> *Meinen besten Dank für den überaus freundlichen Gruß, den Sie mir aus Tartu gesandt haben, wie auch für Ihren Besuch in Helsinki und in unserem Philosophischen Verein! Es ist mir sehr angenehm gewesen, Ihre Bekanntschaft zu machen und durch Ihre Vorträge interessante Aufklärungen und lebendige Eindrücke von dem Leben und den wissenschaftlichen Bestrebungen in ihrem Vaterlande zu erfahren. Ich empfehle mich Ihnen bestens. Ihr Besuch wird mir eine angenehme Erinnerung bleiben.*
>
> *Mit vorzüglicher Hochachtung*
> *Ihr*
> *Arvid Grotenfelt.*

Der Generalkonsul des Königreichs Jugoslawien in Helsinki Dr. Ivan Šajković[38] schrieb ihm über die Vorträge in Helsinki einen Dankesbrief (Datum nicht überliefert), aus dem hier ein Auszug folgt:[39]

34 Masaryki õhtu Tallinnas (Ein Masaryk-Abend in Tallinn), Uus Eesti vom 9.3.1936 (Orig. estn.).
35 Hufrudstadsbladet vom 18.3.1936 und 24.3.1936, Nationalarchiv Prag, Archival collection of the Ministry of Foreign Affairs – Press Cuttings, 1916–1944 (Orig. schwed.).
36 Arvid Grotenfelt (ca. 1863–1941) war Professor für Philosophie in Helsinki.
37 Brief Arvid Grotenfelt an Leopold Silberstein vom 10.4. 1936, Familienarchiv Jenny Herrmann.
38 Ivan Šajković (1875–1946) betätigte sich auch als Übersetzer aus dem Finnischen und Russischen, so hatte er das Epos Kalevala aus dem Finnischen ins Serbische übersetzt.
39 Brief Dr. Ivan Šajković an Leopold Silberstein (1936, genaues Datum unbekannt), Familienarchiv Jenny Herrmann (Orig. serb u. russ.).

Verehrter lieber Herr Doktor,

Auch nach dem Empfang Ihres Briefes aus Estland verliere ich nicht die Hoffnung, dass Sie zu uns nach Helsinki zurückkehren, aber leider hatten wir nicht das Glück, Sie wieder zu sehen. Ich kann mir vorstellen, dass Sie gut zu Hause und in den Armen der Familie angekommen sind.

Herr Professor Mansika[40] *schrieb mir unter anderem das Folgende:*

»Dr. Silberstein war hier und hatte großen Erfolg. Er ist ein sehr belesener und gebildeter Mensch, und ich wäre sehr froh, seine Bekanntschaft zu schließen.«

Ich bin sehr glücklich, dass Sie, lieber Herr Doktor, einen solchen Eindruck in der estnischen und unserer Gesellschaft hinterlassen haben. Wir werden Sie nicht vergessen und immer dankbar sein für das Vergnügen, das uns Ihre Persönlichkeit und Ihre Vorträge verschafften /und Ihre Musik /. Noch einmal: Ihnen vielen Dank. Vor ein paar Tagen erhielt ich von Herrn Dvořák[41] *den Text Ihrer Vorträge über Masaryk. Ich werde sehen, sie ins Serbische zu übersetzen, und wir werden danach besprechen, was weiter zu tun ist.*

Mit den besten Wünschen für Sie und Ihre Familie, sende ich herzliche Grüße von meiner Frau und bin Ihnen immer ergeben

Dr. I.S. Šajković m.p.

Radmansgatan 2A

In einem Brief vom 19.4.1936 schrieb der Religionswissenschaftler Prof. Lazar Gulkowitsch an Silberstein:[42]

»Ihre Vorträge – und das ist nicht nur meine persönliche Meinung – haben uns ein eindrucksvolles Bild vom kulturellen und staatlichen Leben der Tschechoslovakischen Republik und den leitenden Ideen, die für die Politik dieses Staates richtunggebend sind, vor Augen gestellt. [...] In Ihren Vorträgen und fast noch mehr möchte ich sagen bei den persönlichen und halboffiziellen Empfängen, die Gelehrte und Schriftsteller Ihnen zu Ehren veranstaltet haben und bei denen Sie nicht müde wurden Ihr Wissen und Ihr Können in den Dienst des Gedankenaustausches zu stellen, haben Sie sich durch Ihre Beherrschung der Materie, nicht zuletzt unterstützt durch Ihre menschlichen Qualitäten und Anlagen, hier in Tartu /Dorpat/ und in Tallinn /Reval/ und wie ich zu meiner Freude höre auch in Helsinki ein überaus dankbares Auditorium gewonnen.«

Zwischen Silberstein und der Familie Gulkowitsch entstand eine enge Freundschaft. Wenige Monate nach dieser Vortragsreise veröffentlichte Silberstein einen Aufsatz

40 Gemeint ist wohl Mikkola Mansikka, ein finnischer Slawist.

41 Dr. Karel Dvořák war der Gesandte der ČSR in Finnland.

42 Brief Prof. Gulkowitsch an Leopold Silberstein vom 19.4.1936, Familienarchiv Jenny Herrmann.

Příloha č. 1.
Beil. g S176

Kopie.

TEADUSE SEMINAR
U ÜLIKOOLI
OOFIATEADUSKONNA
JUURES
/jméno Sem náře
v řeči hebrejské/
e.Prof.Dr.L.Gulkowitsch

TARTU/EESTI, am 19.April 1936.
Kuperjanovi 3a.

Herrn
Dr.Leopold Silberstein

Praha-Dejvice 1169, Na Pískách 85.

Sehr geehrter Herr Doktor,

Es freut mich ausserordentlich, Ihnen nicht nur meinen persönlichen Dank für die Anregungen, die ich durch Ihren Besuch in Estland erhalten habe, auszusprechen, sondern Ihnen darüber hinaus den Dank meiner Kollegen und der wissenschaftlich orientierten Kreise unserer Universitätsstadt übermitteln zu können. Ihre Vorträge - und das ist nicht nur meine persönliche Meinung - haben uns ein eindrucksvolles und umfassendes Bild vom kulturellen und staatlichen Leben der Tschechoslovakischen Republik und den leitenden Ideen, die für die Politik dieses Staates richtuggebend sind, vor Augen gestellt. Es war mir eine besondere Freude, bemerken zu können, dass die verschiedensten Kreise unseres, wie Sie ja wissen, vielgestaltigen kulturellen Lebens Ihren Vorträgen mit grossem Interesse gefolgt sind und reiche und nachhaltige Eindrücke empfangen haben. In Ihren Vorträgen und fast noch mehr möchte ich sagen bei den persönlichen und halboffiziellen Empfängen , die Gelehrte und Schriftsteller Ihnen zu Ehren vorenstaltet haben und bei denen Sie nicht müde wurden Ihr Wissen und Ihr Können in den Dienst des Gedankenaustausches zu stellen, haben Sie sich durch Ihre Beherrschung der Materie, nicht zuletzt unterstützt durch Ihre menschlichen Qualitäten und Anlagen, hier in Tartu /Dorpat/ und in Tallinn /Reval/ und wie ich zu meiner Freude höre auch in Helsinki ein überaus dankbares Auditorium gewonnen. Wir würden uns daher aufrichtig freuen, wenn Ihnen durch Sicherung Ihrer materiellen Lage die berechtigte Möglichkeit gegeben würde, die akademische Laufbahn einzuschlagen und in irgend einer Form eine dauernde Beziehung zu unserer Universität und dem Kreise von Freunden, die Sie sich hier geschaffen haben, zu erlangen.

Das Seminar für jüdische Wissenschaft
an der Universität Tartu

Mit den besten Wünschen
und den ergebensten Grüssen

L a z a r   G u l k o w i t s c h m.p.

Schreiben von Prof. Lazar Gulkowitsch über die Vortragsreisen von Leopold Silberstein in Estland und Finnland im Jahr 1936

»Lazar Gulkowitsch's judaistische Aufbauarbeit«.[43] Darin würdigte er Gulkowitsch's mit der modernen begriffsgeschichtlichen Methode durchgeführte Arbeiten zur hebräischen Sprachgeschichte, die er auf die Sprachwissenschaft insgesamt verallgemeinerte. Die Arbeiten von Prof. Gulkowitsch waren deutlich vom Geist des Prager Linguistischen Zirkels beeinflusst.

43 Silberstein, Leopold: Lazar Gulkowitsch's judaistische Aufbauarbeit, Jüdische Revue (1936), August, S. 36–38.

Ein weiteres Ergebnis dieser Vortragsreise war die Verbindung zu Dr. August Annist[44], der die Zeitschrift »Elav teadus« (Lebendige Wissenschaft) redigierte. Annist hatte Silberstein vorgeschlagen, eine Broschüre zum Thema »Die Stellung der Tschechoslowakei in Europa« bzw. »Die kulturelle Sendung der Tschechoslowakei in Europa« zu verfassen. In einem Brief vom 14.5.1936 schrieb Silberstein an Annist aus Prag:[45]

> »Zu meiner grossen Freude kann ich Ihnen, Herr Doktor, mitteilen, dass – wie ich gestern erfahren habe -, das Projekt an hiesiger Stelle grundsätzlich zustimmend aufgenommen worden ist, so dass mit seiner Realisierung gerechnet werden kann. Ich bitte Sie daher, mir nunmehr gütigst Ihre näheren Vorschläge und Wünsche betreffs Themafassung und Einzelinhalt mitteilen zu wollen, damit ich Ihnen alsdann ungesäumt einen detaillierten Konspekt unterbreiten kann. Unser Gespräch ging auf ein Manuskript von 90 deutschen Schreibmaschinenseiten zu ca. 30 Zeilen, das Sie mir freundlichst mit 90,-- Eestikronen honorieren wollten. Ich wäre bereit, nach Abwicklung der dringendsten vorausgehenden Verpflichtungen die Arbeit gegen den 15. Juni in Angriff zu nehmen, so dass das Manuskript Anfang Juli in Ihrem Besitz sein könnte.
>
> Ich nehme an, dass meine Frau mit unserem Töchterchen Mitte Juli zu einem mehrwöchigen Kuraufenthalt nach Estland kommt; es würde mir sehr daran liegen, dass sie dann das erwähnte Honorar von 90,-- Eestikronen persönlich in Tartu beheben könnte; dadurch wäre der größte Teil ihrer Aufenthaltskosten gedeckt, und Sie, sehr verehrter Herr Doktor, hätten keine Sorge mit dem Transfer. Ich wäre Ihnen aufrichtigst verbunden, wenn Sie, sehr verehrter Herr Doktor, mir recht bald mitteilen könnten, ob die Sache in dem vorerwähnten Sinne geregelt werden kann; meinerseits könnten Sie auf raschestmögliche Fertigstellung des Manuskriptes rechnen. Auf alle Fälle bitte ich um ein Probeexemplar der Serie, in welcher die Broschüre erscheinen soll, damit ich die erforderliche Aufmachung beurteilen und überlegen kann, welches Bildermaterial eventuell in Frage käme.«

Zuvor hatte sich Leopold Silberstein am 16.04.1936 an das Ministerium für auswärtige Angelegenheiten in Prag gewendet, um in dieser Angelegenheit einen Zuschuss zu den Honorarkosten zu erwirken:[46]

44 August Annist (1899–1972) war ein estnischer Literaturwissenschaftler, Übersetzer, Folklorist und Lyriker. Von 1931 bis 1940 redigierte er die Zeitschrift »Elav Teadus«. 1942 veröffentlichte er unter einem Pseudonym in Finnland einen Bericht über die Verbrechen während der sowjetischen Besetzung Estlands. 1945 wurde er von den sowjetischen Behörden verhaftet und kam erst 1951 wieder frei. Danach war er an der Akademie der Wissenschaften der Estnischen SSR tätig.

45 Brief Leopold Silberstein an A. Annist vom 14.5.1936, Estnisches Literaturmuseum, Fonds 218, A. Annist + M11:7.

46 Schreiben Leopold Silberstein an das Ministerium für auswärtige Angelegenheiten vom 16.04.1936,

»Der stellvertretende Vorsitzende des akademisch-literarischen Klubs in Tartu, Herr Dr. August Annist, ein bekannter Forscher über das estnische Nationalepos, gab mir die Anregung, dass für Estland eine Broschüre über die heutige Tschechoslowakei geschrieben wird, wobei man das Thema unter einem bestimmten einheitlichen Gesichtspunkt auffassen könnte, z. B. ›Die Stellung der Tschechoslowakei in Europa‹ oder ›Die Mission der Tschechoslowakei in der heutigen europäischen Kultur‹. Das Manuskript könnte auf Deutsch sein und ungefähr 90 Schreibmaschinenseiten umfassen. Nach der Bezahlung eines Übersetzungshonorars kann mir Herr Dr. Annist ein restliches Honorar in Höhe von 90,- estnischen Kronen versprechen, d. h. Kč. 600,–. Da Herr Dr. Annist selbst einräumte, dass ein solches Honorar minimal im Vergleich zur geleisteten Arbeit wäre, riet er mir, mich an das hohe Ministerium für auswärtige Angelegenheiten mit dem Vorschlag und der höflichen Frage zu wenden, ob das hohe Ministerium bereit wäre, eine gewisse Subvention für die Realisierung des genannten Plans beizusteuern. Ich könnte diese Arbeit ausführen, wenn das hohe Ministerium belieben würde, seinerseits einen Betrag von Kč. 900,– zu gewähren. Wenn ich das grundsätzliche Einverständnis des hohen Ministeriums erhielte, würde ich in weitere Verhandlungen mit Herrn Dr. Annist bezüglich der Details des Inhalts eintreten, über deren Verlauf und Ergebnis ich es nicht versäumen würde, das hohe Ministerium rechtzeitig zu informieren.«

Auch der Gesandte der ČSR in Tallinn, Prof. Galia, begrüßte Silbersteins Vorschlag grundsätzlich:[47]

»Die Gesandtschaft ist prinzipiell mit jeder Anregung einverstanden, die unserer Propaganda im hiesigen Staat nützen kann und begrüßt deshalb auch die Anregung von Herrn Dr. Leopold Silberstein.

Es wird aber die Befürchtung gehegt, dass an dem Werk nur ein kleiner Kreis von Interessenten Interesse haben wird, weil es vielleicht auf einer wissenschaftlichen Grundlage geschrieben sein wird. Die hiesige Behörde misst eine erhebliche Wichtigkeit dem Bekanntwerden der breitesten estnischen Kreise mit der ČSR zu und empfiehlt deshalb zum Zwecke der Propaganda in erster Linie Werke, die populär geschrieben sind. Wissenschaftler und andere haben die Möglichkeit, Informationen aus fremdsprachigen Büchern zu schöpfen.

Archiv des Ministeriums für Auswärtige Angelegenheiten Tschechischen Republik in Prag, Box Abt. III (Orig. tschech.).

47 Schreiben der Gesandtschaft der ČSR in Tallinn an das Ministerium für auswärtige Angelegenheiten vom 19.05.1936, Archiv des Ministeriums für Auswärtige Angelegenheiten Tschechischen Republik in Prag, Box Abt. III (Orig. tschech.).

Wenn das dortige Ministerium mit der Herausgabe des Buches keine anderen Ausgaben als das Honorar von Kč 900,– für den Autor hat, wird der Vorschlag von Herrn Dr. Silberstein zur positiven Erledigung empfohlen.«

Obwohl das Außenministerium anfangs geneigt schien, die Herausgabe dieser Propagandabroschüre auch moralisch und finanziell zu fördern, wurde das Projekt aufgrund der zögerlichen Haltung wegen der Finanzierung durch das tschechoslowakische Schulministerium bis Ende 1937 nicht realisiert, wie der unten wiedergegebene Bericht Silbersteins vom 7.12.1937 zum Ausdruck bringt. Im Zuge der sich dann rasch verschärfenden Sudetenkrise wurde das Vorhaben dann endgültig ad acta gelegt.

Nach dem Abschluss der Reise wurde Silberstein vom Staatspräsidenten Dr. Edvard Beneš in Audienz empfangen, um ihm über die Ergebnisse der Vortragsreise zu berichten.[48] Zu diesem Zweck wendete er sich am 18.4.1936 an die Kanzlei des Präsidenten der ČSR, wo in einem Vermerk festgehalten wurde:[49]

»Es erschien Dr. Leopold Silberstein, Praha-Dejvice, Na Pískách 85, der gerade von einer Vortragsreise nach Estland und Finnland zurückgekehrt ist, die er mit Hilfe des Ministeriums für auswärtige Angelegenheiten durchführte. Auf dieser Reise hielt Dr. Silberstein 13 Vorträge in französischer und deutscher Sprache, teils über das kulturelle Leben in der Tschechoslowakei, teils zum Thema: Verwirklichung der Philosophie in der Politik, T.G. Masaryk und Dr. Edvard Beneš, sowie über die Rassenfrage und über die Rolle, die in der heutigen geistigen Krise der Konflikt zwischen Rationalismus und Irrationalismus spielt. Über das Ergebnis seiner Reise lieferte er dem Ministerium einen Bericht, dessen Kopie ich beilege.

Dr. Silberstein bittet bei dieser Gelegenheit um eine Audienz beim Herrn Präsidenten der Republik, die ihm vor seiner Abreise wegen der Kürze der Zeit nicht gewährt werden konnte. Er wäre froh, wenn er den Herrn Präsidenten über die Verhältnisse in den beiden baltischen Staaten informierte, besonders über den Erfolg bzw. Nicht-Erfolg der ungarischen und deutschen Propaganda in Estland und Finnland.«

Die Audienz fand am 2.6.1936 in den Räumen des Präsidenten Dr. E. Beneš auf der Prager Burg statt.[50] Aus einem entsprechenden Vermerk geht hervor, dass der Präsident vier von Silbersteins in Estland gehaltenen Vorträgen gelesen hatte. Im Vorfeld der Audienz hatte Silberstein telefonisch angefragt, ob er mit dem Präsidenten die

48 Brief Leopold Silberstein an Jaroslav Galia vom 24.6.1936, Archiv des Ministeriums für Auswärtige Angelegenheiten Tschechischen Republik in Prag, Box Tallinn (Orig. tschech.).

49 Vermerk der Kanzlei des Präsidenten der ČSR vom 18.4.1936, Archiv der Kanzlei des Präsidenten der Tschechischen Republik, File Nr. 991 Leopold Silberstein (Orig. tschech.).

50 Vermerk der Kanzlei des Präsidenten der ČSR vom 16.5.1936, Archiv der Kanzlei des Präsidenten der Tschechischen Republik, File Nr. 991 Leopold Silberstein (Orig. tschech.).

Veröffentlichung einer Broschüre über die Tschechoslowakei in Estland, wie sie von Dr. Annist angeregt worden war, besprechen könnte. Es wurde ihm aber nahegelegt, sich auf die Information des Präsidenten über die Vortragsreise in baltische Staaten zu konzentrieren, da die Dauer der Audienz begrenzt sei.[51]

Diese kulturell und geistesgeschichtlich orientierten Vorträge besaßen eine nicht zu unterschätzende politische Bedeutung, denn sie stellten die Tschechoslowakei als ein Land mit reicher Geschichte dar, als ein Land, das einen festen Platz in Mitteleuropa einnimmt. Man darf nicht vergessen, dass das Existenzrecht der Tschechoslowakei nicht nur von Nazi-Deutschland, sondern auch von anderen politischen Feinden des Landes, wie der damaligen polnischen Regierung infrage gestellt wurde.

So nimmt es nicht Wunder, dass die deutsche Gesandtschaft in Estland die Vortragstätigkeit von Leopold Silberstein mit feindseliger Aufmerksamkeit verfolgte. In einem Bericht des deutschen Gesandten in Tallinn an das Auswärtige Amt in Berlin vom 11.5.1936 hieß es:[52]

Inhalt: Beobachtung der Tätigkeit deutscher Emigranten in Estland.

Weisungsgemäß habe ich, soweit möglich, die Tätigkeit der deutschen Emigranten in Estland beobachten lassen. Wie durch die frühere Berichterstattung bekannt, ist die Zahl der deutschen Emigranten in Estland nicht bedeutend. Soweit es nicht Juden sind, die aus geschäftlichen Gründen ihren Wohnort in das Ausland verlegt haben, handelt es sich hauptsächlich um einen kleinen Kreis von Emigranten, der in Dorpat [Tartu] lebt. Diese Personen, über die weiter unten im einzelnen zu sprechen sein wird, sind insofern nicht ungefährlich, als es sich durchweg um akademisch gebildete Menschen handelt, die verhältnismäßig schnell Anschluß an die Dorpater Universität gefunden haben. Der an der Universität Dorpat vorherrschende Geist ist ausgesprochen chauvinistisch. Alle Kreise, die in geistiger Verbindung zu der Universität Dorpat stehen, wie die estnischen Korporationen, die nationalen Klubs, sind antideutsch und antinationalsozialistisch. Es ist daher verständlich, daß deutsche Emigranten, die aus einer gleichen Geistesschicht stammen, hier schnell Anschluß finden und eine zum mindesten schädigende Wirksamkeit ausüben können.

Zu diesen Personen scheint in erster Linie eine Frau Mary Schneider-Braillard, gebürtig aus Petersburg, zu gehören. Sie ist mit ihrem Vetter Friedrich Schwarz verheiratet. Beide führen eine ausgedehnte Korrespondenz mit Schweizer und

51 Vermerk der Kanzlei des Präsidenten der ČSR vom 29.5.1936, Archiv der Kanzlei des Präsidenten der Tschechischen Republik, File Nr. 991 Leopold Silberstein (Orig. tschech.).

52 Bericht der Deutschen Gesandtschaft für Estland vom 11.5.1936, Politisches Archiv des Auswärtigen Amts, Box Reval 81.

Tschechoslowakischen Persönlichkeiten. Frau Schneider-Braillard soll eine Zeit lang in einem deutschen Konzentrationslager gewesen sein. Ihre Abneigung gegen Deutschland hat sie gegenüber Vertrauenspersonen der Gesandtschaft wiederholt zu erkennen gegeben. Ihr Verkehr in Dorpat beschränkt sich fast ganz auf jüdische und salonbolschewistische Kreise. In diesem Zusammenhang sei erwähnt, dass der bolschewistische Einfluss in Dorpat ständig an Boden gewinnt.

Zum engsten Kreise der Familie Braillard gehört Frl. Licentiat Lampe, die bis zur Machtergreifung Bibliothekarin des theologischen Seminars in Leipzig gewesen sein soll. Frau Schneider-Braillard, die anscheinend eine kommunistische Zelle in Deutschland geleitet hat, erhält zahlreichen Besuch aus Prag und anderen Zentren der deutschen Emigration. Vor einiger Zeit besuchte sie ein gewisser Dr. Amburger[53] *aus Berlin, ferner ein Holländer namens Shleyhuis, der im Auftrage der SPD aus Holland gekommen sein soll, ferner ein Herr Silberstein aus Prag, der verschiedene Vorträge in Estland hielt und sich als Doktor der Universität Berlin bezeichnete. Herr Silberstein soll Reichsdeutscher sein und ein Haus in Berlin W, Kleiststr. 15, besitzen. Silberstein ist der Typus des geistigen Juden. Es scheint, als ob er mit Frau Schneider-Braillard bezw. Schwarz eine neue Zeitschrift, »Die Europäische Tribüne«, aufmachen wollte. Silberstein hielt Vorträge vor der akademisch-philosophischen und der akademisch-literarischen Gesellschaft in Dorpat sowie einen Vortrag im Rahmen der Alliance Française in Reval über Masaryk und Benesch. Frau Schneider-Braillard, die kürzlich in Prag war, führt auch verschiedentlich Korrespondenz mit Personen in Deutschland. Unter den Absendern der von dort eingehenden Post befindet sich A. von Creytz-Altenburg, Berlin SW 29, Fridericiusstr. 5.*

Es dürfte ferner von gewissem Interesse sein, dass diese Kreise Verbindungen zu einer baltischen Liga aufgenommen haben, die anscheinend ihren Sitz in den Vereinigten Staaten hat. Der Vorsitzende dieser Liga soll ein Lette namens Harry Lielnor[54] *sein. Leider konnte nicht festgestellt werden, in welcher amerikanischen Stadt diese baltische Liga ihren Sitz hat. Selbstverständlich lässt sich von hier aus nicht übersehen, ob die vorstehenden Angaben, die mir von verschiedenen durchaus vertrauenswürdigen Personen aus deutschen und estnischen Kreisen übermittelt wur-*

53 Dr. Erik Amburger (1907–2001) war deutscher Osteuropahistoriker. Wie M. Schneider-Braillard geboren in St. Petersburg, promovierte er 1933 bei Prof. Stählin. Da er wegen jüdischer Vorfahren nicht in den öffentlichen Dienst übernommen wurde, beschäftigte ihn Prof. Stählin bis 1938 als Privatassistenten für die Arbeit an seiner »Geschichte Russlands«. Nach dem Krieg war er bis 1953 an der Akademie der Wissenschaften in Ostberlin und danach an der Universität Marburg tätig.

54 Harijs »Harry« Lielnors (1900–1978) war 1923 in die USA eingewandert und im nationalistischen lettischen Jugendklub in New York wirksam. 1941 gründete er Latvian Relief, die lettischen Flüchtlingen half.

den, verwendbar sind. Immerhin erscheint es mir zweckmäßig, auf den Personenkreis Schneider-Braillard – Schwarz hinzuweisen, da kaum Zweifel daran bestehen kann, dass es sich hier um ehemalige Reichsdeutsche handelt, die in Wort und wohl auch in der Tat gegen ihre einstige Heimat agitieren.
Frohwein[55]

Mary Schneider-Braillard und ihr Ehemann Friedrich Schwarz gehörten seit Anfang der 30er-Jahre zu den Freunden der Familie Silberstein. Nach der Machtergreifung der Nazis 1933 wurde sie als aktive Pazifistin verhaftet, kam aber durch Fürsprache eines hochgestellten Freundes wieder frei. Frau Schneider-Braillard, die aus einem bürgerlichen Milieu stammte, hatte aber nie für die Kommunisten gearbeitet. In Prag arrangierte die Familie Silberstein für sie mithilfe der YWCA[56] einen Rezitationsabend, auf dem sie Gedichte für den Frieden vortrug. Als sie und ihr Ehemann etwa 1940 von Estland nach Paris reisen wollten, nahmen sie unvorsichtigerweise einen Zug, der durch Deutschland fuhr. Sie wurden beide aus dem Zug heraus verhaftet, da sie nicht zuletzt aufgrund von Berichten wie dem oben aufgeführten auf einer schwarzen Liste standen. Mary Schneider-Braillard kam in das Konzentrationslager Ravensbrück und wurde dort mehrere Jahre lang in einer Dunkelzelle eingesperrt. Friedrich Schwarz wurde in das Konzentrationslager Buchenwald eingeliefert. Wie durch ein Wunder haben beide die jahrelange Haft im Konzentrationslager überlebt. Das erwähnte Frl. Lampe war die Bibliothekarin von Prof. Gulkowitsch. Erstaunlicherweise ist er hier der Aufmerksamkeit der Nazi-Gesandtschaft entgangen.

Zu den Zuträgern für den obigen Bericht gehörte kein geringerer als der reichsdeutsche Prof. Ernst Kieckers[57], der in Tartu in derselben Pension wie das Ehepaar Schwarz verkehrte und sich nicht zu schade war, eine Aufwartefrau anzustiften, die Post der Familie Schwarz zu durchsuchen.[58]

Der obige Bericht durchlief sieben Abteilungen des Auswärtigen Amts und wurde mit Datum 16.6.1936 außerdem dem Reichs- und Preussischen Ministerium des Innern, dem Geheimen Staatspolizeiamt und der Gesandtschaft in Prag zur Kenntnis zugeleitet. In einer handschriftlichen Notiz auf dem Verteiler wurde vermerkt, dass man Silberstein und Fritz Schwarz in Prag gesehen hätte.[59] Das belegt, dass beide von Agenten der Gestapo beobachtet wurden.

55 Dr. Hans Frohwein (1887–1956) war von 1936 bis 1941 der deutsche Gesandte in Tallinn.
56 YWCA – Young Women's Christian Association
57 Ernst Kieckers (1882–1938) war seit 1921 Professor für indogermanische Sprachwissenschaft an der Universität Tartu.
58 Bericht Prof. Kieckers an den deutschen Gesandten in Tallinn vom 21.1.1936, Politisches Archiv des Auswärtigen Amts, Box Reval 81.
59 Akte »Antworten auf Runderlasse vom 26.10.1935 und 23.1.1936«, Band 2, 1936–1937, Bestellsignatur R 99605, Politisches Archiv des Auswärtigen Amts.

Aula der Universität Tartu (Zustand von 2013)

Als ein weiterer Zuträger äußerte sich in einem Bericht vom 25.3. 1936 an die Kulturabteilung des Auswärtigen Amtes in Berlin der Lektor der deutschen Sprache an der Universität Tartu, Dr. K. Schreinert, wütend und giftig über den Erfolg der Vorträge von Leopold Silberstein:[60]

»Ich möchte nicht verfehlen, besonders darauf hinzuweisen, dass am 7. März dieses Jahres die Akademisch-Philosophische Gesellschaft und das Französische Institut einen Vortragsabend in der Universitätsaula veranstaltet haben, bei dem Franzosen (Rudrauf der französische Propagandaprofessor, Elsässer!), Esten (Tarvel, Professor für allgemeine Geschichte, er liest zurzeit über ›Vorgeschichte des Weltkrieges‹! – seinen früheren Namen ›Treiberg‹ hat er neuerdings estisiert zu ›Tarvel‹ und Juden (Silberstein aus Prag, Nationalökonom [sic!]) in innigem Verein tätig waren, wie die folgende Zeitungsankündigung beweist:

La Société Universitaire Philosophique et L'Institut Scientifique Français organisent une Soirée à l'Aula de l'Université le samedi 7 mars 1936, à 8 heures du soir.

60 Bericht des Lektors für deutsche Sprache an der Universität Dorpat, Dr. K. Schreinert an die Kulturabteilung des Auswärtigen Amtes vom 25.3.1936, Politisches Archiv des Auswärtigen Amtes, Box Reval 81.

Programme: 1. Allocution de prof. P. Tarvel, 2. Discours de M. L. Silberstein (Prague): ›La Réalisation de la Philosophie dans la politique: T. G. Masaryk et E. Benes‹, 3. Allocution de prof. L. Rudrauf
Entrée libre.

Diese Veranstaltung fand, wie gesagt, in der Universitätsaula statt. Ich bemerke dazu, dass man es aber im letzten Herbst abgelehnt hat, dem Berliner Universitätsprofessor Julius Petersen[61] für seinen Vortrag ›Das Theater der Gegenwart in Deutschland‹ die Aula zur Verfügung zu stellen.

[...] Diese Kulturwerbung für Deutschland muss meiner Ansicht nach planmässig fortgesetzt und wesentlich verstärkt werden, so schwierig diese Arbeit – bei der Gegenarbeit insbesondere der Franzosen, Französlinge und einiger Emigranten – sein dürfte. Hinderungen dürften auch in gewissem Grade von diesen und jenen estnischen Kreisen versucht werden – ein Teil der estnischen ›Gebildeten‹ gefällt sich besonders hier in Dorpat in einer Stimmungsmache gegen das nationalsozialistische Deutschland, wobei das Schlagwort von der deutschen ›Ostpolitik‹, vom ›deutschen Drang nach dem Osten‹ immer und immer als gangbare Münze für den demagogischen Gebrauch benutzt wird.«

Die Wut des deutschen Lektors ist somit auch darauf zurückzuführen, dass der Boden für die deutsche Propagandaarbeit wegen der ablehnenden Haltung des Lehrkörpers der Universität Tartu zum anmaßenden Auftreten Nazi-Deutschlands ungünstig war und dass die Leitung der Universität eine selbstbewusste Politik der Umwandlung der früher deutschen in eine estnische Universität verfolgte.

Auch der Mitarbeiter des Theologischen Seminars in Tartu, O. Hartge, informierte den Gesandtschaftsrat Dörnberg in der deutschen Gesandtschaft vorsorglich über die Vortragstätigkeit von Leopold Silberstein:[62]

»Gesprächsweise hörte ich von einem Vortrag über das Thema ›Philosophie in der Politik‹ (Masaryk und Benesch), den ein Herr Silberstein aus Prag nächstens in Dorpat unter der Vermittlung von Prof. Rammul[63] [sic!] halten wird. Eventuell interessiert Sie diese Mitteilung?«

61 Julius Petersen (1878–1941) war ein deutscher Germanist und Literaturwissenschaftler. Obwohl er in der Zeit des Dritten Reichs kein Mitglied der NSDAP war, beteiligte er sich doch maßgeblich an der Gleichschaltung der Germanistik mit dem Nationalsozialismus.

62 Notiz von O. Hartge an den Botschaftsrat Dörnberg, etwa Ende Februar 1936, Politisches Archiv des Auswärtigen Amts, Box Reval 81.

63 Prof. Konstantin Ramul (1879–1975) war Professor für Psychologie an der Universität Tartu.

Vorbereitung des Lektorats für tschechische Sprache und Kultur an der Universität Tartu

Wie Leopold Silberstein in einem Brief vom 13.6.1936 an den tschechischen Gesandten in Tallinn, Prof. Jaroslav Galia[64], erwähnte, hatte ihm Prof. Gulkowitsch nahegelegt, dem Außenministerium und dem Ministerium für Schulwesen und Volksaufklärung der ČSR die Einrichtung eines Lektorats für tschechische Sprache und Kultur an der Universität Tartu vorzuschlagen.[65] Prof. Gulkowitsch ging bei seiner Idee davon aus, dass die Regierung der ČSR mithilfe derartiger von ihr finanzierter Lektorate in verschiedenen Ländern Kulturpropaganda für ihr Land betrieb. Außerdem gab es an der Universität Tartu bereits mehrere Lektorate, die von ausländischen Regierungen finanziert wurden.

Daraufhin unterbreitete Silberstein dem Ministerium für Auswärtige Angelegenheiten am 16.04.1936 den Vorschlag, an der Universität in Tartu ein Lektorat für tschechoslowakische Sprache und Kultur einzurichten:[66]

> »Während meines Aufenthalts in Tartu wurde in universitären Kreisen sehr ernsthaft darüber gesprochen, dass an der Tartuer Universität ein Lehrstuhl, eventuell ein Lektorat für tschechoslowakische Sprache, Literatur und Kultur eingerichtet werden könnte, ähnlich den schon existierenden Lehrstühlen /Lektoraten/ für französische, italienische, polnische und russische Sprache. Die Lehrstühle für Französisch, Italienisch und Polnisch sind wohl völlig in den Universitätskörper integriert, aber von der betreffenden ausländischen Regierung bezahlt. Ich habe guten Grund zu der Annahme, dass die offiziellen estnischen Stellen an der Tartuer Universität gern einen tschechoslowakischen Lehrstuhl oder Lektorat einrichten und mir diese Aufgabe anvertrauen würden, wenn die hohe Regierung der Tschechoslowakischen Regierung belieben würde, hierfür finanziell auf ähnliche Weise wie die übrigen genannten Regierungen beizutragen. Im Hinblick auf das sehr niedrige Niveau der Preise in Estland wären die Kosten für einen solchen Lehrstuhl /Lektorat/ relativ gering: ein Monatsgehalt von Kč. 1500,– würde völlig ausreichen, damit der Vertreter des Lehrstuhls /Lektorats/ in einer Weise existieren könnte, der den Mitgliedern des Professorenkollegiums angemessen wäre. Der Unterzeichnete darf sagen, dass er

64 Jaroslaw Galia (1875–1941) war Gesandter der ČSR in Litauen und Estland und ein leitender Beamter im Außenministerium. Er ist auch als Komponist bekannt.

65 Brief Leopold Silberstein an Jaroslaw Galia vom 13.6.1936, Archiv des Ministeriums für Auswärtige Angelegenheiten Tschechischen Republik in Prag, Box Tallinn (Orig. tschech.).

66 Schreiben von Leopold Silberstein an das Ministerium für auswärtige Angelegenheiten in Prag vom 16.04.1936, Archiv des Ministeriums für Auswärtige Angelegenheiten Tschechischen Republik in Prag, Box Abt. III (Orig. tschech.).

jetzt durch seine Vorträge gut in den Tartuer Universitätskreisen eingeführt ist und dass er dort auf einen beträchtlichen Vorrat persönlicher Sympathien rechnen kann, die er natürlich zum Nutzen der Sache gebrauchen kann, der ihm ein Weg zur Erweiterung der Kenntnis der Tschechoslowakei und ihrer Kultur ist. Der Unterzeichnete kann versprechen, dass er im Laufe eines halben Jahres Estnisch lernt, so dass sein Wirken nicht daran gebunden ist, dass die Zuhörer Tschechisch, Deutsch, Französisch oder Russisch können, sondern sich auf die ganze Zuhörerschaft einstellen kann. Hinsichtlich dieses Umstands bittet der Unterzeichnete höflichst, dass dieser Vorschlag einer wohlwollenden Betrachtung unterzogen wird. Der Unterzeichnete ist bereit, für eventuelle Überlegungen ausführlichere, nähere Angaben und Unterlagen zu liefern.«

Dieser Vorschlag wurde vom Außenministerium gutgeheißen, und man empfahl ihm, sich zuständigkeitshalber direkt an das Ministerium für Schulwesen und Volksaufklärung (mit dem Schreiben vom 6. Mai 1936[67]) zu wenden. Der Brief hat folgenden Wortlaut:

»Ich, der unterzeichnete PhDr. Leopold Silberstein, wohnhaft in Prag-Dejvice 1169, Na Pískách 85, geboren am 28. August 1900 in Berlin, erlaube mir hiermit, dem hohen Ministerium für Schulwesen und Volksaufklärung ein Gesuch zur Einrichtung eines Lehrstuhls, eventuell eines Lektorats für Sprache, Literatur, politische und kulturelle Geschichte der Tschechoslowakei an der Universität in Tartu /Estland/ zu unterbreiten.

Ich unternahm im März und April 1936 eine Vortragsreise nach Estland und Finnland, die vom hohen Ministerium für auswärtige Angelegenheiten der Tschechoslowakischen Republik durch den Beschluss č.9313/III/2/36 unterstützt wurde. Ich hielt insgesamt 13 Vorträge, davon 7 in Tartu, und zwar über die folgenden Themen:

1. Verwirklichung der Philosophie in der Politik: T.G. Masaryk und Dr. Edvard Beneš [...]

2. Das kulturelle und literarische Leben der Tschechen in der Gegenwart [...]

3. Rationalismus und Irrationalismus; ihre Aufgabe in der jetzigen geistigen Krise [...]

4. Der heutige Stand der Rassentheorien: ihre wissenschaftliche Grundlage und ihre soziale Tragweite [...]

5. Der heutige Stand der Frauenfrage [...]

6. Möglichkeiten und Aufgaben der gegenwärtigen Soziologie [...]

67 Lebenslauf Leopold Silberstein vom 10.5.1937, Estnisches Historisches Archiv, Dokument eaa2100_004_0000193_00010 (Orig. tschech.).

Schon die Tatsache, dass ich mein ursprüngliches Tartuer Programm, das nur 4 Vorträge umfasste, auf 7 erweitern musste, ist ein Beweis, dass meine Vortragstätigkeit in Tartu erfolgreich war und Sympathie für die Sache, die ich vertrat, und für meine Person gewann. Es wurde der Wunsch geäußert, dass ich auf Dauer an das Lehrkollegium der Tartuer Universität gebunden werden sollte. Der beigefügte Brief des ordentlichen Professors Herrn Dr. Lazar Gulkowitsch, Leiter des jüdischen Seminars der Tartuer Universität, drückt diesen Wunsch ganz förmlich aus. Eine konkrete Verwirklichung wäre auf die Weise möglich, dass das hohe Ministerium für Schulwesen und Volksaufklärung einen Lehrstuhl /ein Lektorat/ für tschechoslowakische Sprache, Literatur, politische und kulturelle Geschichte ungefähr in ähnlicher Form der Lehrstühle einrichtet, welche es schon gibt /es existieren Lehrstühle für Französisch, Italienisch und Polnisch, die von den entsprechenden Regierungen eingerichtet und dotiert werden/. Wegen des sehr niedrigen Preisniveaus in Estland wäre der Aufwand für einen solchen Lehrstuhl /Lektorat/ ziemlich gering: ein monatliches Gehalt von Kč. 1500,– , d. h. nach dem Kurs der gebundenen Devisen von etwa 250,– estnischen Kronen würde völlig ausreichen, damit der Vertreter des Lehrstuhls /des Lektorats/ mit der Familie /ich bin verheiratet und Vater zweier Kinder/ auf angemessene Weise als Mitglied des Professorenkollegiums dort existieren könnte. Wenn ich mir mit literarischen Arbeiten noch etwas dazu verdiene, könnte ich zuweilen auch nach Finnland fahren, wo ich auch lebhafte Sympathie fand /siehe die beigefügten Briefe des jugoslawischen Generalkonsuls, Herrn Dr. I. Šajković, und des Vorsitzenden des Helsinkier Philosophischen Klubs, Herrn Prof. Dr. A. Grotenfelt, damit ich dort das Interesse für die Tschechoslowakei durch regelmäßige Vorträge erhöhe.

Meine Universitätstätigkeit in Tartu könnte ich anfangs in deutscher, eventuell französischer oder russischer Sprache abhalten, aber ich könnte versprechen, dass ich im Verlaufe eines halben Jahres Estnisch erlerne, damit meine Vorträge der gesamten Studentenschaft zugänglich sind.

Anstelle eines Lebenslaufs erlaube ich mir, Zeugnisse meiner langjährigen Berliner Professoren Dr. Alexander Brückner und Dr. Karl Stählin beizulegen. Bezüglich meiner Qualifikation erlaube ich mir, auf die Zeugnisse der hiesigen Herren Professoren Dr. Otokar Fischer, Dr. Jiří Horák und Dr. Emil Utitz zu verweisen. Weiter verweise ich höflich auf zahlreiche Arbeiten über tschechoslowakische Themen, die ich schon in den Zeitschriften Prager Rundschau, Le Monde Slave, Europäische Gespräche, Slavische Rundschau, Looming /Tartu/, veröffentlicht habe, besonders auf die sich im Druck /Slovo a Slovesnost/ befindliche Studie über die tschechische philosophische Terminologie, auf meine in Národnostní Obzor, Sociální Problémy und Sociologická Revue erschienenen

Arbeiten und andernorts, nicht zuletzt auf die Vorträge, die ich auf der durchgeführten Reise gehalten habe und auf meine Mitgliedschaft im Prager Linguistischen Zirkel und in der Tschechoslowakischen Literar-historischen Gesellschaft.

Meine gesamte universitäre Tätigkeit in Tartu würde der Erweiterung des Interesses für die Tschechoslowakei, seine führenden Persönlichkeiten in heutiger Zeit und in der Vergangenheit, seine Sprache, Geschichte und Kultur gewidmet sein.«

Über die inhaltliche Gestaltung seiner Lehrtätigkeit hatte Leopold Silberstein folgenden Plan aufgestellt, der über die eigentliche Sprachausbildung hinaus ein breites Programm auf den Gebieten der Literatur, der politischen Geschichte und der Kulturgeschichte vorsah:[68]

A. Sprache

1. Grammatik der gegenwärtigen tschechoslowakischen Sprache (Proseminar)

2. Vergleichende und historische Grammatik der tschechoslowakischen Sprache (Seminar)

3. Lektüre von alttschechischen Texten (Seminar)

B. Literatur

1. Klassische religiöse tschechische Literatur
Tomáš ze Štitného, Chelčický, Hus, Komenský (Seminar)

2. Literatur der Wiedergeburt und aufklärerisch romantische Literatur (Seminar)
Literatur des nationalen Kampfes und der sozialen Kritik (Němcová, Neruda, Hášek, Sv. Čech) (Proseminar)

4. Gegenwärtige Literatur (Vortrag)

C. Politische Geschichte

1. Allgemeine Geschichte des tschechoslowakischen Volkes (Vortrag)

2. Geschichte der Befreiungsbewegung und des nationalen Widerstands (nach Beispielen und Vergleich mit der estnischen Geschichte) (Seminar)

D. Kulturgeschichte

1. T. G. Masaryk und Dr. Edvard Beneš als Schöpfer einer kulturellen nationalen und universellen Tradition: Lektüre und und Interpretation der betreffenden Kapitel aus den Werken »Svetová revoluce«, »Svetová válka a naše revoluce«, »Česká otázka«, evt. »Rusko a Evropa« (Seminar)

2. Geschichte der Kulturwissenschaften in der Tschechoslowakei (Vortrag)

3. Geistesgeschichte der slawischen Wechselseitigkeit (Seminar)

68 Plan der Vorlesungstätigkeit von Leopold Silberstein, o.D. (1936), Archiv der Kanzlei des Präsidenten der Tschechischen Republik, File Nr. 991 Leopold Silberstein (Orig. tschech.).

In der Phase der Vorbereitung des Lektorats in Tartu hielt Silberstein einen engen Kontakt mit der Kanzlei des Präsidenten, was sicher einen Einfluss darauf ausübte, dass das Projekt trotz zahlreicher bürokratischer Hürden langsam, aber sicher voranschritt. Er benutzte diese Kontakte auch dazu, dem Präsidenten Dr. E. Beneš seine 1937 erschienenen Bücher »Výstavba národnostní kultury v SSSR« (Aufbau der Nationalitätenkultur in der UdSSR) und »Kämpfende Vernunft: das Beispiel von Masaryk und Beneš« zu überreichen. Dem letztgenannten Buch hatte Silberstein folgenden Brief an den Präsidenten beigefügt:

> *Herr Präsident,*
> *bitte geruhen Sie, liebenswürdiger Weise zu erlauben, dass ich Ihnen ein Exemplar meines soeben erschienenen Büchleins*
> *»Kämpfende Vernunft*
> *Das Beispiel von Masaryk und Beneš«,*
> *überreiche, das den Text von zwei Vorträgen enthält, die ich auf meiner Reise in die baltischen Staaten im vorigen Jahr gehalten habe. Ich wünschte, dass der Text davon zeugen möge, wie ich mich bei der Konzipierung der konkreten und grundsätzlichen Ideen von dem großen Vorbild, das Sie, Herr Präsident, mit Ihrem ganzen Lebenswerk geben, inspiriert fühlte als eben die Verkörperung der Vernunft, die mit ihren Waffen, Ideen und systematischer Arbeit kämpft. Darum wage ich es, Sie, Herr Präsident, zu bitten, dass Sie geruhen, dieses Exemplar als besonderen Ausdruck der Dankbarkeit entgegenzunehmen, mit der ich mich Ihnen und der von Ihnen persönlich repräsentierten Idee verbunden fühle, deren stärkenden Einfluss wir dringender denn je benötigen.*

Die Kanzlei des Präsidenten sprach Leopold Silberstein im Auftrag von Dr. Beneš den herzlichen Dank für die zugeeigneten Publikationen aus.

Der Minister für Auswärtige Angelegenheiten, Dr. Kamil Krofta, widmete dem Projekt der Einrichtung des Lektorats in Tartu seine persönliche Aufmerksamkeit.[69] Auch das Schulministerium billigte seinen Vorschlag und wandte sich im Juni 1936 an das Finanzministerium, um die Finanzierung des Lektorats abzusichern.

Leopold Silberstein richtete am 13.6.1936 ein Schreiben[70] an den Gesandten der ČSR in Tallinn, Prof. Jaroslav Galia, mit der Bitte, sich an das Ministerium für Schulwesen der estnischen Republik zu wenden, um das Einverständnis mit der Einrich-

69 Schreiben Leopold Silberstein an Jaroslav Galia vom 24.6.1936, Archiv des Ministeriums für Auswärtige Angelegenheiten Tschechischen Republik in Prag, Box Tallinn (Orig. tschech.).

70 Brief Leopold Silberstein an Jaroslaw Galia vom 13.6.1936, Archiv des Ministeriums für Auswärtige Angelegenheiten Tschechischen Republik in Prag, Box Tallinn (Orig. tschech.).

Praha Dejvice 1302, dne 22. května 1937.
Soborská 8.

D 5240/37

Pane presidente,

Račte laskavě dovoliti, abych Vám věnoval výtisk své právě vyšlé knížky

„Kämpfende Vernunft
Das Beispiel von Masaryk und Beneš",

obsahující znění dvou přednášek, které jsem proslovil na své loňské cestě do baltických států. Přál bych si, aby samotný text svědčil o tom, jak jsem se při koncipování těchto myšlenek, konkretních i zásadních, stále cítil inspirován velikým příkladem, jejž dáváte Vy, pane presidente, celým svým životním dílem, jako pravé ztělesnění Rozumu, bojujícího svými zbraněmi, ideami a soustavnou prací. Proto se osměluji prositi

Auszug aus dem Brief von Leopold Silberstein an den Präsidenten Dr. E. Beneš vom 22.5.1937

tung des Lektorats und der Übertragung des Lektorats auf seine Person einzuholen. Prof. Galia war Silberstein stets zugetan und förderte das Vorhaben nach Kräften. Das Ministerium für Schulwesen und Volksaufklärung in Prag orientierte Silberstein darauf, seine Lehrtätigkeit in Tartu schon im Herbst 1936 aufzunehmen. Das Schulministerium war auch daran interessiert, dass er regelmäßig Vorträge zur Kulturpropaganda in weiteren baltischen Staaten halten sollte.

Am 29.6.1936 meldete der Chargé d'Affaires, Prof. J. Galia, der Gesandtschaft der ČSR in Tallinn[71] , dass er entsprechend dem Telegramm von Außenminister Dr. Krofta[72] den Vorschlag über die Einrichtung des Lektorats und seine Besetzung mit Dr. Silberstein dem Minister für Schulwesen, Oberst Jaakson[73], übergeben hätte. Der Minister erklärte sich mit dem Vorschlag einverstanden und erhob keine Einwände gegen die Person des Lektors.

Am 21.7.1936 informierte das Außenministerium der Estnischen Republik die Gesandtschaft der ČSR in Tallinn offiziell[74] , dass das Bildungsministerium mit dem Vorschlag der Regierung der Tschechoslowakischen Republik in Sachen des Lektorats und seiner Besetzung mit Dr. Silberstein einverstanden sei. Zugleich verwies es darauf, dass die Lösung der mit der Gründung des Lektorats verbundenen technischen Fragen der Hochschulverwaltung in Tartu überlassen werde.

Der deutsche Gesandte in Estland, Dr. H. Frohwein, berichtete am 1.7. 1936 an das Auswärtige Amt in Berlin über eine Unterredung mit dem estnischen Bildungsminister Jaakson die Einrichtung eines Lehrstuhls für Germanistik an der Universität Tartu betreffend:[75]

> »Im Laufe der Unterhaltung erwähnte er, dass auch die tschechoslowakische Regierung kürzlich Ihre Absicht kundgetan habe, einen Lehrstuhl an der Universität in Dorpat zu stiften.«

Sicher wollte Minister Jaakson mit seiner Bemerkung die deutsche Seite anspornen, angesichts der Initiative der im Verhältnis zum Deutschen Reich kleinen Tschechoslowakei ihr Vorhaben rasch zu verwirklichen.

71 Schreiben der Gesandtschaft der ČSR in Tallinn vom 29.6.1936, Archiv des Außenministeriums der Tschechischen Republik in Prag, Box Tallinn (Orig. tschech.).

72 Telegramm des Ministers für Auswärtige Angelegenheiten der ČSR an die Gesandtschaft in Tallinn vom 25.6.1936, Archiv des Außenministeriums der Tschechischen Republik in Prag, Box Tallinn (Orig. tschech.).

73 Aleksander Jaakson (1892–1942), ein Generalmajor der estnischen Armee, war von 1936 bis 1939 Bildungsminister. Er wurde 1940 von den sowjetischen Behörden verhaftet und 1942 bei Sverdlovsk umgebracht.

74 Schreiben des Außenministeriums der Estnischen Republik an die Gesandtschaft der ČSR in Tallinn vom 21.7.1936, Archiv des Außenministeriums der Tschechischen Republik in Prag, Box Tallinn (Orig. franz. u. estn.).

75 Bericht des deutschen Gesandten in Estland, Dr. H. Frohwein, vom 1.7.1936 an das Auswärtige Amt in Berlin, Politisches Archiv des Auswärtigen Amts, Box Reval 81.

TELEGRAM

= legation

tschecoslovaque tallinn

EESTI VABARIIGI TELEGRAAF

Tallinna Peatelegraafikontor

nr. 79

†- s praha 1.- 91 26 24 1400- etat

= pozadejte ministerstvo skolstvi o souhlas se zrizenim lektoratu ceskoslovenske reci a civilasace v tartu a o souhlas s osobou dra leoolda silbersteina = krofta .+

Vyslanectví Republiky Československé Tallinn. Došlo: 25. VI. 1936 Č. j. 196/dův.

II-4

leoolda ouch.teoolda .+-

Vom Minister für Auswärtige Angelegenheiten der ČSR, Dr. Kamil Krofta, unterzeichnetes Telegramm vom 25.6.1936 an die Gesandtschaft in Tallinn: »Bitten Sie das Schulministerium um Einverständnis mit der Einrichtung des Lektorats für tschechoslowakische Sprache und Zivilisation in Tartu und um das Einverständnis mit der Person von Dr. Leopold Silberstein.«

Durch eine Indiskretion, die angeblich von estnischer Seite kam, wurde in der in Prag erscheinenden Zeitung »Poledni List« vom 24.7.1936 ein Hetzartikel gegen die Berufung von Dr. Silberstein mit nationalistischer und antisemitischer Argumentation veröffentlicht:[76]

> »Ein deutscher Emigrant und Jude als Lektor des Tschechischen an der estnischen Universität in Tartu?
>
> Die estnischen Zeitungen bringen eine Nachricht, die jeden Tschechen empören muss. Es wird angekündigt, dass die tschechoslowakische Regierung der estnischen Universität über das Ministerium für Schulwesen mitteilte, dass sie an der Universität in Tartu ein Lektorat des Tschechischen und der tschechi-

76 Poledni List vom 24.7.1936, Archiv des Außenministeriums der Tschechischen Republik in Prag, Box Tallinn (Orig. tschech.).

schen Literatur einrichtet. Das Rektorat der Universität in Tartu ist mit der Einrichtung des Lektorats einverstanden und entschied schon, seinen Standpunkt der Regierung mitzuteilen. Die Vorlesungen des Lektors sollen schon im Herbst des laufenden Jahres beginnen.

Und jetzt würden Sie erwarten, dass der Lektor irgendein Professor wird, der bestimmte Beziehungen zu Estland hat und wohl auch Estnisch soweit kann, dass er seine tschechoslowakischen Vorlesungen vortragen kann. Wir denken, dass es unter der tschechoslowakischen Intelligenz solche Leute gibt und dass wir viele kennen. Aber woher! Lektor wird ein deutscher Emigrant und Jude, Herr Dr. Silberstein, der kein Tschechisch kann und sich mit dem Lektorat zur tschechoslowakischen Staatsbürgerschaft verhelfen möchte. Wie seine Vorlesungen über die tschechische Literatur ausfallen werden, kann sich jeder vorstellen. Wir erhielten aus Estland einen Brief, in dem die dortige tschech. Kolonie energisch gegen eine derartige Besetzung des tschechischen Lektorats protestierte und einen Brief an die tschechoslowakische Regierung schickte – in dem sie auf die Unmöglichkeit einer solchen Handlungsweise aufmerksam macht. Alle Lektorate an der Universität in Tartu sind mit gebürtigen Angehörigen des jeweiligen Staats besetzt, nur die ČSR fand in ihrer Intelligenz niemanden, der für das tschechische Lektorat geeignet ist und der das tschechoslowakische Volk würdig vertritt.- Auch unter der estnischen Universitätsintelligenz löste die Nachricht eine ungewöhnliche Aufregung aus und in der estnischen akademischen Jugend gibt es eine Tendenz, den Herrn Lektor und seine Vorlesungen zu boykottieren. Die Ungarn haben als Lektor einen gebürtigen Ungarn, die Deutschen einen gebürtigen Deutschen, die Finnen einen Finnen, nur die Tschechen einen jüdischen Emigranten. Das ist eine schöne Propaganda für das tschechoslowakische Volk in Estland. – Es ist bemerkenswert, dass Herr Silberstein durch ein Dekret ernannt wurde, das der Herr Außenminister – Dr. Krofta – selbst unterschrieben haben soll. – Soviel sehen wir indessen aus dem estnischen Brief und sind fest überzeugt, dass es zu einer Korrektur in dieser blamablen Frage führen wird.«

Es fällt auf, dass der Artikel auch einen Seitenhieb gegen den Außenminister Dr. K. Krofta enthielt, der die Entsendung Silbersteins nach Tartu persönlich befürwortet hatte. Allerdings ging diese Entscheidung nicht vom Außenministerium, sondern vom Schulministerium aus.

Německý emigrant-žid lektorem češtiny na estonské univ. v Tartu?

Estonské noviny přinášejí zprávu, která musí pobouřit každého Čecha. Oznamují, že československá vláda oznámila estonské universitě prostřednictvím ministerstva školství, že zřizuje na universitě v Tortu lektorát češtiny a české literatury. Rektorát university v Tortu je srozuměn se zřízením lektorátu a rozhodl se již své stanovisko vládě oznámit. Lektorské přednášky mají začít již na podzim letošního roku.

lektora rodilého Maďara, Němci rodilého Němce, Finové Fina, jen Čechové emigranta-žida. To je pěkná propagace Československého národa v Estonsku. — Je pozoruhodné, že p. Silberstein byl jmenován dekretem, který prý podepsal sám pan ministr zahraničí — dr. Krofta. — Tolik zatím uvádíme z estonského dopisu a jsme pevně přesvědčeni, že dojde k nápravě v této ostudné otázce.

Ausschnitt aus dem gegen Dr. Leopold Silberstein gerichteten Artikel in der Zeitung »Poledni list« vom 24.7.1936

Der Artikel wurde vom neuen Gesandten in Tallinn, Dr. Jaroslav Šejnoha[77], der den bisherigen Gesandten, Prof. J. Galia, ablöste, mit diesem Begleitbrief an das Ministerium für auswärtige Angelegenheiten in Prag geschickt:[78]

»In der Anlage sende ich Ihnen die Kopie des Artikels ›Německý emigrant-žid lektorem češtiny na estonské universitě v Tartu‹ (Ein deutscher Emigrant und Jude als Lektor des Tschechischen an der estnischen Universität in Tartu), der in ›Polední list‹ vom 24. d.M. veröffentlicht wurde, zu dem ich folgendes anmerke:

Ich kenne noch nicht die hiesige tschech. Kolonie näher, aber ich bezweifle, dass irgendeines ihrer Mitglieder die Information an ›Polední List‹ geschickt hat. Vielleicht besteht kein Zusammenhang, aber nichtsdestoweniger bemerkte ich, dass vor kurzem in Tallinn Dr. Vlad. Minařík weilte, ein Korrespondent von »Národní Sjednocení« und ›Národní list‹. /s. den hiesigen Bericht č. 1096/36 vom 1.VIII.d.J. /.

Das Mitglied der Tschechoslowakisch-estnischen Gesellschaft in Prag, das mir den Ausschnitt geschickt hatte, schreibt zugleich, dass für die Untersuchung, die er selbst in der Redaktion von ›Polední list‹ unternahm, der Artikel von einem Kreis Prager Mittelschulen zum Vorteil von Prof. Josef Obra inspiriert sei, und fügte selbst hinzu, dass dieser Professor zweifellos einen größeren Anspruch

77 Jaroslav Šejnoha (1889–1982) war Gesandter der ČSR in Rom, Tallinn und Kairo. Er ist auch als Maler bekannt. 1950 wanderte er nach Kanada aus.

78 Schreiben Jaroslav Šejnoha vom 2.8.1936 an das Ministerium für auswärtige Angelegenheiten, Archiv des Außenministeriums der Tschechischen Republik in Prag, Box Abt. III (Orig. tschech.).

auf die Ernennung als Dozent in Tartu als Dr. Silberstein habe, weil er dreimal in Estland gewesen sei, wo er schon persönliche Bekanntschaften hat, er Estnisch teilweise beherrscht, er mit drei estnischen Orden ausgezeichnet sei und überhaupt der erste Vorkämpfer sei, der auf Anregung des Probstes Kotrch aus Roudnice begann, für die kulturelle Annäherung mit Estland zu arbeiten.

Prof. J. Obra kenne ich nur flüchtig von einer Sitzung der Tschechoslowakisch-estnischen Gesellschaft. Es ist mir bekannt, dass er für Otto's Lexikon einen wissenschaftlichen Artikel über Estland schrieb, der auch als selbständige Publikation ›Dnešní Estonsko‹ (Estland heute) erschien – Sonderdruck als Nachtrag zu Otto's wissenschaftlichem Lexikon[79] – in einer Auflage der Druckerei Průmyslové tiskárny in Prag, 1932.«

Somit war klar, dass ein ehrgeiziger Mittelschulprofessor Leopold Silberstein die Stelle des Lektors in Tartu streitig machen wollte und hierfür zu übelster Verleumdung griff.

Ein nicht näher identifizierter Mitarbeiter des Außenministeriums schrieb in einer Notiz zu diesen Vorfall über den Charakter jenes Prof. Obra:[80]

Ich vermute, dass die Notiz in »Polední List« von Prof. Josef Obra, /eines Mitarbeiters der Nár. Polítiky/, dem Vorsitzenden der estnisch-tschech. Gesellschaft in Prag inspiriert wurde. Ich besuchte ihn im Herbst des Jahres 1935 zusammen mit einem estnischen Freund, gewann aber den Eindruck, dass er sich bemühte, mich zu ignorieren /besonders bei Gelegenheit des estnischen Staatsfeiertages am 24.2.1936/. Man sagt über ihn, dass er die tschech.-estnischen Kulturkontakte in seiner Person monopolisieren will. In Estland hat er wenig Sympathien; für die Propagierung der tschech. Kultur tat er dort wenig, eher nichts /nach dem, was ich in Estland hörte/. Ich weilte jedes Mal während der Ferien in Estland und erfuhr sichtlich aus den Zeitungen über die Angelegenheit.
Gez. Ls.

Schließlich hielt das Außenministerium in einer offiziellen Stellungnahme noch einmal die Gründe fest, warum Leopold Silberstein für die Besetzung der Stelle als Lektor an der Universität in Tartu prädestiniert sei:[81]

79 Otto's Konversationslexikon (Ottův slovník naučný) erschien ursprünglich von 1888–1909 in 27 Bänden in Prag, herausgegeben von dem Verleger Jan Otto.

80 Notiz des Mitarbeiters Ls. des Ministeriums für auswärtige Angelegenheiten zum Artikel in »Polední List«, August 1936, Archiv des Außenministeriums der Tschechischen Republik in Prag, Box Abt. III (Orig. tschech.).

81 Stellungnahme des Ministeriums für auswärtige Angelegenheiten zum Artikel in Polední List, August 1936, Archiv des Außenministeriums der Tschechischen Republik in Prag, Box Abt. III (Orig. tschech.).

»Dr. Silberstein befasste sich seit dem Jahre 1927 mit den tschechoslowakischen Fragen. Im November 1927 hielt er in Berlin einen Vortrag über die Gründung der Tschechoslowakischen Republik. Den Inhalt dieses Vortrags veröffentlichte er im März 1928 in der Zeitschrift ›Europäische Gespräche‹. 1929 veröffentlichte Dr. Silberstein in derselben Zeitschrift einen ausführlichen komplexen Bericht über die tschechische Literatur, die den Zusammenbruch der österreichisch-ungarischen Monarchie betrifft. Zugleich begann er als ständiger Mitarbeiter der ›Slavischen Rundschau‹ zu wirken, vor allem als Korrespondent über die tschechoslowakische Literatur. Vom Jahre 1930 an begann er, eine systematische Forschung über die Entwicklung der tschechoslowakischen Befreiungsideologie vom Jahre 1848 bis zum Weltkrieg vorzubereiten. Im Jahre 1931 arbeitete er zu diesem Zweck längere Zeit in Prag, mit dessen Gelehrten er schon ab dem Jahre 1929 in persönlichem Kontakt steht. Im Jahre 1933 siedelte er auf Dauer nach Prag um. Er veröffentlichte ab dieser Zeit drei längere Studien über tschechoslowakische Fragen in der Zeitschrift ›Le Monde Slave‹; einen Überblick über die moderne tschechische Literatur in der estnischen Zeitschrift ›Looming‹, der sehr sympathisch aufgenommen wurde; er ist ein ständiger Mitarbeiter des ›Národní Obzor‹ und von ›Sociální Problémy‹, was genügt, die Behauptung zu widerlegen, dass er kein Tschechisch könne. Auf der Grundlage des Artikels in Looming wurde er im Frühling 1936 nach Estland eingeladen, damit er dort über die Tschechoslowakei vorträgt. Er hielt am 7.III. 1936 einen feierlichen Vortrag über Masaryk und Beneš in der Tartuer Aula; er trug noch zweimal in Estland über die beiden Präsidenten und über das gegenwärtige tschechische Leben vor; in Helsinki trug er über die beiden Präsidenten und über die tschechische Kultur vor. Die Initiative zu seiner Ernennung in Tartu ging von der Tartuer Universität aus, und auch die Berichte über einen geplanten Boykott sind völlig gegenstandslos.«

Während sich die Führung des Außenministeriums in Prag uneingeschränkt hinter Silberstein stellte, fing der Gesandte J. Šejnoha schon kurz nach dem Antritt seines Amts in Tallinn an, Material zu sammeln, das die Nichteignung von Silberstein als Lektor an der Universität Tartu wegen seiner jüdischen Herkunft belegen sollte. So schrieb er in einem Bericht an das Außenministerium vom 31.07.1936:[82]

»Ergänzend zum Bericht č. 245/36/vertraul. vom 24. d.M. halte ich es für meine Pflicht, darauf hinzuweisen, dass die Verhältnisse in Estland für Dr. Silberstein sehr ungünstig sind.

82 Bericht Jaroslav Šejnoha vom 31.7.1936 an das Ministerium für auswärtige Angelegenheiten, Archiv des Außenministeriums der Tschechischen Republik in Prag, Box Abt. III (Orig. tschech.).

Ich wurde vom hiesigen Außenministerium über die Bedenken verständigt, zu denen unser Gesuch bezüglich Dr. Silbersteins führte, mit der Botschaft, warum wir nicht einen richtigen Tschechen schicken wollen. Nach Einsicht in die Akten sage ich gleichwohl, dass der estnische Minister für Schulwesen meinem Vorgänger schon das Einverständnis gegeben hat. Ich erhielt die Antwort, dass der Schulminister an ein grundsätzliches Einverständnis dachte und dass vorausgesetzt wurde, dass alles Weitere Gegenstand von Verhandlungen sei. /Ich mache darauf aufmerksam, dass in der Note des estnischen Außenministeriums das Wort ›grundsätzlich‹ wiederholt wird, s. č.j. 245/36/vertraul./ Der Prager Chargé d'Affaires Herr Kaljot, der sich hier kürzlich zum Urlaub aufhielt, wurde im hiesigen Außenministerium um Stellungnahme und Rat gebeten, und er äußerte sich in diesem Sinne – soweit ich informiert bin – dass man der tschech. Regierung das Einverständnis nicht verweigern kann, wenn sie darum offiziell gebeten hat.

Zur Erhellung der Atmosphäre ist es unerlässlich, sich die wichtigen Ereignisse vor Augen zu führen, zu denen es kam, als in diesem Frühjahr Dr. Silberstein zu einem Vortrag in Tallinn kam /noch mit einem reichsdeutschen Pass/. Den Vortrag hatte die Gesandtschaft so verhandelt, dass er liebenswürdigerweise von der Alliance Française organisiert wurde, weil Herr Maddisoo, der einflussreiche Vizeminister des Innern und Vorsitzende der Estnisch-Tschechoslowakischen Gesellschaft /er hat den Orden des Weißen Löwen III. Kl./ die Beteiligung dieser Gesellschaft kategorisch abgelehnt hatte, und das nur deshalb, wie er mir vertraulich erklärte, weil Dr. Silberstein ein Jude sei.

Ich bin hier zu kurze Zeit, als dass ich einen getreulichen Bericht über die Juden in Estland geben könnte. Soweit ich mich informieren konnte, ist es folgendes: sie haben alle Rechte, aber die Esten sind auf der Hut, dass sie keine einflussreichen Stellen erlangen und dass ihre Zahl /etwa 4300 in ganz Estland/ nicht zunimmt. Bei der Emigration aus Deutschland war Estland den Juden praktisch verschlossen. Schon diese Gegebenheiten, die zugleich den unerbittlich verweigernden Standpunkt des Vizeministers des Innern und Vorsitzenden der Estnisch-tschech. Gesellschaft gegenüber Dr. Silberstein erklären, sind vielsagend.

Nach der Berichterstattung über diese Situation bei Herrn Gesandten Lípa und auf seine Weisung erlaube ich mir zu bitten, dass die Frage der Besetzung des tschech. Lektorats in Tartu überprüft und durch die Entsendung einer geeigneteren Person gelöst wird. Ich befürchte, dass Herr Dr. Silberstein, mag er auch ein vollendeter Wissenschaftler sein, bei der gegebenen Situation in Estland unserer Sache mehr schaden als nützen kann.

Wenn es darum geht, dass Herrn Dr. Silberstein existentiell geholfen werde, dann vielleicht in einem größeren Staat, z. B. bei einer Großmacht, die Toleranz gegenüber Juden wahrt, ehe man manches einbüßt und die tschech. Interessen vielleicht leiden. Die Entsendung eines tschech. Lektors in einen kleinen Staat ist aber für diesen Staat ein umso größeres Ereignis je kleiner er ist, und deshalb sollte die Wahl der Person nach meiner Meinung für Tartu besonders sorgfältig vorgenommen werden. Man muss das Augenmerk darauf richten, dass die Esten, soweit ich vom hiesigen Außenministerium vertraulich informiert wurde, in ihre staatliche Administration bisher keinen einzigen Israeliten zugelassen haben.

Zur Vollständigkeit des Berichts erlaube ich mir zu bemerken, dass im Schriftverkehr der hiesigen Behörde außer zwei Briefen von Herrn Dr. Silberstein keine Schreiben oder Anweisungen vorliegen, außer einem Telegramm / ohne Nr./ diesen Wortlauts: ›Bitten Sie das Ministerium für Schulwesen um Zustimmung zur Einrichtung eines Lektorats für tschechoslowakische Sprache und Zivilisation in Tartu und um die Zustimmung zur Person von Dr. Leopold Silberstein – Krofta.‹

Auf der Grundlage dieser Order intervenierte mein Vorgänger persönlich beim estnischen Minister für Schulwesen und sandte eine Note an das estnische Ministerium für auswärtige Angelegenheiten.

Die Gesandtschaft wurde sonst nicht informiert, weder zur Stellungnahme noch zur vorläufigen Erörterung aufgefordert, und auch der Herr Gesandte J. Lípa, dem ich jetzt, noch vor seiner Abreise in den Urlaub, referierte, wurde weder vorab noch nachträglich informiert, es war ihm nicht möglich, einen Standpunkt einzunehmen, der mit Hinblick auf den bewussten Antisemitismus sowohl in Lettland als auch in Estland nicht anders als ablehnend sein könnte.

Die Einrichtung eines tschech. Lektorats an der Universität in Tartu, die in Reaktionen an die hiesige Behörde grundsätzlich als sehr vorteilhaft aufgenommen wurde und die die estnische Presse schon vermeldete, kann in dieser Zeit eines zunehmenden deutschen und polnischen Einflusses in Estland allerdings nur sehr herzlich willkommen geheißen werden.«

Aus der Korrespondenz des Gesandten Dr. Šejnoha wird deutlich, dass er der Ernennung Silbersteins zum Inhaber des Lektorats an der Universität Tartu aus nationalistischen und antisemitischen Gründen mit tiefem Misstrauen gegenüberstand. Er setzte alles daran, dass die Berufung von Leopold Silberstein von vornherein nur vorübergehend erfolgte und man baldmöglichst einen Ersatz für ihn finden sollte.[83]

Die estnischen Zeitungen »Postimees« und »Vesti Dnja« berichteten am 15.7.1936 vom Vorschlag der tschechoslowakischen Regierung, an der Universität Tartu ein

83 Schreiben Jaroslav Šejnoha vom 22.8.1936 an einen nicht bezeichneten Freund, Archiv des Außenministeriums der Tschechischen Republik in Prag, Box Tallinn (Orig. tschech.).

Lektorat für tschechische Sprache und Kultur einzurichten[84] [85], aber nannten nicht den Namen des Lektors, da über diesen noch keine Entscheidung gefallen war. Deshalb erscheint es unwahrscheinlich, dass die obige Indiskretion über die estnische Presse gekommen war.

Am 28.8.1936 übersandte das Schulministerium in Prag den Vorschlag zur Einrichtung des Lektorats in Tartu dem Vorstand des Ministerrats, allen beteiligten Ministerien und der Kanzlei des Präsidenten der Republik:[86]

An den Vorstand des Ministerrats in Prag.

Das Ministerium für Schulwesen und Volksaufklärung beabsichtigt, das Netz der Lektorate für tschechoslowakische Sprache und Kultur zu erweitern, die auf Kosten der hiesigen Behörde unterhalten werden, auch in den baltischen Staaten dadurch, dass die Zahlung des Gehalts eines Lektors der tschech. Sprache und Kultur übernommen werden würde, der sich an der Universität in Tartu aufhält.

Der hiesigen Behörde wurde für die Funktion des Lektors wärmstens der reichsdeutsche Angehörige Dr. Leopold Silberstein, der im Jahre 1933 nach Prag übersiedelte, empfohlen. Der genannte ist für diese Aufgabe außerordentlich qualifiziert, und das nicht nur als Lehrer der tschechoslowakischen Sprache und Interpret der tschech. Kultur an der Universität in Tartu, sondern auch als Lehrer an anderen Universitäten in den baltischen Staaten. Dr. Silberstein wurde am 28. August 1900 in Berlin als Sohn von Dr. Wilhelm Silberstein geboren, einem österreichischen Angehörigen. Seine Studien an der Berliner Universität führte er in den Jahren 1917 – 1922 durch, wo er sich mit dem Studium der reinen Philosophie und der slawischen Sprachen und Literaturen beschäftigte und im August 1922 den Grad eines Doktors der Philosophie erwarb. In den folgenden Jahren widmete er sich sowohl literar-historischen Studien, als auch der Erweiterung seiner slawistischen Ausbildung auf historischem und soziologischem Gebiet, wobei er immer mehr das Hauptaugenmerk auf das Studium der tschechoslowakischen Probleme und auf die Festigung der philosophischen Grundlagen seiner Arbeit legte. Die umfangreiche wissenschaftliche und publizistische Tätigkeit in tschechischer, französischer und

84 Ülikool saab tshehhi keele lektoraadi (Die Universität richtet ein Lektorat für tschechische Sprache ein), Postimees vom 15.7.1936 (Orig. estn.).

85 Novaja kafedra v universitete (Ein neuer Lehrstuhl an der Universität), Vesti Dnja vom 15.7.1936 (Orig. russ.).

86 Schreiben des Schulministeriums vom 28.8.1936 an den Vorstand des Ministerrats, Nationalarchiv Prag, Archival group of the Ministry of Education and Culture, 1945–1967, personal files (Orig. tschech.).

deutscher Sprache bewies nicht nur seine außerordentliche soziologische und philosophische Bildung, sondern auch sein tiefes Eindringen in die kulturellen tschechoslowakischen Fragen auf allen Gebieten, ebenso wie in die Probleme der tschechoslowakischen Sprache.

Der Minister für Schulwesen in Tallinn gab sein Einverständnis zum Vorschlag unserer dortigen Gesandtschaft mit der Einrichtung dieses Lektorats und seiner vorgeschlagenen Besetzung.

Die finanziellen Kosten im Zusammenhang mit der Einrichtung und der Besetzung dieses Lektorats werden sehr gering sein, was aus dem Dienstvertrag ersichtlich ist, dessen Entwurf diesem Schreiben beigelegt ist. Die Zahlung der Kosten ist in den entsprechenden Positionen des Haushalts von 1936 gewährleistet (Kap. 10, Tit. 7, § 3, Pos. 1, Honorare für Unterricht, Pos. 2, Reisegelder und Tagegelder und Pos. 4 Durchführung internationaler schulischer und kultureller Vereinbarungen), und sie werden auch in den nächsten Haushalten vorgesehen.

Wegen der oben angeführten Gründe erlaubt sich das Ministerium für Schulwesen und Volksaufklärung den dortigen Vorstand zu bitten, dass unter Berücksichtigung der Wichtigkeit und Dringlichkeit der Sache dem Ministerrat baldmöglichst folgender Entwurf vorgelegt wird:

»Der Ministerrat hat in seiner am … durchgeführten Sitzung sein Einverständnis mit der Entsendung von PhDr. Leopold Silberstein, geboren am 28. August 1900 in Berlin, als Lektor der tschechoslowakischen Sprache und Kultur an die Universität in Tartu gegeben und hat weiter zugestimmt, dass dem genannten ein Gehalt und Zulagen im Sinne des Dienstvertrages gezahlt werden, dessen Entwurf dem Schreiben des Ministeriums für Schulwesen und Volksaufklärung vom … č. 90.555/36-II/C beigefügt ist.«

In Kopie der Kanzlei des Präsidenten Republik, dem Höchsten Rechnungskontrollamt und allen Ministerien zugesendet.

Für den Minister:
(Unterschrift)

Das Innenministerium hatte »nur unter der Vorbedingung keine Einwände, dass über alle Zweifel gezeigt wird, dass es für die angeführte Funktion nicht möglich war, aus den Reihen der hiesigen Staatsangehörigen einen Bewerber zu finden«.[87]

Das Oberste Rechnungskontrollamt der ČSR lehnte den Vorschlag des Schulministeriums aus Gründen der Sparsamkeit ab. Hinsichtlich der Person des Lektors gab man zu bedenken, man könnte Anstoß daran nehmen, dass als Lehrer der tschechi-

87 Schreiben des Innenministeriums vom 5.9.1936 an den Vorstand des Ministerrats, Nationalarchiv Prag, Archival group of the Cabinet Bureau, 1918–1945, sign 20, box 882 (Orig. tschech.).

schen Sprache und Interpreten der tschechischen Kultur ein reichsdeutscher Angehöriger ausgewählt wurde.[88]

Daraufhin äußerte sich das Außenministerium am 19.9.1936 mit einer sehr wohlwollenden Beurteilung von Leopold Silberstein:[89]

> »Zum Vorschlag des Ministeriums für Schulwesen und Volksaufklärung č.j. 90.555/36-II/C2, dass Dr. Leopold Silberstein an die Universität in Tartu als Lektor für tschechoslowakische Sprache und Kultur entsendet wird, teilt das Ministerium für Auswärtige Angelegenheiten zusätzlich mit, dass ihm kein anderer geeigneterer und qualifizierterer Bewerber bekannt ist. Das vorgeschlagene Honorar des Lektors von 19.200 Kronen ist übrigens so gering, dass es sozusagen unmöglich ist, einen anderen Kandidaten mit gleicher Qualifikation zu finden. Dr. Silberstein ist perfekt in allen slawischen Sprachen und den zugehörigen Literaturen bewandert. Er ist ein sehr angesehener Wissenschaftler, der immer zu unserem Staat einen unbedingt positiven Standpunkt einnahm und sich sehr wirksam bemühte, in seinem Kreise eine bessere Kenntnis unserer Vorhaben zu verbreiten.«

Aufgrund dieser Stellungnahme erklärte das Oberste Rechnungskontrollamt am 24.9.1936, dass es gegen den Entwurf des Ministeriums für Schulwesen und Volksaufklärung vom 28.8.1936 keine Einwände hätte, allerdings »unter der Vorbedingung, dass auch das Ministerium der Finanzen sein Einverständnis erteilt«.[90]

Diese Dokumente über die innerhalb der tschechoslowakischen Regierung stattgefundenen Abstimmungen zeigen, wie schwierig es war, ungeachtet der vollen Unterstützung für das Projekt durch das Ministerium für Auswärtige Angelegenheiten, eine Stelle mit einem Emigranten zu besetzen.

Inzwischen gab es auch von estnischer Seite eine Reaktion auf den Vorschlag der Regierung der ČSR zur Einrichtung des Lektorats an der Universität Tartu. Am 16. November 1936 sandte das estnische Ministerium für auswärtige Angelegenheiten an die Regierung der Tschechoslowakei den Entwurf für die Einrichtung eines Lektorats für tschechische Sprache und Zivilisation, der an der philosophischen Fakultät der Universität Tartu von den Professoren P. Tarvel (Historiker), P. Arumaa (Sprachwissenschaftler) und G. Suits[91] (Literaturwissenschaftler) ausgearbeitet worden war, und

88 Schreiben des Obersten Rechnungskontrollamts vom 9.9.1936 an den Vorstand des Ministerrats, Nationalarchiv Prag, Archival group of the Cabinet Bureau, 1918–1945, sign 20, box 882 (Orig. tschech.).

89 Schreiben des Außenministeriums vom 19.9.1936 an den Vorstand des Ministerrats, Nationalarchiv Prag, Archival group of the Cabinet Bureau, 1918–1945, sign 20, box 882 (Orig. tschech.).

90 Schreiben des Obersten Rechnungskontrollamts vom 24.9.1936 an den Vorstand des Ministerrats, Nationalarchiv Prag, Archival group of the Cabinet Bureau, 1918–1945, sign 20, box 882 (Orig. tschech.).

91 Gustav Suits (1883–1956) war ein estnischer Literaturwissenschaftler und Lyriker. Er war von

bat um ihre Meinung und ihr Einverständnis. Im Folgenden ist dieser Entwurf aufgeführt.[92]

ENTWURF

Vorbereitungen für ein von der Regierung der Tschechoslowakei unterhaltenes Lektorat

§1. Bei der Universität der Republik Estland in Tartu wird von der Regierung der Tschechoslowakischen Republik auf ihre Kosten ein Lektorat der tschechoslowakischen Sprache und Zivilisation gegründet und unterhalten.

§2. Das im §1 genannte Lektorat wird auf dem Wege der Wahl nach einem Vorschlag der Tschechoslowakischen Regierung von der Fakultät für philosophische Wissenschaften besetzt.

§3. Der Inhaber des Lektorats erhält Honorare von der Tschechoslowakischen Republik im Maße und gemäß der Ordnung, die durch die entsprechenden Institutionen der Tschechoslowakischen Republik festgelegt sind, und dementsprechend wird nichts betrachtet, was die Honorare und die Pension ebenso wie die Rechte auf entsprechende Dienste angeht, wenn er im Dienst der Republik Estland steht.

§4. Was die Aktivität des Professors und die Verpflichtungen bezüglich der Examen angeht, unterliegt der Inhaber des Lektorats den gültigen Regeln für die Lektoren an der Fakultät der philosophischen Wissenschaften der Universität der Republik Estland in Tartu.

Er wird an den Versammlungen der Fakultät der philosophischen Wissenschaften teilnehmen mit dem Recht der Rede in allen Fällen, in denen Fragen der von ihm durchgeführten Kurse oder der Examen seiner Kurse zu lösen sind.

Für den Bericht an den Rat der Universität und an die Wahlversammlung /L.U. §24, §28/ hat er dieselben Rechte, die zur Wahrnehmung der wissenschaftlichen Aufgaben eingeräumt werden.

Die analogen Institutionen der Tschechoslowakischen Republik können von ihm die Vorlage von Berichten entsprechend den betreffenden Bestimmungen verlangen.

§5. Das im §1 genannte Lektorat dauert so lange, wie die betreffenden Institutionen der Tschechoslowakischen Republik die Kosten für das Lektorat tragen.

Nachdem auch das Finanzministerium der ČSR sein Einverständnis mit dem Vorschlag des Schulministeriums zur Einrichtung des Lektorats erteilt hatte und die

1921 bis 1944 Dozent und Professor für estnische und allgemeine Literatur an der Universität Tartu. 1944 flüchtete er von Estland nach Schweden.

92 Schreiben des estnischen Außenministeriums an die Gesandtschaft der ČSR in Tallinn vom 16.11.1936, Nationalarchiv Prag, Archival group of the Cabinet Bureau, 1918–1945, sign 20, box 882 (Orig. franz. u. estn.).

innerstaatlichen Abstimmungen somit abgeschlossen waren, wandte sich das Schulministerium am 19.12.1936 an das Präsidium des Ministerrats in Prag mit der Bitte, auf der nächsten Sitzung über den Vorschlag zur Einrichtung des Lektorats einen Beschluss zu fassen.

Diese Sitzung des Ministerrats der Regierung der ČSR fand am 17.2.1937 statt. Nachfolgend ist das Protokoll der Sitzung zu diesem Tagesordnungspunkt wiedergegeben.[93]

»Das Ministerium für Schulwesen schlägt vor, dass die Regierung das Einverständnis gibt, dass der reichsdeutsche Angehörige PhDr. Leopold Silberstein als Lektor für die tschech. Sprache und Kultur an der Universität Tartu mit einer Vergütung von jährlich 19.200 Kronen eingesetzt wird, und für die übrigen Bedingungen schlägt es einen Dienstvertrag vor, der mit dem Schreiben des Ministeriums für Schulwesen und Volksaufklärung vom 28. August 1936 vorgelegt wurde, č. 90.555/36-II/C-2.

Den Vorschlag begründet das Ministerium für Schulwesen mit der Absicht, das Netz der Lektorate für tschech. Sprache und Kultur, die vom Ministerium für Schulwesen auch in den baltischen Ländern unterhalten werden, zu erweitern. Das Ministerium für Schulwesen bemerkt, dass die Gesandtschaft der ČSR in Tallinn ausdrücklich darauf aufmerksam macht, dass die Sache auf lebhaftes Interesse der estnischen Minister für Auswärtige Angelegenheiten und für Schulwesen stieß, die sich mit der Einrichtung des Lektorats und seiner vorgesehenen Besetzung einverstanden erklärten.

Das **Ministerium des Inneren** /Schreiben vom 5.9.1936, č. B-4512-1/9-36/ erklärt sich unter der Bedingung einverstanden, dass über alle Zweifel gezeigt wird, dass es für die aufgeführte Funktion nicht möglich war, einen Bewerber aus den Reihen der hiesigen Staatsangehörigen zu finden.

Das **Ministerium für Auswärtige Angelegenheiten** /Schreiben vom 19.9.1936, č. 121.745/III-2/36/ erklärt sich einverstanden und bemerkt, dass ihm kein anderer geeigneterer und qualifizierterer Bewerber bekannt ist. Zugleich bemerkt das Ministerium für Auswärtige Angelegenheiten, dass das vorgeschlagene Honorar von jährlich 19.200 Kronen so niedrig ist, dass es sozusagen unmöglich wäre, einen anderen Kandidaten zu finden, der gleichermaßen qualifiziert ist.

Das **Ministerium der Finanzen** /Schreiben vom 3.12.1936, č. 115.073/36-I/2b/ stimmt zu.

Zur oben aufgeführten Vorbedingung des Ministeriums des Inneren bemerkt das Ministerium für Schulwesen, dass ein gleichermaßen qualifizierter Kandidat

93 Protokoll der Sitzung des Ministerrats der Regierung der ČSR vom 17.2.1937, Nationalarchiv Prag, Archival group of the Cabinet Bureau, 1918–1945, sign 20, box 882 (Orig. tschech.).

> wie der vorgeschlagene für eine gleich niedrige Vergütung unmöglich aus den Reihen unserer Staatsangehöriger zu finden sei.«

Am 16.4.1937 teilte das Schulministerium der ČSR der Gesandtschaft in Tallinn ihr Einverständnis mit dem Entwurf zur Einrichtung des Lektorats mit, der von der philosophischen Fakultät der Universität Tartu ausgearbeitet worden war.[94]

Im März 1937 wendete sich Leopold Silberstein an das Ministerium für auswärtige Angelegenheiten mit dem Vorschlag, neben der bevorstehenden Lektortätigkeit an der Universität in Tartu auch Vorträge zur Kulturpropaganda im Dienste der Tschechoslowakei in den baltischen Ländern zu halten. Insbesondere bat er darum, ihm aus dieser Tätigkeit einen Vorschuss zu gewähren, mit dem er den Umzug seiner Familie und seines Haushalts von Prag nach Tartu finanzieren könnte:[95]

> »Indem ich mich auf die liebenswürdige mündliche Information von Herrn Rat Dr. Ehler berufe, erlaube ich mir, dem hohen Ministerium für auswärtige Angelegenheiten der Tschechoslowakischen Republik folgendes Gesuch zu unterbreiten:
>
> Nach aller Wahrscheinlichkeit wird in nächster Zukunft meine Ernennung zum Lektor der tschechoslowakischen Sprache und Kultur an der Universität in Tartu /Estland/ erfolgen. In den Verhandlungen, die ich die Ehre hatte, in dieser Angelegenheit mit dem hohen Ministerium für Schulwesen und Volksaufklärung und auch mit dem hohen Ministerium für auswärtige Angelegenheiten zu führen, wurde stets von allen Seiten der Standpunkt unterstrichen, dass sich die Tätigkeit eines solchen Lektorats nicht auf den regelmäßigen Unterricht der zugehörigen Lehrfächer /Sprache, Literatur, Geschichte/ beschränken, sondern durch Vorträge ergänzt und gesteigert werden sollte, die sich an ein breiteres Publikum wenden, und das nicht nur allein in Tartu oder Estland, sondern soweit möglich in allen baltischen Staaten /d.h. auch in Litauen, Lettland, Finnland/, sogar eventuell in Skandinavien. Eine solche Vortragstätigkeit hätte neben einem wissenschaftlichen auch ein propagandistisches Ziel. Es würde angestrebt werden, sie auf ähnliche Weise zu entwickeln, wie ich das auf meiner Vortragsreise nach Estland und Finnland gemacht hatte, die das hohe Ministerium für auswärtige Angelegenheiten liebenswürdigerweise durch die Gewährung eines Zuschusses in Höhe von Kč. 4000,– unterstützte und über deren Ergebnisse ich mir erlaubte, dem hohen Ministerium einen ausführlichen schriftlichen und mündlichen Bericht vom 16. April 1936 zu liefern. Das bedeutet, dass für eine

94 Schreiben des Ministeriums für Schulwesen und Volksaufklärung in Prag an die Gesandtschaft der tschechoslowakischen Republik in Tallinn vom 16.4.1937, č.j. 26.159/37-II C/2., Archiv des Außenministeriums der Tschechischen Republik in Prag, Box Tallinn (Orig. tschech.).

95 Schreiben Leopold Silberstein an das Ministerium für auswärtige Angelegenheiten vom 18.3.1937, Archiv des Außenministeriums der Tschechischen Republik in Prag, Box Abt. III (Orig. tschech.).

solche Vortragsreise Programme aufgestellt werden, die zur Hälfte allgemeinen Themen und zur Hälfte spezifisch tschechoslowakischen Themen gewidmet sind. Ein allgemeines Thema soll nicht nur von vornherein das Interesse eines breiteren Publikums wecken, sondern auch sozusagen eine geistige Grundlage für ein besseres Verständnis der konkreten tschechoslowakischen Probleme schaffen. Insbesondere würde ich den Kreis der vorjährigen Themen um die Probleme der gegenwärtigen Linguistik erweitern, in der die tschechoslowakischen Gelehrten einen der vordersten Plätze in der ganzen Welt belegen, und um die nationalen Befreiungsbewegungen, die gerade in den baltischen Staaten direkt zu einer vergleichenden Forschung auffordern. Natürlich würden immer und überall die Weltgeltung der Tschechoslowakei und die geistigen und politischen Werke ihrer großen Präsidenten betont werden. Ich würde bestrebt sein, dass diese meine Tätigkeit mit ihrem künftigen Erfolg nicht hinter dem der vorjährigen Vorträge zurückbleibt.

Jetzt darf ich mich an das hohe Ministerium für auswärtige Angelegenheiten mit der höflichen Bitte wenden, dass es beliebt, diesen Plan liebenswürdigerweise durch die Bewilligung eines Zuschusses zu unterstützen, und das besonders aus folgendem Grunde. Die Aufnahme meiner Tätigkeit in Tartu erfordert den Umzug meiner ganzen Familie und des Haushalts nach Estland, weil mein vorgeschlagenes Gehalt /Kč. 1600,– monatlich/ für den Unterhalt unserer Existenz nur dann genügen kann, wenn wir alle unter einem Dach vereinigt sind. Auch aus einem gesellschaftlichen Grund ist es im Interesse der moralischen Wirksamkeit des tschechoslowakischen Lektorats in Tartu angezeigt, dass der Lektor dort in einer eigenen Wohnung lebt. Wie aus dem beiliegenden Schriftstück hervorgeht, betragen die Kosten des Umzugs meines Haushalts Kč. 18200,– plus Kč.546,– /Umsatzsteuer/, somit zusammen Kč. 18746,–, so dass die Umsiedlung einschließlich Fahrgeld /5 Personen, 3 ½ Fahrkarten/ über Kč. 20000,– kostet. Im Entwurf meines Lektorgehalts ist die Ersetzung dieser Kosten nicht vorgesehen. Dem hohen Ministerium für auswärtige Angelegenheiten ist bekannt, dass mir der wesentliche Teil meines reichsdeutschen Besitzes genommen wurde und ich hier keine Barmittel habe, mit denen ich die oben angeführten Ausgaben abdecken könnte. Ich bitte deshalb das hohe Ministerium für auswärtige Angelegenheiten höflichst, dass es geruht, mir einen Vorschuss auf die oben erwähnte Vortragstätigkeit zu gewähren, möglichst in der Höhe, dass ich etwa die Hälfte der oben genannten Ausgaben abdecken könnte, die andere Hälfte würde ich mich bemühen, auf andere Weise zu begleichen. Wenn das hohe Ministerium liebenswürdigerweise geruhen würde, meinem Gesuch zu willfahren, würde das für mich eine wesentliche Erleichterung meiner Aufgabe bedeuten, wofür ich dem hohen Ministerium stets dankbar sein würde.«

Das Ministerium für auswärtige Angelgenheiten bewilligte Leopold Silberstein die angesuchten Umzugskosten, aber es ist unklar, ob er diesen Zuschuss tatsächlich in Anspruch nahm, weil letztlich seine Familie wegen eines fehlenden gültigen Passes (seine Ehefrau besaß nur einen Nansen-Pass) in Prag bleiben musste.

Das Ministerium für Schulwesen und Volksaufklärung schloss am 22. April 1937 einen Dienstvertrag mit Silberstein ab, der die Aufgabe und die finanziellen Bedingungen für die Arbeit an der Universität in Tartu regelte. Nachfolgend ist die Übersetzung dieses Vertrags wiedergegeben.[96]

Dienstvertrag mit Dr. Leopold Silberstein

1.

Dr. Leopold Silberstein nimmt die Pflichten der Tätigkeit als Lehrer der tschechoslowakischen Sprache und Kultur an der Universität in Tartu auf, wenn er von der genannten Universität beauftragt wird.

2.

Seine Pflichten werden an der genannten Schule durch Übungen und Vorlesungen nach den Vorgaben ausgeübt, die er von der genannten Hochschule erhält, und zwar mit so viel Wochenstunden, die notwendig sind, um die Lektorpflichten vollständig zu erfüllen. Er wird weiter auf Anforderung des Ministeriums für Schulwesen und Volksaufklärung in Prag verpflichtet, Vorträge oder eine Serie von Vorträgen an den Hochschulen in den baltischen Staaten zu halten. Über seine Tätigkeit wird er dem Ministerium für Schulwesen und Volksaufklärung in Prag zusammengefasste Berichte durch Vermittlung der Gesandtschaft in Tallinn jeweils zum Ende eines Halbjahrs vorlegen. Außerdem wird er verpflichtet, derselben Behörde monatlich durch Vermittlung der Gesandtschaft einen Überblick über kulturelle Nachrichten zu geben, die die Beziehung der Tschechoslowakei zu den baltischen Staaten betreffen.

3.

Für die Tätigkeit an der Universität in Tartu erhält er eine Vergütung von jährlich 19.200 Kr., in Worten neunzehntausendzweihundert tschech. Kronen, die monatlich ausgezahlt werden. Diese Vergütung wird ihm in Prag nach den gesetzlichen Abschlägen ausgezahlt. Falls der genannte vom Ministerium für Schulwesen und Volksaufklärung in Prag beauftragt wird, Vorträge an einer anderen Hochschule zu halten, steht ihm ein Reisegeld für die II. Klasse von Tartu zum

96 Dienstvertrag des Ministeriums für Schulwesen und Volksaufklärung der ČSR mit Dr. Leopold Silberstein, Familienarchiv Jenny Herrmann (Orig. tschech.).

Ort der Hochschule und zurück und ein Tagegeld im Betrag von 50 (fünfzig) Kronen zu.

4.

Der genannte ist verpflichtet, jedes Jahr mindestens zwei Wochen auf dem Gebiet der Tschechoslowakei zu verweilen, um den Kontakt mit tschech. Kulturschaffenden und Wissenschaftlern aufrechtzuerhalten. Nach der Einreichung und Begutachtung der Berichte über den Verlauf und die Ergebnisse dieses Studienaufenthalts wird ihm ein Reisegeld für die II. Klasse Schnellzug von Tartu zum Ort des Studienaufenthalts in der Tschechoslowakischen Republik und zurück und eine Bonifikation im Betrag von 1000 (ein tausend tschech. Kronen) ausgezahlt.

5.

Im Falle eines unverschuldeten Unfalls oder von Krankheit wird ihm ein Gehalt für längstens 6 (sechs) Wochen gezahlt. Auf Pensionen, Provisionen oder andere Ruhegehälter hat der genannte gegenüber der staatlichen tschechoslowakischen Verwaltung keine Ansprüche.

6.

Das Vertragsverhältnis kann widerrufen werden, außer im Falle der vorzeitigen Aufhebung, die im Gesetz festgelegt ist, durch Kündigung, die jede der beiden Vertragsseiten zum 1. Januar datieren muss. Die Kündigung muss schriftlich aufgesetzt sein, und das Vertragsverhältnis endet 6 Monate nach der gegebenen Kündigung.

7.

Die Pensionsabgaben, die auf die Bezüge aus diesem Vertrag anfallen, trägt Dr. Leopold Silberstein für sich, und diese Abgabe wird in der betreffenden Summe monatlich bei der Überweisung vom Gehalt abgezogen. Auf gleiche Weise wird auch die pauschale Abgabe entsprechend den Dienstverträgen nach dem Gesetz vom 12. August 1921, č.295 Sb.z.a.n. abgezogen.

8.

Bei Streit, der aus diesem Vertrag entsteht, falls er nicht durch ein exklusives Gericht gelöst wird, ist das Gericht im Sitz der Finanzprokuratur in Prag zuständig.

9.

Dieser Vertrag wird in zwei Gleichschriften ausgefertigt, von denen eine an Dr. Leopold Silberstein ausgehändigt und die andere im Ministerium für Schulwesen und Volksaufklärung in Prag abgelegt wird.

Prag, den

Für die staatliche Verwaltung:

(Unterschrift)

jeden se vydá Dru Leopoldu Silbersteinovi a druhý se uloží v ministerstvu školství a národní osvěty v Praze.

V Praze dne 22. dubna 1937.

Za státní správu :

Ausschnitt aus dem obigen Vertrag mit den Unterschriften des Ministers für Schulwesen und Volksaufklärung der ČSR, Prof. E. Franke, (rechts) und Dr. Leopold Silberstein (links)[97]

Am selben Tag schrieb Leopold Silberstein an den Gesandten Dr. Šejnoha in Tallinn, um ihn über den Abschluss des Dienstvertrages zu informieren und ihn um seine Mithilfe zu bitten, das Einverständnis der Universität Tartu mit der Einrichtung des Lektorats zu erwirken:[98]

Hochverehrter Herr Gesandter,

Ich erlaube mir, Ihnen höflichst mitzuteilen, dass das hohe Ministerium für Schulwesen und Volksaufklärung mir heute einen Vertrag ausgehändigt hat, kraft dessen ich verpflichtet bin, »als Lehrer der tschechoslowakischen Sprache und Kultur an der Universität in Tartu zu wirken, wenn er von der genannten Universität beauftragt wird.«

Indem ich Ihnen, Herr Gesandter diese Nachricht gebe, erlaube ich mir die Bemerkung, dass dies für mich nicht nur eine Pflicht, vielmehr eine besondere Ehre und Freude sein wird, meine Funktion in engem Kontakt und im vollkommenem Einklang mit den Wünschen und Intentionen der hohen Gesandtschaft auszuüben, an dessen Spitze Sie stehen.

97 Emil Franke (1881–1939) war Doktor der Philosophie und langjähriger Minister der ČSR für die volkssozialistische Partei. Von 1936–38 leitete er das Ministerium für Schulwesen und Volksaufklärung.

98 Schreiben Leopold Silberstein vom 22.4. 1937 an den Gesandten Dr. Šejnoha in Tallinn, Archiv des Außenministeriums der Tschechischen Republik in Prag, Box Tallinn (Orig. tschech.).

Bei dieser Gelegenheit wage ich es, Sie, Herr Gesandter, höflichst zu bitten, dass Sie liebenswürdigerweise geruhen, Ihren wertvollen Einfluss in der Richtung zur Geltung zu bringen, dass die hohe Universität in Tartu, die meines Wissens ihren positiven Standpunkt zu meiner Ernennung schon während des Aufenthalts von Herrn Prof. Hrozný[99] *und wohl aus dem Munde des Herrn Dekan Tarvel gab, ihr formales Einverständnis baldmöglichst erteilt, möglichst noch vor dem Beginn der Sommerferien. Ich hoffe, dass dies zu einem Augenblick geschieht, wenn dieses Einverständnis hier vorliegt, um einen Spezialtransport für mein Mobiliar zu bestellen und dass ich selbst unmittelbar nach der Beladung nach Estland abreise, wo ich gleich an die Vorbereitung meines Kurses und das Erlernen des Estnischen herantreten könnte. Ich musste hier genau am 10. April meine hiesige Wohnung räumen und wohne seitdem mit der Familie in einer Pension, während unser Mobiliar sich in einem Lager befindet, nach dem wir nicht ohne Sorge sehen. Auch deshalb würde ich es mit großer Dankbarkeit begrüßen, wenn dieser Übergangszustand nur eine kurze Zeit dauert.*

In der nächsten Zukunft soll meine Broschüre »Kämpfende Vernunft« erscheinen, die zwei längere Vorträge zusammenfasst, und zwar über die Herren Präsidenten und über die Bedeutung von Rationalismus und Irrationalismus. Ich erlaube mir, Ihnen, Herr Gesandter, gleich nach dem Erscheinen ein Exemplar zu übersenden und bitte Sie, es liebenswürdigerweise entgegenzunehmen.

Es ist mir eine angenehme Pflicht, Ihnen, Herr Gesandter, bei dieser Gelegenheit herzliche Grüße vom Herrn Generalkonsul Dr. Opočenský auszurichten, die er mir gerade aufgetragen hat.

Ich danke Ihnen, Herr Gesandter, für Ihr kostbares Wohlwollen und bitte Sie zu geruhen, den Ausdruck meiner tiefsten Hochachtung und meiner besonderen Ergebenheit entgegenzunehmen.

Dr. Leopold Silberstein

Der Gesandte Dr. Šejnoha antwortete ihm hierauf am 29.4.1937:[100]

Verehrter Herr Professor,

indem ich den Empfang Ihres Briefs vom 22.d.M. bestätige, teile ich Ihnen mit, dass nach einer Stellungnahme von Dr. Kaasik[101]*, dem Chef der politischen Sektion*

99 Bedřich Hrozný (1879–1952) war tschechischer Sprachwissenschaftler und Altorientalist sowie Professor an der Prager Karls-Universität. Sein großes Verdienst war die Entzifferung von hethitischen Inschriften.

100 Schreiben Dr. Šejnoha an Leopold Silberstein vom 29.4.1937, Archiv des Außenministeriums der Tschechischen Republik in Prag, Box Tallinn (Orig. tschech.).

101 Nikolai Kaasik (1900–1950) war in den 1930er-Jahren Chef der politischen Sektion des Außenministeriums Estlands und zugleich Professor für Wirtschaftsrecht an der Universität Tartu.

des hiesigen Außenministeriums und gleichzeitig Mitglied des Professorenbeirats der Universität in Tartu, den ich um Mithilfe bat, damit rasch das Einverständnis der Universität, wo die Angelegenheit durch zwei Instanzen laufen muss, erhalten wird, man eine Erledigung in etwa 14 Tagen erwarten kann. Ich hoffe, dass es so kommen wird. Ich fahre in einer Woche in den Urlaub. Ihre Sache behält der Herr Sekretär Boudyš im Auge, und die Gesandtschaft wird Ihnen sogleich schreiben, sobald sie von einem Beschluss der Universität verständigt wird.

Ich wünsche Ihnen, dass Ihre Misere mit der zeitweiligen Umquartierung bald beendet ist und dass Sie in Tartu ein annehmbares und ruhiges Zuhause zur eigenen Zufriedenheit und für die Tätigkeit zum Gedeihen der tschechoslowakischen Sache finden werden, wofür ich Ihnen viel Wohlergehen wünsche.

Mit dem Ausdruck der Hochachtung

JŠ

Für die Vorbereitung des Berufungsverfahrens Silbersteins an der Universität Tartu hatte der dortige Prof. Arumaa in einem Schreiben vom 6.5.1937 Leopold Silberstein gebeten, seinen Lebenslauf und eine Liste ausgewählter Veröffentlichungen einzureichen, worauf er am 10.5.1937 antwortete:[102]

Hochverehrter Herr Professor,

Für Ihre gütige Zuschrift vom 6. Mai verbindlichst dankend, beehre ich mich, sie umgehend zu erledigen und beiliegend zu Ihren Händen den gewünschten Lebenslauf mit Verzeichnis meiner wichtigsten Publikationen – mit der Bitte um freundliche Weitergabe an die hohe Philosophische Fakultät – einzusenden.

Mit gleicher Post gestatte ich mir, Ihnen zwei eingeschriebene Drucksachenkonvolute zu senden, die folgende von meinen Publikationen enthalten:

A. Originalabzüge

1. Národní a rasová ideologie nového Německa.
2. Vývoj rasových theorií.
3. Význam sociologie vědění pro zkoumání kult. vztahů mezisl.
4. Ein Bildnis des Präsidenten T. G. Masaryk.
5. Die Entstehung des Čechoslovakischen Staates.
6. Kämpfende Vernunft – Das Beispiel von Masaryk und Beneš.
7. Belinskij und Černyševskij.
8. Travaux et documents sur l'histoire récente de la Tchécosl.
9. Le travail philosophique en Tchécoslovaquie.

102 Schreiben Leopold Silberstein an Prof. Arumaa vom 10.5.1937, Estnisches Historisches Archiv, Dokument eaa2100_004_000193_00009.

B. Korrekturabzug
Česká terminologie filosofická.

C. Manuskriptdurchschläge
1. Literární manýra El. Orzeszkové.
2. Der Dreifrontenkampf des Jugoslavischen Nationalausschusses.
3. Les tchécoslovaques et les revolutions européennes.
4. Karl Stählin.

Soweit diese Unterlagen nicht dauernd für die Akten der hohen Philosophischen Fakultät benötigt werden, gestatte ich mir um gelegentliche gütige Rückgabe zu bitten.

Ich danke Ihnen, Herr Professor, für die meiner Angelegenheit so freundlich bewiesene Fürsorge, bitte diesen Dank auch Herrn Dekan Prof. Tarvel zu verdolmetschen und freue mich auf die Ehre, an Ihrer Alma mater wirken zu dürfen.
Sobald ich im Besitze der gütigen Entscheidung der hohen Philosophischen Fakultät sein werde, werde ich die Übersiedlung meines Haushaltes nach Tartu ins Werk setzen.

Mit verbindlichsten Empfehlungen habe ich die Ehre zu sein
Ihr in vorzüglicher Hochachtung ergebener
Leopold Silberstein.

An der Universität Tartu wurde die Entscheidung über die Einrichtung des Lektorats in einem zweistufigen Verfahren getroffen. Zuerst tagte der Rat der Philosophischen Fakultät, der dem Vorschlag der Regierung der ČSR zustimmte. Danach trat die Administration der Universität Tartu zusammen, die insbesondere die Besetzung des Lektorats mit Dr. Leopold Silberstein aus Gründen der Nationalität und der jüdischen Herkunft ablehnte. Dieses Ergebnis wurde dem estnischen Schulministerium mitgeteilt. Dieses unterrichtete wiederum das estnische Außenministerium, wo man sich des Problems bewusst war, dass man mit einer Ablehnung des Vorschlags der tschechoslowakischen Regierung diese brüskieren würde. Deshalb drang das estnische Außenministerium darauf, den ganzen Vorgang nochmals zu überprüfen. Hinter diesem Machtspiel stand auch die Tatsache, dass die Universität Tartu in heftiger Opposition zur estnischen Regierung stand und um die Bewahrung ihrer Autonomie kämpfte. Diese Vorgänge gehen aus einem vertraulichen Bericht der Gesandtschaft der ČSR in Tallinn an das Außenministerium in Prag vom 12.7.1937 hervor.[103]

103 Bericht der Gesandtschaft der ČSR an das Außenministerium vom 12.7.1937, Archiv des Außenministeriums der Tschechischen Republik in Prag, Box Tallinn (Orig. tschech.).

Vertraulich J. Š./K.U.

An das Ministerium für Auswärtige Angelegenheiten in Prag

Mit Bezug auf den Bericht č. 89/vertraul. vom 21.IV. d.J. wird mitgeteilt, dass ich nach der Rückkehr vom Urlaub in der Angelegenheit Dr. Silbersteins zum wiederholten Male beim politischen Sektionschef Prof. O. Kaasik interveniert habe, der mich vertraulich unterrichtete:

Der Einrichtung des Lektorats für tschech. Sprache und Kultur an der Universität in Tartu ist zugestimmt worden.

Die Einsetzung von Dr. Silberstein als Lektor durchlief die erste Universitätsinstanz /Fakultätsrat/, aber nicht die zweite Universitätsinstanz /Verwaltungsrat der Universität/. Die Universität lieferte dem Schulministerium einen Bericht, in dem Zweifel darüber ausgesprochen werden, dass jemand, der weder tschech. Nationalität oder ein tschech. Angehöriger, sondern ein Israelit ist, zufriedenstellend in die tschechoslowakische Kultur eindringen könnte.

Das Schulministerium teilte den Beschluss der Universität dem Außenministerium mit, das aber das Schulministerium ersuchte, dass die Frage der Einsetzung von Dr. Silberstein als Lektor nochmals geprüft werde und dass berücksichtigt werde, dass die tschech. Gesandtschaft sich für die Qualifikation von Dr. L. Silberstein verbürgt hat und Dr. Silberstein schon von der tschech. Regierung ausgewählt worden ist.

Im Optimismus, dass sich noch alles regelt, empfahl Dr. Kaasik nachdrücklich, dass Dr. Silberstein über die Zweifel der Universität nicht verständigt werde, damit er in Tartu nicht mit einem Gefühl von Unsicherheit und Minderwertigkeit eintrifft.

Gesendet in Kopie zur Kenntnis des Herrn Gesandten J. Lípa in Riga.

Chargé d'Affaires a.i.:

J. Š.

Am 26.5.1937 wurde Leopold Silberstein in einem akademischen Verfahren zum Lektor für tschechische Sprache und Literatur an der Philosophischen Fakultät der Universität von Tartu berufen. An der Sitzung nahmen die folgenden Professoren und Dozenten teil: Dekan Prof. Tarvel, St. Karling, G. Suits, P. Arumaa, V. Anderson, J. Mägiste, A. Oras, H. Kruus, K. Ramul, P. Haliste, H. Moora und die Dozenten: A. Koort, H. Sepp. Diese Mitglieder der Philosophischen Fakultät wurden später Kollegen von Silberstein. Für das Berufungsverfahren hatte er Beurteilungen seiner wissenschaftlichen Befähigung durch die Professoren A. Brückner, K. Stählin, J. Horák, E. Utitz und O. Fischer eingereicht. Diese Beurteilungen waren schon der Vorlage des Ministeriums für Schulwesen und Volksaufklärung für den Ministerrat der ČSR über die Einrichtung eines Lektorats für tschechische Sprache und Kultur an der Universität Tartu beigefügt gewesen und dienten zur Entscheidung seitens der tschechoslowakischen Seite, Silberstein als Lektor einzusetzen. Entsprechend dem Protokoll der Berufungssitzung, die vom Dekan der Philosophischen Fakultät der Universität Tartu, Prof. P. Tarvel, geleitet wurde, stimmten sämtliche 13 Mitglieder der Kommission für die Einsetzung von Dr. Leopold Silberstein als Inhaber des Lektorats für tschechische Sprache und Kultur.[104] Im Folgenden sind diese Beurteilungen wiedergegeben.[105]

Beurteilung von Prof. Dr. A. Brückner
Qualifikations-Ausweis für
Dr. phil. Leopold Silberstein
Ausgestellt von
Prof. ord. em. der slavischen Sprachen u. Literaturen
a.d. Universität Berlin,
Dr. Alexander Brückner

Während meiner 45-jährigen Lehrtätigkeit reichte keiner meiner Schüler an Fleiss u. Begabung, Vielseitigkeit u. restloser Hingabe ans Studium an Dr. L. Silberstein heran. Er studirte unter mir slav. Sprachen u. Literaturen und promovirte darin magna cum laude, doch zog ihn nicht der linguistische, sondern der literaturhistorische Theil an. Er widmete seine spätere Arbeit der poln. Schriftstellerin E. Orzeszko, in einer Ausführlichkeit und Exactheit, die in der poln. Literaturgeschichte nicht ihres Gleichen hatte und doch sollte dies schliesslich nur ein Capitel in seinem Studium über die poln. Belletristinnen überhaupt werden.

Doch blieb er nicht bei Literatur und Aesthetik; ihn regte nicht das papierene, sondern das historische Leben der Neuzeit an. Er wandte sich speziell dem Studium des slavischen Risorgimento, besonders bei Südslaven und Čechen zu u. arbeitete fleissig in den Prager Archiven wie in den Schätzen der Prager Bibliotheken, die fürs slavische unübertroffen sind. Doch sind diese sehr umfangreichen Studien bisher nicht zum Abschluss gebracht.

Aber neben literarischem u. historischem Studium zog ihn Philosophie, moderne philosophische Richtungen u. Spekulationen, stets mächtig an u. in einer Reihe gedruckter Anzeigen hat er Schärfe u. Unvoreingenommenheit des Urteils wie glänzende literarische Fassung immer wieder bewiesen.

104 Protokoll der Berufungssitzung der Philosophischen Fakultät der Universität Tartu vom 28.5.1937, Estnisches Historisches Archiv, Dokument eaa2100_004_0000193_00014 (Orig. estn.).

105 Beurteilungen der Prof. Brückner, Stählin, Horák, Utitz und Fischer über Leopold Silberstein, Familienarchiv Jenny Herrmann.

Qualifications-Ausweis
für
Dr. phil. Leopold Silberstein,
ausgestellt von
Prof. ord. em. der slavischen Sprachen u. Literaturen
a. d. Universität Berlin,
Dr. Alexander Brückner.

Während meiner 45jährigen Lehrtätigkeit reichte keiner meiner Schüler an Fleiss u. Begabung, Vielseitigkeit und restloser Hingabe ans Studium an Dr. L. Silberstein heran. Er studirte unter mir slav. Sprachen u. Literaturen und promovirte darin magna cum laude, doch zog ihn nicht der linguistische, sondern der literarhistorische Theil an. Er widmete seine spätere Arbeit der poln. Schriftstellerin E. Orzeszko, in einer Ausführlichkeit und Exactheit, die in der poln. Literaturgeschichte nicht ihres Gleichen hatte und doch sollte dies schliesslich nur ein Capitel in seinem Studium über die poln. Belletristinnen überhaupt werden.

Doch blieb er nicht bei Literatur und Aesthetik, ihn regte nicht das papierne, sondern das historische Leben der Neuzeit an.

Auszug aus der Beurteilung der wissenschaftlichen Qualifikation von Dr. Silberstein durch Prof. Dr. Brückner

Dieser so vielseitige und glänzend begabte junge Gelehrte, der allerdings noch keine umfassenden Druckwerke hinter sich hat, verdient jede mögliche Förderung, die ihm Fortsetzung seiner geliebten Studien erleichtern würde.

Ich habe ihn wohl kennen u. würdigen gelernt, denn auch nach Vollendung seiner Studien verkehrten wir Jahrelang in regelmässigen Zeitabständen. Ich stehe daher nicht an, ihm das beste wissenschaftliche Zeugnis auszustellen und mich für ihn in der Erspriesslichkeit seiner Arbeit auch in Zukunft zu verbürgen.
Berlin 20. August 1934
gez. Prof. Dr. A. Brückner

Beurteilung von Prof. Dr. K. Stählin
Prof. Dr. Karl Stählin
Berlin W.50
Neue Ansbacher Str. 7A 20. VIII. 34

Herr Dr. phil. Leopold Silberstein ist mir seit länger als einem Jahrzehnt wohlbekannt. Er war während der ganzen Zeit Mitglied meines Seminars für osteuropäische Geschichte u. Landeskunde und hat sich in meinen Übungen sowohl durch seine glänzende Begabung als auch durch seinen unermüdlichen Fleiß sehr rasch eine hervorragende Position zu verschaffen gewusst. Eine hohe und vielseitige Bildung sowie ein phänomenal zu nennendes Sprachentalent unterstützen seine wissenschaftlichen Leistungen in besonderem Maße. Seine geistige Entwicklung neigte in den letzten Jahren sich immer deutlicher der Behandlung geschichtsphilosophischer Probleme zu. Neben einer außerordentlichen Fülle von kleineren Arbeiten in Gestalt von Aufsätzen, Referaten, Besprechungen usw., die wir ihm verdanken, faßte er schließlich als umfangreichere Aufgaben sehr bedeutende geistesgeschichtliche Fragen ins Auge.

Seine große Anhänglichkeit an mich als einen seiner hiesigen Hochschullehrer und wissenschaftlichen Berater erwiderte ich stets mit warmer Anteilnahme an seinem wissenschaftlichen und persönlichen Ergehen. Ich hatte seine Habilitierung an unserer Universität erhofft. Mit um so herzlicher Freude würde ich es begrüßen, wenn sich ihm anderswo eine seinen Fähigkeiten und seinem Schaffensdrang entsprechende Laufbahn noch eröffnen könnte.

Prof. Dr. Karl Stählin.

Beurteilung von Prof. Dr. J. Horák
Direktion des Seminars für slawische Philologie der Karls-Universität in Prag
Slov. Sem. Č.j. 365 – 1934
Prag, den 18. IX. 1934
Bestätigung
Herr Dr. Leopold Silberstein, geboren am 28. August 1900 in Berlin, hat an der

Philosophischen Fakultät der Berliner Universität studiert, wo er ein Doktorat auf der Grundlage einer Dissertation mit dem Titel »Černyševskij als Belletrist« erwarb. Während seiner Universitätsstudien und der nachfolgenden Zeit erwarb er sich durch sehr fundierte Forschungen eine tiefgründige Kenntnis der tschechoslowakischen, russischen und polnischen Sprache; bezüglich der übrigen slawischen Sprachen kennt er das Serbokroatische, außerdem hat er sich mit dem Ukrainischen und dem Bulgarischen beschäftigt.

Seit etlichen Jahren unterhält Herr Silberstein einen lebhaften Kontakt mit den tschechoslowakischen Slawisten, der (neben anderen Zeugnissen) durch seine Teilnahme am 1. Kongress der Slawistischen Philologen belegt ist, der in Prag im Jahre 1929 stattfand. Bereits damals beschäftigte er sich mit den irrationalistischen russischen Denkern und fasste eine Habilitierung an der Philosophischen Fakultät in Berlin ins Auge, indem er zu diesem Zweck eine Arbeit mit soziologischem Charakter vorbereitete. Allein dieses Zeugnis würde genügen, um zu belegen, dass er ernsthaft mit slawistischen Fragen beschäftigt ist.

Seit dem Frühling 1933 hält sich Herr Silberstein in Prag auf. Er ist ein Mitglied meines Seminars der vergleichenden Literaturgeschichte der Slawen, und ich bestätige hiermit, dass er die Veranstaltungen des Seminars fleißig besucht und lebhaft an den Diskussionen teilnimmt.

In Prag verfolgt Herr Silberstein eine tiefgründige Forschung über die Ideologie der nationalen Befreiung der Tschechoslowakei. Außerdem und vor allem setzt er sein Studium der irrationalistischen Tendenzen im russischen Denken fort, indem er sie mit ähnlichen deutschen Tendenzen vergleicht. Besonders diese Arbeit erwies sich als sehr wünschenswert, als sich der Autor für immer in Prag niederließ, weil er anderswo die reiche Literatur über dieses Thema fast ohne Lücke nicht so vollständig finden würde. Nur in Prag ist die fragliche Literatur in solcher Fülle wie in der berühmten slawistischen Bibliothek des Národní Museum, in der Bibliothek der Universität und vor allem in der berühmten Slawischen Bibliothek des Ministeriums für Auswärtige Angelegenheiten in einer Weise repräsentiert, dass man eine wissenschaftliche Synthese des verstreuten Stoffes unternehmen könnte. In Anbetracht seiner Umstände wünschte ich, dass Herr Silberstein auf lange in Prag bliebe und hier seine Arbeiten beendete, die seitdem für ihn auch eine dringliche Frage seiner materiellen Existenz wurden. Ich kenne Herrn Silberstein als einen eifrigen und sehr kenntnisreichen Gelehrten von großer Belesenheit, und ich kann ihn lebhaft jedermann als einen sehr strebsamen Slawisten empfehlen.

Gezeichnet: Prof. Dr. Jiří Horák
Seminar für Slawistische Philologie
der Karls-Universität in Prag, I. Smetanovo námestí
Gebäude der Philosophischen Fakultät

Beurteilung von Prof. Dr. E. Utitz[106]
19. Sept. 1934
Bestätigung.

Dass Herr Leopold Silberstein, Dr. phil. meiner Überzeugung nach ein begabter junger Gelehrter ist. Ich kenne ihn seit einem Jahr und finde, dass gerade seine hervorragende Kenntnis slavistischer und deutscher Literatur in glücklicher Verbindung mit gründlicher philosophischer Ausbildung eine nicht häufig anzutreffende Grundlage für sehr fruchtbare Arbeiten bietet. Es wäre daher sehr gerechtfertigt, wenn ihm durch geldliche Unterstützung eine ruhige Forschungsmöglichkeit gesichert würde.

Gez.: Universitäts-Professor Dr. Emil Utitz
Prag
Unterschrift

Beurteilung von Prof. Dr. O. Fischer[107]
Univ. Prof. Dr.
Otokar Fischer
Praha XIX, Dejvicka 30
BESCHEINIGUNG

Der unterzeichnete Direktor des germanischen Seminars an der philosophischen Fakultät der Karls-Universität in Prag bestätigt hiemit gern, dass ihm der Berliner Gelehrte Dr. Leopold Silberstein, dz. wohnhaft in Prag-Dejvice 822, als ungemein ernster Forscher bestens bekannt ist. Dr. Silberstein ist vor allem mit Arbeiten beschäftigt, die sich auf dem Grenzrain zwischen Philosophie und Geschichte, zugleich zwischen Slavistik und Germanistik bewegen und, soweit sie dem Gefertigten bekannt geworden sind, durch einen vornehm wissenschaftlichen Ton, durch vorzügliche Sachkenntnis und durch vorurteillose und tendenzfreie Behandlung sich auszeichnen. Gedruckt liegen derartige Behandlungen und Rezensionen vor in der Slavischen Rundschau, in der Prager Rundschau, im Národnostní přehled und anderen angesehenen Zeitschriften. Da Dr. Silberstein nunmehr daran geht, ein grösseres Werk über die geistesgeschichtliche Lage der germanischen und slavischen Länder auszuarbeiten, verdient er der Ueberzeugung des Unterfertigten

106 Emil Utitz (1883–1956) war ein deutschsprachiger jüdischer Philosoph, Psychologe und Kunsttheoretiker. 1942 wurde er in das KZ Theresienstadt deportiert. Er leitete die dortige Bibliothek. Nach 1945 lehrte er an der Karls-Universität in Prag und schließlich an der Universität Jena.

107 Otokar Fischer (1883–1938) war ein jüdischer Übersetzer, Literaturwissenschaftler und Dramaturg und als Professor für die Geschichte der deutschen Literatur an der Karls-Universität in Prag tätig.

gemäss, in seinen literarhistorischen und philosophischen Bestrebungen gefördert zu werden.

Prag im August 1934
gez. Dr. Otokar Fischer v.r.
Professor für deutsche Literatur an der Karls-Universität Prag

Die Zeugnisse der Professoren A. Brückner und K. Stählin, die Leopold Silberstein mehr als zehn Jahre kannten, fielen außerordentlich positiv aus. Obwohl insbesondere Prof. Brückner im Allgemeinen wenig Kontakt mit seinen Schülern hielt, waren ihm aber die ungewöhnlichen Fähigkeiten von Leopold Silberstein aufgefallen. Auch die Zeugnisse der übrigen Professoren Horák, Fischer und Utitz, mit denen er in Prag verkehrte, unterstrichen seine besondere wissenschaftliche Befähigung. Übereinstimmend bringen sie auch zum Ausdruck, dass er noch keine umfassenden Werke zum Abschluss gebracht hätte.

Man muss den Mut hervorheben, dass die beiden in Deutschland lebenden Professoren Brückner und Stählin ihrem emigrierten jüdischen Schüler ein Zeugnis ausstellten.

Wenn Prof. Stählin in seinem Gutachten schrieb, dass sein Schüler »sehr bedeutende geistesgeschichtliche Aufgaben ins Auge gefasst hatte«, so finden sich diese in einem (nicht datierten) ausführlichen Exposé zur Ausarbeitung einer sechsbändigen Geschichte des deutschen Irrationalismus seit Nietzsche (auf Französisch) widergespiegelt, das hier in seinem wesentlichen Inhalt wiedergegeben ist.[108] Dabei baute Silberstein auf seinen verschiedenen Arbeiten über die Entwicklung des Irrationalismus und seiner Beziehungen zu den Rassentheorien sowie seinem Interesse für die Soziologie auf.

»Deutscher Irrationalismus seit Nietzsche:
Seine soziologische Bedeutung, sein Echo in der Belletristik und seine Stellung unter ähnlichen europäischen Tendenzen
Band I: Der Irrationalismus in der deutschen Philosophie und seine objektive Entstehung
A. Der ›induktive‹ Irrationalismus
1. Irrationalismus als Ergebnis einer strengen noetischen Kritik
   a. Der Fiktionalismus
   b. Die Autonomie der ›Geisteswissenschaften‹
      I. Der noetische Pluralismus, die ›verständige‹ Methode

108 Silberstein, Leopold: L'irrationalisme allemand depuis Nietzsche (projet) (Der deutsche Irrationalismus seit Nietzsche (Entwurf)), Estnisches Staatsarchiv, Dokument eaa2100_005_0000360_00177 bis 00181 (Orig. franz.).

II. Der dem Psychologismus gemeinsame Pluralismus

2. Der Irrationalismus als Ergebnis von Bemühungen um eine totale oder wesentliche Erkenntnis anstelle von zahllosen partiellen Kenntnissen

a. Ausgangspunkt

b. Die Entwicklung der Phänomenologie durch den Irrationalismus

c. Der Versuch einer pluralistischen Synthese von Rationalismus und Irrationalismus auf der Grundlage der Phänomenologie

d. Die in Morphologie umgewandelte Phänomenologie

I. Ethische Orientierung

II. Morphologische Psychologie

III. Typologie des Denkens

3. Der Determinismus, Produkt und Organon des Rationalismus neben dem Morphologismus, der zur Zerstörung der Vernunft führt

4. Die rationalistische Idee des ›Homo Faber‹, die sich in ein Herrschaftsideal verwandelt

5. Der durch die biologische Wissenschaft motivierte Neovitalismus

B. Der ›deduktive‹ Irrationalismus aufgrund einer vorgefassten Überlegenheit des Irrationalen gegenüber der Vernunft

1. Das Leben gegen die Vernunft, die Seele gegen den Geist

2. Die Offenbarung, der Mythos und die Mystik als Quellen eines gegenüber der Vernunft überlegenen Wissens

Exkurs I: Das Erbe der alten irrationalistischen Tendenzen

Exkurs II: Die Rebellion der lebendigen Religiosität gegen die Theologie und die traditionalistische Orthodoxie in allen Konfessionen

Band II: Der deutsche Irrationalismus in der Soziologie und in den Theorien des Staats und der Zivilisation

A.Die leitenden Maximen und ihre Antinomie

1. Vitalität gegen Institutionen

2. Jugend gegen Erwachsensein

3. Das fundamentale Wesen

4. Sein gegen Werk

5. ›Kultur‹ gegen ›Zivilisation‹

6. Dynamik gegen Statik

7. Charakteristische Qualität gegen Menschendasein

Antinomie a: Kollektivismus gegen Individualismus

Antinomie b: Totalität gegen Partikularität

Antinomie c: Kult der prähistorischen Gyneokratie und der soziale Antifeminismus

8. Unterordnung unter das Schicksal (Historismus) gegen Progressismus
9. Autorität gegen Freiheit
10. Kommando gegen Erkenntnis
11. Hierarchie der Werte gegen egalitären Atomismus

B. Personen und Werke
1. Kampf gegen Rationalismus und Irrationalismus
   a. Die denkende Methode, die eine irrationale Materie überwindet
   b. Eine soziologische Disziplin mit halb geografischem und halb chthonischem[109] Charakter
   c. Eine phänomenologische Soziologie und eine ›verständige‹ politische Ökonomie an der Grenze zwischen Rationalismus und Irrationalismus
   d. Ein historiografischer Soziologismus, der in seiner Rationalität durch den Nationalismus bedroht ist
   e. Der Theoretiker der Antithese ›Gemeinwesen‹ – ›Gesellschaft‹
2. Der siegreiche Irrationalismus
   a. Statischer Biologismus
   b. Dynamischer Biologismus
   c. Dynamik als absolutes Ziel
      I. Rechter Aspekt
      II. Linker Aspekt: Theorie der permanenten Revolution
   d. Primat der Emotionen
   e. Morphologischer Aspekt
   f. Primat der gegenwärtigen oder früheren Existenz gegenüber der Vernunft (Traditionalismus)

C. Politische Literatur im engeren Sinne
   Exkurs I: Die persönliche und ideologische Tragik der linken Irrationalisten und der jüdische Ursprung
   Exkurs II: Die Notwendigkeit, die die irrationalistischen Gesellschaften zwingt, sich einen ultrarationalen Apparat zu verschaffen

Band III: Der Irrationalismus in den anderen Zweigen der deutschen Wissenschaft
A. Naturwissenschaften
1. Irrationalistische Wirkungen vernünftiger Untersuchungen
   a. Die Apodiktizität des ›a priori‹, die durch die Relativitätstheorie in Zweifel gezogen wird

109 Bezeichnet eine mythologische Weltanschauung.

b. Das Kausalitätsprinzip, das durch die Quantenphysik in Zweifel gezogen wird
c. Die moderne Psychologie: Die Psychoanalyse und ihre unfreiwilligen Wirkungen
Exkurs: Rationalistische und irrationalistische Elemente in der erotischen Revolution
2. Die Bemühung um eine totale Erkenntnis: Der konstitutionelle Aspekt in der Medizin
3. Der deduktive Irrationalismus
Exkurs: Die falsche Naturwissenschaft in Deutschland
B. Historiografie
1. Methodischer Irrationalismus (Intuitionismus)
2. Materieller Irrationalismus
3. Partieller Irrationalismus (charismatischer Personalismus)
C. Wissenschaften
1. Emotionalismus
2. Intuitionismus
3. Morphologismus
D. Philologie
1. Tonanalyse bei Sievers: Auditiver Intuitionismus
2. Die Phonologie und ihr Widerhall in Deutschland

Band IV: Das Echo des deutschen Irrationalismus in der Belletristik
A. Die Frage des Expressionismus
B. Die charismatische Esoterik von St. George als unfreiwilligem Helfer des Irrationalismus

Band V: Der Irrationalismus unter dem Aspekt der Wissenssoziologie
A. Die irrationalistischen Thesen als Effekt der Konkurrenz
B. Die irrationalistischen Thesen als Ausdruck von Klasseninteressen
C. Die bewussten Lügen und die unfreiwilligen Inkongruenzen der Irrationalisten

Band VI: Die grundlegenden Repräsentanten des Irrationalismus außerhalb Deutschlands
A. Franzosen
1. Philosophie
a. Induktiver Irrationalismus
b. Deduktiver Irrationalismus
2. Soziologie und politische Theorie
a. Der Antiprogressismus

b. Der Neokatholizismus
c. Der integrale Nationalismus
d. Die Kritiker der Demokratie

B. Angelsachsen

1. Eine Art der Synthese von Psychologismus und Lebensphilosophie: der Pragmatismus
2. Der Skeptizismus von Shaw
3. Der Neokatholizismus von Newman
4. Der romantische Neohegelianismus

C. Italiener: Induktiver und deduktiver Irrationalismus bei Pareto

D. Slawen

1. Die Tschechoslowaken
   a. Der Rationalismus in Synthese mit dem Irrationalismus
      I. Irrationale Elemente bei T.G. Masaryk
      II. J.L. Fischer und der Irrationalismus
      III. J.B. Kozák und der Pragmatismus
      IV. Der Irrationalismus aus Überzeugung als Ergebnis des Rationalismus der Methode
   b. Der Intuitionismus bei Hoppe und Vorovka
   c. Der Pragmatismus und der Antiintellektualismus bei Rádl
   d. Der extreme Irrationalismus bei L. Klíma
   e. Die esoterische Mystik bei Březina
2. Die Polen. Brzozowski. Das junge Polen. Das Verschwinden des traditionellen Irrationalismus im befreiten Staat
3. Die Russen
   a. Der imperialistische Slawismus
   b. Der Versuch der Vereinigung von Kritizismus, Vitalismus und einer mystischen Theologie
   c. Soziale Ethik auf der Grundlage einer Solidarität des Empfindens
   d. Agnostizismus
   e. Antisoziale Ethik auf der Grundlage des Primats des Willens gegenüber der Vernunft
   f. Intuitionismus
   g. Pantheismus
   h. Die Buchstaben als hypostasiertes Wort interpretiert
   i. Neues Mittelalter
   j. Gemäßigter Irrationalismus auf religiöser Grundlage
   k. Rechtsgerichtete irrationalistische Philosophie

Anhang: Die Frage der gegenseitigen Einflüsse zwischen den deutschen und nicht-deutschen irrationalistischen Tendenzen. Vergleich der objektiven geistigen Situationen.

Schlussfolgerungen
A. Objektive geistige Situation

Die unmögliche Rückkehr zu einem Rationalismus positivistischer Art, neokantische oder ›realistische‹ (im mittelalterlichen Sinne). Der Materialismus und der Irrationalismus stimmen überein, soweit sie den Geist beide als einen nicht-vitalen, vom Leben entfernten Gegenstand betrachten. Die Notwendigkeit, diesen Aberglauben zu überwinden. Der zukünftige Glaube an einen lebenden Geist wird vom Irrationalismus die Vitalität und die Dynamik, vom Rationalismus die Klarheit, die Gültigkeit des Wissens und das dialektische Prinzip als Organon übernehmen. Der Geist als Phänomen, Produkt und Meister des Lebens. Sieg einer von verschiedenen Abirrungen geheilten Phänomenologie.

B. Soziologische Situation

Es ist möglich, dass der Irrationalismus unter den Massen nur durch einen neuen Irrationalismus überwunden wird, dessen Natur noch nicht bekannt ist und der seine erste Daseinsberechtigung vielleicht aus dem Kampf mit dem rationalen Apparat der bestehenden Gesellschaft ziehen wird. Die vollkommene Kenntnis der objektiven geistigen Situation, ihrer Forderungen und Ergebnisse wird indessen immer das Privileg einer Elite bleiben.

/Ende des Projekts/«

Zu den einzelnen geplanten Bänden hatte Silberstein in seinen zahlreichen Veröffentlichungen schon intensive Vorarbeiten geleistet, die nun in ein geschlossenes Werk integriert werden sollten. Der ausgebrochene Weltkrieg verhinderte allerdings, dass dieses umfassende philosophische Opus, in dem sich die philosophischen, soziologischen und slawistischen Interessen Silbersteins in großartiger Weise miteinander verbanden, verwirklicht werden konnte. Wenn Prof. Stählin in seinem Gutachten vom 20.8.1934 diese philosophische Arbeit erwähnte, so deutet das darauf hin, dass Silberstein über dieses Projekt mit seinem Lehrer diskutiert hatte. Ferner impliziert der französische Projektentwurf, dass das Werk in Frankreich sozusagen in einer Weltsprache erscheinen sollte.

Die offiziöse Tageszeitung »Uus Eesti« (Neues Estland) meldete am 25.6. 1937 über das neue Lektorat[110]:

»An der Universität Tartu wird ein Lektor für tschechoslowakische Sprache und Kultur eingestellt.

110 Tartu ülikooli Tshehhoslowakkia keele ja kultuuri lektor ametisse (Die Universität Tartu beruft einen Lektor für tschechische Sprache und Kultur), Uus Eesti vom 25.6.1937 (Orig. estn.).

Auf Wunsch und auf Kosten der tschechoslowakischen Regierung sowie mit Genehmigung des Bildungsministeriums wird an der Universität Tartu ein Lektorat für tschechoslowakische Sprache und Kultur gegründet.«

Die deutsche Gesandtschaft stieß bei dem Vorhaben, die Professur für Germanische Philologie an der Universität Tartu wieder zu besetzen, auf erheblich größeren Widerstand als im Falle des tschechoslowakischen Vorschlags, indem die estnische Seite darauf bestand, aus mehreren vorgeschlagenen Kandidaten einen zu wählen. In einem Vermerk der Kanzlei des Präsidenten der ČSR vom 9.6.1937 hieß es hierzu:[111]

»Es erschien Dr. Leopold Silberstein /siehe früheres/ und teilte mit, dass seine Ernennung zum tschech. Lektor an der Universität in Tartu, die vor einiger Zeit von der hiesigen Regierung beschlossen und der estnischen Regierung kommuniziert wurde, von der philosophischen Fakultät der Tartuer Universität angenommen wurde. Es geht jetzt nur noch um das Einverständnis des estnischen Schulministeriums, das man voraussetzen kann, weil es inoffiziell bereits zuvor gegeben wurde.

Dabei macht Dr. Silberstein als Merkwürdigkeit auf die Information aufmerksam, die er vom Mitglied der Tartuer Universität Prof. Gumplowicz erhielt, dass in derselben Sitzung des Kollegiums, in dem das tschechoslowakische Lektorat angenommen wurde, das Projekt zur Einrichtung eines deutschen Lektorats abgelehnt wurde und das mit der Begründung, dass die Universität dann nicht ausweichen könnte, zuzulassen, dass auch durch Sowjetrussland ein Lektorat eingerichtet wird.«

In einem Schreiben des Lektors für deutsche Sprache an der Universität Tartu, Dr. Schreinert[112] an den deutschen Gesandten in Tallinn vom 11.5.1937 bemerkte er[113]:

»Auch im Falle des tschechischen Lektorats habe man denselben Passus [nämlich einen Kandidaten aus mehreren vorgeschlagenen auszuwählen] angewendet und von der tschechischen Regierung sei wiederum nur derselbe Kandidat (Dr. Silberstein) in Vorschlag gebracht worden.«

Die estnische Regierung und die Instanzen der Universität Tartu reagierten auf das anmaßende politische Auftreten Nazi-Deutschlands mit einer Verzögerungstaktik und der Errichtung verschiedener Hürden, zum Beispiel, dass sich die deutschen Kandidaten einer estnischen Sprachprüfung unterziehen müssten.

111 Vermerk der Kanzlei des Präsidenten der ČSR vom 9.6.1937, Archiv der Kanzlei des Präsidenten der Tschechischen Republik, File Nr. 991 Leopold Silberstein (Orig. tschech.).

112 Dr. Kurt Schreinert (1901–1967) war von 1929–1940 Lektor für deutsche Sprache an der Universität Tartu, seit 1934 Mitglied der NSDAP.

113 Schreiben K. Schreinert an den deutschen Gesandten in Tallinn vom 11.5.1937, Politisches Archiv des Auswärtigen Amts, Box Reval 81.

Mit dem Schreiben des Rektors der Universität Tartu, Prof. H. Kruus, vom 29.7.1937 an Leopold Silberstein wurde mitgeteilt, dass die Universität ihn zum Lektor für tschechische Sprache und Kultur erwählt hatte.[114]

Schließlich unterrichtete das estnische Außenministerium die Gesandtschaft der ČSR in Tallinn am 7. August 1937 offiziell über den positiven Abschluss des Verfahrens um die Einrichtung des Lektorats:[115]

> »Mit Bezug auf die Verbalnote der Gesandtschaft der Tschechoslowakei Nr. 83/37 vom 29. April 1937 hat das Ministerium für auswärtige Angelegenheiten die Ehre mitzuteilen, dass die zuständigen estnischen Behörden keine Einwendungen haben, dass das Lektorat der tschechoslowakischen Sprache und Kultur Herrn Dr. phil. Leopold Silberstein übertragen wird.«

Am 9.8.1937 informierte der Gesandte Dr. Šejnoha Silberstein mit recht dürren Worten über dieses Ergebnis:[116]

> *Verehrter Herr Professor,*
>
> *schließlich kann ich Ihnen mitteilen, dass die Verhandlungen Ihrer Angelegenheit abgeschlossen sind und dass von estnischer Seite das Einverständnis erteilt wurde zu Ihrer Einsetzung als Lektor der tschech. Sprache und Kultur an der Universität Tartu. Ich gratuliere und wünsche Ihnen im neuen Wirkungskreis alles Beste und bin mit Gruß*
>
> *J. Š.*

Silberstein, der am 22.8.1937 vom Philosophie-Kongress in Paris nach Prag zurückgekehrt war, bedankte sich noch am selben Tag mit folgendem Brief an Dr. Šejnoha für seine Mühe:[117]

> *Hochverehrter Herr Gesandter,*
>
> *vom Kongress in Paris zurückgekehrt, erlaube ich mir, Ihnen meinen herzlichsten Dank für Ihre sehr liebenswürdige Mitteilung und Ihre wertvolle Unterstützung auszusprechen, die Sie geruhten, in meiner Angelegenheit zu gewähren. Hier trat ich sogleich in Verbindung mit dem hohen Ministerium für Schulwesen und*

114 Brief Prof. Kruus an Leopold Silberstein vom 29.7.1937, Archiv des Außenministeriums der Tschechischen Republik in Prag, Box Tallinn.

115 Schreiben des estnischen Außenministeriums an die Gesandtschaft der ČSR in Tallinn vom 7.8.1937, Archiv des Außenministeriums der Tschechischen Republik in Prag, Box Tallinn u. (Orig. franz.u.estn.).

116 Schreiben Dr. Šejnoha an Leopold Silberstein vom 9.8.1937, Archiv des Außenministeriums der Tschechischen Republik in Prag, Box Tallinn (Orig. tschech.).

117 Schreiben Leopold Silberstein an den Gesandten Dr. Šejnoha vom 22.8.1937, Archiv des Außenministeriums der Tschechischen Republik in Prag, Box Tallinn (Orig. tschech.).

Volksaufklärung; ich informierte über Ihre liebenswürdigen Mitteilungen ebenso wie über das direkte Schreiben, das mir die Universität von Tartu selbst über meine Einsetzung als Lektor der tschechoslowakischen Sprache und Kultur bekanntgab und dessen Kopie ich mir erlaube beizulegen. Die gleiche Nachricht erhielt das Ministerium für Schulwesen inzwischen auch vom hohen Ministerium für Auswärtige Angelegenheiten. Die zuständigen Referenten des Ministeriums für Schulwesen sind aber im Urlaub und kehren erst zum 30. August bzw. 6. September zurück. Vor ihrer Rückkehr wird es wahrscheinlich nicht möglich sein, mir das erste Gehalt und die Reisegelder anzuweisen. Ich hoffe aber, dass bis zu den angegebenen Terminen alle Formalitäten so schnell erledigt werden, dass ich nach Tartu genau zum Beginn der Vorlesungen reisen kann, d.h. Mitte September. Sobald ich von hier abreise, werde ich es nicht unterlassen, Ihnen, Herr Gesandter, Nachricht zu geben, ebenso werde ich die erste Gelegenheit nach meiner Ankunft im neuen Wirkungsbereich nutzen, um mich Ihnen in Tallinn persönlich vorzustellen. Schließlich erlaube ich mir, Ihnen bekannt zu geben, dass ich mit gleicher Post meine ersten Vorlesungen in einem Brief an die Philosophische Fakultät ankündigen werde, dessen Durchschlag diesem Brief beigelegt ist.

Mit wiederholtem Dank geruhen Sie, Herr Gesandter, den Ausdruck meiner tiefsten Hochachtung und meiner vollkommenen Ergebenheit entgegenzunehmen

Leopold Silberstein

Am selben Tage unterbreitete Silberstein in einem Brief an die Philosophische Fakultät der Universität Tartu einen Vorschlag für die im Herbstsemester 1937 zu haltenden Kurse und Vorlesungen:[118]

Der hohen Philosophischen Fakultät der Universität Tartu
Erlaube ich mir für das Herbstsemester 1937 folgende Kurse und Vorlesungen anzukündigen:
1. Grammatik der modernen tschechoslovakischen Sprache:
a. Induktives Studium
b. Systematische Darlegung *}des Tschechischen*
c. Vergleichung mit anderen slavischen Sprachen
d. Fragen der modernen Schriftsprache
e. Hauptunterschiede zwischen dem tschechischen und dem slovakischen Zweige
Kursus/Proseminar/, 4 Wochenstunden

118 Schreiben Leopold Silberstein an die Philosophische Fakultät der Universität Tartu vom 22.8.1937, Archiv des Außenministeriums der Tschechischen Republik in Prag, Box Tallinn.

2. Allgemeine Geschichte der tschechoslovakischen Nation.
Vorlesung, 2 Wochenstunden
3. Die tschechoslovakische Literatur der Gegenwart.
Vorlesung, 2 Wochenstunden, evtl. verbunden mit Lektüre ausgewählter Abschnitte.

Ich bitte diese Kurse und Vorlesungen gütigst genehmigen und mir die Stunden nach Massgabe der verfügbaren Zeit zuweisen zu wollen. Die Bestimmung des Charakters der Kurse /ob privatim, privatissime, gratis, publice/ stelle ich der hohen Philosophischen Fakultät anheim mit der Bitte, hierbei nach den an der Universität Tartu allgemein geltenden Gepflogenheiten zu verfahren. Schliesslich bitte ich um die Genehmigung, während dieses meines ersten Tartuer Semesters als Unterrichtssprache das Deutsche zu wählen.

Ich hoffe zu Vorlesungsbeginn in Tartu einzutreffen und bitte inzwischen etwa notwendige Benachrichtigungen und Rückfragen an die im Kopfe dieses Briefes angegebene Prager Adresse richten zu wollen.

In ausgezeichneter Hochachtung
sehr ergeben
Dr. Leopold Silberstein
Lektor der tschechoslovakischen Sprache und der
tschechoslovakischen Kultur an der Universität Tartu

Schließlich verpflichtete das Schulministerium der ČSR Silberstein mit dem Schreiben vom 9.9.1937, unverzüglich seine Lehrtätigkeit in Tartu aufzunehmen:[119]

In Anbetracht der Tatsache, dass von estnischer Seite das Einverständnis erteilt wurde, dass Sie als Lektor für tschech. Sprache und Kultur an der Universität Tartu eingesetzt worden sind, bittet das Ministerium für Schulwesen und Volksaufklärung, dass Sie im Sinne des mit der hiesigen Behörde abgeschlossenen Vertrags vom 22. April 1937 Ihre Tätigkeit aufnehmen.

Das Ministerium für Schulwesen und Volksaufklärung legt gleichzeitig in französischer Übersetzung die entsprechende Anstellung bei der genannten Universität betreffs der Einrichtung dieses Lektorats bei und beauftragt Sie, dass Sie Ihre Tätigkeit an der genannten Universität im Sinne dieser Anstellung, des abgeschlossenen Vertrags und der Weisungen der Gesandtschaft der Tschechoslowakischen Republik in Tallinn aufnehmen.

119 Schreiben des Schulministeriums an Leopold Silberstein vom 9.9.1937, Archiv des Außenministeriums der Tschechischen Republik in Prag, Box Tallinn (Orig. tschech.).

Der Betrag, der Ihnen entsprechend dem Vertrag für die Zeit vom 1. Mai bis zum 30. September 1937 zusteht, wird Ihnen auf Ihr Konto bei der Živnostenská Banka in Prag überwiesen, und es ist Vorkehrung getroffen, dass Ihnen die zustehenden Beträge für den nächsten Monat überwiesen werden.
Für den Minister:
(Unterschrift)

Weiterhin beauftragte das Außenministerium Leopold Silberstein, auch in den baltischen Nachbarstaaten Estlands eine kulturpropagandistische Tätigkeit aufzunehmen, was aus dem nachstehenden Schreiben des Außenministeriums vom 8.10.1937 an die Gesandtschaft der ČSR in Tallinn hervorgeht:[120]

Das Außenministerium besprach zum betreffenden mit Herrn Dr. L. Silberstein, Lektor des Tschechischen an der Universität Tartu, dass er neben seiner Lektortätigkeit an der Universität in Tartu, für die er vom Ministerium für Schulwesen und Volksaufklärung honoriert wird, in Abstimmung mit den entsprechenden tschechoslowakischen Vertretungen in Estland und den Nachbarstaaten öffentliche Vorträge hält, die der Tschechoslowakei gewidmet sind, Artikel schreibt und in der örtlichen Presse veröffentlicht, die über die Tschechoslowakei informieren u. ä. Das Außenministerium empfahl Herrn Dr. Silberstein, dass er sich mit den dortigen Gesandtschaften in Verbindung setzt, sich über ihre Propagandapläne informiert und sich Hinweise vom Herrn Chargé d'Affaires oder in den Nachbarbarstaaten Hinweise vom Herrn Gesandten geben lässt.

Das Außenministerium empfiehlt, dass der Propagandadienst von Herrn Dr. Silberstein, der von der hiesigen Behörde honoriert wird, geeignet eingesetzt und über den Effekt berichtet wird.

Versendet in Abschrift an die Gesandtschaften in Riga, Kaunas und Helsinki.
Für den Minister
(Unterschrift)

Das langwierige Verfahren um die Erlangung der tschechoslowakischen Staatsbürgerschaft fand schließlich mit der Ausgabe eines Reisepasses der ČSR am 19.10.1937 seinen erfolgreichen Abschluss.[121] Hier ist der Antrag auf Ausstellung des Reisepasses wiedergegeben. Diese Maßnahme wurde notwendig, weil der reichsdeutsche Pass

120 Schreiben des Außenministeriums an die Gesandtschaft der ČSR in Tallinn vom 8.10.1937, Archiv des Außenministeriums der Tschechischen Republik in Prag, Box Tallinn (Orig. tschech.).

121 Schreiben der Gesandtschaft der Tschechoslowakischen Republik in Tallinn an das Ministerium für Auswärtige Angelegenheiten in Prag vom 20.10.1937, Nr. 1511/37, Archiv des Außenministeriums der Tschechischen Republik in Prag, Box Tallin (Orig. tschech.).

Žádost o vydání - prodloužení - rozšíření - platnosti cestovního pasu.
Demande - de délivrance - de prolongation - d'extension - de la validité d'un passeport.
Gesuch um - Ausstellung - Verlängerung - Erweiterung - der Gültigkeit eines Reisepasses.

Příjmení: / Prénom: / Familienname: Silberstein
Jméno: / Nom: / Vorname: Leopold Adolf, PhDr

Narozen(a) dne: / Né(e) le: / Geboren am: 28. srpna 1900 v / à / zu Berlíně
okres / district de / Bezirk Berlin

Příslušný(á) do: / Originaire de: / Zuständig nach:
okres / district de / Bezirk

Jména rodičů (u matky též dívčí příjmení) žadatele: / Noms des parents (aussi nom de famille de la mère) du demandeur: / Namen der Eltern (auch Familienname der Mutter) des Gesuchstellers: PhDr Vilém Silberstein, Cecilie Silbersteinová roz. Eliasová

Jméno, datum a místo narození manžela (vyplní manželky nebo vdovy): / Nom, date et lieu de naissance du mari (remplissent les femmes mariées ou les veuves): / Name, Datum und Ort der Geburt des Gatten (füllen verheiratete Frauen oder Witwen aus):

Náboženství: / Religion: / Religion: židovské
Stav (svob., žen., provd., rozved. atd.): / Situation de famille (célibataire, nubile, marié etc.): / Stand (ledig, verh., gesch. u. s. w.): ženatý

Povolání: / Profession: / Beruf: lektor čsl. jazyka a čsl. kultury na universitě v Tartu
Přesná adresa: / Adresse précise: / Genaue Adresse: Tartu

Žádá o vydání ~~prodloužení~~ ~~rozšíření~~ ~~platnosti~~ cestovního pasu do všech zemí evropských

Demande la délivrance / la prolongation / l'extension de la validité d'un passeport pour se rendre en

Ersucht um Ausgabe / Verlängerung / Erweiterung der Gültigkeit eines Reisepasses nach

za účelem: / But du voyage: / zwecks:
na dobu: / Durée du voyage: / für die Dauer von: 6 měsíců

K žádosti své připojuje tyto doklady: / A la demande sont jointes les pièces suivantes: / Dem Gesuche werden folgende Belege beigelegt:

Postava - Taille - Gestalt: vyšší
Těl. konstituce: / Constitution physique: / Körperkonstitution: štíhlá
Obličej - Visage - Gesicht: ovální
Barva očí: / Couleur des yeux: / Augenfarbe: modrá
Nos - Nez - Nase: rovný
Zuby - Dents - Zähne: normální
Barva vlasů: / Couleur des cheveux: / Farbe der Haare: černá
Zvláštní znamení: / Signes particuliers: / Besondere Kennzeichen: —

Vyslanectví Republiky Československé Tallinn a) potvrzuje, že podpis ... ou a zde přítomnou osobu;
b) zjistil... při předání cest. pasu, že podpis (a otisk palce pravé ruky) se vztahuj.... na vyobrazenou a zde přítomnou osobu;

... à ... a) certifie que la signature (et que l'empreinte digitale de la main droite) sont celles de la personne ici présentée et dont le signalement vient d'être donné;
b) confirme que l'empreinte digitale relevée lors de la délivrance du passeport correspond à celle de cette même personne.

... in ... a) bestätigt, dass sich die Unterschrift (und der Abdruck des Daumens der rechten Hand) auf die abgebildete und hier anwesende Person bezieh.....;
b) bei der Übergabe des Reisepasses festgestellt, dass sich die Unterschrift (und der Abdruck des Daumens der rechten Hand) auf die abgebildete und hier anwesende Person bezieh.....

Podpis (příp. otisk palce pravé ruky): / Signature (évent. empreinte digitale): / Unterschrift (event. Daumenabdruck der rechten Hand): Dr Leopold Silberstein

Pas vydán / prodl. / rozš. dne 19. X. pod č. 8/1937
s platností do 18. IV. 1938.
Poplatek ... súčtován v poplatkovém deníku pod pol. č.
Hotové výlohy
Celkem

VYSLANECTVÍ REPUBLIKY ČESKOSLOVENSKÉ TALLINN

v Tallinnu dne / le / den 19. října 1937.

Antrag Silbersteins auf Ausstellung eines Reisepasses der ČSR vom 19.10.1937, Archiv des Außenministeriums der Tschechischen Republik in Prag, Box Tallinn

Tento cestovní pas obsahuje 16 stran
Ce passeport contient 16 pages
Dieser Reisepaß umfaßt 16 Seiten

Prozatímní cestovní pas. Passavant.
Provisorischer Reisepaß

CESTOVNÍ PAS
PASSEPORT – REISEPASS
REPUBLIKA ČESKOSLOVENSKÁ
RÉPUBLIQUE TCHÉCOSLOVAQUE
ČECHOSLOVAKISCHE REPUBLIK

Číslo cestovního pasu / No du passeport / Zahl des Reisepasses: 14/1938.

Jméno majitele / Nom du porteur / Name des Inhabers: Dr Leopold Silberstein

Provázen svou manželkou / Accompagné de sa femme / in Begleitung seiner Ehegattin: ./.

a svými / et de / und seiner: ./. dětmi / enfants / Kinder

STÁTNÍ PŘÍSLUŠNOST / NATIONALITÉ / STAATSZUGEHÖRIGKEIT: Československá / Tchécoslovaque

16989

Země, pro které platí tento cestovní pas
Pays pour lesquels ce passeport est valable
Länder, für welche der Reisepaß Gültigkeit hat
pro všechny země Evropské.
Pour tous les pays de l'Europe

Platnost cestovního pasu končí:
Ce passeport expire le:
Die Gültigkeit des Reisepasses erlischt:
18. dubna (Avril) 1939.
není-li obnoven.
à moins de renouvellement.
falls er nicht erneuert ist.

Vydán v / Délivré à / Ausgestellt in: Vyslanectví Republiky Československé Tallinn.
dne / date / am: 16. prosince décembre 1938

OBNOVENÍ
RENOUVELLEMENTS
ERNEUERUNG

1°

2°

3°

4°

Reisepass von Dr. Leopold Silberstein vom 16.12.1938, ausgestellt von der Gesandtschaft der ČSR in Tallinn, gültig für alle Länder Europas bis zum 18.4.1939, Familienarchiv Jenny Hermann

Silbersteins am 23.11.1937 auslief. Um einen Pass der ČSR zu erhalten, wandte er sich auch an die Kanzlei des Präsidenten um Hilfe, dessen Leiter Dr. Emil Sobota dann einen Brief an den Außenminister Dr. K. Krofta sandte:[122]

»Es erschien direkt bei mir Herr Dr. Leopold Silberstein, der als Lektor für tschech. Sprache und Kultur in Estland eingesetzt wurde. Dr. Silberstein hat schon alle Formalitäten seiner Entsendung und ist formal und materiell versichert, aber er hat eine Widrigkeit: sein Pass als Staatsbürger des deutschen Reiches läuft am 23. November d.J. aus, und bei seiner künftigen Funktion kann er nicht hoffen, dass er ihm verlängert wird. Er muss somit um einen Ausländerpass einkommen. Wenn er zu dieser Zeit bei uns wäre, würde er ihn sicher ohne Beschwerlichkeit erhalten. Da er aber in Tartu sein wird, kann ihm von einer tschech. Behörde ein Ausländerpass nicht ausgestellt werden. Herr Dr. Andrial empfahl ihm auf seine Frage die estnischen Behörden, was formal sicher völlig

122 Schreiben der Kanzlei des Präsidenten der ČSR an den Außenminister Dr. Krofta vom 7.10.1937, Archiv der Kanzlei des Präsidenten der Tschechischen Republik, File Nr. 991 Leopold Silberstein (Orig. tschech.).

korrekt ist, politisch aber nicht opportun wäre, dass unser Lektor einen Monat nach seinem Antritt sich an die estnischen staatlichen Organe in einer solchen Angelegenheit wenden muss.

Dr. Silberstein wandte sich auf Empfehlung von Dr. Dvořák, dem Vizegouverneur der Nationalbank, auch an das Ministerium des Innern, den Sektionschef Ptáčník, der ihm keine Hoffnung machte, dass er schon jetzt bei uns einen Ausländerpass bekommen könnte, sozusagen im Voraus. Nach meinen neuesten allgemeinen Informationen hält sich der betreffende Referent im Ministerium des Innern, Dr. Helbich, an den strikten Wortlaut des Gesetzes und urteilt, dass ein Ausländerpass nicht eher ausgegeben werden kann, als Silbersteins reichsdeutscher Pass ausläuft.

Ich riet deshalb Herrn Silberstein zuvor, dass er nach Estland fährt und kurz vor dem 23. November wieder nach Prag zurückkehrt, um die Angelegenheit mit dem Ausländerpass zu regeln. Dr. S. würde im äußersten Falle diese schwerfällige Prozedur auf sich nehmen, aber er wies darauf hin, dass er gleich nach dem Beginn seiner Arbeit und bei dem vollen Hochschulbetrieb plötzlich wieder nach Prag zurückkehren müsste, abgesehen von den Kosten, die ihm dadurch verursacht werden.

Also bat Dr. Silberstein, Sie, Herr Minister, auf diese Angelegenheit aufmerksam zu machen, die in nächster Zeit im Ministerium des Innern zu erledigen ist, und in seinem Namen bitte ich Sie, dass man dem Sektionschef Ptáčník – wenn es möglich ist – ein Interesse an einer wohlwollenden Lösung bekundet, d.h. dass man Dr. Silberstein einen Ausländerpass ›auf Vorrat‹ mit einer Gültigkeit bis zum kommenden Datum des 23. November gibt, oder dass man ihm wenigstens formal etwas verspricht, dass er ihn dann reibungslos erhält.«

Offensichtlich zeigte das Eingreifen des Außenministers Dr. Krofta Wirkung, denn Leopold Silberstein erhielt nun einen tschechoslowakischen Reisepass. Die Ausgabe des Reisepasses erfolgte auf eine Anweisung des Ministeriums für Auswärtige Angelegenheiten in Abstimmung mit dem Ministerium des Inneren in Prag vom 13.10.1937.[123] Die Landesbehörde Prag verweigerte ihm aber aufgrund einer Empfehlung der Polizeidirektion Prag nach wie vor das Heimatrecht, das es ihm erlaubt hätte, auch innerhalb der ČSR eine Arbeit auszuüben. Als Grund wurde wiederum die hohe Arbeitslosigkeit der einheimischen Intelligenz angegeben.

Der auch in der ČSR zunehmende Antisemitismus wird unter anderem daran sichtbar, dass die Landesbehörde Prag als Grund für die Ablehnung des Heimatrechts

123 Schreiben des Ministeriums für Auswärtige Angelegenheiten in Prag an die Gesandtschaft der Tschechoslowakischen Republik in Tallinn vom 13.10.1937, č. 134217/V-4/37, Archiv des Außenministeriums der Tschechischen Republik in Prag, Box Tallinn (Orig. tschech.).

am 7.2.1938 anführte, Silberstein sei »nichtarisch«. In einer Entgegnung verwies das Schulministerium darauf, dass die Gesetze des Landes die Kategorien »arisch« und »nichtarisch« nicht kennen würden.[124]

In dem Pass ist für Leopold Silberstein die tschechoslowakische Staatsbürgerschaft angegeben. Die Tschechoslowakei hörte mit der Besetzung Prags am 15.3.1939 durch die deutsche Armee auf zu existieren.

Kongressbesuche 1937

Vom 3. bis 6. Mai 1937 fand in der Karls-Universität der I. Kongress der tschechoslowakischen Historiker statt. Die große Aufmerksamkeit, die die tschechische Gesellschaft diesem Ereignis widmete, wird auch daran sichtbar, dass in der »Prager Presse« über jeden Kongresstag ein ganzseitiger Bericht veröffentlicht wurde, den zu großen Teilen Leopold Silberstein lieferte. Über die Vorgeschichte dieses Kongresses führte er aus:[125]

> »Der Gedanke eines nationalen Historikerkongresses reicht bis in die Vorkriegszeit zurück, blieb aber damals – nicht zuletzt wegen der politischen Abhängigkeit – bloßer Wunschtraum; in der selbständigen Tschechoslovakei aber wurde seine Ausführung nicht nur möglich, sondern nachgerade eine zwingende Notwendigkeit, zumal das Bestehen des Internationalen Comités der historischen Wissenschaften (seit 1926) eine straffere Zusammenfassung der einzelstaatlichen Gruppen zum Gebote macht. Als i. J. 1935 die Československá společnost historická ins Leben gerufen wurde, stand die Organisierung dieses Kongresses als einer der ersten Punkte auf ihrem Programm: er soll keine Gelegenheits-, sondern eine Arbeitstagung sein und zu einer wirklichen Systemisierung ihres historischen Schaffens beitragen.«

Angesichts der wachsenden Spannungen durch die aggressive Politik Hitlers diente der Kongress auch dazu, unter dem Aspekt der Geschichte »den Willen zur Bewahrung von Staatlichkeit und Freiheit« zu bekräftigen und der »Frage nach Ursprung und Wesen der tschechoslovakischen Einheit« nachzugehen, wie es Prof. Chaloupecký forderte. Er verlangte weiterhin »weniger als früher bei den nationalen Kata-

124 Akte zum Schreiben des Ministeriums für Schulbildung und Volksaufklärung an das Ministerium des Innern vom 18.7.1938, Nationalarchiv Prag, archival group of the Ministry of Education and Culture, 1945–1967, personal files (Orig. tschech.).

125 Silberstein, Leopold: Der I. Kongreß der tschechoslovakischen Historiker – Eröffnung und erster Verhandlungstag, Prager Presse vom 4.5.1937.

strophen unserer Vergangenheit zu verweilen, sondern uns mehr nach ihren positiven Besitztümern« zu fragen.[126] Ferner führte er aus:

> »Gerade in diesem Lichte reduziert sich der deutsche Einfluß auf unser politisches und kulturelles Leben auf das richtige Maß, erscheint unsere Verbundenheit mit Byzanz und namentlich Westeuropa desto deutlicher. Besondere Aufmerksamkeit verdienen von unseren Nachbarn – neben den Polen – die Ungarn, mit deren Geschichte nicht nur die der Slovakei eng verbunden ist, sondern die uns auch manche Erscheinung der tschechischen Geschichte durch Vergleichung besser verstehen lehren.«

In der Diskussion wurde aber auch die Befürchtung geäußert, dass die Bindung der Geschichte an die Gegenwartsproblematik zu ihrer Abhängigkeit von der Politik führen könnte.

Auf dem Kongress wurden folgende grundlegende Referate gehalten:

- Prof. Milada Paulová[127]: Stand und Aufgaben der Forschung im Bereich der Geschichte des Slawentums
- Prof. Václav Chaloupecký[128]: Hauptprobleme der tschechoslowakischen nationalen Geschichte
- Dr. Jaroslav Werstadt[129]: Philosophie der tschechoslovakischen Geschichte
- Prof. Jan Slavík[130]: Die Konzeption der Revolution in der modernen Historiographie
- Dr. Branislav Varsik und Prof. Vladimir Klecanda[131]: Die Einheit der tschechoslowakischen Geschichte

Der Außenminister Dr. Kamil Krofta, der in seiner Eigenschaft als Professor für Geschichte am gesamten Kongress teilgenommen hatte, betonte, beim Studium der Geschichte besonderen Nachdruck auf die praktische Seite in dem Bewusstsein zu legen, dass die Geschichte der Gegenwart dienen solle. Er hielt es nicht für praktikabel, erst alle möglichen Vorarbeiten über das Wesen von Staat und Nation zu leisten, ehe die

126 Ders.: Der I. Kongreß der tschechoslovakischen Historiker – Zweiter Verhandlungstag, Prager Presse vom 5.5.1937.

127 Milada Paulová (1891–1970) war eine tschechische Historikerin und Byzantologin und die erste Dozentin in der ČSR.

128 Václav Chaloupecký (1882–1951) war ein tschechischer Historiker, er arbeitete viel über die Geschichte der Slowakei.

129 Jaroslav Werstadt (1888–1970) war ein tschechischer Historiker.

130 Jan Slavík (1885–1978) war ein tschechischer Historiker und Archivar und auf die Geschichte Russlands und der Sowjetunion spezialisiert.

131 Vladimir Klecanda (1888–1946) war ein tschechischer Archivar. Er ging 1939 in die Emigration nach London, wo er im Staatsrat der Tschechoslowakei tätig war. Seine im Protektorat verbliebene Familie wurde von den Nazis verfolgt. Seine Frau wurde in das KZ Auschwitz deportiert, wo sie 1942 umkam.

Geschichte der Tschechoslowakei geschrieben werden könnte. Man dürfe sich nicht scheuen, ein konkretes Werk in Angriff zu nehmen, nur aus der Befürchtung heraus, es könnte durch spätere Leistungen überholt und entwertet werden.[132]

Leopold Silberstein besprach auch ein Kollektivbulletin unter dem Titel »Posledních deset let československé práce dějepisné« (Die tschechoslowakische historiographische Arbeit der letzten zehn Jahre), die der Vorsitzende des I. Kongresses der tschechoslowakischen Historiker, Prof. Josef Šusta herausgegeben und dem Kongress als Festgabe gewidmet hatte. Zu den selbstkritischen Äußerungen der tschechoslowakischen Historiker zum Stand ihrer Wissenschaft konstatierte Silberstein:

> »Nach Abrechnung einiger Überspitzungen bleibt zuzugeben, daß in diesen Bemerkungen manches berechtigt ist, wobei aber dem hier geforderten Geiste der Unpersönlichkeit am besten mit der Feststellung gedient wird, daß es sich um Probleme handelt, die ihre Quelle in der objektiven Situation der Wissenschaft und nicht im persönlichen Leisten oder Versagen haben. Es bleibt eine objektive, ernste Aufgabe unserer Generation, die wissenschaftliche Forschung im Geiste der Planung so zu koordinieren, daß einmal bei der Ausscheidungsarbeit nichts Wesentliches unter den Tisch fällt, und daß zweitens die individuelle Schöpferkraft und die aus ihr entspringende vereinheitlichende Synthese auch bei kollektiver und programmatischer Zusammenarbeit gewahrt bleibt und nicht einer mechanischen Gleichschaltung, welchem Prinzip auch immer zuliebe Platz machen muß. Unbedingt muß man sich darüber klar sein, daß die Frage der Heranziehung soziologischer Methoden, speziell auch der Wissenssoziologie, rein nach sachlichen Notwendigkeiten entschieden werden kann und mit wissenschaftlicher oder gar politischer Parteibildung überhaupt nichts zu tun hat. Die Vervollkommnung der wissenschaftlichen Kritik wird nicht zuletzt eine Frage des Ausbaus der materiellen Basis sein.«[133]

Im Juli/August 1937 weilte Leopold Silberstein in Paris, um an mehreren Kongressen teilzunehmen. Er reiste am 22.7. nach Paris ab und kehrte am 22.8.1937 wieder nach Prag zurück. Auf dem IX. Internationalen Philosophie-Kongress, auch Congrès Descartes (aus Anlass des 300. Jahrestages des Erscheinens seines »Discours de la Methode«) genannt, in Paris vom 31.7. bis 6.8. 1937 trug er einen Beitrag über »Indéterminisme et point du vue normatif« (Der Indeterminismus und der normative Aspekt)[134] vor. Darin setzte er sich mit dem Gegensatz zwischen Rationalismus und

132 Silberstein, Leopold: Der I. Kongreß der tschechoslovakischen Historiker – Schlußsitzung, Prager Presse vom 7.5.1937.

133 Ders.: Die tschechoslovakische Historiographie, Prager Presse vom 20.6.1937.

134 Ders.: Indéterminisme et point de vue normatif (Indeterminismus und normativer Aspekt), Actualités Scientifiques et Industrielles, Travaux du IXe Congrès International de Philosophie, Paris (1937) P. XI.18–XI.23 (Orig. franz.).

Foto in der »Prager Presse« am 8.8.1937 vom 9. Philosophen-Kongress in Paris, vorn rechts Leopold Silberstein

Irrationalismus auseinander. Er vertrat einen »interventionistischen« Rationalismus und zeigte, dass die irrationalistische Tradition in der deutschen Philosophie von Kant über Nietzsche und Spengler in einer Linie zur Rassentheorie führte.

Auf dem Philosophenkongress war die Tschechoslowakei mit einer umfangreichen Delegation vertreten, der angehörten: M. Beck, J. Beneš, J. Fischer, J. L. Fischer, Ph. Frank, B. Jakovenko, G. Katkov, J. B. Kozák, Jos. Král, O. Kraus, L. Landgrebe, N. Losskij, J. Mukařovský, M. Novák, J. Patočka, F. Pelikán, A. Plachý, A. Procházka, O. Reich, L. Rieger, L. Silberstein, R. Souček, K. Svoboda, J. Tvrdý, E. Utitz, B. Zbořil. Der Prager Linguistische Zirkel war mit sechs Mitgliedern vertreten: V. Bröndal, J. L. Fischer, L. Landgrebe, J. Mukařovský, L. Silberstein, E. Utitz.[135]

Über den IX. Philosophen-Kongress in Paris berichtete er in der »Prager Presse« unter der Überschrift »Die Internationale des Geistes«:[136]

135 Mukařovský, J.: IX. Filosofický sjezd v Paříži (IX. Philosophen-Kongress in Paris), Slovo a slovesnost 3 (1937) 3, 172–179 (Orig. tschech.).

136 Silberstein, Leopold: Die Internationale des Geistes – Der IX. Philosophen-Kongreß in Paris, Prager Presse vom 8.8.1937.

»Im Zeichen Descartes' und Bergsons stehen die Verhandlungen des gegenwärtig in Paris tagenden 9. Internationalen Philosophenkongresses: exakte Wissenschaft und übergreifende Spekulation, strenge Ratio und schöpferische Phantasie wetteifern miteinander, geraten in Widerstreit und nicht selten auch in ›liebenden Kampf‹, aus dem höhere Einheit erwächst. Schon der auf der Eröffnungssitzung verlesene Brief des durch schwere Krankheit am persönlichen Kommen verhinderten Ehrenpräsidenten Henri Bergson (er stand in reizvollem Gegensatze zu der politisch-sozial orientierten Ansprache Minister Zays[137], den literarisch geschliffenen Ausführungen Paul Valérys, der geistvollen kulturphilosophischen Analytik Sir Herbert Samuels und der sachlichen Berichterstattung des Kongreßvorsitzenden Bréhier) wies in seinem persönlich gefärbten Bekenntnis zu Descartes [...] auf die Möglichkeit solch höheren Zusammenschlusses hin, und ein wichtiges Plenarsitzungsreferat (von W.P. Montague – New York) hat ihn expressis verbis, mit allem Rüstzeug streng rationalistischen Denkens, zu liefern versucht. Rein ausgeprägt erscheinen die Gegensätze in dem Nebeneinander mathematisierender (wo nicht gar physikalistisch-logistischer) und spekulativer Sitzungen, wobei allerdings – zumindest was die Plenarsitzungen angeht – die erstgenannte Tendenz bisher ein gewisses Uebergewicht zu besitzen scheint.

Den Höhepunkt bildete hier das [...] von Maurice de Broglie unter gespanntester Aufmerksamkeit verlesene Referat des Nobelpreisträgers Louis de Broglie: ›Reflexionen über den Indeterminismus in der Quantenphysik‹, welches in der Feststellung gipfelte, daß nach dem heutigen Stande der Physik zwar durchaus noch von einer freilich weitgefaßten Kausalität aber nicht mehr von absoluter Determination gesprochen werden könne, wobei die Chance einer künftigen Rückkehr zur Idee der absoluten Determination zwar nicht grundsätzlich abzuweisen, aber nicht eben wahrscheinlich sei. Wie umstritten die Dinge gerade hinsichtlich dieser für Philosophie wie Naturwissenschaften gleich lebenswichtigen Fragen sind, bewies das mit schwerem mathematischen Rüstzeug arbeitende Plenarsitzungsreferat von M. Barzin über ›Wahrscheinlichkeit und Determinismus‹, das im Gegensatz zu de Broglie den klassischen Determinismus als die einzig mögliche Lösung erklärte, und der stark besuchte Sektionsvortrag von Sir Herbert Samuel, der seine Apologie des Determinismus durch die Autoritäten von Einstein, Planck und Rutherford zu stützen suchte. Noch spezieller mathematisch orientiert waren die Plenarreferate von P. Bernays – Zürich zur Situ-

137 Jean Zay (1904–1944) wirkte als Mitglied der radikalen Partei von 1936 bis 1939 als Minister für nationale Bildung und schöne Künste. Er lehnte das Münchner Abkommen ab. Von der Vichy-Regierung wurde er inhaftiert und 1944 ermordet.

ation der logisch-mathematischen Grundlagenforschung und von A. Fraenkel – Jerusalem über Kontinuum und Diskontinuum; einen ausgesprochen physikalistischen Standpunkt brachte vor größtem Forum R. Reichenbachs (Istanbul) geistvoller Vortrag über die ›wissenschaftliche Philosophie‹ und insbesondere das Wahrscheinlichkeitsprinzip zur Geltung, welcher der menschlichen Erkenntnis nicht das Ringen um Absolut-Gültiges, sondern (gleichwie im Spiel) das Setzen der bestmöglichen Chance als Aufgabe zuwies. [...]

Ueberhaupt darf die tschechoslovakische Delegation, gleichviel welcher Muttersprache und welcher philosophischen Richtung im einzelnen (von gedanklicher Gleichschaltung kann auch in ihren Sondergruppen keine Rede sein), sich rühmen, nicht nur eine der zahlreichsten, sondern auch eine der in Referaten und Diskussionen aktivsten zu sein. Am sichtbarsten tritt sie freilich im spekulativen Lager in Erscheinung. Der von Husserl inspirierte, von Kozák und Utitz geleitete ›Cercle philosophique de Prague‹ präsentierte sich in einer gut besuchten Sonder-Sektionssitzung als geschlossene Gruppe; im Zentrum dieser Sitzung standen die Begriffe ›Norm‹ und ›Transzendenz‹: Prof. J.B. Kozák proklamierte als moralische Grundnorm ›Ultra posse tenemur‹ [es ist möglich, sich an die höchsten Ziele zu halten], Landgrebe forderte die Harmonisierung der Erkenntnisnorm mit der jeweiligen Spezifizität des Erkenntnisgegenstandes, Patočka verlangte die Dynamisierung der Norm für das ›philosophische Leben‹, Mukařovský sprach in einem gedankenreichen, manche angrenzenden Gebiete (so die Linguistik) streifenden Vortrag über die ästhetische Norm, Procházka – Pilsen endlich über die juristische Norm; ein Vortrag des verhinderten Prof. O. Kraus über ›Wert, Norm und Recht‹ wurde von Dr. Katkov verlesen. Personell und inhaltlich kann als dem Cercle philosophique nahestehend Prof. A. Liebert (Belgrad) angesehen werden, dessen Vortrag über die Krise der idealistischen Philosophie die gegenwärtige Wendung zur Ontologie als notwendiges Augenblicksübel, als Abirrung vom ewigen Kampfe des Geistes um freie Entscheidung und schöpferische Gestaltung bezeichnete und damit eine der bewegtesten Diskussionen des Kongresses hervorrief. [...]

Die ganze Fülle des Geleisteten wird man erst bei gründlicher Durchsicht der nicht weniger als zwölfbändigen, von Generalsekretär R. Bayer hingebungsvoll redigierten Kongreßpublikation zu würdigen wissen. Heute sei noch abschließend bemerkt, daß im Gegensatz zum Psychologenkongreß das Französische als Verhandlungssprache durchaus dominiert; die weitgehende sprachliche Uniformierung ist einer lebhaften und gründlichen Diskussion unbedingt günstig.«

Weiterhin besuchte Silberstein in Paris den II. Internationalen Kongress für Ästhetik und Kunstwissenschaft, auf dem er einen Vortrag zum Thema »Les catégories musicales dans les sciences littéraires« (Musikalische Kategorien in den Literaturwissenschaften) hielt.[138] Er ging auf den Zusammenhang ein, wie die Mittel der Musik in der Literatur widergespiegelt werden. Dabei unterschied er zwischen einer rationalistischen und einer irrationalistischen Konzeption der Musik. Die irrationalistische Konzeption sah ihre Priorität in den akustischen Mitteln der Musik, die sich zum Beispiel durch Tonhöhe und Klangfarbe in der Literatur wiederfinden und die »Magie des Wortes« bestimmen. Demgegenüber beziehe sich die rationalistische Konzeption auf die Struktur eines literarischen Werkes, die sich auf die Analogie mit musikalischen Mitteln stützt, sowie auf Rhythmus, Metrik und Dynamik. Silberstein führte hier das Leitmotiv an, das in bedeutendem Maße unter dem Einfluss Wagners Einzug in die Literatur gehalten hatte, aber sich schon im »Faust« oder den »Wahlverwandtschaften« Goethes findet. Er erwähnte in seinem Vortrag, dass sich ihm bei seiner systematischen Ausbildung in der Musiktheorie die Transplantation des Leitmotivs in die Literatur geradezu aufgedrängt hatte.

Dann besprach er das Werk der polnischen Schriftstellerin Eliza Orzeszkowa, die, wie er konstatierte, überhaupt nicht mit musikalischen Gaben gesegnet war und in ihren Romanen mit Vorliebe den musikalischen Dilettantismus der jungen Mädchen bekämpfte, weil er sie nur von der nützlichen Arbeit und vom Kampf um ihre Rechte abhielt. Nichtdestoweniger, so führte er aus, bediente sich die Orzeszkowa des Leitmotivs und aller Operationen, über die die Musik verfügt, wie Variation, Steigerung, Kontrapunkt und Wechsel der Instrumentierung. Er zeigte, wie sich diese musikalischen Kategorien in ihrem literarischen Werk äußerten.

In gleicher Weise analysierte er die Wirkung musikalischer Kategorien in der dramatischen und ideologischen Entwicklung des Romans »Was tun?« von Černyševskij (der Gegenstand seiner Dissertation war).

Abschließend zog er das Fazit, dass die Kriterien der Struktur in der Literatur viel wichtiger als Äußerungen der Klangfarbe oder die Musik der Vokale und Konsonanten seien. Aber er verwies darauf, dass das Leitmotiv in der Musik schon beim ersten Mal erhaben erscheint, während das Leitmotiv in der Literatur aus Gründen der Spannung leise beginnt und sich im Laufe der Entwicklung steigert.

Es ist charakteristisch für Silbersteins wissenschaftliches Schaffen, dass er bei einer gegebenen Fragestellung tiefgründige theoretische, meistens philosophische Überlegungen anstellte und das Faktenmaterial aus seinen umfangreichen slawistischen Studien bezog. So werden wir der Schriftstellerin E. Orzeszkowa nicht zum letzten Mal begegnen.

Außerdem nahm Silberstein am XI. Internationalen Kongress für Psychologie

138 Silberstein, Leopold: Les catégories musicales dans les sciences littéraires (Musikalische Kategorien in den Literaturwissenschaften), Travaux du II Congrès international d'esthétique et de science de l'art /tome II/, Paris, Librairie Félix Alcan (1937), S. 213–217 (Orig. franz.).

(25.–31.7.1937) in Paris teil. In einem Artikel über den Psychologen-Kongress[139] führte er aus, dass die tschechischen Psychologen mit vier Teilnehmern zwar qualitativ gut, aber bei weit über 400 Anwesenden zahlenmäßig unterrepräsentiert gewesen seien. Als glücklich bewertete er die Einsetzung von Kommissionen für Linguistik, psychologische Terminologie, Elektroenkephalogramme, akustische Psychophysiologie, die mathematische Theorie der Faktoren, für Probleme der Halluzinationen, für Fragen des schöpferischen Denkens der Emotionen und für die Anpassung der Bewegungen, weil sie die Diskussionen in schöpferischer Weise auf das jeweilige Thema konzentrierten. Er hob die Schlussrede des Schweizer Psychologen und Pädagogen Édouard Claparède hervor, der zu internationaler Verständigung aufrief und den Völkerhass dem Größen- und Verfolgungswahn gleichsetzte.

Tätigkeit als Lektor

Leopold Silberstein trat den Dienst an der Universität am 16. Oktober 1937 an. Bei seiner Vorstellung in der Gesandtschaft der ČSR in Tallinn wurde ihm der Reisepass der ČSR ausgehändigt.

Die erfolgreiche Aufnahme der Lektortätigkeit spiegelt recht ausführlich der Bericht wider, den er am 27.10.1937 an das Schulministerium in Prag richtete.[140]

An das hohe Ministerium für Schulwesen und Volksaufklärung in Prag
/zur Hand des Herrn Hauptabteilungsrats
Dr. Fr. Prause/

Ich erlaube mir, mit diesem über die Aufnahme meiner Lektortätigkeit Bericht zu erstatten.

Ich kam am 16. Oktober nach Tartu. Am nächsten Tage besuchte ich den Herrn Dekan Prof. Tarvel, der mich schon kannte und mich sehr freundlich empfing. Er teilte mir mit, dass mir die philosophische Fakultät Vorlesungen in deutscher Sprache für zwei Jahre erlaube, und gab mir eine Anweisung über zusätzliche Anträge / rein formal vom zugehörigen Ministerium/.

Am 18. Oktober fand eine Abstimmung mit dem zuständigen Professor für Slawistik /Dr. Peeter Arumaa/ statt, wobei ich gemäß der Verfügbarkeit folgende Kurse abhalten werde:

139 Ders.: Völkerverständigung und Psychologie – Der XI. Internationale Psychologen-Kongreß in Paris, Prager Presse, 4.8.1937.

140 Schreiben Leopold Silberstein an Schulministerium in Prag vom 27.10.1937, Archiv des Außenministeriums der Tschechischen Republik in Prag, Box Tallinn (Orig. tschech.).

TABLE DU FASCICULE XI

IV. — Valeur et Cosmologie.

V. — Normes logiques.

VI. — Normes morales et sociales.

Paris-Lille. — Imp. A. Taffin-Lefort. — 25-2-37.

Inhaltsverzeichnis des Philosophenkongresses von 1937 mit dem Beitrag von Leopold Silberstein

1. Kurs der tschechischen Grammatik, Mo 12–14, Mi 10–12

2. Allgemeine Geschichte des tschechoslowakischen Volks /Vorlesung/ Fr 15–17 Wie mir Herr Prof. Arumaa mitteilte, sind sechs Wochenstunden als Norm für die Lektoren festgelegt.

Den angesetzten Kurs über moderne tschechoslowakische Literatur habe ich für dieses Semester offen gelassen, einerseits, weil zu seiner anschaulichen Durchführung eine reiche Büchergrundlage notwendig ist, andererseits weil Herr Dozent Ernits[141] *gerade über die Geschichte der alten tschechischen Literatur vortrug und ich beim ersten Treffen Kollisionen vermeiden wollte. Aber ich wurde von Herrn Professor Arumaa vertraulich darauf aufmerksam gemacht, dass die Vorlesungen des Herrn Dozenten Ernits nicht sehr beliebt und auf die Schnelle eingerichtet seien /Herr Dozent Ernits ist gleichzeitig estnischer Lektor in Warschau und erledigt seine hiesigen Kurse im Verlauf von einigen Wochen/. Deshalb sei meine Darstellung auch über diesen Gegenstand im nächsten Semester sehr willkommen. Ich begann Estnisch bei Herrn Dozent Ariste zu lernen, auf besondere Empfehlung von Herrn Prof. Arumaa.*

Am 18. Oktober fuhr ich nach Tallinn. Am nächsten Tage hatte ich die Ehre, mich dem Herrn Gesandten Dr. Šejnoha vorzustellen. Die hohe Gesandtschaft übergab mir einen tschechoslowakischen Pass, befristet auf sechs Monate. Ich besuchte auf Anraten des Herrn Gesandten den stellvertretenden Außenminister, Herrn August Rei[142]*, und den politischen Referenten dieses Ministeriums, Herrn Kaasik. Der Empfang war sehr freundlich, bei Herrn Rei ausgesprochen freundschaftlich.*

Am 20. Oktober kehrte ich nach Tartu zurück und begann am nächsten Tag meine Vorlesung über die Geschichte des tschechoslowakischen Volkes im Beisein von etwa 20 Zuhörern, unter ihnen waren der Direktor des hiesigen Französischen Instituts, Herr Prof. Rudrauf, und der polnische Lektor, Herr Kapliński[143]*. Die Öffentlichkeit war über die Aufnahme meiner Tätigkeit mit einer Notiz, die Herr Prof. Arumaa an die hiesige Tageszeitung »Postimees« geschickt hatte, aufmerksam gemacht worden. Ich begann mit einem Dank an die tschechoslowakische*

141 Villem Ernits (1891–1982) war ein estnischer Sprachwissenschaftler, der an der Universität Tartu slawische und in Warschau finno-ugrische Sprachen lehrte.

142 August Rei (1886–1963) war ein estnischer Jurist, Diplomat und Politiker. Er war 1928/29 Staatsoberhaupt Estlands, später Außenminister. Von 1938 bis 1940 war er estnischer Gesandter in Moskau. Bei der Besetzung Estlands durch die Sowjetunion im Jahr 1940 gelang ihm die Flucht nach Schweden, wo er auch starb.

143 Jerzy Kapliński (1901–1943) war ein polnischer Linguist. Er wirkte als Dozent an der Universität Tartu. Nach der Sowjetisierung Estlands wurde er vom NKWD verhaftet, er verstarb in einem Arbeitslager in Vjatlag.

Regierung, die estnische Regierung, die philosophische Fakultät und einem postumen Gedenken an den Präsidenten-Befreier, dem ich schon 15 Minuten widmete. Der Kurs der tschechischen Grammatik wird von 6 Hörern besucht, alles Slawisten. Es sind dort Vertreter der estnischen, russischen und deutschen Nationalität. Das Tschechische ist eingeordnet in das regelrechte Studienprogramm der hiesigen Slawisten; die Einrichtung des Lektorats ist deshalb aufrichtig willkommen.

Der Dekan der philosophischen Fakultät, Herr Prof. Tarvel /Historiker/, bat mich um einen Vortrag über ein Thema über die Tschechoslowakei im Rahmen der Historischen Gesellschaft. Es ist noch nicht bestimmt, ob er im Verlaufe des jetzigen Semesters oder im nächsten stattfinden wird.

Gleich drei hiesige Philosophen, nämlich Herr Prof. Ramul und die Herren Dozenten Koort und Freymann baten mich um einen Vortrag in der philosophischen Gesellschaft. Auch hier steht an erster Stelle ein tschechoslowakisches Thema, wohl über das jetzige philosophische Leben in der Tschechoslowakei. Ich übergebe bei der Zusammenkunft mit dem Herrn Gesandten Dr. Dvořak in Helsinki die Seiten der Vorträge.

Ich wäre dem hohen Ministerium sehr dankbar, wenn ich bald über die Bücher verfügen könnte, um die ich mir erlaubte, das hohe Ministerium zu ersuchen. Die Gespräche, die ich entsprechend dem Hinweis des Herrn Gesandten Dr. Šejnoha hinsichtlich ihrer schließlichen Übergabe durchführte, führten noch nicht zu einem definitiven Ergebnis. Es sieht aber so aus, dass es am besten ist, sie der Bibliothek des hiesigen Seminars der philosophischen Fakultät zu überantworten, bis auf Dubletten, die in den Bestand der Universitätsbibliothek kommen.

Ich empfehle mich mit dem Ausdruck der vollkommensten Hochachtung und Ergebenheit

Unterschrift

/Dr. Leopold Silberstein v.r./

Die im obigen Bericht erwähnte, von Prof. Arumaa verfasste Notiz in der Tartuer Zeitung »Postimees« vom 23.10.1937 über Silbersteins Aufnahme der Lektortätigkeit hatte folgenden Wortlaut:[144]

»Gelegenheit, die tschechische Sprache zu lernen

Dr. L. Silberstein begann Vorträge

Am Donnerstag begann der Dozent Dr. L. Silberstein seine Vorlesungen über tschechische Sprache und Zivilisation an der Universität Tartu. Er wird die Vorträge auf Deutsch halten, und an ihnen können alle akademischen Parteien teil-

144 Wõimalus õppida tshehhi keelt (Eine Gelegenheit, die tschechische Sprache zu lernen), Postimees vom 23.10.1937 (Orig. estn.).

POSTIMEES

Wõimalus õppida tshehhi kee

Dr. L. Silberstein algas loengutega

Neljapäewal algas uus tshehhi keele
tsiwilisatsiooni lektor dr. L. Silberstein o
loenguid Tartu ülikooli juures. Loeng
weab ta alul saksa keeles ja osawõtt loen
test on wõimaldatud kõigile akadeemilis
isikutele.

Dr. L. Silberstein

sündis 28. augustil 1900. a. Berliinis dr.
W. Silbersteini pojana. Lõpetas 1917. a.
liinis gümnaasiumi ja astus samal aastal
liini ülikooli filosoofiat õppima. Oma õping
wani pearõhu slaawi keelte ja kirjanduse tund
õppimisele. Kaitses 1922. a. Berliini ülik
juures filosoofia doktori wäitekirja. Kuna
dis erilist huwi tshehhi keele ja kultuuri wa
üis käis esmast Prahas 1931. a. [illegible]
1933. a. asus elama Praha, kus kuni Eest
tulekuni töötas eraõpetajana.

Kuulub mitmete Tshehhi kirjandus-ajalool
te ühinde liikmeskonda ja on esinenud ettekann
paljudel rahwuskongressidel. On awalda
kirjutisi tshehhi kultuurelust „Prager Pres
j. m.

1936. a. sügisel sooritas pikema ettekann
turnee Eestisse ja Soome, kus esines ka
kannetega Tartus, Tallinnas ja Helsingis.

Tshehhi haridusministeeriumi otsusega
rati ta 22. apr. 1937. a. Tartu ülikooli ju
asutatud tshehhi keele ja tsiwilisatsiooni lekto
dile õppejõuks.

Notiz in der Tartuer Zeitung Postimees vom 23.10.1937 über die Aufnahme der Lehrtätigkeit von Leopold Silberstein an der Universität Tartu

nehmen. Er wurde am 28. August 1900 als Sohn von Dr. phil. W. Silberstein in Berlin geboren. Nachdem er 1917 ein Gymnasium in Berlin abgeschlossen hatte, begann er im selben Jahr an der Universität zu Berlin Philosophie zu studieren. Dann legte er den Schwerpunkt auf das Studium der slawischen Sprachen und Literatur, worüber er 1922 eine Dissertation an der Universität Berlin verteidigte. Weil er ein besonderes Interesse an tschechischer Sprache und Kultur entwickelte, ging er dann im Jahre 1931 selbst nach Prag, um seine Studien zu ergänzen. 1933 ging er nach Prag, von wo er schließlich als Lehrer nach Estland kam. Er ist Mitglied der literaturhistorischen Gesellschaft der Tschechoslowakei und trat auf einer Reihe internationaler Kongresse auf.

Im Frühling 1936 unternahm er eine längere Vortragstournee nach Estland und Finnland, bei der er in Tartu, Tallinn und Helsinki Vorträge hielt. Entsprechend einem Beschluss des Tschechischen Bildungsministeriums vom 22. April 1937 wurde an der Universität von Tartu ein Lektorat für tschechische Sprache und Zivilisation gegründet.«

Am 27.10.1937 gab der Gesandte der Tschechoslowakei in Tallinn, Dr. J. Šejnoha der offiziösen Zeitung »Uus Eesti« unter der Überschrift »Für engere Beziehungen zwischen Estland und der Tschechoslowakei« aus Anlass des 19. Jahrestags der Gründung der ČSR am 28.10.1937 ein Interview[145] . Nach Ausführungen über den altersbedingten Rücktritt des Präsidenten T.G. Masaryk und die Nachfolge von Dr. E. Beneš sowie das Minderheitenproblem in der Tschechoslowakei ging der Gesandte auf die wirtschaftlichen und kulturellen Beziehungen zwischen Estland und der Tschechoslowakei ein:

»Auf die Frage zu den Beziehungen zwischen Estland und der Tschechoslowakei hat der Gesandte geantwortet, dass diese Beziehungen sehr alt sind. Die ältesten Handelsbeziehungen, direkte oder indirekte, fanden vermutlich sogar schon im 10. Jahrhundert statt. Es gab auch verschiedene Berührungspunkte auf kultureller Ebene.

Obwohl die wirtschaftlichen Beziehungen enger geworden sind, sind sie nicht besonders umfangreich, aber ich hoffe, dass sie sich erweitern. Ich denke, dass ein Besuch eines Vertreters aus der Wirtschaft oder von Journalisten auf der kommenden Frühlingsmesse in Prag sehr nützlich sein könnte.

Die kulturellen Verbindungen stammen aus alten Zeiten. Es gibt tschechische Schriftsteller und Dichter, deren Werke seit Mitte des letzten Jahrhunderts bis zum heutigen Tag ins Estnische übersetzt worden sind. Vor nicht langer Zeit wur-

145 Eesti-Tshehhoslovakkia sidemed tihedamaks (Enge Beziehungen zwischen Estland und der Tschechoslowakei), Uus Eesti vom 27.10.1937 (Übersetzung aus dem Estnischen von K. Albrecht).

de das Werk ›Pisuhänd‹ [Der Drache] von Ed. Vilde[146] ins Tschechische übersetzt. Außerdem gibt es Beziehungen im Bereich der Musik und des Gesangs – der estnische ›Verein des Tallinner Männergesangs‹ erntete einen großen Erfolg in der Tschechoslowakei, und der Chor ›Arishowsky‹ bekam einen großartigen Empfang in Estland. Auf der Bühne des ›Estonia‹-Theaters wurden schon mehrere tschechische Dramen gespielt. Und wie Sie bereits wissen, wird gerade jetzt im ›Estonia‹ für das Tallinner Publikum mit tiefer Hingabe und Kunst die berühmte komische Oper ›Die verkaufte Braut‹ von Smetana aufgeführt.

Estnische Studenten sind in tschechoslowakischen Universitäten herzlich willkommen, und ich kann Ihnen mit Freude berichten, dass in den nächsten Tagen die ersten Vorlesungen des Lektorats für tschechoslowakische Sprache und Zivilisation an der Universität Tartu stattfinden. Der estnisch-tschechoslowakische Verein in Tallinn und der tschechoslowakisch-estnische Verein in Prag arbeiten intensiv. Es ist möglich, dass wir Ihnen in Kürze eine große tschechoslowakische Gemälde- und Skulpturenausstellung präsentieren können, und ich hoffe, dass wir in allen Bereichen der Kultur unsere Beziehungen vertiefen können, um uns gegenseitig besser kennenzulernen und zu verstehen, zugunsten beider Nationen und der Genesung der allgemeinen Lage in Europa.«

Aus diesem Interview wird deutlich, dass die Gründung des Lektorats für tschechische Sprache und Kultur an der Universität Tartu ein wichtiger Meilenstein in der Entwicklung der tschechoslowakisch-estnischen Kulturbeziehungen war.

Auch die in Tallinn erscheinende russischsprachige Zeitung »Vesti Dnja« berichtete in ihrer Ausgabe vom 20.10.1937 über den neuen Lektor Dr. Silberstein:[147]

»Heute wird aus der Tschechoslowakei der Doktor der Philosophie Leopold Silberstein nach Tartu kommen. Ab dem morgigen Tag wird er an der Universität Vorlesungen über die allgemeine Geschichte des tschechoslowakischen Volkes halten (diesen Vorlesungen wurden 6 Stunden wöchentlich zugeteilt). Dr. L. Silberstein wird auf Deutsch lesen, aber man hofft, dass er die estnische Sprache schnell lernen wird, so dass er dann in dieser Sprache lesen kann. Sein Fachgebiet sind slawische Sprachen und Philosophie.«

Wie in seiner Information an das Schulministerium erwähnt, erlernte Leopold Silberstein bei dem Dozenten Paul Ariste die estnische Sprache. Seine ungewöhnliche Sprachbegabung drückte sich nicht zuletzt darin aus, dass er in kurzer Zeit die estni-

146 Eduard Vilde (1865–1933) war ein berühmter estnischer Schriftsteller und Journalist. Er begründete den estnischen Realismus.

147 Lekcii d-ra L. Zil'berštejna po istorii čechoslovackogo naroda (Vorlesungen von Dr. L. Silberstein über die Geschichte des tschechoslowakischen Volkes), Zeitung Vesti Dnja Nr. 238, Mittwoch, 20. Oktober 1937, Archiv des Außenministeriums der Tschechischen Republik in Prag, Box Tallinn (Orig. russ.).

sche Sprache, die zur finno-ugrischen Sprachgruppe gehört und keine Verwandtschaft mit den slawischen Sprachen aufweist, fließend beherrschte und schließlich auch in dieser Sprache publizieren und Vorträge halten konnte.

Von der Zeit der Tätigkeit Silbersteins als Lektor in Tartu berichten auch die beiden nachfolgenden Briefe aus der Korrespondenz mit seiner Frau.[148]

Praha-Dejvice 840, den 3.11.37
Na Čihadle 6
Mein geliebter Schatz,

ich war schon ganz krank vor Aufregung, bis heute morgen Deine Karte ankam und mir Aufklärung und Gewißheit verschaffte. Also zumindest der Brief vom 18. Okt., worin ich Dich um Deinen geschäftlichen Rat in Sachen Schirop[149] *ersucht habe und dem ein dicker Brief von Loewe*[150] *in der Kopie beigefügt war, ist verloren gegangen. Hast Du die Bücher erhalten? Die Zeitungen habe ich Dir ab Freitag, dem 16. Oktober samt und sonders geschickt.*

Briefe an Dich	*Drucksachen an Dich*
Am 16.10.	*am 17.10. à 2,50*
Am 19.10.	*am 20.10. à 8,50*
Am 21.10.	*am 21.10. à 2,00*
Am 27.10.	*am 26.10. à 3,00*
Am 2.11. eine Karte	*am 2.11. à 3,50*

Prüfe bitte diese Aufstellung nach, ob Du alles von mir erhalten hast. Schirop hatte gegen uns den Bund der Haus- und Grundbesitzer mobil gemacht und gefordert, daß ihm der gesamte Rückstand von etwa 7000 Mark erlassen werde, wogegen er notwendige Reparaturen in seinen Räumen durchführen werde. Im Verlaufe dieser Verhandlungen hat er versprochen, die laufenden Rückstände von 500 Mark zu begleichen, was indessen nicht geschehen ist. Der Bund der Grundbesitzer hat es daraufhin abgelehnt, sich weiter für Schirop einzusetzen. Ich habe auf diesen Punkt, wie aus der Kopie ersichtlich ist, geantwortet. Loewe hat den in der Kopie beigefügten Brief an Schirop geschickt. Ich bitte nunmehr umgehend um Deinen Standpunkt in der Sache! Wäre es nicht gut, wenn Loewe sich durch eine Annonce unter der Hand einen neuen Mieter besorgt? Ich habe übrigens Loewe mitgeteilt,

148 Brief von Jenny Silberstein an Leopold Silberstein vom 3.11.1937, Familienarchiv Jenny Herrmann.

149 Eugen Schirop war ein Mietschuldner im Haus Dircksenstr. 37 in Berlin C2, das Leopold Silberstein gehörte.

150 Alfons Loewe (1886–1938) vertrat als jüdischer Rechtsanwalt und Notar die Interessen von Leopold Silberstein, aber auch anderer emigrierter Juden. Nachdem seine Arbeitsmöglichkeiten von den Nazis stark eingeschränkt wurden und er schließlich mit Berufsverbot belegt wurde, nahm er sich am 28.12.1938 das Leben.

Portraitaufnahme von Leopold Silberstein, wahrscheinlich aus dem Jahr 1937. (Estnisches Historisches Archiv, Dokument eaa2111_001_0011432_00000_00 001_f). Dieses Foto diente offenbar als Vorlage des Bildes für den Artikel in der Zeitung »Postimees« vom 23.10.1937 (s.o.)

daß eventuell von Dir Anweisungen kämen, die dann natürlich die entscheidenden wären. Nur bitte ich, mich davon zu benachrichtigen.

Herr Boehmer hatte bereits eine Bewilligung. Da sie aber nicht zu meinen Gunsten ausgestellt war, hat er sie nicht mit der Bitte um Abänderung noch einmal zurückgereicht. Ich habe darauf geantwortet, daß, falls wider Erwarten die Abänderung nicht möglich ist, man die Überweisung in der bewilligten Form durchführen möge. Du würdest dann der Bank Anweisung geben, daß sie mir den Betrag ins Haus schickt. (Da ich ja mit Mitteln vorläufig versehen bin, könnte das Geld auf Deinem Konto bleiben.) Die Bank schickt doch wohl alle Benachrichtigungen nach Dejvice.

Die Gärtnereiinspektion in Weissensee[151] *hat ein Preisangebot für die Winterbedeckung geschickt: Tannendecken im Erbbegräbnis:*
für ein großes Grab mit Rottanne RM 6.-
für ein großes Grab mit Edeltanne RM 8.-
Teile mir bitte mit, was davon ausgeführt werden soll!

151 Auf dem jüdischen Friedhof in Berlin-Weissensee befindet sich das Grabmal der Eltern von Leopold Silberstein.

Prof. Siebenschein hat an Dich 5 Exemplare seines Buches: alte Ausgaben schicken lassen, die neue kommt erst nach Weihnachten heraus. Seiner Frau geht es noch sehr schlecht. Die Gesandten Igenbergs und Yöntillä danken Dir vielmals für den Separatabzug und werden sich freuen, wenn Du bald wieder etwas über die nordischen Staaten veröffentlichst.

Drei der geliehenen Bücher habe ich heute auf Anforderung im Czernin Palais[152] *zurückgeben müssen, die Scheine bewahre ich auf. Ich besuchte noch Dr. Hartl*[153]*, der Dich grüßen läßt. Er hatte wegen seiner Magenkrankheit, die sich in letzter Zeit verschlimmert hat, so wenig Kraft zu seiner vielen Arbeit, so daß er mein Manuskript noch nicht gelesen hat. Ich werde ihn am Dienstag wieder anrufen. Ich traf noch Frau Dr. Malinská, die mich bat, doch immer Dienstags abends in den Společenský Klub zu kommen, wo sich die Damen um die Senatorin Plaminková*[154] *treffen. Die Plaminková hat neulich Freitag in der YWCA einen der besten Vorträge gehalten, den ich je gehört habe über die letzten Ergebnisse der Genfer Beratungen in Frauenfragen, woraus hervorgeht, daß man sehr viel in Südamerika tut und sehr wenig hierzulande, da die ČSR in Genf nur eine diplomatische Abordnung hat und nur im Notfall eine Frau hingeschickt wird und außerdem das Innenministerium sich auf ein Gesetz von vor 160 Jahren beruft, weshalb das neue Ehe- und Familiengesetz überhaupt nicht vorwärtskommt.*

Am 28. Oktober[155] *waren wir mit den Kindern in der Stadt, um die Beflaggung zu besichtigen. Der kleine Tommy, der übrigens wieder gesund ist und zum ersten Mal in der Stadt war, meinte, er sei in Paris. Der kleine Kerl hat öfter Sehnsucht nach Dir. Neulich hat er selbst aus dem Schlaf heraus nach Dir gerufen: Pappi, Pappi komm, Pappi Stadt heute. Jeden dritten Abend kommt er mit seiner Decke zu mir ins Schlafzimmer: Tommy will bei Mami schlafen.*

Soll ich mich übrigens an Pal. wenden? Eine schriftliche Unterlage ist wohl nicht hier, auf die ich mich berufen kann? Kann ich dazu die Vermittlung von Dr. Heidrich[156] *in Anspruch nehmen, da ich Pal. nicht persönlich kenne?*

152 Im Czernin-Palais befand sich die slawistische Bibliothek des Ministeriums für Auswärtige Angelegenheiten.

153 Antonín Hartl (1885–1944) war ein tschechischer Journalist, Publizist und Übersetzer. Er war Chefredakteur der Presseabteilung des Außenministeriums der ČSR und auch im PLK aktiv. Von dem freundschaftlichen Verhältnis zu Leopold Silberstein zeugt ein Buch von ihm, »Propaganda za valky« (Nachkriegspropaganda), das er ihm im Jahr 1934 gewidmet hatte. Es befindet sich jetzt in der Universitätsbibliothek Halle.

154 Františka Plaminková (1875–1942) war eine tschechische Frauenrechtlerin. Sie setzte 1919 u.a. die Abschaffung des Berufsverbots für verheiratete Frauen durch. Da sie offen gegen die Politik Hitlers protestiert hatte, wurde sie in der Zeit des Protektorats verhaftet und 1942 hingerichtet.

155 Der 28.10. war der Nationalfeiertag in der ČSR.

156 Arnošt Heidrich (1889–1968) war Diplomat der Tschechoslowakei. In den 1930er-Jahren leitete er die Abt. IV im Bereich Politik des Außenministeriums. Während der Okkupation wurde er

Hast Du den Bericht von Frau Mágr über den Vortrag von Utitz gelesen? Die übrigen Berichte schreibt der junge Verlobte von Frl. Dr. Kestenberg, ein Russe, der an der Karls-Universität promoviert hat und deutsch schreiben kann. Der Vortrag von Utitz war wirklich gut, ich schrieb Dir schon darüber anscheinend in dem Brief, der verloren gegangen ist. Der Begriff Seinsschicht, worunter er Konstitution einer bestimmten Wirklichkeit verstand, war für Philosophen vielleicht mißverständlich, wie aus der Diskussion hervorging. Für die, die aufmerksam dem Vortrag zugehört haben, allerdings nicht, denn die aus dem Theater und der Poesie gewählten Beispiele (Totentanz, Vor Sonnenaufgang, einige Gedichte Rilkes, die er gleichzeitig französisch und deutsch geschrieben hat) beweisen ganz deutlich, daß es sich hier nicht um eine wörtliche Auslegung, sondern um das Festhalten einer latenten Stimmung handelt. Landgrebe orakelte dazu so abgrundtief und mystisch wie weiland der Schuster Jacob Boehme. Patočka mümmelte etwas von Einstellung, worauf seine beiden Meister ihm eins aufs Dach gaben und er zerknirscht in sich zusammenkroch. Freund Bogatyrev zitierte in dem allerreizendsten Russisch, das er für Tschechisch hielt, ein treffendes Beispiel aus karpathorussischer Literatur; Savitzky führte aus, wie überraschend ihm die Vorstellung sei, daß man in einer anderen als seiner Muttersprache dichten könne, was namhafte russische Dichter, die zu 80 % in der Gesellschaft französisch gesprochen, niemals unternommen hätten, worauf ihm sehr richtig erwidert wurde, daß für den Russen die französische Sprache eben stets nur Medium der Verständigung gewesen sei, während sie für den gebildeten Deutschen die Kunstsprache par excellence sei.

Wir sind hier fortgesetzt erkältet, denn an einem Tag sind 20 °C Wärme und strahlender Sonnenschein, am nächsten Tag dichter Nebel und 8 °C. So kommen wir aus dem Niesen und Schnaufen nicht heraus. Das Kaffeetrinken haben wir bereits abgestellt, wir trinken nur noch Malzkaffee, statt Butter essen wir Schmalz, dreimal in der Woche Fleisch, sonst nur Gemüse und Pudding. Dennoch verbraucht sich das Geld, da ich einen ziemlich hohen Porto- und Fahrgeldetat habe. Frau Dr. Šaunová hofft, mir noch Stunden verschaffen zu können. Sie hatte es wieder völlig vergessen. Am 14. November bin ich bei ihr eingeladen. Heute nachmittag möchte ich zu Dvořaks gehen, wenn dieser Brief rechtzeitig fertig wird.

Ich habe einen süßen Geliebten,
er herzt und küßt mich tief.
Leb wohl, mein blondes Mädchen,
das Nebelheim mich rief.

wegen Widerstandstätigkeit in das KZ Theresienstadt eingeliefert. Nach 1945 wirkte er wieder im Außenministerium. Nach dem kommunistischen Staatsstreich 1948 floh er in die USA.

Ach, Du mein trauter Liebster,
weilst weit in fernem Land.
Ich spür Dich, mein Liebster,
ich trag ein süßes Pfand.
Du loses, schlimmes Mädchen,
schalt mich die strenge Fee,
ich reiße ab das Fädchen
und weinen wirst im Klee.

Einen schönen Gruß von unserer guten Freundin Frau Dr. Šk. [Škorpilova]; sie wird sich mir am Freitag und Sonnabend widmen.

Bleibe nur gesund, mein guter Schatz, und schreibe mir häufig. Ich schreibe durchschnittlich zweimal wöchentlich, zumal ich feststelle, daß auch noch Post verloren geht.

Anna grüßt bestens. Die Kinder umarmen ihren lieben Papa.

Es küßt Dich innigst

Deine Jenny.

Bei dem erwähnten Vortrag von Prof. Utitz handelt es sich um seinen Beitrag »K jazykové estetice« (Über die Ästhetik der Sprache), den er am 18.10.1937 im PLK gehalten hat.[157]

Der folgende Brief Leopold Silbersteins an seine Frau spiegelt seine vielfältige Tätigkeit, um Aufnahme in der Tartuer Gesellschaft zu finden, aber auch das schwierige Verhältnis mit dem Gesandten Dr. Šejnoha wider.[158]

Tartu, den 28. November 1937 abends
Kalda 3K5
Meine geliebte kleine Jenny,

Du wunderst Dich, daß ich Dir in der letzten Zeit nur einmal wöchentlich geschrieben habe; aber Du hast keinen Begriff, wie einem hier die Zeit unter den Händen zerrinnt. Beispiel: Vorigen Freitag (19.11.) wollte ich Dir am Nachmittag gleich nach der estnischen Stunde schreiben wegen der damals noch nicht bestätigten Überweisung an die ŽB [Živnostenská Banka], kommt auf dem Wege die Lea Gulkowitsch mit einer Schülerin, wir strolchen ein bißchen am Ufer mit einer Art Skijöring[159] herum (mit dem ich mich nebenbei so ans Schienenbein gestoßen habe,

157 P. Čermák, C. Poeta, J. Čermák: Pražský Linguistický Kroužek v Dokumentech, S. 233.
158 Brief von Leopold Silberstein an Jenny Silberstein vom 28.11.1937, Familienarchiv Jenny Herrmann.
159 Skijöring – eine Sportart, bei der man sich auf Skiern stehend von einem Pferd ziehen lässt.

daß ich bis heute mit Frau Dr. Šk's Salbe schmieren muß, die Beine sind im wahrsten Sinne meine Achillesferse), es wird 6, zu spät den Brief auf die Post zu tragen, man läßt ihn also, geht gleich zu Gulkowitsch, sitzt dort bis ½ 2, nächsten Morgen natürlich schwer aus den Federn, kommt gerade zurecht um 12 zur ersten Doktor-Promotion eines Juden (Mosche Ziegler aus Lemberg, mit dem ich mich überhaupt viel unterhalten habe), hinterher wird gefeiert, ich als einzige jüdische Lehrkraft außer G. [Gulkowitsch] muß natürlich überall dabei sein: Mittagessen bis ½ 5, man ist todmüde, schläft eine Stunde, dann wieder Rezeption zu Ehren des Promovenden, der ganze Sonnabend ist futsch, der Brief bleibt also bis Montag liegen … Gestern dieselbe Geschichte: früh bekomme ich Deinen R-Brief vom 22., will nachmittags darauf antworten, habe um 1 ein Rendez-vous mit Herrn Š [Šejnoha], der um ¾ 3 wieder nach Tallinn will; da er am Vormittag nicht die üblichen Visitenkarten abgegeben, sondern einen seltenen Operationsfall in Augenschein genommen hat, fällt mir die Rolle zu, als des Königs reitender Bote die Karten zu verteilen, aus jeder Visitenkarte wird eine Visite: 3-4 Gulk, 4-4 ½ Rektor Köpp, 4 ½-5 ¼ Suits, 5 ½-6 Semper, 6 ¼-6 ¾ Riigivanem a. D. [Reichsältester] Tõnisson, 7 ¼-7 ¾ Prof. Piip, heute 12 ¼-12 ¾ Dekan Tarvel, 13 ¼-13 ¾ Prof. Puusepp, dazwischen noch einige, die nicht zu Hause waren. Endeffekt – ein ganzer Arbeitstag, und dieser Brief kommt erst morgen früh zur Post. Herr Š. hat mir zugesagt, wenn durch Sch. etwas passieren sollte, meine Bitte um Intervention an unsere Vertretung weiterzugeben. Du wirst heute vielleicht in der Pr. Pr. [Prager Presse] eine Notiz über diese Veranstaltung gelesen und Dich gewundert haben über mein Nicht-Mitwirken.[160] Tatsache ist, daß die Anregung von Gulk. ausging und von mir in Tallinn weitergegeben wurde. Š. wollte aber wohl allein als Redner glänzen, hatte vielleicht auch Angst, daß die Mitwirkung eines Minderheitsangehörigen einer gewissen hiesigen Stelle[161], die unglaubliche Fonds haben soll und vor der er ständig in Sorge ist, zu boshaften Bemerkungen Veranlassung geben könnte, er mag für diese Besorgnis bei einem der sonstigen Arrangeure Verständnis gefunden haben – genug, er hat sich die Sache mit Rudrauf allein arrangiert, und meine Mitwirkung beschränkte sich auf einen längeren Artikel im »Postimees«. Die Minderheit[162] war meinetwegen sehr choquiert, und dieselben Leute, die mich ständig um einen Vortrag über dieses Thema ersucht haben (was ich mit Rücksicht auf Š. ablehnte), haben diesen Abend, der auch zeitlich auf einen für sie ungünstigen Termin fiel, nicht besucht;

160 Silberstein spielte darauf an, dass er anlässlich einer Feier zum Gedenken an den 14.9.1937 verstorbenen Präsidenten T.G. Masaryk in der Universität Tartu ursprünglich die Hauptrede halten sollte, sich aber der Gesandte Šejnoha an seiner Stelle als Redner vorgedrängt hatte.

161 Gemeint sind die zentral geführten nazi-deutschen Organisationen.

162 Silberstein meinte die demokratisch eingestellten estnischen und seine jüdischen Freunde.

der Gesamtbesuch wurde fast durchweg als unbefriedigend bezeichnet, auch qualitativ waren nicht alle befriedigt (all das natürlich strengstens unter uns beiden).

Was mir in Paris gesagt wurde, war also nichts als Reflex dieser Angst, die wohl etwas übertrieben ist. Die Dinge mögen ja in Tallinn etwas anders aussehen als hier, hier jedenfalls ist kaum etwas davon zu merken, daß man seine Haltung mir gegenüber von Rücksichten auf jene Stelle abhängig macht; sehr einflußreiche Männer wie Tarvel, Suits, Koort und Oras[163] *stehen zu mir ganz ausgesprochen freundschaftlich und benutzen jede Gelegenheit, um mir ihre Anerkennung auszusprechen. Aus dieser Vorsicht heraus erklärt sich auch meine Zurückhaltung mit conférence hors série [Vorträge außer der Reihe] – da ich auf höhere Weisung nirgends gedrängt habe, werden die ersten hier im Februar, finnische erst im März zustandekommen. Bei Dr. Pal. soll ich mich gegebenenfalls ausdrücklich auf diese Weisung berufen – erst nach Ablauf des ersten Jahres möge man mehr envergure [Ausmaß] entfalten. Von jener Minderheit schrieb ich Dir wohl schon, daß sie sich anscheinend eingebildet haben, nachdem ich einmal hier bin, würde ich umsonst reden, das kommt natürlich nicht in Frage, zumal es ihnen in erfreulichem Gegensatz zu anderen osteuropäischen Staaten materiell Gott sei Dank recht gut geht. Jedenfalls ist die mit soviel Enthusiasmus angekündigte Einladung von dieser Seite aus Riga bisher nicht eingetroffen. Ich glaube also zwischen dem 8. und 10. direkt nach Prag abreisen zu können, da keinerlei außerordentliche Verpflichtungen vorliegen. Verführerische Ansuchen, schon jetzt Examina abzunehmen, habe ich strikt abgelehnt.*

Was im übrigen Herrn Š. angeht, so meine ich, es ist für uns im Augenblick wichtiger, auf seinen Schutz rechnen zu können, als das, was ich in einem Buche gesagt habe, nochmals zu einem 15-Minuten-Speech zu verstümmeln. Der Sache wäre allerdings mit einem entschlossenen Vorgehen wohl gedient gewesen. Falls Dich irgend jemand fragen sollte, so suche Dich bitte um die Sache herum zu reden, schließlich braucht ja nicht derselbe Mensch zweimal zum selben Thema zu sprechen. Ich sehe solche Dinge weit ruhiger an als die Minderheit, die nun allerdings infolge der Prävalenz einer Agentur in den Pressemeldungen trotz der günstigen materiellen Lage in ständigen Depressionszuständen lebt. Was mich mehr deprimiert, ist die Art, wie einem hier die Zeit zerrinnt. Essen, Trinken, Schlafen und Konversation beschränken einem die Arbeitszeit so, daß ich wirklich nicht das ganze Jahr über hier sein möchte, selbst wenn man in Betracht zieht, daß beim eigenen Hausstand Zeit- und Geldaufwand natürlich rationeller verteilt wäre. Z. B. könnte man das Essen so dosieren, daß man keinen Nessel bekommt und

163 Ants Oras (1900–1982) war Professor für Anglistik an der Universität Tartu, Schriftsteller und Übersetzer. 1943 gelang ihm die Flucht von Estland nach Schweden, von wo er weiter nach England und den USA ging.

nicht infolgedessen täglich 50 Ct. für Zitronen braucht, man könnte so heizen, daß man nicht mit Alkohol (durchschnittlich 60 Ct. pro Tag) nachzuheizen gezwungen ist, und schließlich würde man nicht aus lauter Sexualnot Cafard im Kuld Lövi Sexa (Smögasbricka) bestellen. Ob wir allerdings mit 220.– e. Kr. auskämen, ist mir doch fraglich. Das Zuverdienen ist hier sehr schwer. Du siehst, daß die Möglichkeiten sich bei der Pr. Pr. [Prager Presse] beschränkt haben. Vom Monde Slave sind nennenswerte Verdienste nicht mehr zu erwarten (14 Kr. die Seite statt früher 32!), außerdem ist es von hier aus unmöglich, Material dafür zusammen zu bringen, von hier aus als Professor angestellt und bezahlt zu werden, erscheint mir ausgeschlossen. Schon die Sache mit den Lehraufträgen wäre sehr schwierig und müßte lange vorbereitet werden. Wir haben hier gerade den Fall erlebt, daß ein – allerdings etwas windiger Ausländer hier auf Kosten der mexikanischen Regierung ein spanisches Lektorat errichten wollte und einen Sturm der Entrüstung hervorrief, weil eine estnische Dame, die einen Lehrauftrag von 50.– e. Kr. besitzt, dadurch geschädigt werden könnte. Vor dem nächsten Herbst wäre wohl auch diese Sache kaum aktuell, und ich weiß nicht, ob es einen Sinn hat, schon jetzt einen dem entsprechenden Antrag an das mšano[164] *zu richten. Wenn andere slawische Spezialitäten dort unerwünscht sind, bliebe zudem wohl nur Soziologie übrig, und dafür soll es hier schon einen Anwärter geben. Deine Fühlungnahme war ja zunächst unverbindlich, und mir scheint es fast am besten, zunächst hier gleichfalls unverbindlich das Terrain zu sondieren, ehe ich aus der Sache ein Aktenstück mache. Das Gesuch wegen Rockef. [Antrag auf ein Stipendium der Rockefeller-Stiftung] werde ich natürlich sehr schnell machen, aber meinst Du nicht, daß ich es in Prag persönlich überbringen soll, damit mir niemand einen Vorwurf daraus machen kann, da ich es nicht über den zeitraubenden Umweg (T.)*[165] *leite? Ich bin ja spätestens am 12. dort. Dienstag, den 14. kann ich es im mšano schon persönlich vorlegen. Bitte umgehend Deine Meinung! Auch das Aufenthaltsgesuch für Anna hätte ich am liebsten in Prag aufgesetzt, da ich erst das vorige Gesuch einsehen und genau erfahren möchte, was man Dir gesagt hat. Wenn es wirklich bis zum 14. Zeit hat, muß ich es nach menschlichem Ermessen dort erledigen können. Das Gleiche gilt für das Steuerbekenntnis bei der Jüd. Gemeinde. Kannst Du nicht ein paar Zeilen schreiben:*
Slavné Israelské náboženské obci
Praha-Smichov
Dostala jsem formulář danového přiznání a prosím Vás, abyste se ze záležitostí laskavě počkali až do návratu mého manžela z Estonska (kolem 14 prosince).
S projevem dokonalé úcty

164 Abkürzung für das Schulministerium in Prag
165 Die Gesandtschaft der ČSR in Tallinn

[An die israelitische Kultusgemeinde Prag-Smichov

Ich habe Ihre Steuererklärung erhalten und bitte Sie gütigst zu warten, bis mein Gatte aus Estland (etwa am 14. Dezember) zurückgekehrt ist.

Mit vorzüglicher Hochachtung]

Ebenso lasse ich die Steuersache bis dahin. Die löschungsfähige Quittung in Sachen des Teilbetrages Jaekel (ca. 1700 M) zu bezahlen, ist Sache des Schuldners; Du weißt daß Zimmer schon einmal um sein Geld gekommen ist. Wenn Jaekel die Quittung wünscht, muß er 500 Kč Kostenvorschuß einsenden (Devisengenehmigung geht natürlich auch auf seine Kosten), sonst denke ich nicht daran, Dr. Zimmer oder sonst eine Stelle zu bemühen. Was Sch.[166] *angeht, so kann ich nur wiederholen: auf nichts verzichten und nichts überstürzen. Loewe darf natürlich nicht ab irato [im Zorn] Schritte unternehmen, die mir indirekt mehr schaden als einbringen könnten.*

Nun zu Deinem Mirabeau[167]*. Gerda*[168] *ist durch einen Preissturz des Kaffees tatsächlich gezwungen gewesen, sehr rasch einen Posten anzunehmen, der sie, zumal er qualifiziert zu sein scheint und wirklich einen wesentlichen Zuschuß bedeutet, heftig in Anspruch nimmt, so daß sie keinen Menschen sieht. Unter diesen Umständen ist kaum darauf zu rechnen, daß sie vorderhand mit Erfolg etwas machen kann, wenn ich auch nicht aufhöre, sie darum zu bitten. Rudrauf hat das Buch mit großem Interesse gelesen, findet es sehr gut, mit viel Schmiß, ja »passion«, und richtigem Urteil – aber: er weiß nicht, wo er das Geld für ein Annuaire [Jahrbuch] von 300 S. auftreiben soll, und dann ein Block von 80 S. Außerdem hält er es für wichtiger, die Sache deutsch zu veröffentlichen, denn in Frankreich hieße es prêcher dans un pays converti [in einem bekehrten Land predigen]. Kurz und gut, zweifellos gefällt ihm die Arbeit, aber er persönlich möchte lieber nicht und »vermiest« mir zu diesem Behuf sogar sein Annuaire, das doch eine so geringe Publizität habe (Auflage: 500) und Deinen Absichten gar nicht zu dienen geeignet sei. Wende Dich doch bitte an Fichelle*[169]*, der mir auf meine Glückwünsche in sehr freundschaftlicher Weise gedankt hat. Grüße ihn von mir und sage, daß ich mit Rudrauf in ständigem Kontakt bin, daß hier das Interesse für das Frz. ständig wächst und ich zu meiner Freude vielfach frz. reden kann. Oder soll ich es in Prag selbst vermitteln? Rudrauf möchte das Exemplar noch behalten, da er über Weihnachten in Paris etwas versuchen will. Heute sprach ich nun mit Dekan Prof. Peeter Tarvel (Päeva*

166 Der Mietschuldner E. Schirop

167 Jenny Silberstein hatte eine Arbeit über Mirabeau als Dissertation verfasst, die aber unter den Bedingungen der Emigration kein offizielles Promotionsverfahren durchlaufen konnte.

168 Leopold Silbersteins frühere Verlobte Gerda Caspary (1908–?) hatte in Paris den Besitzer einer Kaffeeplantage in Brasilien geheiratet. Sie wurde 1941 wegen ihrer jüdischen Herkunft von den Nazis ausgebürgert.

169 Alfred Fichelle (1889–1968) war ein französischer Professor für Geografie und 1937–39 Direktor des Instituts Ernest Denis (Französisches Institut) in Prag.

3), der selbst Historiker ist, und in seinem Denken uns nahe steht. Er sucht gerade für die Sammlung »Suur meeste elujood« (Lebensläufe großer Männer) eine populäre Schrift über Mir. von etwa 10 Bogen (160). Er hat zwar seine Sekretärin Frl. mag. Pöltsepp ersucht, etwas zu kompilieren, aber sie hat noch nicht angefangen, und es scheint ihr nicht recht zu liegen. Wenn Du also aus der »Forschung« eine populäre Darstellung machen könntest, die bei aller Wahrung des eigenen Standpunktes nichts als bekannt voraussetzt, hättest Du gute Chancen. Das Buch soll etwa Okt. 38 erscheinen, wohl zur 150-Jahr-Feier von 1789, Du könntest bei Deinem Hiersein im Febr. oder März persönlich mit Tarvel darüber sprechen; ich überlasse es aber Dir, ob Du Dich schon jetzt mit ihm direkt oder durch mich in Verbindung setzen willst. Wenn Du ihm direkt schreibst, so vermeide bitte nur jeden Anschein, als ob Du Frl. Pöltsepp eine Arbeit wegnehmen wolltest, erwähne auch nicht das Wort »Kompilation«. Sage, daß Du es eventuell auch begrüßen würdest, wenn Frl. Pöltsepp Deine Gedanken mit Namensnennung zitieren wollte, aber falls Frl. P. sich vielleicht für ein anderes Thema des gleichen Gebiets sehr interessiert (auch Robespierre soll nämlich gemacht werden), daß Du gern zur Verfügung stehen würdest. Prof. T. ist wirklich ein ganz hervorragender Mensch und, wie ich Dir schon eingangs sagte, für mich sehr wichtig.

F. S. [Friedrich Schwarz] soll mit Frau in Tallinn sein und sich um ein Mandat für Expo 38 bemühen. Mme. wurde von der zufällig dort anwesenden Frau Gulk. [Gulkowitsch] gesichtet, sie soll ganz pathologisch ausgesehen und sich seitwärts in die Büsche geschlagen haben. Ich hatte G. gerade noch um eine Recherche in Paris gebeten, da hier kein Mensch Nachricht hatte – abgesehen von den zwei Briefen, die besser nicht geschrieben worden wären. Von Sieb. [Siebenschein] erhielt ich heute ein großes Paket Zeitungen. Sehr nett schrieb Dvoř. [Dvořák] aus Helsinki; ich soll dort zum 7.3. sprechen. Dann werde ich natürlich sehen, daß auch Ahtinen etwas in Tampere zustande bringt. Mágr schrieb mir im Sinne des Briefes an Dich. Dein Deppenkränzchen macht mich wild; Isa Šaunová[170] *ist doch ein ganz verrücktes Huhn, und die Gehälter sind ein Skandal.*

Dieser Brief wird, mit Vladimir Aleksandrovskij[171] *(so hieß er früher wirklich und war, wie wir nach seinen Badezimmermanieren vermutet haben, tatsächlich ganz oder zur Hälfte jener Nationalität) zu sprechen, ein »Kilometerbrief«. Ich zähle auch die Tage, bis ich in Prag bin. Daß Du mir in jeder Beziehung sehr fehlst, ist Dir aus meinen bisherigen Briefen – bei allem Überwiegen der positiven Daten*

170 Isa Šaunová (1896–1960) war Dozentin für Polonistik an der Prager Universität

171 Pseudonym des estnischen Schriftstellers Valmar Adams (1899–1993). 1937–38 hielt sich Adams in Deutschland und der Tschechoslowakei auf. Von 1940 bis 1974 war er Hochschullehrer in Tartu. Er wurde 1941 von den Deutschen verhaftet und befand sich von 1950–56 in einem sowjetischen Straflager.

– klar geworden. Sieh zu, daß unsere Finanzen in Ordnung bleiben, und daß Du im März (wenn der estnische Mirabeau sich konkretisiert, eventuell auch früher) hierher kommen kannst, denn vier Monate Trennung halte ich seelisch und körperlich nicht aus. Nachdem Du die Möglichkeiten eines Weltkulturzentrums jetzt voll ausnutzest, wirst Du hier eine gute Figur machen und sicher im Institut frç., in der YWCA und vielleicht auch in der Hist. Ges. zu Worte kommen; da Dein Aufenthalt zeitlich begrenzt ist, kann man ja mehr Dampf dahinter machen als bei mir. Aber wie gesagt: Umzug bei 1 jähr. Vertrag, 1 jähr. Aufenthaltserlaubnis und so viel Mahnung zur Zurückhaltung – lieber nicht. Gerade die Esten, Tarvel, Arumaa, Koort hätten Dich gewiß gern hier, Gulk. sind übrigens auch sehr gespannt auf Dich – aber hier glaube ich bremsen zu müssen. Jedenfalls werde ich dies Zimmer trotz des guten Badezimmers aufgeben, da es für uns beide zu klein ist und ich auch sonst nicht 100 % zufrieden bin (heute abend sitze ich das erste Mal lange am Schreibtisch, ohne zu frieren oder mit Zubrovka nachzuheizen). Abendkleider mußt Du mitbringen, denn Tartu ist – bei aller Tüchtigkeit der Frauen – vergnügungssüchtiger als Prag; Frau Eenpalu[172] hat gerade eine Petition der Frauenverbände auf Verbot der das Familienleben zerrüttenden Nachtlokale eingebracht, ob mit Erfolg?

Wenn es also geht, fahre ich am 8. abends, vielleicht jedoch erst am 10. In Wilno werde ich – zumal in Anbetracht der unerquicklichen Verhältnisse – trotz aller Freundschaft diesmal wohl nicht unterbrechen. Wenn ich um 19 Uhr wegfahre, bin ich übermorgen gegen 6[30], also nach 36 Stunden in Prag. Auf alle Fälle schreibe mir bitte noch am 4. abends, eventuell Luftpost express. Wenn später etwas Dringendes sein sollte, müßtest Du ein Brieftelegramm schicken, tunlichst tschechisch, wegen der Kürze und anderer Gründe (25 Worte: Kč 37,50). Ich freue mich, daß der Vortrag von Dr. Sob. so einen starken Widerhall gefunden hat.

Jetzt muß ich aber wirklich Schluß machen, zumal ich noch einige Briefe zum Einlegen schreiben will. Auch ein paar Zeilen an den Hauswirt, auf diesem Papier, das ja eine Ansichtskarte ersetzt. Hast Du gelesen, daß das Heimatrecht überhaupt abgeschafft werden soll? Was machen die also für lange Geschichten? Grüße Deine Mutter. Von hier aus habe ich ihr noch nicht geschrieben.

Küsse die Kinder; Kolm oravat[173] ist hoffentlich gut angekommen und ein Äquivalent für Tommy hat sich wohl auch in Prag gefunden. Herzliche Grüße an Anna.

Dein alter Eisbär.

172 Linda Eenpalu (1890–1967) war die Gattin von Kaarel Eenpalu, der von 1938 bis 1939 Premierminister Estlands war. Sie trat als Frauenrechtlerin hervor. Nach der Einverleibung Estlands durch die Sowjetunion wurde sie von den sowjetischen Organen verhaftet und war bis 1956 in verschiedenen sowjetischen Gefängnissen und Straflagern eingesperrt.

173 Kolm oravat – ein estnisches Bilderbuch mit dem Titel »Drei Eichhörnchen«.

Mit einem Schreiben vom 2.12.1937 unterbreitete Leopold Silberstein der Philosophischen Fakultät der Universität Tartu seinen Lehrplanvorschlag für das nächste Semester.[174]

An das löbliche Dekanat der Philosophischen Fakultät der Universität Tartu.

Hierdurch zeige ich ganz ergebenst an, dass ich im ersten Semester 1938 folgende Kurse, Übungen und Vorlesungen zu halten beabsichtige:

1. Theoretischer und praktischer Kursus der neutschechischen Schriftsprache / Fortsetzung des bisherigen Kursus/, 3 Wochenstunden.

2. Übungen in der Lektüre tschechischer wissenschaftlicher Texte: ausgewählte Abschnitte aus der modernen philosophischen Literatur /beginnend mit T. G. Masaryk/, 1 Wochenstunde

3. Lektüre ausgewählter Abschnitte der modernen tschechischen und slovakischen schönen Literatur, evtl. in Verbindung mit Privatlektüre und Referaten, 1 Wochenstunde

4. Vorlesung: Die tschechoslovakische Literatur seit dem Weltkriege, 1 Wochenstunde

5. Vorlesung: Allgemeine Geschichte der tschechoslovakischen Nation von den Luxemburgern bis zum Beginn der nationalen Wiedergeburt, 1 Wochenstunde

Bezüglich der Zeiteinteilung bitte ich tunlichst Kollisionen mit den slavistischen HH. Prof. Dr. Arumaa, Doz. Ernits, Mag. Ariste, Dr. Kapliński, Lektor Pravdin[175] *und sonstigen neuphilologischen Vorlesungen einschl. Volksdichtung, bezügl. Nr. 2 auch mit philosophischen und bezügl. Nr. 5 auch mit historischen Vorlesungen vermeiden zu wollen.*

Mit dem Ausdruck ausgezeichneter Hochachtung
Dr. Leopold Silberstein
Lektor.

Am 7.12.1937 lieferte Silberstein einen weiteren Bericht über seine Lektortätigkeit an das Ministerium für Auswärtige Angelegenheiten in Prag:[176]

An das hohe Ministerium für Auswärtige Angelegenheiten in Prag
/III. Abteilung/

174 Schreiben Leopold Silberstein an die Philosophische Fakultät der Universität Tartu vom 2.12.1937, Estnisches Historisches Archiv, Dokument eaa2100_004_0000193_00032.

175 Boris Pravdin (1887–1960) war Lektor für die russische Sprache an der Universität Tartu, seit 1946 Professor.

176 Schreiben von Leopold Silberstein an das Ministerium für Auswärtige Angelegenheiten vom 7.12.1937, Archiv des Außenministeriums der Tschechischen Republik in Prag, Box Tallinn (Orig. tschech.).

Ich erlaube mir, meinen herzlichsten Dank für die positive Behandlung meines Anliegens auszusprechen.

Ich habe mich meiner Funktion als Lektor unterzogen und soeben das erste Semester abgeschlossen und das neue /erweiterte/ Programm für das nächste angekündigt. Damit ich meine ordentlichen Aufgaben erledigen kann, habe ich in den ersten beiden Monaten eine bestimmte Reserve für außerordentliche Vorträge angelegt, dies umso mehr, weil die hiesigen wissenschaftlichen Gesellschaften den größten Teil ihrer freien Herbstabende bereits vor meiner Ankunft verplant hatten. Aber die Akademische Philosophische Gesellschaft und die Akademische Historische Gesellschaft haben mich sehr früh initiativ gebeten, dass ich in ihrem Rahmen gleich nach dem Beginn des nächsten Semesters, d. h. im Februar 1938 Vorträge halte. Aller Wahrscheinlichkeit nach wird der philosophische Vortrag zum Thema »Gegenwärtige philosophische Tendenzen in der Tschechoslowakei« und der historische zum Thema »Richtlinie zu einer vergleichenden Forschung über die Geschichte der tschechoslowakischen und der estnischen nationalen Befreiungsbewegung« gehalten. Meinerseits wandte ich mich an die Akademische Literarische Gesellschaft und schlug vor, dass ich im März auf einer gemeinsamen Sitzung dieser Gesellschaft mit der Philosophischen Gesellschaft über das weltweite Urteil zu F. X. Šalda[177] *vortrage. Der Vorsitzende der Gesellschaft, Herr Prof. Gustav Suits, gab sein Einverständnis.*

Ende Oktober erlaubte ich mir, schriftlich beim Herrn Gesandten Dr. Dvořák hinsichtlich seiner Meinung zu den Aussichten eventueller Vorträge in Helsinki anzufragen. Der Herr Gesandte hatte die Freundlichkeit, mir zu antworten, dass die Herbstzeit infolge des bevorstehenden 20. Jahrestages der finnischen Unabhängigkeit und der gleich nachfolgenden Weihnachtsfeiertage ungünstig sei, aber dass er vorschlägt, dass ich als Vortragender zur Gedenkfeier für den Präsidenten-Befreier eingeladen werde, die der finnisch-tschechoslowakische Kreis für den 7. März 1938 angesetzt hat. Möglicherweise werde ich bei dieser Gelegenheit auch nach Tampere-Tammerfors fahren, wo als Direktor der Realschule Herr mag.phil. J. Ahtinen-Karsikko[178] *arbeitet, der 1935/36 zu Studien in Prag weilte und mit mir in einer freundschaftlichen Korrespondenz steht; er wird mir noch nach seinen Möglichkeiten bei der Organisation irgendeines Vortrags helfen.*

Im Januar will ich das Terrain in Riga bei der Rückreise von Prag nach Estland sondieren. Es wird mir eine besondere Ehre sein, mich bei dieser Gelegenheit dem

177 František Xaver Šalda (1867–1937) war ein tschechischer Literatur- und Kunstkritiker und Schriftsteller. Er förderte zahlreiche junge Künstler und gilt als Begründer der tschechischen Kulturkritik.

178 Juho Ahtinen-Karsikko war ein finnischer Sprachwissenschaftler. In den Jahren 1935/36 war er auch im Prager Linguistischen Zirkel aktiv.

Herrn Gesandten Dr. Lípa vorzustellen. Wahrscheinlich komme ich direkt nach dem 20. Januar nach Riga. Die besonderen Verhältnisse in Lettland erfordern offensichtlich persönliche Verhandlungen.

Herr A. Saareste[179]*, ordentlicher Professor der estnischen Sprache, bat mich, dass ich ihm einen Artikel über die gegenwärtige tschechoslowakische Linguistik schicke. Ich werde ihn in der wissenschaftlichen Zeitschrift »Eesti keel« /Estnische Sprache/ im Umfang von 6 Druckseiten veröffentlichen.*

Herr J. Semper, Verantwortlicher für Konferenzen an der Universität Tartu und Herausgeber der prominenten literarischen Zeitschrift »Looming« /Schaffen/, bat mich um einen Überblick über die neueste tschechoslowakische Literaturproduktion /der Jahre 1935–37/ im Umfang von 3–4 Druckseiten, der sozusagen eine Fortsetzung des Artikels wäre, den ich in der genannten Zeitschrift im Dezember 1935 veröffentlichte. Diesen Artikel werde ich während der bevorstehenden Feiertage schreiben.

Herr Dozent A. Annist, Redakteur der populärwissenschaftlichen Sammlung »Elav Teadus« /Lebendige Wissenschaft/ erneuerte die Anregung, die er schon im März 1936 gab, dass ich für diese Sammlung ein Büchlein über Mitteleuropa, d. h. über die Tschechoslowakei, Österreich und Ungarn schreibe. Über diese Angelegenheit existiert schon ein Schreiben an das hohe Ministerium; die Besprechungen führte insbesondere Herr Abteilungsrat Dr. Heidrich. Ihr Ergebnis war, dass die Sache wegen der unbestimmten Verhältnisse einstweilen aufgeschoben wurde. Angesichts der erneuten Anregung des Herrn Dr. Annist wage ich das hohe Ministerium zu fragen, welchen Standpunkt es in dieser Angelegenheit jetzt einzunehmen geruht.

Bei Gelegenheit der Gedenkfeier für den Präsidenten-Befreier[180] *in der Universitätsaula, bei der der Hauptredner der Herr Gesandte Dr. Jaroslav Šejnoha war, schrieb ich auf Anregung der Direktion des Französischen Wissenschaftlichen Instituts einen deutschen Artikel /s. Anlage 1/, der dann vom Herrn Assistenten Aspel ins Estnische übersetzt und in der hiesigen Tageszeitung »Postimees« /Der Postbote/ veröffentlicht wurde /s. Anlage 2/. Am folgenden Tage hatte ich ein längeres Gespräch mit dem früheren Präsidenten der Republik, Herrn Prof. J. Tönisson /der in der neu gegründeten Zeitschrift »Akadeemia« nachgelassene Erinnerungen an den Präsidenten-Befreier veröffentlicht hat/ über seine Kontakte mit dem damaligen Professor T.G. Masaryk. Das war vor 36 Jahren. Die beiden Männer fanden*

179 Andrus Saareste (1892–1964) war Professor für estnische Sprache an der Universität Tartu und Vorsitzender der akademischen Gesellschaft für estnische Sprache. 1944 floh er nach Deutschland und von dort nach Schweden.

180 Der frühere Präsident der ČSR, T.G. Masaryk, war am 14.9.1937 gestorben.

sich auf der Grundlage des gemeinsamen Kampfes gegen den Alkoholismus und sprachen bei dieser Gelegenheit auch über ihre politischen Ziele. Professor T.G. Masaryk war es nach den Worten von Prof. Tönisson schon damals bewusst, dass sich das tschechoslowakische Volk im äußersten Falle zum aktiven Widerstand entschließen müsse, und empfahl den Esten, ihre nationalen Forderungen durchzusetzen. Es kam auch zu einer Korrespondenz, die aber im Laufe der Zeit aufhörte, weil Prof. Tönisson, wie er selbst eingestand, nicht gern Briefe schrieb. Es gibt jedoch keine Hoffnung, dass sich in seinen Schriften unbekannte Briefe des Präsidenten-Befreiers finden, weil der größte Teil der Papiere von Prof. Tönisson während der russischen Revolution vernichtet wurde.- Als besondere Freunde des tschechoslowakischen Volkes erwiesen sich bei dieser Gelegenheit Herr Dekan Prof. Peeter Tarvel /Tartu, Päeva t.3/ und Prof. Gustav Suits /Tartu, Vallikraavi 14/; es wäre wohl günstig, ihnen derzeit veröffentlichte tschechoslowakische Publikationen in einigen Weltsprachen zuzuschicken, dies umso mehr, als Tartu gegenwärtig regelrecht von reichsdeutscher Literatur überschwemmt wird /besonders durch die Tätigkeit der Buchhandlung J.G. Krüger und des Antiquariats Baltika, welche ungeniert im Schaufenster Publikationen ausstellen, die die baltischen Länder als »Grenzland im Osten« und »neuen Lebensraum des deutschen Volkes« bezeichnen./

Wohl zu Weihnachten wird Herr mag.phil. Kolmar Adams[181] nach Prag kommen /früher Vladimir Aleksandrovskij/, Verantwortlicher für Konferenzen und Dichter, der 1930–31 in Prag als Stipendiat weilte. Er wird aus München kommen, wo er ein Humboldt-Stipendium erhält. Er ist ein vertrauenswürdiger Mensch und erinnert sich gern an Prag. Seine politische Haltung ist aber nicht ganz klar.

Ich werde morgen nach Prag fahren; meine dortige Adresse ist wie früher Praha-Dejvice 840, Na Čihadle 6.

Ich empfehle mich mit dem Ausdruck meiner vollkommensten Hochachtung und Ergebenheit

Dr. Leopold Silberstein

Der im Bericht erwähnte Artikel von Silberstein über die Gedenkveranstaltung zu Ehren des Präsidenten T.G.Masaryk, in dem er prägnant das Verdienst und das Wesen des verstorbenen Präsidenten zusammenfasste, erschien am 26.11.1937 in der Zeitung »Postimees«:[182]

181 Gemeint ist Valmar Adams.

182 Ülikoolis austatakse humanist T.G. Masaryki mälestust (An der Universität gedenkt man des Humanisten T.G. Masaryk), Postimees vom 26.11.1937 (Übersetzung aus dem Estnischen von K. Albrecht).

»An der Universität gedenkt man des Humanisten T.G. Masaryk

Wer erlebt hat, wie am frühen Morgen des 14. September 1937 sich das Licht der Beerdigungskerzen mit den Prager Laternenlichtern vermischte, wer Zehn- oder Hunderttausende Menschen mehrere Stunden lang, ja eine ganze Nacht lang, geduldig wartend gesehen hat, um für eine Minute vor einem Sarg niederzuknien, dem muss klar sein, dass hier ein ganzes Volk sich von einem Menschenleben verabschiedet hat, das in der Geschichte nur einmal in Jahrhunderten oder gar Jahrtausenden vorkommt, so wie eine einzelne Person nur einen Vater verlieren kann.

Und wenn die Worte von Karel Čapek, dass nach einem solchen Leben der Tod nur eine letzte Verwirklichung bedeutet, als erster Trost gedacht waren, so wurde die Schwere dieses Verlustes verdoppelt durch den Satz, dass hier ein heißgeliebter Herrscher verstorben ist. Ja, denn das war bei Masaryk besonders und wirklich charismatisch, dass er sowohl im geistigen als auch weltlichen Bereich ein geborener Herrscher war, ein Fürst, der keine Gewalt oder Machtgier kannte, nicht im [...] [nicht lesbar] und nicht in der Politik. Sondern er gewann die Menschen für sich durch die moralische Ausstrahlung ehrlich erworbener Prinzipien, durch die sichere innere Kraft eines wahrlich bodenständigen Menschens und nicht zuletzt durch eine gelebte, tatkräftige Liebe, die aus dem Glauben heraus fließt. Masaryks geistige Tätigkeit vereinte [...] [nicht lesbar], ohne dass er sie mit Ignoranz oder einem bequemen Kompromiss zu löschen versuchte, immer zu einer höheren Einheit, zu einer dynamischen Synthese, wie sie unsere heutige Sehnsucht sucht, wovon so viel geredet, aber so wenig verwirklicht wird. Bei Masaryk vereinigten sich das rationale Denken und der irrationale Glaube; der nüchterne Positivismus und das intensive, idealistische Normenbewusstsein; der geistige Aristokratismus des sich in allen Kulturen der Welt auskennenden Wissenschaftlers und der nationale Demokratismus des Kutschersohns und des damaligen Handwerkers, was es möglich machte, den einfachen Bauern auch die feinsten Ziele verständlich vorzustellen.

Als er nach jahrzehntelangen Kämpfen, bei denen er nie seine moralischen Ideale verleugnete, die höchste Position seines Volkes erreichte, bewahrte er vor allem seine Menschlichkeit. Er zeigte sich als Humanist im vollkommensten Sinne dieses Wortes, indem er aus der Unsterblichkeit der Seele –einige Gläubige können auch [...] [nicht lesbar] sagen – deren unvergängliche Würde und die Ablehnung jeglicher Gewalt eines Menschen gegen andere und eines Volkes gegen andere schloss.

Als Vertreter einer mit solch kraftvoller und moralischer Überzeugung getragenen Universalität scheint er das Gewissen unserer Zeit zu verkörpern. Und es ist schwer, sich mit der Tatsache abzufinden, dass nach den Gesetzen des physischen Seins dieses Gewissen und dieses Bewusstsein nicht mehr von ihrem bisherigen Pfleger getragen werden, sondern dass sie in ein neues lebendiges Dasein gewechselt sind, in bestimmter Weise in ein gleichermaßen mächtiges, nämlich in die Welt des S c h a f f e n s, das im Geiste seines Schöpfers nie zu einer kanonischen Unbeweglichkeit erstarrt, sondern dazu einlädt, immer wieder selbständig einen Standpunkt einzunehmen, sich innerlich zu befreien, mit prinzipieller Ernsthaftigkeit Probleme zu lösen und mit philosophischer Würde alltägliche Aufgaben zu bewerten. Ja, Masaryks Werk ist ein Aufruf, ein anstiftender Ruf – der Nachfolger seiner Stelle und seines Geistes, Präsident Dr. Edvard Beneš betonte dies in seiner klassischen Trauerrede – es ist ein Aufruf aus dem Munde des jetzigen Staatsoberhauptes an das tschechoslowakische Volk.

Dieser Aufruf zur Menschlichkeit gilt aber auch außerhalb der Grenzen seines Volkes, und insbesondere kleine Völker dürfen dies nicht unbeachtet lassen. Weder eine gnädige Macht noch Waffen geben ihnen das Recht zur unabhängigen Existenz oder zur Verwirklichung der Menschlichkeit und ihrer einzigartig gestalteten Kultur; für sie müsste Masaryks Lehre doppelt wertvoll sein, nach der das Existenzrecht jeder Person, auch der nationalen Persönlichkeit, aus dem Selbstwert des menschlichen Geistes und aus ihrer Beziehung zu Gott folgt, gleich ob wir Masaryks theistischen Glauben in seinen Details annehmen oder ob wir uns mit einem abstrakteren Transzendierungsprinzip zufriedengeben.

Und wenn sich deshalb die Vertreter der estnischen Wissenschaft (Prof. A. Piip und Prof. P. Tarvel) am Freitagabend in der Universitätsaula der Trauerrede des zum ersten Mal Tartu besuchenden tschechischen Geschäftsträgers Jaroslaw Šejnoha (früher Botschaftsrat in Rom, danach tätig in der Prager Zentrale, seit letztem Jahr in Tallinn) und den Sympathiebekundungen Frankreichs (durch Prof. L. Rudrauf), der Heimat der Erklärung der Menschenrechte, anschließen, dann kann man wohl sagen, dass es sich nicht bloß um einen internationalen Höflichkeitsakt handelt, sondern um die Anerkennung der grundlegenden Wahrheiten, die auch die Selbständigkeit des estnischen Volkes rechtfertigen und seinen Willen zur kraftvollen Selbstverteidigung stärken. Wir wollen daran erinnern, dass Masaryk während des Weltkrieges einer der Ersten war, der die Bedeutung des estnischen Problems im Gesamtpaket der europäischen Nationen erkannte und zu den Vertretern des estnischen nationalen Strebens Kontakt aufnahm. Die Heimatstadt der estnischen Wissenschaft hat an diesem Abend einen Grund, dem großen Humanisten die Ehre zu erweisen, so wie auch das Volk dieses Landes dem Vorreiter der nationalen Eigenkultur im Namen der Menschlichkeit die Ehre erweist.

L. S.«

In einem in derselben Zeitung am 1.12.1937 veröffentlichten Bericht über die Tätigkeit der Universität Tartu wurde hervorgehoben, dass im Wintersemester 1937/38 vom Ausland ein Lehrstuhl für italienische Sprache und Literatur mit Prof. Montanelli[183] und ein Lehrstuhl für tschechische Sprache und Kultur mit dem Lektor Dr. phil. L. Silberstein eingerichtet wurden.[184]

Nunmehr bediente sich der Gesandte der ČSR in Tallinn, Dr. Šejnoha, einer Intrige, indem er Leopold Silberstein zunächst empfahl, aber letztlich anwies, sich jeglicher Propagandatätigkeit (womit seine Vorträge gemeint waren) zu enthalten und auch die Lektortätigkeit auf ein Minimum zu reduzieren. Dies geschehe vorgeblich zu seinem eigenen Schutz. Der Plan war durchsichtig. Wenn Silberstein zur Untätigkeit verpflichtet würde, wäre es im nächsten Schritt notwendig, ihn als Lektor auszuwechseln, worauf das ganze Bestreben des Gesandten Dr. Šejnoha hinauslief. In einem Bericht vom 14.12.1937 an das Ministerium für Auswärtige Angelegenheiten in Prag heißt es:[185]

> *Vertraulich*
> *An das Ministerium für Auswärtige Angelegenheiten in Prag*
> *Zum angeführten Erlass erlaube ich mir zu vermelden, dass ich nach reiflicher Überlegung Herrn Dr. Silberstein bat und in dieser Form empfahl, dass ich bei meinem kürzlichen Besuch in Tartu /s. čj. 297/37/vertraul. vom 30.11. dieses Jahres/ und nach Informationen und dem Kennenlernen der Situation vor Ort so nachdrücklich wiederholte, dass man ihm eine Instruktion, wenn nicht einen Befehl geben muss, damit er sich – wenigstens zeitweilig – peinlichst jeglicher Propagandatätigkeit enthält, der die geringste Nuance des politischen Charakters zugesprochen werden und welche übergreifen könnte, und dass er nur einen geringen Rahmen seines Auftrags als tschech. Lektor ausübt. Ich empfahl und bat nachdrücklich, dass er seine Agilität aufs äußerste dämpft, sich Zurückhaltung auferlegt und sich skrupulös bemüht, sich in Tartu möglichst wenig bemerkbar zu machen, damit die Stadt, die Universität und die Studenten in ihr, die ihn aufmerksam verfolgen, ihn möglichst wenig wahrnehmen, und damit sich sein Kommen möglichst dezent gestaltet und dass das in seinem eigenen Interesse sei.*

183 Indro Montanelli (1909–2001) war ein italinenischer Journalist, Schriftsteller und Historiker. Nachdem er als Freiwilliger in den Äthiopien-Krieg gezogen war, kamen ihm Zweifel am faschistischen Regime. Um ihn vor Verfolgung durch das Regime zu bewahren, verschaffte ihm ein Freund eine Anstellung als Lektor der italienischen Sprache an der Universität Tartu.

184 Ülikooli tegevusrikas tööasta (Tätigkeit der Universität im Arbeitsjahr), Postimees vom 1.12.1937 (Orig. estn.).

185 Schreiben der Gesandtschaft der ČSR in Tallinn an das Ministerium für Auswärtige Angelegenheiten in Prag vom 14.12.1937, Archiv des Außenministeriums der Tschechischen Republik in Prag, Box Tallinn (Orig. tschech.).

Über die wesentlichen Ursachen und Gründe, die mich zu einer solchen Entscheidung nötigten, werde ich, wenn das Ministerium darum bittet, einen gesonderten vertraulichen Bericht liefern.

Gleichzeitig erlaube ich mir zu empfehlen, dass man im gleichen Sinne mit Herrn Dr. L. Silberstein verhandelt, der sich gegenwärtig in Prag aufhält, damit es mit ihm keinen Abschluss und nichts allzu Verbindliches gibt, weil es ausgeschlossen ist, zur Gänze zu garantieren, dass es uns gelingt, ihn in Tartu zu halten.

Versendet zur Kenntnisnahme an den Herrn Gesandten J. Lípa in Riga und an die Gesandtschaften der ČSR in Kaunas und Helsinki.

Chargé d'Affaires a.i.: J. Š.

Derweil begrüßte es die Gesandtschaft der ČSR in Riga in einem Schreiben vom 20.12.1937 noch, dass Silberstein Riga besucht, um einen Vortrag vorzubereiten, ungeachtet dessen, dass sie das Schreiben Šejnohas vom 14.12.1937 bereits kannte.[186]

Am 23.12.1937 meldete die Gesandtschaft der ČSR im litauischen Kaunas, dass sie eine Vortragsreise Silbersteins wegen des herrschenden Antisemitismus nicht befürworte.[187] Am 30.1.1938 trug Leopold Silberstein aus Anlass des 100-jährigen Bestehens der estnischen Gelehrtengesellschaft in der Aula der Universität Tartu im Beisein des Verteidigungsministers und des Bildungsministers Estlands und zahlreicher in- und ausländischer Gäste eine Grußadresse der tschechischen Šafařík-Gelehrtengesellschaft[188] in französischer Sprache vor, die herzlichen Beifall der Anwesenden fand.[189] Seine Teilnahme an der Feier wurde auch in der Zeitung »Postimees« vom 31.1.1938 vermerkt.[190]

Danach sandte die Gesandtschaft der ČSR in Helsinki am 12.2.1938 einen denunzierenden Bericht eines ehemaligen namentlich nicht genannten Studenten der Universität Tartu an das Ministerium für Auswärtige Angelegenheiten in Prag, in dem

186 Schreiben der Gesandtschaft der ČSR in Riga an die Gesandtschaft der ČSR in Tallinn vom 20.12.1937, Archiv des Außenministeriums der Tschechischen Republik in Prag, Box Tallinn (Orig. tschech.).

187 Schreiben der Gesandtschaft der ČSR in Kaunas an das Ministerium für Auswärtige Angelegenheiten in Prag vom 23.12.1937, Archiv des Außenministeriums der Tschechischen Republik in Prag, Box Tallinn (Orig. tschech.).

188 Pavel Josef Šafařík (1795–1861) war ein slowakischer Schriftsteller und Gelehrter. Er wirkte aktiv für die Zusammenarbeit der Gelehrten der Slawistik in Mitteleuropa und entwickelte die slawische Archäologie. Nach ihm wurde die 1926 gegründete Šafařík-Gelehrtengesellschaft benannt.

189 Grußadresse der tschechischen Šafařík-Gelehrtengesellschaft anläßlich des 100-jährigen Bestehens der estnischen Gelehrtengesellschaft vom 30.1.1938, Archiv des Außenministeriums der Tschechischen Republik in Prag, Box Tallinn (Orig. franz.).

190 Eesti teaduste häll teise sajandi läwel (Wiege der estnischen Wissenschaft an der Schwelle des zweiten Jahrhunderts), Postimees vom 31.1.1938 (Orig. estn.).

dieser behauptete, dass die Situation von Leopold Silberstein so beschädigt sei, dass er nicht zum Nutzen der Tschechoslowakei wirken könne:[191]

»Ein ehemaliger Student der Universität in Tartu, der bisher in lebhaftem Kontakt mit dortigen Universitätskreisen stand, hatte mir über seinen vorhergehenden Aufenthalt in Tartu spontan mitgeteilt, dass die Situation von Dr. Silberstein dort in estnischen Kreisen derart erschüttert ist, dass sein weiteres Wirken kaum zum Nutzen unserer Sache sein könnte. Das liegt daran, dass Dr. Silberstein in keiner Weise die estnische Studentenschaft für sich gewinnen konnte, dass er sich von ihnen immer mehr entfremdet; jetzt heißt es, dass der Abgrund dergestalt sei, dass er kaum zu überbrücken sei. Seine Zuhörerschaft und seine Gesellschaft setzen sich fast ausschließlich aus Juden zusammen, welche mit ihrem Studium und Interessen nicht darauf hindeuten, dass es ihnen um eine nähere Kenntnis der tschechoslowakischen Literatur und Kultur ginge, während die Esten ihn meiden.

Mein Informant anerkannte, dass die Situation für Dr. Silberstein a priori schwerer war als wenn er ein Angehöriger unseres Volkes /Tscheche oder Slowake/ gewesen wäre. Aber sie war keinesfalls hoffnungslos, auch wenn er ein Jude ist und man in Tartu wusste, dass er ›noch ein paar Wochen vor seiner Abreise aus Prag‹ ein deutscher Staatsangehöriger war. Was man ihm vorhalten muss, ist, dass er den Weg zu seiner estnischen Zuhörerschaft nicht fand und so im Vorhinein den Erfolg seines Auftrags verdarb, für den es in Estland gute Voraussetzungen gibt.«

Dieser Bericht kam dem Gesandten Dr. Šejnoha sehr zupass, der vorderhand im Stillen Argumente für die Ablösung von Silberstein sammelte.

Im März 1938 erstattete Leopold Silberstein dem Ministerium für Auswärtige Angelegenheiten wieder Bericht über die inzwischen durchgeführte Vortragstätigkeit, der im Folgenden wiedergegeben ist.[192]

An das hohe Ministerium für Auswärtige Angelegenheiten in Prag
III.Abteilung

Der Unterzeichnete erlaubt sich, über seine kulturell-propagandistische Tätigkeit Bericht zu erstatten, die seit der erneuten Reise nach Estland durchgeführt wurde.

191 Bericht der Gesandtschaft der ČSR in Helsinki an das Ministerium für Auswärtige Angelegenheiten in Prag vom 12.2.1938, Archiv des Außenministeriums der Tschechischen Republik in Prag, Box Tallinn (Orig. tschech.).

192 Bericht von Leopold Silberstein an das Ministerium für Auswärtige Angelgenheiten in Prag vom 12.3.1938, Archiv des Außenministeriums der Tschechischen Republik in Prag, Box Tallinn (Orig. tschech.).

Ich hielt bisher zwei außerordentliche Vorträge: Am Sonntag, dem 13. Februar sprach ich in der Akademischen Historischen Gesellschaft /Vorsitzender: der ehem. Dekan Prof. Peeter Tarvel/ über die gemeinsamen und unterschiedlichen Züge der Geschichte der nationalen Befreiung der Tschechoslowakei und Estlands, am Sonntag, dem 20. Februar in der Akademischen Philosophischen Gesellschaft /Vorsitzender: Prof. Konstantin Ramul/ über das gegenwärtige philosophische Leben in der Tschechoslowakei. Der Text beider Vorträge geht aus den Anlagen T. 1 und T. 2 hervor. Zum ersten Vortrag fanden sich etwa 15 und beim zweiten etwa 30 Personen ein. Der Besuch litt etwas unter den zahlreichen gegenwärtigen Vorwahlversammlungen. Nichtsdestoweniger wurde das Ziel erreicht: Prof. Tarvel erklärte, dass das Material, das als Grundlage für den ersten angeführten Vortrag diente, auch für die Esten außerordentlich interessant sei, und er versprach, dass er sich sogleich darum sorgen wolle, den Vortrag zu veröffentlichen, dessen Manuskript ich ihm überließ. Auch der hiesige Spezialist für estnische Geschichte, Prof. Hans Kruus[193], zeigte ein lebhaftes Interesse an diesem Stoff. Auch die Fassung des zweiten Vortrags war für die hiesigen Interessenten eine fast völlige Neuheit. Man hofft im übrigen, dass ich diesen Vortrag in absehbarer Zeit in Helsinki wiederholen kann.

Der Akademische Literarische Klub /Vorsitzender Prof. Gustav Suits/ gab schon sein grundsätzliches Einverständnis zu einem folgenden Vortrag über F.X. Šalda. Der Tag wird festgelegt, sobald die Werke von Šalda eintreffen. Um ihren Kauf für das hiesige slawische Seminar habe ich mir erlaubt, das hohe Ministerium für Schulwesen und Volksaufklärung zu ersuchen.

In der Februarnr. der Zeitschrift Looming /d.h. Schaffen/ erschien mein Artikel über die neueste tschechoslowakische Literatur, dessen originaler deutscher Text aus Anlage T. 3 hervorgeht. Ich erlaube mir auch, ein Exemplar der Zeitschrift beizulegen.

Bei Gelegenheit des Feiertags der Gründung der Estnischen Gelehrten Gesellschaft /Opetatud Eesti Selts/ hatte ich die große Ehre, die Gelehrte Gesellschaft Šafaříks zu vertreten, in deren Namen ich auf einer feierlichen Versammlung, die am 30. Januar 1938 in der Universitätsaula im Beisein des Herrn Obersten Führers Gen. Laidoner[194] und des Herrn Ministers für Volksaufklärung Jaakson und mit Beteiligung zahlreicher ausländischer Delegationen stattfand, eine Ansprache auf Französisch /s. Anlage T.4/ vortrug, die sehr herzlich akklamiert wurde.

193 Hans Johannes Kruus (1891–1976) war ein estnischer Historiker und Politiker. Von 1935 bis 1939 Prorektor der Universität Tartu, wurde er nach der Sowjetisierung Estlands im Jahr 1940 Minister der Regierung und Rektor der Universität Tartu und 1941 in das Hinterland der Sowjetunion evakuiert.

194 Johan Laidoner (1884–1953) war von 1934 bis 1940 Oberbefehlshaber der estnischen Armee. 1940 wurde er von NKWD verhaftet und starb schließlich in einem sowjetischen Gefängnis.

Zum Abschluss möchte ich mir die Bemerkung erlauben, dass ich in diesen Tagen der tragischen Spannung mit meinen Gedanken mehr als alles bei der geliebten Tschechoslowakei verweile, deren Rundfunkberichte ich mit größter Aufmerksamkeit verfolge, und dass ich mir völlig dessen bewusst bin, dass der Staat und sein großer Führer, Herr Präsident der Republik Dr. EDVARD BENEŠ und der Herr Vorsitzende der Regierung Dr. MILAN HODŽA[195] jetzt zu Recht erwarten müssen, dass jeder seine Pflicht mit ganzer Kraft um jeden Preis erfüllt.

Mit vollkommenster Hochachtung

Dr. Leopold Silberstein

Ungeachtet der Einschränkungen, die der Gesandte Dr. Šejnoha ihm auferlegt hatte, führte Silberstein weiterhin eine wirksame kulturpropagandistische Tätigkeit durch. Die beiden erwähnten Vorträge wurden in der Tageszeitung »Postimees« angekündigt.[196] [197] Ein Auszug aus der Ansprache Silbersteins anlässlich der Feier des 100. Jahrestages der Gründung der Estnischen Gelehrtengesellschaft erschien in ihrem Sitzungsbericht für das Jahr 1938.[198] Mit der Erwähnung von Tagen tragischer Spannung spielte er auf die Verschärfung der Sudetenkrise an. Am 19.11.1937 hatte sich der Führer der Sudetendeutschen Partei, Konrad Henlein[199], schriftlich an Hitler gewendet, ihn noch stärker bei der Verfolgung der Interessen der deutschen Minderheit zu unterstützen. Am 20.2.1938 sicherte Hitler in einer Reichstagsrede den deutschen Minderheiten im Ausland seine Unterstützung zu.

Silbersteins Widersacher Dr. Šejnoha holte jedoch mit seinem vertraulichen Bericht vom 30.3.1938 zu einem entscheidenden Schlag aus, indem er auf der Grundlage zahlreicher verzerrter Fakten und falscher Behauptungen zu dem Schluss kam, dass eine weitere Tätigkeit Leopold Silbersteins als Lektor an der Universität Tartu untragbar sei.[200]

195 Milan Hodža (1878–1944) war slowakischer Journalist und Politiker sowie Mitbegründer der Tschechoslowakei im Jahr 1918. Als Slowake war er von 1935 bis 1938 Ministerpräsident der ČSR. 1938 emigrierte er in die Schweiz, später in die USA.

196 Kõnesid ja koosolekuid (Vorträge und Sitzungen), Postimees vom 12.2.1938 (Orig. estn.).

197 Kõnesid ja koosolekuid (Vorträge und Sitzungen), Postimees vom 19.2.1938 (Orig. estn.).

198 Õpetatud Eesti Seltsi (Estnische Gelehrtengesellschaft), Aastaraamat (Jahrbuch) 1938, Tartu (1940) (Orig. estn.).

199 Konrad Henlein (1898–1945) war ein nationalsozialistischer Politiker im Sudetenland. 1933 gründete er die Sudetendeutsche Heimatfront (SHF), er knüpfte Kontakte zur NSDAP in Deutschland, um deren finanzielle und politische Unterstützung zu erhalten. 1935 wurde die SHF in Sudetendeutsche Partei umbenannt. Sie forderte die Abtretung des Sudetengebiets an das Deutsche Reich. Im September 1938 verschärfte er nach einer mit Hitler abgestimmten Strategie mit dem Aufstand des von ihm geführten Sudetendeutschen Freikorps die Sudetenkrise. Nach dem Münchner Abkommen und der Abtretung des Sudetengebiets wurde er Gauleiter des Sudetenlands. 1945 nahm er sich in amerikanischer Kriegsgefangenschaft das Leben.

200 Bericht der Gesandtschaft der ČSR in Tallinn an das Ministerium für Auswärtige Angelegenhei-

Sehr dringend/Vertraulich
Zweifach
J. Š./K. U.
An das Ministerium für Auswärtige Angelegenheiten in Prag

Zum angegebenen Erlass, der anher auferlegt wurde, sich zum Bericht der Gesandtschaft in Helsinki vom 12.1.1938, č.3/vertraul. zu äußern, ob »die Situation von Dr. Silberstein in den estnischen Kreisen zu einem solchen Grade erschüttert ist, dass seine weitere Wirksamkeit kaum zum Nutzen unserer Sache sein kann« usw., teilt die Gesandtschaft nach sorgfältiger Erkundigung mit, dass diese Information korrekt ist.

Zur vollständigen Aufklärung der Gründe und Folgen kann man beitragen, wenn man vor allem die Umstände anführt, dass Dr. S. selbst die Situation verschlechterte, die für ihn schon vorher viel schwieriger war, bevor er ein Angehöriger unseres Volkes wurde.

Auf einem schlechten Grund baut es sich schlecht.

1. Im März 1936 reiste Dr. Silberstein zu Vorträgen nach Estland. Den Vortrag in Tallinn über den Präsidenten Masaryk sollte die Estnisch-Tschechoslowakische Gesellschaft organisieren. Ihr Vorsitzender, der Vizeminister des Inneren K. Maddisoo lehnte ihn mit dem Argument ab, dass Dr. S. ein Jude sei. Den Vortrag organisierte dann auf Bitten der Gesandtschaft die Alliance Française, die ihn in ihrem Gedächtnis als einen Vortrag mit einer rekordmäßigen Nichtteilnahme behielt. Unter Einschluss der Mitglieder der französischen und der tschechoslowakischen Gesandtschaft und des Vorstandes der Alliance Française hatte Dr. S. 16 Zuhörer.

2. Aus der Niederschrift der Gesandtschaft vom Frühjahr 1936 ging hervor, dass das Projekt zur Einrichtung eines Lektorats der tschechoslowakischen Sprache und Zivilisation in Tartu in Prag von Dr. Silberstein vorgeschlagen wurde, der darüber mit dem früheren Leiter der hiesigen Behörde[201] *und Prof. L. Gulkowitsch in Tartu verhandelte.*

3. Bei der ersten Verhandlung über ein Agreement im Juni 1936 kam es zu einem Missverständnis. Die Esten meinten, dass ein grundsätzliches Einverständnis mit der Einrichtung eines Lektorats gewünscht wird und dass die Details erst später erörtert werden.

4. Nach Annahme der Gesandtschaft wurde nach der dermaligen Priorität vom 1.7.1936 (s. Bericht č. 256/vertraul. vom 31.7.1936) schon auf die Bedenken der estnischen Behörden aufmerksam gemacht und in der Übereinkunft mit dem

ten in Prag vom 30.3.1938, Archiv des Außenministeriums der Tschechischen Republik in Prag, Box Tallinn (Orig. tschech.).

201 Der frühere Gesandte der ČSR in Estland war Prof. J. Galia.

Herrn Gesandten J. Lipa in Riga die Details dargelegt, nach denen die Verhältnisse in Estland zu Tage traten, ebenso wie die antisemitische Haltung in Lettland, die für Dr. Silberstein sehr ungünstig war.

(Die Missverständnisse vom Juni wurden grundsätzlich ausgeräumt, als nach der Garantie der Gesandtschaft über die wissenschaftliche Qualifikation und die politische Unbedenklichkeit von Dr. S. das estnische Außenministerium zusammen mit dem estnischen Ministerium für Schulwesen und Volksaufklärung sein grundsätzliches Einverständnis unter dem Vorbehalt gab, dass die technischen Fragen der Universität in Tartu überlassen werden.

1. Mit dem Schreiben vom 14. August 1936 teilte der Sekretär der Estnisch-Tschechoslowakischen Gesellschaft in Tallinn mit, dass ein Beamter der Universitätskanzlei sein Befremden etwa mit diesen Worten äußerte: »Gibt es in Prag denn keinen Lektor außer Herrn Silberstein, nicht irgendeinen Tschechen und nicht einen Israeliten?«

2. Mit Erlass des Außenministeriums č. 102.981/III/2 vom 19.8.1936 wurde die Gesandtschaft verständigt, dass nach der Meinung Prags das estnische Ministerium für Schulwesen und Volksaufklärung nur die Wahl eines fremden Landes bei der Besetzung eines Lektorats bestätigt und dass die Besetzung mit Dr. Silberstein nur als vorläufig entschieden gedacht ist, dass man bei den bescheidenen finanziellen Bedingungen kaum mit anderen Bewerbern rechnen könne und man somit sonst von der Einrichtung des Lektorats zurücktreten müsse; damals wurde der Gesandtschaft auferlegt, ihre Zweifel über einen richtigen und politisch nicht exponierten Kandidaten zu zerstreuen.

Im Sinne dieses Auftrags garantierte man den Behörden für Dr. S. sowohl im estnischen Außenministerium als auch im estnischen Ministerium für Schulwesen.
1. Am 17. November 1936 erhielt die Gesandtschaft vom estnischen Außenministerium einen Entwurf zur Einrichtung eines Lektorats, der von der philosophischen Fakultät in Tartu ausgearbeitet worden war, den die Gesandtschaft nach Prag mit dem Bericht č. 348/vertraul. vom 17.11.1936 zustellte, der mit den Worten schloss: »Möge nun die Anreise von Dr. Silberstein oder eines anderen tschechischen Professors nach Tartu mit irgendeinem Argument aufgeschoben werden, was der Gesandtschaft erlauben würde zu empfehlen, damit der Frage eines tschech. Lektorats in Tartu auch weiterhin die ungeschmälerte Aufmerksamkeit zu widmen, weil es derzeit nicht möglich war, die ganze Angelegenheit ohne Nachteil für unseren guten Ruf vielleicht dem Vergessen anheimzustellen.«

Auf der Grundlage dieses Berichts ersuchte das tschech. Ministerium für Schulwesen und Volksaufklärung das Präsidium des Ministerrats, dass auf der nächsten Sitzung der Entwurf für die Entsendung von Dr. L. Silberstein vorgelegt wird, der schon am 26.8.1936 eingereicht wurde.

Die Regierung der Tschechoslowakischen Republik erteilte ihr Einverständnis am 18.2.1937.

1. Die Gesandtschaft machte darauf aufmerksam (č. 55/vertraul. vom 16.3.1937), dass sie noch keine Antwort auf den Entwurf der Philosophischen Fakultät in Tartu erhalten habe und derzeit einen ausführlicheren Bericht darüber lieferte, dass die Universität in Tartu nicht meint, dass sie die Wahl fremder Regierungen nur bestätigen würde.

2. Die Prager Antwort auf den Entwurf von Tartu zur Einrichtung eines Lektorats traf Ende April ein und wurde der estnischen Regierung übergeben. Schließlich wurde das estnische Einverständnis nach 14 Tagen zugesagt. Inzwischen wurde doch erst am 12. Juli 1937 nach wiederholter Mahnung der Leiter dieser Behörde vertraulich informiert, dass die Einrichtung des Lektorats endgültig gutgeheißen wurde, dass aber der Kandidat mit dem Motiv abgelehnt wurde, man hätte Zweifel, dass jemand, der weder tschechischer Nationalität noch tschechischer Bürger, sondern ein Israelit sei, ein befriedigender Repräsentant der tschech. Kultur sein könnte.

Das estnische Außenministerium gab jedoch die Angelegenheit an das estnische Schulministerium mit dem Gesuch zurück, dass die Frage von Dr. Silberstein und dies unter Berücksichtigung der Garantie der tschech. Gesandtschaft und des Beschlusses der tschech. Regierung nochmals untersucht werde.

Das Gesuch der estnischen Regierung war offensichtlich imperativ. In einer klärenden Situation wird vermerkt, dass für ein autoritäres Regime und einen Ausnahmezustand, der damals – und bisher herrschte –, die estnische Regierung der Universität in Tartu, der führenden politischen Opposition, im Kriegsnotstand und mit ihr der Schulminister Oberst Jaakson der Universität schon die Autonomie entzog, was sich in einem schlechten persönlichen Verhältnis äußerte.

Die estnische Regierung teilte am 7. August 1937 mit, dass sie ihr Agreement für Dr. L. S. gegeben hätte.

Im estnischen Außenministerium machten sich der Chef der politischen Sektion und das Mitglied des Kollegiums der Tartuer Universität Dr. Kaasik um diesen Beschluss verdient, sowie auch der Vizeminister A. Rei, der gegenwärtige Gesandte in Moskau, der damals wegen der Krankheit des Ministers Dr. Akla (der vielleicht Gewicht hätte) das Ministerium führte. Dr. Kaasik, ein Mann der Wissenschaften, ein Schüler von A. Rei, ist eine Ausnahme auf den Leitungspositionen wegen seiner demokratischen und sozialistischen Überzeugung und weil er keine Vorurteile gegen Juden hegt.

Man kann sagen, dass die Regierung Dr. Silberstein der Universität fast aufgedrängt hatte, was ihm wohl den Boden in Tartu nicht bereiten konnte.

1. Im Sommer 1937 war Dr. Silberstein auf einem Kongress in Paris, auf den er von einem Universitätsprofessor, den Schwiegersohn von Prof. Ernest Denis[202] *freundschaftlich hingewiesen wurde. Dieser musste sich für das nordische Tartu und die estnische Einstellung außerordentlich mäßigen angesichts von dessen fanatischen Äußerungen über den Faschismus und über die Verhältnisse in Deutschland, wenn er mit ihm nicht zusammenprallen wollte.*

2. Auf der Grundlage des Erlasses des Außenministeriums č. 134.217/V-4 vom 13.10.1937 gab die Gesandtschaft an Silberstein am 19.10.1937 einen vorläufigen Reisepass č. 9/1937 mit einer Gültigkeit bis zum 18.4.1938 aus. Nach einigen Tagen telefonierte der Vorsteher der Polizeiabteilung im estnischen Innenministerium, dass Dr. S. sich nach einer Meldung aus Tartu dort mit einem tschech. Pass ausgewiesen hat, der vorher als reichsdeutscher Angehöriger bekannt war. Er wurde mit der Erklärung zufrieden gestellt, dass alles in Ordnung sei.

3. Mit den Nachrichten č. 310/vertraul./37 und č. 314/vertraul./37 unterbreitete die Gesandtschaft die Berichte von Dr. Silberstein mit dem Hinweis, dass sie sich mit einigen Punkten nicht einverstanden erklären könne. Die Gesandtschaft befasste sich nicht mit einer ausführlichen Stellungnahme und wird es nicht tun; aber man kann sagen, dass sie im Großen und Ganzen in Ordnung sind.

4. Die Gesandtschaft bat Dr. Silberstein, dass er – wenigstens zeitweilig – jegliche propagandistische Tätigkeit aufs peinlichste vermeidet, dass er seine Agilität möglichst dämpft, sich Zurückhaltung auferlegt und sich möglichst unauffällig verhalten möge. Zur Notwendigkeit einer derartigen Vorsicht gelangte die Gesandtschaft aufgrund verschiedener Berichte über die Tätigkeit von Dr. L.S. in Tartu und aufgrund des Eindrucks, den der Amtsvorsteher persönlich bei einer Fahrt nach Tartu gewann, wo er Redner auf einer Totenfeier für den Präsidenten-Befreier T. G. M. am 26.11.1937 war.

5. Die tschech. Gesandtschaft in Kaunas meldete dem Außenministerium mit der Nachricht č. 255/vertraul. vom 23.12.1937 eine eventuelle Reise von Dr. S. nach Litauen und ihren abschlägigen Standpunkt, gestützt auf den Grund, der auch für Estland gilt.

6. Mit der Nachricht č. 3/vertraul. vom 12.1.1938 teilte die tschech. Gesandtschaft in Helsinki dem Außenministerium eine ausführliche Information eines ehemaligen tschech. Studenten darüber mit, dass die Situation von Dr. S., bei der er selbst den Erfolg seiner Mission in Tartu beschädigte, weil er nur mit Juden Kon-

202 Prof. Ernest Denis (1849–1921) war ein französischer Historiker, der sich auf die Geschichte Deutschlands und Böhmens spezialisiert hatte. Er spielte eine wichtige Rolle bei der Gründung der Tschechoslowakei und wurde deshalb seitens der ČSR außerordentlich verehrt. Sein Schwiegersohn war Prof. Lucien Rudrauf.

takt hält und nicht den Weg zu den estnischen Zuhörern findet usw., sie sei jetzt so erschüttert, dass ein weiteres Wirken kaum zum Nutzen der tschech. Sache sein könne.

Bei seinem Besuch in Tartu gewann der tschech. Chargé d'Affaires den Eindruck, dass Dr. S. sich dort schon nicht behaupten kann. Bei seinem zähen, manchmal rücksichtslosen Vorgehen für die Zielsetzung ließ er sich dann in Gegenwart des tschech. Vertreters – allerdings unbewusst – die gröbste Taktlosigkeit gegenüber den Universitätsprofessoren zuschulden kommen, die sie mit einem langmütigen Lächeln übergingen; gegenüber einigen anderen Persönlichkeiten dann mit gesellschaftlicher Ungeschicktheit, die die Esten als Zudringlichkeit ansehen konnten. – Der Umstand, dass Dr. S. jetzt einen tschech. Pass hat, gedeiht ihm offensichtlich nicht wirklich zum Vorteil, für uns ist er eher zum Nachteil. Für die Esten gibt es keine Beschränkungen, da Israeliten auch Esten sein können, sind unsere Anschauungen zu dieser Frage unverständlich und fremd. Silberstein bleibt für sie ein reichsdeutscher Emigrant, ein Jude. Auch Dr. Kaasik, der einigermaßen wie ein Pariser aufgewachsen ist und überhaupt keine Vorurteile hegt und der sehr bei der Erörterung der Übereinkunft und der Regelung der Bedingungen in Tartu geholfen hatte, warf ein, dass die Frage des Passes untergeordnet und nur eine Formalität sei. Für die Stadt Tartu und die Universitätsjugend bleibt Dr. S. aus estnischer Sicht ein deutscher Jude, der gekommen ist, um die unbeliebte jüdische Gruppe um Prof. L. Gulkowitsch zu vergrößern – und das dank der Tschechoslowakei.

/Prof. Gulkowitsch hat einen Lehrstuhl für Hebraistik inne, der an der Universität von einer internationalen jüdischen Organisation eingerichtet wurde. An der formalen Regelung der Beziehungen der Universität zu allen Lehrstühlen, die von fremden Regierungen oder Organisationen eingerichtet wurden, zu denen auch dieser gehört, arbeitet man freilich./

Am 17. Februar d.J. sprach in der Gesandtschaft ein Professor des Tallinner Gymnasiums bezüglich einer Empfehlung eines Übersetzers aus dem Tschechischen, am besten eines Philologen, vor. Als er auf Dr. Silberstein aufmerksam gemacht wurde, erklärte er, dass er ihn als sehr höflich und entgegenkommend kenne, aber dass es ihm angenehmer wäre, mit jemand anderem zusammenzuarbeiten. Auf die Frage, ob er etwas gegen die Person von Dr. S. anführen könnte, bemerkte er, dass es in der Studentenschaft gegen ihn eine Opposition gäbe, und fügte ausweichend hinzu, dass das Umstände seien, wegen derer er als Este lieber um die Zusammenarbeit mit jemand anderem bitten würde. /Es wurden Frau Švecová und Frl. Aveson empfohlen./

Über den estnischen Antisemitismus als Hindernis für das erfolgreiche Wirken von Dr. Silberstein wurde dem Außenministerium schon der Bericht č. 256/vertraul. vom 31.7.1936 gegeben, zu dem man jetzt Folgendes hinzufügen muss:

In Estland gibt es Juden, die als Minderheit anerkannt sind, und es sind ihnen durch das Gesetz alle Rechte eingeräumt. Es gibt eine kulturelle Autonomie, in der Realität sind sie jedoch nicht zu Staatsämtern, zu Redaktionen, zu führenden Stellen großer privater und halbstaatlicher Betriebe, zu den leitenden Stellen der Handelskammern und der Banken /es gibt private Banken/ zugelassen, sie erhalten nie eine Einladung zu Empfängen und anderen gesellschaftlichen Ereignissen, und unter verschiedenen Vorwänden werden sie auch bei gelegentlichen Versuchen zur Aufnahme in einen gesellschaftlichen oder Tennis-, Eislauf-Klub usw. abgelehnt. Sie beschäftigen sich meistens mit Handel, aber die größten Unternehmen gehören ihnen nicht; sie sind ziemlich wohlhabend. Es scheint, dass die Juden mit einem bestimmten Minderwertigkeitskomplex noch aus russischen Zeiten untereinander Russisch sprechen, sie sind mit dieser untergeordneten Situation ziemlich zufrieden. Im Vergleich mit der früheren Unterdrückung durch die baltischen Barone im Zarenregime ist das estnische Regime sehr liberal. Im Übrigen gab es keine Proteste gegen das autoritative Regime und den Ausnahmezustand. Nach ungefährer Rechnung gibt es etwa 4124 Juden in Estland (1936) – Immigranten sind nicht enthalten – über die jüdische Frage spricht man aufgrund unausgesprochener gegenseitiger Übereinkunft nicht, d. h. man sprach bis vor kurzem nicht darüber.

Das Jahr 1938 bringt eine Wende.

In der Nacht zum Neujahr wurden in mehreren estnischen Städten antijüdische Flugblätter verteilt. Die Presse brachte die Nachricht ohne Kommentar.

Die offiziöse Tageszeitung »Uus Eesti« vom 10.1.1938 meldete, wieder ohne Kommentar, mit der Überschrift: »Juden wurden gezwungen, ein Cafe zu verlassen« und berichtete mit der Unterschrift »Vorkommnis im Cafe Ateena in Tartu«: »Am Sonnabend abend versammelten sich im Cafe »Ateena« in Tartu ungewöhnlich viele Juden, die die besten Plätze einnahmen. Estnische Besucher murrten und machten den Besitzer des Cafes darauf aufmerksam. Der Besitzer rief die Juden zur Seite und sagte ihnen, dass die estnischen Besucher sie nicht mögen, dass sie fast das ganze Cafe besetzt hätten. Daraufhin verließen die Juden das Cafe.- Am Sonntag kamen die Juden wieder in das Cafe, aber man ließ sie nicht ablegen. Da sie nicht bedient wurden, waren sie gezwungen, das Cafe »Ateena« zu verlassen und ein anderes Cafe aufzusuchen.«

»Ateena« ist ein berühmtes akademisches Cafe, in ihm trifft sich die Universitätswelt, es ist so typisch, dass man es den Touristen als Sehenswürdigkeit zeigt. Wenn dieses Cafe für einen tschech. Lektor nicht zugänglich ist, dann ist das nicht nur für die Person von Dr. Silberstein entwürdigend.

In der Hauptstadt Tallinn herrschen die gleichen Zustände, nur mit dem Unterschied, dass die Verdrängung der Juden aus den besten Cafes mit noch größerer nordischer Mäßigung geschah. Sobald sie begannen, ein besseres Cafe zu besuchen und der Besitzer sie tolerierte, boykottierten die Esten dieses Cafe, dass es schließen musste. Wenn sie versuchten, das vor kurzem eröffnete größte Cafe zu besuchen, machte sie entweder der Ober darauf aufmerksam, dass der Tisch besetzt sei, oder er brachte Kaffee, wenn sie Tee bestellt hatten oder umgekehrt, oder meistens wurden sie nicht bedient, so dass sie nun auch von zwecklosen Versuchen abließen und sich in einem kleineren Cafe versammelten. Praktisch sind ihnen vier größere Cafes versperrt.

In jüngster Zeit brachte die Presse mehrere gegen die Juden eingestellte Artikel, wie z. B.: »Fremdes Blut in der estnischen Volkswirtschaft«, in denen aufgezählt wird, dass die Juden nach ihrer Berechnung sehr viele Betriebe, Geschäfte, Wohnungen usw. innehätten.

Die angeführten Ausschnitte illustrieren die Zustände und sind ein Beleg dafür, dass die antisemitische Welle auch auf Estland übergegriffen hat, wo der Antisemitismus wohl schon früher lebendig war, aber es gab keine Äußerungen desselben. Diese einigermaßen neue Situation wirkt der Tätigkeit von Dr. Silberstein noch entgegen, und er muss sich vor der Gefahr verstecken. Jedweder Vorfall, der von einer anderen, wenn nicht von estnischer Seite angestiftet werden könnte, wäre für unsere Interessen sehr misslich.

Das Temperament, die politische Stellungnahme, welche berechtigt unverblümt verbittert ist, eine bestimmte gesellschaftliche Indiskretion, eine naive Unvorsichtigkeit – befremdlich bei jemandem, der schon merklich ungerechte Kränkungen miterlebte –, sind Eigenschaften, welche in der schon zugespitzten Situation viel Takt und Vorsicht erfordern, sie trugen sichtlich noch dazu bei, dass der Lektor Dr. S. ungeachtet der hiesigen Hinweise und Ratschläge, die im tschechoslowakischen und in seinem eigenen Interesse erteilt wurden, in Tartu keinen Erfolg hat, im Gegenteil. Ein Universitätsprofessor äußerte sich gegenüber dem Unterzeichneten, dass Dr. S. ein wenig ein Fanatiker und hitzig sei. Nach der Untersuchung ist die Information, die die tschech. Gesandtschaft in Helsinki geliefert hatte, völlig korrekt. Dr. Silberstein sucht vor allem Juden auf und verkehrt mit ihnen, so wurde er unbeliebt und rief den Boykott der estnischen Studenten hervor.

Dr. Silberstein verdient als politischer Emigrant offenbar ein bestimmtes Bedauern, aber die Hilfe könnte nicht weiter gehen, wenn die tschech. Interessen gefährlich leiden sollen.

Zu den Verhandlungen über ein Kulturabkommen mit Estland im Sinne eines Wunsches des tschech. MŠANO [Schulministerium] /s. č. 20.643/III/2 vom 3. dieses Monats/ könnte das Lektorat für tschech. Sprache und Zivilisation bei der Universität Tartu eine günstige Grundlage und insbesondere die einzige wichtige Grundlage der tschech. Interessen in Estland sein – in der jetzigen Situation ist es aber ein Missstand und eine Bremse.

Wenn man den Lektor auswechselt, würde es sich früher oder später dringend empfehlen, dass dies baldmöglichst und im tschech. Interesse getan würde – es wurde schon genügend Energie investiert – so auch im Interesse von Dr. Silberstein, dass er nicht sinnlos das schwere Estnisch erlernt und damit seine Erudition und seine Arbeitsamkeit vorteilhafter genutzt werden können, wenn das Interesse bleibt, damit ihm und uns vom menschlichen Gesichtspunkt geholfen würde.

Die Gesandtschaft, die alle geforderten Stellungnahmen lieferte, erachtet es als ihre Pflicht vorzuschlagen, dass schon für das nächste Studienjahr ein neuer Lektor entsendet wird, von tschechischer oder slowakischer Nationalität, ein Katholik oder tunlichst noch besser, ein Angehöriger einer protestantischen Kirche, am besten jung und ledig. Es ist anzunehmen, dass man sicher einen geeigneten Kandidaten findet, durch den Dr. Silberstein ersetzt wird, wenn man auch sein Gehalt durch Zulagen erhöht, die der jetzige Lektor vom Außenministerium erhält. Eine solche Zulage wäre wirklich völlig aus dem propagandistischen Grunde gerechtfertigt, weil es wahrscheinlich ist, dass der künftige Lektor verschiedenes wird sanieren müssen.

Es ist aber ganz ausgeschlossen, Dr. Silberstein abzuberufen und keinen neuen Lektor zu entsenden, weil die Esten, die für Zurücksetzung sehr empfindlich sind, ob scheinbar oder wirklich, dann bestimmt sehr verstimmt wären. Die Meinung, dass die ČSR hinsichtlich der Universität in Tartu nur ein Interesse hatte, dass sie dort eine Stelle für einen deutschen Emigranten fände, würde für die tschech. Interessen einen irreparablen Fehler bedeuten.

Zur Kenntnis an den Herrn Gesandten J. Lípa in Riga geschickt.
Chargé d´Affaires a.i.
J. Š.

Die Anschuldigung des Gesandten Šejnoha über die angebliche Unwirksamkeit der Tätigkeit Silbersteins erscheint gerade im Licht des estnischen Presseechos auf seine rege Öffentlichkeitsarbeit als heimtückische Verleumdung. Der Gesandte kolportierte jede Person, die Silberstein als Juden ablehnte, verschwieg aber, dass er vor allem innerhalb des Lehrkörpers der Universität anerkannt und beliebt war. Auch der Vorwurf, dass Prof. Rudrauf an sich halten musste, um angesichts von Silbersteins Ausfällen gegen die Nazis nicht mit ihm zusammenzuprallen, erscheint ganz abwegig, weil Rudrauf und er stets kollegial zusammengearbeitet hatten. Wenn der Gesandte genüsslich die »rekordmäßige Nichtteilnahme« an dem Vortrag von Leopold Silberstein am 24.3.1936 in der »Alliance Française« in Tallinn anführt, so traf hier nicht den Referenten, sondern die Organisatoren des Vortrags die Schuld, wie oben dargelegt wurde. All dies zeugt symptomatisch für die einseitigen, vordergründigen Verzerrungen im Bericht des Gesandten.

Allerdings treffen die Bemerkungen Šejnohas zum Temperament und zu verbitterten, wütenden Äußerungen Leopold Silbersteins über das Unrechtsregime der Nazis zu, denn sie decken sich damit, dass seine Frau ihn als leicht erregbaren Menschen beschrieb.[203] Auf jeden Fall ist der Bericht bezüglich seiner Einschätzung der Lage der Juden in Estland ein aussagekräftiges Dokument. Šejnohas Mitleid hinsichtlich der schwierigen Lage Silbersteins ist freilich mehr geheuchelt als bloß oberflächlich, denn er setzte sich nicht nur nicht für ihn ein, sondern setzte alles daran, ihn von seiner Stelle zu entfernen.

Die Aktionen des Gesandten Dr. Šejnoha blieben Leopold Silberstein weitgehend verborgen, bis ihn befreundete Professoren der Tartuer Universität darüber unterrichteten, dass der Gesandte verleumderische Behauptungen über ihn streute, insbesondere, dass er keinen Kontakt zu den estnischen Kreisen suchen und nur mit Juden verkehren würde. In seinem Bericht an das Schulministerium vom 12.4.1938 versuchte er dann, sich gegen diese Vorwürfe zu wehren.[204]

An das hohe Ministerium für Schulwesen und Volksaufklärung

Ich erlaube mir, einen weiteren Bericht über meine Lektortätigkeit an der Universität in Tartu zu geben.

Das Lektorat entwickelt sich weiter erfolgreich. Die Teilnahme an den Übungen und Vorlesungen ist insgesamt regelmäßig, drei meiner Hörer beabsichtigen, sich zur Prüfung »alamaste« /niedrigste/ zu melden, in der sie die Kenntnis der grundlegenden grammatikalischen Fakten, eine bestimmte Fertigkeit im Ausdruck und dem Verständnis reiner wissenschaftlicher tschechischer Texte zeigen sollen. Bei allen Teilnehmern hat sich die Aussprache dahingehend gebessert, dass die russische Färbung schwindet. Die verbleibende Unsicherheit auf gewissen Gebieten der Deklination /besonders wenn es um die Modelle »daň« und »moře« geht/ bin ich bemüht, durch ständige Wiederholung auszumerzen, wobei jeder jeden Moment darauf gefasst sein muss, danach gefragt zu werden. Mit diesen Kontrollen werden die Fertigkeiten der Hörer gesteigert, und ich darf sagen, dass schon jetzt ein halbes Jahr nach dem Beginn der Tätigkeit des tschechoslowakischen Lektorats ihre Sprachfertigkeiten im Tschechischen weiter als die im Polnischen sind, weil fast jeder, wenn ich ihn nach irgendeiner Sprachparallele mit dem Polnischen frage, versagt. Die Formenlehre ist fast vollständig durchgenommen, die Lektüre von Siebenschein's Lehrbuch gelangte schon bis zum 10. Kapitel. Die »Eesti Emakeele

203 Herrmann, Jenny: Jennys Leben, S. 108f.

204 Bericht Leopold Silberstein an das Ministerium für Schulwesen und Volksaufklärung vom 12.4.1938, Archiv des Außenministeriums der Tschechischen Republik in Prag, Box Tallinn (Orig. tschech.).

Selts« /Estnische Muttersprach-Gesellschaft/, die jetzt einen Austausch von Publikationen mit dem Prager Linguistischen Zirkel aufnahm und ursprünglich von ihr nur Publikationen erhielt, die in Weltsprachen erschienen, bat ausdrücklich um die tschechische Zeitschrift »Slovo a slovesnost«, wobei sie sich darauf bezog, dass in absehbarer Zeit ein konkreter Kreis von Interessenten entsteht, dem die tschechische wissenschaftliche Literatur ohne jegliche Hindernisse zugänglich sein wird.

Das Ableben von Prof. Otokar Fischer[205] *rief bei den Kennern, z. B. bei dem führenden Literaturhistoriker und Dichter Prof. Gustav Suits herzliches Bedauern hervor. Prof. Suits, der Vorsitzende der Akademischen Literarischen Gesellschaft erklärte sich damit einverstanden, dass mein vorbereiteter Vortrag über F.X. Šalda in der Thematik wie folgt erweitert wird: »Zwei große Tote der tschechischen Literatur: F. X. Šalda und Otokar Fischer«. Der Vortrag wird am Donnerstag, dem 28. April gehalten. Auch habe ich in meinen Übungen die große Bedeutung der Persönlichkeit und der Werke Fischers herausgearbeitet und mit meinen Hörern einige Gedichte aus den letzten Sammlungen von Fischer gelesen. Diese Texte habe ich mit der Schreibmaschine vervielfältigt, ebenso wie die Texte, die als Grundlage für die philosophische Lektüre dienen.*

Ende Februar hielt sich in Tartu Frau Helmi Jakobson[206] *aus Helsinki auf, die mir schon bei meiner Vortragsreise im Jahre 1936 sehr behilflich war. Sie versprach mir, sich privat um die Durchführung einer neuen Vortragsreise nach Finnland in der Osterzeit zu kümmern, bei der ich meinen Tartuer Vortrag über das gegenwärtige philosophische Leben in der Tschechoslowakei wiederholen könnte. Über das Ergebnis ihrer betreffenden Bemühungen hatte ich dann lange keine Nachricht erhalten, trotz wiederholter Nachfrage mittels Luftpost, abgeschickt am 29. März. Erst am 6. April schrieb mir Herr Dr. Ivan S. Šajković, Generalkonsul des Jugoslawischen Königreichs in Helsinki /er ist ein Schüler des Präsidenten-Befreiers und ein großer Freund der Tschechoslowakei; er war mir sehr behilflich bei der Vortragsreise im Jahre 1936 ebenso wie Frau Jakobson, ich bin mit ihm befreundet/, dass die privaten Gespräche ein gutes Ergebnis zeitigten, und dass er sich auch gleich an Herrn Dr. Dvořák, den Gesandten der Tschechoslowakischen Republik in Helsinki mit der Bitte um sein freundliches Einverständnis mit der vorbereiteten Reise und ihrem Programm wenden würde. Dieser Brief des Herrn Generalkonsuls Dr. Šajković erreichte mich erst am 10. April in Prag, denn es sind wieder Umstände eingetreten, die mich nötigten, eben die Osterfeiertage zu einer Reise nach Prag zu benutzen.*

205 Otokar Fischer starb am 12.3.1938 an einem Herzschlag, nachdem er vom »Anschluss« Österreichs an Deutschland erfahren hatte.

206 Helmi Jakobson (1892–1975) war die Gattin des jüdischen Anwalts Jonas Jakobson (1885–1972), der unter den finnischen Juden eine wichtige Rolle gespielt hatte.

Meine Frau hatte einen Unfall, bei dem sie sich die Schulter ausrenkte, und bat mich telegrafisch, dass ich möglichst zu Ostern nach Prag zurückkehre. Aber weiter wurde ich am 31. März auf sehr zwingende Weise darauf aufmerksam gemacht, dass die führenden Persönlichkeiten der Tartuer Universität, und wieder der schon genannte Prof. Gustav Suits und der Direktor des Französischen Instituts Prof. Lucien Rudrauf, über gewisse Äußerungen des Herrn Gesandten Jaroslav Šejnoha unterrichtet wurden, die sich auf meine Person bezogen. Der Herr Gesandte hatte angeblich behauptet: 1. Ich hätte angeblich keinen Kontakt mit den estnischen Kreisen, sondern halte mich nur bei meinen Glaubensgenossen auf. 2. Sein Vorgänger, Herr Gesandter Galia, hätte angeblich voreilig meine Bestätigung bei der estnischen Regierung durchgesetzt. 3. Mit meinem Auftreten auf der Jubiläumsfeier der estnischen Gelehrtengesellschaft hätte ich angeblich die Tartuer Ungarn verärgert, weil Ungarn auf dieser Feier nicht mit einem Redner, sondern nur mit einer schriftlichen Kundgebung aufgetreten war /die nicht verlesen wurde/. Schließlich hätte der Herr Gesandte angeblich gesagt, dass er dafür sorgen würde, dass ich auf dieser Stelle nicht lange bleiben werde.

Sowohl Herr Prof. Suits als auch Herr Prof. Rudrauf erklärten sich damit einverstanden, dass ihre Namen im Zusammenhang mit dieser Angelegenheit erwähnt werden. Sie sind unbedingt vertrauenswürdige Persönlichkeiten, und ich muss dieser Mitteilung leider umso mehr glauben, dass ich schon einen Beweis der Tatsache hatte, dass ich seitens der Talliner Gesandtschaft nicht mit jener Sympathie rechnen kann, die im Interesse des Lektorats wünschenswert wäre. Das war die Art, mit der ich zur großen Überraschung der Tartuer Gesellschaft bei der Anordnung der Totenfeier für den Präsidenten-Befreier in der Tartuer Aula am 26. November 1937 völlig übergangen wurde. Ich wurde nicht nur nicht zum Wort gelassen, sondern auch über den Zeitpunkt der Feier nicht benachrichtigt, so dass ich wegen der Information zum Französischen Institut gehen musste.

Zu den Punkten, die der Herr Gesandte nach der Mitteilung der angeführten Professoren gegen mich vorbringt, erlaube ich mir, das Folgende zu bemerken:

Zu 1. Beweis dafür, dass ich in lebhaftem Kontakt mit den Kreisen des estnischen Volkes stehe, ist die Tatsache, dass ich schon dreimal zu Vorträgen in den sehr repräsentativen estnischen gelehrten Gesellschaften eingeladen wurde /in der Historischen Gesellschaft, der Philosophischen und der Akademischen Literarischen/ und zweimal aufgefordert wurde, dass ich Artikel für führende estnische Zeitschriften /einer von ihnen, über die neueste tschech. Literatur, erschien schon in »Looming«, und der andere über die tschech. Linguistik, wird für das nächste Heft redigiert/; auch einer der angeführten Vorträge, über die gemeinsamen und verschiedenen Züge der tschech. und der estnischen Befreiungsgeschichte, wird im Druck erscheinen /in der Zeitschrift »Akadeemia«/. In einer ganzen Reihe estni-

scher Häuser war ich privater Gast; als ich auf Geheiß des Herrn Gesandten Šejnoha seine Visitenkarten an herausragende Tartuer Persönlichkeiten verteilte, hatte ich fast überall ganzstündige Gespräche, z. B. mit dem ehem. Staatsoberhaupt Herrn Prof. J. Tõnisson, mit dem ehem. Minister für Auswärtige Angelegenheiten Herrn Prof. A. Piip[207], mit den Professoren Suits, Tarvel, Puusepp[208] usw. Als ich dem damaligen Vizeminister für Auswärtige Angelegenheiten, Herrn Rei, zu seiner Ernennung als estnischer Gesandter in Moskau gratulierte, erhielt ich eine sehr wohlwollende Antwort, in der die Sätze stehen: [auf Französisch]

»Ich ergreife diese Gelegenheit, um Sie der sehr angenehmen Erinnerung zu versichern, die ich von unseren Begegnungen behalten habe, und hege die Hoffnung, dass ich in Zukunft das Vergnügen haben werde, sie zu erneuern. Zugleich baue ich darauf, dass Ihr Aufenthalt in Estland voller Annehmlichkeit sei und ich sende Ihnen die aufrichtigsten Wünsche für den Erfolg Ihrer Arbeit.«

Zu den häufigen Kontakten mit Herrn Prof. Gulkowitsch ist es selbstverständlich, dass ich Rücksicht darauf nehme, dass das Lektorat überhaupt auf seine Anregung entstand und er mir in aufopfernder Weise den Boden in der Philosophischen Fakultät bereitete. Ansonsten pflege ich mit den Tartuer jüdischen Kreisen keinen übermäßigen Kontakt; im übrigen würde es mir gerade von estnischer Seite übelgenommen und mit Recht als ein unwürdiges Verhalten angekreidet werden, würde ich mich bemühen, mein Judentum zu verbergen oder zu verschweigen. In dem Gesuch, in dem ich die Philosophische Fakultät um ihr Einverständnis zur Ausübung meiner Lektortätigkeit bat, hatte ich mein Judentum gleich im ersten Absatz erwähnt; es ist allgemein zur Kenntnis genommen worden, und die Universität gab ihr Einverständnis auf der Grundlage der Publikationen, die ich ihr vorgelegt hatte. Im Übrigen hat die Mehrheit der Professoren eine streng demokratische Denkart und überhaupt nicht im Sinn, irgendeinen »Rassen«-Bezug zur Geltung zu bringen, gegen mich umso weniger, als nach der Meinung meines Lehrers, Herrn Mag. Ariste, meine Kenntnis des Estnischen gut vorankommt /ich kann Zeitungen schon ohne Schwierigkeiten lesen/. Auch mit den rechtsgerichteten Verfechtern an der Universität stehe ich in gutem Kontakt, z. B. mit dem Herrn Dekan Mark und mit Prof. Uluots[209].

207 Ants Piip (1884–1942) war Professor für internationales Recht an der Universität Tartu, Politiker und Diplomat. 1920/21 war er Staatsoberhaupt und Kriegsminister Estlands. 1941 wurde er vom NKWD verhaftet und starb im folgenden Jahr in einem sowjetischen Straflager.

208 Ludvig Puusepp (1875–1942) war Professor für Neurochirurgie an der Universität Tartu. Starb 1942 in Tartu an Magenkrebs.

209 Jüri Uluots (1890–1945) war ein estnischer Jurist und Politiker. Er war von 1939 bis 1940 Ministerpräsident Estlands. Nach der Verhaftung des Staatsoberhaupts Päts durch die sowjetischen Behörden war er de jure auch Präsident. 1944 gelang ihm die Flucht nach Schweden, wo er auch starb.

Zu 2. Hier entfällt eigentlich schon die Rüge č. 2, die an die Adresse des Herrn Gesandten Galia gerichtet ist. Weil die Universität sich bei meiner Bestätigung in vollem Wissen aller wissenschaftlichen und persönlichen Voraussetzungen entschied, kann man nach meiner persönlichen Meinung über irgendeine Voreiligkeit umso weniger sprechen, als Herr Gesandter Galia, soviel ich weiß, auf der Grundlage von Instruktionen handelte.

Zu 3. Eine persönliche Einladung zur Feier der estnischen Gelehrtengesellschaft erhielt ich am Tage meiner Abreise nach Prag /8. Dezember 1937/. Über meine Absicht, als offizieller Vertreter der tschech. Gelehrtengesellschaft aufzutreten, habe ich dem hohen Ministerium für Schulwesen und Volksaufklärung und dem hohen Ministerium für Auswärtige Angelegenheiten direkt nach meiner Ankunft berichtet. Dann habe ich Verhandlungen aufgenommen, die dadurch kompliziert waren, als die Gesellschaften, denen ich nahe stehe /Prager Linguistischer Zirkel und Tschech. Literar-historische Gesellschaft/ ebenso wie die Gesellschaft, die eine genaue Parallele zur estnischen Gelehrtengesellschaft darstellt /Königliche Tschechische Gesellschaft der Wissenschaften/ aus formalen Gründen /kein Bücheraustausch/ nicht eingeladen wurden. Das Mandat der Šafařík-Gelehrtengesellschaft erhielt ich im letzten Moment vor meiner Rückreise nach Estland. Mein ungarischer Kollege, Herr Fazekas /mit dem ich mich übrigens auf der Feier mehrmals sehr freundschaftlich unterhalten habe/, hat augenscheinlich nicht so schnell gehandelt, aber ich weiß keinen Grund, warum er es mir übelgenommen hätte, als mein Auftritt im übrigen von estnischer Seite mit großer Sympathie begrüßt wurde.

Ich bin hier fest davon überzeugt, dass von estnischer Seite dem Lektorat keine Gefahr droht und dass seine erfolgversprechende Entwicklung nur dadurch gefährdet werden könnte, wenn weiter Gerüchte sich ausbreiten und genährt werden, dass es zwischen der Tschechoslowakischen Gesandtschaft und dem Lektorat keinen vollkommenen Einklang gibt. Deshalb bitte ich das hohe Ministerium höflich um eine Vorkehrung, die eine Garantie für eine Erneuerung dieses Einklangs gibt. Ich erlaube mir vorzuschlagen, dass ich künftig zweimal monatlich eine vertrauliche Instruktion erhalte, wie die allgemeine Situation aus offizieller tschech. Sicht beurteilt wird und wie ich auf zahlreiche Fragen reagieren soll, die einem ausländischen Lektor in dieser bewegten Zeit notwendigerweise gestellt werden. Ich bin weiterhin geneigt, jederzeit dem Herrn Gesandten über meine Tätigkeit zu berichten und werde für jeden Hinweis und jeden eventuellen Einwand dankbar sein, ich bitte aber, dass diese Einwände zwischen dem Herrn Gesandten und mir verbleiben und dass sie nicht in den estnischen oder französischen Kreisen in Umlauf gesetzt werden. Schließlich wage ich zu bitten, dass ich im Interesse der Intensivierung und Erweiterung meiner kulturellen Propagandatätigkeit die Möglichkeit eines direkten schriftlichen Kontakts mit dem hohen Ministerium für Schulwesen und Volksaufklärung und dem hohen Ministerium für Auswärtige Angelegenheiten erhalte.

Ich versichere, dass ich mit allen Kräften danach trachten werde, in dieser ernsten Zeit die besten Dienste zu erweisen und verbleibe mit dem Ausdruck der vollkommensten Hochachtung und Ergebenheit

Dr. Leopold Silberstein

Wenn Leopold Silberstein in seinem Bericht von »ernster Zeit« schrieb, so meinte er damit die weitere Zuspitzung der Sudetenkrise und den »Anschluss« Österreichs an Deutschland. Nach der militärischen Besetzung Österreichs am 12.3.1938, der in der Nazipropaganda als »Anschluss« bezeichnet wurde, forderte Hitler den Führer der Sudetendeutschen Partei, Konrad Henlein am 28.3. auf, die tschechoslowakische Regierung mit unerfüllbaren Forderungen unter Druck zu setzen. Henlein hatte selbst erklärt: »Wir müssen also immer soviel fordern, daß wir nicht zufriedengestellt werden können.«[210] Nach der Besetzung Österreichs durch deutsche Truppen sah sich die Tschechoslowakei militärisch von Norden und Süden bedroht. Hitler hatte zu diesem Zeitpunkt vom Generalstab der Wehrmacht schon den Operationsplan »Fall Grün« zur Zerschlagung der Tschechoslowakei ausarbeiten lassen.

Der Tod von Prof. Otokar Fischer traf Silberstein schwer, denn er war mit ihm freundschaftlich verbunden, und Fischer hatte ihm oft in der schwierigen Zeit zu Beginn der Emigration geholfen. Dies verdeutlicht ein Brief von Leopold Silberstein, den er am 12.3.1938 an die Gattin Fischers[211] schrieb, nachdem er im Prager Rundfunk vom Ableben seines Freundes erfahren hatte:[212]

Hochverehrte Frau Professor,

als ich heute Abend am Radioapparat saß, um mich über den Verlauf der aufregenden politischen Ereignisse zu informieren, hörte ich zu meiner maßlosen Bestürzung die überaus traurige Nachricht vom Ableben Ihres Herrn Gemahl. Ich verehrte in ihm einen führenden Geist des gegenwärtigen tschechoslowakischen Lebens, dessen blendende vielseitige intellektuelle Talente sich mit einer außergewöhnlichen Energie und Vitalität verbanden, die ihm das Erlangen weitläufiger und vornehmer Ziele ermöglichten, von denen die Mehrheit der Menschen und der fähigsten einfach nur träumen kann. Ihrem Herrn Gemahl aber war es vergönnt,

210 Akten zur deutschen auswärtigen Politik, Bd. II Deutschland und die Tschechoslowakei 1937–38, Nr. 107, Bericht Konrad Henleins über seine Audienz beim Führer, S. 158.

211 Otokar Fischer war mit der Malerin Vlasta Vostřebalová-Fischerová (1898–1963) verheiratet.

212 Brief Leopold Silbersteins an die Witwe Fischers vom 12.3.1938, Památník Národního Písemnictví (Praha), Nachlass O. Fischer (Orig. tschech.).

das zu verwirklichen, was man für gewöhnlich nur erstrebt, um mit seinem Leben und seinem Werk das uralte Ideal des universalen Menschen zu verkörpern, der in sich Gelehrtentum und Künstlerverstand, einen Übersetzer und Dichter, einen Denker und Funktionär des öffentlichen Lebens vereinigt. Indem ich den unglaublichen Reichtum dieses Lebens sah, begann ich zu fürchten, dass sich der Energievorrat dereinst vorzeitig erschöpfen müsse, und mit tiefer Trauer sehe ich heute, dass diese Angst nicht unbegründet war. Aber das war nicht nur Hochachtung, die ich für Ihren Herrn Gemahl empfand, das war tiefe Dankbarkeit für das freundschaftliche Vertrauen, das er mir stets entgegenbrachte, und für die freundschaftliche Hilfe, mit der er mir mehrfach beisprang, und das besonders in der ersten Zeit, als unsere Zukunft noch völlig ungewiss und unklar war. Erlauben Sie, Frau Professor, dass ich Ihnen mein tiefstes Mitgefühl ausspreche, ebenso Ihrem Töchterchen, das am Sarge ihres Vaters trauert, der sich in ihre kindliche Seele wie kaum ein anderer hineinversetzen konnte. Schwer trage ich daran, dass ich ihn nicht auf seiner letzten Reise begleiten kann; aber sobald ich wieder nach Prag zurückkehre, werde ich mich vor seinem Grab verneigen.

Mit der Versicherung, dass mir das Gedenken an Otokar Fischer immer teuer sein wird, geruhen Sie bitte, Frau Professor, den Ausdruck meiner aufrichtigsten Ergebenheit zu empfangen.

Leopold Silberstein

Dieser spontan verfasste Kondolenzbrief offenbart Silbersteins prägnante Charakterisierungskunst von Persönlichkeiten. Er berichtete der Witwe Fischers auch von seinem oben erwähnten Vortrag über F.X. Šalda und O. Fischer in einem Brief vom 19.5.1938:[213]

Hochverehrte Frau Professor,
ich gedenke des Geburtstages Ihres verewigten Herrn Gemahls[214] *und versichere Sie abermalig, auch im Namen meiner Frau, dass sein helles Andenken mir zum teuersten gehört und gehören wird. Ich hielt hier am 8. Mai einen Vortrag in der »Akadeemiline Kirjanduse Ühing« (= Akademische Literarische Gesellschaft; Vorsitzender Prof. Gustav Suits, ein Dichter und Gelehrter wie Ihr Herr Gemahl, der ihn außerordentlich schätzte), dessen zweiter Teil Otokar Fischer gewidmet war und einen starken Eindruck hinterließ. Zum Abschluss rezitierte ich seine Über-*

213 Brief Leopold Silbersteins an die Witwe Fischers vom 19.5.1938, Památník Národního Písemnictví (Praha), Nachlass O. Fischer (Orig. tschech.).
214 Otokar Fischer wurde am 20.5.1883 geboren.

setzung des Liedes des Lynkeus[215]. *Es ist nicht ausgeschlossen, dass der Vortrag hier veröffentlicht wird. Einen herzlichen Gruß Ihren Kindern.*

Am 19.5.1938 berichtete Silberstein dem Dekan der Philosophischen Fakultät der Universität Tartu über seine rege wissenschaftliche Tätigkeit:[216]

Seiner Spektabilität
dem Herrn Dekan der Philosophischen Fakultät
der Universität Tartu

gestatte ich mir hierdurch Rechenschaft über meine wissenschaftliche Tätigkeit vom 1. April 1937 bis zum 1. April 1938 auf Grund des geschätzten Zirkulars vom 28. April 1938 zu geben.

Ad 5a /gedruckte wissenschaftliche Arbeiten/:

1. Kämpfende Vernunft – das Beispiel von Masaryk und Beneš. /»Internationale Bibliothek für Philosophie« Jg. III Heft 1. Praha 1937, 56 S.

2. Národnostní a jazyková problematika států baltických /Die Nationalitäten- und Sprachproblematik der baltischen Staaten/, in: »Národnostní obzor«, September- und Dezemberheft 1937, zusammen ca. 25 S.

3. Viimaseld kolm aastat Tšehhoslovakkija kirjanduses, in: »Looming«, Febr. 1938, 6 S.

4. Philosophisches Streben und Schaffen im Lande Masaryks, in: »Prager Rundschau«, Jg. 1938, Heft 1 und 2, zusammen 35 S.

5. La culture parmi les allogènes russes, in: »Le Monde Slave« /Paris/, April 1937./II./ 25 S.

6. Karl Jaspers, Nietzsche. Referat in »Philosophia« /Beograd/, Jg. 1937, 6 S.

7. Indéterminisme et point de vue normative, Kongressreferat, in »Travaux du IXe Congrès international de philosophie, vol. II, 7 S.

8. Les catégories musicales dans les sciences littéraires. Résumé des Kongressreferats, in »Travaux du IIe Congrès international d'esthétique«, vol. 2, 3 S.

9. Eine Reihe von Buch-, Vortrags- und Kongressreferaten /siehe auch 5c/ in der Prager Presse.

Ad 5c /Kongresse/:

Ich habe als Berichterstatter der »Prager Presse« teil genommen 1/ am I. Kongress der tschechoslowakischen Historiker /Praha, Mai 1937/, 2/ am XI. Internationalen

215 Leopold Silberstein hatte Fischers Übertragung des Liedes von Lynkeus dem Türmer aus Goethes »Faust« (Zum Sehen geboren, zum Schauen bestellt) ins Tschechische vorgetragen.

216 Bericht Leopold Silberstein an den Dekan der Philosophischen Fakultät der Universität Tartu vom 19.5.1938, Estnisches Staatsarchiv, Dokument eaa2100_005_0000360_00008.

Kongress für Psychologie /Paris, Juli 1937/, 3/ am IX. Internationalen Philosophenkongress /Paris, Juli–August 1937/ und 4/ am II. Internationalen Kongress für Ästhetik und allgemeine Kunstwissenschaft /Paris, August 1937/. An den zu 3/ und 4/ genannten Kongressen habe ich auch als Referent teilgenommen /siehe Ziffern 7 und 8 ad 5a/.

Ad 5e /öffentliche wissenschaftliche Vorträge/:

1. Am 13. Febr. 1938 in »Akadeemiline Ajaloo Selts«, Tartu, über »Gemeinsamkeiten und Verschiedenheiten der estnischen und tschechoslovakischen Nationalbefreiung«.

2. Am 20. Febr. 1938 in »Akadeemiline Filosoofia Selts«, Tartu, über »Das gegenwärtige philosophische Leben in der Tschechoslovakei«.

3. Kongressreferate wie zu Ziffer 7 und 8 ad 5a.

Ad 5g /wissenschaftliche Gesellschaften/

Aktive Mitgliedschaft in »Cercle linguistique de Prague«, »Literárně historická společnost československá« /Praha/, »Philosophia« /Beograd/. Ständiger Gast in »Československá společnost pro studium národnostních otázek« /Praha/, »Cercle philosophique de Prague«. Schließlich gestatte ich mir zu bemerken, dass ich die besondere Ehre hatte, die »Učená společnost Šafaříkova« /Bratislava/ beim Jubiläum der »Öpetatud Eesti Selts« zu vertreten.

In ausgezeichneter Hochachtung

Dr. Leopold Silberstein

Lektor der tschechoslovakischen Sprache und Kultur an der Universität Tartu

Am 29.5.1938 folgte ein weiterer Bericht Silbersteins an das Schulministerium über seine Lektortätigkeit, nachdem seine ersten Studenten eine offizielle Prüfung absolviert hatten.[217]

An das hohe Ministerium für Schulwesen und Volksaufklärung in Prag

Ich erlaube mir, einen Bericht über den Verlauf meiner Lektortätigkeit an der Universität Tartu /Estland/ in der zweiten Hälfte des I. Semesters 1938 zu geben.

Das Ergebnis des bisherigen Verlaufs trat bei den Prüfungen »alamaste« zu Tage, die auf den 23. Mai 1938 festgelegt wurden. Ich prüfte schriftlich und mündlich, schriftlich von 10:30 h bis 13:45 h, mündlich von 13:45 h bis 15 h. Als Grundlage der schriftlichen Prüfung diente der I. und II. Teil der beiliegenden Texte /s. Anlage T. 1/, das mündliche wurde dann auf der Grundlage des III. Teils desselben

217 Bericht von Leopold Silberstein an das Ministerium für Schulwesen und Volksaufklärung vom 29.5.1938, Archiv des Außenministeriums der Tschechischen Republik in Prag, Box Tallinn (Orig. tschech.).

C XXI.₁ Loengute ja praktiliste tööde kava 1938. I 25

algajaile (järg), 4 t., e. 18—20, aud. 2, n. 16—18, aud. 6. 2) Poola keele lektori kursus edasijõudnuile (järg), 2 t., k. 14—15, aud. 2, r. 9—10, aud. 4. 3) Valitud peatükke poola kirjandusest (järg) (Stanislav Wyspianski) (poola keeles), 2 t., t. 13—14, aud. 2, k. 13—14, aud. 4. 4) Vana poola keel (slavistidele), vanade tekstide lugemine ja praktilised harjutused, 1 t., (aeg ja koht kokkuleppel). Kõnetunnid: ülikooli lektooriumis peale loenguid.

Silberstein, L., dr. phil. (Berliin), tšehhi keele ja kultuuri lektor (Tšehhoslovakkia valitsuse poolt ülevalpeetav õppekoht). 1) Praktiline ja teoreetiline kursus uustšehhi kirjandusest, 3 t., 2) Harjutusi tšehhi teaduslikkude tekstide üle: valitud peatükke uuemast kirjandusest (alates T. G. Masaryk'iga), 1 t., 3) Valitud peatükke moodsa tšehhi ja slovaki ilukirjandusest, 1 t., 4) Tšehhoslovakkia kirjandus alates maailmasõjast, 1 t., 5) Tšehhoslovakkia rahvuse üldine ajalugu alates luksemburglastega kuni rahvuse uuestisünni alguseni, 1 t. (Aeg ja koht teatatakse edaspidi).

Auszug aus dem Vorlesungsverzeichnis der Universität Tartu für das erste Halbjahr 1938 mit den Lehrveranstaltungen von Leopold Silberstein[218]: 1)Praktischer und theoretischer Kursus der modernen tschechischer Literatur, 3 Std.; 2) Übungen anhand von tschechischen wissenschaftlichen Texten: ausgewählte Kapitel der neuesten Literatur (beginnend mit T.G. Masaryk), 1 Std.; 3) Ausgewählte Kapitel der tschechischen und slowakischen Belletristik, 1 Std.; 4) Tschechoslowakische Literatur nach dem Weltkrieg, 1 Std.; 5) Allgemeine Geschichte der Nation der Tschechoslowakei von den Luxemburgern bis zum Beginn der Wiedergeburt der Nation, 1 Std. (Zeit und Raum werden vorher bekannt gegeben.)

Textes und der ersten 12 Kapitel von Siebenscheins Lehrbuch »Čechisch durch Gehör und Studium« durchgeführt. Von 4 Studenten, die sich der Prüfung unterzogen, erhielten 2 die Note »gut« /4/ und 2 »zufriedenstellend« /3/; /die höchste Note ist 5/. Für das nächste Semester kündigte ich einen Umfang von 9 Wochenstunden an /Einzelheiten in der Anlage T. 2/

Am 8. Mai 1938 hielt ich im Akademischen Literarischen Klub /Vorsitzender: Prof. Gustav Suits, Mitglied der estnischen Akademie/ einen Vortrag über F. X. Šalda und Otokar Fischer im Beisein von etwa 25 Personen, unter denen auch einige Universitätslehrer waren. Der Vortrag wurde sehr herzlich aufgenommen und fand auch Erwähnung in der Tartuer Tageszeitung »Postimees«, welche ihn »gehaltvoll und lebendig« nannte und auch kurz über seinen Inhalt berichtete. Der Text des Vortrags geht aus Anlage T. 3 hervor. Prof. Suits schickte dem Vortrag eine

218 Acta et Commentationes Universitatis Tartuensis (Dorpatensis) C, Annales XIX–XXI, Tartu Ülikool (Tartu, K. Mattiesen, Postimees, 1939), S. 25 (Orig. estn.).

längere Einleitung voraus, in der er der Tschechoslowakei mit großer Sympathie gedachte, deren kulturelle Ideale denen Estlands nahestünden. Vor Pfingsten werde ich wieder in Prag sein.
Mit dem Ausdruck der vollkommensten Hochachtung und der tiefsten Ergebenheit
Dr. Leopold Silberstein
Lektor für tschech. Sprache und Kultur an der Universität Tartu

Die erwähnte Notiz in der Zeitung »Postimees« erschien am 10.5.1938.[219]

Da Leopold Silberstein sowohl im Außen- als auch im Schulministerium noch auf Unterstützung zählen konnte, sorgte das Schulministerium dafür, dass ihm am 20.8.1938 die tschechoslowakische Staatsbürgerschaft zuerkannt wurde. Schließlich gab man aber dem Druck der Gesandtschaft der ČSR nach und kündigte am 24.9.1938 den Vertrag mit Silberstein zum 1.1.1939 mit einer sechsmonatigen Kündigungsfrist. Die Kündigung hatte auch zur Folge, dass ein Antrag Silbersteins vom 24.2.1938, in dem er sich für ein Stipendium der Rockefeller-Stiftung in Paris bewarb, vom Schulministerium abgelehnt wurde, da er ihm nicht mehr angehörte. Man hatte sich mit der Ablehnung allerdings sieben Monate Zeit gelassen.[220] Wegen der Kündigung hatte sich das Schulministerium auch mit der Kanzlei des Präsidenten abgestimmt, da man wusste, dass Silberstein hier Unterstützung von höchster Stelle genoss:[221]

»Es telefonierte Ministerialrat Dr. Šíp vom Ministerium für Schulwesen und fragte, ob die Kanzlei irgendein Interesse daran hätte, dass Dr. Leopold Silberstein weiter als Lektor an der Universität in Tartu in Estland beibehalten wird. Das Ministerium für Schulwesen erhielt angeblich von unserer Gesandtschaft einen Hinweis, dass Dr. Silberstein in den Universitätskreisen in Tartu keine willkommene Person sei und dass die Mitglieder des Professorenkollegiums darüber befremdet seien, dass das tschechoslowakische Lektorat durch die Persönlichkeit von Dr. Silberstein vertreten wird. Dazu bemerkte Dr. Šíp, dass das Ministerium für Schulwesen Dr. Silberstein gewählt hatte, weil seine finanziellen Forderungen sehr niedrig waren und da man unter den einheimischen wissenschaftlichen Arbeitern kaum jemand finden würde, der unter diesen Bedingungen nach Estland ginge. Aber jetzt beabsichtigte man, Dr. Silberstein abzuberu-

219 Akadeemilise Kirjandusühingu peakoosolekult (Spitzentreffen der Akademischen literarischen Gesellschaft), Postimees vom 10.5.1938 (Orig. estn.).
220 Schreiben des Ministeriums für Schulwesen und Volksaufklärung an die Gesandtschaft der ČSR in Tallinn vom 28.9.1938, Archiv des Außenministeriums der Tschechischen Republik in Prag, Box Tallinn (Orig. tschech.).
221 Vermerk der Kanzlei des Präsidenten der ČSR vom 2.5.1938, Archiv der Kanzlei des Präsidenten der Tschechischen Republik, File Nr. 991 Leopold Silberstein (Orig. tschech.).

fen. Man möchte das nicht sofort machen, ohne dass Dr. Silberstein irgendeine alternative Stelle erhielte. Dr. Šíp denkt, dass man für ihn irgendeine Stelle als Sprachlehrer an einer Gewerbeschule findet, womit er von seinen Existenzsorgen entbunden wird. Sein weiteres Verbleiben in Estland wird bei diesen Verhältnissen nicht befürwortet.

Ich sagte Dr. Šíp, dass ich Dr. Silberstein persönlich kenne, dass er dem Herrn Präsidenten regelmäßig seine Arbeiten und Vorträge schickt, dass er in Übereinstimmung mit dem Ministerium für auswärtige Angelegenheiten arbeitet, von wo er auch Unterstützung erhält und dass der Herr Präsident ihn in Audienz empfangen hat. Weiter bemerkte ich, dass wir kein spezielles Interesse hätten, dass Dr. Silberstein als Lektor für tschechoslowakische Sprache und Literatur in Estland verbleibt, besonders wenn man ihm als Ersatz irgendeine angemessene Stelle in Prag verschafft.

Was das Gesuch von Dr. Silberstein über die Erteilung der Staatsbürgerschaft angeht, teilte mir Dr. Šíp mit, dass das Gesuch dem Landesamt des Ministeriums des Innern mit dem abgelehnten Antrag vorgelegt wurde und dass das Ministerium des Innern auch schon im Ministerium für Schulwesen angefragt hat, ob es irgendein Interesse daran hätte, dass das Gesuch positiv beschieden wird.«

Anfang des Jahres 1938 traf Silberstein in Tartu mit dem deutsch-jüdischen Schriftsteller sowie Theater- und Musikkritiker Max Brod[222] zusammen, wovon folgender Brief Brods an Hans Joachim Schoeps[223] zeugt:[224]

20/1/1938
Werter Herr Dr. Schoeps,
neulich sprach ich mit einem Dozenten der Universität Dorpat (Tartu) – aus dem Gespräch ging hervor, daß dort eine jüdische Professur in deutscher Sprache besteht. Vielleicht wäre es möglich, daß Sie dort als Dozent am richtigen Platz wären. Wenn Sie dieser Plan interessiert, schreiben Sie an Professor Gulkowitsch in Tartu (Estland) unter allf. Berufung auf mich.
Mit besten Grüßen
Ihr Brod

222 Max Brod (1884–1968) gab die Werke von Franz Kafka, mit dem er eng befreundet war, heraus und gilt als Entdecker von Franz Werfel. 1939 emigrierte er von Prag nach Palästina und wirkte als Dramaturg am Habimah-Theater von Tel Aviv.

223 Hans Joachim Schoeps (1909–1980) war ein nationalkonservativ eingestellter deutsch-jüdischer Religionshistoriker und Religionsphilosoph. Er war bemüht, die jüdischen Frontkämpfer in den Nationalsozialismus zu integrieren, scheiterte aber. Ende 1938 emigrierte er nach Schweden. Nach dem 2. Weltkrieg war er in Erlangen Professor für Religions- und Geistesgeschichte.

224 Julius H. Schoeps (Hg): Im Streit um Kafka und das Judentum – Max Brod Hans Joachim Schoeps Briefwechsel, Georg Olms Verlag Hildesheim Zürich New York 2011, S. 85.

P.S. Ich schickte 2 Kafkabände an einen Herrn Nübel, der mir darum geschrieben hatte. Habe aber seither nichts von ihm gehört. Kennen Sie ihn?
Prof. Gulkowitsch ist dieser Ordinarius für jüdische Wissenschaft. Die Nachricht brachte ein junger Professor oder Dozent der Philosophie Dr. Silberstein.

Im Frühsommer 1938 bekam Silberstein Besuch von seiner Frau, die mit den beiden Kindern in Prag geblieben war, in Tartu. Zusammen mit der fünfjährigen Tochter Cäcilie besuchten sie die Städte Tartu und Tallinn und unternahmen auch einen Ausflug zum Höhlenkloster Petseri und eine Dampferfahrt auf dem Peipus-See. Sie trafen sich mit der Familie des Professors Gulkowitsch sowie mit ihren Berliner Bekannten Friedrich Schwarz und seiner Frau Mary Schneider-Braillard, die ebenfalls aus Deutschland emigriert waren, sowie mit Johannes Semper, einem Studienfreund Silbersteins, und dessen Frau. Jenny Silberstein hielt einen Vortrag vor der estnischen Frauenvereinigung über die kulturellen und sozialen Bestrebungen der Young Womens Christian Association in Prag. Im Kulturhaus der Universität Tartu sprach sie über die kulturellen und sozialen Verhältnisse der Tschechoslowakei. Sie wurden sehr herzlich von Professoren der Universität Tartu, unter ihnen dem Sprachwissenschaftler Prof. Ariste und dem Historiker und Dekan Prof. Tarvel, empfangen. Insbesondere Prof. Tarvel setzte sich dafür ein, dass die von Jenny Silberstein ursprünglich als Dissertation verfasste Monographie über Mirabeau ins Estnische übersetzt wurde und im Januar 1940 in der Reihe großer Männer als Hochschullehrbuch erschien.[225]

Am 20.6.1938 übergab Leopold Silberstein der Kanzlei des Präsidenten der ČSR einen Bericht über die politische und wirtschaftliche Lage in Estland, was der folgende Vermerk festhielt:[226]

»Es erschien Dr. Leopold Silberstein und brachte die beigelegte Information für den Herrn Präsidenten der Republik über Estland mit der Bitte, dass sie dem Herrn Präsidenten vorgelegt werde.

Dr. Leopold Silberstein, Lektor für tschech. Sprache an der Universität in Tartu, erwähnt in seiner Information die wirtschaftlichen und kulturellen Verhältnisse in Estland und schildert seine Beziehungen zu den baltischen Nachbarstaaten, Skandinavien, Deutschland, zur UdSSR, Polen und auch zur Tschechoslowakei. Er verweist auch auf sein Wirken und seine Vortragstätigkeit.

225 Herrmann, Jenny: Jennys Leben, S. 169–174.
226 Vermerk der Kanzlei des Präsidenten der ČSR vom 20.6.1938, Archiv der Kanzleirdes Präsidenten der Tschechischen Republik, File Nr. 991 Leopold Silberstein (Orig. tschech.).

Im Mai d.J. dachte das Schulministerium über seine Abberufung nach, als unsere Gesandtschaft in Estland auf seine Tätigkeit aufmerksam machte. /Siehe den Vermerk vom 2. Mai 1938./«

Offensichtlich wurde er dazu aufgefordert, seinen Aufenthalt in Estland auch dazu zu benutzen, die Situation in Estland einzuschätzen. Das fiel ihm bei seinen vielseitigen Kontakten in Tartu nicht schwer.

Wie ein Brief von Jenny Silberstein an Frau Semper schildert, wollten das Ehepaar Semper, die Gattin von Prof. Suits und Dr. August Annist die Familie Silberstein in Prag besuchen.[227] Die zunehmend unsichere Lage in der Tschechoslowakei aufgrund der Sudetenkrise ließ diesen Plan aber scheitern.

In die Zeit der Verschärfung der Sudetenkrise fiel ein Besuch von Leopold Silberstein in der Kanzlei des Präsidenten der ČSR, um sich für den Dienst in der Armee zur Verfügung zu stellen, was seine uneingeschränkte Loyalität gegenüber der Tschechoslowakei bezeugt. Am Vortag, dem 13.9.1938 hatte die Prager Regierung nach Zwischenfällen, die die Henlein-Partei inszeniert hatte, das Standrecht verkündet:[228]

»Es erschien Dr. Leopold Silberstein /siehe früheres/ und bat, dass er sich an betreffender Stelle meldet, um sich völlig in den Dienst des Staates zu stellen; er meint, dass gewisse seiner Fähigkeiten, besonders die sprachlichen, genutzt werden sollten.

S. sagte, dass er der Republik für das mehrjährige Asyl und für die Möglichkeit dankbar ist, hier wissenschaftlich und literarisch zu wirken und dass er deshalb in einem Moment, wenn der Staat jeden braucht, die Notwendigkeit fühlt, sich irgendwie nützlich zu machen.

Auf meine Frage, wie sich die Sache mit seinem Lektorat in Estland mache, sagte er, dass er sich nach der Information, die man ihm im Außen- und im Schulministerium gab, nach 10 Tagen wieder dorthin begeben solle. Er meinte, dass er dort nur wirksam werden könne, wenn man ihm dort einen weiteren Wirkungsbereich gebe, insbesondere auch für Finnland, das bei einem eventuellen Konflikt sicher zu einem wichtigen Ort werde. Dr. Silberstein sprach die Vermutung aus, dass, wenn es zum Krieg kommt, Russland, das mit Litauen ein Bündnis hat, nicht säumen würde, mit seinen Streitkräften durch Lettland nach Litauen marschieren würde, weil auch Lettland, obwohl es kein Verbündeter der Sowjetunion ist, ein Bündnis mit Litauen hat. Das ist sozusagen ein analoger Fall

227 Brief Jenny Silberstein an Frau Semper vom 12.6.1938, Estnisches Literaturmuseum, Fonds 188 J. Semper, M8:26.

228 Vermerk der Kanzlei des Präsidenten der ČSR vom 14.9.1938, Archiv der Kanzlei des Präsidenten der Tschechischen Republik, File Nr. 991 Leopold Silberstein (Orig. tschech.).

zu Rumänien und uns. In gleicher Weise könnte Estland nicht in Neutralität verbleiben. Wegen dieser Umstände würde Finnland wahrscheinlich ein Ort werden, wo es ein weites Feld für die Propagandatätigkeit gebe.

Indessen sagte Dr. Silberstein weiter, dass man demgegenüber auch hier in der Tschechoslowakei ziemlich viele Möglichkeiten hätte, sich nützlich zu machen. Für seine Person ist er völlig mit seiner bisherigen Tätigkeit zufrieden, d.h. mit dem Lektorat in Tartu, aber er hält es für seine Pflicht, sich zu jeder Arbeit zu melden, die ihm im Interesse des Staates angetragen wird.

Ich dankte Dr. Silberstein für diese Äußerung und teilte ihm mit, dass man darauf das Ministerium für auswärtige Angelegenheiten aufmerksam machen werde.«

Die nachfolgende tschechisch geschriebene Briefkarte an seine Frau wurde aus Tartu per Luftpost geschickt:[229]

22.10.38

Meine liebe Jenny,

ich danke Dir für Deinen lieben Brief, den ich richtig erhielt. Hier ist die Luftpost jetzt etwas billiger; der Zuschlag beträgt nur 10 Cent. Ich bin geflogen, wie ich schon geschrieben habe, großartig, es ist ein eigenartiges Gefühl, unter sich ein Wolkenmeer zu haben. Keinen Moment fühlte ich mich schlecht. In Warschau besuchte ich Prof. Hessen[230]; in Zemgale[231] musste ich auch 8 Stunden warten. Als ich ankam, kam mir als erster Empfang ein Gänserich entgegen (er war fürchterlich groß), den sie auch Hexenschuss nennen, er ist heute abgegangen. Der Besuch der Kurse ist gut, es kamen auch neue Interessenten. Das Willkommen war überall sehr herzlich, ich bin hier wirklich gern gesehen. Bis jetzt wohne ich bei Prof. Gulkowitsch, er ist gestern für zwei Wochen nach Schweden abgereist. Im Verlaufe des Winters reist er noch zu einer Vortragstournée in die Vereinigten Staaten. Er bleibt mir weiterhin ein treuer Freund. Ich habe hier keine tschechischen Zeitungen; bitte schicke mir nicht nur regelmäßig České slovo und Večer, sondern auch die Prager Presse. Schreib Ullrich wegen des Honorars.[232]

Mein Artikel über Šalda ist zwar herausgekommen, aber stark gekürzt. Ich sprach schon fast mit allen Freunden, wenigstens telefonisch. Heute habe ich ein Zimmer gemietet, sehr klein und altmodisch (das Bad ist aber gut) bei Dr. Brück-

229 Briefkarte von Leopold Silberstein an Jenny Silberstein vom 28.10.1938, Familienarchiv Jenny Herrmann (Orig. tschech.).

230 Prof. Sergej Hessen (1887–1950) war ein Pädagoge und Philosoph russischer Herkunft. Seit 1923 wirkte er in Prag, ab 1936 in Warschau.

231 Zemgale ist eine Stadt im Süden Lettlands an der Grenze zu Litauen.

232 Leopold Silberstein hatte für den Soziologen Zdeněk Ullrich dessen Forschungsarbeit »Soziologische Studien zur Verstädterung der Prager Umgebung« ins Deutsche übersetzt.

Kolm viimast aastat tšehhoslovakkia kirjanduses

Aasta 1937, mil tšehhoslovakkia rahva hulgast lahkus ta ajaloo suurim geenius president-vabastaja T. G. Masaryk, jääb silmatorkavaks generatsioonide vahetuse märgiks, sest samal aastal sulgesid oma silmad seesugused ennesõja-sugupõlve markantsed isiksused, nagu poliitik Karel Kramář, ajaloolane Jos. Pekař, anatoom K. Weigner ja kriitik František X. Š a l d a. Eriti viimane jätab Masaryki kõrval tuntavaima lünga tšehhoslovakkia kultuuriellu. Mõneti Masaryki vaadete vastane – näite mis puutub esteetiliste ja sotsiaalsete väärtuste astmevahekordadesse – jääb Šalda talle ometi sügavalt sugulaseks oma sisemise vabaduse tõttu, mida ei saanud eksiteele viia kõige ta usu juures trantsendentseisse väärtustesse ükski dogma või eelarvamus ja mis igas uues nähtuses ei näinud üksnes uut rakendusvõimalust, vaid ka normi rikastamist. Šalda eetos esteetiliste väärtuste suhtes oli niisama radikaalne nagu Masaryki oma moraali ja selle poliitiliste rakenduste alal. Mõlemad olid võrdsed karakterijulguse, teadmiste universaalsuse ja pilguteravuse poolest, mis üksiknähtuse tõstis ikka seosesse üldsusega. Šaldal, kes on jätnud tuntavaid jälgi ka lüürikasse ja draamasse, oli 40 aastat täiesti omapärane asend kriitikas. Muidugi on meil kriitikas alles jäänud veel niisugused silmapaistvad kujud, nagu Otokar F i s c h e r (kelle uus esseekogu Sõna ja maailm

Auszug aus dem Artikel »Die Literatur der Tschechoslowakei in den letzten drei Jahren«, erschienen in der estnischen Zeitschrift »Looming« (1938) Nr. 1, S. 188–192

ner (dem Violinisten): Kalevi 6 K.3. Ein besseres gibt es jetzt nicht. Ich bin neugierig auf die Antwort von Draeger.
Küsse die lieben Kinder. Herzlich Dein Poldi.

Das Schulministerium bemühte sich um einen Ersatz, indem die Stelle des Lektorats unter staatlichen Professoren der Mittel- und Berufsschulen mit tschechoslowakischer Nationalität ausgeschrieben wurde. Um die Stelle gegenüber der von Leopold Silberstein attraktiver zu gestalten, sollte der Bewerber neben seinem bisherigen Gehalt eine Auslandszulage von 12000 tschech. Kronen sowie Reisekosten von 2000 tschech. Kronen erhalten.[233] Da aber bis zum Ende der staatlichen Existenz der Tschechoslowakei am 15.3.1939 kein geeigneter Kandidat gefunden wurde, blieb Silberstein bis zu diesem Zeitpunkt Lektor für tschechische Sprache und Kultur an der Universität Tartu.

233 Schreiben des Schulministeriums der ČSR vom 14.2.1939 Revise platů lektorů (Revision der Gehälter der Lektoren), Archival group of the Ministry of Education, 1918–1948, sign 35 Vysoké školy C3, box 3562 (Orig. tschech.).

Im zweiten Halbjahr 1938 arbeitete Silberstein nach folgendem Lehrplan:[234]

1) Kursus der modernen tschechoslowakischen Schriftsprache (Syntax, Sprech- und Übersetzungsübungen) 3 Std., Mo 9–11 h, Aud. 6, 13–14 h, Aud. 2
2) Lektüre wissenschaftlicher Texte
a) Übungen mit sprachwissenschaftlicher Literatur, 1 Std. Do 12–13 h, Aud. 2
b) Übungen mit moderner philosophischer Literatur, 1 Std. Fr. 17–18 h, Aud. 6
3) Lektüre von Belletristik mit literaturhistorischen Interpretationen
a) 19. Jahrhundert (Mácha, Němcova, Neruda), 1 Std. Fr. 15–16, Aud. 6
b) Gegenwärtige Literatur, 1 Std. Fr. 16–17, Aud. 6
4) Allgemeine Geschichte der tschechoslowakischen Nation (Fortsetzung), 1 Std., Mi 18–19 h, Aud. 2
5) Jan Amos Komensky, 1 Std., Mi 19–20 h, Aud. 2

Sprechstunde: Im Vorlesungsraum der Universität nach den Vorlesungen

Silberstein hatte seine Lehrtätigkeit somit vom Zeitumfang auf neun Stunden und inhaltlich auf Sprache, Philosophie, Literatur und Geschichte erweitert.

Die deutsche Gesandtschaft für Estland erwähnte in ihrem allgemeinen Kulturbericht für Estland vom 20.10.1938:[235]

> »e) Tschechoslowakei. Das tschechische Lektorat an der Universität Dorpat ist ohne größeren Einfluß. Die tschechoslowakische Staatskrise dürfte in absehbarer Zeit die Folge haben, daß die Stellung des Lektorats zu einem Scheindasein herabsinkt.«

Diese Einschätzung verdeutlicht unverhohlen, dass das Lektorat für tschechoslowakische Sprache und Kultur an der Universität Tartu als lästige Konkurrenz für die eigene Propagandaarbeit angesehen wurde und der politische Druck Nazi-Deutschlands auf die Tschechoslowakei natürlich auch der Kulturarbeit der Tschechoslowakei im Ausland den Boden entziehen würde. Wenn der Gesandte von »tschechoslowakischer Staatskrise« schreibt, sollte man bedenken, dass diese durch Hitlers Politik, »die Tschechoslowakei blitzschnell zu beseitigen«, die Wühlarbeit seiner fünften Kolonne, der Henlein-Leute, und den Verrat der Westmächte, der Hitlers Plänen in die Hände spielte, verursacht worden war.

Aber noch am 12.1.1939 beklagte die unter deutschem Einfluss stehende »Revalsche Zeitung« in einem Artikel »Die Universität Tartu, Schweden und die fremdstaatlichen Lehrstühle«, dass der Anteil der Deutschbalten und der Reichsdeutschen am Lehrkörper in der Universität Tartu kontinuierlich abgenommen hätte und der Lehr-

234 Acta et Commentationes Universitatis Tartuensis (Dorpatensis) C, Annales XIX – XXI, Tartu Ülikool (Tartu, K. Mattiesen, Postimees, 1939), S. 16f. (Orig. estn.).

235 Allgemeiner Kulturbericht für Estland von der deutschen Gesandtschaft in Estland an das Auswärtige Amt vom 20.10. 1938, Politisches Archiv des Auswärtigen Amts, Box Reval 7.

stuhl für Germanistik nicht besetzt wäre. Demgegenüber würden von den Regierungen Schwedens, Frankreichs, Polens, Italiens, der Tschecho-Slowakei und vom »Verein zur Förderung der Judenwissenschaft« in der Universität Tartu Professuren und Lektorate unterhalten. In dieser Liste nannte die Zeitung:[236]

»Das Lektorat für tschechische Sprache und Kultur, Inhaber Dr. phil. (Berlin) L. Silberstein«

Mit einem Schreiben vom 1.11.1938 an die Philosophische Fakultät der Universität Tartu schlug Leopold Silberstein vor, in den Lehrplan ein Seminar über vergleichende slawische Literaturgeschichte aufzunehmen.[237]

Der löblichen Philosophischen Fakultät der Estnischen Staatsuniversität Tartu

Gestatte ich mir hierdurch ergebenst mitzuteilen, dass ich bereit sein würde, vom Beginn des Jahres 1939 ab als Lehrauftrag ein wöchentlich einstündiges Seminar über vergleichende slavische Literaturgeschichte zu übernehmen.

Das Seminar würde im Einklang mit den im amtlichen Studienprogramm von den Slavisten verlangten Sprachkenntnissen die russische, polnische und tschechoslovakische Literatur berücksichtigen. Als Thema des ersten Semesters würde ich die literarische Kritik in Aussicht nehmen, als deren führende Vertreter vor allem Belinskij, Brzozowski[238] *und Šalda einer vergleichenden Analyse zu unterziehen wären. Zwecks bestmöglicher Ausnutzung der Zeit würde ich den Stoff in eine Reihe von Referaten aufteilen, so dass die Lektüre und das textmässige Verständnis der Quellen der häuslichen Arbeit überlassen bleiben und die Seminarsitzung auf der festen Grundlage der zu Hause geleisteten Vorarbeit sich ausschliesslich der Erörterung der für die vergleichende Analyse wesentlichen Phänomene widmen kann. Für das erste Semester bitte ich mir im Rahmen der erteilten allgemeinen Bewilligung die Benützung der deutschen oder einer slavischen Sprache als Unterrichtssprache zu gestatten, ebenso wie ich um gütige Entgegennahme dieser Eingabe in deutscher Sprache bitte.*

Zur Unterstützung dieses Vorschlages gestatte ich mir noch darauf zu verweisen, dass ich während und nach meiner Studienzeit ungeachtet meiner Spezialisierung auf tschechoslovakische Fragen der russischen und polnischen Literaturge-

236 Die Universität Tartu, Schweden und die fremdstaatlichen Lehrstühle, Revalsche Zeitung vom 12.1.1939.

237 Schreiben Leopold Silberstein an die Philosophische Fakultät der Universität Tartu vom 1.11.1938, Estnisches Historisches Archiv, Dokument eaa2100_004_0000193_00033 (Orig. estn.).

238 Stanisław Brzozowski (1878–1911) war ein polnischer Philosoph, Literaturkritiker und Schriftsteller. Seine Philosophie der Arbeit fußte auf dem Marxismus. Als Kritiker wandte er sich gegen den damals verbreiteten Traditionalismus und Provinzialismus in der polnischen Literatur.

schichte ein stetiges Augenmerk zugewandt habe, wovon abgesehen von meiner Dissertation über Černyševskij als Belletristen meine in den »Jahrbüchern für Kultur und Geschichte der Slaven« erschienene Studie über »Belinskij und Černyševskij«, mein Warschauer Kongressreferat »Literární manýra El. Orzeszkové«, mein Pariser Kongressreferat »Les catégories musicales dans les sciences littéraires« sowie zahlreiche Referate zur polnischen Literaturgeschichte in der »Zeitschrift für slavische Philologie« Zeugnis ablegen. Mit den speziellen Fragen der Komparatistik hatte ich Gelegenheit, mich als freiwilliger Teilnehmer an den Seminarübungen von Prof. Jiří Horák in den Jahren 1933–1935 bekannt zu machen.

In ausgezeichneter Hochachtung

Dr. Leopold Silberstein

Dieser vom Rat der Philosophischen Fakultät gebilligte Vorschlag wurde vom Rektor der Universität genehmigt. Dies spiegelt auch das Vorlesungsverzeichnis der Universität Tartu für das erste Halbjahr 1939 wider:[239]

1. Grammatik der neuen tschechischen Schriftsprache, 4 Std., Mo 9–11 h, Aud. 6, Do 12–14 h, Aud. 2
2. Lektüre moderner sprachwissenschaftlicher Texte, 2 Std., Mi 19–21 h, Aud. 2
3. Neue tschechische Grammatik und Sprachübungen, 2 Std., Fr 15–17 h, Aud. 6
4. Lektüre tschechischer sprachwissenschaftlicher Texte mit Diskussion, Fr. 16:45–17:30 h, Aud. 6
5. Lektüre von Komenskýs »Kšaft« (Testament), 1 Std., Fr 17:30–18:15 h, Aud. 6
6. Lektüre von Němcovás »Babička« (Die Großmutter) (Zeit und Raum werden vorher bekannt gegeben.)
7. Seminar über vergleichende slawische Literaturgeschichte, 1 Std., Mi 18–19 h, Aud. 2

Silberstein hatte sich ein großes Pensum von etwa 12 Lehrstunden vorgenommen. Den meisten Raum nahm die Vermittlung der tschechischen Sprache ein, weil offenbar Anfänger zu dem Lehrgang gestoßen waren. Neben der Lektüre von alttschechischen und modernen tschechischen Texten gab er nun auch einen Kurs über die von ihm vorgeschlagene vergleichende slawische Literaturgeschichte. Dieses umfangreiche Lehrprogramm konnte Silberstein allerdings nur so lange durchführen, wie er von der Regierung der ČSR finanziert wurde. In der Formulierung des Lehrplans fällt die Feinheit auf, dass nicht mehr von der tschechoslowakischen, sondern von der tschechischen Sprache die Rede ist. Dies hing mit den Unabhängigkeitsbestrebungen der

239 Acta et Commentationes Universitatis Tartuensis (Dorpatensis) C, Annales XXIV, Tartu Ülikool (Tartu, K. Mattiesen, Postimees, 1941), S. 23 (Orig. estn.).

Slowakei im Zuge der Abtretung des Sudetenlands im Oktober 1938 an Nazi-Deutschland zusammen.

Der oben erwähnte Vortrag über F. X. Šalda und Otokar Fischer wurde in gekürzter Form auch in der Zeitschrift »Looming« unter dem Titel »Zwei grosse Tote der tschechischen Literatur: F.X. Šalda und Otokar Fischer« veröffentlicht.[240] Silberstein würdigte darin das Schaffen des Dichters und führenden Litraturkritikers F.X. Šalda (1867–1937) und des Dichters, Übersetzers und Theaterschaffenden Otokar Fischer (1883–1938).

Šaldas Lebensweg war arm an äußeren Ereignissen. Nach einem Jurastudium wurde er später Professor für neuere Literaturgeschichte an der Prager Karls-Universität. Sein Leben beeinflussten, wie Leopold Silberstein ausführte, erheblich die jahrzehntelange Bindung an die verheiratete Dichterin und Romanschriftstellerin Růžena Svobodová und ein Rückenmarksleiden, das eine Folge eines Sturzes im Gebirge war. In jungen Jahren schrieb er vor allem Gedichte, die vom französischen Symbolismus beinflusst waren, und einige Prosa. Als seine Novelle »Die Analyse« auf scharfe Ablehnung seitens der Kritiker der Zeitschrift »Čas« stieß, war ihm dies Anlass, sich mit Literaturkritik auseinanderzusetzen.

> »Die ungleich grössere Meisterschaft, die er auf dem kritischen Felde in kürzester Zeit bewies, namentlich das bereits in seinen jungen Jahren entwickelte erstaunliche Wissen berechtigen aber wohl doch zu der Annahme, dass die Polemik um die genannte Novelle mehr den Anstoss als die Ursache für Šaldas Hinwendung zur kritischen Tätigkeit abgegeben hat. Sicherlich nicht ohne Bedeutung ist der Umstand, dass im gleichen Jahre, in welchem Šalda bei den ›Literární Listy‹ (Literarische Blätter) seine Tätigkeit als Kritiker aufnimmt, er einer schöpferischen Frau näher getreten ist, deren Freundschaft […] für sein ganzes Leben bestimmend wurde: […] Růžena Svobodová. Der Einfluss dieser Frau auf Šalda, nicht im inspirierenden, wohl aber im richtunggebenden und ausgleichenden Sinne soll ausserordentlich gewesen sein.«

Šalda setzte sich für eine Generation junger Dichter wie Otokar Březina und Antonín Sova ein. Er erkannte, dass sich ihre Wurzeln von »dem genialen Todesvisionär der tschechischen Poesie«, Karel Hynek Mácha[241], herleiteten. Nach Šaldas Auffassung wird »das Kunstwerk speziell seiner Bestimmung gerecht, nicht wenn es nach Jahrtausenden geschätzt wird, sondern wenn es für seine Zeit das Göttliche verkörpert

240 Silberstein, Leopold: Kaks suurt lahkunut tšehhi kirjanduses (Zwei Große der tschechischen Literatur). 1. F.X. Šalda. 2. Otokar Fischer, Looming (1938) Nr. 7, S. 782–789 (Orig. estn.).

241 Karel Hynek Mácha (1810–1836) war ein tschechischer Dichter der Romantik. Sein dichterisches Werk wurde zu Lebzeiten von der Kritik zunächst ablehnend aufgenommen. Erst in der zweiten Hälfte des 19. Jahrhunderts wurde Mácha als hervorragendster Vertreter der tschechischen Romantik gefeiert.

[…] Für Šalda ist […] die Kunst Selbstzweck, aber die Kunst qua reines Schaffen, qua Bewährung des Lebens gegen den Tod, nicht etwa die Kunst qua reine Form.«

Šalda trachtete als Kritiker nicht nach Objektivität, vielmehr sah er es als notwendig an, gewisse Dinge zu übersehen, um andere Züge desto deutlicher zu zeichnen, sodass er zu einer charakteristischen Perspektive gelangte.

Zu seinen Hauptwerken gehören Essaybände wie »Boje a zitřek« (Kampf um das Morgen) und »Duše a dílo« (Seele und Werk), in denen er sich mit der Entwicklung der tschechischen und der europäischen Literatur beschäftigte. Die Zensur während des Ersten Weltkriegs machte ihn wieder ganz zum Dichter: »ein Publizist dieses Schlages verlangt eben ›alles oder nichts‹, völlige Freiheit oder völliges Schweigen, Halbheiten oder Belanglosigkeiten unter dem Druck der Kriegszensur zu schreiben, ist ihm contre nature.«

In seinen letzten Jahren entschloss sich Šalda, ein eigenes Organ »Šalduv zápisník« (Šaldas Tagebuch) zu gründen, in dem er fast neun Jahre lang Essays, Kurzkritiken, Glossen, politische Notizen oder Gedichte veröffentlichte.

> »In dieser Zeitschrift leistete Šalda der jungen Richtung des ›Poetismus‹ Geburtshelferdienste, in der er wohl das spezifische künstlerische Ethos seiner Jugendgötter, freilich in stilisierter und bisweilen fast ironisierender Modernisierung, wiedererkannte. Hier bekannte er seine Gesinnungsgenossenschaft mit den im neugegründeten Prager Linguistischen Zirkel ausgearbeiteten strukturalistischen Grundsätzen in Ästhetik und Literaturwissenschaft.«

Der andere im Vortrag behandelte tschechische Literat, Otokar Fischer, war mit F. X. Šalda gut bekannt; beide Männer haben sich hoch geachtet. Allerdings unterschieden sie sich frappierend in Charakter und Schicksal.

> »Šalda ist düster ernst im Leben, eckig im Umgang, barock in der Form, weil er vom **Tode** weiß. Fischer ist heiter und gelassen, soziabel in Liebe und Freundschaft, von klassischer Ausgeglichenheit in Gedanken und Satzbau, weil er vom Tode und allen dunklen Mächten **weiß** und sie – vielleicht mit Ausnahme der letzten Jahre nagender Krankheit – durch Wissen immer wieder überwindet. […] Für Šalda wird die Kunst immer wieder zur religiösen und philosophischen Angelegenheit, obgleich er bei seinen irrationalistischen Neigungen das begriffliche Handwerkszeug der Philosophie nicht ohne Mühe meistert. Für Fischer, dessen Nietzsche-Werk auch heute, 25 Jahre nach seinem Erscheinen, ungeachtet der lawinenartig angeschwollenen Literatur eine genußreiche Lektüre bedeutet, wird auch die Philosophie letzten Endes immer wieder zu einer künstlerisch-literarischen Leistung.«

Otokar Fischer war Professor für Germanistik an der Prager Universität. 1929 war er führend am Prager Slawistenkongress beteiligt. Hier hatte Leopold Silberstein ihn persönlich kennengelernt. Fischer war eines der aktivsten Mitglieder des Prager Linguistischen Zirkels. Als Dekan für Philosophie war er Hausherr des 1934 in Prag stattgefundenen Philosophie-Kongresses. 1936 wurde er Schauspielchef des Nationaltheaters. Ein Ende 1937 aufgetretenes Herzleiden führte am 12. März 1938 zu seinem plötzlichen Tod.

> »An Vrchlický erinnert Otokar Fischer nicht zuletzt durch seine Großtaten als Übersetzer. [...] Otokar Fischer war nach Jaroslav Vrchlický unter den Berufenen der Auserwählte; ja wenn man die Leistungen beider dort vergleicht, wo sie konkurrierten, etwa auf dem Gebiete der Goethe-Übertragungen, wird man denen beipflichten müssen, welche Otokar Fischer für das noch größere Übersetzeringenium erklären. [...] Fischer spürt jeder gedanklichen Nuance des Urtextes nach und ruht nicht ehe er für sie eine adäquate tschechische Wendung gefunden hat. [...] Diese Einzigartigkeit der Fischerschen Übersetzungsleistung beruht gerade darin, daß nichts übersetzt klingt, daß das Instrument, für welches Fischer seine Vorlagen umsetzt, tschechische Literatursprache nicht bloß korrekten, sondern schöpferischen Gepräges ist.«

Zu den bleibenden Werken Otokar Fischers zählt die 15-bändige, zum größeren Teil von ihm allein übertragene tschechische Goethe-Ausgabe. Er übersetzte auch alle berühmten deutschen klassischen und zeitgenössischen Schriftsteller und Dichter, aber darüber hinaus die europäischen Klassiker von Shakespeare bis Puschkin.

> »Dazu kommt aber die ebenso erstaunliche Leistung als Literar... und jetzt stocke ich, weil ich nicht weiß, ob ich Literarhistoriker, Literaturwissenschaftler oder Literaturkritiker sagen soll ... Ot. Fischer war nämlich all dieses und niemals Dilettant. [...] Als Literarhistoriker war Fischer naturgemäß in seinem offiziellen germanistischen Fach tätig, aber durchaus nicht etwa n u r in diesem. Über die Tschechoslowaken Mácha, Čelakovský, Kollár, Březina und [...] Šalda hat er ebenso Wesentliches gesagt wie über den Franzosen Villon. Daß ihn Goethe immer wieder beschäftigte, ist bei der universellen Überlegenheit von Fischers eigener Natur ohne weiteres verständlich. [...] Als Literaturwissenschaftler ist Fischer methodischer, systematischer, tatsachen- und wissenschaftsfreudiger als Šalda.«

Fischer gehörte auch zu den Wegbereitern der tiefenpsychologischen Methode in der Literaturwissenschaft. Viele Jahre schrieb er Theaterkritiken für die Zeitung »Lidové Noviny« (Volkszeitung).

> »Sein Ideal als Theaterleiter entsprach seinem allgemeinen Bildungsideal: eine Bühne zu schaffen, die tschechisch und gesamteuropäisch zugleich sei. Weder vom Norden noch vom Westen oder Osten sich abhängig machen, aber auf alles, was von dort kommt, achten und das selbständig sich entwickelnde Eigene dadurch bereichern!«

Von bleibendem Wert sind nach dem Urteil von Leopold Silberstein Fischers lyrische Leistungen. Er besang die Herrlichkeit und Unersetzlichkeit des Lebens gerade darum, weil man um seine Vergänglichkeit weiß. Als er einen Tag vor seinem Tod, von seinem Herzleiden niedergeworfen, ein letztes Gedicht schrieb, »haben die Götter dem Sterbenden einen Triumph gegönnt, die Erkenntnis, die wir wiederum als existenzielle bezeichnen möchten: ›jen poraněno, srdce vítězí' – das Herz siegt nur, wenn es verwundet ist; im Scheitern erfahren wir das Sein, würde Jaspers sagen.«

Der Aufenthalt von Leopold Silberstein in Estland war ihm Anlass, in einem umfangreichen Aufsatz die nationale und sprachliche Problematik der baltischen Länder zu untersuchen.[242] Dabei knüpfte er an seine frühere Arbeit in der Tschechoslowakischen Gesellschaft zum Studium nationaler Probleme an, ebenso an seine Mitarbeit in der Zeitschrift »Osteuropa«, die das Baltikum im Fokus hatte. Die Bibliotheken der Universität Tartu und des Französischen Wissenschaftlichen Instituts in Tartu boten ihm reichlichen Stoff für seine Studie. Die baltischen Staaten, zu denen er Estland, Lettland, Litauen und Finnland zählte, hatten erst nach dem ersten Weltkrieg ihre Unabhängigkeit erlangt. Bei der Untersuchung der sprachlichen Beziehungen dieser Länder kam es ihm zustatten, dass er sich während seines Studiums an der Berliner Universität auch mit den baltischen Sprachen, insbesondere dem Litauischen beschäftigt hatte. Dies hielt man damals für eine notwendige Ergänzung des Slawistikstudiums. Er verwies darauf, dass die baltischen Länder sprachlich von der indoeuropäischen und der ugro-finnischen Sprachgruppe begrenzt wurden, die jeweils ihren Einfluss ausgeübt hatten, und zeigte diese Einwirkung getreu »der alten Regel, dass die Natur keine Sprünge macht«, an verschiedenen Wortbeispielen und verwandten grammatikalischen Strukturen.

Das Nationalitätenproblem der baltischen Länder war dadurch charakterisiert, dass, obwohl alle vier betrachteten Länder klein sind, auf ihrem Territorium nicht nur ein Staatsvolk, sondern mehrere Minderheiten leben. Silberstein belegte diese Feststellung mit statistischem Material. Beispielsweise lebten in Lettland mit knapp zwei Millionen Einwohnern außer Letten noch Russen, Weißrussen, Juden, Deutsche, Polen, Litauer, Esten und andere. Im Ausland lebten Letten vor allem in der Sowjetunion, in Litauen und Estland.

In politischer Hinsicht war speziell Litauen von zwei Problemen betroffen. Einerseits war die Hauptstadt Vilnius seit 1920 von Polen besetzt und deshalb Ursache ständiger Spannungen zwischen Litauen und Polen. Andererseits besaß die Hafenstadt Klaipeda (bis 1920 unter dem Namen Memel zu Deutschland gehörig) eine fast 100-prozentige deutsche Bevölkerung und eine international garantierte Autono-

242 Silberstein, Leopold: Národnostní a jazyková problematika států baltických (Die nationale und sprachliche Problematik der baltischen Staaten), Národnostní obzor, VIII (1938), Nr.1, S. 18–28, Nr. 2, S. 103–113 (Orig. tschech.).

mie.[243] Finnland wurde von der Sowjetunion unter Druck gesetzt, Karelien abzutreten, da die Sowjetunion einen direkten Zugang von Leningrad nach Murmansk wünschte.[244]

Abschließend analysierte Silberstein das Nationalitätenrecht in den baltischen Ländern. Finnland erkannte als einziger Staat zwei Staatssprachen an: das Finnische und das Schwedische. In mehreren Städten war Zweisprachigkeit vorgesehen. Er bezeichnete die Nationalitätengesetzgebung in Estland als sehr liberal. Die Minderheiten genossen eine kulturelle Autonomie, besonders im Schulwesen. Seit der Einführung der präsidialen Demokratie nach dem Putsch von 1934 wurde das Nationalitätenrecht bestimmten Modifikationen unterzogen. Diese zielten auf eine Stärkung der estnischen Nationalität. Zu diesen Maßnahmen gehörte auch die Estisierung der Familiennamen. Die Universität von Tartu betrieb eine Politik, die akademischen Veranstaltungen vorzugsweise auf Estnisch abzuhalten, wenngleich in bestimmten Fällen das Deutsche noch zugelassen wurde. Lettland hielt in der Verfassung kein Nationalitätenrecht fest, aber es gab ein besonderes Gesetz über die Schulautonomie. In der Wirtschaft durften Unternehmen nur von Personen geleitet werden, die Lettisch beherrschten. Litauen sah in der Verfassung eine Autonomie nur für kulturelle und wohltätige Institutionen vor. Eine besondere Rolle spielte die Autonomie von Klaipeda, die durch ein Urteil des Internationalen Schiedsgerichts in Den Haag von 1932 geregelt und garantiert wurde. Die Festlegungen zur Autonomie Klaipedas ähnelten sehr den vom Völkerbund erlassenen Regelungen für die Åland-Inseln, die zwar zu Finnland gehörten, aber eine besondere Autonomie der überwiegend schwedischen Bevölkerung vorsahen. Leopold Silberstein verwies darauf, dass sich die enge politische Gemeinschaft von Estland, Lettland und Litauen bemühte, auftretende Probleme auf freundschaftliche Weise zu lösen. Der kulturelle Aufbau der baltischen Völker wurde nach seiner Meinung bestens durch ein lettisches Volkslied charakterisiert, in dem es heißt: »Ich möchte nicht, dass man mich erhebt, ich möchte nicht, dass man mich erniedrigt, ich möchte nur als Gleicher unter Gleichen leben.«

Bereits 1936 hatte Silberstein in der Zeitschrift »Národnostní Obzor« einen ausführlichen Artikel über die staatsrechtliche Stellung der Åland-Inseln veröffentlicht.[245] Darin wertete er eine Arbeit des finnischen Staatsrechtlers schwedischer Nationalität Paul Johann Klinthe »Om teritorialkorporationer. Med särsklid hänsyn till landskapet

243 Unter dem Druck Nazi-Deutschlands gab Litauen die Stadt Klaipeda im Jahr 1939 an Deutschland zurück.

244 Dieser Konflikt führte zum sowjetisch-finnischen Krieg 1939/1940, als dessen Folge Finnland große Teile Kareliens an die Sowjetunion abtreten musste.

245 Silberstein, Leopold: Státoprávní postavení Alandska (Die staatsrechtliche Stellung der Åland-Inseln), Národnostní Obzor (1936), S. 39–46 (Orig. tschech.).

Ålands statsrättsliga ställning« (Über die Gebietskörperschaften. Unter besonderer Berücksichtigung der staatsrechtlichen Stellung des Åland-Bezirks), Helsinki 1936, aus. Diese Inselgruppe liegt am Eingang zum Bottnischen Meerbusen und ist eine mit besonderer Autonomie ausgestattete Provinz Finnlands. Durch eine Entscheidung des Völkerbunds von 1921 erhielten die Åland-Inseln eine weitgehende Autonomie für die schwedische Bevölkerungsmehrheit, die zudem entmilitarisiert wurden. Silberstein untersuchte die Faktoren, die zu der besonderen Autonomieregelung für die Åland-Inseln im Vergleich zur sonstigen Autonomie der schwedischen Bevölkerungsminderheit in Finnland führten. Nach der Unabhängigkeitserklärung Finnlands am 6.12.1917 trat die finnische Regierung den Autonomiebestrebungen der Bevölkerung auf den Åland-Inseln, die sich in zwei Plebisziten bereits für den Anschluss an Schweden ausgesprochen hatte, entgegen, indem sie 1920 einen selbstständigen Bezirk Åland schuf. Wegen des Widerstands der schwedischen Bevölkerung wurde der Völkerbund angerufen, der am 27.6.1921 entschied, dass die Åland-Inseln bei Finnland verbleiben, aber dass ihre Autonomie vom Rat des Völkerbunds garantiert werden sollte. Diese Völkerbundgarantien fanden ihren Ausdruck in einem finnischen Verfassungsgesetz vom 11.8.1922.

Auf den Åland-Inseln existierte als Legislative ein Landtag, als Exekutive ein Landesausschuss und als Organ der Kontrolle des Reiches ein Landeshauptmann. Die Person des Landeshauptmanns musste zwischen dem Präsidenten der Republik und dem Vorsitzenden des Landtags einvernehmlich bestimmt werden. Das Vetorecht des Landtags war durch das übergeordnete Recht des Präsidenten der Republik und Urteile des Obersten Gerichts Finnlands, die konsultative Wirkung besaßen, eingeschränkt. Das Oberste Gericht griff direkt nur in Kompetenzkonflikte der örtlichen Exekutive und Administration ein.

Leopold Silberstein diskutierte die unterschiedlichen Auffassungen finnischer und schwedischer Staatsrechtler zum Ausmaß der Autonomie, die durch unscharf definierte Termini der Gebietskörperschaften und die übergeordneten Gesetze der finnischen Verfassung hervorgerufen wurden. Andererseits waren die legislativen Rechte des Landtags der Åland-Inseln vom Völkerbund recht klar umrissen. Umstritten war die Behandlung neu auftretender Rechtsfragen, damit sie einerseits nicht zu einer Einschränkung der Autonomie, andererseits nicht zu konkurrierenden staatlichen und Bezirksgesetzen führte.

Auch diese Abhandlung über den Sonderfall der Autonomie der Åland-Inseln zeigt das tiefe Interesse Silbersteins für die Nationalitätenprobleme in Europa, die in der Zeit zwischen den beiden Weltkriegen zu vielfältigem politischem Streit geführt hatten. Nicht zuletzt waren auch in der damaligen Tschechoslowakei ungeachtet der demokratischen Staatsführung die Nationalitätenprobleme ungenügend gelöst und boten Ansatzpunkte für die Wühltätigkeit Nazi-Deutschlands im Sudetenland, aber auch um die tschechoslowakisch-polnischen Auseinandersetzungen um das Teschener Gebiet anzufachen.

Aus der Zeit der Tätigkeit von Leopold Silberstein als Lektor an der Universität Tartu stammte eine Rezension über Karl Jaspers Werk »Nietzsche, Einführung in das Verständnis seines Philosophierens«, die in der Zeitschrift »Philosophia« in Belgrad erschien.[246] Diese Zeitschrift hatte der deutsche jüdische Philosoph Arthur Liebert[247] gegründet. Silberstein hatte Prof. Liebert an der Berliner Universität kennengelernt und ihn zuletzt im Sommer 1937 auf dem 9. Internationalen Philosophenkongress in Paris getroffen. Prof. Liebert rief in Belgrad die Gesellschaft »Philosophia« ins Leben, die entsprechend einer Liste aus dem Jahr 1937 Mitglieder aus 21 Ländern umfasste. Sie schloss auch Leopold Silberstein mit dem Eintrag »ESTLAND Tartu, Dr. Leopold Silberstein, Lektor a. d. Universität« ein.[248] Silberstein hatte diese Mitgliedschaft im o.g. Bericht vom 19.5.1938 an den Dekan der Philosophischen Fakultät der Universität Tartu erwähnt.

L.S. veröffentlichte im Jahr 1939 in der Zeitschrift »Looming« einen Artikel »Välismaalt. Humanismi uuestisünnist« (Ausland. Die Renaissance des Humanismus), in dem er das von Prof. Liebert herausgegebene dritte Jahrbuch »Philosophia – philosophorum nostri temporis vox universa« mit dem Schwerpunktthema **Renaissance des Humanismus** besprach.[249] In dem vorliegenden Manuskript hob er besonders hervor, dass angesichts der durch die Zeitumstände erzwungenen allgemeinen Reduzierung des Umfangs geisteswissenschaftlicher Publikationen die Bereitstellung von 15 Druckbogen für das Problem »Renaissance des Humanismus« freudigst zu begrüßen sei. Silberstein verwies darauf, dass der zeitgenössische Humanismus sich »auf den Generalnenner des Antinaturalismus, des Kampfes um Eigenart und Eigengesetzlichkeit des Geistigen bringen« lässt. Auch gegen die bisherige Form der Lebensphilosophie stellt sich der neue Humanismus, was an der Kritik von Karl Löwith und Martin Buber an den Philosophen Scheler und Heidegger sichtbar wird. Dem stellte Buber seine Lebensphilosophie entgegen, indem er aussprach: »Nur Menschen, die fähig sind, zueinander wahrhaft Du zu sagen, können miteinander wahrhaft Wir sagen.«

246 Ders.: [Rezension] Karl Jaspers, Nietzsche, Einführung in das Verständnis seines Philosophierens; Philosophia, Beograd 1937, S. 326–330.

247 Arthur Liebert (1878–1946) war Professor für Philosophie an der Friedrich-Wilhelm-Universität Berlin. Wegen seiner jüdischen Herkunft wurde er 1933 zwangsemeritiert, wonach er nach Belgrad ging. Dort gründete er die Gesellschaft Philosophia und die gleichnamige Zeitschrift. 1939 siedelte er nach England über. Nach dem Krieg kehrte er nach Berlin zurück und lehrte bis zu seinem Tod an der Humboldt-Universität.

248 Mitgliederverzeichnis der Gesellschaft Philosophia No. 2. 1. Februar 1937–31. Dezember 1937, Philosophia, Beograd 1937, S. 433–443.

249 Silberstein, Leopold: Välismaalt. Humanismi uuestisünnist (Ausland. Die Renaissance des Humanismus), Looming (1939) Nr. 6, S. 673f. (Orig. estn.).

In dem Aufsatz von K. Löwith »Die Einheit und die Verschiedenheit der Menschen« führte er aus, dass die Einheit der Menschen nicht durch die Zugehörigkeit zur Species homo sapiens gegeben sei, denn ihre Besonderheit bestünde gegenüber allen Tierarten darin, dass man »menschlich« sein, unter sie zurückfallen, »vertieren« oder »vegetieren« und auch über sie hinauswachsen könne. »Der Mensch sei also nicht ohne weiteres human, sondern (nach Herder) ›zur Humanität bestimmt‹.« Löwith kritisierte insbesondere die Negation der allgemeinen Menschheit und den Nihilismus bei Scheler, Heidegger und Carl Schmitt. Leopold Silberstein zog daraus die Schlussfolgerung: »Sind die Schwierigkeiten des humanitären Denkens nicht gering, so sind die des antihumanitären Denkens womöglich noch grösser.«

Hinsichtlich der künstlerischen Inspiration des humanitären Wollens zeigte Silberstein, dass »in das Gewand des ›neuen Humanismus‹ sich kulturreaktionäre Bestrebungen einkleiden können, wogegen die Beiträge aus der schwedischen Bewegung des ›Christlichen Humanismus‹ […] bei aller festen Verwurzelung in einer bestimmten Glaubensgrundlage einen erfreulich weltoffenen Eindruck machen und eine gesunde nationale Kulturtradition in glücklicher Weise mit Menschheitsidealen zu vereinen verstehen.«

Abschließend sprach Leopold Silberstein den Wunsch aus, dass das von Liebert herausgegebene Jahrbuch »möglichst vielen Lesern, auch ausserhalb der ›zünftigen‹ philosophischen Kreise, in Geist und Seele eindringen [möge]. Denn zwischen ›Kenntnis‹ (science) und ›wachsender Humanität‹ (growth of humanity) besteht in der Tat […] ein inniger Zusammenhang. Wenn die neuhumanistischen Bestrebungen allgemein bekannt und studiert werden, wird auch Marvins These sich voll bewahrheiten: ›The light is breaking‹.«

Es sei an dieser Stelle hinzugefügt, dass Silberstein in der »Prager Presse« des öfteren über die Werke des Philosophen Karl Jaspers, besonders unter dem Aspekt der Überwindung des Irrationalismus berichtet hatte, und zwar am 31.10.1931[250], 2.4.1932[251], 5.4.1936[252] und 20.9.1936[253].

Der oben erwähnte, in der Zeitschrift »Looming« veröffentlichte Aufsatz »Kolm viimast aastat tšehhoslovakkia kirjanduses« (Tschechoslowakische Literatur in den letzten drei Jahren) war als Fortschreibung des 1935 erschienenen Beitrags »Tänapäeva tšehhi kirjandus« (Tschechische Literatur heute) angelegt. Zunächst stellte Silberstein fest, dass das Jahr 1937 einen Generationswechsel hinnehmen musste, waren damals außer dem Staatspräsidenten T.G. Masaryk so markante Persönlichkeiten wie

250 Ders.: Diagnose der Gegenwart, Prager Presse vom 31.10.1931.
251 Ders.: Karl Jaspers »Philosophie«, Prager Presse vom 2.4.1932.
252 Ders.: Ueberwindung des Irrationalismus, Prager Presse vom 5.4.1936.
253 Ders.: Philosophie der reinen Immanenz und ihr Scheitern, Prager Presse vom 20.9.1936.

der Politiker Karel Kramář, der Historiker Josef Pekař und der Literaturkritiker F.X. Šalda verstorben. Gerade F.X. Šalda hatte durch sein Ableben aufgrund seiner einzigartigen Stellung im tschechoslowakischen Kulturleben eine nicht aufzufüllende Lücke hinterlassen.

Hinsichtlich der jüngsten Entwicklung der Lyrik in der Tschechoslowakei konstatierte Silberstein eine Tendenz des jungtschechoslowakischen »Poetismus« zum l'art pour l'art. Aber im Gegensatz zur Dekadenz der französischen Symbolisten oder dem »priesterlichen Getue der George-Schule« kamen die Gegenwartsthemen zu Wort. Als Beispiel nannte er die »Polarität zwischen dem künstlerischen Wolkenkuckucksheim und der Realität nationalen und sozialen Lebens« bei dem Lyriker Jaroslav Seifert. Der bedeutendste der Poetisten, Vítěslav Nezval, fand in den Trauergedichten für Masaryk den Ausdruck einfacher Monumentalität, »die für Zeiten der Not das Auferstehen des alten Gebieters von den Toten ankündigt«. Entsprechend der Politik der Tschechoslowakei besprach Silberstein auch das Schaffen der slowakischen Lyriker, an deren Spitze er Ján Smrek (eigentlich Četiek) erwähnte.

Zu den sozial engagierten Lyrikern gehörte Òndra Łyschorsky, der die dem Polnischen stark angenäherte »lachische« Mundart des tschechoslowakischen Kohlenreviers dichterisch eingesetzt hatte.

Der führende Prosaist war nach wie vor Karel Čapek. Leopold Silberstein bescheinigte seinem fantastisch-realistischen Roman »Krieg mit den Molchen«: »erstaunliche Leichtigkeit, Vielseitigkeit, Assoziationsfähigkeit der Invention verbunden mit jener souveränen Zweideutigkeit, die ohne zu verletzen jedermann an eigene Fehler und Dummheiten zu gemahnen scheint. Müssig zu raten, wen der Dichter mit jenen robotenden Molchen gemeint haben mag, welche die Menschheit zu ihrem eigenen Schaden zur Arbeit dressiert und zu einem gewissen intellektuellen Niveau hochgezüchtet hat, um sie schliesslich in der Stunde lebensgefährdender Bedrohung noch mit Waffen zu beliefern. Genial ist die Parodie auf das heutige Berichterstattungswesen in der Darstellung des Hochkommens jener Molche an Hand fingierter Zeitungsausschnitte; mit geradezu filmischem Tempo wird der Leser aus dem tiefsten Kolonialkrähwinkel in die amerikanische jeunesse dorée, in die Generalversammlung einer europäischen Mammut-Aktiengesellschaft, in die Laboratorien von Naturforschern aller Schattierungen geschleudert, und mitten drin parodiert Čapek noch das Tschechisch des Biedermeier.«

Als Zeitromancier großen Formats stellte Silberstein Edmond Konrád heraus, dessen Roman »Verlockung nach dem Umsturz« ein überwältigend reiches Gesellschaftspanorama lieferte. Egon Hostovský legte mit dem »Fall des Professors Körner« »eine bemerkenswerte Charakterstudie eines seelisch und körperlich gebrochenen jüdischen Intellektuellen [vor], der von seinem Ursprung fortstrebt, aber an seinen weit robusteren Partnern in der Ehe wie in der Freundschaft zugrunde geht.«

Der Arzt Benjamin Klička (eigentlich Frágner) lieferte mit »Flucht aus dem Jahrhundert« eine amüsante Karikatur der psychoanalytischen Behandlungsweise. Den Zeitkritikern sind auch Vertreter einer ruralistisch-regionalistischen Tendenz zuzurechnen, wie Jan Čarek, Josef Knap und František Křelina, die die Probleme der Arbeitslosen aufgriffen. Ivan Olbracht hatte seine Reportage »Berge und Jahrhunderte« über Karpathorussland mit der Sammlung »Galuth im Tale« fortgesetzt.

Leopold Silberstein betonte, dass die tschechischen und die slowakischen Schriftsteller fast gleichlaufende Tendenzen verfolgten, was die Einheit der Nation demonstriere. Die offizielle Politik der ČSR bemühte sich damals verstärkt, besonders angesichts der von Nazi-Deutschland angeheizten Sudeten-Krise, die Einheit der in ihrem Land lebenden Volksgruppen zu demonstrieren.

Der Erste Weltkrieg und die nationale Befreiung bildeten nach wie vor ein unerschöpfliches Thema für die tschechoslowakischen Schriftsteller. So schilderte Vladis lav Vančura in »Drei Ströme« eine episch breit angelegte Lebensgeschichte eines tschechischen Intellektuellen.

Obwohl die Dramatik in der tschechischen Literaturgeschichte historisch gesehen keine herausragende Rolle spielte, hatte sich in Prag ein vielseitiges, modernes Theaterleben entwickelt. Daran hatte Otokar Fischer, der die zwei Häuser des Nationaltheaters leitete, einen herausragenden Anteil. Karel Čapek, der als Dramatiker Weltruf errungen hatte, brachte unlängst in der »Weissen Krankheit« ein politisches Zeitdrama auf die Bühne. War das Theater früher die stärkste Stütze des nationalen Selbstbewusstseins, so entwickelte es sich in den letzten Jahren immer mehr zur Tribüne für Zeitfragen.

Bis Anfang 1939 fuhr Leopold Silberstein in den Semesterferien zu seiner Familie nach Prag zurück. Vom Juni 1938 datiert ein umfangreiches Manuskript von ihm über »Soziologische Arbeit in der Tschecho-Slovakei«, in dem repräsentativ insgesamt 64 soziologische Arbeiten aus den 30er-Jahren vorgestellt werden.[254] Die Abhandlung ist in folgende Abschnitte untergliedert:

A. Allgemeines und Methodologie
B. Soziographie
C. Politische und nationale Soziologie (einschließlich Berufssoziologie und politischer Anthropologie)
D. Geschichtssoziologie
E. Sonstige Kultursoziologie

Unter »Allgemeines und Methodologie« unterschied Silberstein in der Tschechoslowakei zwei Hauptströmungen der soziologischen Forschung:

254 Ders. Soziologische Arbeit in der Tschecho-Slovakei, maschinengeschriebenes Manuskript (1938), 54 Seiten.

– den Objektivismus am soziologischen Seminar der Karls-Universität (Prager Schule)
– den Nicht-Objektivismus am soziologischen Seminar der Brünner Masaryk-Universität (Brünner Schule).

Er hob das Wirken von E. Chalupný, der der Brünner Schule zuzurechnen ist, hervor, der sich um ein allgemeines System der Soziologie bemühte. Aus der Prager Schule erwähnte er unter anderem die soziologischen Untersuchungen von Z. Ullrich über das moderne Leben.

Auf dem Gebiet der Soziografie wurde von einer Studie des Statistischen Staatsamtes der ČSR zum Lebensstandard der Bevölkerung mittels sogenannter Konsumhefte berichtet, wobei Silberstein einschränkend kritisierte, dass diese Studie wegen der kleinen Stichprobe nicht repräsentativ sei. Er erwähnte ferner eine Forschung von J. Král und Z. Ullrich über die Verstädterung der Umgebung von Prag. Dabei wurde festgestellt, dass sich dieser Urbanisierungsprozess nicht kontinuierlich-konzentrisch, sondern von lokalen Verstädterungszentren ausgehend vollzog. O. Machotka untersuchte das Verhalten sozial bedürftiger Familien in Prag. Machotka forderte auch, dass ein Apparat von Sozialarbeitern für eine moderne Gesellschaft ebenso notwendig wie chemische Laboratorien sei. Leopold Silberstein unterstrich, dass Machotka die Maxime des Mitbegründers der neuzeitlichen Soziologie Auguste Comte »Savoir pour prévoir et pourvoir« [Wissen, um vorauszuschauen und sich zu kümmern] in bemerkenswerter Weise erfüllt hätte.

Hinsichtlich der nationalen und politischen Soziologie hob Silberstein den Beitrag von T.G. Masaryk hervor, dem eine Synthese von tatsachentreuem Realismus und idealistischer Normsetzung gelungen sei. Aus der Prager Schule stammte eine Kollektivpublikation von Boháč, Machotka, Mertl, Šauer, Ullrich und Ziegler, die den populationistischen, wirtschaftlichen, ideenmäßigen und politischen Fragen der Gegenwart gewidmet war (Populační, hospodařský, ideový, politický dnešek, Prag 1934). Insbesondere Ullrich stellte fest, dass der sich entwickelnde Mittelstand, der in seiner Lebenshaltung über dem Arbeiter steht, kein Klassenbewusstsein entwickelt. Als bemerkenswertesten Beitrag zur tschechoslowakischen Berufssoziologie bezeichnete Silberstein eine Untersuchung von A. Obrdlík über Beruf und öffentliches Wohl (Povolání a veřejné blaho, Prag 1937). Darin untersuchte Obrdlik mittels Fragebogen das Ansehen von 13 ausgewählten Berufen. Entsprechend dieser Studie genoss nach dem Bauern der Lehrer das höchste Prestige. Alle Berufe, die mit menschlichen Gegensätzen zu tun hatten, wie Politiker, Geistliche, Advokaten, fielen in die hinteren Ränge – als Ausdruck der Unzufriedenheit mit der gesellschaftlichen Situation. Bei Untersuchungen zum Bevölkerungsproblem war der Einfluss irrationalistischer Tendenzen spürbar, die sich an Spenglers Vorstellungen anlehnten, indem die Volksvitalität mit dem Vermehrungswillen gemessen wurde und sozialer Wohlstand und Sozialpolitik als »Altersverfall« der Nation gegeißelt wurden.

Auf dem Feld der Geschichtssoziologie spielte nach der Analyse von Leopold Silberstein vor allem die Debatte um den Hussitismus, die zwischen den beiden Hauptopponenten Josef Pekař und Jan Slavík entbrannt war, eine bedeutende Rolle. Während Pekař im Hussitismus nur eine Fortsetzung des Mittelalters sah, gelangte Slavík durch komparativ-soziologisch geprägte Untersuchungen der Geschichte zu einer entgegengesetzten Einschätzung.

Im Hinblick auf die sonstige Kultursoziologie wurde das Wirken des Prager Linguistischen Zirkels (PLK) besprochen, der mit seinem ganzheitlichen Ansatz den Zusammenhang zwischen Sprachentwicklung und Gesellschaft in den Mittelpunkt rückte. Silberstein diskutierte mehrere Arbeiten der Leiter des PLK Mathesius, Havránek, Jakobson und Mukařovský.

Eine Besprechung des Werks »Die soziologischen Theorien der Gegenwart« des russischen Soziologen Pitirim Sorokin, das Dr. Zdeněk Ullrich herausgegeben und seine Frau Dr. Blažena Ullrichová ins Tschechische übersetzt hatte, in der »Prager Presse« vom 15.2.1936[255] belegt den persönlichen Kontakt Silbersteins mit Zdeněk Ullrich. Dr. Ullrich war Privatdozent der Soziologie an der Prager Karls-Universität. Silberstein übersetzte für Ullrich die Arbeit »Soziologische Studien zur Verstädterung der Prager Umgebung«, die dieser 1938 in der Knihovna Sociálnich Problémů (Bibliothek der sozialen Probleme) herausgegeben hatte, zum größten Teil ins Deutsche.[256] Silberstein besprach auch das erwähnte Buch »Beruf und öffentliches Wohl« (Povolání a veřejně blaho) von Dr. Antonín Obrdlík in der »Prager Presse«.[257]

Aus Silbersteins Interesse für Probleme der Soziologie entsprang auch die Rezension über das Buch »Byrokracie« (Die Bürokratie) von Doz. Jan Mertl.[258] Darin analysierte Mertl das Verhältnis der leitenden Beamtenschaft zum Staat in vier demokratischen Staaten: England, USA, Frankreich und Tschechoslowakei. Mertl verwies darauf, dass der moderne demokratische Staat nicht mehr neutraler Schiedsrichter zwischen widerstreitenden Privatinteressen sein will, sondern auf allen Gebieten des öffentlichen Lebens, vor allem der Wirtschaft, eingreifen muss. Der Staat habe ein dringendes Interesse an einer Verbesserung der Qualifikation seiner leitenden Beamten. Neben einer ausreichenden Besoldung und der Stärkung des gesellschaftlichen Prestiges der Beamtenschaft sei es notwendig, das neu auszubildende Berufsethos mit einer überparteilichen demokratischen Staatsideologie zu verbinden.

255 Ders.: [Rezension] Die soziologischen Theorien der Gegenwart, Prager Presse vom 15.2.1936.
256 Ders.: (Mitarbeit: Übersetzung ins Deutsche), Ullrich, Zdenek (Hrsg.): Soziologische Studien zur Verstädterung der Prager Umgebung, Verlag der Revue »Soziologie und soziale Probleme«, Prag (1938).
257 Ders.: Berufsprestige und Berufsantagonismus, Prager Presse vom 24.8.1938.
258 Ders.: Soziologie der Bureaukratie, Prager Presse vom 24.7.1937.

Das Haus in Tartu, Kalevi 6, in dem Leopold Silberstein im Jahr 1938 gewohnt hat (Ansicht von 2013)

Hier springt unausgesprochen der Gegensatz zur Beamtenschaft in Deutschland ins Auge. Während der Weimarer Republik sabotierten die Beamten zu großen Teilen die demokratischen Ziele des Staates, und in Nazi-Deutschland wurden sie auf den »Führer« verpflichtet.

Leopold Silbersteins anerkannte Stellung in der tschechoslowakischen Wissenschaft kommt auch darin zum Ausdruck, dass er den Philosophen J.B. Kozák anlässlich seines 50. Geburtstages[259] und den Psychologen Mihajlo Rostohar[260] [261] zu seinem 60. Geburtstag in der »Prager Presse« würdigte.

Bei seinen Aufenthalten in Prag während der Semesterferien setzte Silberstein seine literaturwissenschaftliche Arbeit fort, insbesondere arbeitete er mit dem bekannten Prager Germanisten Prof. Hugo Siebenschein zusammen, sowohl bei der Ausarbeitung deutscher Lehrbücher für Tschechen als auch tschechischer für Deutsche. Eines dieser in Zusammenarbeit entstandenen Lehrbücher trägt den Titel »Čech mezi Němci« (Böhmen unter Deutschen).[262] Bei seiner Lehrtätigkeit zur tschechischen Sprache benutzte Silberstein ein Lehrbuch von Hugo Siebenschein. Von der Freundschaft mit ihm zeugt auch eine Rezension von Siebenscheins »Abhandlungen zur

259 Ders.: Prof. J.B. Kozák – 50 Jahre, Prager Presse vom 4.8.1938.
260 Mihajlo Rostohar (1878–1966) war ein slowenischer Psychologe, Autor und Erzieher.
261 Silberstein, Leopold: Prof. Mihajlo Rostohar – 60 Jahre, Prager Presse vom 30.7.1938.
262 Siebenschein, Hugo; Silberstein, L. (Mitarbeit): Čech mezi Němci (Böhmen unter Deutschen), Orbis, Prag 1938.

Wirtschaftsgermanistik«. Leopold Silberstein schrieb darin, dass Siebenschein als tschechischer Germanist vom Standpunkt des Masarykschen Humanismus der deutschen Kultur aufgeschlossen gegenübertrat und seine Abhandlungen methodisch mit den Mitteln der funktionalen Linguistik bearbeitete, in der das Wirken des Prager Linguistischen Zirkels sichtbar wurde (Prof. Siebenschein hatte im PLK auch über das Thema der Wirtschaftslinguistik vorgetragen). Silberstein hob hervor, dass Siebenschein ein ernsthafter Liebhaber der deutschen Sprache sei, der die subtilsten Eigenschaften und Möglichkeiten des Deutschen erfasse.[263]

Zuletzt kehrte Leopold Silberstein in den Weihnachtsferien im Dezember 1938 von Tartu nach Prag zu seiner Familie zurück. Am 1.10.1938 wurde das Sudetengebiet von deutschen Truppen besetzt, worauf Präsident Beneš zurücktrat und sich in die Emigration nach London begab. Die Familie feierte das Weihnachtsfest in sehr bedrückter Stimmung, weil es immer deutlicher wurde, dass Hitler sich mit dem Geschenk des abgetretenen Sudetenlands nicht begnügen würde und Europa auf einen Krieg zusteuerte.

Bei einem Aufenthalt im November 1938 in Prag besuchte Silberstein zusammen mit dem estnischen Schriftsteller Valmar Adams den schon erkrankten Karel Čapek[264] auf seinem Landsitz nahe Prag. Darüber berichtete Adams in seinem Roman »Esta allub ellu«. Nach der Abtretung des Sudetenlands an Nazi-Deutschland hatten profaschistische tschechische Kräfte in der Presse und in der Literaturkritik eine Verleumdungskampagne gegen Čapek initiiert. Adams schilderte das Gespräch mit Karel Čapek:[265]

> »Wie geht es Ihnen, Herr Čapek?«
> »Gut, gut!«
> »Haben Sie in der letzten Zeit keine Schwierigkeiten gehabt?«
> »Nicht mehr als mein Volk.«
> »Sind Sie immer noch glücklich?«
> »Wie kann ich glücklich sein, wenn mein Volk es nicht ist?«
> »Ja, alles ist so gekommen, wie Sie es vorhersahen. Roboter und Salamander erobern die Welt.«

263 Silberstein, Leopold: [Rezension] Siebenschein, Hugo: Abhandlungen zur Wirtschaftsgermanistik – Praha 1936, Orbis, Národnostní obzor IV (1937), H.1, S. 71–73 (Orig. tschech.).

264 Karel Čapek (1890–1938) war ein bedeutender tschechischer Schriftsteller des 20. Jahrhunderts. Sein Bruder Josef Čapek prägte das Wort Roboter, das Karel Č. zuerst in dem Schauspiel R.U.R. (Rossums Universal-Robots) benutzte. Čapek war mit dem Staatspräsidenten Masaryk befreundet. In den 30er-Jahren warnte Karel Čapek vor dem Nationalsozialismus und Faschismus. Deshalb galt er der Gestapo als Staatsfeind Nr. 2. Nach dem Münchner Abkommen nahm er keine Nahrung mehr zu sich und starb zwei Monate später an Lungenentzündung.

265 Adams, V.: Esta astub ellu, S. 313f.

Silberstein mischte sich ins Gespräch:
»Nordische Roboter, gezüchtete Arier. Was erwartet uns, Maestro?«
»Die Barbarei. Vielleicht der Untergang der europäischen Kultur.«

Silberstein: »Für den endgültigen Sieg der Barbarei müssen die Salamander die Geheimnisse der Genetik verwenden.«

Čapek erwachte wie aus dem Schlaf und fragte wie ein neugieriger Student:
»Genetik? Sie ist doch ein Zweig der Biologie, den mein Landsmann Gregor Mendel gegründet hat.«

Adams: »Derselbe, dessen Lehre von der nach Mendel genannten Volksuniversität propagiert wird. Zu deren Jubiläum ich nach Brünn gefahren bin. Aber diesen Wissenschaftszweig könnte man über den Bereich der Botanik hinaus entwickeln, und auch auf Menschen und Tiere beziehen. Die Gesetze der Vererbung von Mendel gelten für alles Lebende. Und dann müssten die Hitlers sich beim Bau ihres Spartas nicht auf Propaganda und Rhetorik beschränken. Sie könnten die kriegerischen Salamander schon im Mutterleib züchten. Die Nazi-Ärzte experimentieren in den Todeslagern. Zunächst jedoch nur mit Föten. Sie untersuchen den Code der Vererbung und die Lebensgrenzen des biologischen Stoffes. Das ist aber sicher erst der Anfang. Früher oder später wird man die ganze Natur des Menschenkörpers und alle Geheimnisse der Biologie entdecken.«

In Prag schrieb Leopold Silberstein einen Artikel über Karel Čapek, der am 25.12.1938 gestorben war, für die Zeitschrift »Looming«. In einem Brief aus Prag an den damaligen Chefredakteur J. Semper vom 17.1.1939 heißt es:[266]

Lieber Herr Semper,

Hoffentlich kommt der vorstehende Čapek-Artikel noch für die Februar-Nummer des »Looming« zurecht. Ich bin Ende Januar wieder in Tartu und freue mich aufs Wiedersehen. Meine Frau, die wiederum hier bleibt, denkt an Sie beide in Herzlichkeit. Unsere gemeinsamen Prager Bekannten, die Herren Siebenschein, Eisner und Pick[267]*, haben mir viele Grüsse an Sie beide aufgetragen, besonders angelegentlich Herr Pick.*

Stets ganz der Ihrige
Leopold Silberstein

266 Schreiben Leopold Silberstein an J. Semper vom 17.1.1939, Estnisches Literaturmuseum, Fonds 188 J. Semper, M8:26 (Orig. estn.).

267 Otto Pick (1887–1940) war ein jüdischer tschechischer Journalist, Übersetzer, Schriftsteller und Dichter. Er berichtete in der »Prager Presse« regelmäßig über das Theaterleben. Er übersetzte Werke von Karel Čapek ins Deutsche und Stefan Zweigs Novelle »Magellan« ins Tschechische. 1939 emigrierte er nach London, wo er auch verstarb.

In dem Essay über Karel Čapek hob Silberstein das fantastische Roboterstück R.U.R. als Čapeks ersten Welterfolg hervor.[268]

> »Ein Welterfolg setzt Weltläufigkeit des Charakters voraus [...]. [Er] war der Berufene, die tschechische Literatur durch Gründung des Prager PEN-Klubs auch organisatorisch an die Weltliteratur anzuschließen [...]. Diese Weltläufigkeit schlug aber auch wie von selbst die Brücke zu dem grossen Universalisten des politischen und wissenschaftlichen Lebens der Nation: zu T.G. Masaryk. Die Freundschaft mit dem Präsidenten-Befreier kann als das bemerkenswerteste Ereignis in Čapeks Leben angesprochen werden. Jeden Freitag nachmittag traf sich in Čapeks Villa ein Kreis von Dichtern, Professoren und Politikern, und nicht selten rief [...] das Telefon dazwischen, um den Besuch des Herrn Präsidenten T.G.M., des ›Dalai Lama, des alten Herrn oder auch des greisen Landesherrn‹ anzukündigen. Diese Voranmeldung war freilich weniger von zeremoniellen als von hygienischen Erwägungen inspiriert: die zwischen Anmeldung und Ankunft liegende Zeitspanne wurde zur gründlichen Lüftung der Räumlichkeiten von den Čapeks und seiner Freunde Zigaretten und Pfeifen entstammenden Rauchwolken genützt. Ein grosser Teil der ›Gespräche mit T.G. Masaryk‹, in welchen Čapek Masaryks Ideen und Stil der eigenen Darstellungsweise meisterhaft amalgamiert hat, ist an diesen Freitagen im Urbilde wirklich geführt worden.«

Leopold Silberstein periodisierte Čapeks Schaffen in eine vorfantastische, eine fantastische und eine überfantastische Epoche, wobei das Präfix »über« sowohl Steigerung als auch Überwindung bedeutet.

Ein charakteristisches Werk dieser ersten Phase ist das Drama »Der Räuber«, »das an den Schillerschen Erstling nur im Titel, aber wahrlich nicht in der Geisteshaltung gemahnt. Čapeks Räuber, auch er ein Verächter des Herkommens, ist vor allem gründlich pathosfrei, er pocht auf Jugend, natürliche Intelligenz und **sex appeal**; der ›alte Moor‹, dem er die Tochter ausspannt, hat sich durch **cant** [Gejammer] selbst gründlich ins Unrecht gesetzt; es fliesst zwar Blut, aber wir glauben an die Möglichkeit ernsthafter Tragik so wenig wie bei ein paar ausgeschlagenen Zähnen im Boxring. Die englischen Ausdrücke gleiten uns nicht zufällig in die Feder [...]. Čapeks Räuber hat etwas von Shaws Dubedat an sich, trotzdem ihn der Geruch der böhmischen Wälder umwittert. Und angelsächsisch ist auch das technizistische Element, ohne das Čapeks zweite Periode, die phantastische, nicht denkbar wäre.«

In dieser zweiten Epoche ist das berühmte Roboterdrama R.U.R. entstanden. Die rein technische Seite hat Čapek solche Freude bereitet, »dass er sie mit einem Maximum an Detailliertheit ausarbeitet, das überhaupt mit schöner Literatur verträglich

268 Silberstein, Leopold: Karel Čapek, Looming (1939) Nr. 4, S. 187–192 (Orig. estn.).

ist. […] Nicht in der Technik, sondern im Menschen liegt der Fehler, der den schliesslichen Krach der Erfindung herbeiführt. […] das in den atomzertrümmernden Maschinen […] freiwerdende Absolutum erzeugt ungemessene Güter nur an einzelnen Stellen, ohne sich um die Distribution zu kümmern: Čapek hat hier das Problem des ›Verhungerns in der Fülle‹, welches erst ein Jahrzehnt später in der Weltwirtschaftskrise akut wurde, geradezu prophetisch vorausgesehen«.

Der überfantastischen Periode gehört der Roman »Der Krieg mit den Molchen« an. Hier geht es »um menschliche Verrichtungen vermöge Abrichtung fähiger Tiere, die halb im Dienste der menschlichen Interessenkämpfe, halb infolge eigenen erwachten Machtstrebens einen furchtbaren europäischen Krieg, die Zerstörung des Kontinents vom Wasser her, hervorrufen – wieder mit der regionalistisch-ironischen Variante, dass in Prag alles beim alten bleibe, wenn selbst Dresden schon dank der Sprengtätigkeit der Molche im Meer versunken sei.«

In dieser Epoche trat das Technizistische zugunsten der beiden beherrschenden Ideen Menschlichkeit und Mehrdeutigkeit in den Hintergrund. Leopold Silberstein fasste Čapeks Wesen und Liebe zur tschechischen Sprache mit diesen Worten zusammen:

> »Čapek war zweideutig und mehrdeutig. Manche zweifelten daran, woran er eigentlich glaube, und gerade er war es, der nicht den Lebenswillen aufbrachte, die Erste Republik, den Staat T.G. Masaryks, zu überdauern. Das andere politische Lager griff ihn, zumal nach München, aufs heftigste an, und mancher im eigenen Lager fand ihn nicht entschieden genug, und doch schloss sein Begräbnis, gleich dem T.G. Masaryks, die ganze Nation, ja wegen des Unglückes vielleicht noch fester, zu einhelliger Trauer zusammen. Er war weltläufig, […] doch aber unverwechselbarer Tscheche, […] vor allem in seiner Bindung an den Genius der Sprache, an welche er […] die Liebeserklärung gerichtet hat: ›Noch aber muss ich dich preisen, dich, tschechische Rede, die du zu den allerschwersten und an Bedeutung mannigfacher Art wie Abstufungen reichsten Sprachen gehörst, du vollkommenste, feinfühligste und kadenzierteste aller Sprachen, die ich kenne oder habe reden hören. Ich wünschte, alles aufschreiben zu können, was du auszudrücken vermagst; ich wünschte ach, ein einziges Mal nur alle schönen, gemessenen und lebfrischen Worte in Anwendung zu bringen, die in dir beschlossen liegen. Niemals hast du dich mir versagt; nur ich war es, der versagte, da ich in meinem harten Schädel nicht genügend Bewusstsein, genügend Geistesflug, genügend Erkenntnis aufbot, um alles das haargenau auszudrücken. Ein hundertfältiges Leben müsste ich leben, um völlig deiner inne zu werden: bis nun hat niemand je gänzlich erschaut, was du bist; noch stehst du vor uns, geheimnisvoll, überschäumend und weiter Ausblicke teilhaftig, du Selbstgewissen eines Volkes, dessen Weg nach oben führt.‹«

Aufgrund einer Information seines Freundes Prof. Friedrich Slotty wendete sich Silberstein in einem Brief vom 13.1.1939 an die in London beheimatete Society for the Protection of Science and Learning, die versuchte, Wissenschaftlern, die durch die Verfolgung der Nazis ihre Existenz verloren hatten, eine Stellung in einem westlichen Staat zu vermitteln. In dem Brief heißt es u. a.:[269]

> »I studied Slavonic languages and literatures under the direction of Prof. Alexander Brückner and Prof. Karl Stählin in Berlin. I prepared my habilitation for Slavonic Literature and Eastern European History at the University of Berlin. These efforts became impossible in 1933. As a Jew I left Germany and began to settle at Prague with my wife and my children because I had many scientific relations with Prague since years. Several years we lived in privation for I could not take with me, of course, my German fortune. At last I succeeded in getting the position of a lecturer of Czechoslovakian language and culture at the University of Tartu/Estonia/, by the aid of the Czechoslovakian Government. My agreement ends on the 1st of August, 1939, and it will not be prolonged on account of economical reasons and because I am not born in Czechoslovakia.[270] After the 1st of August, 1939, I shall not have any existence for myself, my wife and my two children. Therefore I beg leave to ask you, Gentlemen, if You would be so kind as to help me in getting a new position in Great Britain, France or the United States of America. I am now 38 years old; I worked in Slavonic matters and have specification in the Western Slavonic matters, but I appropriated also my eager attention to the Russian and Yugoslav questions, all these from the grammatical, historical and literary point of view. I studied also Philosophy and Sociology and I am able to work in all important languages of the world. Since I published in French, German, Czech and Polish languages. Therefore I beg you to find a new position at an University. If You wish I can send You references of Professors at the Universities of Berlin, Prague and Tartu/Dorpat/, also a list of my books and articles […].«

Diesen Brief beantwortete die Sekretärin der Gesellschaft, Esther Simpson, am 19.1.1939 mit dem Hinweis, sich selbst um eine Position in den USA zu bemühen:[271]

> »We shall do our best to find a suitable position for you, though conditions just now are extremely difficult. If you have any contacts in U.S.A., we would advice you to get into touch with them without delay, as there are better prospects in that country than in Europe.«

269 University of Oxford, Bodleian Library, MS. S.P.S.L. 311/3, fol. 460 (Orig. engl.).

270 In einer vertraulichen Auskunft für die Gesellschaft gab er »laut mündlicher Auskunft ausschliesslich ›rassische‹ Zugehörigkeit« an.

271 University of Oxford, Bodleian Library, MS. S.P.S.L. 311/3, fol. 461.

Leopold Silberstein reagierte mit einem neuen Schreiben vom 4.2.1939 auf diesen Ratschlag:[272]

> »Natürlich bemühe ich mich auch im Einklang mit Ihrem geschätzten Rate durch Freunde in U.S.A.; nach meinem Studiengebiet ist jedoch das dorthin reichende Netz meiner Verbindungen nicht so eng, als dass ich nicht das von Ihnen vertretene geschätzte Komitee dringend bitten möchte, mir seinerseits seine wertvolle Hilfe angedeihen zu lassen. Ich bemerke besonders, dass mir eine Fortsetzung meiner Tätigkeit in Tartu möglich erscheint unter der Voraussetzung, dass eine Organisation sich zur weiteren Finanzierung dieser Stelle hochherzig bereit erklären würde.«

In ihrer Antwort vom 8.2.1939 bemerkte Frau Simpson, dass die Gesellschaft sich außer Stande sieht, seine Arbeit an der Universität finanziell zu unterstützen.[273]

In einem Fragebogen gab Silberstein an, dass er in eines der folgenden Ländern auswandern möchte:[274] U.S.A, England, Frankreich, Skandinavien, Australien, Neuseeland, Kanada, Palästina. Die Tropen schloss er aus, weil er Hitze viel schlechter als Kälte vertrage. Ebenso schloss er den Fernen Osten aus, dessen Kulturwelt ihm zu fremd sei. Bei Sowjet-Russland gab er »ja« an. Südamerika wäre für ihn nur im Notfall eine Lösung gewesen.

Als Referenzen nannte er aus Deutschland die Professoren Alexander Brückner, Karl Stählin und Karl Jaspers, aus der Tschechoslowakei den PLK, vertreten durch die Professoren B. Trnka und V. Mathesius, sowie Prof. J. Horák, aus Estland die Professoren P. Tarvel und P. Arumaa, aus Frankreich Prof. Lucien Lévy-Bruhl und aus Dänemark Prof. Viggo Brøndal. Als Sprachen, die er fließend beherrschte, nannte er: Französisch, Tschechisch, Russsisch, Polnisch, Serbisch, und als Fremdsprachen, die er lesen konnte: Englisch, Schwedisch, Dänisch, Norwegisch, Italienisch, Spanisch, Ukrainisch, Bulgarisch, Estnisch, Hebräisch, Griechisch und Latein.[275]

Zu seinen Vermögensverhältnissen gab Silberstein an, dass sein Einkommen in den Jahren 1932–1933 etwa 15.000 RM und 1930 noch 20.000 RM jährlich betrug. Demgegenüber belief sich sein Gehalt als Lektor auf Kč 1.600 monatlich, was etwa 240 RM entsprach. Daran lässt sich sein materieller Abstieg infolge der Verfolgung durch die Nazis ablesen.

Von Interesse sind auch die Beurteilungen, die Leopold Silberstein für die Unterlagen der Gesellschaft einreichte. Außer den oben angeführten Beurteilungen der Professoren Brückner, Stählin und Horák liegen Beurteilungen seiner Kollegen Prof.

272 Ebd., MS. S.P.S.L. 311/3, fol. 462.
273 Ebd., MS. S.P.S.L. 311/3, fol. 463.
274 Ebd., MS. S.P.S.L. 311/3, fol. 459.
275 Ebd., MS. S.P.S.L. 311/3, fol. 452.

Tarvel und Prof. Arumaa von der Universität Tartu vor. Prof. Tarvel schrieb über ihn:[276]

Tartu, den 6. April 1938.

Hierdurch bestätige ich als Ordinarius der Geschichte an der Universität Tartu, dass der zum Lektor für tschechoslovakische Sprache und Kultur bestellte Herr Doktor Leopold Silberstein seinen Kursus der allgemeinen tschechoslovakischen Geschichte von den ältesten Zeiten an regelmässig durchführt, und zwar in streng wissenschaftlichem, allen Anforderungen der Historie entsprechendem Geiste. Ausserdem hat Herr Dr. Silberstein auf Einladung der Akademischen Historischen Gesellschaft, deren Vorsitzender ich bin, einen Vortrag »Gemeinsamkeiten und Verschiedenheiten der estnischen und tschechoslovakischen Nationalbefreiung« gehalten, der nicht nur geeignet war, uns Esten wichtige Fakta der tschechoslovakischen Geschichte näherzubringen, sondern auch nach meinem und meiner Kollegen Urteil beweist, dass Herr Dr. Silberstein sich mit den speziell estnischen Problemen wohl vertraut gemacht hat. Wir werden den Text des Vortrages deshalb demnächst veröffentlichen.

Meiner Ansicht nach hat Herr Dr. Silberstein alle Erwartungen, welche die Fakultät bei seiner Bestätigung auf Grund seiner bisherigen schriftlich belegten Leistungen in ihn gesetzt hatte, in vollem Masse erfüllt.

gez. Peter Tarvel.

Der Slawistik-Professor Arumaa gab über ihn dieses Urteil ab:[277]

Tartu, 10.IV.38

Ich habe das Vergnügen zu bestätigen, dass Herr L. Silberstein in den beiden Semestern, in denen er an der Universität von Tartu als Lektor der tschechischen Sprache wirkte, mit Erfolg die Kenntnis der tschechischen Sprache und Kultur unter meinen Schülern entwickelt hat. In dieser kurzen Zeit gelang es ihm, Sympathien für die tschechische Kultur nicht nur im Lehrerkollegium der Fakultät, sondern auch in estnischen literarischen Kreisen außerhalb der Universität zu wecken.

Ich kann die Aktivität von Herrn L. Silberstein, wie sie sich bis jetzt an unserer Universität manifestiert hat, von der besten Seite bescheinigen.

Gez.: P. Arumaa

Professor an der Universität von Tartu.

276 Ebd., MS. S.P.S.L. 311/3, fol. 455.
277 Ebd., MS. S.P.S.L. 311/3, fol. 456 (Orig. franz.).

Am 20.1.1939 flog Leopold Silberstein von Prag-Ruzyně nach Estland zurück. Seine Familie sah ihn an diesem Tag zum letzten Mal. Am 15.3.1939 rückte die Hitler-Armee auch in Prag ein. Es begann die Nazi-Okkupation im sogenannten Reichsprotektorat Böhmen und Mähren, die bis zur Befreiung des Landes durch die Sowjetarmee am 9. Mai 1945 andauerte. Das Schulministerium schickte Silberstein noch eine mit dem 18.4.1939 – als die Tschechoslowakei schon nicht mehr existierte – datierte Bestätigung über ordnungsgemäß gezahlte Steuern.[278]

278 Schreiben des Schulministeriums an Leopold Silberstein vom 18.4.1939, Familienarchiv Jenny Herrmann (Orig. tschech.).

Nach dem Zusammenbruch der Tschechoslowakei

Nach dem Ende der Tschechoslowakei als unabhängiger Staat im März 1939 hatte Leopold Silberstein keine Finanzierung an der Universität mehr, weil seine Stelle bislang von der tschechischen Regierung bezahlt worden war. Deshalb war er zunächst noch ein ganzes Jahr als nicht bezahlter Lektor für tschechische Sprache und Kultur an der Universität Tartu tätig. Finanziell unterstützte ihn wahrscheinlich die Familie Gulkowitsch.

Verschärfend wirkte sich auf seine materielle Situation noch aus, dass die Mietüberschüsse aus seinem Haus in Berlin, Dircksenstr. 37, nicht an ihn überwiesen wurden, obwohl es aufgrund eines deutsch-estnischen Bankenabkommens möglich gewesen wäre. Der Berliner Rechtsanwalt von Leopold Silberstein, Dr. A. Etscheit[1], bemühte sich in einem Antrag vom 24.3.1939, dass aus diesen Mietüberschüssen monatlich 200,– RM an Silberstein überwiesen werden. Der Oberfinanzpräsident von Berlin lehnte dies mit der Begründung ab: »Der Eigentümer ist lt. Angabe im Fragebogen 520 Jude.«[2]

Silbersteins prekäre Lage wird auch an einem Schreiben an seinen Hausverwalter v. Dellinghausen vom 16.6.1939 deutlich, als eine fällige Hypothek umgewandelt werden musste und dafür Notarskosten anfielen:[3]

Sehr geehrter Herr Baron,

Auf Ihre gefl. Nachricht vom 26. v.M. und 12. d.M. beehre ich mich Ihnen mitzuteilen, dass ich mittlerweile einen Aufenthalt in Tallinn benutzen konnte, um festzustellen, wie hoch sich die Spesen für die in Sachen des Herrn Majors von Herrmann notwendige notarielle Erklärung belaufen könnten. Wie ich vom hiesigen Notar Herrn Juurik erfuhr, sind an Notariats-, Legalisierungs- und Anwaltskosten insgesamt etwa 75,– Eestikronen zu zahlen. Da ich völlig außer Stande bin, diesen Betrag hier flüssig zu machen, mir aber

1 Dr. Alfred Etscheit (1879–1944) war ein Rechtsanwalt, der jüdische Emigranten vertrat. Nach dem Attentat vom 20.7.1944 ist er im September 1944 in Gestapo-Haft umgekommen.

2 Schreiben der Deutschen Verrechnungskasse an den Oberfinanzpräsidenten Berlin vom 28.3.1939, Brandenburgisches Landeshauptarchiv, Bestand Rep.36A G3148.

3 Schreiben Leopold Silberstein an E. v. Dellinghausen vom 16.6.1939, Brandenburgisches Landeshauptarchiv, Bestand Rep.36A G3148.

andererseits daran liegt, dem Wunsche des Herrn Majors wenn irgend möglich nachzukommen, so bitte ich baldmöglichst Devisengenehmigung zur Überweisung von 75 Eestikronen (d.h. etwas über 50 RM) zu Lasten der Hauskasse an Herrn Notar Eduard Juurik, Tallinn (Eesti), Pärnu maantee 10, mit dem Vermerk »In Sachen Walther von Herrmann ./. Dr. Leopold Silberstein.«

Sollten in den nächsten Tagen Besucher aus Eesti kommen, so bitte ich denselben in jeder Hinsicht entgegenzukommen.

Mit vorzüglicher Hochachtung
Dr. Leopold Silberstein
Univ. Lektor
Antwort an meine ständige Adresse in Tartu erbeten.

Im 1. Semester 1939 las Leopold Silberstein außer dem tschechischen Sprachkurs an der Universität von Tartu mit drei Wochenstunden kostenlos einen Kurs über vergleichende slawische Literaturwissenschaft (eine Wochenstunde mit dem speziellen Thema der Literaturkritik, Belinskij, Brzozovskij und Šalda).[4] Dies findet auch Erwähnung in einem Bericht des Lektors für deutsche Sprache, Dr. Schreinert, vom 24.9.1939 an den deutschen Gesandten in Tallinn[5], in dem er u.a. befriedigt vermerkte:

> »Das tschechische Lektorat ist erloschen. Es wurde von seiten der philosophischen Fakultät zwar der Versuch gemacht, dem bisherigen Inhaber einige bezahlte Lehraufträge zu verschaffen, die Universitätsverwaltung hat dies aber abgelehnt. Im neuesten Vorlesungsverzeichnis hat er 3 Stunden Vorlesung mit dem Zusatz ›lubatud lugeda‹ [darf lesen] angekündigt (2 Stunden: Tschechische Sprache, 1 Stunde: Allgemeine tschechische Literaturgeschichte). Es ist ihm also wohl erlaubt worden, Vorlesungen ohne Anspruch auf Entschädigung seitens der Universität abzuhalten.«

Die Intimfeindschaft des fanatischen Nazis Dr. Schreinert gegenüber Silberstein wird besonders deutlich in einem Bericht Schreinerts an den deutschen Gesandten vom 2.2.1939[6] , in dem er über den Fortgang der Wiederbesetzung einer Professur für Germanische Philologie an der Universität Tartu informierte. Die Professur sollte mit dem von der deutschen Regierung vorgeschlagenen Privatdozenten Pretzel besetzt werden. An seiner Stelle hatte die Philosophische Fakultät der Universität die jüdische Germa-

4 Schreiben der Philosophischen Fakultät der Universität Tartu vom 24.4.1939, Estnisches Historisches Archiv, Dokument eaa2100_004_0000193_00036 (Orig. estn.).

5 Bericht K. Schreinert an den deutschen Gesandten in Tallinn vom 24.9.1939, Politisches Archiv des Auswärtigen Amts, Box Reval 81.

6 Bericht K. Schreinert an den deutschen Gesandten in Tallinn vom 2.2.1939, Politisches Archiv des Auswärtigen Amts, Box Reval 81.

nistin Prof. Dr. Lasch[7] vorgeschlagen, die von den Nazis aus der Universität Hamburg verjagt worden war. Wütend schrieb Schreinert in seinem verquasten Nazi-Jargon:

> »Arumaa[8] ist ebenfalls klar für die Lasch, die er ja zur Bewerbung aufgefordert hat. Hinter ihm steht der mit ihm gut bekannte Jude Silberstein, der tschechische Donationslektor (der im Januar [sic!] 1933 aus Berlin nach Prag verschwand und jetzt offenbar für seine Rassegenossin etwas tun will.)«

Auf den massiven Druck, den die deutsche Gesandtschaft auf die estnische Regierung ausübte, zog diese schließlich die Option für Frau Prof. Lasch zurück.

In einem Schreiben vom 16.6.1939 wendete sich Leopold Silberstein nochmals an die Society for the Protection of Science and Learning:[9] »[...] beehre ich mich Ihnen mitzuteilen, dass die Universität Tartu mir gestattet hat, zunächst für das kommende Semester weiterhin tschechische Sprache und Literatur zu lesen, freilich ohne Vergütung. Ich habe diese Gelegenheit schon deshalb wahrgenommen, weil ich in Tartu mit meiner Arbeit und mit meiner Person gut verwurzelt zu sein glaube, auch die Landessprache bereits beherrsche. Da die Lehrbewilligung jedoch keine Vergütung vorsieht, so bin ich auf eine private Unterstützung von £3/-/- monatlich angewiesen, mit der ich naturgemäß nicht auskommen kann. Ich gestatte mir deshalb die höfliche Anfrage, ob es Ihnen nicht möglich wäre, meine Tätigkeit in Tartu für die Dauer der erwähnten Lehrbewilligung, d. h. vom 1. Juli 1939 bis zum 31. Dezember 1939, mit £ 5/-/- monatlich zu subsidiieren bzw. ihre Subsidiierung durch eine andere Organisation zu vermitteln. Die Bemühungen eines befreundeten Professors wegen einer Unterbringung in U.S.A. haben noch zu keinem Ergebnis geführt.«

Die Gesellschaft erwiderte darauf in einem Schreiben vom 20.6.1939, dass sie nur in einem Ausnahmefall eine finanzielle Unterstützung außerhalb Großbritanniens gewähren könne, und riet ihm, sich an das Comité International Pour le Plaçement des Intellectuels Réfugiés, 52, Rue des Paquis, Geneva, Switzerland zu wenden.[10] Es ist nicht bekannt, ob sich Silberstein an diese Hilfsorganisation gewendet hat. Letztlich konnte die Society for the Protection of Science and Learning weder ihn noch seine tschechischen Freunde, die sich Hilfe suchend an sie gewendet hatten, vor der Verfolgung durch die Nazis retten.

Leopold Silberstein hielt zahlreiche Vorträge, so in der Estnischen Historischen Gesellschaft (1938 und 1939), in der Literarischen Gesellschaft (1936 und 1938), in der

7 Prof. Agathe Lasch (1879–1942) war eine jüdische Germanistin an der Universität Hamburg. Die Nazis entzogen ihr 1934 ihren Lehrstuhl. Die deutsche Regierung verhinderte, auch auf Forderung des deutschen Gesandten in Estland, Dr. Frohwein, dass sie Rufe an die Universitäten in Tartu und Oslo annehmen konnte. 1942 wurde sie deportiert und in der Nähe von Riga ermordet.

8 Prof. Peeter Arumaa (1900–1982) war ein Slawist an der Universität Tartu, der u. a. bei dem deutschen Professor Kieckers studiert hatte.

9 University of Oxford, Bodleian Library, MS. S.P.S.L. 311/3, fol. 464.

10 Ebd., fol. 465.

Philosophischen Gesellschaft (1936, 1938) und in der Pädagogischen Gesellschaft (1939).[11]

Am 20.9.1939 bewarb er sich auf eine vakante Stelle eines Lektors für französische Sprache, wobei er darauf verwies, dass er anlässlich seiner Vortragstournee im Jahr 1936 und bei der Feier zum 100. Jahrestag der Gründung der Estnischen Gelehrtengesellschaft an der Universität in Tartu Vorträge in französischer Sprache gehalten hatte. Auch führte er seine zahlreichen Veröffentlichungen in der Zeitschrift »Le Monde Slave« und sein Auftreten auf dem Philosophenkongress 1937 in Paris an.[12] Dieser Antrag wurde wahrscheinlich abgelehnt. Ebenso wurde sein Gesuch vom 2.11.1939 um die Verlängerung seiner allgemeinen Arbeitserlaubnis von der Leitung der Universität Tartu abschlägig beschieden, ungeachtet dessen, dass er seine schwierige materielle Lage betonte.[13] Allerdings genehmigte ihm die Universität Tartu am 30.11.1939 im 1. Semester des Jahres 1940 die Lehrveranstaltung »Tschechische Sprache und Literatur« mit drei Stunden wöchentlich durchzuführen und erteilte ihm die entsprechende Arbeitserlaubnis in Estland.[14] Am 9.2.1940 erhielt er schließlich auch vom estnischen Innenministerium die erforderliche, bis zum 1.6.1940 befristete Arbeitserlaubnis.[15]

Von dem freundschaftlichen Verhältnis zwischen Leopold Silberstein und Valmar Adams zeugt die Schilderung von Adams' 40. Geburtstag am 30.1.1939 in seinem autobiografischen Roman »Esta astub ellu«, an dem auch Silberstein zusammen mit Prof. Gustav Suits, dem Sekretär der Universität Tartu, Artur Türner, und zahlreichen Studenten zu Gast war.[16] Die Anwesenden unterhielten sich besorgt über die Faschisierung Estlands angesichts des drohenden Krieges und die Haltung der Tschechoslowakei.

Das herzliche Verhältnis Silbersteins zu seinem Lehrer Prof. Karl Stählin bezeugen in tragischer Weise zwei Briefe an Stählin. Der eine ist einen Tag vor dem Tod Stählins am 29.8.1939 geschrieben worden:[17]

11 Silberstein, Leopold: Lebenslauf vom 8.2.1941, Archiv der Universität Tartu, F.2100, Op. 5.D.360.L.303-306 ob. (Orig. russ.).

12 Bewerbung auf eine Stelle eines Lektors für französische Sprache vom 20.9.1939, Estnisches Historisches Archiv, Dokument eaa2100_004_0000193_00046 (Orig. franz.).

13 Schreiben Leopold Silberstein an die Leitung der Universität Tartu vom 2.11.1939, Estnisches Historisches Archiv, Dokument eaa2100_004_0000193_00047 (Orig. estn.).

14 Schreiben der Universität Tartu vom 13.12.1939, Estnisches Historisches Archiv, Dokument eaa2100_004_0000193_00051 (Orig. estn.).

15 Bescheinigung des Polizeidienstes vom 9.2.1940, Estnisches Historisches Archiv, Dokument eaa2100_004_0000193_00055 (Orig. estn.).

16 Adams, V.: Esta astub ellu, S. 352–354.

17 Geheimes Staatsarchiv, VI. HA, Nachlass Stählin Nr. 3, Blatt 4.

Mein lieber und hochverehrter Herr Professor,

Mit dankbarer Ergriffenheit erhielt ich den abschließenden Doppelband Ihres großen Werks[18]*, bei dessen Entstehen ich während langer Jahre Zeuge sein durfte. Ich habe mich ungesäumt mit der hiesigen Fachzeitschrift in Verbindung gesetzt und nunmehr die Zusage erhalten, daß sie ein entsprechend umfangreiches Referat placieren wird. Es wird mir eine besondere Ehre sein, Ihnen, Herr Professor, Abzug nebst Übersetzung überreichen zu können. Bis jetzt war es mir leider noch nicht möglich, das ganze Werk durchzustudieren. Soweit es in gutem Abstand von den äußersten Grenzen des historischen Bereichs bleibt, erkenne ich die so oft bewunderte alte Meisterschaft wieder, in der nächsten Nähe jenes Bereichs kann ich nicht immer so unbedingt mitgehen – sechs Jahre Einzelwanderschaft, einige tausend km und der besondere Saft, von dem Mephistopheles redet, implizieren notwendig Verschiedenheit der Perspektive hüben wie drüben. Es gibt auch einen Historismus der Historik, d. h. die optimale Anwendbarkeit der Rankeschen Methode hat nicht nur stoffliche, sondern auch zeitliche Grenzen.*

Ich bin die Ferien über in der Hauptstadt, gedenke dann von Mitte Sept. an wieder in Tartu zu sein. Sehr hoffe ich, daß Ihre ehemalige Schülerin[19] *Sie bald wieder persönlich aufsuchen kann, da sie nach der Scheidung wohl aus Prag in die alte Heimat zurückkehren wird. Mein Arbeitswillen ist trotz sehr schwieriger materieller Bedingungen ungebrochen. Hoffentlich hat der glückliche Abschluß des großen Werkes, dem sich wohl eine erweiterte Bearbeitung des ersten Bandes anschließen wird, Ihre Gesundheit wieder gestärkt. Mit einigen alten Freunden aus unserem Arbeitskreis*[20] *bin ich nach wie vor in Kontakt. Wie geht es Prof. Brückner*[21]*; ich fürchte, er ist jetzt noch einsamer als früher.*

In treuem Gedenken an Sie und die Ihren, stets in alter Dankbarkeit und Verehrung

Ihr
ganz ergebener
Leopold S.

Dieser Brief erreichte Prof. Stählin nicht mehr, aber im Jahr 1940 erschien in der Zeitschrift »Ajalooline Ajakiri« (Historische Zeitschrift) die angekündigte Besprechung

18 Karl Stählin: Geschichte Russlands. Von den Anfängen bis zur Gegenwart. Ost-Europa Verlag, Königsberg Pr. u. Berlin 1939.

19 Gemeint ist Jenny Herrmann, Leopold Silbersteins frühere Ehefrau. Sie hatten sich 1939 scheiden lassen.

20 Gemeint ist das von Prof. Stählin geleitete Seminar für die Geschichte Osteuropas.

21 Prof. Alexander Brückner war bereits am 24.5.1939 verstorben.

von Stählins Russland-Geschichte.[22] In einem Brief vom 14.8.1939 fragte Leopold Silberstein bei J. Semper, dem Chefredakteur der Zeitschrift »Looming« an, ob er eine Rezension über Stählins zweibändiges Werk aufnehmen könnte.[23] Offensichtlich hatte Semper ihm dann den Kontakt zur Zeitschrift »Ajalooline Ajakiri« vermittelt.

Die prekäre materielle Situation Silbersteins wird auch an dem Detail sichtbar, dass der Brief auf kariertem Papier geschrieben war. In Berlin hatte Silberstein stets vornehmes Briefpapier mit aufgedruckter Adresse benutzt. Es ist auch kein Zufall, dass er seinen Familiennamen Silberstein nicht ausgeschrieben hat, denn er wollte seinem Lehrer Schwierigkeiten durch die Gestapo ersparen, wenn dieser Post von einem Juden erhielt.

Bald darauf sendete er der Witwe von Prof. Stählin einen Kondolenzbrief:[24]

Hochverehrte Frau Professor,

Die mir erst jetzt zugegangene Nachricht vom Tode meines geliebten Lehrers und väterlichen Freundes trifft mich nicht unvorbereitet. Ich kannte Ihren verewigten Herrn Gemahl zu gut, um nicht zu wissen, daß er nur aus ernstester Veranlassung sich über eine schwere und lästige Krankheit beklagen würde. Als ich vor wenigen Wochen aus seiner gütigen Veranlassung die Abschlußbände seines Lebenswerkes erhielt, empfand ich neben aller Freude ein Gefühl der Angst, jetzt, wo das Werk getan sei, werde er den Kampf gegen die Krankheit nicht mehr weiterführen können; deswegen versuchte ich in meinem letzten, nicht mehr vor seine Augen gelangten Briefe ihm die Idee einer Erweiterung des ersten Bandes nahezulegen – nicht von sachlichen Erwägungen so sehr wie von der Sorge um einen neuen vitalen Impuls war diese Anregung inspiriert. Aber die äußersten Grenzen dessen, was die Natur auch dem begnadeten zugemessen hat – und dieses Leben mit seiner zweimaligen Jugend und seiner späten vollen Schaffensreife ist wahrlich ein begnadetes –, waren erreicht, und es bleibt mir nur übrig, Ihnen, verehrte gnädige Frau, und Ihren Kindern in tiefster Anteilnahme an Ihrem Schmerz auf diesem Wege die Hand zu drücken, da Raum und Zeit es mir verwehrt haben, Ihren Gatten persönlich zur Ruhestätte zu geleiten. Wenige Menschen haben mir so nahegestanden wie er; elf Jahre[25] geistiger Entwicklung sind ohne seine väterliche Förderung, ohne den fruchtbaren unmittelbaren Gedankenaustausch mit ihm in meinem Leben nicht

22 Silberstein, Leopold: Karl Stählin, Geschichte Russlands. Von den Anfängen bis zur Gegenwart. Ost-Europa Verlag, Königsberg Pr. U. Berlin 1939, Ajalooline Ajakiri (1940) 1, S. 38–41.

23 Brief Leopold Silberstein an J. Semper vom 14.8.1939, Estnisches Literaturmuseum, Fonds 188 J. Semper, M8:26 (Orig. estn.).

24 Geheimes Staatsarchiv, VI. HA, Nachlass Stählin Nr. 3, Kondolenzen an die Witwe Stählin, Blatt 5.

25 Silberstein hatte seinen Lebensabschnitt von 1921 bis 1932 im Sinn.

denkbar. Ich glaube nicht zu übertreiben, wenn ich sage, daß ich nie einen idealeren Lehrer kennen gelernt habe, der Autorität und anspornendes Gewährenlassen seinen Schülern gegenüber so vollkommen hatte vereinen können wie Ihr Gatte. Sein hinterlassenes objektives Werk gehört der Geistesgeschichte als dauernder Besitz an, und ich hoffe davon noch Zeugnis ablegen zu können. Die persönliche Erinnerung aber zu pflegen ist Sache jedes Einzelnen, und ich bitte Sie, gnädige Frau, davon überzeugt zu sein, daß meine Erinnerung an jedem Gedenktage Ihres Gatten, jedesmal bei der Lektüre seines Werkes und auch sonst oft mit Ihrer Trauer vereint sein wird.

In schmerzlich ergriffener Verbundenheit
Ihr Leopold Silberstein

Frau Stählin war ihm durch häufige Einladungen zu Gesellschaften der Stählins gut bekannt.

Einen Nekrolog über Prof. Stählin veröffentlichte er noch 1939 in der Zeitschrift »Ajalooline Ajakiri«.[26] Die Rezension und der Nekrolog drücken die enge Verbundenheit mit seinem Lehrer Karl Stählin aus. Er hatte den zweiten Band von Stählins »Geschichte Rußlands« in der »Prager Presse« am 27.8.1930 und den dritten Band in der »Prager Presse« vom 23.1.1935 rezensiert.[27] [28]

Am 20.3.1939 hielt Leopold Silberstein in der Akademischen Pädagogischen Gesellschaft in Tartu einen Vortrag über Jan Amos Comenius, der den Titel »Comenius Perennis« trug.[29] Fünf Tage zuvor hatte die staatliche Existenz der Tschechoslowakei mit der Besetzung Prags durch die Hitler-Armee aufgehört. Vor diesem Hintergrund zeigte der Vortrag auch, dass die tschechische Kultur mit Comenius ebenso wie Jan Hus und T.G. Masaryk unauslöschliche Werte aufweise und die tschechische Nation nicht untergehen könne.

Silberstein schilderte, wie Comenius (1592–1670), der aufgrund seines evangelischen Glaubens und als Pfarrer der Brüdergemeinde in die Strudel des Dreißigjährigen Kriegs hineingerissen wurde und aus tiefstem Leid nach dem Verlust von Familie, Heimat, Funktion und Habe in dem Büchlein »Labyrinth der Welt und Paradies des Herzens« (Labyrint světa a lusthaus srdce) ein Bild des diesseitigen Infernos entwarf. Nach den Übeln in den einzelnen Ständen rechnete er mit den Wissenschaften ab, er entlarvte die medizinische Quacksalberei, die Rechtsbeugung und die Unwissenheit

26 Silberstein, Leopold: Karl Stählin (21.1.1865–29.8.1939), Ajalooline Ajakiri, Tartu (1939) 3, S. 179–181.
27 Ders.: Wissenschaft: Stählins zweiter Band, Prager Presse vom 30.8.1930.
28 Ders.: Geschichte Rußlands, Prager Presse vom 23.1.1935.
29 Ders.: Comenius Perennis, Vortrag gehalten am 20. März 1939 in der Akadeemiline Pedagoogika Selts, Tartu, Estnisches Historisches Archiv, Dokument eaa2100_005_0000360_00230 bis 00258.

der Studierten. Auch der Herrscher auf dem Thron sei mit merkwürdigen Brillen und Hörrohren versehen (gemeint waren die Beamten und Günstlinge), die ihm die Realität verfälscht überbrachten. »Wer vermöchte«, so Silberstein, »die erschütternde Aktualität zu übersehen, die dieses Weltpanorama des Comenius heute wieder gewonnen hat?« Comenius entwickelte aus dieser Verneinung der realen Welt den »Appell zu ihrer schöpferischen Umgestaltung durch tätige Vernunft«. Diese schöpferische Umgestaltung erblickte er in der Schaffung von »Werkstätten des Menschentums« (officinae humanitatis), d. h. Schulen.

In der Schrift »Informatorium školy mateřské« (Informatorium der Mutterschule) entwarf er erstmalig Grundzüge der Erziehung des Kleinkindes, beispielsweise der Ausbildung in der Muttersprache.

In seinem pädagogischen Hauptwerk, der »Didactica Magna«, forderte Comenius das Recht eines jeden Menschen ohne Ansehen von Stand, Geschlecht, Nation und Begabung auf Bildung, damit der Mensch zum Ebenbild Gottes werden könne. Comenius vertrat universalistische Bestrebungen, die sich in der Forderung nach Annäherung der Völker durch eine Universalsprache und durch eine universelle Religion äußerten. Die Erziehung des Menschen solle ohne jegliche Anwendung von Zwang erfolgen. Comenius hielt dafür: »Aus jedem Menschen kann ein Mensch werden, wenn kein besonderer Störungsfaktor vorliegt.« Er teilte den Bildungsgang in vier Sechsjahreszyklen ein, die auch heute noch vom Grundsatz her angewendet werden: sechs Jahre Kleinkinderziehung, sechs Jahre Volksschule (in jeder Gemeinde), sechs Jahre Lateinschule (in jeder größeren Stadt), sechs Jahre Universität (in jedem Land). Er erkannte bereits ein Übel, an dem die Universitäten, wie Silberstein meinte, auch heute noch kranken, dass eine große Zahl von Studierenden nicht für die Universität oder das gewählte Fach geeignet wären. Deshalb verlangte Comenius nach der Lateinschule eine Abschlussprüfung, die diese Eignung feststellen sollte. Silberstein würdigte den Wert der »Didactica Magna« schließlich mit den Worten:

> »Comenius' Didaktik ist nicht nur ein *standard work* der pädagogischen Literatur im engeren Sinne. Sie ist eine nationale Tat, dadurch dass sie der durch politisches Missgeschick verfolgten Nation den Weg zu neuem Aufstieg durch innere Erneuerung und kulturelle Vertiefung weist; sie ist eine soziale Tat durch die Forderung der Bildung für alle, gleichviel ob hochgeboren oder ahnenlos, ob arm oder reich, ob Mann oder Weib, und nicht zuletzt durch die […] ganz klar formulierte Forderung der Einteilung des Tages des erwachsenen Menschen in drei gleiche Teile: acht Stunden Berufsarbeit, acht Stunden Schlaf, acht Stunden Nahrungsaufnahme, Körperpflege, Rekreation, Gesellschaft u. a. Freizeitgestaltung, ein Schema, über das wir heute noch nicht hinausgelangt sind; sie ist schliesslich eine humanitäre Tat, indem sie alle mit menschlichem Antlitz Gebo-

> renen in gütiger, fördernder, gewährender und wachsenlassender, freudestiftender Art zu wirklichen Menschen heranreifen lassen.«

Schließlich ging er auf Comenius' Werk »Via lucis« (Der Weg des Lichts) ein, in dem dieser das Leben als eine Schule für die uns im Jenseits bevorstehende »Akademie« bezeichnete. Als Voraussetzung für die »Akademie« verlangte er allgemeine Bücher, allgemeine Schulen, ein allgemeines Kollegium weiser Männer und eine allgemeine Sprache. Comenius' allgemeine Bücher beinhalteten eine Rationalisierung des Wissensstoffes. Er konstatierte, dass Comenius' weit in die Zukunft weisende Forderung nach einer Weltakademie bis heute nur in Ansätzen verwirklicht sei. Hinsichtlich der allgemeinen Sprache beharrte Comenius nicht auf der Vorherrschaft des Lateinischen, sondern befürwortete eine neue, absolut logische, auf der Harmonie von Wort und Begriff beruhende Sprache, womit er die Idee des Esperanto vorwegnahm.

Gegen Ende des Vortrags charakterisierte Silberstein Comenius – nicht ohne Blick auf sein eigenes Schicksal – als klassischen Emigranten:

> »Alle Möglichkeiten, alle grandeur et misère der heute zu einer so häufigen Erscheinung gewordenen Emigration scheinen in des Comenius Leben vorgebildet: die unmittelbare Lebensgefahr [...], die erzwungene Trennung von der Familie, die Mühseligkeiten der Vermögensliquidation [...], das xenophobe Misstrauen, welches den Bekennerdrang des wahrhaft grossen Geistes doch nicht zu lähmen vermag [...][und] das bewusste Ergreifen des Schicksals der Heimatlosigkeit.«

Leopold Silberstein beschloss seinen Vortrag, sich deutlich auf die düstere Weltlage nach dem Zusammenbruch der Tschechoslowakei beziehend, mit diesen Worten:

> »Bitter ist die Tragik eines heimatlosen Menschen, noch bitterer die eines heimatlosen Volkes. Wohl den Nationen, die sich unangefochten des Besitzes ihrer irdischen Heimat erfreuen können, aber manche sind für kürzere oder längere Strecken der Geschichte gezwungen, sich nur auf eine unsichtbare Heimat zu stützen. Gerade in unseren Tagen erleben wir es, wie eine der bedeutsamsten Kulturnationen der Menschheit, die seit zweitausend Jahren auf ihre unsichtbare Heimat angewiesen ist, unter täglich sich erschwerenden Bedingungen den Kampf um die Rückgewinnung ihrer irdischen Heimat führt. Auch die slavischen Völker mit einziger Ausnahme der grössten unter ihnen haben es mit ihrer irdischen Heimat oft sehr schwer gehabt und für die Erbauung eines unsichtbaren Vaterlandes besonders besorgt sein müssen. Das unsichtbare Vaterland von Comenius' Volk ist auf mancherlei Pfeilern errichtet, aber drei von ihnen sind seine dauernden Tragpfeiler: mitteninne steht unser Comenius, zu seinen beiden Seiten Magister Jan Hus und Tomáš Garrigue Masaryk.«

Im März/April 1939 verfasste Silberstein für die Zeitschrift »Looming« eine Rezension über Prof. Alfred Koort's Werk »Sissejuhatus filosoofiasse« (Einführung in die

Philosophie). In einem Brief vom 11.4.1939 an den Chefredakteur J. Semper schrieb er:[30]

Lieber und sehr verehrter Herr Semper,

Bitte seien Sie mir nicht böse, dass es mir im Drange einer Reihe unabweisbarer Extraverpflichtungen in dieser aufgeregten Zeit erst heute möglich ist, Ihnen das versprochene Referat über Prof. Koorts »Sissejuhatus filosoofiasse« einzusenden. Ich wäre Ihnen von mir aus und namentlich im Hinblick auf Herrn Koort ä u s s e r s t d a n k b a r, wenn Sie es in Ihrer großen Liebenswürdigkeit trotz des vorgerückten Termins möglich machen könnten, das Referat noch in die Aprilnummer zu bringen. Zur Stunde weiss ich noch nicht, ob ich bereits morgen oder erst nächsten Sonntag nach Tartu zurückkomme. Ab Montag den 17. erreichen mich jedenfalls evtl. Rückfragen, Korrekturen usw. unter meiner Adresse Tartu, Kalevi 18 c-3, Kengsepa juures. Sollte vorher etwas Dringendes sein, so bitte ich gleichfalls an diese Adresse zu schreiben; denn wenn ich morgen nicht zurückfahre, so wird mir die Post nachgesandt. Hoffentlich haben Sie und die gnädige Frau trotz der neuen wenig schönen Nachrichten angenehme Feiertage verlebt. Ich bitte meinen respektvollen Handkuss auszurichten und begrüsse Sie, verehrter Herr Semper,

als Ihr ergebenster
Leopold Silberstein

Mit der »aufgeregten Zeit« und den »neuen wenig schönen Nachrichten« spielte er auf die Besetzung Prags durch die deutsche Armee an. Da sich Estland politisch recht eng an Nazi-Deutschland angelehnt hatte, konnte man nicht offen über diese Ereignisse reden.

In dieser Rezension[31] stellte Leopold Silberstein heraus, dass Prof. Koort[32] in seinem Werk die philosophische Aufbauarbeit in Estland in gelungener Weise mit einer Bestandsaufnahme des international vorhandenen verbunden hatte. In seiner Einführung in die Philosophie erörterte Koort die Grundprobleme und die wichtigsten verschiedenen Standpunkte in der Philosophie. Dabei beschränkte er sich in seiner Einführung auf die Probleme der Erkenntnistheorie und der Metaphysik (Ontologie), während die Wertlehre (Axiologie) ausgeschlossen blieb. Silberstein erkannte dankbar

30 Brief Leopold Silberstein an J. Semper vom 11.4.1939, Estnisches Literaturmuseum, Fonds 188 J. Semper, M8:26 (Orig. estn.).

31 Silberstein, Leopold: [Rezension] A. Koort: Sissejuhatus filosoofiasse (Einführung in die Philosophie), Akadeemilise Kooperatiivi kirjastus, Tartu 1938, Looming (1939) Nr. 4, S. 442–444 (Orig. estn.).

32 Alfred Koort (1901–1956) lehrte Philosophie und Pädagogik an der Universität Tartu. Von 1944–1951 war er Rektor der Universität Tartu.

an, dass Koorts Auswahl äußerst reichhaltig ausgefallen war. Zu der Tatsache, dass die Philosophie im Laufe der Jahrtausende immer wieder die gleichen Probleme vom Wesen und Ziel des menschlichen Lebens behandelt, »machte Koort mit Recht geltend, dass selbst mangels endgültiger Lösungen das ständige Wachhalten des Problembewusstseins im Fortschritt der Einzelwissenschaften als Gewinn zu buchen ist, und dass die Geistesgeschichte so viel Fälle wechselseitiger Beeinflussung von Philosophie und Einzelwissenschaften kennt, dass der Wert nicht nur der letzteren, sondern auch der ersteren ausser Frage steht.«

Die mit der Lebensphilosophie in engem Zusammenhang stehenden Probleme, wie das Leib-Seele-Problem, das Problem der Einheit des Ich und das Problem der Willensfreiheit sind in wechselseitiger Ergänzung zur »Einführung in die Philosophie« in seinem Werk »Kaasaegset filosoofiat« (Über zeitgenössische Philosophie) diskutiert. Den lebensphilosophischen Erörterungen steht auch Koorts Analyse des Pragmatismus im erkenntnistheoretischen Teil seines Buches nahe.

Abschließend befand Silberstein:

> »Wir begnügen uns mit dem Endurteil, dass das Buch geeignet und berufen ist, reiche Kenntnisse zu verbreiten und zu kritischem, gesundem und doch auch dem Geheimnisvollen nicht entfremdetem [...] philosophischem Denken zu erziehen.«

Im Jahr 1939 veröffentlichte er in der Zeitschrift »Looming« einen Nachruf auf Sigmund Freud.[33] [34] Er erwähnte die Tatsache von Freuds Exil in einer außerordentlich vorsichtigen Formulierung, weil die estnische Politik jeden Anstoß seitens Nazi-Deutschlands vermeiden wollte:

> »In Gestalt von Sigmund Freud, der Ende September dieses Jahres nach langem Leiden weit entfernt von seinem üblichen Ort des Wirkens, Wien, verstarb, verliert die kulturelle Menschheit mehr als nur einen berühmten Psychiater und einen kontroversen Psychologen, dessen Hauptlehren hierbei vor kurzem von Professor K. Ramul samt Für und Wider mit großer Klarheit resümiert und mit kritischer Vorsicht beurteilt wurden.«

33 Sigmund Freud (1856–1939) war ein österreichischer jüdischer Neurologe und Psychologe, er begründete die Psychoanalyse. Bei der Bücherverbrennung am 10.5.1933 wurden auch Freuds Werke ins Feuer geworfen. Nach dem Einmarsch der deutschen Armee in Österreich gelang es Freud durch diplomatischen Druck seitens Großbritanniens und der USA, im Juni 1938 nach London auszureisen. Nach Zahlung der Reichsfluchtsteuer musste Freud unterschreiben, dass er nicht misshandelt worden sei. Er fügte noch hinzu: »Ich kann die Gestapo jedermann auf das beste empfehlen.« Sigmund Freud wählte am 23.9.1939 wegen seiner schweren Krebserkrankung den Freitod.

34 Silberstein, Leopold: Freudi vaimulooline tähtsus (Freuds geistesgeschichtliche Bedeutung), Looming (1939) Nr.8, S. 886–889 (Orig. estn.).

Er hob als besondere Leistung Freuds hervor, dass er das Seelenleben einer rationalen Analyse unterzog und auf dieser Grundlage Möglichkeiten des Eingriffs zur Heilung schuf. Hier führte Leopold Silberstein seine eigene These vom interventionistischen Rationalismus an. Er erwähnte, dass Karl Jaspers in seinem Werk »Die geistige Situation der Zeit« Freuds Psychoanalyse mit dem Ökonomismus und der Abstammungslehre in dem Sinne verglichen hatte, dass »diese Doktrinen wichtige Querschnitte [entdecken], jedoch nur Teilaspekte der Realität [bieten]«. Wegen des Charakters von »Looming« als Literaturzeitschrift ging Silberstein auch auf die Bedeutung der Psychoanalyse für die Belletristik ein. Otokar Fischer hatte in methodologischen Untersuchungen die Wichtigkeit der Psychoanalyse auf dem Gebiet der Literaturerkenntnis gezeigt. In seinen Essays bediente sich unter anderem Stefan Zweig vornehmlich einer tiefenpsychologischen Charakterisierung seiner Helden. Nicht zuletzt hatte zudem Thomas Mann im »Zauberberg« und in »Joseph und seine Brüder« psychoanalytische Betrachtungen eingeflochten. »Uns scheint«, so schloss Silberstein seine Würdigung Sigmund Freuds ab, »dass in der Gestalt von Freud selbst etwas von Joseph steckt: Beide sind Söhne des jüdischen Volkes, beide lösen mit ihren übermütig-genialen Traumdeutungen sowohl eine bewundernde Liebe als auch wilden Hass aus, beide versuchen ihrem Volk treu bleibend mit ihrer Kunst der übernationalen Gesellschaft zu dienen.«

Zum 90. Geburtstag des von ihm hoch verehrten Staatspräsidenten der Tschechoslowakei, T.G. Masaryk am 7.3.1940 hatte Leopold Silberstein einen ausführlichen Vortrag vorbereitet, den er wahrscheinlich vor einem jüdischen Publikum gehalten hat.[35] Dafür spricht die bewusste Konzentration auf Masaryks Verhältnis zu den Juden. Silberstein stellte Masaryks absolute Wahrheitsliebe in den Vordergrund, die sich nicht zuletzt in seinem Staatswappenspruch »Pravda vítězí« (Die Wahrheit siegt) manifestierte. So entlarvte Masaryk mutig die im Jahr 1818 in Grüneberg (Zelená Hora) gefundene Handschrift »Das Gericht der Libuše«, mit der tschechische Nationalisten eine uralte, hochentwickelte Kultur belegen wollten, als eine Fälschung. Er nahm es in Kauf, dass ihn selbst gepflegte Zeitungen, wie die »Národní Listy« ihn, getragen von einer Welle aufgeheizten Nationalismus aufforderten, »den Staub des Landes von seinen Füßen zu schütteln«. Silberstein erörterte auch Masaryks Einstellung zum Marxismus, die in dessen Werk »Otázka sociální« (Die soziale Frage) zutage trat. Darin äußerte Masaryk, die Ureinstellung des Marxismus sei atheistisch und revolutionär, aber nicht naturwissenschaftlich. Er befand, dass die Entwicklung der Naturwissenschaften – mit Blick auf den Darwinismus – zuweilen gegenrevolutionär verlaufe. Silberstein unterstrich, dass »der dem Neodarwinismus entspringende Rassismus [...]

35 Ders.: T.G. Masaryk. Zu seinem 90. Geburtstage am 7. März 1940, Estnisches Staatsarchiv, Dokument eaa2100_005_0000360_00197 bis 00229.

die ganze Wahrheit dieser Masarykschen Erkenntnis ans Licht gebracht« habe. Er kritisierte, dass Masaryks Ablehnung der Dialektik keinen Weg zur schöpferischen Überwindung der Widersprüche zeige, »die ja gerade ohne Dialektik kaum möglich ist«. Angesichts von Marxens Kritik an seinen jüdischen Stammesgenossen hielt aber Masaryk in tiefer Achtung vor Marx entgegen, dass das jüdische Volk nicht nur Geldmenschen, sondern auch Propheten hervorgebracht habe, wobei er Marx dem zweiten Menschentyp zurechnete.

An dieser Stelle ging Leopold Silberstein auf Masaryks Stellung zu den Juden ein. Er erwähnte, dass Masaryk während seiner Studienzeit in Wien als Hausmeister bei der jüdischen Familie Schlesinger sein Brot verdient hatte, wo er jüdisches Leben aus erster Hand kennengelernt hatte. Masaryk erkannte, dass der erste Zionistenkongress 1897 in Basel eine nationale Wiedergeburtsbewegung auslösen würde. Als Staatspräsident der Tschechoslowakei hatte Masaryk die Entscheidung über die Zugehörigkeit zu Religions- oder Volksjudentum in das freie Ermessen jedes jüdischen Mitbürgers gestellt. Silberstein beschrieb, wie Masaryk in das Gerichtsverfahren gegen den Juden Leopold Hilsner aus Polná eingriff, der 1899 wegen eines angeblichen Ritualmords an einem tschechischen Mädchen zum Tode verurteilt worden war. Durch seine in ganz Europa verbreiteten Flugschriften erreichte er eine Wiederaufnahme des Prozesses gegen Hilsner und bewahrte so das Judentum in Österreich-Ungarn vor einer Generalverurteilung.

Leopold Silberstein schilderte, wie Masaryk im Verein mit Beneš und Štefánik während des ersten Weltkriegs die Chance erkannt hatte, dass mit dem vorauszusehenden Zusammenbruch Österreich-Ungarns ein tschechoslowakischer Nationalstaat gegründet werden könnte. Silberstein zog daraus den folgenden Schluss:

> »Möchte das jüdische Volk, das vom gegenwärtigen Kriege das Aufhören seines vielfältigen Elends erhofft, aus diesem grossen Beispiel lernen! Möchte es sich zusammenschliessen um einen mit wirklicher rechtlicher und moralischer Autorität ausgestatteten Jüdischen Nationalrat, möchte es seine Kräfte sammeln und lernen, vor den entscheidenden weltpolitischen Faktoren nicht nur als Bittender, sondern auch als Gebender aufzutreten, wozu es seiner Zahl, seinem Einflusse, seinen Fähigkeiten und seinen Leistungen nach die mannigfachsten Voraussetzungen mitbringt!«

Er artikulierte hier die Hoffnungen der unzähligen durch die Faschisten verfolgten Juden und die Anstrengungen jüdischer Politiker und Aktivisten, die nach dem Zweiten Weltkrieg zur Gründung des Staates Israel führten.

Leopold Silberstein verstand, warum Masaryk sich zum Machtantritt Hitlers 1933 nicht geäußert hatte, obwohl der Nationalsozialismus allen seinen Überzeugungen zuwiderlief, denn weit größere Mächte als die Tschechoslowakei hielten es damals für gut, »Realpolitik zu treiben«. Silberstein berichtete, wie er Masaryk zum Nationalfei-

Среда, 3 апрѣля, въ 8 ч. в. въ „Домѣ Искусствъ“

III. вечеръ серіи „Міровая поэзія“.

ВЕЧЕРЪ НѢМЕЦКОЙ ПОЭЗІИ

на нѣмецкомъ языкѣ

МЭРИ ШНЕЙДЕРЪ-БРАЙАРЪ.

Въ прогр.: Гёте, Шиллеръ, Гёльдерлинъ, Келлеръ, Гауптманъ, Гофмансталь, Георге, Рильке. — Перев. изъ эст. поэзіи: Таммсааре, Суйтсъ, Тугласъ, Ундеръ, Виснапуу, изъ „Калевипоэга“.

Билеты по 1 кр. и 50 ц. у „Эсто-Музыка“ и веч. у кассы.

Докладъ д-ра Л. Зильберштейна.

„Отрывки изъ всемірн. литературы“

(ГЕЙНЕ)

сост. 31 марта (воскрес.) по V. Karja 1.

Въ концерт. отд. участв. г-нъ А. Лейзерманъ (пѣніе), у рояля Ц. Розинъ Гуревичъ. Начало въ 9 час. веч.

Ankündigung des Vortrags »Auszüge aus der Weltliteratur (Heine)« am 31.3.1940 in der Talliner Zeitung »Vesti Dnja« vom 30.3.1940. Die angegebene Adresse V. Karja 1 ist die der Jüdischen Akademischen Gesellschaft. Es ist vielleicht kein Zufall, dass auf den Rezitationsabend seiner guten Bekannten Mary Schneider-Braillard über deutsche und estnische Poesie am 3.4.1940 im Talliner Haus der Kunst Seite an Seite in dieser Zeitung aufmerksam gemacht wurde.

ertag am 28.10.1933 persönlich erlebte, als dieser »hoch zu Ross und fest im Sattel an der Spitze der paradierenden Truppen erschien«. Als Masaryk trotz schwerer Erkrankung nach seiner Wiederwahl im Jahr 1934 im offenen Wagen durch die Stadt fuhr, bekannte er, »an diesem Tage habe ich für sein Leben gezittert«.

Leopold Silberstein erzählte von der gewaltigen Anteilnahme der Bevölkerung nach dem Tod Masaryks am 14.9.1937. Ein Jahr später wurde Präsident Beneš unter dem Druck der ursprünglichen Garantiemächte England und Frankreich zur Abtretung des Sudetengebiets an Hitler-Deutschland gezwungen:

»Der Präsident der Republik wird zum Rücktritt gezwungen, und mit ihm wird der Geist Masaryks verfemt. An Stelle seiner Ideale von Humanität und auf Menschenwürde gegründeter Demokratie tritt der Götze Sparbüchel, und viele, die ein solches haben oder gern besitzen möchten, glauben dem Götzen nicht besser dienen zu können als mit Angriffen auf ihre jüdischen Mitbürger unter der Protektion von Fremden.«

Erfüllt vom Schmerz über den Untergang der Tschechoslowakei, aber im Bewusstsein, dass das Land nicht wirklich untergehen könne, schloss Leopold Silberstein seinen Vortrag:

»Ja, Masaryk kann nicht wirklich sterben. Es kann nicht sterben sein Glaube an die Besserung der Menschen durch Erkenntnis, an eine gerechtere Weltordnung im Namen der Menschenwürde. Wir müssten an allem verzweifeln, wenn uns Masaryk jemals stürbe. In solcher Auffassung gedenken wir der Prophezeiung Vítězlav Nezvals, dass in böser Zeit Masaryk aus dem Grabe aufstehen werde, damit auch die Kleingläubigen ihn, den Befreier, sehen.«

Wahrscheinlich wählte er auch deshalb das Thema von Masaryks Verhältnis zu den Juden, weil besonders nach der Besetzung Prags durch die Hitler-Truppen im Protektorat Böhmen und Mähren ein ungezügelter Antisemitismus um sich griff, in dessen Zuge auch Masaryks Eintreten für die Juden im Ritualmordprozess von Polna verunglimpft wurde.

Im selben Jahr hielt Silberstein auch Vorträge anlässlich des 50. Todestages von N.P. Tschernyschewskij und zum Thema »A.N. Tolstoj und Scholochow«.[36]

Im Jahr 1940 veröffentlichte Silberstein in der Gesellschaft der Freunde der Jüdischen Volksuniversität von Tallinn seine Schrift »Zur differentiellen Anthropologie«[37], in der er sich populärwissenschaftlich mit der Entstehung der Rassentheorien beschäftigte. Dabei griff er weitgehend auf seine frühere Arbeit »Národni i rasová ideologie nového Německa a jeji myšlenkové předpoklady« (Die völkische und Rassenideologie des neuen Deutschlands und ihre geistigen Vorläufer) von 1934 zurück. Im Einzelnen widerlegte er die Behauptungen der Rassentheoretiker, dass die menschliche Persönlichkeit von der Erbanlage abhinge und die Entwicklung des Menschen nicht von gesellschaftlichen und anderen Umwelteinflüssen beeinflusst werde. In der Arbeit erteilte er den Behauptungen von der Auserwähltheit der besitzenden Klassen, von der eugenischen Notwendigkeit der Einschränkung der Frauenarbeit, von der erblichen Minderwertigkeit unehelicher Kinder, der Überlegenheit der nordischen

36 Lebenslauf Leopold Silberstein vom 14.10.1940, Estnisches Historisches Archiv, Dokument eaa2100_02b_0000083_00002 bis 00005 (Orig. estn.).

37 Silberstein, Leopold: Zur differentiellen Anthropologie, Tallinn: Juudi Rahvaülikooli Soprade Selts [Gesellschaft der Freunde der Jüdischen Volksuniversität] 1940 (Heisler), 32 Seiten.

Rasse und der Minderwertigkeit eines Gemisches armenoider, orientalischer und nordischer Rasse (worin die Juden eingeschlossen sind) eine Abfuhr. Im Vorwort zu dieser Schrift fasste Malka Schliefstein, seine zweite Ehefrau, das Credo Leopold Silbersteins in diese Worte:

> »Der Mensch Homo faber ist ein schaffendes Wesen. Der Wert eines jeden Menschen, gleichviel welcher Herkunft, welcher Rasse, welchen Volkstums oder welchen Geschlechts ist gegeben nur durch seine Leistung, durch seinen Beitrag für die Gesamtheit.«

Am Ende seiner Arbeit kündigte Silberstein an, dass sich eine zweite Abhandlung der Entwicklung der Rassentheorien in der Periode nach dem Ersten Weltkrieg widmen werde. Diesen Plan hat er nicht mehr verwirklichen können.

Von der Arbeit an diesem Buch berichtet aber ein Brief Silbersteins an Dr. A. Annist vom 14. 8. 1939.[38] Darin bat er seinen Freund, ihm das Exemplar seiner Schrift »Vývoj rasových theorií« (Entwicklung der Rassentheorien), das er ihm zugeeignet hatte, auszuleihen, da er mit einer Fortsetzung zu diesem Thema befasst sei. Es sei unmöglich, jetzt ein Exemplar aus Prag zu erhalten. Das ist verständlich, denn Prag war mittlerweile von deutschen Truppen besetzt, und der Briefverkehr von dort mit dem Ausland unterlag einer strengen Briefzensur.

Ende 1940 war an der Universität von Tartu geplant, in der Reihe »Suurmeeste Elulugu« (Biografien großer Männer) eine Abhandlung über den tschechischen Philosophen und Pädagogen Johann Amos Comenius zu veröffentlichen, für die Leopold Silberstein bereits sieben Kapitel an die Redaktion abgeliefert hatte, aber die Ereignisse des Sommers 1940, als Estland sowjetisch wurde, erlaubten nicht, das Projekt zu vollenden.[39]

Noch am 29.7.1940 bat die Estnische Literaturgesellschaft Silberstein darum, baldmöglichst das Manuskript des Buches »Comenius« abzuliefern, da die inzwischen verstaatlichte Druckerei tunlichst voll ausgelastet arbeiten müsse. Am 1.8.1940 lieferte Silberstein das 5. Kapitel, am 9.8. das 6. Kapitel und am 29.8.1940 das 7. Kapitel ab. Die Sowjetisierung Estlands wird auch in den Anredeformen der Korrespondenz sichtbar. Während man 1939 noch schrieb »Sehr verehrter Herr Dr. Silberstein«, hieß es im Sommer 1940 in Anlehnung an den russischen Sprachgebrauch »Werter Bürger L. Silberstein«.[40]

38 Brief Leopold Silberstein an A. Annist vom 14.8.1939, Estnisches Literaturmuseum, Fonds 218, A. Annist, M11:7 (Orig. estn.).

39 Shor, T.: Žertva cholokosta professor-slavist Leopol'd Zil'berstejn (1900–1941) (Das Holocaust-Opfer, der Slawist Professor Leopold Silberstein [1900–1941]), Conference »Questions of Jewish History«, Proceedings of Sefer Center 2007, Scholarly Conferences in Jewish Studies, Moscow 2008, S. 165 (Orig. russ.).

40 Korrespondenz von Leopold Silberstein mit der Estnischen Literaturgesellschaft, Estnisches Literaturmuseum, Fonds 16 M189:4 (Orig. estn.).

Die sieben vorliegenden Kapitel tragen folgende Überschriften:

I. Das XVII. Jahrhundert
II. Das Schicksal der Tschechen und der Charakter der Kirchen
III. Comenius' Jugendzeit
IV. Comenius' Studienjahre
V. Ruhige Arbeit in der Familie daheim. Panorama der Welt und soziale Probleme
VI. Labyrinth der Welt und Herz des Paradieses
VII. Falsche Vorhersagen und wertvolle Initiative

Nach dem Inhalt zu urteilen, enthält das überlieferte, 46 Seiten umfassende Manuskript, da Comenius' Hauptwerk noch nicht behandelt wird, weniger als die Hälfte des gesamten geplanten Textes.

An der Universität Tartu erhielt Leopold Silberstein aufgrund einer Genehmigung des Bildungsministeriums und des Rektors der Universität vom 13.12.1939 die Möglichkeit, im Jahr 1940, befristet bis zum 1.6.1940, unbezahlt Vorlesungen über tschechische Sprache und Literaturgeschichte zu halten.[41] Im Jahr 1940 unterrichtete er auch am Jüdischen Gymnasium von Tallinn. Die jüdische Kulturschaffende und Forscherin über das Schicksal der Juden in Estland Eugenia Gurin-Loov[42], die die Tochter des Direktors dieses Gymnasiums, Samuel Gurin, war, berichtete in einem Interview für den tschechischen Journalisten Marek Toman:[43]

> »Professor Silberstein lehrte an der Universität Tartu Tschechisch, ich erinnere mich an ihn. Seine Muttersprache war das Deutsche, und für mehrere Wochen fuhr er nach Tallinn, um uns, der jüdischen Jugend, Vorträge zu halten. Sein Thema war die deutsche Literatur, besonders liebte er Thomas Mann. Nebenbei lernte er in wenigen Jahren Estnisch, so dass sein Polizei-Protokoll nach seiner Verhaftung auf Estnisch verfasst wurde. Aber ich weiß nicht, warum er geblieben und nicht weggefahren ist …«

Je mehr durch den Einfluss Nazi-Deutschlands der Antisemitismus auch in Estland um sich griff, desto mehr solidarisierte sich Leopold Silberstein mit der jüdischen Gemeinde und wirkte auch als Lehrer und Vortragender für jüdische Organisationen, wie das jüdische Gymnasium von Tallinn.

Als Estland sowjetisch wurde, besaß Silberstein keinen gültigen Pass mehr und war somit staatenlos. Deshalb richtete er an die Abteilung für Visa und Registrierung des

41 Schreiben des Rektors der Universität Tartu vom 27.1.1940, Estnisches Historisches Archiv, Dokument eaa2100_02b_0000083_00009 (Orig. estn.).

42 Eugenia Gurin-Loov (1922–2001) trug durch ihre Publikationen, Ausstellungen und Interviews über den Holocaust an den Juden in Estland und das kulturelle Leben der Juden viel zur Aufklärung über die Lage der Juden in Estland bei.

43 Interview von Eugenia Gurin-Loov mit Marek Toman (2001), www.holocaust.cz/cz/resources/ros_chodes/2001/08/estonsko (aufgesucht am 21.5.2013) (Orig. tschech.).

NKWD (Volkskommissariat für innere Angelegenheiten) der Estnischen Sowjetrepublik (ESSR) einen Antrag auf Gewährung des Aufenthaltsrechts in der UdSSR und füllte hierfür einen Fragebogen mit 15 Fragen zum Hintergrund seines Aufenthalts in der ESSR aus.[44] Darin gab er auf die Frage, aufgrund welcher Dokumente er sich jetzt in der ESSR aufhalte, an, dass er mit einem tschechoslowakischen Reisepass mit Gültigkeit bis zum 18.4.1939 in Estland eingereist war und dass dieser Pass von der tschechoslowakischen Gesandtschaft in Paris bis zum 23.6.1940 verlängert worden war. Es ist nicht bekannt, wie und wann er die Verlängerung seines Reisepasses vorgenommen hatte. Da aber Dr. Jan Opočenský bis zum Fall von Paris hier eine Vertretung der Exilregierung von E. Beneš unterhielt, die sich Tschechoslowakischer Nationalausschuss (Československý Národní Výbor) nannte, ist es möglich, dass sein Freund Opočenský den Pass verlängerte. Im Zusammenhang mit dem Ablaufen seines tschechoslowakischen Reisepasses steht offensichtlich sein Antrag auf die Zuerkennung der estnischen Staatsbürgerschaft vom 2. Juli 1940. Im Folgenden wird dieser im Original estnisch abgefasste Antrag wiedergegeben:[45]

An die Regierung der Republik Estland

Gesuch des tschechoslowakischen Staatsbürgers Leopold Silberstein, wohnhaft in Tallinn, Harju t.36 k.2, um die estnische Staatsbürgerschaft

Ich wurde am 28. August 1900 in Berlin als Sohn des österreichischen Staatsbürgers Wilhelm Silberstein und seiner Frau Cäcilie in Berlin geboren. Ich absolvierte im Jahre 1917 das Gymnasium in Berlin und nach dem Studium der slawischen Sprachen und Literaturen wie auch nach der Verteidigung einer N.G. Tschernyschewskij gewidmeten Doktorarbeit, die ich 1922 an der Universität mit dem Prädikat »Magna cum laude« abschloss, erwarb ich den Grad eines Doktors der Philosophie. Im Folgenden arbeitete ich auf wissenschaftlichem Gebiet in Berlin und Prag und veröffentlichte eine Reihe von Büchern, Aufsätzen, Berichten, Kritiken, Referaten und Übersetzungen. Im Jahre 1936 kam ich nach Estland zu Vorträgen, und die Universität von Tartu hat mich im Jahr 1936 [sic!] zum Lektor für tschechische Sprache und Kultur erwählt. Seit Herbst 1937 arbeitete ich ständig in Estland und verbrachte nur die Ferien in Prag. Seit dem 22. Januar 1939 halte ich mich ständig in Estland auf. Ich bin mit einer Bürgerin Estlands verheiratet. Ich spreche und schreibe in estnischer Sprache und verfasse meine literarischen Arbeiten derzeit direkt in Estnisch und halte in der Öffentlichkeit Vorträge auf Estnisch.

44 Erklärung für die Abteilung Visa und Registrierung des NKWD der ESSR, Estnisches Historisches Archiv, Dokument eaa2100_005_0000360_00099 (Orig. russ.).

45 Antrag auf estnische Staatsbürgerschaft vom 2.7.1940, Estnisches Staatsarchiv, Dokument era14.15.3759 (Orig. estn.).

Ich danke Herrn Prof. R. Laaneots (Univ. Tallinn) für die Korrektur der Übersetzung.

Ich hielt Vorträge auf Estnisch, Deutsch und Französisch über wissenschaftliche Arbeiten in der Akademischen Historischen Gesellschaft (2-mal), der Akademischen Literarhistorischen Gesellschaft (2-mal), der Akademischen Philosophischen Gesellschaft (3-mal), der Akademischen Pädagogischen Gesellschaft (1-mal) und in der Volks-Universität Tartu (1-mal). In den letzten Jahren beschäftigte ich mich außerhalb der universitären und literarischen Arbeit auf dem Gebiet der Weiterbildung im Kreis der jüdischen Minderheit.

(Handschriftlich hinzugefügt: Ich bin jüdischer Nationalität. Ich habe keinen Besitz in Estland. Ich werde nicht strafrechtlich verfolgt.)

Meine veröffentlichten Arbeiten erschienen auf Estnisch, Tschechisch, Deutsch und Französisch. Ich hatte die Ehre, in der Zeitschrift »Looming« Aufsätze über die tschechische Literatur und Literaten, über Prof. Koort's Werk »Einführung in die Philosophie«, S. Freuds Bedeutung und die Renaissance des Humanismus zu veröffentlichen. Ferner erschien in der Sammlung der Biographien großer Männer ein Buch über Comenius und in der Zeitschrift »Ajalooline Ajakiri« ein Aufsatz über K. Stählin. In tschechischer Sprache erschien ein Buch über den kulturellen Aufbau bei den Völkern der Sowjetunion (»Výstavba národnostní kultury v SSSR«), auch als Artikel in französischer Sprache. Ich berichtete über tschechische Arbeiten über die estnische und die anderen baltischen Sprachen sowie nationale Probleme, weiterhin über die tschechischen Arbeiten auf dem Gebiet der Soziologie, über die soziale Anthropologie und Fragen der tschechischen philosophischen Terminologie. Auf Deutsch und Französisch veröffentlichte ich über das Schaffen der tschechischen Philosophen und Historiker und über die tschechische Haltung zu den Revolutionen in Europa usw.

Meine Arbeiten zeigen, dass ich als arbeitender Intellektueller die von der Regierung der Republik Estland formulierten Grundsätze aufrichtig gutheiße.

Ich habe die Ehre, bei der Regierung der Republik Estland zu beantragen:
Für mich die Staatsbürgerschaft der Republik Estland entsprechend § 7 über das Staaatsbürgerschaftsgesetz der Republik Estland;

Außerdem beantrage ich:
die Staatsbürgerschaft der Republik Estland für meinen Sohn Thomas Karl Silberstein aus erster Ehe zu übernehmen, der am 27. Juli 1935 geboren wurde (die Mutter des Sohnes hat zugestimmt).

Anlagen: Geburtsurkunde, Heiratsurkunde. Weitere notwendige Dokumente können vorgelegt werden.

Tallinn, 2. Juli 1940
Leopold Silberstein

Offensichtlich wurde seinem Antrag nicht stattgegeben, da er von sich in einem Brief vom 4.3.1941 berichtete, »bis zur Bewilligung meines hiesigen Gesuches bin ich staatenlos«. Interessanterweise erwähnte der Verwalter seines Hauses in Berlin Dirck-senstr. 37, Herr v. Dellinghausen, im Schriftverkehr mit dem »Reichskommissar für die Behandlung feindlichen Vermögens« vom 20.11.1941:[46]

> »Ich verwalte obiges Grundstück seit dem Jahre 1938. Der Eigentümer Dr. Silberstein ist Jude und hat vor dem Kriege in Estland gewohnt. Er besaß die tschechoslowakische Staatsangehörigkeit und hat denn [sic!] für die Sowjetunion optiert. Ob er diese Staatsangehörigkeit erworben hat und wo er sich zurzeit befindet, ist mir nicht bekannt.«

In den Akten dieses Reichskommissariats wurde Leopold Silberstein danach pauschal meist als sowjetischer Staatsangehöriger bezeichnet.

Nach dem Anschluss Estlands an die Sowjetunion wurde wie das übrige Land auch die Universität von Tartu umorganisiert. Es gab keine Möglichkeit mehr, Vorlesungen über tschechische Literatur zu halten. Da aber die estnischen Studenten die Vorlesungen auf Russisch hören sollten, konnte Silberstein ab Herbst 1940 als Lehrer für russische Sprache an der Staatlichen Universität Tartu arbeiten. Er hatte ein Pensum von zwölf Wochenstunden, die er an der juristischen, der naturwissenschaftlich-mathematischen und der medizinischen Fakultät in drei Gruppen von Studenten absolvierte.

Er bekam wieder ein Gehalt, und zwar zuerst 240 estnische Kronen, später 240 Rubel.[47] Jenny Herrmann schickte ihm aus Prag am 24.2.1940 eine beglaubigte Abschrift seines Doktordiploms, die er für seine Berufung benötigte.

Von Leopold Silberstein finden sich zwei Artikel in der Zeitung »Tartu Kommunist«, wie die Zeitung »Postimees« Ende 1940 nach der Sowjetisierung Estlands umbenannt wurde, und zwar über den 85. Todestag von Heinrich Heine[48] und über Theater und Musik[49]. Wie Ants Oras in seinem Tatsachenbericht »Baltic Eclipse« erwähnte, wurde damals der Lehrkörper der Universität Tartu verpflichtet, für den »Tartu Kommunist« Artikel zu schreiben.[50]

46 Schreiben v. Dellinghausen an Reichskommissar für die Behandlung feindlichen Vermögens vom 20.11.1941, Bundesarchiv, Akte R87/8735.

47 Estnisches Historisches Archiv, Dokument eaa 2100_02b_0000083_00008 bis 00011 (Orig. estn.).

48 Silberstein, Leopold: Heinrich Heine [85-nda surmapäeva puhul (Heinrich Heine – zum 85. Todestag)], Tartu Kommunist, 18.2.1941 Nr. 41, S. 2 (Aus dem Estnischen übersetzt von K. Albrecht).

49 Ders.: Teater ja muusika »Kuradiratsur« (Theater und Musik: Die Kavaliere des Teufels) , Tartu Kommunist, 13.5.1941, Nr. 2, S. 2 (Orig. estn.).

50 Oras, A.: Baltic Eclipse, London, Victor Gollantz (1948), S. 119 (Orig. engl.).

Beglaubigte Abschrift!

VNIVERSITATIS LITTERARIAE
FRIDERICAE GVILELMAE BEROLINENSIS
RECTORE MAGNIFICO
GVALTERO NERNST
EX DECRETO ORDINIS AMPLISSIMI PHILOSOPHORVM
ERHARDVS SCHMIDT
H.T. DECANVS
Leopoldo Silberstein
BEROLINENSI
EXAMINE PHILOSOPHIAE
magna cum laude
SVPERATO
ET
DISSERTATIONE
valde laudabile
CVIVS TITVLVS EST
"Černyševsky als Belletrist"
LEGITIME PROBATA
PHILOSOPHIAE DOCTORIS ET ARTIVM
LIBERALIVM MAGISTRI HONORES
DIE 14 M. Augusti A. MCMXXII
RITE CONTVLIT

Siegel der Universität.

gez.: Schmidt e. h. Unterschrift Dekan

Beglaubigte Abschrift des Doktordiploms von Leopold Silberstein, die ihm Jenny Herrmann aus Prag zugeschickt hatte, Estnisches Historisches Archiv, Dokument eaa2100_02b.

In seinem Aufsatz über Heinrich Heine hob Silberstein hervor:

»Schon in seinen Berliner Jahren war Heine als Journalist tätig, weil er aber nicht ehrlich über seine Gefühle schreiben konnte, musste er zu einer anderen Waffe greifen, die zwar aus dem romantischen Zeitalter stammte, die aber in seiner Hand nicht mehr dem romantisch rückschrittlichen Ästhetizismus diente, sondern den politischen Zielen. Diese Waffe war eine schneidende scharfsinnige I r o n i e, die sich bei ihm künftig zu einem Selbstzweck entwickelte, so dass er auch seine heiligsten Ideale ironisierte. […]

Heine zog peitschend die deutsche Bourgeoisie, Gutsherren und Geistliche ins Lächerliche und kämpfte für die Befreiung Deutschlands aus den feudalzeitlichen Fesseln. In seinen Werken entlarvte er leidenschaftlich den Despotismus und sagte den Sieg der Arbeiterklasse voraus.«

Wegen seiner jüdischen Herkunft und seiner progressiven Tendenz wurde Heinrich Heine in Nazi-Deutschland totgeschwiegen. Als sich im Jahr 1934 ein Pariser Buchhändler wegen Auskünften zu Heines Werk an das Heine-Museum seiner Geburtsstadt Düsseldorf wandte, erhielt er von dort die Auskunft: »Die Stadt Düsseldorf wünscht Heinrich Heine nicht zu kennen.«(!)[51] Sein Artikel ist auch wegen des von 1939 bis 1941 wirkenden Hitler-Stalin-Pakts bemerkenswert, weil damals von sowjetischer Seite ideologische Spitzen gegen den deutschen Nationalsozialismus vermieden wurden.

Zum 35. Todestag von Henrik Ibsen am 23.5.1941 hatte Silberstein einen Gedenkartikel »Kodanlise ühiskonna tormilind – Henrik Ibseni 35. surmapäeva puhul« (Ein Sturmvogel der bürgerlichen Gesellschaft – zum 35. Todestag von Henrik Ibsen) verfasst.[52] Der Aufsatz sollte in der Zeitschrift »Looming« erscheinen, der damalige Chefredakteur Friedebert Tuglas[53] hatte den Artikel schon redigiert. Aber er wurde nicht veröffentlicht, offensichtlich weil die sowjetische Zensur verlangte, sowjetische Schriftsteller zu publizieren. Da war für den bürgerlichen norwegischen Dramatiker Henrik Ibsen natürlich kein Platz. In dem Manuskript charakterisierte er Ibsen wie folgt:

»Henrik Ibsen war durchdrungen von allen Ideen, die im 19. Jahrhundert auf dem Grund der führenden und die Wirtschaft beherrschenden Klasse, des Bür-

51 Wo ist Heinrich Heine geboren? Prager Presse vom 26.8.1934.

52 Silberstein, Leopold: Kodanlise ühiskonna tormilind – Henrik Ibseni 35. surmapäeva puhul (Ein Sturmvogel der bürgerlichen Gesellschaft – zum 35. Todestag von Henrik Ibsen), unveröffentlichtes Manuskript, Estnisches Literaturmuseum, Fonds 245, F. Tuglas M250:11 (aus dem Estnischen übersetzt von K. Albrecht).

53 Friedebert Tuglas (1886–1971) war ein estnischer Schriftsteller, Kritiker, Übersetzer und Literaturwissenschaftler. In seinen Romanen und Kurzgeschichten tritt eine Mischung von Realismus und romantischem Lebensgefühl hervor.

gertums, wuchsen. Ihm war sowohl die nationale Vergangenheitsromantik des Kleinbürgertums […], das Flüchten dieser Klasse in den religiösen Radikalismus […] als auch die Entwicklung des Großbürgertums samt seiner Romantik des wirtschaftlichen Projektierens […] vertraut.«

Leopold Silberstein, der die geistige Entwicklung Ibsens anhand seiner Dramen aufzeigte, verwies darauf, dass Ibsen in dem Drama »Ein Puppenheim« die Bedeutung der Arbeit für die Selbstständigkeit der Frau thematisierte:

»›Der Geist der Wahrheit und der Geist der Freiheit‹ sind unbewaffnet, wenn sie nicht auf Arbeit aufbauen – dies ahnte Ibsen in seinem Werk, das als Kriegserklärung zur bürgerlichen Ehe gehalten wird: im ›Ein Puppenheim‹. Nora Helmer bringt nicht nur ihre moralische Abhängigkeit an den Tag, die darin besteht, in ihrem ganzen Leben wie ein Spielzeug wahrgenommen worden zu sein, so dass sie an jeglichem selbstständigen Handeln gehindert wurde, und als sie zum ersten Mal nicht mehr nach dem Rat ihres Vaters oder ihres Ehemannes fragen konnte (wegen schwerer Krankheit), löste sie die schweren Probleme nur nach ihrem Gefühl und beging dabei eine kriminelle Tat, sondern sie sieht die Wurzeln dieser Abhängigkeit auch in dem Mangel wirtschaftlicher Selbstständigkeit, und als sie aus dem Haus von Helmer auszieht, entscheidet sie, auf die Unterstützung ihres Mannes zu verzichten und den Unterhalt selbst zu verdienen, um endlich ›ein Mensch zu werden‹«.

Während Nora noch um ihre Selbstverwirklichung ringt, klagt Hedda Gabler schon die ganze Gesellschaft an:

»Eine besondere Rolle aus diesen Frauenschicksalen hat die Figur von Hedda Gabler. Auf den ersten Blick scheint es, dass es sich hierbei um eine hysterische Gesellschaftsdame handelt, deren viel zu schwache Nerven sich nicht mit der Rolle der Hausfrau und Mutter zufrieden geben, die anderseits vor Angst keine billigen Liebesabenteuer sucht, und so kommt sie aus unausstehlicher Langeweile zur Vernichtung ihres eigenen Lebens und das der anderen. Jedoch zeigt die genauere Analyse, dass es sich hierbei nicht um ein isoliertes pathologisches Ereignis handelt, sondern dass das ganze gesellschaftliche System beschuldigt wird.«

In seinen abschließenden Bemerkungen versuchte Leopold Silberstein den Bogen von Ibsens bürgerlicher Gesellschaft zum sozialistischen Menschen zu spannen, aber auch diese Verbeugung vor dem Sowjetsystem in Estland im Jahr 1941 konnte nicht verhindern, dass sein Aufsatz der Zensur zum Opfer fiel:

»Ibsen ist keiner, der die zukünftige, sozialistische Gesellschaft rühmt, dafür haben seine Probleme einen viel zu bürgerlichen und individualistischen Charakter, dafür schenkte er der Durchsetzung von materiellen Voraussetzungen vom ›Geist der Wahrheit und der Freiheit‹ zu wenig Aufmerksamkeit. Aber er reinigte sie für das Kommen dieser Gesellschaft, er zeigte, wie unmoralisch und krankhaft die bürgerliche Gesellschaft war, wie wenig lebensfähig und wenig fruchtbar sogar seine besten Vertreter waren. Die neue sozialistische Gesellschaft sieht seine Werke aus authentischer und künstlerischer Sichtweise als ein hochwertiges Dokument über die Entwicklungen, die die Gesellschaft vor dem Sozialismus durchgemacht hat. Ibsen zog aus der Erde die Wurzel des sterbenden oder schon toten Waldes; auf diesen Grund zu bauen – das ist die Aufgabe der neuen, jetzigen, sozialistischen Menschen.«

Die letzte bekannte Veröffentlichung von Leopold Silberstein, 1941 erschienen, war dem sowjetischen Sprachwissenschaftler N. Ja. Marr gewidmet.[54]

Prof. P. Ariste[55], bei dem Silberstein Estnisch gelernt hatte, schrieb in einem Brief vom 17.5.1958 an Jenny Herrmann, mit dem er eine Kopie des Aufsatzes über Marr[56] geschickt hatte:[57]

»Heute übersende ich Ihnen die Fotokopien des Aufsatzes von Ihrem Manne Leopold Silberstein. Der im Estnischen gedruckte Aufsatz ist erschienen in der Zeitschrift ›Eesti Keel ja Kirjandus‹ (= Estnische Sprache und Literatur) 1941, Nr. 2. […] Leopold Silberstein hat Marr kritisch beschrieben. Den Aufsatz hat Leopold Silberstein selbst im Estnischen geschrieben. Die Redaktion hatte nur eine kleine sprachliche Korrektur vorgenommen. Ihr Mann hat Estnisch sehr schnell erlernt und seine estnische Aussprache war tadellos. Leider ist er, wie viele anderen Gelehrten, als Opfer des Faschismus gefallen.«

Der grusinisch-russische Sprachwissenschaftler Nikolaj Jakovlevič Marr war die bedeutendste Persönlichkeit der sowjetischen Sprachwissenschaft seit den 20er-Jahren des vorigen Jahrhunderts, weil er zum Angriff auf die westeuropäische Indo-Europäis-

54 Silberstein, Leopold: Nikolai Jakovlevitš Marr – Noukogude Liidu suur teadlane (Nikolai Jakovlevitš Marr – Ein großer sowjetischer Wissenschaftler), Eesti Keel ja Kirjandus (1941) Nr. 2, S. 89–101.
Ich bin Frau Dr. T. Shor für die Übersetzung dieses Aufsatzes ins Russische zu Dank verpflichtet.

55 Paul Ariste (1905–1990) war ein estnischer Sprachwissenschaftler an der Universität Tartu. Er lehrte Finnougristik und war ein Polyglott. In den 1940er-Jahren war Ariste zeitweilig in sowjetischen Strafanstalten inhaftiert.

56 Nikolaj Jakovlevič Marr (1864–1934) war ein grusinisch-russischer Sprachwissenschaftler und Orientalist. Er erforschte das Altgeorgische und Altarmenische. Marr entwickelte die sehr umstrittene japhetitische Sprachtheorie. Nach seiner Theorie bilden die kaukasischen, die Turksprachen und die indogermanischen Sprachen eine Metasprachfamilie. In der sowjetischen Zeit reicherte er seine Sprachtheorie mit verschiedenen ideologischen Merkmalen des Marxismus an und gewann dadurch die Unterstützung der sowjetischen Führer. Marr wurde in der Sowjetunion zum Meinungsführer in der Sprachwissenschaft. 1950 erklärte Stalin in seinen Ausführungen zur Sprachwissenschaft Marrs Sprachtheorie plötzlich als unmarxistisch. Nach Stalins Tod kehrte man in der Sowjetunion wieder mehr zur traditionellen indoeuropäischen Sprachwissenschaft zurück.

57 Brief P. Ariste an Jenny Herrmann-Silberstein vom 17.5.1958, Familienarchiv Jenny Herrmann.

tik ausgeholt hatte. In seinem Artikel schilderte Silberstein den Werdegang Marrs, der unter ärmlichen Verhältnissen das Gymnasium in Kutaisi und dann die Universität in St. Petersburg besuchte. An der Universität studierte er neben der grusinischen und armenischen Sprache die Sprachen des Kaukasus und des Nahen Ostens. Schon bald erwarb er sich Verdienste um die Erforschung der altgrusinischen und altarmenischen Sprache. Marr fühlte sich in seinem Nationalstolz verletzt, weil behauptet wurde, dass die grusinische Sprache isoliert sei und keinerlei Verwandtschaft mit anderen Sprachen hätte. Deshalb führte er vergleichende Sprachuntersuchungen durch, die ihn bis zum Baskischen führten. Im Ergebnis fand er zahlreiche Verwandtschaften des Grusinischen mit regional benachbarten, aber auch weit entlegenen Sprachen des Mittelmeerraums. Diese Untersuchungen baute er zur sogenannten japhetitischen Sprachtheorie aus, nach der es zwischen den kaukasischen, den semitisch-hamitischen und den indogermanischen Sprachen Verbindungen gäbe. Leopold Silberstein schilderte, dass Marr die russischen Revolutionen von 1905 und 1917 begrüßte. Während die konservativen Vertreter der indoeuropäischen Sprachwissenschaft in rassistischer Manier alles »nichtarische« Sprachgut im Griechischen auf die Pelasger schoben, fand Marr den Schlüssel, dass sich Pelasger und Griechen mit den Japhetiten des Kaukasus zu einem Ganzen vereinigten. Insbesondere bestritt Marr, dass es eine indoeuropäische Protosprache gegeben hätte, sondern war von der Existenz vieler miteinander verwandter Sprachen überzeugt. Aus der Auseinandersetzung mit den westeuropäischen Sprachwissenschaftlern ging Silberstein auch auf den bedeutenden tschechischen Indogermanisten Hrozný ein, den er vorsichtig verteidigte, indem er ausführte, dass Marr hier vielleicht Unrecht gehabt hätte. Die japhetitische Sprachtheorie baute Marr in den 20er-Jahren zur »Neuen Lehre von der Sprache« aus, indem er sie ideologisch auf den Boden des Marxismus-Leninismus stellte. Diese Vorgehensweise sicherte ihm die Unterstützung der sowjetischen Führer, insbesondere Stalins, zu. Silberstein hob auch die bedeutenden Verdienste Marrs um die kulturelle Förderung der tschuwaschischen Minderheit hervor.

Zum Abschluss seines Artikels erwähnte Leopold Silberstein, dass der neue Rektor der Universität Tartu, Kristjan Kure, aus dem von Marr geleiteten Akademieinstitut stammte. Er sprach die Hoffnung aus, »dass sich auch hier einmal die Möglichkeit des Studiums der japhetitischen Sprachen eröffnet, im Wesentlichen der grusinischen und der baskischen Sprache, gleichzeitig können insbesondere die Kenner der ugrofinnischen Sprachen ihren Beitrag leisten und in neuem Licht einige von Marr gestellte ungelöste Fragen lösen.«

Dies war sozusagen das Angebot von Leopold Silberstein an den Rektor Kure und sein Appell, diese sprachwissenschaftliche Forschung einzurichten. A. Oras charakterisierte K. Kure in seinem Buch »Baltic Eclipse« aber als einen engstirnigen, dogmatischen Apparatschik, sodass die Anregung Silbersteins nicht auf fruchtbaren Boden gefallen sein dürfte.[58] Marrs Verdienst fasste er mit den Worten zusammen:

»Ebenso wie die nicht-euklidische Geometrie nicht die Bedeutung der euklidischen in großem Maßstab vermindert, so werden die Errungenschaften der hundertjährigen Sprachwissenschaft nicht dadurch geschmälert, dass Marr ihre historische Wesenlosigkeit fand und eine neue, allgemeinere Sprachtheorie schuf, in der er die Errungenschaften der vorherigen Wissenschaft übertraf.«

58 Oras, A.: Baltic Eclipse, S. 100–104.

Private Korrespondenz[1]

Am 16.9. 1939 ließen Dr. Leopold und Jenny Silberstein ihre Ehe scheiden[2], damit sie im von den Nazis besetzten Prag die beiden Kinder, die als halbjüdisch galten, unter Jennys wieder angenommenen Mädchennamen Herrmann besser schützen konnten. In dem Scheidungsurteil wurde festgelegt, dass die Tochter Cäcilie dem Vater und der Sohn Thomas der Mutter zugesprochen wurden. Die Zeitumstände verhinderten jedoch – zum Glück, wie sich im Nachhinein durch das furchtbare Schicksal herausstellte, das Leopold Silberstein ereilte –, dass dies verwirklicht werden konnte. Durch die Eintragung einer Hypothek in Höhe von 20.000 RM auf sein Haus Dircksenstr. 37, die einen jährlichen Ertrag von sechs Prozent lieferte, sorgte er mit seinen Möglichkeiten für den Unterhalt von Jenny Herrmann und seines Sohnes Thomas. Dieser Vorgang wurde mit einem Notariatsakt bei dem Notar Richard Schaniel in Prag, bei dem sich Leopold Silberstein durch seinen Freund Prof. Friedrich Slotty vertreten ließ, beurkundet.[3] Von 1939 bis Mitte Juni 1941 unterhielt er noch eine intensive Korrespondenz mit Jenny Herrmann und den beiden Kindern und schickte ihnen oft kleine Pakete. Die Scheidung war freilich nicht nur ein formaler Akt, denn, wie es Jenny Herrmann in ihren Memoiren »Jennys Leben« beschrieb und wie es auch die folgenden Briefe widerspiegeln, nun musste jeder allein ums Überleben kämpfen.

Am 26.5.1941 schrieb Leopold Silberstein aus Tartu nach der zur Rettung der Kinder vollzogenen Scheidung an Jenny Herrmann:

Meine liebe Jenny,

auf Deinen Brief mußte ich diesmal elf Tage warten und wurde ganz unruhig, zumal Du mir im vorhergehenden von Cillys Erkrankung geschrieben hattest [...] Sicherlich werde ich Dir noch einmal vor dem 13. Juni schreiben. Es wird dann zehn Jahre her sein, daß Du Dich entschlossen hast, Dein Schicksal mit dem meinigen zu verbinden, und obwohl wir nicht haben zusammen bleiben können, haben wir, glaube ich, beide keinen Grund, unseren damaligen Schritt zu bedauern. Ganz

1 Private Korrespondenz von Leopold Silberstein 1939–41, Familienarchiv Jenny Herrmann.

2 Protokoll der Verhandlung des Kreisgerichts Tartu vom 16.9.1939, Estnisches Staatsarchiv, Dokument 1947.1.3740_lk19 (Orig. estn.).

3 Notariatsakt des Notars Richard Schaniel in Prag vom 28.9.1939, Brandenburgisches Landeshauptarchiv Potsdam, Bestand Rep.36A G3148 (Orig. tschech.).

abgesehen von den zwei geliebten süßen Kindern, die wir zusammen haben, wirst Du ja sicherlich an Deinem gegenwärtigen Fortkommen in Beruf und erneuter Ausbildung am besten merken, daß Du in der Ehe mit mir an geistiger Aufnahmefähigkeit, Selbstbewußtsein, Selbstständigkeit und Aktivität nichts verloren, sondern im Gegenteil gewonnen hast, wenn auch meine hochgespannten Forderungen nicht immer leicht zu ertragen sein mögen. Ebenso blicke ich mit Befriedigung auf die mit Dir verbrachten Jahre zurück. Nach den Kindern habe ich große Sehnsucht. Gib ihnen die innigsten Küsse von mir […] Viele Grüße an Anna. Dir alles Gute

Dein Poldi.

Tallinn, le 26 févr. 1939
Ma très chère Cécile,

La mer Baltique a été tout à fait bleue lors de la Fête nationale, comme si nous avions mai et non pas février. J'espère que tu es très sage, que tu fais de bon progress dans tes études et que vous tous vous portez bien. Mende bien des tendresses à ta Maman et à Thomas. Je t'embrasse

ton papá.

[Tallinn, 26. Febr. 1939
Meine geliebte Cäcilie,

die Ostsee ist zum Nationalfeiertag ganz blau, als ob wir Mai und nicht Februar hätten. Ich hoffe, dass Du sehr brav bist und gute Fortschritte beim Lernen machst und dass Ihr Euch alle gut vertragt. Gib liebe Grüße an Deine Mama und Thomas weiter. Ich umarme Dich

Dein Papa.]

Tallinn, den 22. Juli 1939
Mein geliebter kleiner Tommy,

ich sende Dir meine allerherzlichsten Glückwünsche zu Deinem vierten Geburtstage und küsse Dich innigst. Hoffentlich hast Du Elefanten, Bilderbuch und Schokoladenauto richtig erhalten. Ich möchte zu gern den Tag mit Dir verbringen. Sei lieb zu Deiner Mutter und Schwester, lerne fleißig und werde ein guter Mensch. Denke auch zuweilen an Deinen Dich sehr liebenden Papa.

Tartu, 30.9.1940
Meine geliebte, süße Cilly!
Da Du so gut in der Schule lernst, sollst Du auch eine besonders schöne Karte erhalten. Mache Deinem Lehrer immer Freude und denke daran, daß Dein Pappi auch zu unterrichten hat, freilich nicht so kleine Kinderchen wie Dich, sondern

große Leute und daß er sich immer freut, wenn alle gut gelernt haben. Schreibe mir bald wieder einen schönen Brief und sei inzwischen innigst geküßt von

Deinem Pappi.

Viele herzliche Grüße auch an Deine Mutter.

Tartu, den 30.9.1940
Mein süßer kleiner Tommy!

Auf diesem Bilde siehst Du die Universität Tartu; das ist eine Schule für große Leute, da kommen nur die hin, die immer besonders gut gelernt haben. Frage Dein Schwesterchen, ob sie sich auf das Haus noch besinnt. Heute hatten wir dort eine schöne Feier, und morgen beginnen wir mit der Arbeit. Über Goethe weißt Du schon vortrefflich Bescheid, nun mußt Du aber auch noch lernen, mit elektrischen Leitungen umzugehen, damit Du nicht noch einmal eine Steckdose an der falschen Stelle anfassest und, wie Dein Schwesterchen schreibt, »das Kribbeln kriegst«. Was macht die Musik? Tausend süße Küsse von

Deinem Pappi.

Tartu, 23.12.1940
Meine geliebte Cilly!

Viel Gesundheit, Freude und Erfolg in der Schule wünscht Dir fürs Neue Jahr Dein ständig in Liebe an Dich denkender und Dich tausendmal küssender Pappi.

Tartu, 23.12.1940
Mein süßer und kluger kleiner Tommy,
auch genannt Kater Schnurrdiburr!

Zum Neuen Jahr wünsche ich Dir recht viel Gesundheit und die allerbesten Fortschritte in Deinen Klavier-, Schreib-, Zeichen- und Sprachstudien, auf die schon jetzt mit Spannung wartet

Dein Dich innigst liebender Pappi.

Tartu, 17.2.1941
Mein lieber kleiner Tommy!

Ich habe mit großer Bewunderung gehört, daß Du schon ein Stück von Schumann auf dem Klavier einstudiert hast. Daß Du Dir die Passagen vereinfachst, finde ich – unter uns gesagt; Tante Grete[4]*, Deine Lehrerin, darf es nicht hören – ganz richtig; meiner Ansicht nach haben die bösen Komponisten nur erfunden, ei-*

4 Tante Grete war die Ehefrau von Pavel Eisner, Margarete Eisner, die die Kinder im Klavierspiel unterrichtete.

nen Klavierspieler zu ärgern, ungefähr so wie die bösen Philologen (zu denen Dein Vater gehört) die grammatischen Regeln. Wenn die Töne wie die Ameisen durcheinanderlaufen, hört doch kein Mensch mehr, was richtig und was falsch ist. Hauptsache ist, daß Du mit Schwung und Gefühl spielst; dann kriegst Du auch eine schöne Frau – zum Beispiel die hier auf dem Bilde.

Innigste Küsse

Dein Pappi.

Tartu, 7. März 1941

Meine geliebte süße Cilly!

Erinnerst Du Dich noch an unsere Fahrt mit dem Dampfer »Kungla« nach dem Peipussee? Inzwischen bist Du ein großes Mädchen geworden, kriegst schöne Schulzeugnisse und schreibst wie gestochen. Sei nur nicht zu streng, Du kleine Lehrerin, mit Deinem Brüderchen; er weiß ohnehin schon sehr viel, und solange er nicht wieder ganz gesund ist, soll er nicht zuviel arbeiten. Hier ist jetzt Tauwetter; dann ist bei Euch wohl bald richtiger Frühling. Grüße Deine Mutti und Anna. Innigste Küsse von

Deinem Pappi.

Tartu, 21. März 1941

Mein süßer und braver Kater Schnurrdiburr!

Ich habe mich sehr gefreut, daß Du jetzt gesund bist. Nun sei ein gescheiter Junge und überanstrenge Dich nicht; erhitze Dich nicht und hole Dir nicht noch einmal nasse Füsse. Denn wenn es jetzt warm wird, ist es gar nicht schön, im Bettchen zu liegen; außerdem macht das Deiner Mutter überflüssige Arbeit und Deinem alten Vater viel Unruhe. Du machst im Zeichnen und Schreiben sehr schöne Fortschritte; es sieht alles schon sehr sauber und klar aus; ich habe mich aufrichtig mit den Proben gefreut.

Innigst küßt Dich, guter kleiner Junge

Dein Pappi.

Tartu, den 6. Mai 1941

Meine innigst geliebte Cilly!

Ich habe vorgestern an Deine Mutter ein Einkilopaket geschickt, dessen Inhalt (Butter, Käse, 2 kleine allerliebste Hühnerchen aus Seife und etwas bittere Schokolade) für die süßen Kinderchen Cilly und Thomas bestimmt ist. Hoffentlich kommt es bald an und schmeckt Euch gut. Dieser Tage sah ich den Dampfer »Kungla«; er war frisch angestrichen, sah herrlich aus, und ich dachte mit Sehnsucht an die Partie, die ich mit Dir, süße Cilly, vor drei Jahren auf diesem Dampfer gemacht

habe. Besinnst Du Dich noch auf das hier abgebildete Gebäude oder hast Du in den drei Jahren Tartu schon vergessen? Schreib' mir bald einen schönen Schreibebrief. Ich küsse Dich innigst
Dein Pappi.

Tartu, den 22. Mai 1941
Mein lieber kleiner Thomas!
Ich bin seit 8 Tagen ohne eine Nachricht Deiner lieben Mutter und möchte schon gern wissen, ob Du diesmal gesund geblieben bist; denn es ist meiner Ansicht nach ganz überflüssig, daß Du Dich ansteckst, wenn Deinem Schwesterchen etwas fehlt. Du mußt jetzt viel in der schönen Frühlingsluft herumspazieren und Dich ordentlich kräftigen. Wenn man gesund ist, lernt man noch einmal so gut und so rasch.
Innigste Küsse
Dein Pappi.

Tartu, den 13. Juni 1941
Mein lieber kleiner Thomas!
Mir schien es schon selbst so, daß ein Briefumschlag von Dir geschrieben war und nicht von Deiner großen Schwester. Du bist ein süßes Kerlchen, daß Du schon einen Briefumschlag in vier Sprachen richtig ausschreiben kannst. Zur Belohnung ist auch wieder ein Paket von 1¼ kg Nettogewicht für Dich und Deine Schwester unterwegs. Hoffentlich kommt es bald an.
Tausend Küsse
Pappi.

Tartu, den 18. Juni 1941
Meine geliebte Cilly!
Das an deine Mutter gesandte Eineinviertelkilo-Paket mußte ich noch einmal auspacken, da ein Teil der darin enthaltenen Eßwaren aus Gründen der Sauberkeit in Sägemehl eingepackt werden muß. Das Paket wird daher einige Tage später ankommen. Auch mußte ich aus Platzmangel etwas Seife herausnehmen. Hoffentlich macht es auch so noch Freude. Heute war hier eine wahrhaft südliche Wärme.
Innigste Küsse
Dein Pappi.

Tallinn, 19. August 1940
Meine liebe Jenny,
ich danke Dir und den geliebten Kinderchen für die Glückwünsche zum Ge-

burtstag, ganz besonders aber für die prachtvollen Zeichnungen der Kinder […], ich denke heute sehr lebhaft an den großen Wendepunkt, der vor drei Jahren in unserer Ehe eintrat und doch leider nicht zu ihrer dauernden Aufrechterhaltung führen konnte. Daß Du ein ganzer Mensch in jedem Sinne des Wortes bist, hast Du seitdem tausendfach bewiesen, und meine seitdem so viel größere Lebenserfahrung zeigt mir, daß das, was mich von Dir zu trennen schien, wenig bedeutet im Verhältnis zu den Schwierigkeiten, die sich in anderen Ehen auftürmen. Für alle unsere Entschließungen soll nur das Wohl der Kinder maßgebend sein. […]

Herzlichste Grüße
Dein Poldi.

Tartu, d. 20. Dez. 1940
Meine liebe Jenny,

gestern habe ich zu meiner Freude das Garbellsche Buch über »Das russische Zeitwort« erhalten und danke Dir vielmals für diese nützliche Gabe. Ich hoffe, daß der deutsche Puschkin, den ich vom Akademischen Kooperativ gleichzeitig als Gabe zum heutigen Tage an Dich absenden ließ, inzwischen ebenfalls in Deine Hände gelangt ist. Wie Du siehst, denke ich heute nur noch an das Positive in unserer Ehe und finde, daß es unendlich gewichtiger war als die Schattenseiten, die sich einfach daraus erklären, daß wir beide sehr bewußte und differenzierte Charaktere sind. Einstweilen hast Du allein das Glück, die beiden Kinder dieser Ehe erziehen zu können, darüber zu wachen, daß Cilly nicht friert, daß Tommy alias Fomuschka alias Kater Schnurrdiburr Klavier nicht nur nach Gefühl, sondern auch nach Noten spielt, und daß beide Kinder die verschiedenen Sprachen, die sie lernen, nicht durcheinander mischen […] Und nun von ganzem Herzen Dir, meiner geliebten Cilly, dem süßen Kater Schnurrdiburr-Tommy, der guten Anna und allen Freunden ein recht glückliches Neues Jahr

Dein Poldi.

Tartu, den 4. März 1941
Meine liebe Jenny,

ich hoffe, daß die süßen Kinderchen meine Kartengrüße aus Tallinn vom 27. Febr. erhalten haben. Ich war dort nur auf einen halben Tag […] Und nun danke ich Dir, meine liebe Jenny, recht herzlich für die Mühe und Kosten, die Du Dir mit der Beschaffung einer beglaubigten Abschrift meines Doktordiploms gemacht hast. Sie ist mir umso wertvoller, als Dellinghausen, den ich um die Beschaffung eines Exemplars gebeten hatte, den Auftrag nicht ausführen konnte. Was dessen Anfrage angeht, so kann ich dem, was ich Dir neulich bereits schrieb, nichts hinzufügen; bis zur Bewilligung meines hiesigen Gesuches bin ich staatenlos […]

Dem Brief vom 4. 3. 1941 beigelegtes Passfoto Leopold Silbersteins von Anfang 1941

Hoffentlich bin ich für Euch alle nicht ein Fabelwesen geworden, an dessen Existenz man nur noch durch ausländische Briefmarken erinnert wird [...] Um das zu verhüten, lege ich ein Bildchen bei und melde gehorsamst: so sehe ich jetzt aus. Nun gib bitte dem geliebten, klugen Tommy hunderttausend süße Küßchen von mir und sag' ihm, er soll schön gesund werden und es auch bleiben. Innigste Küsse auch an die kleine Hauslehrerin Cilly mit dem guten Zeugnis. Viele Grüße an Anna; Dir alles beste und freundschaftlichsten Händedruck

Dein Poldi

Tartu, den 9. April 1941
Meine liebe Jenny,

Deine Ansicht, daß Porträtphotographien nicht ins Ausland versendungsfähig seien, scheint irrig zu sein. Denn ich fand in Deinem Brief einen amtlich abgestempelten Zettel »Unaufgeklebte Photographien sind zur Beförderung zugelassen. Die Briefstelle.« Bitte erkundige Dich noch einmal, und wenn es irgend geht, schicke mir ein neues Photo der süßen Kinderchen. Weiter wollte ich Dich bitten, nochmals bei Dellinghausen anzufragen, ob er eine Ausschmückung des Grabes meiner Großmutter zum 22. Mai, Ihrem 20. Todestag, in Auftrag gegeben hat.

Ich habe also am 4. April an Dich wie zugesagt 500 Gramm Butter und 425 Gramm Kondensmilch für die Kinder abgeschickt, außerdem liegt ein buntes Ei aus Holz dabei, aber ohne jede Füllung, denn ich wollte das Nettogewicht von 1

Unaufgeklebte Fotografien sind zur Beförderung zugelassen.

Die Prfüstelle.

In den Brief vom 9. April 1941 eingelegter Zettel der Briefzensurstelle des Oberkommandos der Wehrmacht

Kilogr. nicht überschreiten. Hoffentlich werden sich die süßen beiden Affen darüber einig, wer wann mit dem Ei spielen darf. Ich setze voraus, daß meine gescheiten Kinderchen darüber nicht ihre Sprach- und sonstigen Studien vernachlässigen. Sehr würde es mich interessieren, wenn Cilly einmal den Briefumschlag an mich eigenhändig adressierte; dabei könnte ich am besten ihre Fortschritte in der russischen Schrift und überhaupt ihre Fähigkeit, eine Sache exakt zu machen, beurteilen. So ein großes Menschlein müßte das doch – entsprechende Anleitung vorausgesetzt – schon verstehen […] Wie meine Kinder Klavier spielen und wie sie russisch sprechen, das zu wissen, bin ich wirklich begierig; hoffentlich kommen sie bald her […] Grüße die große und die kleine Jiřina[5]*, die brave Anna und vor allem gib den süßen Kinderchen endlose innige Küßchen von mir. Dir selbst die herzlichsten Grüße*

Dein Poldi.

Im Übrigen wurden nach der Besetzung der Tschechoslowakei durch die deutsche Armee im März 1939 sämtliche Briefe und Postkarten mit einem Aufkleber bzw. Stempel »Geöffnet Geprüft Oberkommando der Wehrmacht« versehen. Die sowjetische Postzensur in Estland hatte diesen Aufwand nicht betrieben. Insgesamt fällt auf, dass Silberstein jegliche Erwähnung seiner Tätigkeiten vermied, da ihm natürlich die beiderseitige Zensur bewusst war.

5 Gemeint sind Dr. Jiřina Popelová und ihre Tochter.

Kouvert eines Briefes von Leopold Silberstein mit den Prüfstempeln der deutschen Briefzensur

Tartu, den 25. April 1941
Meine liebe Jenny,

[…] Ich warte jetzt mit großer Spannung darauf, ob Du mein Einkilopaket in frischem Zustand erhalten hast; wenn ja, schicke ich sofort ein zweites. Außerdem hast Du mich wieder wegen Thomas' Gesundheit besorgt gemacht; hoffentlich erhalte ich bald von Dir Nachricht, daß die von Dir erwähnte besondere Müdigkeit nur auf zuviel Lernen zurückzuführen ist und keine gesundheitlichen Ursachen hat. Mit dem Schulbesuch[6] *würde ich unbedingt noch ein Jahr warten, damit er sich zunächst einmal kräftigt. Gerade sehr begabte Kinder haben natürlich besonders empfindliche Nerven, worauf man Rücksicht nehmen muß. […] Jedenfalls freue ich mich sehr, daß beide Kinder Russisch lernen […] Ich schicke den beiden süßen Affen meine innigsten Küsse. Viele herzliche Grüße auch an Anna. Dir, der wackeren Leiterin eines dreizimmerigen Büros, wünscht weiter viel Kraft und Erfolg*

Dein Dich herzlich grüßender Poldi.

6 Als sogenanntem Geltungsjuden war seinem Sohn Thomas von den Nazi-Behörden der Schulbesuch verwehrt.

Tartu, den 7. Juni 1941
Meine liebe Jenny,

ich danke Dir für Deinen lieben Brief vom 22. Mai, insbesondere für die Photos von Dir und den Kindern, die mir große Freude gemacht haben. Die beiden süßen Kinderchen sind ja ordentlich groß geworden, namentlich Cilly, die jetzt auch noch ein bißchen mehr in die Breite wachsen könnte. Sie hat jetzt wieder große Ähnlichkeit mit ihrer Großmutter, die ebenfalls als Mädchen so schlank war. Du, meine liebe Jenny, scheinst die straffe Figur der Berufsfrau dauernd beibehalten zu wollen. Zum 13. Juni wollte ich Dir nicht nur etwas Nettes schreiben – das ist bereits in meinem Briefe vom 26. Mai, hoffentlich zu Deiner Zufriedenheit geschehen –, sondern auch schicken, etwa in der Art des am 4. Mai an Dich gesandten Einkilopaketes. […] Du machst also nun Ferien in Jevany; ich wünsche Dir mit den Kindern von Herzen ausgiebige Erholung und gutes Wetter […] Es wäre an der Zeit, schon jetzt die Ausschmückung des Grabes meiner Großmutter zu ihrem 100. Geburtstag am 20. August vorzubereiten.

Nochmals tausend Dank für die Photos; innigste Küsse an die Kinder, die hoffentlich bei Eingang dieses Briefes beide ganz gesund sind. Mit herzlichen Grüßen und guten Ferienwünschen

Dein Poldi.

Tartu, den 11. Juni 1941
Meine liebe Jenny,

Deine lieben Zeilen vom 28. Mai und 3. Juni habe ich kurz hintereinander erhalten. Ich bin sehr froh darüber, daß das Einkilopaket in gutem Zustande angekommen ist, und daß die süßen Kinderchen ein wahres »Indianergeheul« angestimmt haben […] Ich bitte das heute abgehende [Paket] als Geschenk zum 13. Juni und zum 4. Juli zu betrachten.

Die Nachricht vom Tode Jaroslavs [Galia] hat mich, wenn auch nicht überrascht, so doch aufrichtig betrübt. Bitte schreibe der Witwe in meinem Namen ein paar Zeilen – ich weiß ihre Adresse nicht – und sage ihr von mir, daß ich ihren Gatten geistig und menschlich außerordentlich geschätzt, das mir von ihm entgegengebrachte Interesse stets dankbar gewürdigt habe und ihm ein dauerndes ehrendes Andenken bewahren werde. Ihr selbst wünsche ich Kraft in den Tagen der Trauer. Es mag ihr ein Trost sein, daß sein plötzlicher Tod – am Klavier – der leichteste und schönste ist, den man sich vorstellen und wünschen kann, und daß die qualvollen Begleiterscheinungen […] ihrem Gatten jedenfalls zum Schluß offenbar erspart geblieben sind. Es tut mir leid, daß es Dir nun doch nicht möglich gewesen ist, nach Jevany zu fahren […] Du mußt besonders darauf bedacht sein, Dir Deine Gesundheit und damit die qualifizierte Arbeitskraft unvermindert zu erhalten – Ich hatte schon fast geahnt, daß die Adresse diesmal von Thomas geschrieben war; er ist ein fabelhaftes Kerlchen, aber seine große Schwester habe ich ebenso lieb. An beide die süßesten Küsse. Viele Grüße an Anna. Dir gute Urlaubstage!

Dein Poldi.

Am 5.1. 1940 heiratete Leopold Silberstein die Rechtsanwältin Dr. Malka Schliefstein[7], die das Scheidungsverfahren von Jenny Herrmann durchgeführt hatte.[8] Bereits am 22.9.1939 hatten er und M. Schliefstein, also gut eine Woche nach seiner Scheidung, ihre Verlobung in der Talliner Zeitung Uudisleht bekanntgegeben.[9] Dabei werden wohl nicht allein finanzielle Gründe eine Rolle gespielt haben. Die finanzielle Situation von Leopold Silberstein war jedoch inzwischen so schwierig, dass er in Tartu in das Haus von Prof. Gulkowitsch zog, der allerdings selbst nach der Eingliederung Estlands in die Sowjetunion seinen Lehrstuhl der Judaistik verloren hatte. Er lebte weitgehend vom Einkommen seiner Frau. Ende Juni oder Anfang Juli 1941 hatte Malka Silberstein ein Kind geboren, über das nichts weiter bekannt ist. Die Schwangerschaft, die Geburt des Kindes und die Behinderung der Mutter, auch sein ungeklärter staatsbürgerlicher Status sind wahrscheinlich der entscheidende Grund dafür, dass sich Malka und Leopold Silberstein angesichts des Einmarsches der Nazi-deutschen Armeen nicht retten konnten.

Ungeachtet dieser objektiven Schwierigkeiten ist es dennoch kaum nachvollziehbar, dass Leopold Silberstein als ein Mensch mit Weitsicht und analytischem Verstand, der den Rassenwahn der Faschisten entlarvte, der ihre Pläne der Vernichtung aller Juden beizeiten kannte, der wegen der Verfolgung der Juden ins Exil ging, der in einer Situation, als die Armeen Hitlers schon bis an die Grenzen der baltischen Staaten vorgerückt waren und sich dessen bewusst sein musste, dass diese Länder in dem von Hitler in seinem Pamphlet »Mein Kampf« angekündigten Krieg gegen die Sowjetunion, gegen den »jüdischen Bolschewismus« als erste überrannt werden würden, nicht nach einem Ausweg gesucht hatte, sich rechtzeitig in Sicherheit zu bringen. Diese Frage wird wohl immer unbeantwortet bleiben.

7 Malka Schliefstein (1903–1941) war eine aus Vilnius gebürtige jüdische estnische Juristin. Sie hatte von 1923 bis 1926 an der Universität Tartu Jura studiert und war eine der ersten Anwältinnen Estlands. Durch Kinderlähmung war sie an den Rollstuhl gefesselt und ging mit Krücken. Ende der 20er-Jahre setzte sie sich mit anderen Anwälten für die Abschaffung der Todesstrafe in Estland ein. Als erfolgreiche Anwältin und emanzipierte Frau war sie ungeachtet ihrer Behinderung auch durch ihr rotes Haar eine in Tallinn weithin bekannte Persönlichkeit, die sich nicht nur Freunde gemacht hatte und mit manchen Vorurteilen konfrontiert war. Sie fiel der Judenverfolgung nach dem Überfall Deutschlands auf die Sowjetunion zum Opfer, aber über die Umstände ihrer Ermordung gibt es bisher keine gesicherten Angaben.

8 Estnisches Historisches Archiv, Dokument eaa2100_02b_0000083_00006 (Orig. estn.).

9 Uudisleht vom 22.9.1939.

Nachdem Hitler-Deutschland am 22.6.1941 die Sowjetunion überfallen hatte, liefen Vorbereitungen, die Universität Tartu einschließlich ihres Lehrkörpers ins Hinterland zu evakuieren.[10] Aber die deutsche Armee rückte schneller vor, als die Evakuierung verwirklicht werden konnte.

10 Oras, A.: Baltic Eclipse, S. 172.

Ermordung von Dr. Leopold Silberstein durch die Faschisten

Das Schicksal von Leopold Silberstein in den letzten Tagen seines Lebens, nachdem die deutsche Armee am 21. Juni 1941 die Sowjetunion überfallen hatte, geht aus dem folgenden Verhörprotokoll der estnischen SS hervor.

Nr. E19-k[1]
Verhörprotokoll

Am 22. Juli 1941 habe ich, Stabsfeldwebel Leo Tamm, aus der Sonderabteilung der Kommandantur

den Juden Leopold Adolf Silberstein, 41 Jahre alt, nicht vorbestraft, ehemaliger tschechischer Bürger, wohnhaft Kuperjanow-Straße 32-1
ins Verhör genommen, der erklärt hat:

Ich habe im Jahre 1937 im Auftrage der tschechischen Regierung die etatmäßige Stelle eines Lektors der tschechischen Sprache und Literatur an der Universität Tartu angetreten. Im Herbst 1940 habe ich als Slawist angefangen, als Lehrbeauftragter die russische Sprache zu unterrichten.

Am 12. Juli bin ich aus dem Luftschutzkeller des Horn-Hauses, der in der Kuperjanow-Straße liegt, wohin ich vor der Feuergefahr geflohen war, um dem Rauch zu entkommen, weggegangen. Aus dem Luftschutzkeller sind alle weggegangen. Es wurde gesagt, daß alle Leute bald in den Luftschutzkeller zurückkommen dürften. Aber die Feuergefahr war groß und deshalb nahm ich auch einen großen Koffer mit. Meine Frau ist mit dem zweiwöchigen Kind vorgegangen. Sie ist verschwunden. Ich habe später gehört, dass sie unter Aufsicht des »Roten Kreuzes« steht. Ich habe den großen Koffer in dem Luftschutzkeller, der in der Näituse-Straße liegt, gelassen. In der Nacht zum 13. Juli bin ich mit den anderen aus der Stadt gegangen. Vor dem Verlassen der Stadt wurden meine Dokumente vor dem Luftschutzkeller der Näituse-Straße kontrolliert, und es wurde kontrolliert, daß ich keine Waffe habe. Zugleich wurde mein kleiner Koffer, den ich mit mir trug, durchsucht.

1 Estnisches Staatsarchiv, Dokument eraR_64.1.787 (aus dem Estnischen übersetzt von Prof. R. Laneots, Universität Tallinn).

№ E17-K

Ülekuulamise protokoll.

22. juulil 1941a. minu [illegible] komandantuuri [illegible], kuulasin üle

Otm. 23.7.41

juut Leopold Adolf Silberstein, 41a vana, karistamata endine Tšehhi kodanik, kes seletas: elukoht Kuperj. 32-1

Asusin 1937a. Tartu Ülikooli tšehhi keele ja kirjanduse määratud lektori kohale Tšehhi valitsuse ülesandel. 1940a. sügisel hakkasin tegema Vene keelt, kui slavist, õppejõu ametit täitjana, [illegible] alusel.

12 juuli paiku lahkusin Kuperjanovi tänaval asuvast Klomi maja varjendist, kuhu olin tulekahju eest põgenenud, ära, et [illegible] käest pääseda. Varjendist lahkusid kõik. Öeldi, et saame varjendisse varsti tagasi. Kuid tulekahju oli nii [illegible] [illegible] kaasa ka suure kohvri. Minu naine 2-e nädalase lapsega jooksis ees. Ta kadus ära. Hiljem kuulsin, et ta elavat Punase Risti valve all. Suure kohvri andsin Näituse tänava varjendisse. Öö vastu 13 juulit läksin koos teistega linnast välja. Enne väljaminekut linnast Näituse tänava varjendis [illegible] kontroll [illegible] minu pabereid ja asjad, mis mul on selja [illegible] mis mul kaasas oli. Minu naine oli [illegible] juba linnast lahkunud. Lahkusin linnast, et otsida naist ja [illegible] kartsin juutide vastast tegevust. Öö olin kusagil Tähtvere vallas keldris koos nendega, kellega lahkusin linnast. Hiljem [illegible] kusagil

Protokoll des Verhörs von Dr. Leopold Silberstein durch die estnische Sicherheitspolizei am 22.7.1941

18

talu õues koos perenaisega, kellega ma [illegible] sin Cronmast. Kusil talu juures, kuhu läk[illegible] me tööd otsima, ähvardas keegi omanaiste mees kärutas, kaid roles. Tahtsin näidata talle oma dokumente, kaarasin taskus [illegible]. Tema tulistas minul. Relva näinud ei ole. Vabastati minu, kui juures. See oli 14. juulil.

Kuulusin 1928–30 aastani Deutsche Demokratische Partei'sse. Pääle selle olen parteitu. 1933 a. lahkusin Saksamaalt natsionalistide põhjustel. Läksin Praagasse. Ja hiljem tulin Eestisse. Kellegi kommunistidega kokku puutunud ei olnud.

Kommunistlikke literatuuri ei ole [illegible]. Võtsin osa sundusliku marksismi-leninismi [illegible] ainult 2-st.

Ettelaetud: Dr Leopold Silberstein

[illegible signatures]

Kui mitte vaenlaste [illegible] kommunismi poolehoidja [illegible] Saata. 22.VII.41

Kommunistina [illegible] [illegible]

Protokoll des Verhörs von Dr. Leopold Silberstein durch die estnische Sicherheitspolizei am 22.7.1941

Meine Frau hatte schon aufgrund der Beschreibungen die Stadt verlassen. Ich habe auch die Stadt verlassen, um meine Frau zu suchen, weil ich vor der gegen die Juden gerichteten Tätigkeit Angst hatte. Die Nacht habe ich mich in einem Keller mit den Leuten, mit denen ich aus der Stadt gegangen war, irgendwo in der Gemeinde Tähtvere aufgehalten. Später habe ich irgendwo auf einem Bauernhof mit der Familie, mit der ich die Stadt verlassen hatte, übernachtet. Irgendwo auf einem Bauernhof, in den wir gegangen sind, um Lebensmittel zu kaufen, hat jemand vom Verein »Omakaitse« (Selbstschutz) plötzlich geschrien: Hände hoch! Ich wollte sofort die Dokumente vorlegen und griff nach der Tasche. Er hat auf mich geschossen. Bei mir wurde keine Waffe gefunden. Ich wurde als Jude verhaftet. Das war am 14. Juli.

In den Jahren 1928–30 war ich Mitglied der Deutschen Demokratischen Partei. Seither bin ich parteilos. Im Jahre 1933 habe ich Deutschland wegen der Rassenhetze verlassen. Ich habe mich in Prag niedergelassen und bin später nach Estland gekommen. In Tschechien hatte ich keinen Kontakt mit den Kommunisten.

Ich habe die kommunistischen Anschauungen nicht gutgeheißen. Ich habe an den obligatorischen Vorlesungen des Marxismus-Leninismus nur zweimal teilgenommen.

Verlesen: (Unterschrift Dr. Leopold Silberstein)
Unterschrift: Leo Tamm
Stabsfeldwebel
Als nicht vertrauenswürdiger Jude zur Verfügung des Kommandanten überstellen.
22.VII.41 R. Lepik[2]
Führer der Sonderabteilung der Kommandantur

In der Akte »Leopold Silberstein« der estnischen Sicherheitspolizei, einer Abteilung der SS, ist vermerkt: Angefangen: 22.07.1941 (an diesem Tag fand das Verhör statt, dessen Protokoll oben wiedergegeben ist), Erledigt: 23.07.1941 (offensichtlich ist damit gemeint, dass Dr. Leopold Silberstein an diesem Tag ermordet wurde).[3]

Aus dem Verhörprotokoll wird deutlich, dass Leopold Silberstein, wenn er sich in Richtung Tähtvere auf den Weg gemacht hatte, sich nach Tallinn zu seiner Frau und dem Neugeborenen durchschlagen wollte. Die Angabe, dass seine Frau schon vorgegangen sei, war sicher eine Behauptung zu ihrem Schutz, denn es ist wahrscheinlicher, dass sie sich zu diesem Zeitpunkt in Tallinn aufgehalten hatte.

2 Roland Lepik (1910–1942) war ein estnischer Polizeioffizier. 1941 wurde er von den deutschen Besatzungstruppen zum Führer der Sonderabteilung der Kommandantur des Konzentrationslagers in Tartu ernannt. Er war für die Durchführung der Exekutionen verantwortlich. Danach war er in Tallinn tätig. Ende 1941 wurde er wegen Korruption und wahrscheinlich, weil er zuviel über die Ermordung der Juden wusste, verhaftet und 1942 hingerichtet.

3 Estnisches Staatsarchiv, Dokument eraR_64.1.787_kaas (Orig. estn.).

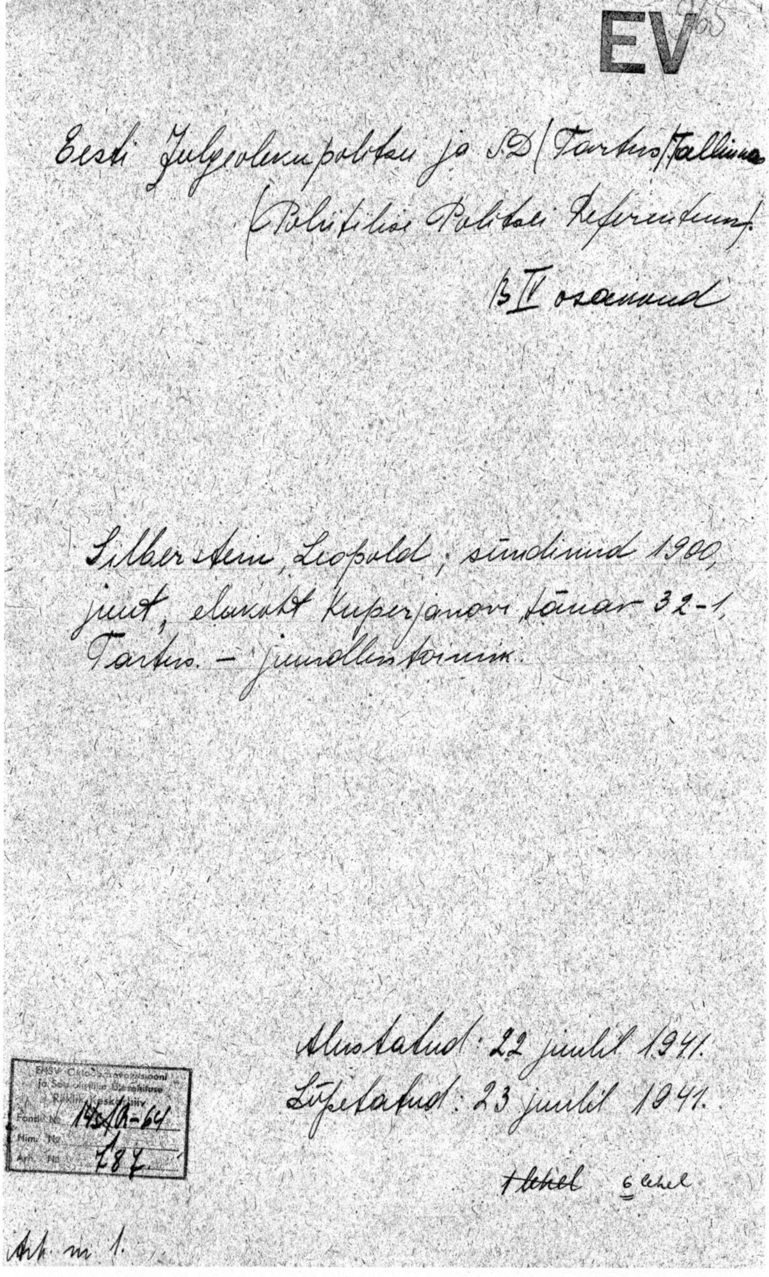

Eesti Julgeolekupolitsei ja SD (Tartu/Tallinn)
(Poliitilise Politsei Referentuur).
B IV osakond

Silberstein, Leopold, sündinud 1900, juut, elukoht Kuperjanovi tänav 32-1, Tartu. – juurdlustoimik.

Alustatud: 22 juulil 1941.
Lõpetatud: 23 juulil 1941.

ENSV Oktoobrirevolutsiooni ja Sotsialistliku Ülesehituse Riiklik Keskarhiiv
Fond Nr
Nim. Nr
Arh. Nr 187

Akt nr 1.

Umschlag der Akte »Leopold Silberstein« bei der estnischen Sicherheitspolizei

Im Protokoll der Wannsee-Konferenz am 20.1.1942 wird zu dem Tagesordnungspunkt, der sich mit dem zahlenmäßigen Umfang des geplanten Massenmords an den Juden befasste, zu Estland vermerkt: »Judenfrei«. Aus dem Kreis der Bekannten und Freunde ist belegt, dass sämtliche Mitglieder der Familien Gulkowitsch und Schliefstein ebenfalls ermordet wurden.[4]

Obwohl es in Estland bis Mitte der 1930er-Jahre kaum einen spürbaren Antisemitismus gegeben hatte – der Anteil der jüdischen an der gesamten Bevölkerung war sehr gering – hatten sich nach dem Überfall Deutschlands auf die Sowjetunion unter der Regie der deutschen SS schnell estnische Verbände mit dem Namen Omakaitse (Heimatschutz) gebildet, die den deutschen Besatzern die schmutzige Arbeit der Jagd auf die Juden abnahmen.

Der Hass auf die Juden wurde auch dadurch geschürt, dass die Juden in der Periode der sowjetischen Herrschaft nicht verfolgt und während der deutschen Okkupation als Kollaborateure der Sowjets hingestellt wurden. Die estnischen Verbände der Omakaitse wurden in die SS eingegliedert.

Es ist höchst wahrscheinlich, dass das Verhör von Leopold Silberstein im Tartuer Konzentrationslager in der Näituse-Straße stattfand, das sich auf dem Grund eines früheren Ausstellungszentrums befand. In den ehemaligen Pavillons waren Männer und Frauen getrennt untergebracht. Die ehemalige Lagerbaracke, auch bekannt als »barak smertnikov« (Baracke der Todgeweihten) oder »Lepiku parakk« (Lepik-Baracke), war der letzte Aufenthaltsort der zum Tode verurteilten. Die beiden kleinen Häuser am unteren Rande des Lagers beherbergten die Lagerverwaltung und die »Sonderabteilung«. Chef der Sonderabteilung war der oben erwähnte Roland Lepik. Bei ihm fanden die Verhöre statt. Sie verfolgten den Zweck, einen Anflug von Rechtlichkeit für die Verhängung von Todesurteilen abzugeben, indem man den Juden Kollaboration mit den Kommunisten und Sowjets oder Feindseligkeit gegenüber dem neuen Regime unterstellte. Im Falle von Leopold Silberstein genügte es für das Todesurteil, ein »nicht vertrauenswürdiger Jude« zu sein. Neben Lepik arbeiteten in der Sonderabteilung die früheren Polizeioffiziere Ervin Viks, Evald Mikson, Valentine Keder und Alexander Koolmeister. Kommandant des Tartuer Konzentrationslagers war Juhan Jüriste[5], der als Offizier in der zaristischen, der estnischen und der Roten Armee gedient hatte. Jüriste befehligte 60 Wachsoldaten. Die Sonderabteilung

4 Gurin-Loov, E.: Eesti juutide katastrof 1941 (Der Holocaust der Juden in Estland 1941), herausgegeben von Eesti Juudi Kogukond, Tallinn 1994 (Orig. estn.).

5 Juhan Jüriste (1897–1962) war ein Berufsoffizier, der in der zaristischen, der estnischen und der Roten Armee gedient hatte. Im Sommer 1941 wurde er Kommandant des Konzentrationslagers in Tartu und leitete die Erschießungen der Gefangenen des KZ's. Er hatte sich nach dem Krieg in Järvamaa versteckt und wurde 1960 verhaftet und in Tallinn zum Tode verurteilt. Das Urteil wurde 1962 vollstreckt.

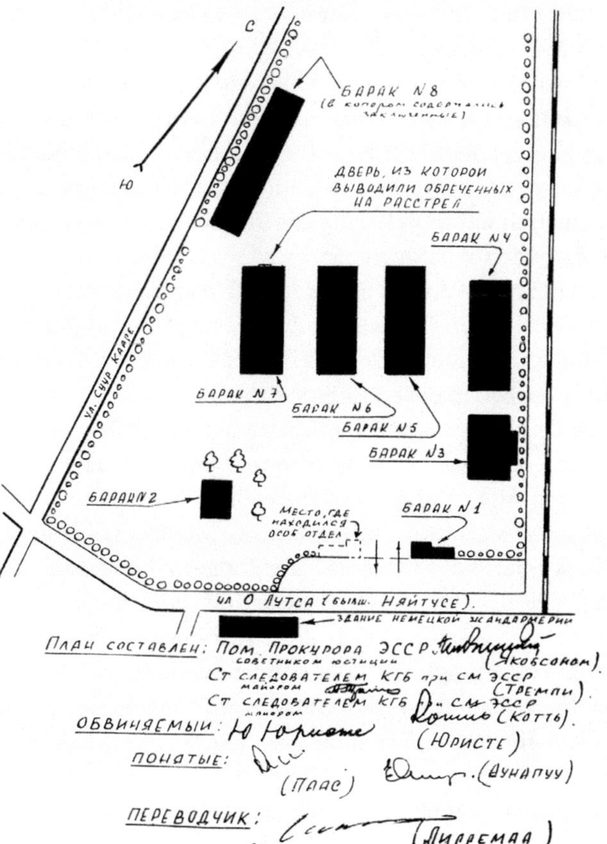

Lageplan des Tartuer Konzentrationslagers in der Näituse-Str. (Juli–September 1941). Aus der hinteren Tür der Baracke Nr. 7 wurden die Häftlinge zur Erschießung abgeführt. Ortsbesichtigung mit Juhan Jüriste, Tartu, 5.4.1961, United States Holocaust Memorial Museum, Washington, D.C., RG-026/11.

schickte die Todeslisten zur endgültigen Entscheidung an die deutsche Sicherheitspolizei.

Den Ablauf der Exekutionen schilderte der Augenzeuge Hans Laats, der zum Erschießungskommando gehörte.[6] Die Exekutionen fanden gewöhnlich am Abend statt. Besonders im Juli 1941 wurden auch zweimal am Tag Erschießungen durchgeführt.

6 Verhör von Hans Laats in Tallinn am 10.12.1952 und am 22.2.1961, United States Holocaust Memorial Museum, Washington, D.C., RG-06.026/5 und RG-06.026/11, zitiert in Anton Weiss-Wendt: Murder without Hatred – Estonians and the Holocaust, Syracuse University Press, Syracuse, New York 13244-5290 (2009), S. 194–205.

Foto der Baracke Nr. 5 im Konzentrationslager in der Näitusestr. in Tartu (Ortsbesichtigung beim Prozess gegen den Kommandanten des Konzentrationslagers, Juhan Jüriste am 5.4.1961), United States Holocaust Memorial Museum, Washington, D.C., RG-026/11.

Dabei handelte es sich um Gruppen von 15 bis 25 Gefangenen. Lepik verlas die Namen der zum Tode verurteilten, und ein Wachsoldat holte die Person aus der Baracke. Sie musste sich bis auf die Unterwäsche ausziehen, auch die Schuhe waren auszuziehen, und die Hände wurden auf dem Rücken gefesselt. Jeweils von einem Wachsoldaten abgeführt, bestiegen die Gefangenen den ersten Lastwagen. Auf dem zweiten Lastwagen saß das Erschießungskommando.

Die zurückgebliebenen Wachen eigneten sich inzwischen schon widerrechtlich die zurückgelassenen Sachen der zum Tode verurteilten an, wobei es oft zu Prügeleien um

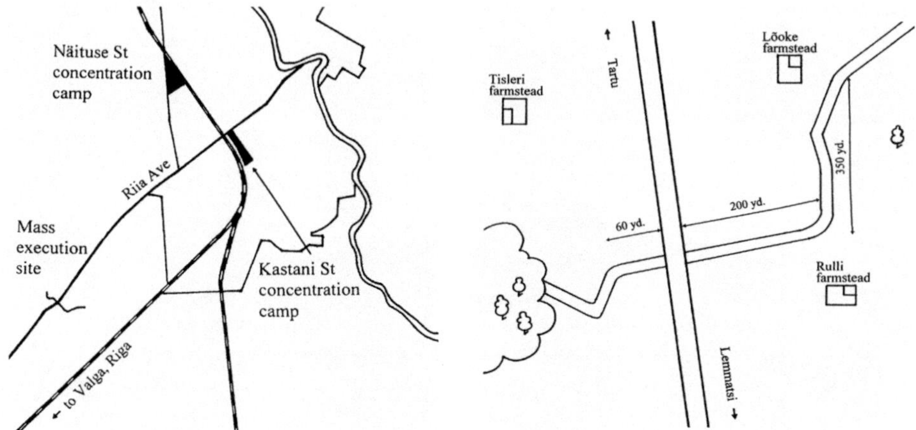

Weg vom Konzentrationslager in der Näitusestraße zur Exekutionsstätte (links)[7] *Exekutionsstätte bei der Panzersperre an der sogenannten Jalaka-Linie (rechts)*[8]

die besten Stücke kam. Die Lastwagen fuhren zu einer Panzersperre, der sogenannten Jalaka-Linie, die fünf Kilometer südwestlich von Tartu gelegen war. Diese Panzersperre war auf Befehl der sowjetischen Militärbehörden von Einheimischen angelegt worden.

Lepik oder Koolmeister stellten die Erschießungskommandos zusammen. Die Teilnahme an den Exekutionen war freiwillig.

Der materielle Anreiz an den Erschießungen bestand darin, dass die betreffenden Wachsoldaten einen Anteil von dem kärglichen Besitz der Erschossenen und eine Extraration Wodka bekamen. Die Namen der an den Erschießungen beteiligten 41 estnischen Wachsoldaten sind bekannt:[9]

Arnold Eelmets	Arvo Kivijarv	Karl Laurits
Evald Eelmets	Alfred Kolberg	Agu Leetma
Hermann Ehrlich	Aleksander Kroon	Olav Linde
Karl Elk	August-Feliks Kroon	Herbert Luha
Voldemar Jakobson	Jaan Kübar	Johannes Luhasaar
Johannes Käärik	Alfred Kukk	Endel Mark
Osvald Kahur	Udo Kupper	Endel Matto
Victor Kaur	Ilmar Kütt	Johannes Pennar

7 Weiss-Wendt, A.: Murder without Hatred, S. 208 (Orig. engl.).

8 Ebd., S. 203.

9 Verhör von Hans Laats, Karl Elk, Harald Kolberg, Manivald Muuli, Irene Reinhold, Hermann Ehrlich, Evald Eelmets, United States Holocaust Memorial Museum, Washington, D.C., RG-06.026/5 und RG-06.026/11, zitiert in Anton Weiss-Wendt: Murder without Hatred, S. 204f.

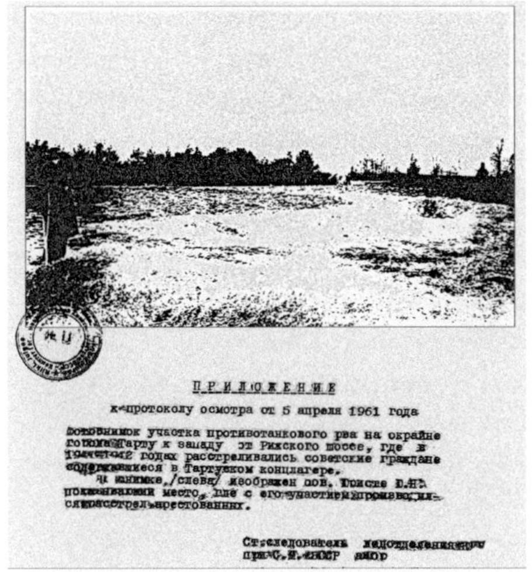

ПРИЛОЖЕНИЕ

к протоколу осмотра от 5 апреля 1961 года

Фотоснимок участка противотанкового рва на окрайне города Тарту к западу от Рижского шоссе, где в 1941–1942 годах расстреливались советские граждане содержавшиеся в Тартуском концлагере.

На снимке /слева/ изображен обв. [illegible] показывающий место, где с его участием производился расстрел арестованных.

Ст. следователь [illegible]
при С.М. ЭССР майор

Ortsbesichtigung der Panzersperre an der Straße nach Riga am 5.4.1961, wo die Erschießungen der Häftlinge des Konzentrationslagers in der Näitusestr. stattfanden. Links der Angeklagte Juhan Jüriste, der Kommandant des Konzentrationslagers war.[10]

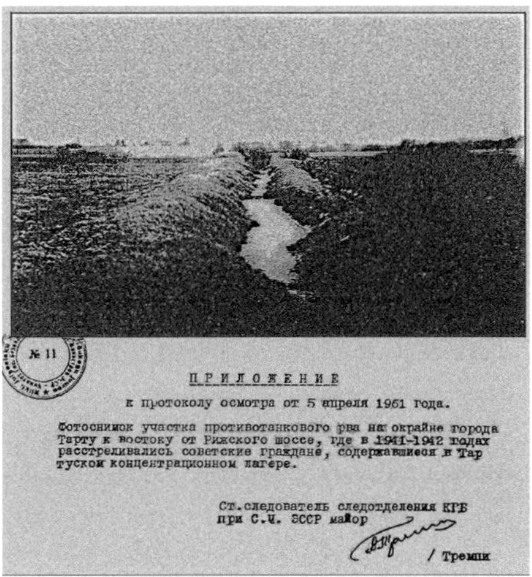

ПРИЛОЖЕНИЕ

к протоколу осмотра от 5 апреля 1961 года.

Фотоснимок участка противотанкового рва на окрайне города Тарту к востоку от Рижского шоссе, где в 1941–1942 годах расстреливались советские граждане, содержавшиеся в Тартуском концентрационном лагере.

Ст. следователь следотделения КГБ
при С.М. ЭССР майор
/ Тремпи

Foto der Panzersperre, an der die Erschießungen der Häftlinge des Konzentrationslagers in der Näitusestr. stattfanden.[11]

Valter Kerro	Edgar Laabent	Herbert Ratnik
Nikolai Kiima	Hans Laats	Elmar Robert
Alexander Sägi	Enn Sügis	Elmar Trossek
Paul Sepp	Villem Talvik	Elmar Unt
Ernst Suits	Alfred Tönismaa	Alexander Vaht

Unter diesen Söldnern befand sich höchstwahrscheinlich der unmittelbare Mörder von Leopold Silberstein.

Die Gefangenen mußten vor dem Graben niederknien. Direkt vor der Exekution verlas Lepik das Urteil: Aufgrund von Verbrechen gegen das Regime werden die Gefangenen zum Tode verurteilt. Hinter jedem Gefangenen stand ein Soldat. Koolmeister und gelegentlich auch Jüriste gaben den Schießbefehl. Die Wachsoldaten schossen auf den Hinterkopf des vor ihnen knienden Gefangenen. Schließlich bedeckten sie die Toten mit Erde, erhielten ihren Alkohol und fuhren zurück.

10 Ortsbesichtigung mit Juhan Jüriste, Tartu, 5.4.1961, United States Holocaust Memorial Museum, Washington, D.C., RG-026/11.

11 Ebd.

Von deutscher Seite hatte der Kommandeur der Sicherheitspolizei und des SD, Dr. Martin Sandberger[12], den Befehl zur Tötung aller Juden in Estland gegeben. Sandberger arbeitete besonders eng und vertrauensvoll mit der estnischen Sicherheitspolizei und der Omakaitse zusammen, weil die Nazis die Esten als »rassisch brauchbar« eingestuft hatten.

Im Jahr 1943 beschloss die SS, die Spuren der Massenerschießungen zu beseitigen. Zu diesem Zweck bildete das Reichssicherheitshauptamt das Sonderkommando 1005 (auch als Blobel-Kommando bekannt). Zwischen 75 bis 80 jüdische Gefangene aus dem Zentralgefängnis in Tallinn mussten von Dezember 1943 bis April 1944 die Leichen exhumieren, die dann verbrannt wurden. Der bestialische Gestank der brennenden Leichen verbreitete sich über Wochen bis in die Stadt. Die jüdischen Zwangsarbeiter wurden sämtlich ermordet, wenn sie nicht schon vorher an Entkräftung gestorben waren.

Mit hoher Wahrscheinlichkeit liegt die Asche von Leopold Silberstein zusammen mit der von etwa tausend anderen Ermordeten an der früheren Panzersperre der Jalaka-Linie südlich von Tartu.

12 Martin Sandberger (1911–2010) leitete als SS-Standartenführer den Massenmord an den Juden im Baltikum. Er studierte Jura und trat 1931 in die NSDAP und SA ein. 1936 wurde er Mitglied der SS. Nach dem Überfall auf die Sowjetunion wurde er als Führer des Einsatzkommandos 1a einer der Haupttäter des Völkermords im Baltikum. In einem Jahresbericht vom 1.7.1941 meldete er 941 ermordete Juden nach Berlin. Im Nürnberger Einsatzgruppen-Prozess 1948 wurde er zum Tode verurteilt. Auf Betreiben von General McCloy wurde sein Urteil 1951 in lebenslänglich umgewandelt. Sandbergers Vater nutzte seine Beziehungen zum Bundespräsidenten Theodor Heuss, sodass unter Mitwirkung von Justizminister Wolfgang Haußmann, Landesbischof Martin Haug und Bundestagsvizepräsident Carlo Schmid (SPD!) seine Begnadigung und Freilassung im Jahr 1958 erwirkt wurde. Sandberger arbeitete in einem Unternehmen als Justitiar und starb ungeachtet neuer Erkenntnisse über seine Verbrechen unbehelligt im Jahr 2010 in Stuttgart.

Ausbürgerung und Enteignung

Es wurde bereits über den Prozess um die Reichsfluchtsteuer im Sommer 1933 berichtet, in dessen Gefolge Leopold Silberstein sein Haus im Berlin W, Kleiststr. 15 völlig unter Wert verkaufen musste und das auf diese Weise »arisiert« wurde. Weiterhin verlor er im Jahr 1935 auch die deutsche Staatsbürgerschaft.

Die Perfidie der Nazi-Behörden im Protektorat Böhmen und Mähren fand noch ihre Fortsetzung in einem Schreiben des Primators (Bürgermeisters) der Hauptstadt Prag an den damals achtjährigen (!) Sohn Thomas von Leopold Silberstein vom 6.1.1944[1] , in dem es heißt:

Laut weiteren Erhebungen des Herrn Polizeipräsidenten in Berlin, teilt dieser im Bericht vom 17.XI.1943 mit, dass Ihrem Vater Leopold Silberstein geb. 28.8.1900 in Berlin die deutsche Staatsangehörigkeit durch Einbürgerung am 12.XI.27 erteilt wurde, jedoch auf Grund des Gesetzes vom 14.7.1933[2] /RGBl.S. 480- die deutsche Staatsangehörigkeit entzogen wurde. Der Widerruf der Einbürgerung ist am 29. Mai 1935 auch für Sie wirksam geworden.

Im Auftrage:
Kühn

Thomas Silberstein wurde am 27.7.1935 geboren, das heißt schon vor seiner Geburt war ihm die deutsche Staatsangehörigkeit entzogen worden!

In einer internen Mitteilung des Polizeipräsidenten von Prag vom 26.7.1944, die eine Liste von Juden aufführte, wurde festgestellt, dass »Dr.phil. Silberstein Leopold Israel, geb. 28.8.1900 in Berlin, wohnh. gew. Prag XIX, Am Vogelherd 6« die Protektoratsangehörigkeit verloren hat. Zugleich lägen damit die Voraussetzungen für den Vermögensverfall vor. Zugleich wurde den Gemeindeämtern in Böhmen aufgetragen, die angeführten Personen aus den Matriken zu löschen, da mit dem Verlust der Protektoratsangehörigkeit auch das Heimatrecht erloschen sei.[3]

1 Schreiben des Primators der Hauptstadt Prag an Thomas Silberstein vom 6.1.1944, Nationalarchiv Prag.
2 Gesetz über den Widerruf von Einbürgerungen und die Aberkennung der deutschen Staatsbürgerschaft vom 14.7.1933.
3 Mitteilung des Polizeipräsidenten von Prag vom 26.7.1944, National Archiv Prag, Archival group

Mit einer Gründlichkeit, die ihresgleichen sucht, hatten die Nazi-Behörden alles daran gesetzt, jegliche Spur der jüdischen Mitbürger zu tilgen und vor allem sämtliches Vermögen zu konfiszieren.

Das Haus in Berlin C2, Dircksenstr. 37, das Leopold Silberstein gehörte, wurde ab 1938 in seinem Auftrag von dem Steuerberater Eduard Baron von Dellinghausen verwaltet. Da die von Silberstein ausgestellte Verwaltervollmacht 1941 abgelaufen war, wurde das Haus im Zuge einer faktischen Enteignung jüdischen Besitzes dem »Reichskommissar für die Behandlung feindlichen Vermögens« zugeordnet. Der besagte Reichskommissar bestellte dann am 17.2.1942 v. Dellinghausen zum kommissarischen Verwalter, auch als »Feindverwalter« bezeichnet. Am 12.3.1942 richtete v. Dellinghausen einen Antrag an den Reichskommissar für die Behandlung feindlichen Vermögens, das Haus verkaufen zu dürfen, weil es ihm nicht mehr rentabel erschien. Das Haus wurde dann am 29.4.1942 an den Mieter Eugen Schirop zu einem vom Magistrat von Berlin festgesetzten Einheitswert von 115.000 RM verkauft. (Im Jahr 1925 lag auf dem Haus eine Darlehenshypothek von 520.000 Goldmark. Damit wird die Methode der Nazi-Behörden deutlich, dass der jüdische Besitz völlig unter Wert verkauft wurde.) Unter Anrechnung der Hypotheken in Höhe von 110.400 RM, die er übernahm, hatte er lediglich 4.600 RM in bar zu zahlen. Die Verrechnung der Hypotheken gegen den Verkaufspreis ist ein ungewöhnlicher Vorgang, der dazu diente, dass sich mit der Arisierung Günstlinge des Regimes bereichern konnten. In dem Kaufvertrag wird zwar Dr. Leopold Silberstein als Eigentümer und auch als Verkäufer (mit dem Zusatz: »Der Verkäufer ist Jude.«) genannt, aber es spielte schon keine Rolle mehr, ob und wo er noch lebte und ob er das Haus überhaupt verkaufen wollte. Der Käufer E. Schirop, der früher vor allem als notorischer Mietschuldner aufgefallen war, bezeichnete sich entsprechend dem Geist Nazi-Deutschlands darin: »Ich bin deutschblütig.« (!) Der Verkaufserlös wurde von der Preußischen Staatsbank verwaltet.

In einem Schreiben des Oberbürgermeisters von Berlin vom 21.11.1944 mit dem Bezug »Reichsfeindgrundstücke« wird unverblümt gefordert:

> »Wie mir bekannt geworden ist, sind im Verwaltungsbezirk Mitte u.a. die Grundstücke […] b) Dircksenstrasse 37, bisheriger Eigentümer: Dr. Leopold Israel Silberstein (England) (sic!) als Vermögen von Reichsfeinden eingezogen. Die Grundstücke werden für Neugestaltungszwecke benötigt und kommen […] für eine unentgeltliche Übertragung an die Reichshauptstadt in Frage.«[4]

Der Verkauf wurde allerdings aufgrund des bürokratischen Dschungels zwischen dem Reichskommissar für die Behandlung feindlichen Vermögens, dem Kammergericht

of the Police Headquarters in Prague II – General registry, 1921–1950, sign S 1809/9 (registry period 1941–1950), box 10114, Nationalarchiv Prag.

4 Bestandssignatur R87, Archivnummer 8735 des Bundesarchivs.

Berlin, der Preußischen Staatsbank, dem Finanzministerium und dem Oberbürgermeister der Reichshauptstadt Berlin bis zum Kriegsende nicht abschließend genehmigt.

Spuren

Ungeachtet der Tatsache, dass Leopold Silberstein zahlreiche Veröffentlichungen verfasst, viele Persönlichkeiten des öffentlichen Lebens ihn gekannt und seine Tätigkeit ein beachtliches Presseecho gefunden hat, war sein Leben und Werk nach seinem Tod fast vergessen. Ursache hierfür sind die Zeitumstände. Zunächst waren viele seiner Freunde nicht mehr am Leben oder befanden sich in Straflagern. In der Situation des kalten Krieges nach dem zweiten Weltkrieg war in der Wahrnehmung der sozialistischen Länder kein Platz für einen bürgerlich-demokratischen Philosophen, kein Platz für einen Slawisten und Historiker, der die Entstehung der ersten Republik der Tschechoslowakei erforscht hatte. Zudem waren die hier befindlichen Archive für die Öffentlichkeit verschlossen. Leopold Silbersteins Tochter Cäcilie Silberstein, die in den 1950er-Jahren in Leningrad studierte, war damals von dort illegal nach Estland gefahren, denn sie durfte sich eigentlich nur in Leningrad aufhalten. In Tartu sprach sie an der Universität mit Augenzeugen, die ihr bestätigten, dass ihr Vater ermordet worden war. Nach ihrem Besuch in Tartu schickte Prof. Ariste, bei dem Leopold Silberstein Estnisch erlernt hatte, im Jahr 1958 an Jenny Herrmann eine Fotokopie der letzten auf Estnisch verfassten Veröffentlichung von Silberstein aus dem Jahr 1941 über den sowjetischen Sprachwissenschaftler Marr. In der Bundesrepublik Deutschland bedurfte es angesichts der hastig abgeschlossenen Entnazifizierung und des Einflusses der im Staatsdienst verbliebenen Nazi-Beamten lange Jahre nach dem Krieg, ehe man sich mit den Opfern des Faschismus beschäftigte.

Diese Situation hat sich besonders seit der Vereinigung Deutschlands, dem Zusammenwachsen Europas nach der Beendigung des Kalten Kriegs und der Verbreitung des Internets, die die Verfügbarkeit von Informationen enorm erleichterte, grundlegend gewandelt. Nunmehr sind die Bibliotheken und Archive in den meisten europäischen Ländern leicht zugänglich und fördern ungeahnte Schätze zutage. Die wissenschaftliche Forschung in Deutschland und in den osteuropäischen Ländern wandte sich seit Anfang der 90er-Jahre den wissenschaftlichen und kulturellen Beziehungen in Europa vor dem zweiten Weltkrieg und der Aufarbeitung der Nazi-Verbrechen, insbesondere dem Holocaust zu.

Wenn man im Internet nach Leopold Silberstein sucht, stößt man gleich auf seine wichtigsten Publikationen. Mit der zunehmenden Digitalisierung alter Zeitschriftenjahrgänge findet man auch etliche seiner Aufsätze in slawistischen Fachzeitschriften, wie den »Jahrbüchern für Kultur und Geschichte der Slaven« und der »Slavischen Rundschau«, aber auch in estnischen Zeitschriften und Zeitungen.

Leopold Silberstein wird auch in verschiedenen Büchern und wissenschaftlichen Aufsätzen erwähnt. Der erste war wohl Professor Ants Oras – er war mit Silberstein bekannt –, der 1948 in London das Buch »Baltic Eclipse« veröffentlichte, in dem er das Schicksal Estlands vor und während des 2. Weltkriegs schilderte. Darin schrieb er über die Frage, warum so viele Juden das Land nach dem Überfall Hitler-Deutschlands auf die Sowjetunion nicht verlassen hatten:

> »Der Professor für jüdische Studien, Dr. Lasar Gulkowitsch, früher an der Leipziger Universität, der die deutsche Mentalität gekannt haben sollte, entschied sich auch, das Risiko auf sich zu nehmen. Der frühere Lektor des Tschechischen, Dr. Leopold Silberstein, aufgewachsen in Berlin, der bereits aus zwei Ländern geflohen war, bevor er Estland zu seinem Heim machte, blieb ebenfalls.«[1]

Im Jahr 1950 erwähnte Dr. Klaus Mehnert, der ein Kollege von Leopold Silberstein am Deutschen Institut zum Studium Osteuropas in Berlin war, in einem Artikel über die slawistischen und osteuropäischen Studien in Deutschland seit 1945, dass der Machtantritt der Nazis im Jahr 1933 einen regelrechten Exodus von jüdischen und anderen Slawisten erzwang.[2] Neben Leopold Silberstein nannte er Fritz Epstein, Viktor Frank, Herbert Freund, Waldemar Gurian, Sergius Yakobson, die Brüder Kulischer, Wolfgang Leppmann, Leo Loewenson, G. Ostrogorskij, Richard Salomon und Alexander von Schelting. In einer Denkschrift[3] , in der sich Mehnert bemühte, die deutsche Ostforschung nach dem Zweiten Weltkrieg wieder aufzubauen und die mit dem erwähnten Artikel in Zusammenhang steht, benannte er den Aderlass für die deutsche Slawistik durch den Nationalsozialismus:

> »Verschiedene hervorragende Forscher sind tot, darunter B. von Arnim, Otto Auhagen (Selbstmord), Theodor Braun, Alexander Brückner, Heinz Doerries (gefallen), Otto Franck, Otto Hoetzsch, Gerhard Laehr, K.H. Meyer, J. Pfitzner, Georg Sacke (KZ), Max Sering, Leopold Silberstein, Franz Specht (November 1949), Karl Staehlin.«

In seinem autobiografischen Roman »Esta astub ellu« (Tallinn, 1986) beschrieb der Schriftsteller und Literaturkritiker Valmar Adams auch seine Kontakte mit Leopold Silberstein vom Ende der 20er-Jahre bis 1939.

1 Oras, Ants: Baltic Eclipse, S. 216f.

2 Mehnert, K.: Survey of Slavic and east European studies in Germany since 1945, American Slavic and East European Review, Vol. 9, No. 3 (Oct, 1950), S. 191–206 (Orig. engl.).

3 Ders.: Abriß der slawistischen und Osteuropa-Forschung in Deutschland seit 1945, Wissenschaftliche Beiträge zur Geschichte und Landeskunde Ostmitteleuropas Nr. 1, Johann Gottfried Herder Institut Marburg/L. (1951), S. 2.

Über die Ermordung von Leopold Silberstein legte die estnische jüdische Kulturschaffende Eugenia Gurin-Loov 1994 in ihrer Dokumentation »Eesti juutide katastrof 1941« (Der Holocaust der Juden in Estland 1941) erstmalig das Protokoll des Verhörs einen Tag vor seiner Ermordung vor.[4]

Das Wirken von Leopold Silberstein im Prager Linguistischen Zirkel (PLK) wird in mehreren Büchern über den PLK erwähnt, unter anderem in dem Werk von K.-H. Ehlers »Strukturalismus in der deutschen Sprachwissenschaft – Die Rezeption der Prager Schule zwischen 1926 und 1945« (2005)[5] und in der Dokumentation des PLK »Pražský linguistický kroužek v dokumentech« (Der Prager linguistische Zirkel in Dokumenten, 2012) von P. Čermák, C. Poeta und J. Čermák.

Hervorzuheben ist auch der verdienstvolle Aufsatz von Tatjana Shor »Žertva cholokosta professor-slavist Leopol'd Zil'berstejn (1900–1941)« (Das Holocaust-Opfer, der Slawist Professor Leopold Silberstein (1900–1941)), den sie auf einer Konferenz in Moskau 2007 vorgetragen hat.[6]

Der letzte noch lebende Zeuge, der Leopold Silberstein in Tartu kennengelernt hatte, ist offensichtlich Prof. Isidor Levin[7], der von 1937–1940 bei Prof. Gulkowitsch Hebräistik studierte und dem Autor folgendes mitteilte:[8]

> »Damals vor dem Zweiten Weltkrieg hat mir Prof. Gulkowitsch empfohlen, Dr. Silbersteins slawistische Vorlesungen zu hören. Ich neigte mehr zum Polnischen. Habe aber etliche Vorlesungen Dr. Silbersteins gehört. Eine war Thomas Masaryk gewidmet. Das tschechische Lektorat an der Philosophischen Fakultät wurde geschlossen, aber Herr Silberstein blieb irgendwie an der Universität. Später, bereits nach dem sowjetischen Anschluß, durfte Silberstein (vermutlich als Ausländer) sich noch in Tartu legal aufhalten.«

Von den Hinterlassenschaften Leopold Silbersteins hat Jenny Herrmann im Jahr 1946 vor allem wissenschaftliche Manuskripte von Leopold Silberstein dem Seminar für

4 Gurin-Loov, E.: Eesti juutide katastrof 1941 (Der Holocaust der Juden in Estland 1941), herausgegeben von Eesti Juudi Kogukond, Tallinn 1994 (Orig. estn.).

5 Ehlers, K.-H.: Strukturalismus in der deutschen Sprachwissenschaft – Die Rezeption der Prager Schule zwischen 1926 und 1945, Walter de Gruyter, Berlin/New York 2005.

6 Shor, T.: Žertva cholokosta professor-slavist Leopol'd Zil'berstejn (1900–1941) (Das Holocaust-Opfer, der Slawist Professor Leopold Silberstein [1900–1941]), Conference »Questions of Jewish History«, Proceedings of Sefer Center 2007, Scholarly Conferences in Jewish Studies, Moscow 2008, S. 165 (Orig. russ.).

7 Isidor Levin, geb. 1919, ist ein lettischer Volkskundler und Theologe. Er studierte von 1937–1940 bei Prof. Gulkowitsch Hebräistik. Sein Kollege Uku Masing versteckte ihn beim Einmarsch der deutschen Armee im Jahre 1941. Allerdings fiel er 1942 bei einer Razzia in die Hände der Faschisten und verbrachte die Zeit bis 1945 in verschiedenen Gefängnissen und KZs. Nach der Befreiung war er noch acht Monate in sowjetischer Untersuchungshaft, wurde aber freigesprochen. Danach studierte er Folkloristik und habilitierte sich. Ungeachtet seines hohen Alters hält er noch zahlreiche Vorlesungen.

8 Levin, I.: E-Mail vom 24.10.2014 an K. Herrmann.

Halle-Wittenberg ·
Dir.: Prof. Dr. Eduard Winter

Gr. Steinstr. 73

An die

Dozentin Frau Jenny Herrmann-Silberstein

Halle

Sehr geehrte Frau Herrmann-Silberstein!

Es ist mir ein Bedürfnis, Ihnen meinen Dank dafür auszusprechen ass Sie Ihre reiche polnische und tschechische wissenschaftliche Literatur, das Erbe Ihres verewigten Gatten Dr. Leop.Silberstein, meinem Institut zur Verfügung gestellt haben. Es war eine demokratische Tat, dass Sie diese wertvolle Literatur während der faschistischen Zeit unter Gefahren erhalten haben.

Mit vorzüglicher Hochachtung

Der Direktor:

EWinter

Rektor der Universität Halle

H (25) Ostdeutsche Druckerei, Halle, Barfüßerstr. 14 4192) 38433 29 10 47 1000

Dankschreiben des Rektors der Martin-Luther-Universität Halle, Prof. E. Winter

slawische Philologie der Karls-Universität Prag und im Jahr 1949 seine slawistische Bibliothek dem Osteuropäischen Institut der Martin-Luther-Universität Halle übereignet. Die nachfolgenden Dankschreiben der Karls-Universität und des Rektors der Universität Halle, Prof. Eduard Winter, bezeugen diese Schenkungen.[9]

Die an die Universität Halle übergebene slawistische Literatur – sie beinhaltet überwiegend Werke zur Polonistik und zur Geschichte der Tschechoslowakei – befindet sich nun in der Zweigbibliothek Geschichte der Universitäts- und Landesbibliothek Sachsen-Anhalt und umfasst einen Bestand von ca. 200 Bänden.[10]

Reiches Material bergen die Archive in Prag. Das Nationalarchiv in Prag förderte Unterlagen der Polizeibehörden und der Ministerien, wie Ministerrat, Innen-, Außen- und Schulministerium zutage.

Das Archiv des Ministeriums für Auswärtige Angelegenheiten bewahrt die Akten des eigenen Ministeriums und seiner Gesandtschaften. Im Archiv des Präsidenten der Tschechischen Republik auf der Prager Burg findet sich eine umfangreiche Akte über die Kontakte Leopold Silbersteins mit der Kanzlei des Präsidenten. Das Literaturarchiv im Kloster Strahov in Prag enthält die Briefe, die Silberstein an Otokar Fischer

9 Dankschreiben von Prof. Pražák (Orig. tschech.) und Prof. Winter, Familienarchiv Jenny Herrmann.

10 E-Mail des Fachreferenten Dr. W. Müller, ULB Halle und Leiter der Zweigbibliothek Geschichte/Kunstgeschichte, an den Verfasser, vom 22.01.2013.

ŘEDITELSTVÍ SEMINÁŘE PRO SLOVANSKOU FILOLOGII
UNIVERSITY KARLOVY V PRAZE.

Slov. sem. č. j. 352 e *19* 46 *V PRAZE dne* 5. srpna *19* 46

Věc:

Milostivá paní,

ředitelství Semináře pro slovanskou filologii Vám upřímně děkuje za materiál, který jste mu darovala z pozůstalosti pana dra Silbersteina, zvláště pak za rukopisy, kterým bude věnována všechna péče, kterou si zaslouží tyto památky.

S úctou

Dr. Albert Pražák

řed. Slov. sem.

Gnädige Frau,
die Direktion des Seminars für slawische Philologie dankt Ihnen aufrichtig für das Material, das Sie uns aus der Hinterlassenschaft von Herrn Dr. Silberstein, insbesondere die Handschriften, geschenkt haben, dem wir alle Obhut widmen werden, die diese Andenken verdienen.

Hochachtungsvoll
Dr. Albert Pražák[11]
Direktor des Slawistischen Seminars

gerichtet hatte. Schließlich finden sich im Archiv der Akademie der Wissenschaften der Tschechischen Republik die Unterlagen des Prager Linguistischen Zirkels.

In Estland befinden sich die Unterlagen der Universität Tartu beim Estnischen Historischen Archiv. Andere Dokumente von staatlichen Behörden sammelt das Estnische Staatsarchiv. Das Literaturmuseum in Tartu bewahrt die Manuskripte und den Schriftverkehr mit der Zeitschrift »Looming«, in der Leopold Silberstein zahlreiche Aufsätze veröffentlicht hatte.

In Deutschland führen das Bundesarchiv, das Landesarchiv Brandenburg, das Berliner Stadtarchiv, das Politische Archiv des Auswärtigen Amts, das Archiv der Humboldt-Universität Berlin und das Geheime Preussische Staatsarchiv Dokumente über Silberstein.

Die Holocaust-Gedenkstätte Yad Vashem in Jerusalem bewahrt einen Eintrag über Dr. Leopold Silberstein, den sein Sohn Thomas Silberstein geliefert hatte.[12]

11 Albert Pražák (1880–1956) war ein tschechischer Philologe und Literaturwissenschaftler. Er beteiligte sich am Aufbau der Gelehrtengesellschaft Šafáriks (Učena společnost Šafárikova). Ab 1933 war er Professor für tschechische Literaturgeschichte an der Karls-Universität in Prag. Im Mai 1945 wurde er Vorsitzender des Tschechischen Nationalrats.

12 db.yadvashem.org (Zugriff am 17.01.2013).

£104860

YAD VASHEM DAF-ED דף-עד 

ירושלים, הר הזיכרון

GEDENKBLATT ת.ד. 3477

DAS GESETZ ZUM ANDENKEN AN DIE MÄRTYRER UND HELDEN YAD VASHEM, 5713—1953 — ARTIKEL NR. 2 LEGT FEST:

Es ist die Aufgabe von Yad Vashem, dokumentarisches Material in Israel über all die Juden zu sammeln, die ihr Leben im Kampf und im Aufstand gegen die Nazis und deren Helfer hingaben, und das Andenken an die Opfer zu bewahren, wie auch das der Gemeinden und Institutionen, die wegen ihrer Angehörigkeit zum jüdischen Volk vernichtet wurden.

Familienname * — 1. שם המשפחה *
SILBERSTEIN, Prof. Dr.

Vorname (bei Frauen auch Mädchenname) — 2. השם הפרטי (שם לפני הנישואין)
LEOPOLD

Geburtsort (Stadt, Land) — 4. מקום הלידה (עיר, ארץ)
BERLIN, Deutschland

Geburtsdatum — 3. תאריך הלידה
28.08.1900

Name der Mutter — 6. שם האם
Cäcilie

Name des Vaters — 5. שם האב
Wilhelm

Beruf — 8. מקצוע
Slavist

Name des Ehegatten (auch Mädchenname) — 7. שם בן/בת הזוג (שם משפחה לפני הנישואין)
Jenny, geb. Herrmann

Wohnort vor dem Kriege — 9. מקום המגורים לפני המלחמה
BERLIN W62, Kleiststraße 15, Deutschland

Wohnorte während des Krieges — 10. מקומות המגורים במלחמה
Prag (ČSR), Tartu (Estland)

Umstände des Todes (Ort, Datum, etc.) — 11. נסיבות המוות (זמן, מקום וכו׳)
Von deutschen Soldaten im August 1941 im Baltikum ermordet

Ich, der/die Unterzeichnete Thomas Silberstein אני, הח״מ

wohnhaft in (volle Adresse) O-1160 BERLIN, Weiskopffstr. 11 Deutschland הגר/ה ב (כתובת מלאה)

Verwandtschaftsgrad/~~Freundschaft~~ zum Verstorbenen Sohn קירבה (משפחתית או אחרת)

erkläre hiermit, dass ich diese Aussage wahrheitsgetreu und nach bestem Wissen erstattet habe.

מצהיר/ה בזה כי עדות זו נכונה לפי מיטב ידיעתי.

Unterschrift Thomas Silberstein חתימה

Ort, Datum Berlin (Deutschland), 2.1.91 מקום ותאריך

״...ונתתי להם בביתי ובחומותי יד ושם... אשר לא יכרת״ ישעיהו נו ה

"... ihnen will ich in meinem Haus, in meinen Mauern Denkmal und Namen geben... der nicht soll getilgt werden."

Jesaja 56/5

202995

• נא לרשום את שמו של כל נספה על דף נפרד

• Bitte den Namen eines jeden Umgekommenen auf einem separaten Gedenkblatt aufzuschreiben.

In der Gedenkstätte Yad Vashem niedergelegtes Gedenkblatt für Dr. Leopold Silberstein

Nachwort

Leopold Silberstein war ein hochbegabter, vielseitig interessierter und sehr produktiver Wissenschaftler. Seine Interessen galten der modernen Philosophie, der Slawistik und der Soziologie. Die slawistischen Arbeiten erstrecken sich auf die Geschichte und Literatur Russlands und der Sowjetunion, Polens und der Tschechoslowakei. Seine außerordentliche Sprachbegabung drückte sich dadurch aus, dass er die slawischen Sprachen, das Estnische und Französisch fließend beherrschte. Er publizierte auf Deutsch, Französisch, Tschechisch, Polnisch und Estnisch und hielt Vorlesungen auf Russisch ab. Insgesamt sind von ihm über 100 Veröffentlichungen, die sich durch einen gewandten Stil auszeichnen, von Büchern über wissenschaftliche Aufsätze bis zu Rezensionen bekannt. In Tageszeitungen berichtete er in mehr als 80 Artikeln über das wissenschaftliche Leben vor allem in der Tschechoslowakei. Die Entwicklung seines wissenschaftlichen Schaffens ist dadurch gekennzeichnet, dass seine Arbeiten aufeinander aufbauen, sich sozusagen »fortpflanzen« und eine Synthese eingehen. Seine wissenschaftliche Forschung und seine Öffentlichkeitsarbeit fanden ein beachtliches Echo bei namhaften Wissenschaftlern in Fachzeitschriften und Zeitungen.

Leopold Silberstein hatte das Glück, in gut bürgerlichen Verhältnissen behütet aufzuwachsen. Mit Bravour und großer Energie bewältigte er das Studium, bei dem schon sein hoher Anspruch an die wissenschaftliche Arbeit zutage trat. Erfolgreich nahm er die weiten Felder der Philosophie und der Slawistik in Angriff. Außerdem entwickelte er ein tiefes musikalisches Verständnis.

Aufgrund seiner jüdischen Herkunft und seiner demokratisch-progressiven Gesinnung war es für ihn auch vor dem Machtantritt der Nazis trotz der freundschaftlichen Unterstützung durch seine Lehrer Prof. Karl Stählin und Prof. Alexander Brückner nicht möglich, an einer deutschen Universität eine Professur zu erlangen. Neben seiner Forschungsarbeit an der Friedrich-Wilhelm-Universität Berlin betätigte er sich vor allem mit Rezensionen und Berichten über die Entwicklung der Slawistik erfolgreich als wissenschaftlicher Schriftsteller.

Nachdem Hitler die Macht ergriffen hatte, war seine relativ gesicherte wirtschaftliche Situation mit einem Schlag zunichte gemacht. Er musste mit seiner jungen Familie wegen des ausbrechenden Terrors der Nazis das nackte Leben retten und in die Emigration fliehen. Sein Besitz in Berlin ging durch die juristischen Schikanen der Nazi-Regierung mittels der sogenannten »Reichsfluchtsteuer« und nachfolgenden »Arisierung« verloren, sodass die finanzielle Lage seine Familie in der Emigration in Prag trotz zahlreicher tschechischer Freunde bis hinauf in die Regierung stets äußerst prekär war. Die Tschechoslowakei durchlitt damals eine wirtschaftliche Krise, Ausländer erhielten keine Arbeitsgenehmigung.

Die Familie Silberstein aber beschloss, die Tschechoslowakei zu ihrer neuen Heimat zu machen und sich geistig den Tschechen völlig anzuschließen. Da Leopold Silberstein sehr kommunikativ war, hatte er hier schon vor der Emigration zahlreiche Freunde aus dem Kreis der Intellektuellen und gewann nun noch etliche einflussreiche Freunde auch in der Regierung hinzu.

Der Prager Linguistische Zirkel, in dem er aktiv mitarbeitete, besitzt auch heute noch eine herausragende Bedeutung, weil er die Sprachwissenschaft im Hinblick auf die dynamische Entwicklung der Sprachgeschichte befruchtete und letztlich die Grundlagen für das automatisierte Recherchieren und die Sprachübersetzung legte.

Als Philosoph stellte Leopold Silberstein sich die Frage, wie es zum Faschismus kommen konnte und auf welche geistigen Vorläufer er sich begründet. So sind seine Arbeiten zur Rassentheorie von aktuellem aufklärerischem Wert. Letztlich arbeitete er deutlich heraus, dass der Kampf zwischen Fortschritt und Reaktion in der Philosophie auf die Auseinandersetzung zwischen Rationalismus und Irrationalismus hinausläuft. Ihm war es wichtig zu betonen, dass sich der Rationalismus aktiv in die Gesellschaft einmischen müsse. An der Nahtstelle zwischen Philosophie, Soziologie und Slawistik hat er sich immer wieder den Problemen der Frauenbewegung zugewandt.

Aus der Darstellung von Leopold Silbersteins Leben wird auf erschütternde Weise deutlich, welch große Opfer in seinem Bekannten- und Freundeskreis der Hitlerfaschismus auf der einen Seite und der Stalinismus auf der anderen Seite gefordert haben.

In dem Maße, wie der Antisemitismus sich auch in der Tschechoslowakei nach dem Diktat von München und in Estland nach dem Ausbruch des zweiten Weltkriegs ausbreitete und Leopold Silberstein immer mehr Zurücksetzungen erfahren musste, besann er sich stärker denn je seines Judentums und propagierte in seinen Schriften immer konzentrierter die geistigen Leistungen jüdischer Persönlichkeiten als Beitrag für die Zivilisation der Menschheit.

Nachdem es Dr. Silberstein durch unermüdliche Anstrengungen gelungen war, eine von der Regierung der ČSR bezahlte Stelle als Lektor für tschechische Sprache und Kultur an der Universität von Tartu (Estland) zu erhalten, war er seinem Ziel, einmal Professor zu werden, näher gekommen. Aber die historische Realität holte ihn sehr schnell ein, als bald nach dem Diktat von München die staatliche Existenz der Tschechoslowakei ausgelöscht wurde. Die folgende Eingliederung der Republik Estland in die Sowjetunion gab ihm nur noch die Möglichkeit, die Arbeit eines Lehrers der russischen Sprache an der Universität Tartu auszuüben. Außerdem war ihm nun die Bewegungsfreiheit genommen. Dennoch setzte er auch unter diesen schwierigen Bedingungen seine Forschungsarbeit ungebrochen fort.

Letztlich konnte er sich aber nach dem Überfall der Armeen Hitlers auf die Sowjetunion nicht mehr in Sicherheit bringen und fiel in die Hände der Faschisten. Der Pass der untergegangenen Tschechoslowakei konnte ihn nicht retten. Er wurde von den Faschisten kaltblütig ermordet – einfach weil er Jude war.

Anhang

Literatur- und Quellenverzeichnis

Quellen

Archive und Museen

Archival group of the Ministry of Education
Archiv der Humboldt-Universität Berlin
Archiv der Kanzlei des Präsidenten der Tschechischen Republik
Archiv der Universität Tartu
Archiv des Ministeriums für Auswärtige Angelegenheiten der Tschechischen Republik in Prag
Archiv des Památník Národního písemnictví, Prag
Bundesarchiv
Brandenburgisches Landeshauptarchiv Potsdam
Estnisches Historisches Archiv
Estnisches Literaturmuseum
Estnisches Staatsarchiv
Familienarchiv Jenny Herrmann
Geheimes Staatsarchiv
Landesarchiv Berlin
Leo Baeck Institute Archives, Erna Weill Collection, archive.org/details/ernaweill
Masaryk-Institut und Archiv der Akademie der Wissenschaften der Tschechischen Republik
Nationalarchiv Prag
United States Holocaust Memorial Museum, Washington
University of Oxford, Bodleian Library
Politisches Archiv des Auswärtigen Amts

Onlinequellen

db.yadvashem.org (Zugriff am 17.01.2013)
www.holocaust.cz/cz/resources/ros_chodes/2001/08/estonsko (aufgesucht am 21.5.2013) (Orig. tschech.)
www.wikipedia.org: Aleksander Brückner (aufgesucht am 06.12.2012)

Publikationen von Leopold Silberstein (chronologisch)

Černyševskij als Belletrist, Inauguraldissertation Universität Berlin 1922 (maschinegeschriebenes Manuskript), 150 Seiten.

Černyševskij als Belletrist, Auszug aus der Dissertation, in: Jahrbuch der Dissertationen der Philosophischen Fakultät der Friedrich-Wilhelm-Universität Berlin 1926.

[Rezension]: Dickstein-Wielezynska, Julja: Konopnicka. Dzieje natchnien i mysli (Geschichte der Inspirationen und Gedanken) *Ruch literacki*, Warszawa (1927) Nr. 7, S. 213f.

Die Entstehung des tschechoslovakischen Staates nach Benesch's Memoiren, *Europäische Gespräche*, Hamburger Monatshefte für Auswärtige Politik, Dr. Walther Rothschild, Berlin-Grunewald, 6 (1928) 3, S. 127–147.

Der Dreifrontenkampf des Jugoslavischen Nationalausschusses. Zur Entstehungsgeschichte des SHS-Königsreichs, *Europäische Gespräche* 6 (1928) 7, S. 335–353.

[Rezension] Edvard Beneš: Světová válka a naše revoluce (Der Weltkrieg und unsere Revolution), *Historische Zeitschrift* (1929) H.1, S. 156–160.

[Rezension] Zdziechowska, Stefanja: Stanislaw Brzozowski jako krytyk literatury polskiej (Stanislaw Brzozowski als Kritiker der polnischen Literatur), *Zeitschrift für slavische Philologie*, (1929) Band VI, S. 531f.

[Rezension] Bar, Adam: Charakterystyka i zrodla powieści Kraszewskiego w latach 1830–1850 (Charakter und Herkunft des Romans von Kraszewski in den Jahren 1830–1850), *Zeitschrift für slavische Philologie*, (1929) Band VI, S. 531f.

Neue Literatur über den Zusammenbruch Österreich-Ungarns, *Europäische Gespräche* 7 (1929) 5, S. 264–276.

Zehn Jahre Aussenpolitik der Sovets, (1929) *Jahrbücher für Kultur und Geschichte der Slaven*, Neue Folge, Franz Steiner Verlag, Bd. 5, H. 3, S. 377–380.

Die Slavica in deutschen »Weltliteraturgeschichten«, *Slavische Rundschau* 1 (1929) Nr.6, S. 488–490, Nr. 10, S. 849–851.

[Rezension] St. Kutrzeba: Polska odrodzona 1914–1928 (Die Wiedergeburt Polens 1914–1928), *Slavische Rundschau* (1929) I, S. 561f.

[Rezension] H. Pohoska: Dydaktyka historji (Geschichtsdidaktik), *Slavische Rundschau* (1929) I, S. 833f.

[Rezension] Lam Stanislaw: Polska literatura współczesna. (od roku 1897 do chwili bieżącej) Charakterystyki i wypisy (Polnische zeitgenössische Literatur (vom Jahr 1897 bis in die Gegenwart) Charakteristika und Auszüge), *Zeitschrift für slavische Philologie*, Band VI, Heft 1–2, 1929, S. 297–300.

[Rezension] Z. Klarnerówna, Słowianofilstwo w literaturze polskiej lat 1800 do 1848 (Slawophilie in der polnische Literatur der Jahre 1800–1848)– J. Kallenbach, Towianizm na tle historycznem (Towianismus vor dem historischen Hintergrund)– T.

Pini, Krasiński, życie i twórczość (Krasiński – Leben und Werk), *Zeitschrift für slavische Philologie* (1929), S. 506–523.

Die Entstehung des tschechoslovakischen Staates nach Benesch's Memoiren, Berlin-Grunewald,Verlag Rothschild (1930), 23 Seiten.

Slavistische Unbildung in der deutschen Wissenschaft. Die Slavica in deutschen »Weltliteraturgeschichten«, *Slavische Rundschau* 2 (1930), S. 124–126, 211–214.

Dokumente zur čechoslowakischen Revolution, *Slavische Rundschau* 2 (1930), S. 203–206.

Aus der neueren polnischen Geschichtsliteratur, *Slavische Rundschau* 2 (1930), S. 663–668.

[Rezension] Osvobodené Slovensko by Vavro Šrobár, *Jahrbücher für Kultur und Geschichte der Slaven* (1930) H.1, S. 207f.

Ein Besuch in der Slavischen Bibliothek des čechoslovakischen Aussenministeriums (Slovanska knihovna ministerstva zahraničnich věcí), *Jahrbücher für Kultur und Geschichte der Slaven*, Neue Folge, Franz Steiner Verlag, Bd. 6, H. 4 (1930), S. 448–451.

[Rezension] Julius Kleiner: Die polnische Literatur, *Deutsche Literaturzeitung* (1930), S. 1324–1327.

[Rezension] Jurij Daniloff: Großfürst Nikolai Nikolajewitsch, *Deutsche Literaturzeitung* (1930), S. 1428–1430.

Belinskij und Černyševskij. Versuch einer geistesgeschichtlichen Orientierungsskizze, *Jahrbücher für Kultur und Geschichte der Slaven*, Ost-Europa Institut (Breslau) Franz Steiner Verlag, Neue Folge, Bd. 7, H. 2 (1931), S. 163–189.

Silberstein, L. u. a.: Zeitschriftenschau, *Jahrbücher für Kultur und Geschichte der Slaven* (1931) H.3, S. 326–340.

[Rezension] Mathias Murko: La poésie populaire épique en Yougoslavie, *Deutsche Literaturzeitung* (1931) 1611f.

Neue Literatur über den slovakischen Umsturz, *Slavische Rundschau* 3 (1931), S. 686–690.

Silberstein, L. u. a.: Zeitschriftenschau, *Jahrbücher für Kultur und Geschichte der Slaven* (1931) H.4, S. 471–524.

Festschriften für Václav Novotný und Josef Pekař, *Slavische Rundschau* 3 (1931), S. 528–533.

[Rezension] Kazimierz Wóycicki, Walka na Parnasie i o Parnas; Konstanty Wojciechowski, Przewrót w umyslowosci i literaturze polskiej po roku 1863, *Zeitschrift für Slavische Philologie* (1931), S. 283–286.

[Rezension] Wereszycki, H.: Austrja a powstanie styczniowe (Österreich und der Januaraufstand), *Zeitschrift für osteuropäische Geschichte*, Band V, (1931), S. 568–570.

Osteuropa-Forschung in Prag, *Osteuropa* 7 (1931/32), S. 61–63.
Hegel in Rußland, *Osteuropa* 7 (1931/32), S. 122f.
Drei Prager Publikationen, *Osteuropa* 7 (1931/32), S. 303f.
Bücherschau. Trotzki im Exil, *Osteuropa* 7 (1931/32), S. 754f.
Silberstein, L. u. a.: Zeitschriftenschau, *Jahrbücher für Kultur und Geschichte der Slaven* (1932) H.1, S. 89–120.
[Rezension] Pout' Slovanu do Moskvy roku 1867 (Die Wallfahrt der Slaven nach Moskau i.J. 1867) Práce Slovanskeho Ústavu v Praze svazek V. Prag 1931 by Milan Prelog; Milada Paulová (Review), *Jahrbücher für Kultur und Geschichte der Slaven*, Ost-Europa Institut (Breslau) Franz Steiner Verlag, Neue Folge, Bd. 8, H. 1 (1932), S. 85f.
Silberstein, L. u. a.: Zeitschriftenschau, *Jahrbücher für Kultur und Geschichte der Slaven* (1932) H.4, S. 483–534.
Aus der polnischen Geschichtsliteratur, *Slavische Rundschau* 4 (1932), S. 158–164.
Die Berliner Slavistische Arbeitsgemeinschaft, *Slavische Rundschau* 4 (1932), S. 411f.
Die Masaryk-Festschrift des »Russischen Gedankens«, *Slavische Rundschau* 4 (1932) Nr. 1, S. 164–171.
Sociologie vědění a rozbor ideologii (Soziologie des Wissens und Analyse der Ideologie) , *Sociologicka Revue*, III. Jg. (1932), S. 279–287.
[Rezension] Zajączkowski, St.: Polska a Zakon Krzyżackí w ostatnich latach Władysława Łokietka (Polen und der Deutsche Orden in den letzten Jahren des Władysław Łokietek), *Zeitschrift für osteuropäische Geschichte*, Band VI, (1932), S. 112–114.
[Rezension] Lepszy, K.: Walka stronnictw w pierwszych latach panowania Zygmunta III. (Der Kampf der Parteien in den ersten Jahren der Herrschaft Sigismunds III.), *Zeitschrift für osteuropäische Geschichte*, Band VI, (1932), S. 114–116.
[Rezension] Tokarz, W.: Wojna polsko-rosyjska 1830 i 1831. Z atlasem. (Der polnisch-russische Krieg von 1830 und 1831. Mit einem Atlas.), *Zeitschrift für osteuropäische Geschichte*, Band VI, (1932), S. 259–261.
[Rezension] Maleczyńska, Ewa: Książęce Lenno mazowieckie 1351–1526. (Das herzoglich masovische Lehen.) und Vetulani, Adam: Lenno pruskie od traktatu krakowskiego do śmierci księcia Albrechta 1525–1568 (Das preußische Lehen vom Krakauer Vertrag bis zum Tode des Herzogs Albrecht), *Zeitschrift für osteuropäische Geschichte*, Band VI, (1932), S. 429–431.
[Rezension] Polityka Polski wobec Turcyi i akcyi antytureckiej w wieku XV do utraty Kilii i Biaołogrodu (1484) (Die Politik Polens gegenüber der Türkei und der antitürkischen Aktion im 15. Jahrhundert bis zum Verlust von Kilia und Akkerman im Jahre 1484), *Zeitschrift für osteuropäische Geschichte*, Band VI, (1932), S. 595–598.

[Rezension] Wilhelm Stieda: Deutsche Gelehrte als Professoren an der Universität Moskau (Abhandlungen der phil.-hist. Klasse der Sächsischen Akademie der Wiss. XL, 5.) Leipzig, S. Hirzel 1930, 128 S. 4°. *Historische Zeitschrift*, Bd. 146, H. 2 (1932), S. 411f.

[Rezension] Otto Brandt, Caspar von Saldern und die nordeuropäische Politik im Zeitalter Katharinas II. (Erlanger Abhandlungen zur mittleren und neueren Geschichte, herausg. von Bernhard Schmeidler und Otto Brandt, 15 bd.) Erlangen 1932, Palm & Enke. XVIII, 302 Seiten, 24 Abb., *Germanoslavica*, 2. Jg. 1932/33, S. 565–567.

[Rezension] Stefan Kolaczkowski: Ryszard Wagner jako twórca i teoretyk dramatu (Richard Wagner als Schöpfer und Theoretiker des Dramas). Warschau 1931, Verlag des Instytut Literacki. 212 Seiten, *Germanoslavica*, 2. Jg. 1932/33, S. 288–291

Bücherschau. Stalin, *Osteuropa* 8 (1932/33), S. 66f.

Bücherschau. Stalin, *Osteuropa* 8 (1932/33), S. 247f.

Bücherschau. Die Frau in der Sowjetunion, *Osteuropa* 8 (1932/33), S. 429.

Bücherschau. Westslawische Fragen, *Osteuropa* 8 (1932/33), S. 430f.

(Mitarbeit): Mehnert, K. (Hrsg.): Die Sovet-Union 1917–1932, Osteuropa-Verlag Königsberg (1932) und Burt Franklin New York , Berlin (1933) [Gebiet der Mitarbeit: Standardwerke über die Vorrevolutionszeit, Revolutionsführer (außer Lenin)]

Die Philosophie J. L. Fischers, *Slavische Rundschau* 5 (1933), S. 164–168.

Národni i rasová ideologie nového Německa a jeji myšlenkové předpoklady (Die völkische und Rassenideologie des neuen Deutschlands und ihre geistigen Vorläufer), *Národnostní obzor* (1934), H. 3, S. 171–185, H. 4, S. 259–268.

Les Tchechoslovaques et les revolutions europeennes de 1848 a nos jours (Die Tschechoslowaken und die europäischen Revolutionen von 1848 bis in unsere Zeit), *Le Monde Slave* (1934) Juli, S. 58–86.

Ein Bildnis des Präsidenten T. G. Masaryk, *Prager Rundschau* (1934), Nr. 2, S. 7–19.

Literární manýra El. Orzeszkové (Die literarische Eigenart von El(iza) Orzeszkova), in: Księga referatów : II Międzynarodowy zjazd slawistów (filologów słowiańskich). Sekcja II – Historja literatury = Recueil des communications: II Congrès international des slavistes (philologues slaves). Section II – Histoire littéraire. Warszawa (1934), S. 144–148.

Význam sociologie vědění pro zkoumání kulturních vztahů mezislovanských (Die Bedeutung der Wissenssoziologie für die Erforschung der zwischenslawischen Kulturbeziehungen) in: Księga referatów: II Międzynarodowy zjazd slawistów (filologów słowiańskich). Sekcja III – Kulturalno-społeczna; Sekcja IV – Dydaktyczna = Recueil des communications: II Congrès international des slavistes (philologues slaves). Section III – Sciences sociales et histoire de la civilisation; Section IV – Didactique. Warszawa (1934), S. 77–79.

Le deuxieme congres international des slavisants (Der 2. Internationale Kongress der Slawisten), *Le Monde Slave* (1934) November, S. 299–305.

[Rezension] J.L.Fischer: Třetí Říše. Uvodem do současného politického stavu. (Das 3. Reich. Mit einer Einführung über die gegenwärtige Lage), Brno 1932, nákladem »Sociologické Revue«, *Sociální problémy* III (1934), S. 123–125.

[Rezension] Charlotte Bühler: Der menschliche Lebenslauf als psychologisches Problem. (Psychologische Monographien, ed. K. Bühler, sv.4) – Lipsko 1933, S. Hirzel, *Sociální problémy* III (1934), S. 305–308.

[Rezension] Alexander Brückner: Dzieje kultury polskiej (Geschichte der polnischen Kultur), t. 3: Czasy nowsze do r. 1831 (Neuzeit bis 1831), Kraków 1931 [1932], Slavische Rundschau (Prag), 6 (1934), S. 121–126.

Un historien allemand de la Russie: Karl Stahlin (Ein deutscher Historiker über Russland: Karl Stählin), *Le Monde Slave* (1935) Januar, S. 115–131.

Travaux et documents sur l'histoire recente de la Tchecoslovaquie (Arbeiten und Dokumente über die jüngste Geschichte der Tschechoslowakei), *Le Monde Slave* (1935) April, S. 81–111.

Le travail philosophique et sociologique en Tchecoslovaquie (Die philosophische und soziologische Arbeit in der Tschechoslowakei), *Le Monde Slave* (1935) Mai, S. 286–315.

[Rezension] Hedwig Fleischhacker: Russland zwischen zwei Dynastien (1598 bis 1613), *Germanoslavica* 3 (1935) H. 1–2, S. 186f.

[Rezension] Die Sovjet-Union 1917–1932. Systematische mit Kommentaren versehene Bibliographie , *Germanoslavica* 3 (1935) H. 1–2, S. 187f.

Význam sociologie vědění pro zkoumání kulturních vztahů mezislovanských (Die Bedeutung der Soziologie des Wissens für die Erforschung der interslawischen kulturellen Beziehungen), *Sociální problémy, r.* V, 1935/36), S. 221–226.

[Rezension] Mannheim, Karl: Mensch und Gesellschaft im Zeitalter des Umbaus – Leiden 1935, A.W. Sijthoff, Utitz, Emil: Die Sendung der Philosophie in unserer Zeit – Leiden 1935, A.W. Sijthoff, *Sociální problémy* IV (1935/36), S. 237–239.

[Rezension] Otázka ženská v Rusku a v Německu (Die Frauenfrage in Russland und Deutschland). Fannina W. Halle: Die Frau in Sowjetrußland. – Berlin-Vídeň-Lipsko 1932, Paul Zsolnay. Dr. Gerda Caspary: Die Entwicklungsgrundlagen für die soziale und psychische Verselbständigung der bürgerlichen deutschen Frau um die Jahrhundertwende (Ein soziologischer und sozialpsychologischer Versuch). (Heidelberger Studien aus dem Institut für Sozial- und Staatswissenschaften, ed. A. Salz, A. Weber, E. Lederer, C. Brinkmann, sv. III, seš. 5) – Heidelberg 1933, Weiss'sche Universitätsbuchhandlung, *Sociální Problémy* (1935/36), S. 75–80.

Tänapäeva tšehhi kirjandus (Die tschechische Literatur heute), *Looming* (1935) Nr.10, S. 1143–1148.

Česká terminologie filosofická (Die tschechische philosophische Terminologie), *Slovo a slovesnost* 2 (1936), S. 83–98.
Vývoj rasových theorií (Entwicklung der Rassentheorie), Orbis Prag (1936) 36 Seiten.
Lazar Gulkowitsch's judaistische Aufbauarbeit, *Jüdische Revue* (1936), August, S. 36–38.
Alexandre Bruckner, *Le Monde Slave*, Bd. I (1936) Februar, S. 158–160.
Silberstein, L.: Státoprávní postavení Alandska (Die staatsrechtliche Stellung der Aland-Inseln), *Národnostní obzor* (1936), S. 39–46.
Mees kõneleb naisküsimusest (Ein Mann spricht über die Frauenfrage), *Eesti Naine* XIII (1936) Nr. 10 (147), S. 189–194.
Indéterminisme et point de vue normatif (Indeterminismus und normativer Gesichtspunkt), Actualités Scientifiques et Industrielles, Travaux du IXe Congrès International de Philosophie, Paris (1937) Vol. XI, S. 18-23.
Les catégories musicales dans les sciences littéraires (Musikalische Kategorien in den Literaturwissenschaften), Travaux du II Congrès international d'esthétique et de science de l'art /tome II/, Paris, Librairie Félix Alcan (1937), S. 213–217.
[Rezension] Konrad Bittner. Deutsche und Tschechen. Zur Geistesgeschichte des böhmischen Raumes. – I. Von den Anfängen zur hussitischen Kirchenerneuerung. – Brno-Praha-Lipsko-Videň 1936, Rudolf M. Rohrer, *Národnostní obzor* VII (1937), H. 2, S. 167–171
Kämpfende Vernunft: das Beispiel von Masaryk und Beneš, Internationale Bibliothek für Philosophie, Verlag B. Jakowenko, Prag (1937), 49 Seiten.
Výstavba národnostní kultury v SSSR (Aufbau der Nationalitätenkultur in der UdSSR), Nakladatelství »Orbis« Prag (1937), 220 Seiten.
La culture parmi les allogenes russes (Die Kultur unter den allogenen Russen), I+II, *Le Monde Slave* (1937) Januar, S. 138–164, April, S. 149–174.
[Rezension] Karl Jaspers, Nietzsche, Einführung in das Verständnis seines Philosophierens; *Philosophia*, Beograd (1937), S. 326–330
Národnostní a jazyková problematika států baltických (Die nationale und sprachliche Problematik der baltischen Staaten), *Národnostní obzor*, VIII (1938), Nr.1, S. 18–28, Nr. 2, S. 103–113.
Kolm viimast aastat tšehhoslovakkia kirjanduses (Tschechoslowakische Literatur in den letzten drei Jahren), *Looming* (1938) Nr. 1, S. 188–192.
Kaks suurt lahkunut tšehhi kirjanduses (Zwei Große Tote der tschechischen Literatur). 1. F.X. Šalda. 2. Otokar Fischer, *Looming* (1938) Nr. 7, S. 782–789.
Philosophisches Streben und Schaffen im Lande Masaryks, *Prager Rundschau* 8 (1938) Nr. 1, S. 13–29, Nr. 2, S. 95–113.
(Mitarbeit), Siebenschein, Hugo: Čech mezi Němci (Böhmen unter Deutschen), Orbis, Prag (1938).

(Mitarbeit: Übersetzung ins Deutsche), Ullrich, Zdenek (Hrsg.): Soziologische Studien zur Verstädterung der Prager Umgebung, Verlag der Revue »Soziologie und soziale Probleme«, Prag (1938).
Karl Stählin (21.1.1865-29.8.1939), *Ajalooline Ajakiri*, Tartu (1939) 3, S. 179–181.
Karel Čapek, *Looming* (1939) Nr. 4, S. 187–192.
[Rezension] A. Koort: Sissejuhatus filosoofiasse (Einführung in die Philosophie), Akadeemilise Kooperatiivi kirjastus, Tartu 1938, *Looming* (1939) Nr. 4, S. 442–444.
Välismaalt. Humanismi uuestisünnist (Ausland. Die Renaissance des Humanismus), *Looming* (1939) Nr. 6, S. 673f.
Freudi vaimulooline tähtsus (Die Bedeutung der Freud'schen Lehre), *Looming* (1939) Nr.8, S. 886–889.
[Rezension]: Karl Stählin, Geschichte Russlands. Von den Anfängen bis zur Gegenwart. Ost-Europa Verlag, Königsberg Pr. U. Berlin (1939), *Ajalooline Ajakiri* (1940) 1, S. 38–41.
Zur differentiellen Anthropologie, Tallinn: Juudi Rahvaülikooli Soprade Selts [Gesellschaft der Freunde der Jüdischen Volksuniversität] 1940 (Heisler), 32 Seiten.
Nikolai Jakovlevitš Marr – Noukogude Liidu suur teadlane (Nikolai Jakovlevitš Marr – ein großer sowjetischer Wissenschaftler), *Eesti Keel ja Kirjandus* (1941) Nr. 2, S. 89–101.
Kodanlise ühiskonna tormilind – Henrik Ibseni 35. surmapäeva puhul (Ein Sturmvogel der bürgerlichen Gesellschaft – zum 35. Todestag von Henrik Ibsen), unveröffentlichtes Manuskript für die Zeitschrift *Looming*, Estnisches Literaturmuseum, Fonds 245, F. Tuglas M250:11.
Das Werk der Eliza Orzeszkowa, Maschinengeschriebenes Manuskript, unvollendet, 209 Seiten.
Soziologische Arbeit in der Tschecho-Slovakei, maschinengeschriebenes Manuskript (1938), 54 Seiten.
Comenius, Maschinengeschriebenes Manuskript, unvollendet (Orig. estn.)(1940), 46 Seiten.

Beiträge von Leopold Silberstein in der »Prager Presse« und anderen Zeitungen (chronologisch)

Sofern keine andere Zeitung angegeben ist, stammen die Beiträge aus der »Prager Presse«. In Klammern sind die Institutionen genannt, über deren Tätigkeit Leopold Silberstein berichtete.

Wissenschaft: Stählins zweiter Band, 27.8.1930

Diagnose der Gegenwart: Karl Jaspers über die geistige Situation der Zeit, 31.1.1931
Wissenschaft: Karl Jaspers‹ »Philosophie«, 2.4.1932
Wissenschaft: Gründung der Slavistischen Arbeitsgemeinschaft, 5.5.1932
Geschichte Rußlands von K. Stählin, Band III, 23.1.1935
Literatur und Philosophie (Literarhistorische Gesellschaft), 14.11.1935
Husserl über die Reform der Psychologie (Klementinum), 16.11.1935
Linguistik und Phänomenologie (PLK), 22.11.1935
Fragen der Erforschung des tschechischen literarischen Barock (Literarhistorische Gesellschaft), 12.12.1935
Über reistische Sprachbetrachtung in ihrem Verhältnisse zur Logistik und Phänomenologie (PLK), 19.12.1935
Die Wirtschaftslinguistik (PLK), 16.1.1936
Glanz und Elend des Jan Amos Komenský (Slovanský Ústav), 26.1.1936
Bilanz einer Zeitschrift (PLK), 30.1.1936
Ueber die Methode der kleinen Beobachtungen in der Literaturwissenschaft (PLK), 6.2.1936
Die soziologischen Theorien der Gegenwart, 15.2.1936
Volkstümlich gewordene tschechische Lieder (PLK), 26.2.1936
Die kirchenslavische Tradition in der tschechischen Geschichte (PLK), 27.2.1936
Überwindung des Irrationalismus, 5.4.1936
Jan Blahoslav – der erste tschechische Linguist (PLK), 14.5.1936
Ueber das Problem literarischer Beziehungen (Literaturhistor. Gesellschaft), 15.5.1936
Ueber Feldbegriffe in Sprachwissenschaft und Sprachphilosophie (PLK), 21.5.1936
Faust oder: Die Mütter (PLK), 29.5.1936
Der alttschechische und der altpolnische Vers (PLK), 7.6.1936
Der Pražský Linguistický Kroužek (PLK), 26.6.1936
Philosophie der reinen Immanenz und ihr Scheitern, 20.9.1936
Dem Andenken Antoine Meillets (PLK), 22.10.1936
Zehn Jahre Pražský linguistický kroužek (PLK), 6.11.1936
Šalda über Máchas Prosa (PLK), 19.11.1936
Über literarischen Regionalismus (Literarhistor. Gesellschaft), 20.11.1936
Über scherzhafte Wendungen der tschechischen Volkssprache (PLK), 25.11.1936
Deutsche und Tschechen PLK), 10.12.1936
Travaux du Cercle linguistique de Prague (PLK), 11.12.1936
Gedanken über das Indogermanen-Problem (PLK), 17.12.1936
Eine Theorie der Kulturwissenschaften, 20.12.1936
Kollárs Schrift über die slavische Wechselseitigkeit (Slovanský Ústav), 16.1.1937
Ueber den Begriff »Renaissance« (Literarhist. Gesellschaft), 22.1.1937

Ueber die Geschichtsschreibung im heutigen Italien (Historische Gesellschaft), 26.1.1937
Puškin und Mickiewicz (PLK), 5.2.1937
Zur Symbolik Puškins (PLK), 10.2.1937
Über den sprachlichen Ausdruck der Quantität (PLK), 11.3.1937
Ueber die bohemistische Ausbeute archivalischer Studien (Gesellschaft f. slaw. Sprachforschung), 12.3.1937
Ueber Rußland und die serbische Frage im 20. Jahrhundert (Slovanský Ústav), 13.3.1937
Die tschechoslovakischen Verdienste um die jugoslavische Geschichtsschreibung, 14.3.1937
Ueber die persische Poesie (Literarhist. Gesellschaft), 19.3.1937
Über die tschechische Wortfolge (PLK), 24.3.1937
Die Originalität der französischen Sprache (Institut français), 25.3.1937
Begriff und Systeme der grammatischen Kasus (PLK), 26.3.1937
Prof. Ch. Picards erster Vortrag (Karls-Universität), 8.4.1937
Zeitschriften im Dienste der slavischen Wechselseitigkeitsidee (Slavisches Institut), 10.4.1937
Der Ecole française d'Athènes (Institut français), 11.4.1937
Ueber die lettischen Burgberge (Karls-Universität), 13.4.1937
Ueber die Zeitungsbelletristik (Literarhistorische Gesellschaft), 15.4.1937
Zum Codex Suprasliensis (Gesellschaft für slawische Sprachforschung), 22.4.1937
Polnische Gedanken zu Kollárs Wechselseitigkeitsidee (Tschechoslowakisch-polnische Gesellschaft), 23.4.1937
Eine Gedenkfeier für F. X. Šalda (PLK), 29.4.1937
Der I. Kongreß der tschechoslovakischen Historiker – Eröffnung und erster Verhandlungstag, 4.5.1937
Der I. Kongreß der tschechoslovakischen Historiker – Zweiter Verhandlungstag, 5.5.1937
Der I. Kongreß der tschechoslovakischen Historiker – Dritter Verhandlungstag, 6.5.1937
Der I. Kongreß der tschechoslovakischen Historiker – Schlußsitzung, 7.5.1937
Ueber die turkestanischen Sprachen (PLK), 12.5.1937
Die Schriftstellermanifest-Gedächtnisausstellung (Städtische Zentralbibliothek), 13.5.1937
Ueber Bilinguismus in der Literatur (Literarhistorische Gesellschaft), 14.5.1937
Ueber die Sovjet-Slavistik (Gesellschaft für slawische Sprachforschung), 26.5.1937
Ueber die Geburt der poetischen Übersetzung (PLK), 2.6.1937
Ueber Kuzmány und seinen Einfluß auf die Štúr-Schule (Literarhistorische Gesellschaft), 10.6.1937

Die tschechoslovakische Historiographie, 20.6.1937
Die tschechoslovakische Philosophie, 26.6.1937
Soziologie der Bureaukratie, 24.7.1937
Völkerverständigung und Psychologie – Der XI. Internationale Psychologen-Kongreß in Paris, 4.8.1937
Die Internationale des Geistes – Der IX. Philosophen-Kongreß in Paris, 8.8.1937
PLK: Über die Entwicklung der Literarhistorie In England, 5.10.1937
Psychologie und Transzendentalphilosophie (Karls-Universität), 17.11.1937
Postimees: Ülikooli austatakse humanist T.G. Masaryki mälestust, 26.11.1937
Vuk St. Karadžićs 150. Geburtstag (Slovanský Ústav u. tschech.-jugoslavische Liga), 19.12.1937
Soziologie der Intelligenz, 25.12.1937
Vokabeln. Das Luder bis, 20.1.1938
Über Probleme der sprachlichen Interferenz (PLK), 27.4.1938
Prof. Mihajlo Rostohar – 60 Jahre, 30.7.1938
Prof. J.B. Kozák – 50 Jahre, 4.8.1938
Berufsprestige und Berufsantagonismus, 24.8.1938
Tartu Kommunist: Heinrich Heine (zu seinem 85. Todestag), 18.2.1941
Tartu Kommunist: Teater ja muusika »Kuradiratsur«, 13.5.1941

Sonstige Quellen

Acta et Commentationes Universitatis Tartuensis (Dorpatensis) C
Akten zur deutschen auswärtigen Politik, Bd. II Deutschland und die Tschechoslowakei 1937–38
Herrmann, J.: Jennys Leben, BoD Norderstedt 2012.
Mitgliederverzeichnis der Gesellschaft »Philosophia« No. 2. 1. Februar 1937–31. Dezember 1937, *Philosophia*, Beograd (1937).

Sekundärliteratur

Beiträge in Zeitschriften/Jahrbüchern

Le Monde Slave

[Rezension] Belinskij und Černyševskij, Le Monde Slave (1931), Nr. 11.

Postimees

Huwitaw kõne naisküsimusest (Ein interessanter Vortrag über die Frauenfrage), Postimees vom 2.4.1936 (Orig. estn.).

Mitte wõistlus, waid koostöö (Nicht Konkurrenz, sondern Zusammenarbeit), Postimees vom 4.4.1936 (Orig. estn.).
Ülikool saab tshehhi keele lektoraadi (Die Universität richtet ein Lektorat für tschechische Sprache ein), Postimees vom 15.7.1936 (Orig. estn.).
Wõimalus õppida tshehhi keelt (Eine Gelegenheit, die tschechische Sprache zu lernen), Postimees vom 23.10.1937 (Orig. estn.).
Ülikooli tegevusrikas tööasta (Tätigkeit der Universität im Arbeitsjahr), Postimees vom 1.12.1937 (Orig. estn.).
Eesti teaduste häll teise sajandi läwel (Wiege der estnischen Wissenschaft an der Schwelle des zweiten Jahrhunderts), Postimees vom 31.1.1938 (Orig. estn.).
Kõnesid ja koosolekuid (Vorträge und Sitzungen), Postimees vom 12.2.1938 (Orig. estn.).
Kõnesid ja koosolekuid (Vorträge und Sitzungen), Postimees vom 19.2.1938 (Orig. estn.).
Akadeemilise Kirjandusühingu peakoosolekult (Spitzentreffen der Akademischen literarischen Gesellschaft), Postimees vom 10.5.1938 (Orig. estn.).

Prager Presse

Asylrecht für Emigranten – unser Stolz, Prager Presse von 9.11.1933
Wo ist Heinrich Heine geboren? Prager Presse vom 26.8.1934.
Die Olympiade der Geister – Das moderne Staatsproblem im Mittelpunkt des Philosophenkongresses, Prager Presse vom 4.9.1934.
Aus den Zeitschriften: Die Tschechoslovaken und die europäischen Revolutionen seit 1848 bis zur Gegenwart, Prager Presse vom 5.9.1934.
Aus den Zeitschriften: Die philosophischen und soziologischen Arbeiten in der Tschechoslowakei, Prager Presse vom 25.7.1935.
»(L)«: Die tschechische philosophische Terminologie der Gegenwart, Prager Presse vom 5.12.1935
Die soziologischen Theorien der Gegenwart, Prager Presse vom 15.2.1936
»(jhs)«: Ueber »Begriffsgeschichte«, Wissenssoziologie und Semantik, Prager Presse vom 21.1.1937.
Mágr, A.St.: Kämpfende Vernunft, Prager Presse vom 11.7.1937.

Slovo a slovesnost

Wollman, F.: Literárněvědné metody v Bittnerově knize »Deutsche und Tschechen« (Die literaturwissenschaftlichen Methoden in Bittners Buch »Deutsche und Tschechen«), Slovo a slovesnost 2 (1936), S. 201–207 (Orig. tschech.).
Jakobson, R.: Usměřené nazory na staročeskou kulturu (Gleichgeschaltete Ansichten zur alttschechischen Kultur), Slovo a slovesnost 2 (1936), S. 207–221 (Orig. tschech.).

Mukařovský, J.: IX. Filosofický sjezd v Paříži (IX. Philosophen-Kongress in Paris), Slovo a slovesnost 3 (1937) 3 (Orig. tschech.).

Uus Eesti

Masaryki õhtu Tallinnas (Ein Masaryk-Abend in Tallinn), Uus Eesti vom 9.3.1936 (Orig. estn.).
Eestis hinnatakse inimese isiku wäärtust (In Estland wird der persönliche Wert eines Menschen geschätzt), Uus Eesti vom 27.3.1936 (Orig. estn.).
Tartu ülikooli Tshehhoslowakkia keele ja kultuuri lektor ametisse (Die Universität Tartu beruft einen Lektor für tschechische Sprache und Kultur), Uus Eesti vom 25.6.1937 (Orig. estn.).
Eesti-Tshehhoslovakkia sidemed tihedamaks (Enge Beziehungen zwischen Estland und der Tschechoslowakei), Uus Eesti vom 27.10.1937 (Übersetzung aus dem Estnischen von K. Albrecht).

Vesti Dnja

Anzeige eines Vortrags von L. Silberstein, Vesti Dnja vom 30.3.1940 (Orig. russ.).
Novaja kafedra v universitete (Ein neuer Lehrstuhl an der Universität), Vesti Dnja vom 15.7.1936 (Orig. russ.).

Völkischer Beobachter

Nationalsozialistische Geschichtsschreibung – Walter Frank und seine Schriften, Völkischer Beobachter, 7.2.1935.

Andere

Patočka, Jan: [Rezension] L. Silberstein, Kämpfende Vernunft, Praha 1937, Česká mysl 33 (1937) (Orig. tschech.).
Procházka, V.: Dve knihy o národnostní otázce v SSSR (Zwei Bücher über die Nationalitätenfrage in der UdSSR), Národnostní obzor, VIII (1938), H. 2 (Orig. tschech.).
V.J. McG.: [Rezension] Kämpfende Vernunft, The Journal of Philosophy, 1938, Nr. 20 (Orig. engl.)
Die Universität Tartu, Schweden und die fremdstaatlichen Lehrstühle, Revalsche Zeitung vom 12.1.1939.
Õpetatud Eesti Seltsi (Estnische Gelehrtengesellschaft), Aastaraamat (Jahrbuch) 1938, Tartu (1940) (Orig. estn.).
Mehnert, K.: Survey of Slavic and east European studies in Germany since 1945, American Slavic and East European Review, Vol. 9, No.3 (Oct, 1950) 191–206 (Orig. engl.)

Mehnert, K.: Abriß der slawistischen und Osteuropa-Forschung in Deutschland seit 1945, Wissenschaftliche Beiträge zur Geschichte und Landeskunde Ostmitteleuropas Nr. 1, Johann Gottfried Herder Institut Marburg/L. (1951), 2

Havránek, Jan: Co jsem zažil (Was ich erlebte), Zpravodaj historického klubu (Korrespondent des historischen Klubs), Časopis Sdružení historiků České Republiky (Zeitschrift der Vereinigung der Historiker der Tschechischen Republik), Roč. 15 (2004) č.2, 7–14 (Orig. tschech.).

Monographien und Sammelbände

Adams, Valmar: Esta astub ellu (Esther geht ins Leben), Essay-Roman, Tallinn 1986, (Orig. estn., übersetzt von K. Albrecht).

Amtsblatt der Reichsfinanzverwaltung vom 9.8.1934, Ausgabe A

Amtsblatt der Reichsfinanzverwaltung vom 16.2.1935, Ausgabe A

Brodersen, M.: Klassenbild mit Walter Benjamin: Eine Spurensuche, Siedler-Verlag, München 2012.

Čermák, P./Poeta, C./Čermák, J.: Pražský linguistický kroužek v dokumentech (Der Prager linguistische Zirkel in Dokumenten), Academia, Praha 2012 (Orig. tschech.).

Ehlers, K.-H.: Agonie und Nachleben einer deutsch-tschechischen Zeitschrift. Dokumente zum Ende der GERMANOSLAVICA aus den Jahren 1932 bis 1942, brücken Germanistisches Jahrbuch Tschechien – Slowakei 2000.

Ehlers, K.-H.: Strukturalismus in der deutschen Sprachwissenschaft – Die Rezeption der Prager Schule zwischen 1926 und 1945, Walter de Gruyter, Berlin/New York 2005.

Gurin-Loov, E.: Eesti juutide katastrof 1941 (Der Holocaust der Juden in Estland 1941), herausgegeben von Eesti Juudi Kogukond, Tallinn 1994 (Orig. estn.).

Kozák, J. B.: Travaux du IXe Congrès international de philosophie (Congrès Descartes), vol. XI, 63 (Orig. franz.)

Mann, Thomas: Tagebücher 1935–1936, Fischer Taschenbuchverlag, Frankfurt/Main 2003.

Mazon, A.: Revue des études slaves (1936) Nr. 16 (Orig. franz.).

Oras, A.: Baltic Eclipse, London, Victor Gollantz 1948 (Orig. engl.).

O.V.: Mélanges Linguistitiques dédiés au Premier Congrès des Philologues Slaves (Linguistisches gewidmet dem ersten Kongress der Slawisten), Prague 1929, in: P. Čermák, C. Poeta, J. Čermák: Pražský Linguistický Kroužek v Dokumentech, Academia, Praha 2012, S. 682–707 (Orig. franz.).

Schoeps, Julius H. (Hg): Im Streit um Kafka und das Judentum – Max Brod Hans

Joachim Schoeps Briefwechsel, Georg Olms Verlag Hildesheim, Zürich/New York 2011.

Shor, T.: Žertva cholokosta professor-slavist Leopol'd Zil'berstejn (1900–1941) (Das Holocaust-Opfer, der Slawist Professor Leopold Silberstein [1900–1941]), Conference »Questions of Jewish History«, Proceedings of Sefer Center 2007, Scholarly Conferences in Jewish Studies, Moscow 2008 (Orig. russ.).

Siebenschein, Hugo; Silberstein, L. (Mitarbeit): Čech mezi Němci (Böhmen unter Deutschen), Orbis, Prag 1938.

Weiss-Wendt, A.: Murder without Hatred – Estonians and the Holocaust, Syracuse University Press, Syracuse/New York 13244-5290 2009 (Orig. engl.).

Zernecke, A.: Bericht an die vorgesetzte Behörde (1908), zitiert in: Brodersen, M.: Klassenbild mit Walter Benjamin, S. 37f.

Personenregister

Über den Autor

Konrad Herrmann, Dr. Ing., 1945 geboren, studierte Maschinenbau und Sinologie und war als Messtechniker in der Physikalisch-Technischen Bundesanstalt beschäftigt. Er übersetzte verschiedene Werke der klassischen und zeitgenössischen chinesischen Literatur. In den vergangenen Jahren erforschte er das Leben des jüdischen Slawisten Leopold Silberstein.